U0007253

WALTER BENJAMIN
A CRITICAL LIFE

班雅明傳

歐洲最後一位知識分子的生命與心靈

霍華・艾蘭德 Howard Eiland & 麥可・詹寧斯 Michael W. Jennings —— 著

賴盈滿 —— 譯

獻給伊莉莎白、朵羅西婭、馬修和魯道夫，以及莎拉和安德魯。

目次

導讀

謎樣的思想家，一個充滿時差的謎樣人生

葉浩（政治大學政治學系副教授）

尼采曾感嘆道「有些人死後才會誕生」，並以此自況。這句話用在本書主角班雅明作為一個思想家的身分上，似乎也恰當。終其一生，他試圖發展一種符合新時代的批判哲學，相信那才是真正的哲學並親身示範了這種哲學的書寫方式，但直到他親手讓自己的年齡永遠停留在四十八歲之前，其著作並未取得主流哲學學界的認同。

更令人唏噓的是，班雅明的書寫本身即致力於指向一種時間差：在一個被相機快門及底片捲入的技術複製時代當中，過往那種以巧奪天工來理解藝術創作，將藝術價值跟「原創」和「獨一無二」掛勾的傳統美學，不再適用。這並不否認攝影或相片沖洗過程也需要手工技術或技巧。他指的是，同一張底片可以無限地洗出一模一樣的照片，因此，人們再也沒辦法說哪一張照片是真正的原創或獨一無二。身處不同時空的人們也能看到同一個影像，例如此時在世界各地的牆壁、日曆、馬克杯、桌墊乃至電腦桌面微笑著的蒙娜麗莎。技術複製的時代意味著，人們面對偉大藝術作品時無需淨身沐浴，心存敬畏。所謂的藝術品也早已在泛濫成災的影像當中失去了如同教堂或廟宇內的聖物所能發出的「靈光」（aura）。

對班雅明來說，持續以相應於手工時代藝術創作的美學來看待技術複製時代的藝術品，代價頗高。

一來，那意味著人們既無法理解新時代的藝術，錯估真正的藝術品，且無從掌握時代精神的真正變遷。二來，那更可能導致人們渴望在這一個沒有藝術靈光的時代當中，找尋替代物品，甚至賦予某些事物類似的神聖靈光來滿足空虛的心靈。法西斯主義（Fascism）的崛起即是美學跟不上時代的後果之一。來不及改變審美觀念，或說是不願放棄透過仰望來獲取親臨神聖事物感受的大眾，於是拱起了偉大的領袖。這是一種共謀，各取所需的造神運動。政客藉此佯裝成民族救星，期待救世主降臨的人們也願意甚至樂意崇拜。雙方共同打造起新的美感，亦即數大就是美。唯一無二的是領袖本人，剩餘的個體差異性全都淹沒於大規模人數的整齊劃一動作之中，猶如技術複製。

以上是〈藝術作品在其可技術複製的時代〉一文的要點。藝術與政治其實密切關聯。傳統的藝術品之所以神聖，本身也跟大眾難以親近（時空上及心靈上皆是如此）有關。而因循過往思維習慣的大眾，才是造就了獨裁者崛起的條件。這是一篇寫於一九三五年的文章。身為猶太人的班雅明當時已輾轉了數個城市來到巴黎，並在那裡結識了一群來自不同地方的流亡同胞，包括思想家鄂蘭（Hannah Arendt）和小說家赫曼．赫塞（Hermann Hesse）。生活上，他仰賴為「社會研究所」(Institute for Social Research）供稿的預支稿酬。那是所謂的「法蘭克福學派」之實體研究機構。執掌該院的霍克海默（Max Horkheimer）及就職於此的阿多諾（Theodor Adorno），向來盡可能提供協助，但也不乏針對文章逕行修改才刊登。偶有齟齬並不意外。正如這篇文章在表面上是關於藝術評論與新美學的必要性之討論，實際上也是針對政治現實的剖析，而且寫的雖是盛行於義大利的法西斯主義，但指的更是崛起中的希特勒。

這或許也坐實了阿多諾所說，班雅明總是不把話說透的事實。文章晦澀，文體不符學術規範，也是事實。同樣不可否認的事實是，時代也尚未幫班雅明準備好讀懂他的讀者，包括曾為摯友但對於哲學有另一種想像的阿多諾在內。

學術之外，他所信奉並致力於推動的歷史唯物論（historical materialism）也讓他跟那些以馬克思主義為名的革命人士大相徑庭。如同他在〈歷史的概念〉當中所指出，有一種史觀把整部人類史想像成猶如一位操偶師在後面控制一樣。秉持這種史觀的人宣稱歷史有既定劇本，必然會按照馬克思主義者所相信的那樣不斷前進。對班雅明來說，那是一種神學，只不過信奉者刻意把神擺在人們看不到的地方。就這點而言，馬克思主義者本身也是一種操偶師。點破這件事的班雅明認為，真正的唯物論者能看穿此事，且理解到相似的政治神話在歷史上已經太多。因此，該做的事是不讓無數的無辜百姓死於以這種隱藏式神學理論為名而進行的革命後遭人忘記，被倖存者或宣稱歷史站在自己這邊的戰勝者徹底刪除於史冊。

班雅明的書寫不僅援引了躲在桌子底下的操偶師如何讓檯面上的棋手永遠戰勝對手來比喻這種進步史觀，也借用了他本人收藏的保羅・克利（Paul Klee）畫作《新天使》來指出歷史唯物論者必須拯救死者的使命。不意外，當時的人們若非不懂，即是不認同。事實上，〈歷史的概念〉是班雅明交托給鄂蘭的一捲手稿中的文章。當時他還希望有朝一日能藉此取得教職。惟，鄂蘭於一九四一年將手稿帶到紐約的前一年，班雅明已自殺身亡。該文章最後轉到了阿多諾手上，出版時還刻意刪減並去掉馬克思主義相關字詞，以符合美國人的政治認知。

幸而，鄂蘭最終不負朋友的寄託，將手稿整理成冊並出版成英語世界最為人熟知的班雅明著作《啟迪》（*Illuminations*），於一九六九年初版，距離文章完成的時間長達二十九年之久。也因此，班雅明關於普魯斯特（Marcel Proust）、波特萊爾（Charles Baudelaire）、卡夫卡（Franz Kafka）等人的文學評論才得以廣受關注；他對於小說作為一種現代文類及說故事作為一種傳講人們親身經歷的口說文化之哲學意義，才得以廣為人知。據他理解，總是記錄了一個有始有終的虛構故事之前者，是促使現代人接受政客把歷史當作按劇本演出的大戲、卻將真實故事當作假戲來看的始作俑者，而後者作為一種生活日常及技藝則大抵一去不復返，因此只能懷念。當然，熟知鄂蘭思想的讀者會知道，她不僅讓班雅明這一位朋友在英語世界重生，使他的事蹟廣為流傳，甚至將「說故事」概念發展為一套政治理論。換言之，鄂蘭即是拯救班雅明的新天使。

《啟迪》一書也收錄了班雅明論收藏的文章。自幼養成收藏嗜好的他，在納粹崛起後卻因為總是處於顛沛流離當中，珍愛的書和藝術品並不在身邊。於是他只能懷念。追憶柏林童年是一種保持完整自我的方式，也是讓四十歲的他能盼望未來的底氣。根據他的信念，彌賽亞可能在任何一分、一秒突然降臨。只不過，班雅明本人並未等到那一刻。法國被德軍占領之後，他跟隨一群人逃亡。當隊伍終於來到邊境的那天，也就是一九四〇年的九月二十六日，佛朗哥政權突然決定封閉關口。絕望的他在當晚服毒自盡。隔日，邊境重啟。班雅明跟彌賽亞時刻也有時差。不管身為一個哲學家或單純作為一個人，乃至其思想內容，各種形式的時差似乎總是如影隨形。

無論讀者在意的是哪一個班雅明，本書都是親近他的最好管道。兩位共同作者艾蘭德（Howard Eiland）和詹寧斯（Michael Jennings）也是哈佛大學出版的四卷《班雅明文集》的編者與譯者，堪稱是為這一個獨特猶太思想家做傳的一時之選。這一本以扎實史料及深厚學術功底為基礎的傳記，既不過度渲染主角的傳奇色彩，也不嘗試揣摩其內心戲。相反，它以平實的文字鉅細靡遺地記載班雅明的人生經歷，並為他絕大多數的已出版文章提供有助於讀者理解內容的寫作背景。弔詭的是，這絲毫未減班雅明的傳奇性，甚至保留了他作為一個人的謎樣色彩。或許這就是班雅明意義上的歷史唯物論者才能寫出的一本傳記。

導讀
班雅明 still life

潘怡帆（東海大學哲學系副教授）

在〈駁聖伯夫〉之後，任何作家的傳記都是可疑的。

讀者不可能遺忘聖伯夫提出作品必然牽涉作者時，普魯斯特直斥他「不理解作家的自我只能在作品中體現」。聖伯夫立論於文學要求作者全身投入寫作，讀者若欲推知作者心意，必須採集作者信息，核查書信，聽取作者青年時期親友的證詞，像拼圖般層層推進，塑形人格，以便揭示作者真實的內在世界，指認著作的核心意涵。他以實證科學的方法搭建精神現象的理解，引來普魯斯特砲火猛烈的質問：為什麼創作中的「自我」會被朋友口中的「自我」掩蓋？為什麼從創作中萌發的殊異自我竟不敵日常中的庸常自我？

面對這個疑難，我們不得不問：班雅明，作為普魯斯特作品的資深研究者，法國文學面向世界的重要推手，當代基進思想的奠定者，他會如何評價自己的傳記研究？本書作者艾蘭德與詹寧斯又該以何種角度面對他們親筆打造的班雅明肖像？

答案或可循著班雅明的書寫線索找到蛛絲馬跡。一九三八年一封寫給修勒姆的信中，班雅明嚴詞批評布羅德的《卡夫卡傳》。對他來說，傳記作者炫耀般的親密語氣導致作品的客觀性陷入危機，讓人對這段友誼打上問號，因為這位友人選擇在卡夫卡的生活上添油加醋。回溯班雅明出版於一九三四年的〈卡夫卡〉，便能看出他與布羅德的差異。他以波坦金元帥生病的軼事切入卡夫卡的敘事，來回於《城堡》、《判決》、《審判》與《變形記》，鋪陳官僚體系與家庭結構共振的節奏。班雅明讓小職員蘇瓦爾金奔走過蜿蜒長廊與曲折通道，往來波坦金的臥室與總理大廳，替政務癱瘓的眾臣取回波坦金授權的文件，最終卻愕然發現，恍惚的波坦金在每份文件裡簽下蘇瓦爾金、蘇瓦爾金、蘇瓦爾金……此景回應著卡夫卡作品中「助手們」的遭遇，他們各個輪廓未定，亦敵似友，即使筋疲力竭的奔走，卻永世滯留於漫長過程的開端。

班雅明在卡夫卡作品的開闔間穿插著他的照片、書信與日記，卻不是為了沖洗出作者的臉，而是蒙太奇現實與虛構的界線，呼應卡夫卡「不該描繪自己」的信念。類似的風格重現在〈論普魯斯特的形象〉，班雅明倒置了潘妮洛普趁夜拆掉白天編織的神話，闡釋普魯斯特顛倒日夜的書寫使其夜間編織免遭理性之光的裁切。《追憶似水年華》與其說是過往經歷的秩序再現，毋寧更是自遺忘誕生的創作。直面波特萊爾時，班雅明素描出拱廊街的建築，遊蕩者的形影交錯著《惡之華》與《巴黎的憂鬱》。艾蘭德與詹寧斯於是指出〈論波特萊爾的幾個主題〉中的目光不斷轉向都市的震驚體驗，波特萊爾的面容因交疊著愛倫坡而扭曲，班雅明「與其說是創造了一個新的波特萊爾，不如說是重現詩人作品裡過去被忽視或誤解的特徵」。可見，班雅明的靈光專屬於作品而非主體，誠如在他的最後逃亡中絕不離身的黑色公事包：「新手稿……比我本人還重要」。

由是，我們似乎理解了〈歌德的親合力〉為什麼親合力皆未冠上書名號的緣由。梅爾（Hans Mayer）

以為，闕如的書名號是因為班雅明論述中涉及的從不只是小說，亦包含歌德生命意義上的親合力。如此抹除邊界的論述或需要更適切地澄清：不是《親合力》向親合力靠攏，而是歌德生命中的親合力將僅僅是《親合力》的一道折射。這是何以艾蘭德與詹寧斯稱此作「透過傳記手法否定傳記式詮釋」，班雅明則說，「從作者本人對親合力所做的解釋來理解作品將是白費工夫」，因為作者的義務在於守護而非揭秘作品，而所有的解釋都應趨向神秘化以便從作品中迫出更具威力與複雜的思辨。誠如班雅明在〈作者作為生產者〉的感悟，革命的知識分子是原屬階層的背叛，此背叛的使命也屬於作者，使他從生產裝置的供應者轉化為工程師，換言之，他不是馴服於工具的使用者，而是不斷開發其功能的創始者。倘若這是作者的使命，那麼傳記書寫絕非對任何作者或已知歷史的再現，而總已朝向另一種生命的重新創造，如同班雅明把自身經歷攤展為《柏林童年》：「我努力想捕捉大城市的生活經驗在一個市民階級孩子心中留下的畫面」，於是隱去自傳性與家人玩伴的諸眾形貌，以便使一個大寫生命以作品之姿重獲新生。

艾蘭德與詹寧斯的傳記書寫呼應的正是如是的精神，他們把班雅明生命中積累的掙扎、困頓與痛苦疊合於他對論文的無數改寫與思想發展，為現今的班雅明認識再翻出另一摺陌生的切面，空出有待完成的註腳。透過班雅明與友人的書信往返與生活對談，二位作者重新攪動已然定案之作，不只有初稿、改稿與最終稿，還有更多作者與讀者的交談在字裡行間竊竊私語，《拱廊街計畫》交疊著布萊希特與齊美爾構成的屋瓦，《啟蒙的辯證》中不只是阿多諾與霍克海默的對話，還有第三個隱形的說話者……他們不僅打破了以作者劃分的疆界，亦使作品互文對話，交織出二十世紀思想的巨幅織錦。

二位作者不僅以班雅明的著作為藍圖攤展思想的構成，更突顯其書寫與二十一世紀生活的對話。

一九一四年的〈學生生活〉質疑教育工具化，大學成為職業養成的機構，學生欠缺批判性與骨氣，默許創意精神被倒錯為職業精神，正映照著今日人文學科瀕臨滅絕的困境。早期的《德國浪漫主義的批評概念》與〈關於現今宗教性的談話〉穿梭在文學、歷史和哲學之間，不僅立下專屬於班雅明評論的雜揉風格，更預見了當代學術界的跨域潮流。與霍克海默的通信中，班雅明展露了對書寫的焦慮，他被拉扯在菁英與普及之間：究竟該借重哲學術語刺穿思想核心，或打造細節透明的具體分析？這個難題在〈藝術作品在其可技術複製的時代〉中來回擺盪於「為藝術而藝術」與「人民文學」，也呼應了今日學術語言與科普白話的對峙。一九三八年布萊希特的日記裡載錄著班雅明認為資產階級正面臨著性慾消失的危機，預見了一個無性時代的迫近。這些跨越時空的參差對照——既面向歷史的命運又遁入未來——都檢證著〈波特萊爾筆下第二帝國的巴黎〉中班雅明執著於採掘且重新打磨那些不被注意的埋藏之物，不全然出於對十九世紀歷史的關照，更是為了使過去事物的現在意義瞬間匯聚、結晶成回應未來的辯證意象。班雅明呼應今日社會的作品主軸重現著那位低頭拾撿歷史殘屑卻被天堂風暴吹向未來的新天使，漫天飛舞的灰燼將再次堆積其書寫的來生。

於是，在闔上這部傳記後，我們要問，艾蘭德與詹寧斯筆下的班雅明是誰？那絕非殞落於一九四〇年的血肉之軀，而是引領當代思想持續狂奔的《班雅明》，一個拒絕被生平定型與作品物化的流動整體，一種仍在思想更新路上前行的「班雅明 still life」。

引言

今日普遍認為，德國猶太裔批評家兼哲學家班雅明（1892-1940）是歐洲現代性最重要的見證者。儘管在西班牙邊界因躲避納粹而殞命，使得寫作生涯過早中斷，但他留下的作品不論深度廣度都令人驚嘆。一九二〇年代之前是他自稱「德國文學見習生」的階段，班雅明剖析浪漫主義批評、歌德與巴洛克時期的悲苦劇（Trauerspiel），論點至今仍然具有新意。一九二〇年代初，他眼光獨具，大力擁護蘇聯興起的激進文化與主導巴黎文壇的極端現代主義，而後又躋身如今稱作「威瑪文化」的藝文浪潮中心，協同布萊希特（Bertolt Brecht）和莫霍利—納吉（László Moholy-Nagy）等好友，聯手塑造了新的觀看方式、一種前衛的現實主義，告別了代表威廉二世時期德國藝術與文學的菁英現代主義（mandarin modernism）。班雅明在這個階段確立了文名，令他產生了不切實際的幻想，自覺能成為「一流的德國文學批評家」。同時，他和好友克拉考爾（Siegfried Kracauer）可以說聯手開出了一個新領域，使得流行文化成為正當的研究課題。班雅明用隨筆探討兒童文學、玩具、賭博、筆跡學、色情刊物、旅行、民間藝術、邊緣族群如精神障礙者的藝術、食物與各種媒體，包括電影、廣播、攝影及畫報。他人生最後十年幾乎都在流亡，作品多半只是《拱廊街計畫》（*The Arcades Project*）的旁枝。拱廊街計畫是班雅明對法國十九世紀中葉誕生的都市商品資本主義的文化史考察，儘管只有碩大殘缺的「驅幹」，但班雅明所做的探索與反思卻催生了一系列的原創解析，包括一九三六年的話題經典〈藝術作品在其可技術複製的 2 時代〉*，以及標榜波特萊爾為書寫現代性的代表詩人的多篇隨筆。然而，班雅明不僅是出色的批評家和創新的理論家，他還留下了大量介於小說、報導、文化分析與回憶錄之間的作品。一九二八年完成的「蒙太奇之書」《單向街》（*One-Way Street*）與生前未出版的《柏林童年》（*Berlin Childhood around 1900*）都是當代傑作。總而言之，班雅明有許多作品都無法簡單歸類，除了長短篇散文，還有專文、隨筆、評論、哲學小品、自傳式小品、編史學小品、廣播稿、書信、文史文獻、短篇故事、日記、詩、對話錄、法文詩與散文翻譯，以及五花八門、長短和重要性不一的零碎反思。

這些作品喚起的濃縮「圖像世界」，讓我們一窺二十世紀最動盪的年代。班雅明生於一九〇〇年前後的柏林猶太富人之家，是典型的日耳曼帝國之子，他的回憶裡充滿了皇帝喜愛的恢宏建築。但他也是當時正急速蔓延的都市資本主義現代性的後裔。一九〇〇年時，柏林是歐洲最現代的城市，隨時都有新科技誕生。年輕時他反對德國投入第一次世界大戰，因此戰時幾乎都待在瑞士，然而大戰的「滅絕之夜」在他的作品裡俯拾可見。威瑪共和那十四年，班雅明先是經歷了激進左派與激進右派於戰後的血腥對立，隨後是重創這個新興民主政體的惡性通膨，以及一九二〇年代末葉的政治分裂動盪，最終導致一九三三年希特勒與納粹掌權。和當時德國幾乎所有重量級知識分子一樣，班雅明於一九三三年春天潛逃出境，再也沒有回國。他人生最後七年以流亡者身分在巴黎度過，飽嘗孤離、貧困與出版管道難尋之 3 苦。他始終無法忘記「世上有些地方能讓我賺得微薄收入，也有些地方能讓我憑藉微薄收入過活，卻沒有一個地方兩者兼具」。在他生涯盡頭，放眼只見戰爭的陰影正瀰漫歐洲。

如今班雅明辭世七十多年，為何作品依然深深打動一般讀者與學者？首先是他的思想充滿力量，其作品重塑了我們對許多重要作家、對寫作的可能性、對科技媒介的潛力與危害、對歐洲現代性作為一種歷史現象的理解。然而，要是忽略班雅明奇特的文字風格，那宛如蝕刻般獨樹一幟的語言媒介，就無法充分領略他的震撼力。班雅明就像文字的雕刻師，足以和他那個時代最靈敏、最穿透人心的作家平起平坐。而且他還是形式開創者。班雅明最具特色的作品都是以「思想圖像」（Denkbild）為基礎。這是他向詩人格奧爾格（Stefan George）借來的詞彙，意指一種結合哲學分析與具體意象以達成獨具個人風格之批判模仿（signature critical mimesis）的格言式散文。就連他看似不著邊際的隨筆也往往隱藏著按前衛蒙太奇原理編排的犀利「思想圖像」。班雅明找到的文學形式，其深刻與複雜的程度，不僅足以和同時代的海德格與維根斯坦相提並論，而且能藉由動人好記的散文引發共鳴，這正是他的天才所在。因此，閱讀班雅明不僅是一種智性活動，更是感官經驗，感覺就像初次品嚐沾了茶的瑪德蓮蛋糕，在你想像裡喚起種種隱約記得的世界。隨著文字逗留、聚集與置換，詞句將按著逐漸浮現的重組原理細微調動，緩緩釋放其顛覆心靈的潛能。

儘管班雅明的文字是如此機敏濃烈，他本人卻始終曖昧不明。他就像自己的作品一樣多面，稱呼自

---

* 譯註：此篇文章的標題目前最常見的中譯是〈機械複製時代的藝術作品〉，來源可能來自早期的英譯"The Work of Art in the Age of Mechanical Reproduction"，然而根據德文標題與內容，較精確的中譯應是〈藝術作品在其可技術複製的時代〉，本書皆採用此譯名，特別感謝臺大哲學系羅名珍副教授的協助與建議。

己是一個由個人信念組成的「矛盾的流動整體」。這個精闢的形容不僅透露著對讀者耐性的期盼，也顯現其心靈的多變與多中心。然而，班雅明的難以捉摸還是種刻意的作為，好在自身周圍保持一個封閉的實驗空間。阿多諾曾經形容他這位朋友「幾乎不秀出自己的牌」，而這種深層的保留，以及訴諸偽裝與其他迂迴策略的手段，讓班雅明得以捍衛他的性靈之井。正因為如此，他的客套有禮才總是令人印象深刻，畢竟禮貌正是一種複雜的疏遠機制；他清明人生的每個階段才總是表現得老成持重，連閒談都帶著某種隱秘晦澀。正因為如此，他才會表明自己的「原則」是盡量不讓朋友互相接觸，才能保持他們不受影響，每個或每群人都成為他想法的共鳴板。在人生這個不停變動的戰場上，班雅明很早便如此行事，以實現其「內在多重的存在樣式」。尼采視自我為一個由諸多意志組成的社會結構，班雅明則視之為「一連串由這一分接到下一秒的純即興表演」。正是為了和倏來忽往的內在辯證保持一致，徹底的無個人偏見才會與至高甚至無情的判斷力並存。班雅明的表面多重性並不必然否定他內在有著系統或構造的一致性。誠如阿多諾所言，他這位朋友的意識擁有非比尋常的「離心」統一性，總是透過不斷分裂來建構自己。

能駕馭如此執拗複雜性格的人，必然擁有一顆絕頂聰敏的心靈。而班雅明親友舊識對他的形容，總是從這點開始，以這點結束。他們同樣強調班雅明總是高風亮節，總是莫名給人一種不在此世的感覺。很晚才認識班雅明的米薩克（Pierre Missac）說，班雅明甚至受不了朋友拍他肩膀；而他的拉脫維亞戀人拉齊絲（Asja Lacis）則說，班雅明總是給人一種剛從別的星球過來的感覺。班雅明經常稱自己為修士，稱自己獨居的房間為「單間」，而且會懸掛聖徒像。這顯示了沉思在他生命裡是多麼重要。然而，在這種看似超越凡俗的聰敏之中，又充斥著活躍甚至激昂的肉慾，他的性冒險、對迷幻藥的興趣與賭博的熱情都是證明。

因此，儘管班雅明在一九一三年一篇論道德教育的隨筆裡表示，「所有道德與宗教性都出自與上帝獨處」，但英語世界有些主流看法將他描繪成徹底陰鬱封閉的人，其實有失偏頗。這不表示班雅明不曾飽受長期憂鬱之苦（親戚指出他家族有這個特質），也非無視於他在日記裡與密友談話時常提及自殺的念頭。但將班雅明看成無可救藥的抑鬱之人，那就太過誇大也太貶抑他了。別的不提，班雅明其實有種迂迴的幽默感，甚至帶點尖酸，而且完全是冷面笑匠。雖然他和摯友談學論理時往往暴躁惱人，尤其對修勒姆（Gershom Scholem）、布洛赫（Ernst Bloch）、克拉考爾（Siegfried Kracauer）與阿多諾（Theodor W. Adorno），但對多年舊識總是忠誠大方。這個他從學生時期就認識的小圈子，包括孔恩（Alfred Cohn）、孔恩的妹妹尤拉（Jula）、拉特（Fritz Radt）、拉特的妹妹格蕾特（Grete）、軒恩（Ernst Schoen）和維辛（Egon Wissing），班雅明總是在心裡惦著他們，只要有難永遠第一時間義不容辭，特別是後來他們皆流亡海外。儘管這些特質在這群至交面前最為明顯，但所有認識班雅明的人，都能感受到他的堅貞、大方包容與面對逆境的剛毅不拔。這方面他同樣充滿矛盾：既渴望獨處，又埋怨寂寞；時常需要群體，有時甚至自己組織，但又往往拒絕全心投入。班雅明在戰前積極促成德國青年運動，之後卻幾乎不再直接參與公眾事務，除了吃力地憑藉寫作引領眾人。唯一的例外是他三度嘗試創辦刊物，只是沒有一回成功，每次都出於不同原因擱淺。班雅明的哲學性格總是讓他有股無可抑制的衝動，希望聚集志趣相投的思想家與作家，一起論學論事。

有件事特別值得一提。班雅明雖然其貌不揚，甚至舉止笨拙，但認識他的人很少提到這一點，反而都記得他很大膽。沒錯，以現在的標準來說，他確實沉迷賭博。但這也充分顯示他願意拿生命冒險，挑戰常規，在智識上將自己推向緊張矛盾到近乎死路的位置。班雅明在文人即將消失於歐洲時決定追求這種生存方式。他拒絕安逸與榮銜，以保有心智自由及閱讀、思考、寫作的空間與時間。他和好友克拉考爾一樣，試圖分析是什麼讓他親身體現的這種文化類型難以為繼。因此，班雅明不只在方法學上如此，而是整個人皆依循著某種辯證步調，注定不斷放手一搏。他的一舉一動，從豐富的手部動作、走走停停的緩慢步伐、抑揚頓挫的語調、字字完美的發言到他從寫字、等待、過度囤積與漫遊（flânerie）獲得的樂趣，再到他刻意儀式化的品味癖好與古怪的高雅魅力，在在突顯了他的老派傾向，宛如來自十九世紀下半葉的古人。相片裡的他很少不是大衣領帶，打扮得像是資產階級知識分子。但他同時又對電影和廣播等新興科技媒介深感興趣，也對當時的前衛運動如達達主義、構成主義和超現實主義充滿好奇。班雅明的激進心智讓他自然而然和傾向一切從零開始的前衛分子展開對話。他滴水穿石的執著、游移的思緒與充滿無盡黑暗的智性生活，必然使他的舉止摒棄十九世紀末上層資產階級的閒適，偏好求新。班雅明對波特萊爾的描述正是他的自況：「波特萊爾是密探，是代表他自身階級對其統治暗自不滿的密探。」

從學生歲月的動態唯心論，到成年後及流放期間的動態唯物論，班雅明的思維技藝在他人生最重要的三十年間即使主旨不變，形式、焦點與調性也都大幅演進，最終結晶出罕見的成果。他每個階段的思維皆融合（而不只是摻合）了文學、哲學、政治與神學的論述。班雅明獨有的綜合思想如今已有為數驚人的二手文獻，只是說法莫衷一是。過往學者剖析這位作家，不論傳記或批判研究，往往先入為主，強加一個主題順序，捨去班雅明的部分作品，以致對他的描繪經常流於片面，甚至神話化或扭曲。本傳記希望呈現更完整的圖像，因此完全按年代順序推進，鎖定班雅明寫作時的日常現實，並提供他主要作品的智識與歷史脈絡。這套做法讓我們得以聚焦於他人生各個階段的歷史性（historicity），從而掌握其作品的歷史性，瞭解這些作品如何既根源自特定歷史時刻，又根源自班雅明當時關切的智識問題，也讓我們對他思想有過轉變的觀察不是口說無憑。班雅明不斷更換智識軌道，是因為他的關照根本上是連續的：除了受神學影響而根深蒂固感覺資產階級生活體制正面臨危機，還有他總是清楚意識到思想過程的曖昧性。因此，他寫作生涯的每個階段都帶有某種微妙獨特的風格，例如迴避直白的敘事、喜歡用隱喻和寓言傳達概念及透過圖像思考，結果就是一種完全符合現代主義實驗精神的哲學思索，明白真理不是放諸四海皆準，哲學永遠在臨界點和生死關頭。班雅明的思緒時時處於充滿危機的模式，嚴謹卻又充滿「隨筆的特質」（essayistic）。

不論探討何種對象或主題，班雅明的作品始終包含三個核心關照，而且都根源於傳統哲學的問題意識，那就是經驗、歷史追憶，以及作為經驗與歷史追憶獨特媒介的藝術。班雅明對這三個主題的知覺論視角源自於康德的批判唯心論，而這三個主題彼此之間的流動交融，則帶有尼采酒神生命哲學的烙印。兩者都是他學生時期浸淫其中的思想體系。尼采對古典實體論（同一性、連續性和因果律）的批判，以及激進的歷史事件論（一切歷史詮釋都獨尊現在），為一戰前藝術爆發時代長大的世代提供了理論根據（無根據的根據）。自此之後，班雅明就再也不曾躲避既在傳統形上學二律背反框架內思考，又跳脫這個框架的挑戰；再也不曾捨棄將現實詮釋為各種力量湧動的時空之海，深沉且翻騰著足以轉化事物的浪潮。然而，為了掌握現代大城市的相貌，班雅明最終轉向對唯心主義經驗哲學和浪漫主義經驗哲學都同樣陌生的領域，選擇的意象也不再只是大海，還有迷宮般的建築或有待討論甚至破解的畫謎。總而言之，是一個待人閱讀的文本，一種多重的語言。

作為讀者和思想家，班雅明最特別之處就在於迂迴使用這個多層次的哲學視角，觀看漢森（Miriam Bratu Hansen）所謂的「日常現代性」(everyday modernity)。的確，班雅明的大多數作品，尤其一九二四年之後的著述，都和我們熟悉的哲學著作不同。但阿多諾早在一九五五年就提出極具新意的說法，糾正了這種印象。他表示班雅明的所有文化批判都是「對其對象的哲學考察」。從一九二四年起，班雅明分析了各種各樣的文化對象，並且不分高雅低俗，一律視之為歷史「殘屑」(detritus)，也就是消失的場所或被遺忘的事件所殘留的不起眼痕跡。班雅明一方面將焦點擺在邊緣之物、軼事傳聞與祕史上，另一方面又從未捨棄偉大之為偉大的標準。他在歐洲文壇的初試啼聲之作是一篇論歌德的隨筆，文中反覆提到幾位當代重要文人，如普魯斯特、卡夫卡、布萊希特與梵樂希；而在另一篇隨筆中，則是環繞著波特萊爾的劃時代成就展開他對十九世紀巴黎的多面向考察。這幾位標誌性的藝術家是班雅明顯微文化分析的指引，因為他的思考始終由一種對整體的感知所引導，而這個整體唯有透過沉浸於某個意義豐富的細節力場之中，透過個體化和寓言式（allegorical）的知覺才會浮現。

儘管專注於沉浸，遠離政黨政治，這種做法仍然非常政治。班雅明很早就將政治行動定義為選擇危害較輕一方的藝術，後來更是對所謂的政治目標感到懷疑。但在他人生最後二十年，政治問題對他卻愈來愈迫切，幸福似乎和在自尋毀滅的世界裡存活密不可分。他在給朋友的信裡提到「共產主義」，而不再是之前的「無政府主義」，同時公開提倡無產階級權利，讚揚自歌德到凱勒（Gottfried Keller）一脈相承的資產階級文人的「真實人性」與道德懷疑論。他對蘇俄大規模社會實驗的熱情在托洛斯基被流放後消失殆盡，但仍替自己的寫作加諸改革使命，以綱領式的布萊希特論調主張作者的政治與教育責任。班雅明不只透過出版作品，也嘗試經由創辦刊物來實現這些目標，其中一份刊物還找來布萊希特擔任共同編輯。班雅明信奉的馬克思主義是他戰前學生時期行動主義的理論延伸，帶有幾分個人社會主義的色彩，這些都來自於他廣泛閱讀十九和二十世紀的社會理論，包括馬克思前的思想家與鼓動者，如傅立葉（Charles Fourier）、聖西蒙（Henri de Saint-Simon）、普魯東（Pierre-Joseph Proudhon）和布朗基（Louis-Auguste Blanqui）。自始至終，班雅明都是有遠見的反叛者，而非死硬的理論家。我們或許可以這樣說，對班雅明本人而言，身為不順從的「左翼局外人」，政治問題歸根結底就是一系列體現於個人與社會的矛盾。無論是政治和神學主張的衝突，還是虛無主義與彌賽亞主義的對立，皆無法調解也無可迴避。而他的生命（如他曾說）始終處於十字路口，無時無刻不困在這些無可共量的衝突之中，不斷地重新下注。

儘管班雅明最深層的**定見**仍然難以把握，但我們幾乎可以肯定地說，他在一九二四年後重新思考馬克思主義傳統，關注西方商品文化的地位，從而化解了內心不同哲學**信念**之間的衝突。撰寫論德國悲苦劇的專書期間，班雅明在心裡和匈牙利理論家盧卡奇（Georg Lukács）有過辯論，起因是他一九二四年讀了對方出版的《歷史與階級意識》。在馬克思原本的思想體系裡，商品拜物教概念的適用範圍較小，但它在盧卡奇重新詮釋下成為一套宏觀理論，將社會視為「第二自然」，也就是一個由商品交換構成的社會裝置（apparatus），但人活動其中卻**以為**它是既定而無比自然之物。因此，班雅明大可這樣說，早在他採用馬克思主義的修辭以前，他的作品就是辯證的、甚至是唯物的了。而這套理論的最後一步，是班雅明和阿多諾聯手拓展了第二自然的概念，引用十八世紀一種光學裝置的名稱，將之定義為幻景（phantasmagoria）。根據這個觀點，社會是一台投影機，投射出的自身影像總是諧和又有意義。班雅明早期著述裡的哲學關懷，終於在這種思維模式裡得到實現。因為在現代商品資本主義脈絡下，幻景的概念便蘊含了曖昧不明與無法確定性，「人」的意涵也日益去本質化。班雅明認為，這種情況下若還能擁有真正的經驗與歷史追憶，藝術作品將扮演關鍵角色。套用他本人喜歡的激進說法，新「身體空間」的出現和新「圖像空間」的存在息息相關。唯有透過這種時空經驗的轉化，新形態的人類集體（human collectivity）才會出現。

班雅明辭世時留下的龐大書寫遺產是如此零散隱匿，以致於其中多數著作似乎永難尋獲。儘管他出版了不少作品，但至少有等量的著述未曾在他生前付梓，而是以草稿、副本或殘篇的形式留在他的德國、法國、巴勒斯坦與美國友人手中。這些文稿在二戰後的數十年間陸續被挖掘出來，有些甚至直到一九八〇年代才在不可思議的地方被發現，例如莫斯科的蘇維埃檔案室和巴黎國家圖書館的密室裡。隨著大量選集與書信付梓，如今班雅明的著述幾乎都已出版，我們主要便是從這些問世的紀錄裡拼湊出他的性格與生平。

此外，班雅明的朋友與夥伴也發表了不少作品，回憶其人其思，尤其是最早經手整理他的作品集的修勒姆與阿多諾，以及鄂蘭、布洛赫、米薩克和塞爾茲（Jean Selz）等人。不過，班雅明自一九三三年便近乎被世人遺忘，這些追述大多是在一九五五年他聲名再起後所寫下。過去六十多年來，研究班雅明生平與思想或受他啟發的人成千上萬，本傳記便是站在他們肩上才得以完成。

第一章　柏林童年　1892—1912

在班雅明心中，柏林始終不曾遠離。即使希特勒一九三三年三月掌權之後他被迫長期流亡，並於一九四〇年九月為了躲避德軍而死於西班牙邊境，班雅明也未曾忘卻這座他出生的城市。一八九二年七月十五日，華特・本迪克斯・軒弗利斯・班雅明（Walter Benedix Schoenflies Benjamin）誕生於柏林。這座城市直到一八七一年才成為統一後的德國首都，但在班雅明出生前的這二十年不論人口或產業都飛快成長，支撐民生與產業的現代基礎建設也大有進展。一八七一年柏林有八十萬人口，到了新世紀之初則已有超過兩百萬人在這座歐洲最現代的大城市定居。雖然曾是普魯士首都，但急劇現代化其實已經抹去這座光榮古城多數的歷史遺緒，在班雅明的童年時期陸續被德意志帝國的符號所取代，包括一八九四年十二月五日啟用的國會大廈，以及威廉二世下令興建、一九〇五年二月二十七日落成的柏林大教堂。這座城市成長更新的速度之快，使得一八八二年完成的柏林鐵路貫穿了多種建築風格，前一秒還是新帝國統治者鍾愛的新哥德與羅曼復興式宏偉建築，下一秒就變成一八〇〇年左右風行普魯士的新古典與新文藝復興式優雅樓房。而且柏林遠不只在視覺與觸覺上有所改變。原本由馬車推動、較為緩慢安靜的市井生活似乎一夜消失，變成充滿電車與汽車嘈雜聲的熱鬧城市。由於德國現代化起步較晚，班雅明童年時都市才剛開始商業化，市中心開始隨處可見百貨公司、巨幅廣告與巴黎早在五十年前就有的各種產品。

柏林第一家大型百貨公司威爾特海姆（Wertheim）一八九六年於萊比錫廣場開幕，設有八十三座電扶梯和一個多層樓的玻璃屋頂中庭。班雅明和德國都市現代性可說是同時誕生的，他會寫出二十世紀最有影響力的現代性理論，也就不那麼令人意外了。

班雅明出身柏林上層資產階級，父母親是徹底同化的猶太人。家中三個小孩，班雅明是長子，童年家裡秩序井然，僱了許多傭人，包括一名法國女家教。[1]在他一九三二年開始撰寫的長文〈柏林紀事〉和作品《柏林童年》裡，班雅明生動描繪了自己的年少歲月。他從小生活在富足多樣的物品世界中，從宴會上的精緻瓷器、水晶和餐具，到適合用來玩扮家家酒的古董家具，例如華麗的大型衣櫃和桌腳雕工精細的餐桌，每樣事物都激發了他備受培養的想像力與無止盡的模仿才能。我們在他文字裡讀到，班雅明年少時沉迷於各式各樣的日常物品，包括他母親的針線盒，那亮閃閃的上半部與漆黑的底部；他臥房裡的陶瓷洗臉盆和瓷碗，夜裡會因月光幻化出各種形態；另一個角落裡的煤爐與保母冬日早晨拿來烤蘋果的小烤箱，以及後來成為他窩身處的窗邊寫字桌。當他於一九三〇年代回顧這段如今已成腦中景像的童年歲月，班雅明一方面將自己描繪成宅居的天才，遊走於居家空間的隱匿角落與日常物品的秘密生命之間；另一方面又形容自己熱愛旅行，驕傲透露自己經常衝動挑戰或打破既有的界線，也就是進行實驗。這種耽溺於內在又愛多方探索的辯證性格，日後始終是他成年歲月與作品的基本要素。

班雅明一生熱愛旅行，從小全家人就常到北海、波羅的海、黑森林和瑞士旅遊，夏天則是在波茲坦與新巴爾伯斯貝格的渡假屋度過。班雅明的童年其實非常符合他所處的階級，充滿了捉蝴蝶、溜冰、游泳課、舞蹈課與單車課，同時還常上劇院，造訪全景幻燈（Kaiserpanorama）和國王廣場的勝利紀念柱，以及最重要的、女僕每天都帶他去的動物園。因為他父親艾米爾（Emil Benjamin）是柏林動物園的股東，家人可以免費入園。此外，小班雅明還常去外婆家和一位阿姨家。外婆遊遍世界，寓所宛如洞穴，每到聖誕節總是布置得光彩奪目；而阿姨每回見到外甥來訪總會端出一個大玻璃球，裡頭是座小礦場，還有礦工與工具。班雅明家也常舉辦晚會，母親會穿上肩帶和最耀眼的珠寶歡迎「社會」來到家這個熟悉的小天地。當然還有柏林本身，儘管絕大部分仍有待探索，但已鮮活存在於小班雅明的感官之中，從四面八方召喚他。

班雅明的父親艾米爾是名富裕的生意人，生於科隆，是萊因蘭邦富商家族之後，曾經旅居巴黎數年，於一八八〇年代末搬到柏林。他在兒女心目中是位世俗而有教養的父親，喜歡各種藝術。[2]從班雅明的童年相片看來，老班雅明是位自信強勢又有威嚴的商人，總是不忘強調自己的財富地位，屬於十九世紀末柏林中上階級的逐步西遷世代。一八九一年，艾米爾娶了小他十三歲的寶琳（Pauline Schoenflies）為妻，一開始和夫妻倆的父母親一樣住在氣派的柏林西區。班雅明生於瑪格德堡廣場一棟樓房的大公寓裡，緊鄰動物園南側。他日後形容這個曾經優雅的小區住著「柏林最後一群真正的資產階級菁英」。隨著威廉二世主政下的社會期望與緊張關係日益升高，「這個視他為同類的階級活在自滿與憤恨交雜的姿態中，將這裡變成了猶太人的租借地。總之，他就這樣窩居於這個富裕的小區，不知外頭還有其他世界。窮人呢？在他那個世代的富家小孩心中，窮人都活在天外之外。」（SW, 2: 605, 600）

隨後幾年，艾米爾帶著一家人搬了幾次家，彷彿要躲避都市的窮酸幽靈似的，每次都住得更西邊一點。當時許多有錢的中產階級都是如此，因為隨著十九世紀走到盡頭，柏林市中心大幅向西擴張，原本

圖一：艾米爾、寶琳和兩個兒子班雅明與格奧格。攝影：夏威希特（J. C. Scharwächter），一八九六年左右攝於柏林。安德斯（Günther Anders）醫師私人收藏，維也納。

的住宅區如克萊斯特街和陶恩琴街迅速商業化，使得大批消費者和市民湧入柏林的新興「大街」——選帝侯大道（Kurfürstendamm）。班雅明的父親最初選在市區外圍的夏洛滕堡落腳，因為這個新西區稅負輕省許多，便於存錢搬最後一次家。因此，班雅明求學時就住在薩維尼廣場旁的卡默街，仍然是柏林西區最熱鬧優雅的地段，而他就讀的腓特烈皇帝學校就在廣場對面，磚樓氣勢雄偉。一九一二年，班雅明二十歲，艾米爾在新興的格魯內瓦爾德區的德爾布呂克街買下一棟宏偉的別墅，從那裡可以搭公車到市中心。儘管別墅於二戰時被毀，但從藍圖可以看出那是一棟融合了古意與現代風格的四層樓建築，氣派非凡。他們一家人住在一樓，空間寬敞，還有一大間日光浴室，其餘樓層統統出租。儘管後來和父母親有著諸多齟齬，但直到一九二〇年代，班雅明和他的妻小還是常在這棟別墅久住。

艾米爾早期是雷普克拍賣行的合夥人，專營藝術品與骨董拍賣。生意興隆後，艾米爾賣掉股份，拿錢投資其他產業，包括一家醫療用品公司和一家酒商，並於一九一〇年左右投資公會興建「冰宮」溜冰場，兼營夜總會。這家溜冰場日後曾出現在班雅明的回憶裡：某個難忘的傍晚，父親決定帶他到這家位於路德街的夜總會（當時他大約十八歲），並替他訂了一個包廂座。班雅明說他幾乎整晚一直盯著吧檯邊一個身穿白色緊身水手服的妓女，此後多年他的性幻想始終繞著那個身影打轉。班雅明形容他父親此舉非常「魯莽」，將家人的娛樂與生意混為一談，更別說家人的其他需求他也是如此對待。不過，這份魯莽雖然和他的「生意頭腦」大有關聯，其實很少發生。除了強勢與派頭，班雅明還提到他父親舉止得體、有禮和正派。不過，對我們更有參考價值的無疑是他父親出色的鑑賞力。班雅明回憶道，他父親不只懂酒，而且只要鞋底夠薄，他單憑腳跟就能判斷地毯絨毛的好壞。當時電話已經成為家裡的標準配備，而他父親偶爾講電話會特別凶悍，和他平時的和藹可親大不相同。後來班雅明也多次嚐到父親盛怒的滋味，那是他那個世代的知識分子常有的遭遇。父子倆經常為了班雅明的生涯規畫而激烈爭吵，也常為了班雅明不願自食其力養家活口，老是向父母親伸手，而且金額愈來愈大而爭執不休。[3]

年少的班雅明從父親對供應商的暗示與指示裡得到的，是一個他很陌生而又帶點不祥味道的柏林，和他隨著母親購物時感受到的傳統「正式」的商業氣氛相差甚遠。寶琳出身布蘭登堡的富商家庭，布蘭登堡當時還稱作蘭茨貝格，現在是波蘭的大波蘭地區戈茹夫（Gorzów Wielkopolski）。寶琳的家族不僅有錢，還知書達禮，因此在小班雅明眼中，母親也有她獨特的威儀。這點從她被稱作「縫紉夫人」（Näh-Frau）便看得出來。其實那是由於女僕說「夫人」（Gnädige Frau）時發音不清，才讓小班雅明聽錯，但卻恰如其分，因為他母親的王座就是縫紉桌前，只要坐在那裡就會散發某種魔力，即使偶爾有點懾人，因為她會叫小班雅明乖乖站好，讓她縫補他衣服上的細部。每當這時，他心裡總會浮起一絲抗拒，就像他被迫陪母親到城裡辦事，他總會故意落後她半步，惹她生氣，彷彿「鐵了心不和任何人統一戰線，連母親也不例外」。（SW, 3: 404）其他時候，母親的雍容華貴總令他充滿驕傲，例如晚宴前她會披著黑色蕾絲披肩到他面前，吻他並互道晚安。他喜歡聽母親彈鋼琴為他演唱藝術歌曲，也喜歡聽她拎著一籃鑰匙叮叮噹噹在屋裡走動。他幼年體弱多病，溫度計與湯匙常不離身，而湯匙帶來的「親切照顧」總能讓他接受苦藥「無情」灌入喉嚨。班雅明說，每當這時他總是渴望母親的撫摸，感受她手掌撫動傳來的故事。

對於家務，寶琳嚴格要求家裡秩序井然，大小事都從現實面考量。班雅明感覺母親總是在考驗他的現實生活能力，每每有辦法讓他察覺自己手腳笨拙。他甚至抱怨就是因為這樣，他到四十歲還不會自己沖咖啡。只要打破東西或跌倒，就會聽見母親如許多德國母親那樣說「笨手笨腳先生在向你問候了」（Ungeschickt läßt grüßen）。這種將笨拙擬人化的說法，聽在感覺萬物有靈的小孩耳中，真是再合理不過，也很符合班雅明將世界寓言化的傾向。所有日常事物，從捲起的襪子、清晨拍打地毯的聲音、雨和雪和雲、市立閱覽室樓梯間到地下市場，統統以其獨有的方式，向這位小觀察家傳遞隱秘的信息，揭露他還未能參透的將來。這種觀看方式特別適合城市人，因為城市生活多重多樣，有著各種邊界經驗，並且往往將舊形式以遺跡之姿納入新形式的架構中。部分出於波特萊爾和施雷格（Friedrich Schlegel）等作家的影響，使得寓言（某物或某文本的表面意義其實另有他意，而且可能和表面意義相去甚遠）在班雅明眼中成為一種明確的理論與手法，而我們在他成年後的「寓言化知覺」裡，也能看到他童年時期將物品世界看成預言的痕跡。這種和物品世界的關係，讓他在摹擬式的沉浸中預見發現與同化。在《柏林童年》的結尾，班雅明哀悼童年物品世界的消逝，並召喚出「小駝子」這個主角。對他來說，笨手笨腳先生不過是小駝子的化身。小駝子出自民間故事，是德國孩童耳熟能詳的人物，以形跡隱秘、愛惡作劇著稱：我到我的小房間／想吃我的小甜點／結果發現小駝子／吃得只剩半個邊。（SW, 3: 385）班雅明引述這首詩，是為了點出遺忘吞噬一切、消散事物的力量，給人的感覺就像詩中主角怔怔望著小人身旁的碎屑。我到廚房爐子邊／想喝我的小碗湯／結果發現小駝子／把碗摔得碎光光。在班雅明那寓言化的追憶裡，小駝子永遠早孩子一步，有如隱形的估稅員，提前從孩子遇到的每樣事物裡抽走「遺忘的那一半」，使得所有場景日後回顧，經由文字選取凝煉重現時，都帶著憂鬱的影子。

不過，班雅明對自己拙於面對現實世界的抱怨或許不可盡信。生活在極度講求紀律的普魯士家庭，家中種種規矩對班雅明和他的弟弟妹妹留下了難以磨滅的烙印。儘管我們沒有關於班雅明幼時有條有理的記載（除了他提到童年收藏的自傳式文章），但我們知道他弟弟格奧格對列清單相當執著：從最早的玩具、暑假旅遊地點到後來關於自然保護的剪報，他統統都有清單。[4]這種凡事都要登記造冊的需求也可以在作家班雅明身上看到，例如他不僅為自己的作品造冊，還記下他讀過（並且讀完）的每本書。這顯然和他終生喜歡蒐集美麗或他感興趣的東西，並且歸類建檔的內在衝動有關。[5]

圖二：班雅明和格奧格，一九〇二年左右攝於施萊伯豪。維也納奧地利國家圖書館，ÖLA 237/04。

班雅明的回憶讀起來很像獨生子的往日追想。其實三兄妹的年齡差（弟弟格奧格小他三歲、妹妹杜拉小他九歲）讓他們小時候都覺得自己像「獨生子」。班雅明直到弟弟同樣進了大學才與他親近起來，一九二四年之後更是因為兩人都傾向左翼而變得更加親密。杜拉成年後和哥哥的關係一直充滿緊張衝突，在母親過世及班雅明夫婦分居後更是如此，直到一九四〇年六月兩人流亡巴黎之後才有所改善。

格奧格的妻子希爾妲（後來成為東德司法部長）形容班雅明一家都是典型的中間偏右自由派資產階

級，[6]而且母系親戚的連結特別強。以祖母和外婆為中心，班雅明有許多舅舅、阿姨、嬸嬸和表兄弟姊妹都是現代德國學術與文化界的要角，例如班雅明的姨公赫希菲爾德（Gustav Hirschfeld）是柯尼斯堡大學古典考古學教授，舅公軒弗利斯（Arthur Schoenflies）是法蘭克福大學數學教授，並當過校長；班雅明的一位表姊夫是著名的漢堡大學心理學教授威廉・斯特恩（William Stern），表妹科爾瑪（Gertrud Kolmar）是備受推崇的詩人，表外甥女希爾妲・斯特恩（Hilde Stern）則是活躍的反法西斯抗爭者。[7]

班雅明與世隔絕的童年不算短暫，直到他不得不去上學才被打斷。九歲以前，他一直由家教指導，最早和一小群富人家小孩一起。他的頭一位家教是普法爾（Helene Pufahl），班雅明曾在《柏林童年》的〈兩個謎團〉開頭帶著深情與幽默回憶這位女老師，並且直到人生末段依然帶著一張「有著她美麗簽名」的明信片，「普法爾的頭一個字母P代表堅持、準時和足以得獎的表現，f代表著是忠誠、有成效和從不犯錯，結尾的l則象徵著羔羊般的虔誠與熱愛學習。」*（SW, 3: 359）不過，他對下一位家教克諾赫先生（Herr Knoche）的回憶可就完全不是那麼回事了。這位骨頭先生（德文Knoche意指骨頭）是典型的暴君型嚴師，教課「穿插打人是家常便飯」。（SW, 2: 624）

一九〇一年春天，班雅明即將滿十歲之際，父母親送他到夏洛滕堡的腓特烈皇帝學校唸書。腓特烈皇帝學校是柏林的前段班中學，當時有三分之一以上的學生是猶太人。學校的磚樓相當宏偉，卻位在柏

* 譯註：堅持、準時和足以得獎的表現，這三個形容詞的原文都是p開頭，忠誠、有成效和從不犯錯是f開頭，羔羊般的虔誠和熱愛學習則是l開頭。

林市區拱形鐵路後方，據班雅明形容給人一種「縮頭聳肩的感覺」，散發「老處女般的悲傷古板」。（SW 2: 626）那裡的校園氣氛就和學校外觀一樣陰沉拘泥又守舊，沒有給他留下半點快樂的回憶。年少的班雅明在低年級時曾被體罰和留校察看。不論在教室或走廊，他始終擺脫不了恐懼與羞辱感，覺得自己就像隨時被校鐘盯著的囚犯。他尤其痛恨向老師脫帽敬禮的規矩，覺得自己「整天」都在做這件事，以致十年後當他大力推動校園改革時，便將師生不該有上下關係當成核心信條，只是他的平等主義始終帶著幾分貴族色彩。

班雅明天生的菁英傾向、吹毛求疵與高尚情操，的確早在中學時期就很明顯，這也使他後來對左翼政治與大眾文化的分析有時顯得相當尖銳。他覺得一大群鬧哄哄臭兮兮的學生，特別是在他們搶著上樓的時候，其噁心程度和老師「愚蠢的長篇大論」不相上下。因此，我們不難想見這個體弱多病、戴著近視眼鏡的男孩對體育活動和校外教學完全不感興趣，只因它們太過嘈雜，而且太有軍事色彩。不過，班雅明的好友修勒姆後來認識了幾個班雅明之前的同學，倒是得出很不一樣的印象。他說腓特烈皇帝學校當時由一位教育改革者主持，是「思想非常進步的機構」，入學第一年就教法語，第四或第五年開始教拉丁文，第六或第七年開始教希臘文，而且不是從文法教起，而是直接閱讀《伊利亞德》的文本。[8]

就連班雅明本人也承認腓特烈皇帝學校並非一無是處，尤其是它的圖書館藏書十分豐富。由於父母親本來就鼓勵他閱讀，因此他入學以後很快就成為涉獵廣泛的讀者。除了那個年紀的男孩愛讀的美國作家庫柏（James Fenimore Cooper）和德國同類作家麥伊（Karl May）的小說，班雅明還嗜讀鬼故事，這個偏好直到過世前都沒改變。喜歡奇幻故事還讓他對一些成年讀物感興趣，例如《歌劇魅影》和霍夫曼

（E. T. A. Hoffmann）的小說他都一讀再讀。

腓特烈皇帝學校確實在一件事上永遠影響了班雅明，那就是他在學校裡遇到了孔恩和軒恩，並和他們成為終生好友。當然他後來又結識了不少朋友，也和他們往來甚密，如修勒姆、黑瑟爾（Franz Hessel）、朗恩（Florens Christian Rang）與格呂克（Gustav Glück），還有阿多諾和布萊希特，但都比不上他成年後和孔恩與軒恩擁有的親密與信任。

班雅明幼年體弱，經常發燒而長期缺課（這點對他倒不是壞事）。一九〇四年復活節過後不久，班雅明請假在家幾個月後，父母擔心他久病不癒，便讓兒子從腓特烈皇帝學校轉到圖林根邦的豪賓達鄉村學校，希望他轉到德國中部這所昂貴的寄宿中學後，學校裡的實作課（主要是農事和手工藝）和鄉間健行能對他有幫助。事實證明，班雅明在豪賓達這兩年是他成長過程中最

圖三：學童時期的班雅明。柏林藝術學院班雅明檔案館。

重要的兩年，讓他獲得了解放，只是方向和他父母想的不一樣。

緩坡上立著一棟樓，四周景物訴說著此時是春天。昨夜下了雨，早晨地面泥濘，水窪映著蒼白的天色。那棟樓便是豪賓達中學，學生們都住在那裡。半木式建築有如王座，只是並不雄偉，無法將平原上的森林盡收眼底。門口小徑下到花園，隨後左轉碰上黑色的鄉間道路，與之並行。小徑兩旁都是花圃，露出棕色的土壤。[9]

這所一九〇一年創立的學校雖然仿效英國模式，課程還是具有強烈的沙文傾向。學校提倡意見交流，尤其傍晚常舉行音樂與文學討論，並且和當時普魯士公立學校不同，老師很鼓勵學生獨立思考。[10]二十世紀頭十年，依據教學改革理念創立的學校在德國如雨後春筍般出現。一九〇〇年，瑞典教育理論家兼女性參政權提倡者愛倫．凱（Ellen Key）便宣布二十世紀是「兒童的世紀」，而班雅明正是在豪賓達認識了教育改革家維內肯（Gustav Wyneken）。維內肯的激進教學理念不僅讓班雅明投身學生運動，直到一戰爆發才停止，對方的啟迪青年論更深刻影響了他的思想。維內肯一九〇三至〇六年在豪賓達任教，後來因為與創校人利茨（Hermann Lietz）起爭執而遭辭退，但他很快就和同事格希布（Paul Geheeb）在圖林根森林的維克斯多夫村創立了自由學園（Freie Schulgemeinde），用四年時間更盡情地將理念付諸實踐。[11]一九〇五年到〇六年，班雅明在豪賓達中學上了維內肯的德國文學課，從而找到自己

豪賓達中學沒有改善班雅明的體格，也不曾讓他更親近自然世界，而是徹底形塑了他的智識與性格。

文學興趣的方向。「那些課使我心中建立起一套批判審美標準，讓我原本雜亂無章的閱讀變得更深刻，而且有了明確的方向，並喚起我對哲學的興趣。」（EW, 49〔1911〕）由於維內肯在文學與哲學方面對他的全面影響，班雅明從憎惡學校轉為理想化學生生活，將教室視為真正社群生活的可能典範。多年後，當他流亡巴黎期間短暫提到「教育理論是烏托邦的根源」（AP, 915），我們不難在這個歷史建構裡聽出這份早年影響留下的餘音。

一九一三年，維內肯出版了《學校與青年文化》（*Schule und Jugendkultur*）。這是本教學手冊兼文化理論，也是他這個時期最重要的文集。維內肯在書裡是一位哲學普及者，思想綜合了黑格爾的「客觀精神」與比較黑暗的尼采生命哲學，[12] 以打造「新青年」、使他們成為新人類為基調。在接下來數十年的動盪歲月中，這個理念一再被人提起。維內肯指出，青年時期是人類的希望，充滿創造的潛能，而不只是進入成年「現實生活」的過渡，但這點至今依然只是理想，無論青年或成人身上都見不到半點跡象。因此，學校應該取代家庭，在青年心中喚醒這個理想，並藉由傳播文化來實現。儘管蒐集與組織資訊有其必要，但培養心智與感性及**更新**傳統才是重點；研究外國文化是為了納為己有。身體和心靈的真正覺醒必然帶來對歷史（最終對社會）與「宇宙」的醒悟，其最高的體現（如柏拉圖教育論所說的）便是對美的欣賞。生活文化根植於藝術與哲學，因此，維內肯式的教育方法是將所有學科整合在既科學又詩意的統一世界觀之下。維內肯和尼采一樣，批評「舊有人文秩序」已不可行，並呼籲世人擺脫「相對歷史主義」束縛。文化形成有賴於「非歷史」（unhistorical）的新歷史意識的誕生（這個表述引申自尼采一八七三年的隨筆〈論歷史對人生之利弊〉，後來也成為班雅明的思考重點），該意識來自察覺「當下所具有的重要文化意涵」，並以處理「不斷自我更新的過去」的要求為最要緊的任務。（EW, 40）為了取代自滿的中產階級懷抱的「淺薄理性主義」，師生組成的智性—愛欲（intellectual-erotic）群體必須不分男女，一律視之為「同志」，學習「更弔詭」的思考方式，接觸生命的暗流，別再回頭尋求超自然解釋，而是準備好接收往往只會倏忽一閃（Aufblitzen）的觀念。這種解放後的思想，其特色在於它所給出的課題是自由的，讓人在令人反感的教會教條之外看見新的可能性，認知到批判—歷史（critical-historical）的宗教性是可能的。唯有這種精神巨變才可能建立文化國（Kulturstaat），超越民族國家的自我中心與政黨惡鬥，建立一個致力讓文化綻放的政體。所有新起的政治聯盟都面對一個大問題，那就是物質（技術）發展與理念（道德與法律）發展的落差。

這種整合式教育蘊含明顯的菁英思想：天才崇拜、領袖、「烏合之眾」與「高等人」之分，在維內肯筆下全都帶有尼采哲學的渲染力，卻不見其反諷。高等人的標準在於對根本事物的感知力，以及沉浸於藝術與哲學，從而對普及化的潮流產生懷疑，因為普及化只會帶來平庸。真正的文化生活不是向著幸福，而是向著英雄式的自我超越，向著征服自然。儘管他的思想充滿十九世紀生機論的色彩，而且之後德國有太多反動意識形態來自這個溫床，但維內肯確實警告眾人當心政治右翼帶來的「外在危險」與左翼帶來的「內在危險」。維內肯認為，個人唯有臣服於客觀精神才得以完滿。客觀精神所展現的真理並非與個人無關，但高於個人。不過，雖然這套論述不時出現辯證轉折，但維內肯明確反對個人主義，以致最終還是選擇擁護德國民族主義，於一九一四年十一月主張德國青年有責任參戰。儘管這不算背離，但在許多追隨者眼中似乎背叛了維內肯自己的教誨。維內肯對班雅明性格與思想的影響不容小覷，不僅止於班雅明此後成為德國青年運動領袖的七年期間，更貫穿其一生。

一九〇七年春，班雅明回到了柏林，在腓特烈皇帝學校完成剩餘的五年學業。這時期的閱讀內容明顯受他新發現的方向指引。他提到自己離開豪賓達之後特別「著重培養審美興趣」，作為自己文學與哲學興趣的「自然結合」，並且對「戲劇理論」情有獨鍾，尤其是「思考莎士比亞、黑貝爾和易卜生的偉大劇作，仔細鑽研《哈姆雷特》與歌德的《塔索》，閱讀賀德林……此外，當前對社會問題的關切自然也影響了我，這部分和我對心理學的興趣脫不了關係」。（EW, 50〔1911〕）為了進一步培養自己在文學事務上的判斷力，班雅明和朋友貝爾摩爾（Herbert Belmore〔Blumenthal〕）及同學成立了每週讀書與討論會，重點放在學校沒教的德國現代劇作家，例如霍普特曼（Gerhart Hauptmann）和韋德金德（Frank Wedekind），以及希臘悲劇、莎士比亞、莫里哀和其他經典戲劇的德語譯本。[13]成員們看完戲之後還會撰寫評論，供大家討論。這些文學之夜顯然和豪賓達的「禮拜堂」音樂與文學聚會類似。其中一位成員回憶，他們從一九〇八年持續聚會到一戰爆發，甚至等班雅明進了大學開始參與學生組織的各種論壇（而他們也很期待那些論壇活動），聚會依然沒有停止。這群讀書會成員可能就是班雅明日後提到他在腓特烈皇帝學校建立的「朋友圈」。他從圖林根回來後一兩年內結交了這群朋友，希望傳播維內肯的思想，而維內肯談論自由學園使命的文章也持續帶給他啟發。（GB, 1: 70）

一九一〇年四月，維內肯再次和同事與公務員發生衝突，因而被自由學園辭退。但他並未放棄學校改革運動，而是展開忙碌的巡迴演講，同時繼續著述出版，並主持多份刊物的運作。他與班雅明便是在這時期開始密切來往。在他一九一二至一三年的日記裡有不少則提及這位突出的青年門生，並表示自己會讀作品給對方聽。維內肯當時主要的發聲管道是《開始》（*Der Anfang*）雜誌，從一九〇八至一四年在柏林共發行了三期。雜誌原本的副名稱為「新興藝文雜誌」（Zeitschrift für kommende Kunst und Literatur），對象為高中生，膠版印刷一百五十本，由筆名巴比松（Georges Barbizon）的柏林學生格雷托（Georg Gretor）擔任編輯。格雷托和班雅明年齡相仿，是維內肯的忠實信徒，父親也是藝術商人。一九一〇年，還是高中生的班雅明開始為該雜誌寫詩與散文，並使用意義多重的拉丁文筆名「阿多爾」（Ardor），以免惹怒學校與公務員，而校方和公部門的反應也確實一如預料。班雅明發表的第一號作品是一首名為〈詩人〉的詩，帶有當時流行的新浪漫主義色彩：孤獨的詩人在奧林帕斯諸神的窺探下，於深淵邊緣寫下永恆的詩句。他凝視內在，仰望天上的神祇，又看向「群眾」。一九一一年，該雜誌正式印行，副標題也改為「聯合青年雜誌」（Vereinigte Zeitschriften der Jugend），到了一九一三和一四年更縮短為「青年雜誌」。班雅明的文章徹底轉向政治，甚至帶有好戰色彩，直接探討學校改革與青年文化。他以〈睡美人〉（Sleeping Beauty）為題，為這一系列宣告文揭開序幕。文中以一個比喻開頭，帶出維內肯的目標，也就是青年覺醒。其後三年班雅明發表的文章，就算不是全部，至少以學生身分發表的作品都以革命性的文化變革需要新青年來帶領為主題。

那個時期，班雅明除了為《開始》撰文，也首次接觸到新俱樂部（Neue Club）這個前衛小團體。新俱樂部由一九〇九至一四年住在柏林的一群早期表現主義作家組成，經常於傍晚聚會朗讀文章，成員稱之為「新情感歌舞會」（Neopathetisches Cabaret）。這個由希勒（Kurt Hiller）創立的團體有兩位成員後來成為德國表現主義大將：詩人海姆（Georg Heym）與凡霍迪斯（Jakob van Hoddis）。班雅明有幾位熟人在團體裡相當活躍，例如也參與《開始》創刊的古特曼（Simon Guttmann），他後來成為駐柏林和倫敦的攝影記者；還有延奇（Robert Jentzsch）和鮑姆加特（David Baumgardt）。海姆是新俱樂部最有天賦的詩人，也是古特曼的朋友，但我們不曉得班雅明是否與他熟識。不過，修勒姆說班雅明曾經在他面前背誦海姆一九一一年詩集《永恆之日》（*Eternal Day*）的詩句，「很少見到他做這種事」。（SF, 65-66）[14]希勒後來也於一九一二年發表了第一本表現主義詩集《禿鷹》（*Der Kondor*）。

一九一一年底，班雅明報名畢業高考以便申請大學，但遭到父親反對。父親希望他和同年紀的男孩一樣選擇實用的職業。當年艾米爾自己就因為姊姊芙蕾德里克（Friederike Joseephi）的遊說而改變心意。芙蕾德里克是班雅明最喜歡的姑姑，曾教他筆跡學，後來於一九一六年自殺。[15]隔年二、三月，班雅明陸續進行了口試和筆試，結果除了一科之外都考得很不錯：他希臘文筆試（翻譯柏拉圖的文本）不及格，但靠口試彌補回來；[16]數學考得「尚可」，拉丁文「不錯」，德語作文「很好」，題目是歌德和奧地利劇作家格里帕澤（Franz Grillparzer），閱卷者稱讚他理解深刻，文筆優雅。就連這篇短文也看得出維內肯的影響，文中以莎翁筆下的「偉大沉思者」哈姆雷特為例，討論「天才的問題」，主張天才總是「擱淺在生活裡」。（GS, 7: 532-536）他不久前才以類似的觀點分析品達（Pindar），在〈童年紀事〉裡他表示那是自己第一篇哲學隨筆，題名「反思高貴性」。

隔年三月，班雅明自腓特烈皇帝學校畢業，似乎很快就贏回了父親的好感，因為他接下來能夠在五旬節假期（五月二十四日至六月十五日）遍遊義大利，造訪科莫、米蘭、維洛納、維琴察、威尼斯和帕多瓦。他之前旅行總是與家人同行，例如在給貝爾莫爾的頭幾封信裡，他就提到自己一九一〇和一一年和家人去了瑞士。信中用戲仿、報告與評論的方式興奮描述自己的閱讀所得，像是毛特納（Fritz Mauthner）的語言理論和托爾斯泰的《安娜．卡列尼娜》。如今，十九歲的他終於得到允許，和兩位學校認識的朋友出國旅遊，讓他首次真正嚐到遠離家人與老師的自由滋味。儘管他從一九〇二年就開始以日記的形式記錄旅行經歷，但一九一二年的這趟「義大利之旅」是其中最長的一篇，而且最引人注意的是他將日記視為旅行的實現：「這趟旅行首先應當是我即將為它寫下的日記。我希望從中見到……教育之旅該有的、沉默自明的綜合在過程中發展，因為這種綜合是教育之旅的根本。」（GS, 6: 252）這種想法非常班雅明：寫作的任務在於讓過去曾有的事物在現時（actuality）中首次顯現。撰寫旅行日記才是真正的旅行，才是有教育意義的綜合。這裡已經隱約可見班雅明對時間向度和文學作品的形式與內容彼此相關的複雜理解，而他後來轉向唯物論，從而將「生命處境文學化」的做法，就算尚未出現在這些日記裡，也將在企圖不小的早期隨筆〈青年形上學〉與〈賀德林詩作兩首〉裡開花結果。〈一九一二年五旬節的義大利之旅〉以豐富的細節向我們透露班雅明對旅行與旅行書寫的熱愛，而且隨著時間愈發強烈。

高考後不久，班雅明便以〈尾聲〉一文向自己的中學歲月告別。這篇匿名刊載於啤酒報（Bierzeitung，一種幽默雜誌）的短文，由他和幾位同學合力完成。班雅明在短文中問道：「學校給了我們什麼？」[17]撇開玩笑話不談，班雅明這樣回答：學校給了許多知識，卻不曾提供指引方向的理想與約束人心的責任感。他說，不斷伴隨課業而來的是一種折磨人的任意隨便與無目的感：「我們對待課業就和對待自己一樣不認真。」（EW, 54）他再次主張如果想認真對待「青春」，首先就該讓師生自由交流，坦誠對話。班雅明高中便如此大膽譴責教育體制，而這樣的呼籲很快就會以更公開的方式散播出去。

第二章　青年形上學：柏林、弗萊堡　1912—1914

儘管大多數人提到一九一二至一四年，總會指出一戰即將爆發令整個歐陸蒙上了一層陰影，但班雅明剛進弗萊堡和柏林大學的頭幾年，關切的卻是其他事物。大學時的他開始鑽研一些或許可以稱作「文化哲學」的學問，然而這些思索都遠不及另一項發展來得重要，那就是他對學術生活展開了全面的尖銳批判。一開始批判是以一連串精彩晦澀的文章進行，而且大多都沒有發表。但隨著時間過去，班雅明逐漸在不少學生團體嶄露頭角，成為團體的領袖和發聲者。這些團體都和如今稱作「德國青年運動」的學生運動有關。由於積極參與這些事務，班雅明開始嘗試用寫作影響大眾；而正是因為考慮到面對大眾，他才發現自己必須面對他的猶太人身分。

班雅明一九一二年四月進入弗萊堡大學，展開他的大學生活。弗萊堡大學是德國數一數二古老和知名的大學，該城位於黑森林南端，城小而安靜，以優美的丘陵景致而非藝文氣息聞名。儘管弗萊堡很快就會因為胡塞爾和他那位改寫哲學史的門生海德格在此任教而成為現象學運動重鎮，但你很難找到一個跟繁華熱鬧的柏林相比，反差比這小城更大的地方了。小海德格三歲的班雅明主修哲學，以便繼續從事文學研究。他在夏季學期一口氣修了非常多課，比之後任一學期修的課都多，包括古典時代晚期的宗教生活、中世紀德國文學、知名史學家邁涅克（Friedrich Meinecke）講授的十六世紀通史、康德世界觀、當代文化哲學、平面藝術風格與技巧，以及認識論與形上學導論。

認識論與形上學導論有一百多名學生，由著名的新康德主義者里克特（Heinrich Rickert）負責授課。他從批判實證主義（以孔德為首，主張來自感官經驗的與料*是唯一可靠的知識來源）和生機論（關注「生命本身」的哲學思考，源自叔本華和尼采對理性主義的批判）開始，接著講授自己的創見，一種對歷史與文化的理論挪用。雖然他的論證以邏輯和科學為準繩，其分析卻是十足的歷史取向，反映出新康德主義西南學派從問題史（Problemgeschichte）切入的特色。除此之外，他還嘗試**超越**康德，從理論層面化解精神與自然、形式與內容、主體與客體的二律背反。這些思想都將對班雅明產生難以估量的影響。其後十年他在哲學與美學上的關鍵探索，其實都可以說只是在里克特和馬堡大學哲學教授科恩（Hermann Cohen）的新康德主義裡穿梭。在他人生最後一年，班雅明甚至寫信給阿多諾，一反他向來在

圖四：學生時期的班雅明，約攝於一九一二年。柏林物品博物館工藝聯盟檔案室。

對方面前否認自己深受浪漫主義影響的態度，坦誠表明自己是「里克特的門徒（就像你是科內利烏斯的門徒）」。（BA, 333）

海德格也選修了里克特一九一二年開的這門導論課，後來還在對方指導下完成博士論文。里克特一九一六年轉往海德堡大學任教，遺缺由胡塞爾接替。海德格與班雅明還一起上了里克特的邏輯課（其實是新的「生命哲學」）及下學期他開的柏格森哲學討論課。我們不免猜想他們應該在討論課上知道對方的存在，但從史料看

圖五：貝爾摩爾，約攝於一九二三年。貝爾摩爾（M. P. Belmore）私人收藏，埃爾朗根。

＊　譯註：與料（datum），即構成感官經驗的基本材料。

來，儘管兩人的作品有那麼多交點，生平又是如此不同，那時卻沒有任何往來。班雅明四年後確實讀到 34
了海德格的早期作品，只是（想當然耳）沒什麼好印象。[1]

班雅明對大學期望太高，修了太多課，以致第一學期的經歷只能用「混亂」和「應接不暇」來形
容，至少他這樣告訴頭兩年最常與他通信的貝爾摩爾（Herbert Belmore）。他有時會趁「清晨晴朗，在
大學附近的城裡蜿蜒漫步」，藉此逃離「『用功過度』的幽靈」。（GB, 1:46）比起故鄉柏林，德國西南有
著更多陽光與美麗景色，但班雅明卻常覺得自己被迫遵循他所謂的「弗萊堡時間」：一種只有過去與未
來而沒有現在的時間。「這是真的，」他五月中旬這樣告訴貝爾摩爾，「我在弗萊堡能獨立思索學業的時 35
間，大約只有我在柏林的十分之一。」（C, 14-15）

班雅明之所以選擇弗萊堡，遠赴外地讀書，主要是因為弗萊堡當時已經成為激進學生運動的根據
地，而不是想追隨里克特和邁涅克等有名的教授。弗萊堡是德國最早一批允許學生實踐維內肯的重要
構想、在現有的獨立學生會裡成立學校改革小組的大學。十九、二十世紀之交，德國許多大學都成立
獨立學生會，以反抗兄弟會和決鬥社等既有的學生組織，推動十九世紀的自由教育理想，包括學科的
內在統一與在學者社群內展露個體性格等等。獨立學生會是德國青年運動（Jugendbewegung）在大學
裡的核心組織。青年運動原本只是由幾個喜歡到柏林郊外踏青的青年團體發起的活動。[2]這些自稱漂鳥 36
（Wandervögel）的小團體一九〇一年創立於柏林施泰格利茨區，不過在此之前已經活動多年，成員關係
緊密，潛心於接觸自然，培養戶外生活帶來的簡樸習慣。隨著全德各地青年起而效尤，早期成員（「那
些長髮邋遢、喜歡飲酒作樂……彈吉他和在田野森林散步的傢伙」）的溫和反智主義與政治冷感逐漸被

更明確的主張所取代，活動也從聚會同樂變成了一場社會運動。[3]到了一九一二年，主導青年運動的自由德國青年（Freideutsche Jugend）成員已經包羅萬象，不僅有班雅明這樣的和平理想主義者，還包括支持極端民族主義的反猶保守青年。

維內肯追隨者遠非群體裡的主流，據估計一九一四年也只有三千人左右。但由於他們在維克斯多夫自由學園建立的反權威教育模式，以及自覺的前衛思想，使得他們必然成為運動中最受公眾注目的一群人。他們自詡為學校與文化改革先鋒，希望改革社會意識，尤其是「資產階級」意識。班雅明的弟媳希爾妲從共產主義的角度回顧當年，指出追隨維內肯的青年男女是一群「知識菁英」。她在為丈夫撰寫的傳記裡引述一份合撰報告，闡述德國勞動階級青年參與青年運動的來龍去脈：

> 這場資展階級青年反對運動的緣起可以追溯到本世紀之交。當時有一群高中生，主要是小資產階級或資產階級的子女，看不慣高中盛行的威權教育讓一群僵化的老古板要求學生無條件服從。不論是壓抑獨立思考得來的主張、要求學校教育配合建軍備戰的意識形態或膜拜君主制，都和課本裡的人文理想背道而馳。此外，資產階級的家父長道德觀、追逐利益，以及為了追逐利益而生的虛偽、奴性與無情，也讓許多子女深惡痛絕。這些青年畢業後有許多進了大學，繼續信奉漂鳥精神，反對反動學生組織的作為，痛恨學生沉迷飲酒決鬥、投向沙文主義並以傲慢與蔑視的態度對待民眾……基本上，刺激這些青年採取不服從行動的不是社會秩序，而是世代衝突……他們拒絕主動參與當時的政治紛爭，並將目標寄託於教育人們「忠於內在，按自己的原則與責任」打造人生。[4]

圖六：維內肯於豪賓達，攝於一九〇六年。德國路德維希斯坦堡青年運動檔案中心。

只要檢視班雅明戰前寫的學生運動文章裡的「道德綱領」，讀到他詳細指控課程安排毫無心思，斥責學校與家長聯手用庸俗主義麻痺學生，就會發現文中許多地方和前述智識與心靈的「不服從行動」遙相呼應。

事實證明，連在比較保守的獨立學生團體裡，維內肯信徒也始終是少數。即使他曾經透過學校改革小組對大學生造成了不少影響，但小組成立的初衷也只是彌補正式課程之不足，將教學擴展到狹隘的專業與職業訓練之外而已。弗萊堡大學的學校改革小組在校內舉辦講座與傍晚討論會，讓班雅明又多了一個實現「讓人重返年青」*使命的場合。（C, 24）那年夏天，他的短文〈學校改革：一場文化運動〉出現 38 在弗萊堡大學學校改革小組的傳單上。傳單共印了一萬份，在全德各地大學免費發放。文中他以「艾克哈特，哲（Eckhart, phil.）」為新筆名，主張學校改革不只應當修改價值的傳遞方式，更該徹底修正價值 39 本身。教育改革除了針對體制，更關乎整全的思考，需要的不是狹隘的教學重組，而是廣博的道德綱領。但教育不只是教導學生（套用史賓諾莎的名言）「從永恆層面」（sub specie aeternitatis）思考，更要學習「從永恆層面」**生活**與**工作**。唯有當教育如此拓展個人與社會的視野，才能夠形塑文化；而所謂文化，就是「人性的自然提升」。（EW, 58）三年後，班雅明寫下了論青年哲學的集大成之作〈學生生活〉，

＊譯註：本書依據不同脈絡，對於原文的youth有「青年」與「年青」兩種譯法。就一般論時，譯為「青年」；當指涉特定狀態或概念時，則譯成「年青」，以「年青」在華語語境中本有的特定性來指涉班雅明的特定哲學概念。

文中更明確地將相關的「歷史任務」和遵循線性時間的人類「進步」觀區分開來。

班雅明對喚醒年青的看法雖然受維內肯啟發，但其源頭可以上溯至十九世紀從施雷格、諾瓦利斯（Novalis）到尼采的德國思想。這點不僅反映在他的書信裡，更清楚顯現在他一九一一至一五年發表和未發表的一系列出色文章中。這些作品遠不只是青年時期的文思泉湧，而是已然顯露標誌著他後來所有作品的原創性。對班雅明而言，推動年青文化從來不限於學校改革，而是一場思想與感受革命。唯有文化轉型才能帶來真正的體制改變；而在這場追求「新人性」與「激進新視見」的鬥爭中，青年是社會的先鋒。（EW, 29, 120）這不只是一場文化與政治運動，更是一種生命哲學、一種活的哲學，具體而言就是一種歷史時間哲學與宗教哲學。在青年班雅明眼中，這些思想面向都在「精神」（Geist）這個德國概念下緊密相連，而年青則被定義為「不斷對純粹精神的抽象性深有共鳴」。（C, 55）這話出自他一九一三至一四年寫給賽麗格森（Carla Seligson）的一封信。賽麗格森是柏林的醫學生，也是班雅明的好友兼戰友，後來成為貝爾摩爾的妻子。這是他寫給賽麗格森最狂熱的一封信，信裡幾乎字字語帶玄奧，意在駁倒父執輩的邏輯。賽麗格森之前曾問「如何做到」，讓他大為感動，直接以神秘口吻回答：目標是感受年青本身，不過並非人人都能做到「為年青降臨而歡喜」。換言之，目標不是「提升」而是完成。這是所有年青之人的內在特質，也是里克特思想的核心概念。班雅明接著說：

> 今天我體會到基督話語裡的偉大真理：看哪，神的國不在這裡，也不在那裡，而是在我們裡面。我很想和妳一起讀柏拉圖對話錄論愛的章節，裡頭對愛的描述之美與思考之深，或許無人能出其右。（C,

54〔一九一三年九月十五日〕）[5]

班雅明說，年青不是服事精神，而是**等候**它（讀到這裡可能有人會想起哈姆雷特論及「演戲」時提到的「就緒」〔readiness〕）。[6]這種近似神學的說法道破了精神「抽象」的關鍵：「永遠在實現中」的年青靈魂的目光不會駐留在特定位置，而是始終自由。班雅明這樣形容：「最重要的是絕不能固著於某個觀念，連年青文化本身也不例外。」（C, 54；論自由的部分見52）也就是沒有教條，沒有外顯的封閉體系，更沒有派別，只有啟明（Erleuchtung），讓「最遙遠的精神」得以彰顯。撇開這些想法與他日後拒斥的「素樸」浪漫主義非常接近不談（SW, 3:51），在他後來代表作裡隨處可見的曖昧本質此時也已展露無遺。這種曖昧源自於在班雅明眼中，真理是流動而辯證的，是對隱藏之物信守承諾的開顯。真理不是**關於**某物的真理，而是某物**中**的真理。[7]

賽麗格森的「如何做到」基本上問的是政治行動，但班雅明一九一三年的回答卻拐了個彎，將行動訴求轉進思想領域，而且境界非常高深。班雅明大學時的作品不曾直接談論政治，只有少數例外。他在一九一二年秋天寫出了〈關於現今宗教性的談話〉，文中約略提到以「誠實的社會主義」對抗當時主流的社會主義（EW, 71）；而在給猶太復國主義者好友斯特勞斯（Ludwig Strauß）的信中，班雅明則提到自己還在社會民主黨與左翼自由派之間搖擺。不論如何，他接著表示，由於政治承載的是政黨意志，而非思想，因此政治最終只會變成挑選危害較輕的一方。（GB, 1:82-83〔一九一三年一月七日〕）不過，在他剩餘的大學歲月裡，對「教育」的信心（相信政治從教育開始，最終會在文化裡開花結果）將促使班雅明在自己所屬的青年運動分支裡扮演更大的角色，積極組織政治行動，繼續抗議學校與家庭，並持續為自己那帶有審美色彩的嚴格道德綱領樹立榜樣。

在班雅明的想法中，有樣東西的道德意涵特別明顯，那就是友誼。如同當時許多改革倡議者常援引重要的古典時期論述，班雅明筆下的友誼也對應著一個古代概念，那便是柏拉圖所說的友愛（philia）。這種對等相待的友誼，是促使人與人在爭競中形成真正社群的媒介。此外，尼采對政體的理解（「一百個各自為政」的集合）和康德的「不合群的群性」也影響了班雅明。他對友誼的理解，一種刻意保持距離的友誼（C, 57），讓人想起他這時期常在信裡提到的孤獨與社群的辯證。這樣的想法將體現在他往後人生的人際互動中。人必須學會孤獨，才能形成真正的社群；社群必然是獨立心智與獨立良知的集合。基於這種堅定的認知，班雅明對他所有的人際關係採取刻意維持距離的措施：他的舉止遵循嚴格的規則、對朋友築起一道無法穿透的牆，並且在對話與書信中絕口不提個人私事。

同樣的，人與人必須形成社群，孤獨才會充實而有意義：

> 孤獨的人如今安在？唯有概念和概念裡的社群才能致之，使人孤獨。我相信人唯有將概念化為己有（不論「何種」概念）才得以孤獨；我相信這樣的人必然是孤獨的……最深刻的孤獨就是理想的人和概念建立關係，從而抹去所有屬人的特質。這份孤獨是更深刻的孤獨，只可能來自完美的社群……如今知道何謂「在人群裡孤獨」（Einsamkeit unter Menschen）的人少之又少，達成的條件尚待創造。（C, 50）

班雅明在這時期（一九一三年夏）的另一封信裡，隱約提到他所謂的「條件」意指為何。對於如何在人群中深刻孤獨，理想地粉碎人身上「太過人性的」特質，班雅明指出他感覺「一切人性都該是獻給精神的祭品」，因此不容許任何個人利益、「個人感受、個人意志與心智」。（C, 35）這道處方不僅顯露出抽象的年青熱情，還帶著高調的道德要求。人們或許會覺得奇怪，這話怎麼會出自像他這樣一個連在摯友面前都小心迴護隱私，不出十年之後就為了個人喜好開始熱切收藏珍本與原創藝術品，卻又批評資產階級私有財產觀的人之口。然而，這種矛盾正是他多面性格的典型表現，同時也符合他對自己的描述：一個由信念構成的「矛盾的流動整體」。（BS, 108-109）哲學與政治在班雅明眼中從來不互斥，而他總是一次次在不適合自己的團體裡尋求同伴——若非意識形態相左，就是性情大不相同。他在一九一三年六月二十三日的信裡寫道：「無可救贖者的救贖……就是我們宣稱的普遍意義。」（C, 34）[8]在此，班雅明的態度既菁英又平等主義，和他後來發自流亡與貧窮深處、更為文雅的宣告如出一轍。

一戰前的那幾年，哲學（philosophia）與政治（politeia）的長年對立就算一如以往見不到現成解方，至少仍然有利於澄清與發展理論前提，而班雅明這時期對年青的探索便是他後來哲學思想的預先操練。這點在他對於時間的思考上尤其明顯。當時不少大思想家都對時間思索再三。年青之所以意識到自身的存在，意識到自己是「無止盡的精神革命」的發生地（EW, 205），正是因為「現在」的概念，那個我們只能等候（erwarten）其到來的臨在（Gegenwart）被拓展了。班雅明對歷史的理解顯然從一開始就是形上的，不將時間看成接替相續的時刻，而是任何時刻都遍觀時間的全體（EW, 78；班雅明選用的詞彙是Gesamtheit）。歷史是未來與過去的鬥爭（EW, 123），而鬥爭的動態場域就是現在。尼采早在〈論歷史對人生之利弊〉文中就斷言現在具有知識論的優先性，班雅明則於一九一三年為《開始》雜誌撰寫的〈教導與估量〉文中引用了這項主張。尼采在該文第六節寫下了自己的歷史詮釋準則：「唯有出於現在的大能（Kraft der Gegenwart）才能詮釋過去」，因為「過去總是以神諭之姿發聲」。[9]這和諾瓦利斯一七九七至一八〇〇年間的說法相去不遠。他在一篇論歌德的殘篇裡表示，「相信『古人』存在是天大的錯誤。古代現在才剛出現，在藝術家的靈魂和眼裡浮現。」[10]班雅明在〈學生生活〉開頭便附和尼采對十九世紀歷史主義的批判，反對蘭克學派主張史學家有辦法「如其所是地」客觀掌握過去。班雅明拒絕從無垠時間的角度看待歷史，視之為因果事件的均勻接續，而是主張歷史就聚集和凝聚於現在此刻這個「焦點」（Brennpunkt）之上。歷史批判的目的既非追求進步，也非返還過去，而是挖掘現在，解放其隱藏的能量。因為每個此刻都含有「內在的完美狀態」，以最「瀕臨滅絕」與最「受譴責」的概念形式存在，而主流史家遺漏的正是這些深藏不露的變形。

現在是過去與未來的鮮活辯證，這個想法構成了〈青年形上學〉的基礎。這篇一九一三至一四年寫成的文章可說是班雅明早期最重要的一篇未發表作品。班雅明在文中指出現在是永恆的曾在，我們所思所為都充滿了祖先的存在，因為祖先一旦逝去就成了未來。過去不斷自我更新，而我們每天都像沉睡者，向過去汲取「難以估計的能量」。我們有時覺醒後會記起夢境，將那股幽冥能量「帶進白晝的光明裡」。覺醒就這樣用做夢鞏固自己，讓「偶一閃現的洞見之光」照亮現在的層層深處。[11]當現在喚醒自己的歷史共鳴，就來到決定的時刻，並藉由這個根植於過去的決定奠立未來（參見〈新青年的宗教立場〉，收錄於EW, 168-170）。這裡談到的「覺醒青年」顯然預告著班雅明後期思想的一個核心關懷：用辯證意象（dialectical image）來說，就是歷史張力的剎那組集（constellation）*，一個突現的力場，有如星辰匯聚成星座一般。在這個力場中，體認的此刻（the now of recognition）從「我們稱作夢境的過去裡」醒來又回返其中。[12] 而這個歷史辯證的關鍵就在於「擁有將現下時刻感受為覺醒世界（die Gegenwart als Wachwelt）的技藝」，亦即班雅明日後所稱的「當下此刻」（Jetztzeit）。[13]

班雅明就在這一波獨力寫作中踏入了青壯年。這是他最早的一批作品，文中透露的抽象道德優越感有些源自維內肯，但大部分都出自班雅明本人，他後來的許多作品都帶有這種色彩。一九三二年，即將展開流亡的班雅明回顧學生時代，坦然承認正由於青年運動根植於心靈生命，所以注定失敗：「那是最後一次的英勇嘗試，想要不改變人的處境而改變人的態度。我們當時還不知道注定會失敗，但就算知道，也幾乎沒有人的決心會動搖。」（SW, 2:605）這些早期作品儘管帶有刻意說教的意味，但仍有許多地方展現出作者的才華，讓我們瞥見他性格的關鍵面向。班雅明很早就意識到自己天賦的特色所在，也有許多證言指出經常有人察覺他才智過人。早在大學時代，他就曾經用自己的天賦追求智識的領導權。由於他擁有的是才智和語言方面的天賦，因此不論當時或後來，他都期望自己光憑作品的水準就能獲得影響世界的力量，並且經常對朋友直言不諱，如修勒姆和霍夫曼斯塔爾（Hugo von Hofmannsthal）。然而，在他積極參與德國青年運動的組織與宣傳事務之後，只有三度嘗試創辦刊物讓這份追求**團體**智識領導權

---

* 譯註：組集是班雅明思想的重要概念，原文 constellation 既有「匯集成群」，也有「星座」的意思。他在《德國悲苦劇的起源》導言曾說：「觀念之於事物，就如同星座之於星辰。」

的夢想近在眼前，可惜無一實現。

當然，領導青年運動並不總是那麼風光。在弗萊堡大學的第一學期，班雅明幾乎對各方各面都有所抱怨。不僅課程無趣、學生水準低，就連獨立學生會成員也讓他覺得全是「沒有規矩又沒能力的空話製造機」，只有他參與的學校改革小組不同於較為中立的獨立學生會，始終堅持維內肯的激進思想。（GB, 1:52）在他看來，就讀弗萊堡大學只有一個優點，就是靠近義大利，因為之前的五旬節假期之旅讓他愛上了文藝復興時期的藝術。六月中，班雅明認識了「一位年輕藝術家」，讓他對學校重燃一絲希望。這位藝術家應該就是當時就讀醫學系的菲利普（Philipp Keller）。兩人結識隔年，菲利普便出版了小說《百感交集》（*Mixed Feelings*），而班雅明跟菲利普及他所屬的表現主義文學圈一直維持頗為矛盾的關係。[14]不過，夏季學期結束前，班雅明已經決定離開弗萊堡返回柏林。之後他將住在德爾布呂克街的父母家中，一邊到大學上課，一邊在更大的戰線上參與青年運動。

新學期開始前，班雅明和腓特烈皇帝學校的同窗好友薩克斯同遊了波羅的海的施托普明德（今波蘭烏斯特卡），並於八月致信貝爾摩爾，說自己的「正常腦袋」沉沒了四個月總算重新浮出水面。薩克斯在施托普明德介紹了一位學長給班雅明認識。此人名叫圖赫勒（Kurt Tuchler），是「藍白」猶太復國主義青年團的創辦人。班雅明和他談了很多，後來也有書信往來（現已佚失）。兩人的談話讓班雅明對自己的猶太人身分燃起了興趣，並首度察覺「猶太復國主義和復國運動是可能的，因此或許是一份義務」。（C, 17）事後看來，此時談論「義務」還言之過早。認識圖赫勒之前，班雅明對猶太事物的經驗少之又少。他母親基於家族傳統（參考班雅明在〈童年紀事〉的解釋）對柏林的猶太改革派還算支持，而他父親則是出於成長背景比較傾向遵循東正教的禮儀。但我們先前也提到，班雅明家會大肆慶祝聖誕節，復活節也會讓小孩找彩蛋。班雅明從小生長在已徹底同化的自由派資展階級猶太家庭，對猶太傳統沒有特別的情感，做禮拜等宗教儀式也讓他感到無聊與厭惡。他的作品始終帶有神學色彩，只是隨著年齡增長愈來愈隱晦，但又和所有組織性宗教不同。怎麼可能相同？基本上，班雅明的「猶太性」清楚體現在他的交友選擇上：幾乎所有和他成為摯友的人，不分男女全都來自同樣的同化猶太人上層階級，只有少數（但都值得一提的）例外。

因此，班雅明這時期和猶太復國主義展開對話，顯示他開始對猶太性作為一個重大且複雜的歷史問題感興趣。三年後，他在給布伯（Martin Buber）的信裡寫道，「猶太精神是我的思考中最重要、也最縈繞不去的問題。」（GB, 1:283）他在弗萊堡大學期間，曾經和透過菲利普認識的同窗斯特勞斯一起探討這個主題。斯特勞斯當時已經是小有成就的詩人，屬於以劇作家兼詩人哈森克雷弗（Walter Hasenclever）為首的表現主義圈子，後來成為布伯的女婿，在耶路撒冷希伯來大學教授文學史。班雅明向斯特勞斯透露，他是因為維內肯追隨者才開始思考猶太人身分的問題，因為他們當中有許多人是猶太裔。在此之前，他對自己身為猶太人的感覺就只像是身上帶有一種異國「氣味」而已。（GB, 1:61-62）當時許多年輕猶太知識分子也經歷了與班雅明類似的自我意識的覺醒。一九一二年三月，此前默默無聞的戈德斯坦（Moritz Goldstein）在著名藝術期刊《藝術觀察》（*Der Kunstwart*）發表了〈德國猶太人的帕納蘇斯山〉（German-Jewish Parnassus）一文，立刻在同一份雜誌和其他刊物引來大量回應，成為全德各地的熱議話題。戈德斯坦在文中嚴厲探討德國猶太人的身分問題，主張猶太知識分子基本上是無家之人。「我們猶太人，」他這樣寫道，「竟然替一個否定我們有權掌管其智慧財產的民族掌管智慧財產……即使我們覺得自己完完全全是德國人，他們也覺得我們完全不是德國人。」然而，拒斥自己身上的「德國性」結果也相去不遠：「就算我們終於找回人的尊嚴，不再理會討厭我們的德國人，難道身上的德國人成分就不存在了嗎？」[15]

跟其他猶太學生辯論這些議題，讓班雅明察覺猶太性深植在自己「存在的核心」。（GB, 1:69）但他很小心地將猶太性與政治上的猶太復國主義區分開來。他告訴斯特勞斯，德國猶太復國主義者欠缺完整的猶太意識，是半吊子（Halb-menschen），「他們為巴勒斯坦呼口號，然後跟德國人一樣喝得爛醉」。（GB, 1:72）他思考過「文化猶太復國主義」的可能性，但由於猶太移居運動者毫不掩飾其民族主義傾向，使得他只好跟「務實猶太復國主義」保持距離。[16]儘管他暗示願意和斯特勞斯合辦一份猶太事務刊物，卻表明自己「無意徹底涉入猶太世界」。（GB, 1:77）

就班雅明和斯特勞斯一九一二年九月至一九一三年一月的討論，猶太身分問題的關鍵在於班雅明對文化的理解，他認為必須「保存文化的概念，拯救它不受時代動盪的侵擾」。（GB, 1:78）文化永遠是**人的**文化。這種說法乍看和尼采的強力世界主義遙相呼應，堅持對民族性格強烈過敏才是「好歐洲人」；但班雅明在這裡引述尼采，其實是將對方當成**威脅**文化存續的代表。他延續老師維內肯的想法，承認為了創造有根基和生命力的文化，我們必須和親密「敵人」對抗，但正是在此處，我們必須當心理想的庸俗化，甚至拋棄文化。「尼采風格的社會生物學家正在趁火打劫，」班雅明寫道。（GB, 1:78）接著他又大膽批評尼采主張的「智識化的庸俗主義」，不僅展現在尼采權力意志說的生物主義裡，也展現在他將友誼縮限到個人之間的看法中（班雅明這裡意指《查拉圖斯特拉如是說》第一部的〈論朋友〉章，尤其是朋友睡著後，書中主角在對方臉上見到自己臉龐那一段）。出於對尼采的反對，加上可能還是隱約和「猶太世界」有關，班雅明再次提到維內肯的友愛理想，那種「思想的道德結盟」。此處的論點令人想起他一九一二年十月中完成的〈關於現今宗教性的談話〉，而他也向斯特勞斯提到了這篇文章。在這番深夜對談中，兩人將尼采（以及托爾斯泰和史特林堡）封為新宗教感的先知，問題在於如何重拾「我們的社會活動」失去的「形上嚴肅性」。（EW, 65）班雅明再次提出孤獨與社群、地方與集體的辯證：日常生活中，真正的宗教基礎不是「無用的虔誠心力」，而是身體與心靈「獨立的富足與分量」，一種「個人直接性的新意識」。（EW, 75, 78, 67）班雅明和尼采對宗教性的見解不同，差別就在班雅明強調宗教性是一種深化的社會與道德意識（包括「無產階級的意識」〔EW, 64；亦參見GB, 1:64〕），讓日常生活的習慣變得高貴。這並非否定尼采的哲學不再影響班雅明的思想與表達方式——他充滿弔詭與辯證的表達手法，正反映了尼采對主導傳統形上學與無矛盾律的對反系統的解構。現代文化被移交到存在的無根狀態，在酒神式的存在汪洋裡浮沉，所有身分，從「我」開始，都被瓦解而變得可疑（見EW, 169：「我們的『我』不再是確定的」）。每當面對存在的拔錨（unmooring）與沉浸，班雅明總是緊守著清醒原則，這便是他的典型反應。

班雅明總是從形上學的角度看待社會，這點多少是受到他那年秋天和冬天在大學所修課程的影響。一九一二年十月，班雅明進入弗雷德里希威廉大學（今洪堡大學）哲學系，展開他在柏林大學生活的第一個學期（他斷斷續續讀了五個學期）。他修了知名哲學社會學家齊美爾（Georg Simmel）的課。齊美爾教學「非常出色」，儘管身為猶太人讓他始終拿不到終身職（成為正教授），但他可能是柏林當時最受歡迎、也最有影響力的老師，門下出了不少重要的社會和政治理論家，像是布洛赫、盧卡奇與馬庫塞（Ludwig Marcuse）。所有人都說他講課引人入勝，從來不使用筆記，完全順著「思路」從各個角度切入同一個主題。齊美爾深知自己的哲學思考結合了認識論、藝術史與社會學的成分，[17]而他對細節的敏銳洞察，對歷史與文化邊緣事物的關注，顯然讓班雅明深受吸引，也滋養了他剛萌發的形上學傾向。齊美爾一九〇三年寫下了開山之作〈大都會與精神生活〉（The Metropolis and Mental Life），這篇文章在許多方面啟發了班雅明後來的「社會學轉向」，也促使他和克拉考爾於一九二〇年代初對現代大都會展開新的分析。儘管班雅明在哲學上對齊美爾的學說有所保留，但是從一九三〇年代起，他就經常在作品裡引述齊美爾對都市生活的現象學分析，並倚賴齊美爾對大城市生活經驗的理解，建構自己的經驗理論。至於他在柏林修過課的其他老師，包括哲學（由知名新康德主義者卡西勒授課）、德國文學與藝術史教授，我們幾乎不曾聽他提起。只有文化史學家布雷西格（Kurt Breysig）採取「普遍歷史」的研究進路，因為不從流俗而顯得較為特出。

回到柏林讓班雅明和《開始》雜誌再次合作。在他的參與下，《開始》雜誌經過一番準備，於一九一三年春天第三波出刊，也是最後一波。同年五到十月，班雅明除了在其他刊物發表作品，還以化名在《開始》投稿了五篇論年青的文章。最後一篇短文以〈經驗〉為題，文中班雅明像是預知自己將一生關注這個議題一般，以體驗到「不可經驗之物」的更高、更直接的經驗為名，批評視經驗為脫離年青的「資產階級」庸俗經驗觀。（EW, 117）從岡伯特（Martin Gumpert）一九三九年出版的《天堂裡的地獄：一位醫師的回憶錄》，我們可以窺見這份（一九一四年七月最後一次出刊的）雜誌重組時的氛圍，值得長篇引述：

> 有天我被找去開會，討論創辦新刊物的事，結果認識了一群陌生的年輕人。他們個個頭髮飄飄，領口敞開……講起話來更像說教，言語嚴肅用詞優雅，大談擺脫資產階級世界，青年應當享有配得上他們的文化……開口閉口都是先鋒與追隨者的概念。我們讀了格奧爾格的作品，還有瑞士詩人施皮特勒（Carl Spitteler）的剛毅史詩……那時人們還活在概念可能性（Begriffen）的世界裡。我想分析和定義存在的所有元素，發現存在的雙重性、多樣性與神秘。沒有一事一物是不重要的；每片葉子和每件物品在其物質層面背後都有形上意義，將之轉為普遍的象徵……青年運動完全是中產階級運動……儘管察覺到這層侷限，我還是寫了一份生硬的宣言，主張勞動階級青年和我們屬於同一陣線，我們必須認識他們，贏得他們支持。一九一三至一四年掌管這份刊物的維內肯將我的文章寄回來，上面寫滿負評：時機還未成熟，我們仍然得先專注在自己身上。我們這個圈子……就這樣陷入了唯智主義的危險……政治在我們看來是不講理智的，因此不值得追求。（引自GS, 2:867–870）

在岡伯特眼中，班雅明是那群青年裡「最有天賦的一個」。而青年時期的班雅明確實追隨維內肯，始終反對青年在現有的政黨政治裡站隊結盟，也努力確保《開始》「和政治保持距離」。但我們可以肯定地說，班雅明不會認為自己為青年運動所寫的文章不帶任何政治意涵。

班雅明這時期對政治的理解包括狹義與廣義兩層面，而教育改革有利於後者。若要讓哲學從小學開始就成為課程核心，就得改變人性，至少這是班雅明一九一三至一四年在演講與文章裡反覆強調的論點，並總結在〈學生生活〉一文中。轉到弗雷德里希威廉大學的第一學期，班雅明廣開戰線宣揚自己的理念，比起弗萊堡大學那段時間，不論參與度或知名度都大幅提高。他協助成立柏林學校改革小組，並獲選為上級組織「獨立學生會」主席團成員。而在校外，班雅明除了活躍於自由學校共同體聯盟（Der Bund fur Freie Schulgemeinden）柏林分會，還經常與維內肯碰面，並曾邀對方到家中作客。

一九一三至一四年是班雅明人生第一次直接參與政治事務，從許多角度來看也是唯一的一次。他從柏林和弗萊堡的地方團體開始，慢慢步向全國政治舞臺，嘗試成為青年運動的領導者，推動改革計畫。但從他筆下透露的理想主義不難看出，在政治場域裡身體力行其實和他內心最深的傾向相牴觸。他做事小心謹慎，極在乎隱私，在團體裡總是不自在，最喜歡獨自沉浸於心靈世界或一對一談話。但就算是後者，他的話語裡也是充滿軼聞、類比與影射。齊克果的墓誌銘「那個個人」恰恰可以用來描繪班雅明終其一生對團體的反感，甚至（或者說尤其）對自己的朋友們感到反感。因此，班雅明大學初期熱衷政治活動絕對是他社交生活的例外，也不難預料總是衝突與對立不斷。然而，有大量證言顯示他極具個人魅力。喬爾（Ernst Joël）形容班雅明對人擁有「不可思議的影響力」，貝爾摩爾則說班雅明高中就以「早慧和極度認真」讓朋友印象深刻，甚至讓他們「差點成為他的信徒」。[18]

就在這個注定忙碌的學期結束前，班雅明決定一九一三年夏天返回弗萊堡。除了因為沒能連任柏林獨立學生會的主席團成員，也由於維內肯希望他回弗萊堡重掌學校改革小組。不過，和菲利普的友誼才是班雅明決定回去的主因。他在弗萊堡大教堂附近找到一個舒適的房間，「牆上掛了不少幅可敬聖人的肖像」。不論身處何方，班雅明都很重視住處要有圖像，以致家中的圖像收藏愈來愈複雜，而基督教聖人的肖像則是固定班底。他四月底寫信給貝爾摩爾：「窗外教堂廣場上有一棵高大的白楊木，綠葉映著黃澄澄的陽光。大樹前一座老噴泉，樓房牆面灑滿陽光——我可以花上十五分鐘，就只是望著這幅景致，接著……在沙發躺一會兒，拿一本歌德來看，不久便會讀到諸如『神性的廣度』（Breite der Gottheit）之類的句子，然後就又難以自拔。」（C, 18）他發現弗萊堡和去年夏天不同了，獨立學生會已經名存實亡。「布告欄上見不到任何公告」，他告訴賽麗格森，「沒有人組織小組，也沒有講座。」（C, 21）而他前一年參與的弗萊堡學校改革小組則變成只有七到九名學生的文藝社團，每週二傍晚聚會讀書討論。小組由菲利普帶領，他「作風獨裁，老是捧著文章朗讀個沒完」（C, 19），因此儘管班雅明仍然讚賞菲利普的表現主義作品（直到一九二九年仍不忘在寫給《文學世界》的書評裡提到菲利普那本「不幸被人遺忘」的書），卻開始與他對抗，兩人關係也因此轉淡：「我將自己從菲利普跟前解放出來……也解放了其他人……讓他們有機會別再感情用事，可以頭腦清醒地形塑自己。」（C, 23-24）這話一語道盡班雅明當時依循的政治行動準則。圖赫勒還記得兩人在施托普明德的爭論點：「他想把我拉進他的思考圈子，尤其希望說服我不該加入兄弟會，因為我當時正有此打算。他勸我保持『獨立』，在個人層面依附他。」[19] 拒絕加入團體代表獨立，但必須是由班雅明居中安排的獨立。於是菲利普六月初退出傍晚討論會也就不太令人意外了。班雅明取得主導權，除了談論施皮特勒的作品（他在寫給《開始》雜誌的〈睡美人〉一文中討論過他），也對小組成員朗讀維內肯的文章。此外，他還從《開始》雜誌找來幾個人加入小組。

對班雅明個人而言，這時期最重要的面向就是那年夏天他和讀書會其中一名成員深刻的智識友誼。此人就是多愁善感的年輕詩人海因勒（Friedrich Heinle），後來和班雅明一起回到柏林讀冬季學期。海因勒生於亞琛，原本在哥廷根讀書，一九一三年夏天獲准進入弗萊堡攻讀語文學，並加入獨立學生會的藝術與文學小組。那年夏天，班雅明和海因勒聯手為「某些人，尤其我們自己」建立了一個學習社群。（C, 67）兩人的關係維持了一年多，這是班雅明謎樣人生中最謎樣的一段時光。和海因勒相遇對他而言既重大又難以參透，並且在他後來的智識與情感面貌上留下了深刻的印記。

那年四月，除了和康德的《道德形上學基礎》搏鬥（並於七月發表強力主張廢棄道德的〈道德教育〉，文中提到書裡一些內容），班雅明還讀了齊克果的《非此即彼》。當時這本書在歐洲剛掀起第一波熱潮，帶給班雅明的興奮也「遠勝其他書籍」。[20]「妳可能知道，」他在信

圖七：海因勒。沃爾法特收藏（Sammlung Wohlfarth），法蘭克福。

裡告訴賽麗格森，「齊克果以基督教倫理（要說猶太教倫理也行）為根據，召喚我們內在的英雄主義。他態度和尼采一樣強烈，只是理由和尼采不同，而他所做的心理分析和尼采做的一樣有殺傷力。」（C, 20）面對即將到來的五旬節假期，班雅明原本只打算沉浸在「哲學和大雨」裡，但他告訴貝爾摩爾，「命運」在這時伸手，要他首度造訪巴黎，於是他就和十個月前在施托普明德認識的猶太復國主義者圖勒赫去了，圖勒赫的朋友齊格弗里德（Siegfried Lehmann）也一起同行。這趟旅行讓他帶著「強烈活了十四天的感受」回來，那種感受「只有小孩會有」，並且「在羅浮宮和林蔭大道比在腓特烈皇帝博物館或柏林街上更給人一種回家的感覺……到了我離開巴黎的時候，我已經對那裡的商店、霓虹廣告和林蔭大道的人們瞭若指掌」。（C, 27）圖赫勒則表示，兩人遊歷巴黎期間，班雅明一路都處於欣喜若狂的狀態。事後證明，那兩週的造訪比班雅明自己感覺到的更像「命運」的安排，因為巴黎後來不僅成為他全心研究的對象，更成為他流亡的歸處。

或許就是這趟旅行，讓這位年方二十的作家有了第一次性經驗，對象是他在巴黎街頭遇到的女子。[21]但話說回來，班雅明的性啟蒙有可能二十歲才發生嗎？猶如同時期的畫家克希納（Ernst Ludwig Kirchner）與詩人海姆在其作品裡所呈現的，柏林街頭與咖啡館應該不乏類似機會，讓少男依循自己所屬階級的習慣，和妓女或私娼發生關係。而《柏林童年》也有一章名為〈乞丐與妓女〉（未收錄於本書一九三八年的修訂版），文中班雅明提到自己曾經「在無比衝動之下和街上的一名妓女搭話」，時間應該是他十幾歲的時候。「我可能猶豫了好幾小時才有動作，心裡的驚惶就和面對一台等我輸入指示才會動作的角子機沒有兩樣。於是，我將聲音放進投幣孔裡。我感覺血液在耳朵裡翻騰，壓根無法接收從那對艷抹雙唇吐出的任何話語，只能落荒而逃。」（SW, 3:404-405）不過，基於班雅明生來謹慎挑剔，我們完全可以想像他百般嘗試，直到身處異國首都，遠離家人朋友的目光才終於成功，這種情形絕非不可能。

在弗萊堡大學的第二個學期，班雅明繼續攻讀哲學。他修了席勒美學和康德《判斷力批判》的討論課，但覺得都是一些「經過化學過濾的思想」，他這麼告訴貝爾摩爾。他還修了自然哲學課，以及里克特開的兩門課。一門是柏格森形上學討論課，但他「只是坐在班上想自己的事」[22]（柏格森的理論在戰前學術圈廣受討論，班雅明的〈青年形上學〉也強烈呼應著他的學說）；另一門則是「全弗萊堡的藝文人」都來了，課上「里克特在教授邏輯之前，先大致闡述了自己的思想體系，替一個全新的哲學領域立下基礎，那就是完滿人生（vollendeten Leben）的哲學，並且以女性為代表。這想法雖然有問題，但很有意思」。（C, 31）不過，他六月中寫信給維內肯，對這門課及其蘊含的價值哲學卻頗為批判：「他的說法讓我無法接受，因為他認為女人的道德發展基本上無法達到最高境界。」（GB, 1:117）班雅明在這點上與維內肯立場一致，認為必須推行男女同校，將女人「從愈來愈有問題的理想家庭形象中」解放出來。（引自EW, 42〔1911〕）一九一三年六月二十三日，班雅明寫下一封值得紀念的回信。針對貝爾摩爾在信裡談到娼妓的象徵意義，班雅明更進一步探討「女人」的問題：「你應該明白，我認為在思考文明化的人性時，『男人』與『女人』是過於原始的區分……歐洲是由個體組成，而非男女，每個個體都有男性與女性成分……我們到底對女人知道多少？就和對青年一樣少。我們從未經歷過女性文化，就像我們也不曾知曉青年文化一般。」（C, 34）[23]至於娼妓的意義，他批評貝爾摩爾之說是「膚淺的唯美主義」：「娼妓在你眼中是某種美麗之物，你對她們的敬意不下蒙娜麗莎……但你這樣做恰恰奪去了成千女性的靈魂，將她們貶為藝廊裡的存在，好像和她們相交是無比藝術的舉動！當我們謳歌賣淫『充滿詩意』，心裡真是那麼想嗎？我必須為詩抗議。」（C, 35）在這時期的班雅明眼中，娼妓（這群將在《拱廊街計畫》成為十九世紀重要人物類型的女性）的意義來自一個事實：「她們將自然從性慾這個最後的庇護所裡趕了出來。」因此，娼妓意味著「精神的性慾化……代表文化在情慾裡：情慾之神厄洛斯（Eros）是最強大的個人主義者，對文化最具敵意。連他都能被策反，成為文化的僕役」。（C, 36）

班雅明對賣淫有何文化意義的這些思考，和他晦澀的〈青年形上學〉的開頭幾節關係密切。這篇文章應該是從一九一三年夏天開始構思，首先完成思辨迷宮般的「對話」與「日記」兩部分，而後於隔年一月加上篇幅較短的第三部分「舞會」。[24]由於主題是青年形上學（明顯屬於後尼采形上學，不以傳統的實體概念展開論述），我們或許可以將這篇文章和〈賀德林詩作兩首〉與〈學生生活〉並列，看作青年美學與政治學三部曲。其中〈學生生活〉與學校改革直接相關，並因為具話題性而有發表；另外兩篇沒有針對特定讀者，只以手稿形式在幾位朋友之間流傳，直到班雅明過世都沒有出版。文中班雅明環繞著時空感知問題展開形上思辨，其格言與狂文般的風格和表現主義的異象手法頗為接近，[25]尤其讓人想到特拉克爾（Georg Trakl）以陰暗的方式啟迪人心的散文詩，這些詩作和〈青年形上學〉約莫同時期完成，只是後者既不陰鬱，也沒有末世口吻。在這篇經得起考驗、才華令人難以逼視的力作中，班雅明展現了以凝練意象進行哲學思考的方式。文中使用的是「張力」、「交穿」與「照耀」等詞彙，描述跟振動的現實形成對角關係的種種動態或「情慾」關係。這種動態關係甚至蔓延到了班雅明用字遣詞的質地裡。為了闡明向度的迴旋（convolution），他刻意搬弄有時近乎於矯揉的哲學文字遊戲，例如「永在的現在將再臨在」。（EW, 147）這種有意為之的古樸語言，和海德格二戰後的寫作風格非常類似。就這點來說，班雅明和海德格都回歸到賀德林的詩藝手法。而班雅明除了引用賀德林將年青比作覺醒之光的優美詩句作為「對話」的題詞，「對話」這個標題也讓人想到賀德林的創作母題。

因此，從形上角度理解「年青」，不僅必然限定某種語言，也必然限定某種時間性，亦即一種和性別問題密切相關的語言。班雅明在「對話」裡以過去的夢境能量開頭，接著區分兩種語言觀，一種由「沉默」主導，一種由「字詞」主導（在一九一六年的〈論語言本身與人的語言〉文中，他同樣以此區分自然與人性），其中沉默的語言和女人有關，字詞的語言和男人有關。但可別忘了，班雅明在六月二十三日寫給貝爾摩爾的信裡強調，「男性」和「女性」的稱呼只有功能上的意義，沒有實質意義（不然像「女人的語言仍未發展完全」這類的句子似乎就會變得和里克特對此一主題的看法一樣令人「無法接受」，即使對象是莎芙〔Sappho〕也一樣，因為班雅明在此文第一部分對「女人」的理解，同樣是有意返古的）。「對話」的說話者是男人，慣以言語瀆神，滿懷絕望；女人是聽者，慣於沉默，滿懷希望。[26]文章告訴我們，說話者進入了聽者，聽者則讓說話者落地。其實沉默的聽者才是對話裡「不屬於任何人的意義根源」，並且「保護意義不被理解」。憑著這些功能，聽者體現了說話者的「女性過去」。這過去飽含能量，有著「夜」的深度，被執迷於現在的說話者所穿透。從對話生出的沉默（想想潘妮洛普與奧德修斯）令夢的能量得以更新，夜晚得以發光。如同班雅明本人幾年後的說法：「發光者唯有折射於夜裡才是真實。」（SW, 1:52-53〈蘇格拉底〉）我們再度看到平衡於啟示與隱秘之間的真理觀。對話的命運和沉默的命運密不可分。

該文第二部分「日記」是道地的形上學。對應兩種語言之別，班雅明提出了兩種時間模式：永遠年青的「不朽時間」和屬於日曆、時鐘與證券交易的「發展時間」。這個區別主要源自柏格森。柏格森將生命綿延與固體邏輯區分開來：在生命綿延裡，過去延續於現在之中，而固體邏輯則是科學與常識的機械式抽象線性時間——在一九一六年的〈悲苦劇與悲劇〉裡，班雅明則是區分「機械時間」和「歷史時間」。（SW, 1:55-56）對班雅明而言，「純粹」時間在日夜遞嬗的時序裡流動：「不朽時間……在事件發生和人類相遇於其中的自我裡流動。」流動其中，卻又超乎其外，就像內在沉默超越字詞言語。發展時間是「經驗鏈」，在年青時間的照耀下被克服（aufgehoben）。年青時間是「日記」（Tagebuch）的時間。前面提過，對班雅明而言，寫日記可比嚴肅的文學與哲學事業，因此不難想見這種具有年青質地的表達媒介會被描繪成一種完整的觀看與體驗方式。在〈青年形上學〉裡，日記是自我消融與實現的場所：揚棄「稱我為『我』，並讓我為其親密所苦」的自我，從「那看似壓迫我，但終究是我的時間之光裡」解放出來。日記時間轉化時間，也轉化空間：我們在「書的魔咒下」於日記時間裡遇到的事物，都不再如傳統形上學所認定，獨立於時間流與感知者之外，而是屬於時間流與意識的一部分，受自我吸引，自我進而降臨於（widerfährt）萬物之上。在這個廣博的振盪裡，時間的空間進一步深化，事物藉由提出「問題」（這個構想來自柏格森）而進入人的感知域，訴諸追憶的自我所回應之物：「在這種振盪的交流中，自我擁有了生命（lebt das Ich）。」[27]「事物看見我們，」班雅明寫道，似乎驚人地預見了自己日後對靈光的思考（SW, 4:338-39），「它們的目光將我們推入（schwingt）未來。」於是，穿越事件地景（日記裡，我們周遭發生的一切都是地景）將使我們「降臨於自身」：「作為事物時間的我們。」時間的節奏發散又吸引，闡明主體與客體的互動，同時擴展並返回「時間子宮」。在時空辯證的搖擺中，日記讓過去的事物充滿未來性，讓我們「在死亡的時間裡」遇見自己，作為我們最親密敵人、作為良知的自己。正是死亡那既遠又近的至高真實，瞬間（Augenblick）賦予活存之物以不朽。日記是片刻救贖的入口，以「自我復活」的形式寫下命運。五年後，「作品來生」的概念將成為班雅明批評觀的基礎，但在他的思想發展過程中的每個階段，都可見到哲學與（非教條、非末世）神學交流的印記，從一九一〇年的寓言〈尋求宗教的三人〉到一九四〇年的〈歷史的概念〉皆是如此。

一九一三年八月一日，班雅明在弗萊堡大學的第二個學期正式結束。他日後用「難熬的好幾週」形容那段時間（C, 53），幸好有海因勒這個「成天做夢、非常德國」（C, 18）的朋友為伴，才不致於死氣沉沉。七月中，班雅明寫信給在柏林攻讀室內設計的貝爾摩爾，提到「海因勒有幾首詩應該能打動你」，還說「這裡的人可能更兇、更濫情、更衝動也更不經大腦（這是真的！）……他**就是**這樣，而我能體會，也很同情，甚至自己也常那樣」。（C, 45）班雅明常和海因勒在弗萊堡附近的黑森林散步，聊維內肯、青年運動和其他重大道德議題（海因勒在七月號《開始》雜誌發表了一篇情緒壓抑的散文，探討教室教育）。七月底，另一位年輕詩人穆勒（Anton Müller）加入了他們倆。穆勒是教宗至上派天主教報紙《弗萊堡信使報》的編輯之子。「昨天〔我們三個〕在森林裡爬山……討論原罪……和畏懼。我認為畏懼自然足以檢驗對自然的真實感受。」（C, 48）班雅明剛認識海因勒不久就嘗試讓《開始》刊登新朋友的詩作，只可惜無功而返。接下來幾年，他仍然不停嘗試宣傳海因勒的作品。當時不少朋友都提到兩人的友誼頗不尋常。所有人都同意海因勒長得特別俊俏，就連班雅明十年後提到海因勒和他弟弟沃夫時，依然稱他們是「我所認識最好看的年輕人」（一九一三年一月四日寫給朗恩〔F. C. Rang〕的信）。不過，班雅明似乎沒有區分海因勒的外表之美和他性格與詩的陰鬱之美。有些讀者覺得海因勒的作品孩子氣，有些則深受鼓動。[28]

在弗萊堡的這段時間也不是毫無消遣。班雅明去了附近的巴塞爾，參觀德國文藝復興時期藝術展，見到不少原作，例如杜勒（Albrecht Dürer）的《憂鬱》，影響了他後來對德國悲苦劇的不朽研究。除了課堂指定讀物（康德、胡塞爾和里克特），班雅明還為了自習與喜好讀了許多作品，包括齊克果、聖文德（Saint Bonaventure）、斯特恩（Laurence Sterne）、斯湯達爾、赫塞、莫泊桑和亨利希·曼（Heinrich Mann）。他甚至寫了兩則短篇故事，包括精雕細琢的〈父親之死〉。（EW, 128-131）儘管班雅明的父親仍然不支持兒子的「志向」，但他七月來訪時，班雅明還是表現得「相當超然和友善」。學期結束，班雅明發現自己放不下弗萊堡，原因應該還是出於他對海因勒的強烈依戀：「隨著學期結束，陽光到來，那裡的生活總算在一瞬之間變得美麗，也有了夏天的感覺。最後四天晚上，我們倆（我和海因勒）常一起待到午夜以後，幾乎都在森林裡。」（C, 49）和家人到南提洛度假幾週後，班雅明九月初回到了柏林，準備重拾他在弗雷德里希威廉大學的哲學研究，同時繼續參與青年運動。那年夏天，青年運動停滯不前，此時正要進入最密集的階段。

一九一三年九月，柏林出現一個名為「論壇」（Sprechsaal）的組織，目的在為高中生和大學生發聲，尤其是《開始》雜誌的讀者群。論壇的集會形式與主題都不令人陌生：傍晚聚會演講與討論，主題包括青年文化、活力與道德，以及現代抒情詩和世界語運動，以促進思想交流。一九一三年冬季學期，班雅明擔任「聚會所」的共同承租人，為了這個全新的文化論壇勞心勞力。聚會所是一間小公寓，位於他從小熟悉的柏林帝爾加騰區，論壇成員和獨立學生會的社會工作組都在這裡集會。修勒姆對班雅明最早的記憶，便來自一九一三年秋天某次的論壇集會：「他不看聽眾，從頭到尾盯著天花板的某個角落，情緒激昂、一字不漏地唸完他的演說。」（SF, 3-4）這份投入也讓班雅明慢慢淡出《開始》雜誌，最終於十月發表了最後一篇文章〈熱誠〉。幾個月後，他將發現自己陷入爭執之中。儘管確切原因並不清楚，但應該和維內肯決定辭去雜誌總管一職有關。以海因勒和古特曼為首的部分成員希望雜誌更加偏重文學，於是想從偏重政治與社會主義的編輯巴比松和伯恩菲爾德（Siegfried Bernfeld）手中接掌雜誌。雙方在論壇激辯數回合，最終由雜誌出版者兼（政治立場十分激進的表現主義重要刊物）《行動》雜誌編輯普費菲爾特出面，代表巴比松和伯恩菲爾德進行斡旋，結果並未成功。調停失敗後，班雅明曾考慮撰寫告別文，批評《開始》雜誌的走向（一九一三年十二月號提到論壇在維也納成立了「亞利安」支部），只是還沒來得及動筆，雜誌就停刊了。

十月，班雅明首次面對大群盟友，在兩場出席者眾的學校改革與青年運動全國大會上扮演不小的角色。首先是布雷斯勞大學某一團體舉辦的第一屆學生教學大會，班雅明在會上以「德國大學學生教學團體的目的與手段」為題發表演說，捍衛明顯偏維內肯學說的「弗萊堡派」，反對較為保守的布雷斯勞派。他鼓吹「新的哲學式教學法」並培養「學生的新觀點」，提倡「以**內在**為根基又極具社會性的」學生行動主義，拒絕效忠單一政黨。（GS, 2:60-66）兩派學生各執己見，最終只同意保持聯繫。接著，班雅明前往德國中部的卡瑟爾，參加由德奧兩國數個青年運動支派與學生團體舉辦的第一屆自由德國青年會議（Erste Freideutsche Jugendtag）。這場如今公認為德國青年運動巔峰的會議於十月十日至十二日在漢斯坦山和附近的邁斯納山舉行（當時為了這個活動將山名改為高邁斯納〔Hoher Meißner〕，結果就一直沿用至今），不少大人物，如作家霍普特曼、哲學家克拉格斯（Ludwig Klages）和納托普（Paul Natorp）都獻上祝福與建言。三天會議既是歡聚的慶典，也有化不開的爭執。根據來自波昂的作家庫雷拉（Alfred Kurella）日後回憶，與會團體「幾乎由法西斯主義者、反法西斯主義者和事不關己的草包三足鼎立」。[29]會議於下著雨的週五晚上開幕，地點在漢斯坦山頂上的廢墟城堡，結果有兩派人馬激烈對立：一邊是鼓吹建軍備戰和「種族優生」的學生團體，一邊則是維克斯多夫自由學校共同體聯盟領導人維內肯和盧瑟克（Martin Luserke）。維克斯多夫派主張，不論面對任何「政治或半政治特殊利益」都要堅持「青年自主」，人應該聽從良知而非武力恫嚇。在維內肯看來，培養「共同的年青感」其實就是為了保衛真正的德國靈魂而戰。最終他發揮了關鍵影響，與會者當晚就採納代表團起草的宣言，其開頭便是之前提過、後人稱作邁斯納準則（Meißner formula）的名言：「自由德國青年追求忠於內在，按自己的原則與責任打造人生。」儘管如此，隨後兩天會場上的意識形態衝突依然不斷。青年們轉往邁斯納山，陽光也露了臉，會場除了音樂、土風舞、體育競賽和典禮服裝展示，還有關於種族關係、戒癮（菸酒等）與農業改革的討論。班雅明一週後在《行動》雜誌上發表了一篇短評，對會議成果頗為悲觀。短評名為〈青年默然〉，和編輯普費菲爾特之前發表頗受好評的〈青年發聲！〉刻意對應。不過，班雅明也不是沒有察覺新徵兆出現：「自由德國青年會議開成了，但我們萬萬不能被這個**事實**給壓倒。是的，我們確實見到兩千名現代青年齊聚一堂，在高邁斯納出現新的年青活力，新的張力在他們臉龐上浮現。但在我們看來，這只是年青精神的體現。踏青、典禮服裝和土風舞並不新鮮，並且（在一九一三年的此時）依然缺乏精神性。」（EW, 135）會議裡反覆出現的歡樂氣氛讓班雅明特別絕望，因為它抹去了青年們「聚集在此的莊嚴神聖性」。意識形態與自滿讓整場會議注定「只有少數人」瞭解「年青」的意義和它的正當使命，也就是「反抗家庭與學校」。

一九一四年二月，班雅明獲選為柏林獨立學生會夏季學期會長，在青年運動裡的領導地位再度提升。他很快就為夏季講座找了幾位重要講者，包括布伯主講自己剛出版的新書《但以理》，以及生機論哲學家兼筆跡學家克拉格斯主講精神與理智二元性。從他同年五月二十三日寫給前同學軒恩的信裡，可以窺見他對獨立學生會的基本期許。班雅明告訴這位日後一起參與廣播的作曲家、作家兼譯者說：「基本上，我們能做的就是……打造一種有文化的集會。」（C, 67）這個乍看不起眼的目標，同樣是為了創造一個「完全仰賴加入同行的有為青年」的教育社群。這種個人主義式的社群主義，在班雅明寫給賽麗格森的信裡隨處可見，也是他五月就任會長時的演講主題。其中一大段（也是如今碩果僅存的一段）被他放進〈學生生活〉裡，開頭第一句是：「有一個很簡單又可靠的標準，可以用來檢視一個社群的精神價值。那就是問：全體有為者能在其中找到共鳴嗎？全人類都將自己託付給它，覺得它不可或缺嗎？」（EW, 200）班雅明接著提到「托爾斯泰精神」，將它和「為窮人而服務」的概念連結，視之為「真正嚴肅的社群」展現「真正嚴肅的社會工作精神」的典範。[30] 反觀當時的學術社群仍然囿於刻板的（亦即低階的）責任與自利觀，學生對「人民」和「勞動者」的同理也完全是抽象的。這場演說獲得了很好的迴響。聽眾裡有幾位特別有活力的成員，班雅明未來的妻子朵拉（Dora Sophie Pollak）也在其中。她聽完大受感動：「他的演講……就像一種救贖，讓人聽了幾乎無法呼吸。」[31]演講完後，朵拉代表獻上一束玫瑰。「真的，」班雅明日後表示，「再也沒有別的花令我如此開心。」（C, 60）

同年六月，班雅明前往威瑪參加第十四屆自由學生大會，與會成員針對獨立學生會的政治責任爆發激辯，最後維內肯派慘敗，提出的各種提案幾乎「每天都被無情地投票否決」。（C, 69）例如，柏林和慕尼黑代表聯合提案，要求捍衛高中生保有個人信仰的權利，就以五票對十七票遭到否決。（GS, 2:877）身為柏林分會會長，班雅明在大會裡角色吃重，第一天就以「新大學」為題發表演說，內容自然和他一個月前的就任演講非常接近。有跡象顯示他在威瑪是無稿演講。根據他那時期的書信紀錄，那次演講是以尼采和費希特的教育思想為基礎。[32]費希特一八〇七年出版《告德意志同胞書》，書中主張要建立德意志國家，最重要的前提就是大學體制必須致力於促進理性生命。尼采一八七二年出版《論我們教育體制的未來》，雄辯滔滔反對以專業訓練為目的的國民教育機器，認為它們犧牲了在偉大老師呵護下、透過哲學與藝術獲得的真正自我養成。對獨立學生而言，這一切都歸結到「道德抉擇的必然性」。[33]這次大會以保守派學生居多，而在一份會議紀錄中，一名保守派代表高姿態評論班雅明的演講：「真佩服他竟然能遵循他老師的精神，將自己所有想法導向同一個磁極：最高的教育改革。只是這位年輕的維克斯多夫派帶著他慣有的傲慢質疑一切——大學、科學、學識和過去的文化。」（引自GB, 1:239n）班雅明提到「這場聚會瀰漫著惡意」，唯有維內肯派以「某種體面與精神上的堅毅」力保尊嚴，面對外在世界最終贏回了自己「獨自持守的高貴立場」與「其他人的敬畏」。（C, 69）他們之後又努力了一陣子，嘗試營造「一個排除政治、完全奠基於內在的緊密青年社群」（C, 68），只是拒絕政黨政治和具體政治目標也連帶排除了社會改革的願景和嚴肅的「社會工作」，進而排除了某些政治責任。

班雅明一九一四年夏天完成了〈學生生活〉。文章直接衍生自就任演講與威瑪演說，開頭就表明這不是動員令，也不是宣言。前面討論過涵義豐富的第一段，文中昭告歷史的任務在於揭露現在的彌賽亞能量，依據從諾瓦利斯、施雷格、波特萊爾到尼采的浪漫主義思想傳統，為了現在而取回歷史對象。眼前的工作是反思，亦即思考隱藏在日益安穩的生活安排下不斷進逼的「危機」。說得更明確一點，這篇文章嘗試從形上學和歷史角度描述大學和學生生活的意義，並透過這批判（Kritik）「將未來從它在現在裡的扭曲中解放出來」。（EW, 198）如同維內肯，班雅明將矛頭指向教育工具化，「創意精神被倒錯為職業精神」。他指控大學成為職業養成「機構」，指責學生毫無批判與骨氣的默許，扼殺了讓人想學想教的真正職業。為了矯正職業訓練與文憑主義的外在追求，班雅明提出了「內在統一」的概念（賀德林在同年稍晚發表的文章裡從美學的角度做出呼應）。根據他的看法，職業與專業訓練機制基本上就是將各個學科和它們在知識概念裡的共同根源斷絕開來。而這個知識的概念（Idee des Wissens）就是以「學識社群」意義存在的哲學。因此，面對當前「對學術生活的認知混亂」，解決之道就是回復各個學科在哲學感性與實踐裡的根源，讓所有研究根本上都是哲學研究。

當然，班雅明本人並不關心這種轉變如何才能發生，只暗示重點不在教律師思考文學問題，也不在讓醫師討論法律問題，而是讓知識所有分支都隸屬於整體，也就是大學本身——顯然和讓所有分支隸屬於哲學系不同。唯有當大學整體性是實行中的理想，大學才有權威可言。班雅明在這裡做了邏輯延伸：從斷言知識的內在統一到主張學科統一，再到要求大學裡師生與男女平等互動，並推向整個社群。而以「無止盡的精神革命」與「激進懷疑」為職志的學生，便擔任著智識先鋒的角色，確保質疑與討論的空間，維繫「對話文化」，如此不僅能防止學習淪為資訊累積，還能為社會日常生活的根本轉變打好基礎。[34]

事後看來，六月在威瑪的挫敗可以說是不祥之兆，預告了班雅明在大戰前全心投入超過四年的學生運動即將瓦解。他七月的確又選上了柏林獨立學生會會長，可以再當六個月，然而八月戰事一爆發，班雅明就算沒有放下對教育的思考，至少也立刻放下了對學校改革的關注，並確實和青年運動時期的大多數盟友斷了聯繫。根據那年夏天的書信內容，班雅明終究未能克服孤獨與社群的衝突，至少日常生活如此。他提到自己需要「嚴謹的生活」，表示自己打算休假「到森林裡的僻靜小屋尋求寧靜與工作」，因為他實在沒時間「沉浸在任何事裡」。（C, 73, 70）但當他七月真的去度假時，卻沒有選擇離群索居，而是跟前一年就很親近的朋友格蕾特和她哥哥拉特一起去了巴伐利亞阿爾卑斯山區，並且一回柏林就有些倉促地宣布了和格蕾特訂婚的消息。[35]但他也愈來愈常去找朵拉和她就讀哲學系的第一任丈夫波拉克（Max Pollak），和朵拉一聊就是好幾個小時，一起坐在鋼琴前討論維內肯派的鋼琴權威哈爾姆（August Halm）的書。朵拉不像班雅明總是那麼心平氣和，但「最後總是能重新把握到什麼是基本上正確和簡單的，因此我知道我們倆心意一致」。（C, 63）

班雅明不少朋友都對朵拉印象不好。薩克斯覺得她是「小艾爾瑪（Alma Mahler），老是鎖定我們朋友圈裡在她看來最有希望成為領袖或最有頭腦的男人，而且試過好幾次，大多數都沒成功，直到逮住小班（W. B.），讓對方和她結婚。我覺得這樁婚姻從頭到尾都沒有快樂過」；[36]貝爾摩爾則覺得朵拉好比「野心勃勃的母鵝，老是想跳進最新的智識潮流」。[37]這兩位摯友描述朵拉的口吻，顯然部分出於嫉妒，因為班雅明**確實**是他們當中的智識領袖，而且很受歡迎。此外就如修勒姆所言，朵拉「無疑是個美麗優雅的女人……總是熱情參與又顯然能同理我們的大多數談話」，和班雅明「之間的感情」也是真實的，至少一九一六年是如此。（SF, 27）朵拉在許多方面都和班雅明完美互補：相較於班雅明日後沉浸於心靈世界，偶爾才接觸現實事務，且往往嘗試得很笨拙，朵拉不僅極具文學和音樂天賦（她父親是在維也納教書的英語系教授，同時是莎士比亞權威），還是手腕高強的經營者，活力充沛、觀察敏銳、目標清楚。班雅明能專心思考與寫作，這份務實往往功不可沒。

在首都柏林幾年下來，班雅明逐漸成為都市知識分子，其中咖啡館生活的魅力起了不小的作用。古老的西端咖啡館（West End Café）是城裡的文青根據地，其綽號「狂妄咖啡館」（Café Größenwahn）更是廣為人知。班雅明在這裡結識了不少大人物，包括表現主義詩人拉斯克—舒勒（Else Lasker-Schüler）、延奇與出版人赫茲費德（Wieland Herzfelde）。只是或許因為他意識到自己比這群校外菁英更有「年青精神」，因此往往和「這群自信自得的文化人」保持距離。（SW, 2:607）於是，這些地方的主要吸引力其實是妓女（cocotte），而她們也成了班雅明情慾生活的幽暗面。正是這種「難以理解」的情慾，讓班雅明過完二十一歲生日不久後向貝爾摩爾表示：「你可以不再當我是單身了。我彷彿現在才來到神聖的年紀，找到了自我……我知道自己一無是處，但卻活在神的世界裡。」（C, 73）十多年後，當班雅明在《拱廊街計畫》談到這群性工作者，手上可是有多年的親身經歷可寫。同一時間，讀書學習卻好像再也沒那麼必要，如同他七月初在一封信裡寫的：「大學完全不是學習的地方。」（C, 72）

正是在西端咖啡館，「八月初來乍到的那幾天」，班雅明和幾位朋友得知德國對俄法宣戰後，決定從軍入伍。不是因為好戰，他在〈柏林紀事〉如此解釋，而是在「徵兵無可避免的情況下」確保自己「在朋友之間有個位子」。（SW, 2:607）但由於近視加上體格不夠強健，他毫不意外地被徵兵處拒絕了——至少暫時如此。但到了八月八日，「就發生了那件讓柏林和戰爭從我心裡徹底消失，久久不再浮現的那件事」：海因勒和賽麗格森的妹妹莉卡（Rika）在論壇聚會所開瓦斯自殺了。[38] 班雅明隔天早上起床時收到快信，上頭寫著「你會發現我們躺在聚會所裡」。（SW, 2:605）儘管報紙將這件事報導為戀情受阻所致的悲劇，兩人的朋友卻認為這是對戰爭最嚴正的抗議。海因勒的遺稿由班雅明處理。其後數年，他多次嘗試編輯出版不成，最終於一九三三年流亡時忍痛捨棄，稿子從此佚失。班雅明寫了五十首十四行詩悼念這位死去的盟友，之後又陸陸續續寫了幾首，並且會在摯友面前朗讀這些精心雕琢、往往極其哀

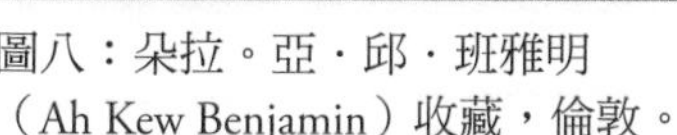

圖八：朵拉。亞．邱．班雅明（Ah Kew Benjamin）收藏，倫敦。

傷的詩句。（GS, 7:27-64）他終生都未能從海因勒的離世裡恢復過來。儘管從海因勒的作品或他本人的記述都無法完全掌握這段情誼對兩人的意義，但有充分證據顯示海因勒自殺對班雅明造成了莫大衝擊。他發表的作品裡滿是海因勒的影子（儘管往往十分隱晦），而這位早逝的朋友（應該說他的屍身）也在他最重要的兩部作品《單向街》和《柏林童年》開頭扮演了戲劇性的角色。然而，自殺對於班雅明遠不只是一個文學主題而已。一九二〇年代中期開始，自殺的念頭在他心裡愈來愈難遏抑，每到這種時刻，好友死去的景象總是縈繞不去。

海因勒和莉卡自殺，立刻使得班雅明對任何事都提不起勁，這種情況持續了好一陣子。根據修勒姆，九到十月之間，他必須向徵兵處報到，結果「班雅明（事前練習過後）假裝自己癱瘓，換到了一年的緩召」。（SF, 12）十月下旬，班雅明寫了一封難掩激動的信給軒恩，主張激進主義需要轉化：「當然，我們都很清楚一個事實，我們的激進主義太過只是擺擺樣子。一個更強硬、更純粹、更無形的激進主義才更該是我們信奉的至理。」（C, 74）儘管他不顧大學的蠻橫、自大與粗俗繼續上課，但這種轉化不可能靠著「如今是一攤泥淖的大學」來達成。「對於我的羞怯、恐懼與野心，尤其是我的漠然、冷淡和欠缺教育，我給出的解釋赤裸得令我驚惶。沒有哪個〔學者〕是靠著容忍他人成群結黨而出人頭地的……沒有人是這種情況。」（C, 74-75）不過，比起這封信，他私人生活裡展現的幻滅更為明顯。失去兩位盟友促使他快速地斬斷關係，他決定和青年運動時期的所有摯友斷絕往來，也使得這群人百思不得其解。孔恩和軒恩因為沒有參與運動而倖免波及，但貝爾摩爾，這位班雅明大學頭幾年最親近的夥伴，卻徹底被拒於門外。儘管兩人在一九一七年最終決裂前曾短暫恢復聯絡，彼此的友誼卻再也回不到從前。

一九一四至一五年冬，班雅明從悼念中汲取靈感，寫下生平第一篇偉大的文學與哲學隨筆〈賀德林詩作兩首〉，並且在多年後偶然提及，這是一篇紀念海因勒的作品（GS, 2:921），也是班雅明自高中以來再次嘗試文學批評。由於文中所使用的批評理論自成一格，對賀德林的解讀又極具新意，使得這篇隨筆儘管啟發自德國象徵主義詩人格奧爾格領頭主張的美學思想，卻又獨樹一幟。班雅明和這位高傲又難相處的浪漫派詩人會有交集，是因為格奧爾格的門生黑林格拉特（Norbert von Hellingrath）以批判歷史角度編纂了史上第一套賀德林全集。儘管黑林格拉特後來死於前線，但他一九一三年開始出版這套全集，卻讓這位在威廉二世執政初期已經幾乎完全被人遺忘的詩人再次掀起熱潮。[39]大戰爆發前，格奧爾格及其門生結合唯美主義與民族主義的解讀角度，導致賀德林被普遍誤解為民族主義吟遊詩人，不少德國士兵甚至帶著「背包版」的賀德林詩集上戰場。

詳細評論當代作家個別作品的做法在當時並不常見。一九〇二年，年長班雅明一輩的克羅齊（Benedetto Croce）出版了《美學》（*Aesthetics*）一書，率先將藝術作品當成具體不可化約的「美學事實」進行批評，多少成功化解了一個「藝術問題」。同樣地，班雅明也反對比較語文學和主流美學設定的範疇與分類方式。這篇隨筆在其他方面也很大膽。經過一番吃力費勁、時而迂迴的分析後，班雅明建構出一套詩的真理論，嘗試以「任務」概念超越傳統的形式與內容之分。[40]其中的關鍵詞是「詩域」（das Gedichtete），德語原文源自動詞 dichten 的過去分詞，意思是「藝術地創作」。詩意的形塑會打開一個場域，讓詩作（Gedicht）的真理活動其中。這真理並不靜態：每首詩作為藝術**作品**，都可說是一項智識與認知任務，而任務達成即是真理之所在。班雅明開宗明義表示，重點不在回溯詩作的創作過程，因為

「這項任務源自詩作本身」。（EW, 171）與此同時，這項任務又高於詩作，因為它是「詩作所見證的那個世界的智識與認知結構」。如同〈青年形上學〉裡的「日記」書寫與〈學生生活〉裡的彌賽亞式歷史任務，詩域的構成，以及詩域所揭示的「時間延展性與空間的生發」，本質上都是弔詭的。這三篇作品是班雅明年青哲學的結晶，文中描繪出一個特出的認知場域，傳統的時空概念不再適用，被過去迴響於現在、中心迴響於外延的「時空秩序」所取代。這是場域論（field theory）這個完全現代的形上學的核心，也是班雅明後期作品裡的「起源」（Ursprung）與辯證意象等概念的基礎。

「在詩域之中，生命透過詩決定自身，透過解答決定任務（或問題）。」這顯然不是藝術仿效自然那麼簡單。生命脈絡在詩裡被確定，這意味著「轉化的力量」，和秘教類似，而恰恰是最貧弱的受造物顯得「和生命最為親近」。儘管生命終究是「詩域的根基」，但**藝術**作品預設了「認知結構化和精神世界的建構」。誠如他在同時期完成的論美學與色彩對話錄〈彩虹〉裡所說的，藝術家唯有藉由產生和建構自然，才能在自然裡掌握自然。（EW,215）因此，每首詩都會浮現出自己的詩域，詩域便是一種構想生命和藝術作品關係的方式，也就是詩作任務的概念。詩域誕生於讀詩，因為「這個場域既是探究的產物（Erzeugnis），也是探究的主題」。詩裡浮現的智識與認知元素組成顯露出詩的「內在形式」的邏輯與能量（這個詞雖然來自歌德，但洪堡〔Wilhelm von Humboldt〕也用過。那年冬天，班雅明修了語文學家路易〔Ernst Lewy〕的課，讀到了洪堡論語言的文章）。換句話說，「純詩域」基本上仍然是一個方法學的、理想的目標——「在一個精神縮影（Inbegriff）裡的所有組態的時空交穿，詩域就等於生命。」詩域的概念投射出詩在閱讀中匯聚的絕對互連（interarticulation），使得我們有辦法依據詩的相對「融貫性與偉大程度」來評價它（在班雅明後期作品的片段美學裡，這套標準不得不做出修改。關鍵不再是〈克羅齊和柏格森所主張的」「有機體」，而是「單子」（monad），真理也進一步和「融貫」區別開來）。

班雅明將這套批評「方法」用在賀德林對兩首詩的修改上，這兩首詩分別是〈詩人的勇氣〉（Dichtermut）與〈怯弱〉（Blödigkeit）。他指出賀德林做的所有修改都在提高智識與認知元素的共決（codetermination），最終在更大膽的第二「版本」中達成意象與概念更完美的結合，以及感受的深化。在這第二版中，詩命（「歌中生命」）作為詩與人（就年青哲學來說，就是孤獨與社群）建立獻祭式連結的基礎，得到了更加完整的實現。班雅明從秘教的角度看待詩人，這種觀點不僅見諸賀德林，也不乏後繼者，從尼采的查拉圖斯特拉、新藝術（Jugendstil）的騎士形象到格奧爾格都是如此。但他不以崇高為滿足，而是承繼賀德林的「神聖清醒」（heilignüchtern）說，強調「偉大的文學作品就像生命的真實展現，不會遇到神秘，而會遇到神秘元素彼此約束而成的統一」。[41] 超越神秘是班雅明早期和後期作品的綱領式特色，蘊含英雄觀的轉換。在賀德林對〈詩人的勇氣〉的修改中，勇氣的質地變成一種獨特的「怯弱」，班雅明將之理解為「無為的存在、完全的被動性，此即勇敢之人的本質」。[42] 詩人從生命中寫作，其本真姿態就是「將自己完全臣服於關係（Beziehung）。關係發自於他，又回返於他」。因此，詩人是關係的輻射中心，也是無差異點（point of indifference）。這種發出與回返的新舊辯證，我們在〈青年形上學〉和其他地方已經見過，在這篇論賀德林的隨筆中則或許出現於結尾處。班雅明引述已故的賀德林，指出神秘必然回返：「傳奇離開大地……又回歸人類（Menschheit）。」因此，詩的任務最終歸結到人性，歸結到「人」與「少數者」的概念，並和「死亡的新意義」緊密連繫。而班雅明不僅在他分析的第二首詩裡，或許也在賀德林的自殺裡讀到了這層新意義。第一首詩仍然謹守舊有的人與死之分，第二首詩則消解了這個「僵固」的對立，見證生與死在「充滿危險」的世界裡相互交融。在班雅明眼中，詩歌就起源於此，因為「死亡……是詩人的世界」。[43]

十五年後，年近四十又剛離婚的班雅明決定重新開始，卻強烈意識到世事無常。當他回顧自己一戰前那年成就的種種事情，心中滿是驕傲，卻又深感遺憾，「因為我終究沒能在自己二十二歲打下的輝煌基礎上樹立起整個人生。」（C,365）那段激越歲月的精神與政治狂熱，儘管最終轉化為更隱而不顯的激進主義，卻已烙印在他的生命特質裡。縱使他思想裡的浪漫主義將會讓位給唯物主義與人類學，骨子裡卻永遠是那個遊走於各個學校追尋新開始的大學生。

第三章 批評的概念：柏林、慕尼黑、伯恩 1915—1919

大戰爆發不僅促使班雅明在短時間內徹底退出德國青年運動（他在一九一七年研究杜斯妥也夫斯基的隨筆裡仍然提到了年青**精神**），也導致他與維內肯的決裂。一九一四年十一月，維內肯在慕尼黑發表題為〈青年與戰爭〉的演說，呼籲青年從軍保衛祖國。至少早在前一年春天，班雅明就已經和這位前恩師漸行漸遠，對《學校與青年文化》書裡的「客觀精神」論大加批評。（C, 68）[1]對於維內肯的演說，班雅明立場非常明確。一九一五年二月，一位名叫萊興巴赫（Hans Reichenbach）的哲學系學生發表公開信譴責維內肯。班雅明特地寫信給他，提到自己勉強把講稿讀完，感到「前所未有的羞愧與憤怒」（GB, 1:262），他覺得維內肯基本上背叛了自己。三月時，他寫信給維內肯，正式和這位「最早帶我認識精神生命的人……斷絕關係」，作為「效忠於他的最後證明」。信的開頭充滿悲傷，接著引述維內肯對男女同校與人性的「崇高」看法，最終以毅然決然的言詞向他道別：

> 您的內在觀照（Theōria）已經盲目。對您門徒所愛的女性，您可怕地背叛了她們。國家奪走您的一切，您卻讓青年成為國家的祭品。然而，青年只屬於有遠見、關愛他們，尤其疼愛他們心中**理念**的人。那理念已經從您犯錯的手中流失，將繼續承受難以言喻的磨難。和理念共存是您留下的精神資產，此刻

我只能從您手中奪走。（C, 76）[2]

和維內肯決裂對青年時期的班雅明產生了無可低估的影響。從兩人在豪賓達鄉村學校相識這九年來，維內肯大大左右了班雅明的思想與行為，讓他終其一生都帶著維內肯世界觀的色彩，尤其是形塑他心目中「好歐洲人」想像的動態尼采主義。但這場決裂幾乎是全面的，而且班雅明再也不曾回頭。特別的是，除了班雅明寫給維內肯的信，我們很少聽見他對戰爭的評論。修勒姆只記得他和班雅明一九一五年談過這個話題，而且班雅明「完全站在〔反戰的激進左派分子〕李卜克內西（Karl Liebknecht）那邊」。[3]但他同時又婉拒了《出發》（*Der Aufbruch*）雜誌的邀約，沒有替這份短命的和平主義刊物撰稿。雜誌編輯喬爾（Ernst Joël）是醫學系學生，同樣公開批評維內肯的演說。兩人在青年運動中既是同志也是對手，喬爾後來在班雅明自殺前幾年還當過他的醫師，讓他嘗試大麻療法。[4]

大戰當頭，朋友自殺，與恩師決裂，這些對青年班雅明都是極痛苦的經驗。但他面對苦難總是有辦法繼續文學研究，終其一生都是如此，此刻也不例外。那年冬天，除了賀德林，班雅明還開始鑽研和賀德林迥異的一位詩人：波特萊爾。當時他正著手翻譯波特萊爾的作品，[5]而這兩位大詩人的差異恰恰反映了班雅明本人內在的感性張力。賀德林浮想聯翩，波特萊爾冷嘲熱諷；前者真誠，後者都市。賀德林詩句抒情，錯落有致，預告了表現主義的某些特質；波特萊爾詩句鏗鏘，反抒情，為超現實主義注入活泉。班雅明在寫作生涯之初接觸到波特萊爾，絕對是攸關命運的重大轉折，因為波特萊爾的現代性（modernité）將對他的創作形式與主題產生關鍵影響，而波特萊爾在許多方面也將成為他後期的著述核心。一九二三年，班雅明以德法對照本出版《惡之華》的〈巴黎寫景〉篇，並寫了一篇重要的理論前言〈譯者的任務〉。因此，這本譯作是他終生鑽研的主題的基礎。早在一九一五年，班雅明就為了研究色彩之故讀了波特萊爾的藝術批評。[6]

一九一五年夏天，柏林求學的最後一學期，班雅明認識了修勒姆。兩人後來不僅成為最常書信往來的摯友，他的書信和其他作品也由修勒姆編輯。修勒姆小班雅明六歲，是信奉和平主義與社會主義的堅定猶太復國主義者，兩人認識時他才剛進大學，主修數學與哲學。[7]他們第一次注意到對方是七月初的一場討論會，主題是和平主義者希勒的演說。[8]幾天後，班雅明在圖書館見到修勒姆，便走到對方面前「深深一鞠躬……問我是不是那天在希勒討論會上發言的先生。我說是，他便說他想跟我聊聊我那天的發言內容」。班雅明邀他到德爾布呂克街的家中，兩人就在班雅明那滿是書本、掛著格呂內瓦爾德名作《伊森海姆祭壇畫》的大書房裡談論起歷史進程的本質。（SF, 5-6）

修勒姆後來成為卡巴拉研究先驅，在耶路撒冷大學講授猶太神秘主義史，並將許多班雅明的作品收藏於該處。一九七五年，他出版回憶錄追述兩人的友誼，書中提到不少細節，讓我們一窺班雅明二十三歲時的風采。每當面對許多人講話，班雅明總是「散發著近乎魔幻的神采」，而他「死板的目光」則和「往往非常生動的姿勢」形成強烈對比。他「聲音悅耳動聽，令人印象深刻」，喜歡朗讀詩人的作品，像是波特萊爾、品達和賀德林。他「穿著低調講究，身體常微向前傾，我不記得看過他走路抬頭挺胸」。修勒姆特別留意到好友的走路姿勢，就像班雅明注意到波特萊爾的一樣。「他走起路來有種刻意的猶豫，你絕不會認錯……他不喜歡走快，這對我來說很困難，因為我個子比他高得多，腿長、步伐大又快，走在一起很難配合他。他常走到一半停下來開始說話。他走路的姿勢很特別，從背後非常好認，而且隨著年紀愈來愈明顯。」此外，班雅明還「特別有禮貌」，因此「很自然給人一種距離感」。談話時， 78
他「總是字斟句酌，但不做作也不賣弄，不時會冒出柏林腔……（但）多半是為了模仿」。（SF, 8-9）

一九一五年十月，班雅明又拿到了一年緩徵令：他讓修勒姆陪在身邊，連續不停喝了整夜黑咖啡，讓自己過不了體檢，這在當時是年輕人常用的逃兵手段。十月底，班雅明離開柏林前往巴伐利亞邦首府慕尼黑，在路德維希—馬克西米利安大學（今慕尼黑大學）繼續他的學業。格蕾特也在那裡註冊，而他 79
的女雕刻家好友尤拉當時也住在市區。班雅明在大學後方的王后街租了個小房間，離英國花園不遠。「雖然我不認為戰爭只打一年就會結束，」他寫信給修勒姆，「但我預計能在慕尼黑安靜工作，至少幾個月。」（C, 77）遠離家鄉柏林「那受詛咒的城市」後（GB, 1:318），他確實過著「相對隱居的生活」，

圖九：修勒姆，一九一七年。柏林藝術學院班雅明檔案館。

但偶爾晚上還是會進城，例如和格蕾特一起去藝廊聽亨利希・曼朗讀論左拉的最新隨筆，再到一家高級酒吧喝香檳。除此之外，他對慕尼黑的文化生活或學生生活幾乎沒什麼好話。那時的德國年輕人和現在一樣，總喜歡強調柏林嬉鬧紛亂的繁華生活和巴伐利亞首府安靜、有錢又傳統的氛圍天差地遠。

少了適合的大學改革組織可以參與，班雅明正好轉移目標，全力投入學習之中，只是成果有好有壞。最大的失望來自瑞士知名藝術史學家沃夫林（Heinrich Wölfflin）。班雅明一九一二年讀了沃夫林的《古典藝術》，覺得很有幫助，但見到本人卻發現對方非常做作，喜歡賣弄學問，對自己研究的藝術作品根本缺乏該有的感知力，他的課「對學生來說簡直是侮辱」。（GB, 1:289）德國文學史課也一樣「空洞得很」，蓋格（Moritz Geiger）開的康德與笛卡爾討論課則有趣一些。蓋格是胡塞爾學派，最近剛發表一篇談審美愉悅的隨筆，班雅明正搭配胡塞爾的《純粹現象學通論》一起讀。用現象學家的講法來說，班雅明當時正以他特有的方式回到「事物自身」。[9]那學期有幾門課雖然深奧但確實讓他收穫頗豐，其中一門叫「舊教會贖罪史」，只有班雅明和四位修士選修；另一門專講墨西哥在前哥倫布時期的文化與語言，上課地點是一處裝潢雅緻的私人住宅，除了班雅明還有九個人選課，包括詩人里爾克，班雅明形容他時常「睡眼惺忪，目光溫溫斜視天空，鬍鬚可憐兮兮垂垮著」。（GB, 1:291）修勒姆說「他實在萬分欽佩……里爾克的禮貌——他那種官僚式的禮節是我所能想像的極致」。（SF, 33）

這門討論課的老師是民族學家雷曼（Walter Lehmann）。他當時是私人講師，習慣在家裡講課。修勒姆記得班雅明一年後曾推薦雷曼身為老師的表現：「幸好這人不知道自己知道什麼，否則早就瘋了。他的不知道（Unwissen）讓自己成了學者。」[10]修這門課的還有一位金髮高個、戴單邊眼鏡、年約三十的年輕人，班雅明喜歡喊他「全才」，這人就是主修哲學和印歐語文學的諾格哈特（Felix Noeggerath）。兩人上完雷曼的課後經常會到咖啡館待上幾小時，討論比較神話學的問題和「不只占據我思緒，也是我們倆關注的所有問題的核心的……歷史存在的概念」。（GB, 1:300-301）諾格哈特不僅是里爾克的朋友，也跟格奧爾格和克拉格斯交好，班雅明正是透過他打進了殘餘的「施瓦賓波希米亞圈」（Schwabinger Bohème），德國現代主義的主要發源地之一。二十世紀初住在施瓦賓的作家和畫家為數眾多且聲譽卓著，包括「青騎士」（Blauer Reiter）成員康丁斯基、穆特（Gabriele Münter）和馬克（Franz Marc）；以維德金（Frank Wedekind）為首的「十一個劊子手」政治諷刺劇團；以格奧爾格為首的「宇宙圈」（Kosmikerkreis），成員包括哲學家克拉格斯、平面藝術家雷希特（Melchior Lechter）、右翼神秘主義者舒勒（Alfred Schuler）和「施瓦賓伯爵夫人」雷文特洛（Fanny zu Reventlow）；另外還包括湯瑪斯．曼、庫賓（Alfred Kubin）和里爾克本人。諾格哈特將班雅明介紹給沃夫斯凱爾（Karl Wolfskehl），這位哲學家詩人雖然是猶太裔，卻是格奧爾格圈子裡的關鍵人物，曾和格奧爾格共同編輯《藝術之葉》（*Blätter für die Kunst*）雜誌，從一八九二年到一九一九年停刊為止。為復興德國文學，格奧爾格還找他一起編輯詩選系列《德國詩歌》（*Deutsche Dichtung*）。儘管宇宙圈一九〇四年就因為反猶太主義引起的紛爭而徹底決裂（格奧爾格替沃夫斯凱爾說話，批評舒勒和克拉格斯），但透過諾格哈特和沃夫斯凱爾，班雅明顯然不僅認識了德國唯美主義的主要代表，還接觸到鑽研母權歷史與理論的瑞士人巴霍芬（Johann Jakob Bachofen）的作品。這些作品曾大大啟發了舒勒，使他開始積極煽動神秘主義以復興異教儀式。一九二〇年代末期，班雅明和沃夫斯凱爾恢復對話與書信往來，並於一九二九年在《法蘭克福報》

（*Frankfurter Zeitung*）發表了〈沃夫斯凱爾：六十歲生日專文〉；至於他對克拉格斯與巴霍芬的興趣則持續到生命的盡頭：包括一九三四至三五年論巴霍芬的隨筆（SW, 3:11-24）和一九三〇年代晚期預計撰寫的文章，主題是原型在克拉格斯與榮格作品裡的角色。諾格哈特也將於日後再度登場，在班雅明生命裡留下重要的印記：一九三〇年兩人恢復聯絡，兩年後班雅明經他介紹去了伊比薩島（Ibiza）。

班雅明在慕尼黑還認識了一個人，建立起一段同樣將長達二十多年的關係。那人就是作家古特金（Erich Gutkind），他的神秘主義烏托邦作品《恆星誕生》（*Siderische Geburt*）在慕尼黑的表現主義圈子裡備受好評。一九二〇年代，古特金和妻子露西定居柏林，一九三五年移民美國，班雅明生前一直與他們保持聯繫。他也在慕尼黑認識了瑞士作家普爾（Max Pulver），兩人都對筆跡學充滿熱情。他在《帝國》（*Das Reich*）雜誌讀過普爾的深奧詩作與隨筆，那是一份由人智學家*施泰納（Rudolf Steiner）追隨者創辦的刊物。一九三一年，普爾出版《筆跡符號學》，並多次再版。是他讓班雅明注意到前輩哲學家巴德（Franz von Baader），這位早期浪漫主義者對於基督教和猶太教神秘主義浸淫甚深，其「心靈的古怪轉折」（GS, 3:307）更是讓班雅明深深著迷，很快就購入了巴德的十六冊作品集，成為他當時藏書裡除了柏拉圖之外唯一的哲學全集，直到一九三四年因經濟拮据才被迫賣人。研讀巴德的作品不僅為他研究早期德國浪漫主義奠下基礎，最終於一九一九年完成了博士論文，更讓他於一九一六年夏秋兩季寫出一系

* 譯註：人智學（Anthroposophy）是由神秘主義者施泰納於二十世紀初創立的思想流派，主張存在一個人類智力可理解的靈性世界供人們體驗。

列論歷史與語言的文章，正式升格為文學理論家。

一九一六年四月，慕尼黑大學夏季學期開始之前，班雅明回柏林待了幾週，和修勒姆見了幾次面。兩人的關係變得更加深入，這對修勒姆尤其重要，是「我這輩子最重大的經驗」。（LY, 186）一九一六至一九年，修勒姆在日記裡儘管承認班雅明聰明過人，卻反覆提及自己面對好友時的情感拉鋸。一九一六年三月上旬，當他得知班雅明即將來訪，便在日記寫道：「想到跟這麼多產、這麼令人敬畏的人往來，就讓我激動不已……他很有自己的看法。」修勒姆很早就意識到，班雅明「看待歷史的眼光新穎又令人驚嘆」。但兩人八月再相聚時，修勒姆發現「比起他獨到的見解……他的精神對我的影響更是無法估量，感覺就像他從我身上取走了什麼」。其實除了歷史問題意識，語言哲學也是他們倆的關切焦點。在這點上，修勒姆對希伯來傳統的嫻熟瞭解啟發了班雅明的思考，而班雅明的思考又反過來解放了這位小他幾歲的後輩。對這時期的修勒姆來說，班雅明是「一個絕對崇高偉大的人物」（LY, 186），從為人到作品都帶有先知的色彩：「華特有一回說，彌賽亞的界域無時不在，這個洞見**無比**重要——只是除了先知之外，我想沒有別人到過那個境界。」（LY, 192）[11]

法律和正義的關係也是他們時常談論的話題。一九一六年十月八到九日，修勒姆在日記裡提到班雅明有意撰寫一篇探討正義範疇的隨筆，並抄錄了對方筆記本裡一些「撰文用的筆記」，包括幾個關鍵的構想，預示著班雅明一九二一年在〈暴力的批判〉中的論點：

> 對所有由時空秩序所劃定、框限的善（good）來說，都會因此帶有占有的特質，從而顯示出它的無

常。然而，占有圈囿於同一個有限之中，永遠不會公正。因此，所有奠基於占有或所有物的制度……都不可能通向正義。／正義只存在於善非占有的條件中，獨獨這個善讓其他的善失去所有權……法律和正義之間的巨大鴻溝……也顯現在其他語言中。[12]

修勒姆將班雅明和他特別重視的自由派猶太復國主義作家哈姆（Ahad Ha'am）對正義的理解相比較，並嘗試將好友的見解融入他自己的反傳統宗教架構中。一九一七年冬天就讀耶拿大學期間，修勒姆將班雅明和朵拉的照片放在自己桌上，並想像和他們兩人對話。到了隔年三月初，他已經在日記裡寫下這樣的句子：「他，就只有他，矗立在我生命的中心。」（LY, 261）

儘管如此敬愛班雅明，但他至少從一九一七年就痛苦地意識到「我們之間的巨大鴻溝」，尤其在他對班雅明的性格幻滅之後。部分原因在於他很失望班雅明對猶太教並不虔誠，使得兩人永遠隔著距離：「我們不得不悲傷地承認，華特不是虔信的人……形上學將他變成了瘋子。他有的不再是人的知覺，而是被交付到上帝手中的瘋子的知覺。」（LY, 244）因此，他不認同班雅明是因為他認為班雅明有**道德**缺陷：「我被迫親眼目睹我身旁**唯一**形上地活著的人——而且方方面面都名副其實地偉大——身上帶著墮落的元素，而且比例驚人。」（LY, 261）修勒姆不是唯一指出班雅明性格有此外顯矛盾的人，其他舊友雖然認同班雅明才華洋溢，卻也覺得他的行為有時候十分卑劣。修勒姆提過班雅明的謊言、專制與下流，並說華特和朵拉不只一次待他「如管家」。不過，修勒姆心裡的挫折與責難從來不曾減損他對好友獨特天才的景仰。這點從他一九一八年六月二十五日的日記內容看得特別明顯。三個月前，班雅明出於「無窮的信任」(但應該也很清楚這樣做對自己有好處)將自己的文章交給修勒姆保管：

> 從外表看，他是個極端封閉的人……基本上**完全**隱形，即使他對我比對其他認識的人都要放得開……他不會表達自己；雖然隱藏自己，卻要求別人**看見**他。他的方法非常獨特，因為——我不知道還能怎麼形容，他用的其實是啟示法。對他來說，啟示不是短暫發生的事，而是**徹底**貫穿他的存在。顯然自老子以來，再也沒有人這樣活著……華特身上有種無限，超越所有秩序，並使盡全力指揮他的創作。正是這個完全無名的特質（das völlig Namenlose）讓華特的作品具有正當性。（LY, 255-156）

修勒姆敏銳掌握到好友的隱形與難以描述，看到對方身上那種無名且私密的特質，拒絕被化約、甚至拒絕被描述，使他很早就尊重兩人之間的「社群關係」必然隔著一段距離的事實。但那些年他在日記裡也不斷提到自己有多渴望好友開口分享自己的猶太建國理想，即使他從一開始就知道機會渺茫。他深深明白自己有多愛這個難相處的朋友，這份意識不僅使他的渴望更加複雜，也決定了兩人日後關係的破裂。他有時會發現自己就像被棄的愛人，而在班雅明婚後，面對好友的妻子，又覺得自己被當成競爭對手。

一九一六年春天，班雅明和美麗又有才華的朵拉的關係有了巨變。大戰爆發後，朵拉和她多金的第一任記者丈夫波拉克搬到巴伐利亞的希斯豪普特，在慕尼黑南方施塔恩貝格湖畔的小村莊住了下來。一九一五年四月，她和班雅明曾經從那裡一起去日內瓦拜訪貝爾摩爾，不久便和班雅明斷然分手。她在寫給賽麗格森的信中表示，分手是為了「救我自己一命……如果你愛他，就會知道他的話語有多偉大神聖，思想和作品有多重要，感情有多微小侷促，行為又有多符合這一切」。朵拉不是唯一指出班雅明缺乏同理心的人。班雅明那時期的摯友貝爾摩爾在兩人決裂之後，曾經嚴詞批評這位往日知己，說他道德「狹隘」，擁有「一顆貧瘠的心」。儘管說法不同，不過朵拉和貝爾摩爾都暗示班雅明一輩子缺乏同情心。貝爾摩爾表示他記得那時期曾經發生一件事：「有一回在學生會議上，我認識的一個女孩跟我提到『班雅明先生那個笨蛋』，讓我嚇了一跳。我說：『笨蛋？他是我認識最聰明的人！』女孩幽幽地回答：『他當然是，但你有注意到他有多蠢嗎？』她的意思是，班雅明雖然不乏本能與情緒，卻選擇只從理智看待生命與行動。」[13]

接下來發生的事預告了班雅明與朵拉未來關係的主旋律：班雅明搬到慕尼黑幾個月後，分手的兩人就和好了，班雅明又開始成為波拉克家的常客。一九一六年，班雅明和格蕾特的婚約告吹（她後來嫁給他的老友孔恩），朵拉則和丈夫分居。八月中，修勒姆造訪希斯豪普特，雖然離婚程序還在進行，修勒姆卻發現班雅明和她不僅「彼此大方示愛，還將我視為同謀，明明關於兩人的生活情形，他們一個字也沒跟我說」。（SF, 27）那是修勒姆頭一回見到朵拉，而他也在日記裡表示自己對朵拉的印象「很正面」。他後來才得知邀請他來是朵拉的主意。

修勒姆在希斯豪普特停留三天，除了天南地北的討論，就是慢慢下棋（班雅明「下棋不動腦」，但「每一步都讓人等到天荒地老」）。兩人一起讀柏拉圖《會飲篇》蘇格拉底的發言；朵拉在場時，班雅明就會朗讀自己那年夏天寫的〈蘇格拉底〉。在這篇挑釁的文章中，他將蘇格拉底描繪成「柏拉圖反神話的論證與堡壘」。[14]他還朗讀了一首品達的頌詩，包括希臘原文和賀德林的翻譯。他們有幾次對話集中在觀念論，特別是康德、黑格爾與謝林。班雅明說他想像自己未來會教哲學，還談到鬼魂在他夢裡扮演的角色（他夢見鬼魂在一大間空屋子裡漂浮舞動，尤其是他視為象徵靈魂的窗邊）。猶太教和猶太復國主義的話題也經常出現。班雅明雖然批評修勒姆支持的「農業猶太復國主義」，不過對（「永遠處在出神狀態」的）布伯也沒有好話，並且才剛寫了一封令人印象深刻的信，回絕替布伯的《猶太人》（*Der Jude*）月刊撰稿的邀請。這份探討猶太事務的刊物在創刊號裡收錄了幾篇論歐洲大戰的文章，班雅明都持強烈反對的立場。

在這封（他唸給修勒姆聽的）一九一六年七月十七日寫給布伯（但沒得到回信）的信中，班雅明坦承自己「沒有能力對猶太教問題提供清楚的見解」，但他不認為自己的態度「不猶太」。（C, 81）[15]其實他刻意迴避了文化與政治問題，只探討「參與政治的書寫」。他近乎毫不掩飾地批評布伯及其同僚，主張不該將這種書寫理解為一種行動的手段。在他看來，書寫只有忠於「其（字詞、語言的）神秘」才有效，才能在「語言魔法」裡透露知識與行動的關係：

對客觀且高度政治的風格與書寫，我的理解是：去接近那被文字拒絕的。唯有當這個無言之域（Sphäre des Wortlosen）在純粹得無法形容的〔夜裡〕[16]顯現自身，魔法的火花才會在文字與行動之間跳躍，而這兩個同等真實的實體的結合也存在於此領域之中。唯有全心將文字對準最內在的沉默核心，才會有效。（C, 80）

儘管班雅明對於客觀且政治的書寫風格的理解，與他談論學術改革作品的綱領式概念（重點在重新定位和解放讀者的觀點，勝於直接訴求行動），說到底似乎相差無幾，但在這段文字裡可以看到與年青相關的語彙，諸如純粹、沉默、無法言傳的來源與發光的夜晚等母題，已經開始出現轉化。雖然這封給布伯的信呼應著青年形上學，不過它同時也預告了班雅明正在發展的語言理論，其基礎就來自他對德國浪漫主義的解讀與他和修勒姆的談話。

修勒姆思索著他們在希斯豪普特的談話，並寫了封長信給班雅明，討論語言和數學，同時附上幾個問題。班雅明十一月初開始回信，但寫了十八頁就不再繼續，轉而花費一週時間將信改寫成一篇隨筆，「才能將這個主題表達得更精確」。他十一月十一日寫信給修勒姆，提到一篇論語言本質（Wesen der Sprache）的「短文」，題目是〈論語言本身與人的語言〉，並表示自己寫到一半。[17]他說他眼下無法處理數學問題，但提到短文標題指向的「系統性意圖」，更加突顯他曉得「文中概念的片段性」。（C, 82; 85）如同他的許多其他作品，這篇短文始終沒有完成，但從那時起，語言理論就一直是班雅明念茲在茲的主題，出現在許多重要作品中，例如〈譯者的任務〉、《德國悲苦劇的起源》的〈導言：認識論批判〉、〈相似論〉和〈論模仿能力〉。如今，這篇一九一六年寫作、一九五五年首度出版的隨筆已經成為經典：該文以創新的方式融合傳統主題，為主導二十世紀思想的語言問題意識提供了基本視角。

班雅明在文中反對實用取向的「資產階級語言觀」，也就是僅僅將語言視為溝通工具的粗淺看法，並呼應他之前對時間、學習和歷史追憶工具化的批評。真正研究語言的方法應同時帶有哲學、神學與政治關懷，超越主體與客體、符號與符指的二分法。語言不是手段，而是媒介，其本質唯有在它作為這樣一種傳導體時才會浮現。對此，班雅明引用了康德的好友兼批評者哈曼（J. G. Hamann）的說法：「**語言**為理性與**啟示之母**，是它的開始（alpha）和結尾（omega）。」（EW, 258）因為我們只能在語言**裡面**論語言。班雅明其實召回了傳統語文學的語言觀，將語言視為不斷演化的普遍精神，也就是語言精神（Sprachgeist），與後來更實用取向的新語法主義形成對比，索緒爾學派的語言觀就是源自後者。換句話說，班雅明和後來的海德格一樣，主張語言的原初與料不是個別的言語行為，亦非意義發生的結構，而是語言的存有（Dasein）：語詞是一個不可共量的質性整體。所有言說和符指都預設語言具有「神奇的」立即可理解性：事物必然會對我們說話；在我們談及事物前，它們必然已經以立即可解的方式對我們說了話。[18]班雅明表示：「若不是燈、山巒和狐狸對人說話，人怎麼替它們命名？……唯有靠著事物的語言存有（das sprachliche Wesen der Dinge），人才能跳出自身認識事物。」這些認識論上的思索在〈青年形上學〉已經略見雛形。由此可以導出知覺是語言的一種模式，是一種閱讀，是得到表述的經驗。（SW, 1:96, 92）或換個略為不同的說法，語言是知覺的準則。（GS, 6:66）我們在語言**裡面**認知事物，而非藉由語言做到，因此語言不可共量：我們住在語言之中，所以無法度量它，只能認清「語言的存有……和一切萬物同在」。對人而言，語言沒有外面；語言之外別無他物。[19]

儘管如此，在語言普遍性的脈絡中，班雅明還是暫時區分出語言與非語言實體，但沒有排除兩者的內在同一性。燈向我們傳達的不是「燈自身」，而是其精神或智性內涵，是「語言—燈」（Sprach-lampe）。事物只傳達其可傳達的部分，對其餘部分保持沉默，因為「所有語言成形都會發生衝突，一方是得到表達與可表達者，一方是不可表達與未表達者」。不論在此處或寫給布伯的信裡，班雅明都預設「不可表達者」與「不可溝通者」存在，不曾嘗試證明。這樣的想法讓人聯想到康德哲學裡的noumenon，表象背後不可知的「物自身」；也讓人想到柏格森的主張，知覺之於物質就像部分之於整體。只是在班雅明看來，康德和柏格森都未能恰當處理語言問題。總之，在班雅明的語言理論中，有種溝通——並非傳遞訊息，而是傳達（Mitteilung）——顯然占據核心地位。任何事物或事件（es ist jedem wesentlich）都具有進行這種溝通的天性，它們傳達自身，顯露其精神內涵，從而「在溝通之中參與事物的物質聚合」。[20]這個「溝通之流」流經整個自然，從不停歇，由高至低被理解為一種多重翻譯，一種「變形的連續體」。

「事物的無名語言」會穿透翻譯（翻譯既是接收也是構念）進入「人的無名語言」，而後者是知識的基礎。命名是人類特有的傳統，同時包含語言的內涵性與外延性、可傳達與正傳達者，從而構成「語言的語言」。[21]為了闡明命名的功用及命名和知覺的根本關係，班雅明談起聖經創世紀的開頭，但不是視之為權威的展現，而是認為它反映了「基本的語言事實」，他指出語言在聖經裡是「一種終極實相，神秘而不可解釋，唯有開展時才得以接近」。他對創世紀的解讀非常直覺，某方面可比卡夫卡那些涉及聖經主題的格言。這種解讀以語詞和名稱的區別為前提，「所有人類語言都只是語詞在名稱裡的反映」。班雅明的用詞是Reflex：具創造力的語詞在人可識別的名稱裡展開，並經由完成與界定（即反映）揚棄自身。名稱接收「物質發出的語言」，吸收自然的「有言靜默」，神的話語則從中耀現。若無名語言和命名語言在神裡面沒有相互關聯，並且從具創造力的語詞裡釋放而出，命名將是不可能的任務。人對事物的認識來自我們允許事物語言以語詞之姿進入我們，基本上就是擺脫了神聖實存的創造。「人是在神所造的語言裡的認識者。」[22]

然而，名稱與對事物的接收力正在「萎縮」。人背離事物進入抽象的領域，而班雅明認為該領域就根植在「不再歡喜住在自身裡」的「判斷式語詞」之中。因為名稱是語言的具體元素的根基。「善惡的知識揚棄了名稱」；換句話說，名稱在善惡知識裡離開了自身，看見「無名且不可命名的善與惡站在命名語言之外」。在維內肯的影響下，抽象狀態原本和驅動年青「純粹精神」的抽離力連繫在一起，現在則是和「所有溝通的中介性」相關聯。中介的深淵——語詞在此被化約成手段，變成**只是**符號，以及習慣的產物——蘊含著喋喋不休（Geschwätz）[23]的深淵。換句話說，語言精神的摻假和它墮落為歷史，就等於語言的「資產階級」工具化，只是班雅明要到後來（在《拱廊街計畫》）才會引用馬克思的說法：資產階級在很大程度上是抽象的人。根據班雅明對人的墮落的詮釋，抽象作為語言精神的一種能力，早已潛藏在人性裡，就像天堂裡有著分辨善惡樹。分辨善惡是自我意識的原罪，突顯出懸在人類頭上的審判，如同悲苦（Trauer）如今鋪蓋在沉默的自然之上。但「正是為了救贖自然，**人**（而不是如一般認為的只有詩人）的生命與語言才會在自然裡」。

直到《德國悲苦劇的起源》序言裡的起源理論和《拱廊街計畫》的辯證意象理論，班雅明才更完整地將語言法則與歷史法則統合在一起。一九一六年的這篇隨筆只從神話角度看待歷史。必須一提的是，〈論語言本身與人的語言〉寫於一九一六年六至十一月，但班雅明在此之前已經寫下一些論十七世紀德國悲苦劇的深奧短文，包括〈悲苦劇與悲劇〉和〈語言在悲苦劇與悲劇裡的角色〉，直接預示了他在〈論語言本身與人的語言〉末尾提到的自然的「哀傷」。在這兩篇短文裡，班雅明區分了悲劇的封閉形式和悲苦劇的非封閉形式（世上沒有純粹的悲苦劇），並將歷史時間與悲苦劇裡的「幽靈時間」和「無盡迴響」連繫起來，而悲苦劇的語言法則就是變形中的語詞。在悲苦劇中，一切最終都落入哀傷者耳中，「死者成為鬼魂」，事件因此是「寓言的圖式」。語言分析在這裡和時間的問題意識密不可分。

在一九一六年十一月十一日的那封信裡，班雅明除了告訴修勒姆自己正在寫一篇語言隨筆，還提到弗萊堡一位年輕哲學家最近發表的一篇文章。他沒有指名道姓，但那位哲學家和他一樣關注「歷史時間」與「機械時間」的區別。班雅明說，那篇文章充分示範了「這個主題絕對**不能**怎麼寫，寫得實在糟透了……作者對歷史時間的闡述……簡直是一派胡言……對機械時間的看法也如我所想的充滿偏差」。（C, 82）班雅明提到的文章正是海德格的就職演講〈歷史時間的問題〉。他日後還會數次提及海德格對歷史性的見解，只是都沒好話，認為它們太過抽象。寫信那幾天，班雅明本有機會和一位即將成為他智識宇宙裡的恆星的作家見面，可惜最終錯過。卡夫卡當時正造訪慕尼黑，並於十一月十日朗讀自己的短篇故事〈在流放地〉。（SF, 33-34）雖然有跡象顯示班雅明早在一九一五年就讀過對方作品（C, 279），但他直到一九二五年才開始積極關注卡夫卡。

十二月底，柏林徵兵處將班雅明列為「適合輕度野戰」，很快就發出了兵單，但班雅明並沒有入伍。他在一月二日寫給修勒姆的短箋裡用一貫的客套口吻表示，自己正飽受坐骨神經痛之苦，無法見客。朵拉不久前才從希斯豪普特來慕尼黑。她私下向修勒姆透露，「班雅明很容易被催眠」，因此她正使用催眠讓他產生類似坐骨神經痛的症狀。（SF, 35-36）他表現出來的症狀顯然足夠逼真，因為軍醫到德爾布呂克街造訪班雅明之後，真的相信他身體不適，再次准他緩徵。朵拉停留班雅明家中期間，和他父母「天天吵架」，於是兩人便計劃結婚。婚禮於一九一七年四月十七日在柏林舉行，修勒姆是唯一非親屬的出席者，並送了一本舍爾巴特（Paul Scheerbart）的烏托邦「小行星小說」《萊薩本迪奧》（*Lesabéndio*）給這對新人朋友。班雅明深深地被這本小說打動，立刻寫了一篇隨筆〈舍爾巴特：《萊薩本迪奧》〉（GS, 2:618-620），日後更多次探討這本小說，於一九三九至四〇年寫了另一篇論舍爾巴特的文章。（SW, 4:386-388）婚後一個月，班雅明夫婦前往慕尼黑北部達浩鎮的一間療養院，讓專家治療班雅明的坐骨神經痛。在朵拉協助下，班雅明拿到了診斷證明，於是兩人便出發到中立國瑞士，在那裡躲避戰火。

一九一七年七月初，班雅明抵達蘇黎世，那時的他是個剛結婚的二十五歲小伙子，心裡隱約抱著在大學任教的計畫。如同許多富家兒女，他和新婚妻子的生活持續有父母親資助，對未來也沒太多憂慮。然而，班雅明夫婦旅居瑞士的那兩年卻非常辛苦。這對年輕夫妻基本上完全孤離，大戰讓德國的朋友無法來訪，而他們在當地也沒認識幾個新同伴。每當家裡只剩他們倆，婚姻裡的緊張就開始浮現，朵拉於是愈來愈常出門交朋友或找樂子。旅居瑞士的兩年是班雅明相當多產的時期，或許源於自身愈發孤立的處境，使他得以盡情追求智識方面的興趣。一如既往，這些興趣讓班雅明一心多用，只有偶爾才會嘗試將自己無比龐雜的閱讀串接起來。

班雅明夫婦在蘇黎世遇到了貝爾摩爾與他妻子賽麗格森。兩位老友曾在一九一六年底通過信，當時互動還很融洽。班雅明在信裡以他特有的語言、批評與幽默談到塞萬提斯、斯特恩和利希滕貝格（Georg Christoph Lichtenberg），跟他之前寫給這位同窗老友的信一樣充滿文采。（C, 83-84）[24]然而，兩人的友誼卻在蘇黎世戛然而止，原因至今成謎。七月十日，班雅明寫了一張未署名的便箋給貝爾摩爾，提及對方「不尊重」他妻子和各種「背叛」。（GB, 1:368）[25]朵拉和賽麗格森顯然關係緊張，而修勒姆的解釋——

「班雅明表明自己在智識上是絕對的領導者，貝爾摩爾必須服從他，但貝爾摩爾拒絕，這意味著一段長久友誼的終結」（SF, 41-42）——似乎太過簡化，儘管他對班雅明「專制性格」的描述有幾分可信。按貝爾摩爾日後對朵拉的直言批評，稱她為「野心勃勃的母鵝」，兩人友誼觸礁很可能出於他看不起好友的新伴侶。[26]對班雅明而言，和貝爾摩爾相遇是「隱隱困住我的過往事物裡的最後一段關係」，令他心煩到帶著朵拉離開蘇黎世，暫時定居聖莫里茲。這個阿爾卑斯山區的富裕小鎮讓班雅明恢復了內心平靜，表示他「掙扎多年」總算找到安歇之所。他慶幸自己感覺「得救了」，「戰前那兩年宛如種子汲取養分」，如今「擺脫了之前不論到哪都會遇上的惡魔與鬼魂般的影響，以及原始的無政府狀態與漫無法紀的磨難……時隔多年總算又能開始工作」。（C, 91）

當然，生病和離開德國都無法阻止他繼續讀小說，像是杜斯妥也夫斯基的《白癡》與福樓拜的《布爾瓦和佩庫歇》。尤其《白癡》他覺得「非常棒」，那年夏天還特地寫了隨筆，指出書裡宛如基督的主角梅什金公爵預示了青年運動的失敗。「它的生命（青年的生命、青年運動的生命）依然不朽，只是在自己的光裡失去了自己。」因此，這終歸是一個有成果、有來生、無法忘懷的失敗，就像在小說敘事的「力場」裡，所有人與事最終都趨向那完全無法企及的中心，即公爵的生命：「他的生命散發著一種秩序，在秩序的中心可以見到成熟得近乎消失的孤獨。」因此，這個生命的「不朽」不在長壽，而在無限振動——「無限振動其不朽的生命……然而，描述不朽中的生命的純粹字眼是『年青』」。[27]除此之外，班雅明持續翻譯波特萊爾，並對當時的繪畫運動進行思考（他喜歡克利、康丁斯基和夏卡爾，覺得畢卡索有所不足）。

這段時間，他還「開心埋首於」德國浪漫主義的研究裡，閱讀一些深奧的作家，例如巴德、寫過一本卡巴拉論著的莫里托（Franz Joseph Molitor）以及「大量的施雷格與諾瓦利斯」。他在寫給修勒姆的信裡提到自己的想法，讓人想起他青年時期對「精神」的見解。班雅明寫道：

> 早期浪漫主義的核心是宗教與歷史。相較於**所有**晚期浪漫主義，早期浪漫主義的無限深刻與美都來自一個事實：它從未訴諸宗教和歷史事實以替這兩個領域建立親密連結，而是嘗試在各自的**思想**與生命中創造一個更高領域，讓兩個領域不得不同在……傳統想不受污染地充滿整個人性，而浪漫主義……目的就在狂放揭露（厄琉席斯〔Eleusis〕秘教式的狂放）傳統的所有秘密根源……浪漫主義企圖為宗教做的，正是康德為理論主體所做的事：揭露其形式。但宗教有**形式**嗎？無論如何，早期浪漫主義就在歷史下想像諸如此類的東西。（C, 88-89）[28]

對於施雷格和諾瓦利斯的殘篇，班雅明依據它們的基本結構意涵來編排。「這個計畫我已經構思許久。這樣做當然完全是說明性的……但浪漫主義**必須**被（謹慎）說明。」（C, 88）其實，組集這些殘篇為他探討早期浪漫主義批評概念的博士論文直接奠下了基礎，但要到來年春天，在他短暫繞去研究康德晚期論歷史的作品備嘗挫折後，**這個**計畫才真正定型。班雅明此時開始認真考慮從事學術工作的可能，並嘗試決定要在瑞士哪所大學取得哲學博士學位。

一九一七年九月初，班雅明從聖莫里茲寫了一封特別的信給修勒姆，信中談到「教導」（Lehre）這件事。這個概念是他那時期的思考重點，並曾寫下一篇名為〈論知覺〉的殘篇，將「整個哲學」從理論到學說都視為教導。（SW, 1:96）在這封信裡，班雅明除了引用自己對浪漫主義的研究，還提到之前用來架構年青哲學的教育理論，並一如既往將教育理解成和人所採取的生命形式有關，而不是如修勒姆不久前發表的一篇文章裡所主張的，和老師「樹立榜樣」有關。更重要的是生活的藝術，是如同施雷格呼籲的「古典地活著，實現其實內在於人性的古代」。[29] 在班雅明的綜合理解中，教育是創新，是傳統的再發現。而傳統就如他之前探討的語言和之後博士論文探討的藝術，在他眼中都是動態的媒介，學習者在其中不斷轉變為教導者（德語的學習〔lernen〕和教導〔lehren〕字根意思都是「依循軌道」）。[30] 老師唯有身為孤獨的學習者才能將傳統納入**自己的道**中，從而更新傳統，讓被傳遞的轉化為可傳遞、可溝通的（mitteilbar）。挪用傳統之前必須先沉浸於教導之中，因為教導

> 就像奔騰的海；而對海浪（此處象徵人類）來說，唯一要務就是順從海的動作，從而衝到頂點碎成浪花。碎浪的巨大自由（Freiheit des Überstürzes）才是真正的教育……傳統就像海浪一般從活生生的豐富中突然湧現。（C, 94）[31]

真正的教育以這種存在的沉浸為根基，從教導的漲退流動中得到新生，從而拓展教導與語言。「教育（精神上）就只是充實理論（die Lehre bereichern）。」傳統呈現過去與未來、新與舊世代的持續衝撞，因為世代交流也是一種波動：「我們的後代來自聖靈（人類），他們就好比海浪，從精神的運動裡浮現。指導

是新舊世代之間自由連結的單點。」（C, 94）班雅明以創新手法引用古典文學與哲學的海洋比喻，為自己談及的再發現舉出例子。這麼做其實是將教導的海浪等同於精神的海浪，認為教育的秩序會和「傳統的宗教秩序」重合。

這套神學式的教導觀也出現在〈論未來哲學綱領〉。（SW, 1:100-110）這篇隨筆的主要部分完成於十一月，當時二十五歲的班雅明無所畏懼，正轉向研究康德的歷史論述。他在文中依循求學時代接受的新康德主義西南學派思想，覺得必須保存「康德思想的**根本**」，尤其是其類型學。唯有柏拉圖思想的類型學可以相提並論：「我認為唯有在康德與柏拉圖的精神裡，並藉由修正與繼續發展康德思想，哲學才能成為教導，至少成為其中一部分。」（C, 97）這封十月二十二日寫給修勒姆的信照例天南地北，從康德的散文是「文學散文裡的**菩提樹**」、猶太教對啟示的態度大有問題談到立體主義和色彩的關係，也是他未來哲學「綱領」的起點。[32]

班雅明認為，修正康德思想必須以糾正「康德認識論的關鍵錯誤」為目標。這些錯誤在他看來可以追溯到「啟蒙時代相對空洞的經驗概念」及其背後的片面知識觀，只從數學—力學角度看待知識，牛頓物理學就是最典型的例子。班雅明概略指出現代始終帶有「啟蒙時代的宗教與歷史盲目」。他不滿意亞里斯多德和康德劃分智性知識（mathein）與感官經驗（pathein），主張從知識結構裡發展出「更高」的經驗觀，因此當務之急就是恰當理解「知識」的意涵。班雅明從康德的知識觀裡分出兩個緊密相連的問題領域：一、康德基本上未經檢驗就假定「經驗意識」存在，認為世上存在「一種能從感官接收感覺從而形成概念的獨立自我」。這個概念雖然長久被人奉為圭臬，卻被班雅明貶為「認識論的神話」；二、康德的知識概念仰賴主客體圖式。儘管他對知識結構的分析相當深入，最終還是未能超越這套圖式。

當然，「心理化的意識概念」問題和「純知識領域」之間的關係仍然沒有解決。至於康德思想體系的主觀論與二元論，班雅明也提出了幾項糾正，基本上和早期浪漫主義對康德的修正不無關聯。知識的概念必須開展為「一套真正具有時間意識與永恆意識的哲學」，並且必須充分察覺「知識的語言性」。這種知識觀轉變將帶來基本上具有宗教和歷史性質的深化與廣化，進而轉變成另一套邏輯：在這種理解下，真理不只是正確（這一點又和海德格殊途同歸），正與反的統合必須有「兩個概念在第三個概念之內的非統合」補足。當知識域「自發地超越主客體語彙」而建立（因為「所有意義都建立於自身之上，真善美都是如此」(EW, 117)），經驗就可以理解為「知識的系統具體化」，認知類型決定了經驗類型[33]（班雅明在十月二十二日的信中提到「知識裡的我們自己」）。他接著同意現象學，指出更高的經驗觀蘊含新的自由觀，因為預設了一種異於經驗意識的「純粹的先驗意識」存在，使得「意識」一詞就算去除所有主觀成分（alles Subjekthaften）仍然可以哲學地使用。在一九一八年三月完成的補遺中，班雅明對經驗主觀性的闡述更為激進，指出經驗的統一不該理解為經驗的總和，而是「經驗的具體整體性，亦即**存有**（Dasein）」。具體的整體性是宗教教導的「目的與內容」，因為在他看來，經驗的具體整體性**就是**宗教。因此，存在哲學藉由形上深化的經驗和宗教教導互相交流，進而呈現「宗教與哲學的實質統一」。如同海德格一九二〇年代晚期對康德的詮釋（同樣針對康德第一批判「未說」的部分，將時間與空間的概念跟想像與「自我—感觸力」的概念交織在一起），班雅明嘗試從主觀論的靜態原子自我之中劃出某種主觀性或意識場，得到的結論似乎和康德思想的理性主義傾向相距甚遠。儘管班雅明終其一生都將康德的批判理想放在心上，和尼采的沉浸（immersion）理想並列，但事實證明以這種方式「延伸」康德哲學並不明智。[34]

〈論未來哲學綱領〉是在伯恩寫的。班雅明和朵拉十月搬到這座實際上算是瑞士首都的小城，好讓班雅明進入當地大學讀書。他一九一七年十月二十三日註冊，一共在伯恩待了四個學期。但我們必須指出，這段時光幾乎沒有在他思想裡留下任何印記。他一九一七至一八年修過的課包括圖瑪爾金（Anna Tumarkin，她不久後就出版了一本論浪漫主義世界觀的著作）的「哲學概要」、日耳曼學家梅恩克（Harry Maync）的德國浪漫主義史討論課、黑柏林（Paul Häberlin）的佛洛依德討論課（班雅明在修課期間寫了一篇批判欲力理論的文章）和瑞士極端保守派歷史學家雷諾（Frédéric Gonzague de Reynold）的「詩人與批評家波特萊爾」講座課，班雅明日後將在《拱廊街計畫》談到對方對波特萊爾的詮釋。不過，這些課程似乎都比不上他對課餘閱讀的投入。除了德國浪漫主義，班雅明還接觸了佛朗士（Anatole France）、施蒂弗特（Adalbert Stifter）和布克哈特（Jacob Burckhardt）的作品、尼采和奧弗貝克（Franz Overbeck）的書信集，以及重量級自由派新教神學家哈納克（Adolf von Harnack）的《教理史》三冊。此外，他也開始熱衷於藏書，尤其是古本和珍本童書。

然而，最要緊的還是博士論文題目。班雅明十月二十二日寫信給修勒姆，提到自己打算冬天開始研究「康德與歷史」的問題，因為「哲學和真學說的具體關係」（亦即哲學的正典性）將在哲學與歷史的衝撞中明白地呈現出來。（C, 98）但才過兩個月，讀完〈世界公民觀點下的普遍歷史觀念〉與〈論永久和平〉後，班雅明發現自己的期望落空：「康德關切的與其說是歷史，不如說是道德旨趣的某些歷史組集……我發現康德的思想完全不適合作為獨立論著的出發點，也不適合當成主題。」（C, 105）不過，這個錯誤的開頭非但沒有讓他迷失方向，反而帶給他滿滿收穫。一九一八年二月二十三日，和朵拉到瑞士南方度假勝地羅加諾旅行的班雅明寫信給修勒姆，表示他心裡充滿「豐盛的解放樂章，因為我人生中的一個偉大時期已經過去。中學畢業後的這六年對我而言是一個時期，其中包含了無盡的過去，也就是包含了永恆」。（C, 117）幾天後他寫信給軒恩，表示那年冬天「一些意義最深遠的關聯」向他顯露，「讓我有生以來頭一回可以這樣說，我在整合自己的思想上大有斬獲」。（C, 108）[35] 到了三月底，他已經說得出博士論文的主題：

> 雖然在等教授給我建議，但我自己已經想到一個題目了。有個觀點直到浪漫主義興起才成為主流，那就是藝術**作品**本身光憑思考就能理解，就能得到公正的對待，無需借助理論或道德。藝術作品是相對自主的；說得更準確些，藝術作品對藝術的倚賴是**完全**先驗的，這點已經成了浪漫主義藝術批評的前提。（C, 119）

換句話說，班雅明開始想「整合自己的思想」，並認為撰寫一篇論浪漫主義藝術批評的博士論文可以做到這點。而這個囊括觀念論、神學、歷史哲學、文學與視覺藝術（作為認知媒介）研究的整合，將成為他其後數十年所有重要作品的主軸。

引文中提到的教授是赫貝茲（Richard Herbertz），班雅明在伯恩選修過他的邏輯、認識論與哲學史課程。他答應擔任班雅明的指導教授，並於五月正式同意班雅明以浪漫主義批評的哲學基礎作為博士論文題目。根據不久後也將流亡瑞士的修勒姆記載，赫貝茲為人庸俗又高貴，而其高貴就展現在他「對班雅明的天才毫無嫉妒地讚賞」。在他的亞里斯多德形上學討論課上，班雅明「無疑是他最喜愛的學生……赫貝茲上課時通常很像哲學叫賣員……但總是很尊重班雅明，像對待年輕同事一樣地待他」。（SF, 57-58）班雅明覺得在伯恩讀博士能為「真正的研究」開路，「我把所有希望都寄託在自己的著述上」。（C, 108, 115）自從一九一四至一五年鑽研賀德林後，他終於又有機會經由撰述來整合自己對認識論和美學的興趣，而且這回能揮灑的篇幅更大。

定居伯恩期間，班雅明和朵拉住在大學附近一條僻巷中的小公寓裡。缺乏社交活動的兩人處在「完全的孤立狀態」，只有偶爾去看藝展、聽聽音樂會。弔詭的是，朵拉發現自己懷孕之後，兩人的孤立感反而變得更加強烈。朵拉不只一次在信裡求修勒姆到瑞士來。班雅明在學校讀書和上課，為博士論文做準備，朵拉則是想辦法靠天賦賺錢，除了寫偵探小說，一九一九年還當了兩個月的英文譯者（她父親凱勒納〔Leon Kellner〕是維也納大學知名英語學家，寫過多本論莎士比亞的書）。到了一九二〇年代，朵拉除了為重量級文學週刊《文學世界》（*Die literarische Welt*）撰稿，也是女性雜誌《幹練柏林女子》（*Die Praktische Berlinerin*）的編輯。兩人婚後頭幾年經常在晚上一起讀書。一九一八年春夏，班雅明和朵拉讀了卡圖盧斯（Catullus）的詩作（「沒有什麼比閱讀古代詩人的作品更有益、更能避開……現代審美觀的錯誤之處了」〔C, 129-130〕）和歌德的《植物形變論》，但比起兩人活動，朵拉更喜歡蒐集童書繪本，擴充他們的收藏。

一九一八年四月十一日，兩人的獨子史蒂凡（Stefan Rafael Benjamin）出生。班雅明很快就注意到「為人父者將立刻意識到這個小小人類是一個**人**，父親自身所有的生存優勢相較之下都微不足道」。（C, 123）班雅明完全稱不上用心的家長，他太投入在自己的研究與創作。但那些年他確實從觀察史蒂凡的成長與行為中得到許多樂趣，尤其是兒子牙牙學語的過程。史蒂凡出生後不久，他便準備了一本筆記，專門記錄「兒子的意見與想法」（C, 288），除了史蒂凡有趣、特別的詞語拼法與錯用，例如將相片（photograph）說成片相（gratophoph）、非洲（Africa）說成猿洲（Affika，Affe是德語的猿），還有他玩的遊戲、儀式、動作與家庭生活的片段。[36]這份蒐集到一九三二年才劃下句點的小檔案，不僅詳細記下了班雅明對孩童知覺世界的長久興趣，也見證了他兒子的模仿天賦。[37]不過，檔案裡並沒有任何蛛絲馬跡，讓我們得知這對父子如何因為班雅明於兒子成長過程中長年不在家而疏遠，以及班雅明和朵拉一九三〇年離婚後，父子倆為何甚少接觸。

五月初，修勒姆被徵兵處裁定不適合入伍後，終於來到伯恩與好友相會，並且在瑞士待到了一九一九年秋天。[38]剛到新環境不久，他就跟著班雅明和朵拉去了一個小演奏廳欣賞名鋼琴家兼教育家布梭尼（Ferruccio Busoni）的德布西獨奏會，感受一下伯恩的生活氛圍，不久後又和班雅明夫婦一起搬到伯恩近郊的穆里村，三人當了三個月的隔壁鄰居，直到八月初。修勒姆有時會跟班雅明一起到伯恩大學上課，而他除了記下兩人初重逢時談話出遊的歡喜之情，也不忘提到後來的緊張衝突。戰事蔓延到瑞士之前，兩人常興高采烈想像設立一所「穆里大學」，班雅明稱它作「我們的學校」，從諷刺意味十足的課程表（例如醫學院有一門討論課叫「液化研究」）、典章規範到圖書館新書書評都沒遺漏。[39]班雅明想像自己是校長，負責處理開設惡魔學系或出版《穆里紀念文集》*之類的事務，偶爾對擔任宗教與哲學學院儀仗官的修勒姆做口頭或書面報告。這個出於對現有學校又愛又恨的玩笑，將斷斷續續伴隨兩人許多年。[40]此外，班雅明和修勒姆還有不少私底下的樂子。在伯恩聽課時，兩人「經常」玩列出人名的遊戲：「今天早上在黑柏林的課上，」五月十日，修勒姆在日記裡寫道，「我們兩個一直在想姓氏M開頭的名人，結果華特想出六十四個，我想到五十一個，不然真的會無聊到死。」那天晚飯後，他們又和朵拉一起玩了「『具體或抽象』猜謎遊戲（華特要猜的詞是『神職』）」。（LY, 237）

班雅明和修勒姆在穆里依舊聊著各式各樣的話題，例如年事已高的著名新康德主義者科恩。兩人在柏林上過他的課，他的早期大作《康德經驗論》也成為兩人七月某段時間的每日讀物，以作為班雅明〈論未來哲學綱領〉的補充，因為他寫那篇文章正是想超越康德的經驗理論。「我們對這個人確實充滿敬畏，因此滿懷期望開始閱讀……但我們感覺他的演繹與詮釋大有問題……班雅明抱怨他的闡述簡直是『先驗混亂』……（並且）稱那本書為『哲學馬蜂窩』。」（SF, 58-60）儘管看在這兩位年輕人眼裡，科恩堅持理性主義、二元論與維多利亞式的樂觀都是重大缺點，但他反心理學、以歷史問題意識為導向的做法還是深得兩人認同，而班雅明也很快會在科恩最終的扛鼎之作《源自猶太教的理性宗教》對聖經彌賽亞思想的哲學詮釋裡，找到起源理論和神話批判的許多妙用。[41]

由於前陣子讀完尼采和奧弗貝克的書信集令他深受感動，加上他又讀了柏努利（C. A. Bernoulli）的同主題新書，因此班雅明經常提到尼采，尤其是尼采晚年，稱他為「十九世紀唯一看見歷史經驗的人」。（SF, 60）[42]他還時常談論歌德，尤其是「隱瞞」在歌德「自傳式人生」裡扮演的關鍵角色。考量到班雅明自己的作風，這點並不令人意外。此外，班雅明也常提到格奧爾格，因為他是青年運動的啟迪者。儘管這位詩人的圈子抱持反動的文化政治立場，但班雅明往後多年依然很為他著迷。班雅明還會朗讀許多作家的信件與詩句，包括他自己的作品。他和修勒姆都對奧地利諷刺作家克勞斯（Karl Kraus）很感興趣，兩人在瑞士經常購買他出版的《火炬》（*Die Fackel*）雜誌，同時也讀了他的其他散文作品（十多年後，克勞斯將成為班雅明一篇偉大隨筆的主題）。那年夏初，兩人回頭談起班雅明的〈論未來哲學綱領〉及「尚未被知覺的經驗」的概念。修勒姆認為「巫術」就是這種經驗，班雅明回道「不包含從**咖啡渣**占卜未來的可能性的哲學……不會是真哲學」。（SF, 59）強調預知透露出班雅明的思考愈來愈帶有確切的「人類學」傾向，這點從他很早就對夢境、覺醒與神話感興趣也能看出端倪。班雅明在穆里發展出一套歷史演化論，從鬼怪充斥的前神話時代闡述到啟示時代。（參照SW, 1:203, 206）「早在當時，」修勒姆談到班雅明後來對模仿能力的思考時說，「他就熱衷於這種想法，將知覺視為對表面組態的解讀，而這正是史前人類知覺世界的方式，尤其是天空……他認為，將天空的表面組集認知為星座，就是閱讀與寫作的起源。」（SF, 61）這些對前概念的關聯世界的思考，都和班雅明「對孩童世界的強烈興趣與著迷」脫不了關係。

修勒姆後來出版了那年夏天「史蒂凡」寫給「修叔叔」的信。筆跡是朵拉的，但至少有些內容來自

* 譯註：此為諧音笑話，《穆里紀念文集》（*Memento Muri*，直譯為「記得穆里」）與中世紀基督教片語 Memento mori（意為「勿忘你終有一死」）發音相近。

丈夫的貢獻。從這些嬰兒來信可以看出不少東西，包括班雅明夫妻愈來愈緊張的婚姻關係，有些衝突的起因甚至直接來自修勒姆的造訪。修勒姆在日記裡提到，他搬來瑞士後不久，朵拉就「以無比可人的方式勸我放鬆。她知道我有多愛她」。（LY, 237）他對這對夫妻的情感顯然讓自己無所適從。儘管他想不透班雅明為何對他忽冷忽熱，但兩人的智識連結足夠堅固，還抵擋得住，但他對朵拉的愛卻不足以使他無視對方的冷嘲熱諷、歇斯底里與「資產階級本性」。朵拉有時很冰冷，拒絕和他握手或交談，有次甚至聊天聊到一半突然說他「沒教養」，不想再跟他往來。（LY, 283）[43]「在我們〔三人〕為彼此打造的形象深處，」修勒姆在回憶錄裡這樣寫道，「潛藏著某種痛苦與幻滅。這種感覺有時會經由嬰兒史蒂凡和我的往來書信顯露出來。」因此，修勒姆抵達瑞士六週之後，「史蒂凡」寫道，要是由他選，他「絕對不會來這裡。這裡讓人太不愉快，你們弄出來的氣氛太差」。他接著說：

> 我想您其實對我爸爸瞭解很少。瞭解他的人很少。我還在天堂的時候，您寫過一封信給他，讓我們以為您真的瞭解我爸爸〔見C, 102（一九一七年十二月三日），修勒姆對班雅明的杜斯妥也夫斯基隨筆的詮釋〕，但也許您終究不瞭解。我想他那樣的人很久才會出現一次，我們只能好好對他，其餘的他會自己做。親愛的修叔叔，您還是覺得必須做很多……我不想自以為是，因為您懂的比我多。這就是問題所在。（SF, 68-69）

這封「史蒂凡的信」不只透露了朵拉和班雅明對修勒姆的態度，也道出夫妻倆的深刻連結。儘管兩人婚後衝突不斷，從一九二〇年代到三〇年代逐漸分崩離析，但朵拉一次次為流亡又貧困的丈夫提供庇護與支持，只因她和班雅明同樣深信必須不計代價呵護他的天才，正是這個信念讓兩人的關係堅若磐石。

在修勒姆眼中，這對夫妻的不合愈來愈明顯。有次他受邀到班雅明家吃晚餐，結果在樓下枯等了兩小時，聽他們倆在樓上大吵，即使女僕不斷敲門，他們也不理會，最後修勒姆沮喪至極，沒吃晚飯就告辭了。但幾天後夫妻倆又和好如初。修勒姆提到朵拉和班雅明經常展露他們對彼此的感情，除了使用逗趣的密語之外，兩人更像個性互補一般，朵拉有時會彈琴唱歌給他和班雅明聽，表現得「很熱情」，正好化解班雅明的「憂鬱本質」，被她偶爾的「嘻笑胡鬧」給沖淡。

一九一八年八月中旬，班雅明和朵拉從穆里到布里恩茨湖度假，欣賞秀麗的阿爾卑斯群山，並於十月中返回伯恩，準備迎接冬季學期。兩人搬進一間四房公寓，並請了一位女傭住在家裡幫忙。他們和修勒姆的聚會減少了。兩人十一月初都得了當時肆虐歐洲的西班牙流感，幸好還算輕微。不久後，作家克拉夫特（Werner Kraft）來訪。他和班雅明一九一五年於柏林相識，目前還在那裡攻讀現代語言。除了班雅明已故好友海因勒的詩人弟弟沃夫，克拉夫特是第二位德國來的訪客。沃夫三月在班雅明家待了一個月，結果抱著滿腹牢騷與怨氣離開（但班雅明還是盡力協助他，直到對方一九二三年英年早逝為止）。基本上，那年秋天班雅明和朵拉過得頗為藴居，讓他得以擁有工作所需的「內在匿名」，專心準備博士論文。（C, 125）夫妻倆的生活似乎完全不受德國和奧匈帝國垮臺或俄國革命影響。就算班雅明信裡提到國際局勢，也只跟他能否在德國書籍拍賣會上出價有關。[44]

一九一九年初，班雅明認識了住在隔壁樓的巴爾（Hugo Ball）和後來成為他妻子的女伴亨凝思

（Emmy Hennings）。巴爾是蘇黎世最早的達達主義團體的核心人物，亨凝思的詩則屬於一九一〇年興起的第二波表現主義。儘管班雅明後來很少再見到巴爾和亨凝思，但親身接觸前衛藝術健將還是給了他莫大的刺激，讓班雅明終生推崇前衛審美與前衛政治觀。巴爾曾經在柏林和慕尼黑擔任劇場人員和記者，一九一五年移民瑞士，起先為一家巡迴表演公司彈鋼琴兼作詞糊口。一九一六年二月，他和阿爾普（Hans Arp）、陶柏（Sophie Täuber）、查拉（Tristan Tzara）、揚科（Marcel Janco）、亨凝思與胡森貝克（Richard Huelsenbeck）在蘇黎世共同創立伏爾泰酒館，一舉站上歐洲舞臺。巴爾身穿混合了教士法衣與盔甲鳥造型的紙板戲服在伏爾泰酒館表演音詩〈卡拉瓦尼〉（Karawane），儘管當時臺下觀眾寥寥無幾，現在卻被視為二十世紀前衛藝術的關鍵時刻。後來，這群蘇黎世達達主義者四散歐洲，巴爾則留在瑞士，先是替《自由報》撰稿，接著出任該報編輯。《自由報》將自己定位成「民主政治的獨立發聲筒」，除了宣揚德國和平主義者的觀點，還帶有明顯的無政府色彩，而當時的巴爾便深受巴枯寧*的思想影響。[45]

那年春天，巴爾將班雅明介紹給自己的「烏托邦朋友」布洛赫，兩人立刻一見如故。這位哲學家當時住在布里恩茨湖畔的因特拉肯，[46]智識背景和班雅明有許多相近之處。他出生於南德普法茲的同化猶太人家庭，一九〇八年在慕尼黑完成博士論文，主題是班雅明大學老師里克特的認識論。之後他搬到柏林師事齊美爾，兩人後來成為忘年之交。在齊美爾為同行及進階班學生開設的私人討論課上，布洛赫遇見了匈牙利青年哲學家盧卡奇，開啟一段持續終生的友誼，兩人後來更聯手——加上葛蘭西（Antonio Gramsci）與科爾施（Karl Korsch）——革新了馬克思哲學。一九一三年，布洛赫與盧卡奇都受韋伯吸引而前往海德堡，前者很快就成為那個以學者的穩重氣息著稱的圈子裡最張揚的成員。一九一七年，布洛赫接受韋伯的《社會科學與社會政策文庫》期刊委託，帶著第一任妻子、雕刻家絲特莉茨基（Else von Stritzky）搬到瑞士，對流亡的德國和平主義者進行社會學考察。認識班雅明時，他已經出版了他的第一部重要作品《烏托邦精神》（*Geist der Utopie*），該書以獨到的方式融合馬克思理論及猶太教與基督教的彌賽亞思想。幾次長談下來，兩人建立起一段熱切互惠的情誼。布洛赫形容那時期的班雅明「有點古怪和異想天開，不過是很有益處的那種。他的作品還不多，但我們常深談到半夜」。[47]有一點對班雅明特別有幫助，就是布洛赫總是挑戰「我對當前**所有**政治趨勢的反對」。（C, 148）一九一九年底，班雅明開始為布洛赫的《烏托邦精神》寫一篇長書評，可惜已經亡佚。[48]直到去世前，他和布洛赫都是朋友與思想同志。但兩人的智識興趣實在太過接近，就連作品背後的基本預設也是如此，以致這段關係自始至終都帶有一較長短的意味。

一九一九年四月初，班雅明完成了博士論文《德國浪漫主義的批評概念》初稿。儘管當初要是少了「外部誘因」，他絕不會選這個主題，但就如他六個月前向那時期的忠實筆友軒恩透露的，這項嘗試終究「沒有白費。我在過程中逐步掌握的道理，即真理和歷史的關係，在論文裡不是那麼明顯……但我希望敏銳的讀者能看出來」。（C, 135-136）當然，班雅明對德國浪漫主義的興趣從很早就開始。一九一二年〈關於現今宗教性的談話〉裡的主角便提到「我們至今仍深深活在浪漫主義的發現裡」；而在隔年《開始》

＊　譯註：著名的俄國無政府主義思想家。

雜誌發表的〈浪漫主義〉文中，班雅明也說「新青年」離不開特別嚴肅的「真理的浪漫主義」。（EW, 70, 105）對軒恩，他同樣強調浪漫主義與當代息息相關：「現代的批評概念是從浪漫主義的概念發展而來。」浪漫主義者「發展出的新藝術觀，從許多方面來說，就是**我們的藝術觀**」。（C, 136）四月宣布完成初稿後，班雅明表示這篇博士論文「已經做到它該做的：指出浪漫主義的真正特質——其他二手文獻對此一無所知」。（C, 139）不過，他感覺自己在文中使用「複雜而傳統的」學者風格，使他無法直探「浪漫主義的核心」，即浪漫主義的彌賽亞思想（在論文開頭的腳註有提到）。然而，這份出於學術規矩的妥協絲毫沒有掩蓋一個深刻的說明：「這部〔從認識論寫到藝術理論的〕作品不只結構考驗讀者能耐，散文的體裁也在某種程度上挑戰著讀者。」（C, 141）班雅明的學者風格非但稱不上「傳統」，其巧妙揉合歷史、哲學和文學視角的手法更預見了當代學術界的「跨領域」潮流。

班雅明的博士論文至今仍是現代理解德國浪漫主義藝術批評的重要參考，也是他建立個人批評觀的關鍵一步。他在文中首次提到貫串自己未來作品的三大主軸：創造性的破壞（或套用施雷格的用語，文化客體的虛無化）是所有批判的前提；任何有意義的批評都旨在拯救作品的「真理內容」；理解具有批判性的作品是和「原創的」藝術作品完全相稱的一種自主創造。班雅明的論文並未直接對浪漫主義的批評進行思索，而是點出康德後的哲學家（尤其是費希特）重新思考康德觀念論時發展出來的批評觀。

從哲學角度看，這篇論文以一套超越主客對立的知識理論，接續〈論未來哲學綱領〉的論述。對康德的修正以「經驗」為焦點（這個概念在班雅明後期作品裡扮演重要角色）；博士論文則以「反思」為核心，班雅明將之理解為藝術的構成法則。於是，知識的問題、自我意識結構的問題，都被置於後康德思想的脈絡下，尤其是費希特的反思概念，而且是十七世紀末、十八世紀初由施雷格和諾瓦利斯等人承繼並加以轉化的版本。當然，思考本身具有反思性已是公認的事實。打從現代哲學誕生之初，笛卡兒建立我思（cogito），將思考主體定為所有知識的基礎以來，自我意識的問題意識就在康德演繹出知覺範疇之後徹底轉向，因為範疇使得知覺的主體和客體必然相連。德國浪漫主義就建立在這個連結上，主客體的差別基本上也隨之消失。

班雅明仔細區分了問題與歷史脈絡及文學與歷史脈絡。[49]在闡述浪漫主義批評（德語原文Kunstkritik，直譯為「藝術批評」）概念的認識論基礎時，他進行了一次「哲學批評」——這個用語來自《德國悲苦劇的起源》——其關鍵仍然是決定何為「批評的任務」。班雅明在論賀德林的隨筆裡就曾提到，任務的概念蘊含藝術作品和批評作品的歷史辯證（當時他還沒用這個詞）。而在博士論文裡，班雅明則說浪漫主義的批評既是古典藝術作品的過程，也是結果。一九一七年〈論杜斯妥也夫斯基的《白癡》〉文中，班雅明說得更簡潔：「每件藝術作品……都以一個概念為基礎；如同諾瓦利斯所言，每件藝術作品都『有一個先驗的理想形態，一個內在的存在必然性』，而批評唯一要揭示的就是這個必然性。」（EW, 276）[50]班雅明在博士論文裡同樣引用了諾瓦利斯的這段話，並付諸實踐，將批評的功用理解為「從藝術這個反思媒介中生出的知識」。（SW, 1: 151）因此，批評的任務就是在當下實現藝術作品的實質（virtual）自我反思。讀者是「延伸的作者」，班雅明引用諾瓦利斯的說法寫道。這套接受理論的核心概念便是作品的「來生」。所謂來生，就是藝術可能性的開展，而批評作品必然在其中占有一席之地。

班雅明是從受體（the object received）的觀點來理解接受。對有意神秘的早期浪漫主義哲學來說，觀察一樣事物就是藉由某種「實驗」喚起它的自我覺知，諾瓦利斯稱之為「一個主觀與客觀的過程」。認識一個物體和該物體形成是同時發生的。[51]班雅明的論證如下：按費希特的定義，反思是一種「返回自身」，在自身曲線中限定自我的思考方式。自我不是存在到了某個點開始反思，而是只存在於反思**之中**。這就是「意識的弔詭」：即刻、無法推得、無可解釋（就像語言的存在）。對費希特而言，思考的自我必然蘊含「我」，並與「非我」和自然對立；但對浪漫主義者來說，「一切都是自我……一切真實之物都思考」，也就是如施雷格所言，「一切都在我們裡面，我們只是我們的一部分」。因此，在早期浪漫主義者眼中，反思是本體法則，而不僅是心理法則，這個區別至關重大。班雅明提到，諾瓦利斯曾在一則殘篇裡將所有地上的存在詮釋為「精神的自身反思」，其中人類的存在「部分是『這個原始反思的突破』與消除」。因此，反思是有層次的，從物的原始反思到多少較為高階的人類反思，有無數多的層次。在反思的振動世界中，每個存在都是一個「反思中心」（Zentrum der Reflexion），只是強弱不同。而反思作為一種形成和轉形的力量，能夠讓一個存在將其他存在（反思中心）吸納到自身的自我認識中。不僅人類如此，「所謂的自然物」亦然，只要反思增強，就可以將其自我認識「照耀」到其他存在上。新的反思中心不斷形成，有如天氣系統一般。

因此，如同施雷格在他著名的雅典娜神殿殘篇第一百一十六則所定義的，反思是「漸進」而「普遍」的。這包含兩層意義。首先，反思是將看似一切吸納到自身的漸進整合；其次，反思傾向不斷形成更新、更複雜的反思中心。於是，在浪漫主義者眼中，反思的無窮不是沒有盡頭的空洞回歸，也非線性之物，而是相互連結的完整無限。這就是他們想像的絕對者：是實存之物的多重連結，是開展程度不一的眾反思所呈現的「平均」性質，而非實際性質。「反思構成絕對者，是構成絕對者的媒介……在反思的媒介中……物與知彼此融合……每個知都是絕對者裡面的內在連結（Zusammenhang）。」[52]

在班雅明對施雷格和諾瓦利斯所做的激進哲學解讀與轉化之下，藝術成了反思的首要媒介：「無『我』的反思是在藝術絕對領域裡的反思。」班雅明發現，在浪漫主義者眼中，藝術是特別「豐饒」的一種反思媒介定式。反思是「藝術裡的原初與建構要素（das Ursprüngliche und Aufbauende），對其他精神事物亦然」。美學形式是反思的印記，也是進一步反思（即批評）的種子。因此，對早期浪漫主義來說，批評活動是最高的創造。

於是，批評不僅是藝術作品的完成，甚至是藝術作品的「絕對化」。班雅明這套解讀有幾種涵義，皆帶有典型浪漫主義「化學的」價值色彩。批評活動一方面是「摧毀」，是攻擊作品的表現形式（反思就隱含其中）並分離作品的元素而「分解」它（班雅明在論賀德林隨筆裡的說法是「鬆動」詩的功能連貫）；另一方面是由破而立，批評揭露作品內隱含的反思，闡明其「秘密傾向」，掌握殊相裡的「共相時刻」。將束縛在藝術形式裡的反思絕對化，意味著「批判地解放這些形式裡的濃縮潛能（Prägnanz）與多面性……並〔揭露〕這些形式作為媒介中的不同時刻彼此相連。於是，藝術是媒介的概念讓非教條和自由形式主義首次成為可能」。（SW, 1:158）

在這種形式反思中，個別的表現形式為絕對的「藝術形式連續體」開路，而所有表現形式則是在連續體內相互交融。因此，對浪漫主義者來說，所有古詩可以是一首詩。根據班雅明引述的施雷格第一百一十六則殘篇，浪漫主義詩學追求詩體的統一：「從包含其他藝術系統的最偉大藝術系統，到沉思的孩童隨口哼唱歌曲呼出的輕吻……它擁抱一切。」個別藝術作品因為「藝術概念」浮現而消解，「藝術概念」卻反過來證明了「作品的不可毀滅」。在批判—反思結構下，美學形式促成「自我限定與自我擴張的辯證」，從而建立「概念裡統一與無限的辯證」。

換言之，一個藝術作品愈「可批評」（這個說法讓人想到「可溝通」，並預見了後來另一個用語「可翻譯」），就愈能在源自於它的批評裡傳播它自身。[53] 如同論賀德林的隨筆，班雅明在這篇論文裡也將批評理解為點出個別作品與整體之間關聯的活動。不論教育、宗教、歷史或藝術，都只是浪漫主義的浩瀚絕對者（the oceanic absolute）的不同名稱而已。在班雅明的詮釋下，當藝術作品融入「不可度量的整體」（施雷格用語），就會進入其來生（Überleben）；而促成作品「生命」有此更新與轉化的，則是一群讀者（詩人／譯者／批評家）。這些讀者「彼此更替」，共同體現了作品持續反思的各個階段，亦即作品的歷史反應與評價，因為評價就內在於對藝術作品的認識裡。作品來生的概念，儘管不全然等於美學絕對者的概念，卻成為班雅明後來作品的關鍵要素，從〈譯者的任務〉、《德國悲苦劇的起源》的〈導言：認識論批判〉、《拱廊街計畫》到其他相關作品無不如此。[54] 而閱讀是個別作品組織（tissue）所引發的私密「化學作用」，則預告了班雅明後來面對在「物質內容」裡經驗到「真理內容」的哲學問題，於〈歌德的親合力〉（寫於一九二一到二二年）一文中提出的批判「煉金術」理論。無論在班雅明或早期浪漫主義的文學實踐中，批評都不曾「次於」被批評的作品本身。

班雅明在博士論文結尾附上一則〈深奧後記〉（esoteric epilogue），比較了兩組概念，一邊是浪漫主義的形式概念和藝術作品的可批評性，另一邊則是歌德的「內容的理想形態」概念與作品的**不可**批評性。這個對照事實上為他的藝術作品「真理內容論」立下了基礎。浪漫主義將藝術視為互連**形式**的連續體，歌德則將藝術看成優位（privileged）**內容**的不連續出現，唯有在「藝術分解而成的純粹內容的有限多元性」之中才能把握。這個「純粹內容的有限和諧不連續體」以「本性」承載者的樣貌出現，不會立即被看作是「世界所顯現出的可見性質」。這個「真實且直覺可感的**原**現象性質」，**唯有**在藝術裡可見——嚴格來說，是以「相似」或意象（abbildhaft sichtbar）的形態可見——在世界的性質裡依然隱而不顯。這個分析預示了班雅明批評觀的完全腐蝕效果，因為班雅明式的批評企圖將藝術作品加速分解成「軀幹」，成為直覺感知真理的礦場，唯有將藝術作品視為優位認知媒介才可觸及。由於這篇博士論文是為了「那些我會將這論文當成**我的**作品分享給他們的人」而寫（C, 141），因此這則後記並未遞交給伯恩大學校方，直到論文出版時才收錄其中。一九二〇年，《德國浪漫主義的批評概念》於伯恩出版，但未引起多少注意。沒賣出的論文皆在一九二三年十月出版社失火時付之一炬。

遞交博士論文後，班雅明那年春天都在為博士學位考試做準備，科目包括哲學、心理學和當代德國文學。一九一九年六月二十日，修勒姆在日記裡寫道：「華特對學位考試的態度令人完全無法忍受，整個人活在放縱不雅的焦慮中。」六月二十七日，他提到考試結果：「今天下午，班雅明拿到最優等……我們晚上齊聚一堂。朵拉終於卸下武裝，開心得像個孩子……班雅明論文、筆試和口試三項都高分通過。他說教授們都很好，甚至還很熱切。沒有人知道接下來會是如何。華特和朵拉還沒有跟我討論他們冬天的計畫……兩人還在全力賺錢養家和成為獨立學者之間拉扯。」（LY, 304, 306）那年夏天，班雅明刻意拖了幾週，不讓自己畢業的消息傳到父母親耳中。如此「故作神祕」顯然是為了繼續得到家中金援，他甚至不准修勒姆透露給自己母親知道。儘管保密到家，班雅明的父母還是得知兒子完成了學業，並於八月不告而訪，結果父子倆大吵一架。到了秋天，兩人的關係稍有改善，因為班雅明似乎有望在瑞士取得教職，但他和父母親的關係危機終究沒能化解。問題不僅出在班雅明跟父母親及其同輩的意識形態不同，更在於他一心只想追求自己的志業，顯然他認為既然他的志向如此，父母親就該無限期支持他和他的妻小。

一九一九年七月一日，班雅明帶著生病的朵拉與史蒂凡到布里恩茨湖畔的伊瑟爾特瓦爾德度假兩個月，順便繼續翻譯波特萊爾和研究當代法國文學。除此之外，他還讀了紀德的《窄門》（並於秋天寫了一篇評論，但沒有發表）[55]、波特萊爾談鴉片與大麻的可親作品《人造天堂》（或許是他預見自己幾年後會親自嘗試這些藥物，才會表示必須另做相同實驗求證〔C, 148〕）和佩吉（Charles Péguy）的詩作（他在這個與自己「無比相近的靈魂」裡見到「嫻熟掌握的巨大憂鬱」〔C, 147〕）。據修勒姆回憶，班雅明那陣子還讀了索雷爾（Georges Sorel）的《暴力的反思》與馬拉美的《骰子一擲》；[56]而在七月二十四日寫給軒恩的信裡，班雅明則表示自己雖然沉浸於當代法國知識運動，卻始終保持從旁觀察的自覺意識：「在我讀的這些作品裡，有一個與某種『現在』接觸的點，是我無法從任何德國事物裡得到的。」〔C, 144〕這是他首次嘗試將目光投向法國，要到許多年後，他才會重拾這個方向。一九二五年開始，法國文學將成為班雅明文學批評的主要關注領域，而他如今的批評家聲名也有不少來自於他對普魯斯特、超現實主義者和波特萊爾的創新研究。

即便擔心妻兒健康、和父母相處不睦、未來充滿不確定性，班雅明仍未停止寫作。他在伊瑟爾特瓦爾德寫了一篇短文〈類比與關係〉，並於八月底拿給修勒姆看。幾週後在盧加諾，他又完成了一篇隨筆〈命運與性格〉初稿，並認為這是他截至目前寫過最好的作品之一。這篇隨筆後來於一九二一年發表，文中嘗試將命運和性格的概念從傳統宗教與道德的主觀主義的手中拯救出來，投向人類內在的「匿名」力量。命運與性格都是脈絡（Zusammenhang），無法直接領會，唯有透過符號才能理解。在班雅明筆下，命運不是如常見的那般從性格定義，而是定義為「活者的罪—脈絡」，在意的不是作為主體的人，而是「人裡面的生命」。（SW, 1:204）希臘悲劇和占卜術都抱持這種命運概念。同樣的，性格不是由「道德本性」定義，而是定義為「人的無色（匿名）天空」裡的個體化之光。班雅明舉喜劇（特別是莫里哀的喜劇）為例：在喜劇裡，性格不是為了突顯道德評價，而是作為「個體性的陽光」，是單一特質的光輝，其他特質只要靠近都會被掩蓋而無法看見。班雅明還提到中世紀的氣質說和氣質說裡一小組無關道德的範疇，作為掌握人類性格特質的提示。不論命運或性格，關鍵都在它們和「自然域」的關係。

班雅明一九一九年十一月初離開伯恩，先是前往維也納造訪岳父母，再到附近的布雷滕斯泰因，在朵拉姑姑開設的療養院待了三個半月。離開伯恩前，他去拜訪了論文指導教授赫貝茲，沒想到對方竟然提供他在伯恩進行博士後研究的機會，之後還可能成為兼任講師。（GB, 2:51）班雅明立刻告知父母**這個**消息，他們聽了都很開心。他父親寫了幾封信給他，信裡提供非常多建議，就是沒談到錢的事。從班雅明那年冬天的信裡看得出他決心取得博士後學位，以獲得在瑞士或德國大學任教的資格，不過也有提到仿效窮困的奧地利猶太人移民巴勒斯坦的想法。（C, 150）朵拉已經脫離猶太復國主義氛圍濃厚的成長環境，[57]我們不清楚她對這件事的看法。夫妻倆在布雷滕斯泰因租了一個溫暖的房間，還替史蒂凡找了保母，讓班雅明得以完成〈命運與性格〉，並開始撰寫布洛赫《烏托邦精神》書評，同時抄寫筆記，為任教資格論文做準備，主題是詞語與概念的關係。（C, 156）此外，他還讀了克洛岱爾（Paul Claudel）的最新劇本和高爾斯華綏（John Galsworthy）「優美無比」的小說《貴族》。班雅明夫婦在這座奧地利小城靜養到隔年二月，直到兩人發現通貨膨脹讓朵拉再也找不到供他們重回瑞士的工作。儘管德國飽受戰火摧殘、政治動盪，但他們已經別無選擇。

第四章 親合力：柏林、海德堡 1920—1922

從瑞士回到德國頭幾年，班雅明內外交迫，一邊想辦法賺錢餵飽妻子幼兒，一邊努力保有寫作的自由。這時期的他愈來愈將寫作視為批評的一種形式，並以早期德國浪漫主義的批評概念為圭臬。他的思想深受當下處境所苦：年過二十八，他不論眼前或長遠的未來都見不到明確的職業坦途。那四年間，班雅明以柏林為據點，四處和教授打關係（儘管有時未能持續），先是海德堡，接著是法蘭克福，希望能拿到任教資格與教職。那是一段充滿求職挫敗與個人束縛的時光。他的婚姻慢慢崩解，連和摯友相處也反覆陷入緊張的僵局。但也正是那幾年，班雅明寫下了二十世紀歷久彌新的兩部批評作品：一篇探討歌德小說《親合力》（*Die Wahlverwandtschaften*）的隨筆和一部剖析德國巴洛克時期悲苦劇的專論——《德國悲苦劇的起源》。

還在伯恩時，班雅明的論文指導教授赫貝茲曾提及學校有意給他任教資格與兼任講師的職位。班雅明雖然感激，但在他眼中伯恩頂多是他前進德國的踏腳石。而在赫貝茲提議以後，班雅明便踏上了爭取德國教職之路，但四年走來只剩急迫和他一貫的惶惶不安。想在德國大學取得終身職，必須先完成任教資格論文，這是德國所有教授必交的「第二論文」。這項工程的第一階段是一九二〇到二一年，班雅明稱之為「瑞士業務」時期。一九二〇年一月，他在信裡告訴修勒姆說：「講到〔我的任教資格論文〕，我現在只想到要寫一個主題——這個研究主題在一個更大的問題底下，那就是語詞與概念（語言和邏各斯）的關係。」（C, 156）根據班雅明這時期幾份未發表的殘篇，可以見到他對語言哲學問題的一些初步想法，以及可能替他拿到哲學教職的研究方向。那一年他對語言問題的思考最後集中在經院哲學上，尤其是十三世紀蘇格蘭哲學家司各脫（John Duns Scotus）。[1]為此，他還特地研讀了海德格一九一五年遞交給弗萊堡大學的任教資格論文《論司各脫的範疇與意義學說》。他起初的批評很嚴厲：「想不到竟然有人單憑這樣一份研究就拿到了大學教職。這種研究**只要**夠勤快又讀得懂經院學派的拉丁術語就能做到。就算披著華麗的哲學外衣，也不過只是出色的翻譯作品。作者不要臉地在里克特和胡賽爾跟前卑躬屈膝，也不會讓論文讀來更令人愉快。」（C, 168）不過，這番話與其說是真心的評論，不如說是下戰帖。同年稍晚，至少部分受到海德格先發制人的影響（C, 172），班雅明決定放棄中世紀哲學。

從一開始，班雅明的任教資格論文就由他心靈慣有的張力所驅動。他日後形容自己的思想是「矛盾的流動整體」，而這股張力便是其構件。他雖然專注於語言哲學，卻也加入了對認識論、神學、歷史與美學的思考。這點和他上個時期（一九一六至一九年完成伯恩大學的畢業論文）一樣：他的博士論文——特別是那些記錄其起源的片段和未發表的隨筆——雖然探討浪漫主義的批評概念，以美學形式為主軸，卻包含了關於語言、神學與認識論的見解。一九二〇至二四年也相去不遠，這些主題最終都將紮實匯集在他一九二五年遞交給法蘭克福大學的任教資格論文《德國悲苦劇的起源》中。早在一九二〇年二月，一頭栽進語言學的班雅明就已經寫信給軒恩，強調必須超越一般學科界線，大幅拓展文類的原理：「我對偉大的文學批評作品的原理很感興趣：這是介於藝術與哲學之間的完整領域，亦即至少實質上是體系化的思想。文類肯定存在著一個絕對的基本（ursprünglich）原理，涵蓋諸如佩托拉克論對世界之輕蔑的對話錄、尼采的格言或佩吉的作品……我也開始意識到批評在我作品裡的根本理由與價值，而我目前全心鑽研的藝術批評（Kunstkritik）不過是這個廣大領域的一部分。」（C, 157-158）這種哲學取向的藝術作品批評觀，更像是一種從文學作品的詮釋中浮現的哲學，其依據來自將藝術作品視為根本真理的容器。在一篇大約寫於一九二一年初的〈真理與諸真理／知識與知識元素〉殘篇中，班雅明延續這個構想，將藝術作品理解為認知媒介，因而是特別適合哲學研究的場域：「然而，真理既無法以體系表達也無法用概念表達，更無法藉由判斷裡的知識行動表達，只能在藝術裡表達。藝術作品是真理的適當場域……這些終極真理不是真理的元素，是真理的真實部分、片段或碎片……真理與知識永遠不是同一物。這世上沒有真的知識，也沒有已知的真理。但為了展現真理，某些知識片段是不可或缺的。」（SW, 1:278-279）如果說班雅明撰寫畢業論文時採納了施雷格的哲學式批評法，那麼他在一九二〇年代初期的思考便開始建構自己的理論，最終在一九二一至二二年完成的隨筆〈歌德的親合力〉和一九二三至二五年寫出的《德國悲苦劇的起源》裡大功告成。事後證明，德國當時沒有任何哲學系所看得出這是哲學作品。但班雅明非常清楚，就算完成任教資格論文並得到認可，也無法確保他在封閉的德國大學體系裡任職。若想在這個以任命制為主的圈子裡取得終身職，他就得跟體制內的學者建立長久關係。

一九二〇年三月底，班雅明夫婦結束了五個月的奧地利旅居生活，在短暫造訪朵拉的父母之後回到了柏林。睽違三年重返這座城市，街頭巷尾處處是經濟與政治不穩定的痕跡。一年多前，左翼的獨立社會民主黨和斯巴達克分子於一月聯手占據柏林大部分地區，迫使政府遷到薩克森邦的威瑪市。同年三月，新成立的德國共產黨在柏林發起武裝暴動，慕尼黑、德勒斯登、萊比錫和布倫瑞克也出現動亂。這些春季暴動後來被統稱為自由軍團（Freikorps）的右翼盜匪傭兵血腥鎮壓。六月二十八日各國簽訂凡爾賽條約，八月十一日德國頒布新憲法並成立威瑪共和，替社會的穩定提供了法律架構，但國內局勢還是相當動盪。條約要求的賠款讓德國寸步難行，許多人都認為這是威瑪共和頭五年深陷經濟危機的主要原因。一九二〇年三月到四月，全德各地武裝暴動再起。激進右派三月十三日嘗試推翻柏林政府，但這場「卡普政變」（Kapp Putsch）因為政府內部反抗與部分軍隊意外倒戈而和平化解，並於三月十七日恢復秩序。德國共產黨三月十四日占領德國工業重鎮魯爾區的大部分區域，三週後遭自由軍團野蠻鎮壓，死亡超過三千人。

大戰期間，班雅明的父母並未失去資產階級的經濟安穩，但到了威瑪共和初期的動盪歲月，他們家的財產卻迅速縮水。因此，班雅明的父親開出條件，**除非**班雅明一家三口與他們同住，否則就不資助他的學術追求。但和父母相處只帶來頻繁的衝突，班雅明日後形容，那是一段「漫長可怕的抑鬱時光」。（GB: 2:108）父母親不斷催促他找能賺錢的工作，堅持拒絕供應他足夠的金錢，讓他盡情讀書寫作。而班雅明脾氣一樣硬，怎麼也不肯向父母親低頭，於是很快只得另謀他途。他問過修勒姆巴伐利亞的生活開銷，朵拉則考慮到瑞士工作賺取法郎，以防德國馬克繼續貶值。班雅明甚至還向多家大出版社應徵，積極爭取編輯職位。

一九二〇年五月，班雅明和爸媽「徹底撕破臉」，被他們從家裡「請了出來」，他在五月二十六日寫給修勒姆的信裡解釋，「也就是在他們把我趕走之前自己離開」。這項發展讓他「悲慘到幾乎不能再更悲慘，這輩子從來沒有這樣過」。他告訴修勒姆，儘管他沒有預期自己和父母親「這些年來相對平和」、感覺「最大難關」已經過去，結果卻突然決裂，但他實在再也無法忍受朵拉遭受的「駭人對待」，以及他不時為了自己的未來問題承受「惡毒輕慢」。離家前，他拿到三萬馬克遺產（之後不會再有）和一萬馬克購屋金（四萬馬克約合戰前的一萬馬克，但由於馬克迅速貶值，到了一九二〇年五月只值不到七百馬克）。（C, 2:87; C, 163）[2]這筆錢完全無法讓班雅明夫婦自立，於是他們只好接受朋友古特金的好意，搬到他在柏林市郊格呂瑙的房子暫住。這棟色彩亮麗的小房子是現代主義建築大師陶特（Bruno Taut）的作品，班雅明夫婦就在這裡跌跌撞撞地首次嘗試自力更生。不論當時或其後數年，朵拉都扛起了家中的經濟重擔，賺錢供應丈夫的智識追求，因為她堅信對方的才能。她在電報局擔任英語翻譯，班雅明則偶爾撰寫筆跡分析的文章賺點小錢。

古特金不僅和他們成為朋友，而且志趣相投。班雅明和他都出身於富裕的柏林猶太家庭，很早就受到唯心論哲學洗禮，兩人都想以寫作為生，也都遭到父母親拒絕物質供應，而且作品同樣隱晦。修勒姆形容古特金「擁有一個完全拜倒於神秘的靈魂，無論鑽研何種學問，都是為了發掘其中的隱密核心」。[3]古特金一九一〇年限量出版處女作《恆星誕生：從世界之死到行為洗禮的天使之旅》，並自費寄給數十位德國知識分子。這本小書將烏托邦與神秘元素結合在尼采式的狂喜散文中，影響了早期表現主義畫家與詩人的情感甚至想法，像是康丁斯基、穆特、凡霍迪斯和多布勒（Theodor Däubler）等人。[4]走進早期德國表現主義者的世界，替古特金打開戰時上層知識分子圈的大門。一九一四年夏，他和荷蘭心理學家朋友凡伊登（Frederik van Eeden）共同成立了那個時代的重量級學識團體「堡圈」（Forte circle）。堡圈之名來自托斯卡尼海城馬爾米堡（Forte dei Marmi），因為成員都在此聚會。儘管最初只是志同道合的上層人士的純學術交流，但很快就走向烏托邦社會主義和密契主義（esotericism）。[*]修勒姆透過古特金和布伯得知了這個團體，形容堡圈的理念「幾乎令人難以置信……這一小群人竟然能成立這樣一個組織，在特定的期間全心投入智識與靈性活動，以便毫無保留地進行充滿創意的思想交流。他們這樣做（用神秘但清楚的方式來表達）或許能撼動這世界的鉸鏈」。[5]堡圈的核心成員包括古特金、凡伊登、布伯、無政府主義兼社會主義者蘭道爾（Gustav Landauer）和基督教保守派朗恩（Florens Christian Rang）。由於積極出版作品，堡圈的理念很快就吸引了各式各樣的知識分子，例如康丁斯基、辛克萊（Upton Sinclair）、拉特瑙（Walter Rathenau）、里爾克及羅曼．羅蘭，皆在思想上與堡圈相關聯。[6]堡圈成員中，班雅明除了古特金之外還認識漢學家包雷（Henri Borel），當然還有布伯。

離開多年重返柏林，班雅明夫婦慢慢和故舊恢復聯繫，並開始建立新的人際關係。儘管班雅明和他柏林、弗萊堡與慕尼黑的同窗好友在戰時幾乎都斷絕往來，但還是有跟科恩和克拉夫特見面；而他嘗試出版並宣傳自己的博士論文，也讓他因此結識了修勒姆的兄長萊因霍爾德（Reinhold）和印刷商父親。此外，他還努力重拾柏林大學的人脈，和一九一四至一五年修課時很欣賞的語言學兼任教授路易見面。那年暮春，他認識了古特金的堡圈好友，保守派知識分子朗恩。在後來往返於柏林和法蘭克福的日子裡，班雅明時常到朗恩在黑森邦布勞恩費爾斯鎮的家中作客。他和一九六六年諾貝爾文學獎得主阿格農（Shmuel Yosef Agnon）也大約在這個時期認識，兩人首次碰面是在施特勞斯（Leo Strauss）家中。阿格農一九一二年從巴勒斯坦搬到柏林，班雅明不時會細思他的作品，之後多年也常和修勒姆討論他的創作。

那年春天，班雅明專心研讀小說。除了為數驚人的偵探故事，他還讀了斯湯達爾的《巴馬修道院》、凱勒的《薩蘭德》、斯特恩的《感傷旅行》和尚．保羅的《雷瓦納》，最後這本書引發他對育兒提出了不少看法。他也嘗試更深入瞭解表現主義的理論，這顯然出自他作客古特金家中時兩人談話的刺激，因為古特金對以康丁斯基為首的慕尼黑「青騎士」的緣起有第一手資訊。不過，多方涉獵後，班雅明只對康丁斯基的《藝術中的精神》有印象，並表示「在所有談論表現主義的作品裡，可能只有這本書不是滿嘴術語」。（C, 156）一九二〇年初，儘管班雅明生活中充滿家人爭吵、經濟困窘和隨之而來的鬱悶，他依然持續寫作，並制定新的寫作計畫。那年夏天，他對波特萊爾詩作的翻譯有所進展，也開始尋找出版社。此外，他仍然繼續閱讀柏格森門生佩吉的作品，同時開始構思翻譯這位德雷福斯支持者兼愛國社會主義者的隨筆並撰寫導言，他嘗試打動菲舍爾（S. Fischer）和沃爾夫（Kurt Wolff）等大出版商，但沒有成功。不過他自己的博士論文倒是出版了。同年八月，修勒姆的父親按照大學要求的留存冊數替班雅明印製了數份論文，伯恩的富朗克（Verlag Francke）出版社則將之編輯成冊出版。

儘管手頭愈來愈緊，班雅明仍繼續讀書，更不停蒐書。他不只一次在信裡感嘆家中財務徹底絕望，但沒隔幾段又講起自己剛購得哪些收藏。單是三月他就買了數本初版波特萊爾詩集和歌德書信集。克拉夫特記得有一回到班雅明父母家作客，史蒂凡剛被媽媽從地毯上抱起來，班雅明就開心展示自己最新的善本收藏。[7] 除了文學和哲學書籍，班雅明與朵拉還持續蒐集童書，最終超過兩百冊，且多半是十九世

＊　譯註：密契主義即鑽研神秘學與靈性探索等領域的思想與實踐。

圖十：克利《奇蹟顯現》。© 2013，紐約藝術家權利協會。

紀的作品。班雅明夫婦的財務窘況也沒能阻止他們倆開始收藏藝術品。班雅明七月生日時，朵拉送給班雅明他的第一幅克利畫作《奇蹟顯現》（*Die Vorführung des Wunders*）。這幅作品如今被收藏在紐約當代藝術館。

同年六月，班雅明首次接觸希伯來文，和同是修勒姆學生的古特金一起學習。這樣做有部分出於修勒姆一封信裡的鼓勵。修勒姆認為，以班雅明目前在德國的處境，應該更樂於聽從他「大量接觸猶太教」的建議。[8]儘管班雅明始終沒有跨過最基礎的門檻，卻給了他大肆購書的理由，除了弗斯特版（Fürst）希伯來語和亞蘭語的希伯來聖經詞典，他還買了數本米德拉什、[*]一本雙語版先知書和馬庫斯（Ahron Marcus）論哈西迪猶太教的專書。班雅明在一九一二至一三年寫給斯特勞斯的信裡便已表明自己對猶太教的曖昧態度，這也成為他和修勒姆友誼裡反覆出現的緊張來源。

到了秋天，班雅明夫婦再次搬家，決定不再回頭仰賴父母家的資源，遠離家中的壓迫氣氛。他們先住進胡伯圖斯大道上的俾斯麥旅館，離德爾布呂克街父母家的別墅只有幾條街，十月又短暫住進他們自己買的公寓。班雅明再度嘗試學習希伯來文，這回在大學上課，但同樣幾週後就無疾而終。十二月初，他寫信給修勒姆，覺得有必要解釋放棄的原因，便在信裡表示撰寫資格論文讓他無法全力學習希伯來文。修勒姆遲遲沒有回信，於是班雅明十二月二十九日又寫了一封信，表示他大概知道好友為何「長時間」保持沉默，同時摘錄他剛寫給古特金的信，回應兩位好友對他放棄希伯來文的「指責」。在這封寫

* 譯註：猶太教對希伯來聖經的解釋文獻。

給古特金（現已亡佚）的信裡，班雅明堅持自己「要能全心投入猶太事物，就得先在歐洲師徒制中取得至少有機會可以確保平穩未來與家庭支持的機會」（C, 169-170）——換句話說，就是拿到大學教職。

格奧格這時期的選擇，和他哥哥班雅明形成了鮮明的對比。參戰四年結束後，格奧格立刻重拾大學生活，苦讀醫學系課程。一九二〇年秋天，儘管學生收入有限，他還是搬出德爾布呂克街的父母家，住進東柏林工人區一間附裝潢的小套房裡。當班雅明還在依賴父母，纏著兩老要錢，格奧格已經不靠父母供養，而且和他們關係良好，週日或假期會一起到格呂內瓦爾德度假。[9]妹妹杜拉是大學生，當時也住在父母家，但班雅明和她經常吵架，那時期從來不曾在信裡提過她。

同年十二月，班雅明夫婦悄悄認栽，搬回了格呂內瓦爾德和父母家。有趣的是，回到父母家的同時，長期憂鬱也隨之消散。儘管班雅明大學時就提過自己偶爾會短暫陷入憂鬱，但直到年近三十才開始出現長期重度憂鬱，持續到他過世為止。班雅明的表親列維（Erwin Levy）認為，班雅明的情緒狀況顯然出自父親家族，因為家族裡自殺者並不罕見。[10]

雖然重回德爾布呂克街肯定令人氣餒，班雅明卻變得格外多產。博士論文之後，他就沒有再發表任何作品，但光是十二月他就修改完一九一九年底寫的〈命運與性格〉與一九一七年開始寫的〈論杜斯妥也夫斯基的《白癡》〉的校樣，交給《阿爾戈英雄》（*Die Argonauten*）發表。這是一份由布拉斯（Ernst Blass）編輯、魏斯巴赫（Richard Weissbach）在海德堡經營的小出版社發行的雜誌。與此同時，班雅明還大膽著手開展一種以哲學為根基的「政治學」。早在瑞士和布洛赫談話期間，他就在心底醞釀此事。班雅明再三強調，自己的政治理論和當時所有政治運動無關，甚至和時事沒有關聯。他表示自己「反對當前所有政治趨勢」。（C, 148）但他構思於一九一九到二一年、由多種不同領域的元素組成的政治理論，不僅結合了他對哲學、神學與美學的興趣，更無可避免受到威瑪共和初期動盪日常的影響。

班雅明一九二四年投向馬克思主義，但在此之前他政治傾向為何，學界目前幾乎沒有定論。和後來成為著名左派理論家的盧卡奇與布洛赫一樣，班雅明從小就浸淫在盧卡奇稱作「浪漫主義式的反資本主義」的德國哲學與文學傳統中。由於這種傳統醉人地混合了軟調政治理論、硬調哲學與高調文學，使得班雅明一方面欣賞巴枯寧與盧森堡（Rosa Luxemburg），被盧森堡獄中書信「那不可思議的美與意涵深深感動」（C, 171），一方面又和保守派的朗恩在智識上深交，並數度訂閱保皇、反動、反猶太的《法蘭西行動報》（*Action Française*）。修勒姆提到他和班雅明那時期（一九一九年）信奉的政治觀時，就曾貼切地使用「神權無政府主義」這類自相矛盾的詞彙。對班雅明而言，神權無政府主義應該接近托爾斯泰的反教權主義，就像他在〈學生生活〉文中所說：「我們……大談政治與社會主義，對於社會主義和個體立場付諸實踐有許多保留。從我們的思考角度來看，神權無政府主義依然是最合理的政治選擇。」[11]

一九二〇年底，班雅明已經為他的政治理論做出了非常具體的規畫，將它分成三個部分。[12]第一部分標題是〈真正的政治家〉，第二部分暫定題目為〈真正的政治〉，並包含兩個章節，〈暴力的解構（Abbau）〉（可能就是班雅明一九二一年完成的隨筆〈暴力的批判〉）與〈無目的的目的論〉（應已亡佚）。至於「第三部分」則以批判舍爾巴特的烏托邦小說《萊薩本迪奧》為主（班雅明最早在一九一九年一篇未發表隨筆裡提過這本小說）。他之所以能在年底就想好大綱並迅速寫出〈暴力的批判〉，是因為他從撰寫布洛赫《烏托邦精神》的書評開始，便一直在構思和撰寫相關內容。他在布雷滕斯泰因時，就已經想好一篇暫定題目為〈世上沒有知識勞工〉的隨筆，只是顯然未能完成。這篇隨筆除了回應左派作家希勒對行動主義的看法，也在更廣泛的意義上回應了部分資產階級作家的主張。這些資產階級作家認同一九一八年在德國各地竄起、最終迫使德皇退位的工兵委員會（*Arbeiter- und Soldatenräte*），並企圖仿效，只是未見成功。（見C, 160）大約在同一時間，他完成了布洛赫的書評，但這篇「極度深入」的評論遠非抬轎文章，而是想定義他自己的政治信念。早在瑞士期間，班雅明避談當前政治潮流的立場就曾經受到布洛赫挑戰，如今（一九二〇年）面對好友在《烏托邦精神》以極具個人色彩的方式揉合了馬克思主義與彌賽亞思想，班雅明的感受很複雜。一方面覺得這本書「並非全無優點」，一方面又認為它寫得「太簡單、太過頭」（C, 159-160），因此這篇書評「只是一篇仔細考察某人思想，並適度給予讚美的隨筆」，但仍在結尾對布洛赫「難以成立的基督論」和不可知論提出帶有密契主義色彩的「質問」（不可知論認定「每個活過的時刻都存有暗室」，每個經驗都有「尚未被意識到」的向度，這點在班雅明的思想中留下了印記）。儘管班雅明四處尋找發表管道，包括重量級哲學期刊《康德研究》，這篇書評卻始終未能出版，現在應該也已經佚失。

大約也在這時期，[13]班雅明寫下了〈神學政治學殘篇〉，嘗試扼要闡明神學政治學的輪廓。這是他寫過最複雜的短文之一。文章開頭便主張神權國家只有宗教意義，不具政治意涵，因為「所有歷史事物就其自身（von sich aus）都無法和彌賽亞世界產生關聯」。換句話說，「彌賽亞」世界不會是歷史的目標，「以歷史的角度而言」也非歷史的終結，而是超越紀年紀事的一種存有強度。堅持歷史生命和真實的宗教生命不可互通，透露了班雅明思想中的神學元素與「辯證神學」核心信條間的重要呼應，尤其是巴特

（Karl Barth）一九二一年《羅馬書》再版中強調的神的絕對他性。在〈神學政治學殘篇〉中，班雅明用一個比喻來說明歷史事物與彌賽亞世界的矛盾關係：

> 若一支箭指向世俗動力（Dynamis des Profanen）所瞄準的目標，另一支箭標明彌賽亞強度的方向，那麼自由人對幸福的追求顯然會和彌賽亞的方向相反。但就如同一種力量能憑其所遵循的路徑增強反方向的力量，世俗秩序由於其世俗性，也能促成彌賽亞世界到來。因此，世俗世界雖然本身不屬於彌賽亞世界，卻是通往彌賽亞世界最暢行無阻的關鍵範疇。

在既神聖又世俗的存在「節奏」中，與「永恆敗壞」相呼應的是塵世償還，是敗壞裡的幸福。這是因為「自然永遠在徹底消逝（Vergängnis），故而屬於彌賽亞世界」。班雅明由此得出結論，世俗政治的任務便是追求永恆的瞬息一現，追求「那屬於自然的人類階段」的永恆消逝，而其方法必然要稱作虛無主義。[14]在這篇短文裡明白說出的虛無主義，將成為班雅明日後作品中不時浮現的暗流，不是貫串整篇文章，如一九三一年的〈破壞型人物〉（The Destructive Character），就是為其染上某種色彩，如一九二三年的〈譯者的任務〉。

班雅明春天回到柏林，正巧遇上了卡普政變，這場政變將尚在襁褓中的德國民主推入了最險惡的深淵。那年三月十三日，德國最高階軍官呂特維茲（Walther von Lütwitz）將軍在自由軍團和一支海軍陸戰旅支持下揮軍柏林，把持行政中樞，宣布罷黜共和政府，並提名右翼公務員卡普（Wolfgang Kapp）接任首相。原首相鮑爾（Wolfgang Bauer）和總統艾伯特（Friedrich Ebert）率領大多數高階官員撤離柏林。由於缺乏多數部隊支持，共和政府只能使出唯一的反擊手段，宣布總罷工。停工停業加上大部分官員拒絕接受卡普指揮，最終導致政變失敗，卡普和呂特維茲於三月十七日逃離柏林。班雅明夫婦返回柏林不可能沒有察覺到這股肅殺的氛圍，只是從未在信裡提過，但他從這時開始加快了撰寫〈神學政治學殘篇〉的腳步。一九二〇年四月，他寫下一則註記，標題為「生命與暴力」（見C, 162），目前已佚失；同年秋天他又寫了〈對《烏托邦精神》中一個段落的奇想〉，同樣沒能留存下來。他繼續博覽群書，不只涉獵政治理論，也閱讀其他相關領域的著作，並在信裡評論各種主題，從生物學認識論到雄辯的概念都有，後者與他讀到浪漫主義政治經濟學家謬勒（Adam Müller）的修辭論著有關。[15]不過，這番對政治的漫長思考，主要成果還是他從十二月開始動筆到隔年一月寫成的〈暴力的批判〉。

班雅明在這篇隨筆裡檢視了暴力與法律和正義的關係，尤其是暴力（武力）在自然法與實證法中的角色。儘管文章開頭依照慣例進行了一段相當抽象的法理學討論，以便從手段與目的的關係理解暴力，但當主題一轉向建構與維繫法律和立法機關，談論暴力在這方面的功能時，文章立刻出現濃厚的班雅明色彩：「凡是作為手段的暴力都是為了立法或維繫法律。」（SW, 1:243）班雅明本人也承認，這是一九二〇年代末的熱門議題。「法律制度潛藏暴力。一旦不再意識到這點，法律制度就會衰敗。在我們這個時代，議會就是例子。由於議會不再意識到其存在有賴革命的力量，因此產生了令人眼熟的悲劇。」威瑪國民議會當然是憑藉一九一八年十一月釋出的革命力量才得以成立，但班雅明無畏爭議地主張，當威瑪議會一九二〇年春天使用暴力手段鎮壓魯爾區的左派起事，就失去了創立新法的潛在能量，也就注定它作為一種建制的衰亡。但班雅明不只譴責現任政府，他很快就將矛頭指向更大的問題，反省總罷工在所有的社會裡到底有何功能。他的見解不只出於閱讀索雷爾一九〇八年的作品《暴力的反思》的心得，更源自他對無政府主義與暴力的鑽研。一九二〇年秋天，他聯繫歐洲無政府主義權威內特勞（Max Nettlau），向這位巴枯寧的舊識尋求關於首要資源的建議。班雅明採納索雷爾對「政治總罷工」和「無產階級總罷工」的區分，引用《暴力的反思》裡的段落暗批社會民主黨，譴責他們面對卡普政變選擇用總罷工維持權力：「政治總罷工顯示，國家不會失去力量，權力只會從一個特權階級轉移到另一個特權階級。」接著他引述索雷爾對無產階級總罷工的讚揚，指出在無產階級總罷工中「革命是清楚單純的反抗」。這是班雅明最早也最直接透露其政治哲學核心主張的一段話。對他而言，這種「革命運動」反對「一切綱領與烏托邦……在這種深刻、道德且具有真正革命精神的理解下，任何將這種總罷工斥為暴力的……反對都站不住腳」。這種將革命純粹化，拒絕考慮其後果的想法，不只展現出班雅明（經常被人提及的）對猶太教禁止偶像崇拜教義（Bilderverbot）的堅持，更間接透露他的虛無主義。班雅明和作家勞倫斯（D. H. Lawrence）一樣，喜歡想像既有世界秩序「啪的一聲」，突然中止。

因此，這篇隨筆主要在調解當時的一項法學爭論，也就是國家權力和可允許哪些反抗國家權力手段的問題。不過，隨筆的第二部分又回到〈命運與性格〉這篇隨筆所觸及的議題——命運、因參與「更自然的生命」而生的罪愆、神話、以及上帝干預世事的「抹消一切的暴力」。即使到了集班雅明早期思想之大成的作品〈歌德的親合力〉，這些議題依然位居核心。班雅明在〈暴力的批判〉呼應科恩於《純粹意志倫理學》與《源自猶太教的理性宗教》的論點，[16]首度區分出立基於多神論的神話和源自更崇高的一神論屬靈力量的「單純生命」：「神反對神話……若神話暴力是立法，神聖暴力就是滅法……但抹消同時是贖罪……神話暴力是為了自己而壓制單純生命的血腥權力，神聖暴力則是為了生者壓制所有生命的純粹權力。」有論者認為，班雅明在〈暴力的批判〉已經將神聖暴力和無產階級革命連繫在一起。但就如文章結尾所表明的，班雅明此時尚未化解他的政治主張與神學思想的分歧。「然而，所有形同立法的神話暴力都是有毒的，所有為神話暴力效力的維法暴力也是有毒的。前者可以稱作『施行』暴力，後者可以稱作『執行』暴力，而神聖暴力則可稱作『統治』暴力。這種暴力從來不是神聖抹消的手段，而是其記號與標誌。」[17]班雅明在此高呼抹消當時所有形式的國家權力，甚至國家本身，卻未指明何種革命方式可以神聖地抹消這些「手段」。要到一九三〇年代，班雅明才會更明確地將革命視為彌賽亞事件的成因與展現。隨筆完成後，班雅明先是投稿到知名文化月刊《白書頁》（*Die weissen Blätter*），總編為席克爾（René Schickele）。編輯部的雷德勒（Emil Lederer）讀完認為〈暴力的批判〉對讀者而言「太過冗長與艱澀」，但決定刊登在《社會科學與社會政策文庫》上。這份刊物原本由韋伯主持，在他去世後便由雷德勒接任。

這篇隨筆還有一些較具密契色彩的段落，來自班雅明閱讀昂格爾（Erich Unger）《政治與形上學》的啟發。這本書於一九二一年一月出版，班雅明這時期對昂格爾及其作品非常熱衷，形容《政治與形上學》是「我們這個時代最重要的政治作品」。（C, 172）昂格爾和班雅明一樣出身柏林同化猶太家庭，但和成長期深受維內肯與青年運動影響的班雅明不同，昂格爾很早就踏進新正統神學（Neo-orthodoxy）的圈子，在腓特烈文理中學同校學生戈德堡（Oskar Goldberg）的帶領下接觸到塔木德經，日後成為宗教哲學家也沒有忘記最初的思想啟蒙。昂格爾的作品充滿宗教色彩，和班雅明形成強烈對比。一戰過後，班雅明作品裡的神學面向往往埋得很深，甚至隱而不顯，就像他現存最後一篇文章〈歷史的概念〉開頭那個著名寓言裡躲在棋桌下操控的駝背侏儒那般。不過兩人有些基本假設相同，所以班雅明對昂格爾才會有如此正面的評價。誠如科倫巴赫（Margarete Kohlenbach）所言，班雅明和昂格爾都相信「哲學思考是為了找出人在何種條件下可以客觀地經驗，進而得知現代宗教性有哪些部分充其量是被信以為真，或感知為真」；[18]兩人也都相信這類哲學思考必須超越康德的模型，因為康德對人類經驗與知識的理解不當。因此，昂格爾的《政治與形上學》將政治理解為一種活動，其主要目標在於提供一個場域，使人獲得或許「相當於神聖實在顯露」的心理經驗。[19]

一九二〇年代初期，班雅明對以戈德堡（Oskar Goldberg）為首的猶太知識分子圈很感興趣，受昂格爾思想吸引只是最明顯的跡象之一。戈德堡是早期表現主義新情感歌舞表演（Expressionist Neopathetisches Cabaret）與新俱樂部的領袖人物，一戰結束後轉而宣揚猶太教的某種密契「學說」。根據修勒姆的說法，這種學說不乏惡魔的一面。戈德堡相信猶太人和神擁有一種最初根基於魔法的特別關係，進而認為當代猶太教已經偏離了具有魔力的古希伯來精神。修勒姆形容這套「希伯來人之真實」的學說是「某種生物學卡巴拉」，但根據戈德堡門生昂格爾在一九二二年二月一場班雅明也有出席的演講上的說法，對基本上反對實徵猶太復國主義的戈德堡等人而言，唯有這套學說才能「以無國家的方式建立猶太民族」。[20]戈德堡憑藉驚人的個人魅力，對身邊人們的掌控可比獨裁者，對威瑪共和時期知識分子的影響更遠大於他思想裡的真材實料。湯瑪斯．曼一九四七年的《浮士德博士》捕捉到了這種不良影響的些許樣貌，小說裡的原型法西斯主義形上學家布雷薩赫博士就是戈德堡的化身。班雅明和朵拉是在朵拉朋友伊莉莎白（Elisabeth Richter-Gabo）的家中認識戈德堡與昂格爾（伊莉莎白後來成為前衛電影人里希特〔Hans Richter〕的第一任妻子），班雅明本人對戈德堡的反應很發自肺腑：「的確，我對他認識很少，但我每回逼自己看他，他身上那股不純正之氣就會令我作嘔，甚至無法跟他握手。」（C, 173）儘管克制不了這股反感，班雅明還是謹慎遊走於這個圈子的邊緣，但只出於一個理由，那就是和昂格爾保持往來，因為對方的人與作品始終吸引著他。

一九二一年一月，班雅明和父親之間的敵意稍有和緩，讓住在父母家中變得比較可以忍受。班雅明顯然預期自己會長住下來，還訂了新書架擺放藏書——置身書海總是令他深深滿足。他們借了一台鋼琴，讓朵拉重拾琴藝，修勒姆記得傍晚屋裡時常充滿莫札特、貝多芬和舒伯特的音樂。[21] 那年春天，班雅明和朵拉甚至嘗試參與業餘的劇場表演，想在裝飾藝術學院的舞會小喜劇裡登臺亮相。他說朵拉認為只要她下定決心，就能成為「偉大的女演員」，只可惜導演「無能」害她無緣出演。（GB, 2:146）我們很難確切描繪史蒂凡在班雅明家庭生活中的角色。這時期的他很少在信裡提到兒子，其中一封描述史蒂凡初次去動物園，結果分不清羊駝與大象、羱羊和猿猴，逗樂了班雅明。在他記錄兒子「意見與想法」的筆記裡，有幾則這時期的紀錄提到「安靜」問題，可以窺見班雅明家中的規矩和他兒子的反應：「我走進房裡要他安靜。我一走他就大聲說：『那個鳥（或熊）一直到房間來。這是我的房間，牠不應該進來。房間會被弄亂，整個房間都會亂掉。而且我不應該被打擾，我也要工作。』」[22]

班雅明夫婦利用父母家的舒適招待了不少訪客，也常邀親友暫住。最早的一位是喪偶的布洛赫，他的妻子絲特莉茨基才剛因久病在慕尼黑過世。不過，班雅明老友克拉夫特造訪格呂內瓦爾德的結局要不幸許多。兩人一九一五年相識，當時都還是大學生。儘管克拉夫特的務實性格讓他選擇以圖書館員為業，先後在萊比錫和漢諾威的大圖書館任職，直到一九三四年被強迫退休並移民巴勒斯坦為止，但他始終視自己為文學評論家。兩人結識之初，班雅明就認定克拉夫特是哲學導向式評論的同行與對手。克拉夫特這次造訪顯然發生了什麼，因為班雅明沒多久便寫了一封斷交信給他，而克拉夫特最終輾轉收到的是措詞沒那麼強烈的草稿。信中不只透露了班雅明的友情觀和他對智識交流的全心奉獻，也能看出他根深蒂固的專斷跋扈：「和朋友聯繫與對話屬於我人生中最嚴肅也最奉行不悖的事……我對發自自己思想的每個字都窮究到底，並期待他人也是如此……因為人對每個和自己交談的人都負有一項不可動搖的義務：不論說什麼都必須加以證成，尤其雙方意見不同的時候；更別說若不是真心打算接受批評，就不要攤出來供人評判。」(GB, 2:142）收到信後，克拉夫特退回了班雅明自兩人結交以來寫給他的所有信件，而班雅明的回應是克拉夫特竟然沒用掛號寄！儘管兩人一九三三年底在巴黎法國國家圖書館偶遇而恢復聯繫，但這段關係最後還是於一九三〇年代末激烈地邁向瓦解：兩人再度互不相讓，宣稱自己才是重新發掘十九世紀德國作家約赫曼（Carl Gustav Jochmann）的人。

班雅明特別擅長某類友誼，他的聰穎與專注吸引了一大批令人敬畏的知識分子到他的交友圈來。然而，友誼建立之後從來不曾一路平坦，班雅明連最親密的朋友都會保持距離，保有自己的絕對隱私。而且正如修勒姆所記得的，班雅明會想方設法不讓兩群朋友有任何往來。這是他社交生活的鐵律。這些規矩勢必讓再日常的話題，只要是和班雅明談，都會變得難以應對。儘管如此，班雅明書信裡有為數眾多的證據顯示他對幾位密友無比堅貞。阿多諾和克拉夫特都曾提到他的慷慨與愛送禮物。一九二〇年代初，克拉夫特受邀到班雅明家中共進晚餐，打開餐巾就見到一本奧地利劇作家格里爾帕策（Franz Grillparzer）的《幻夢人生》初版。因為女雕刻家尤拉而認識班雅明的夏洛特（Charlotte Wolff）也記得他的許多善舉，班雅明甚至跟她去了一趟德勒斯登，就為了說服她父母即使會財務窘迫也要供她習醫。[23]

一九二一年頭幾個月，班雅明都在翻譯波特萊爾《惡之華》的〈巴黎寫景〉。儘管他從一九一四年初就開始翻譯波特萊爾，但是那陣子因為有機會出版而加緊趕工。透過尤拉介紹，他認識了詩人布拉斯，也就是《阿爾戈英雄》雜誌的編輯，同年就在這份由魏斯巴赫發行的雜誌發表了〈命運與性格〉和〈論杜斯妥也夫斯基的《白癡》〉。布拉斯一九二〇年底節錄了班雅明翻譯的波特萊爾寄給魏斯巴赫，對方決定出資一千馬克發行精裝版，收益的百分之十五發行平裝版。班雅明一九二一年二月簽好合約，寄回給出版社。這時他已經譯完除了〈天鵝之二〉以外的所有詩作，並告訴魏斯巴赫自己打算寫一篇序，針對翻譯問題提出概論。然而，班雅明的翻譯工作遠沒有因為寄回合約而結束，反倒又經歷了百般痛苦波折的三年多才出版。

波特萊爾不是班雅明這時期唯一的文學對象。克勞斯一九二一年初在柏林發表了四場演講，班雅明應該在場，並且直到死前都對這位偉大的奧地利記者作家深感興趣。此外，班雅明仍然持續閱讀與思考德國浪漫主義的作品。他對歌德重燃熱情，提到重讀自己最愛的歌德短篇〈美露莘新傳〉（Die neue Melusine）帶給他的愉悅，還遊說魏爾巴赫重新出版施雷格的《阿拉科斯》（*Alarcos*）。十九世紀初，歌德曾將這齣劇納為威瑪劇院的固定戲目，但劇本自一八〇九年後便不曾再版。

畢業論文完成後，班雅明對當時視覺藝術的興趣益發濃厚。他去看了一九一四年在西方戰線陣亡的畫家馬克（August Macke）的作品展，也提到自己寫了一篇「短文」，不過這篇短文並沒有留存下來。他還提到夏卡爾的《安息日》，說這幅作品他很喜歡，但不夠完美：「我愈來愈明白，只有克利與馬克的作品無需眼見為憑，康丁斯基的作品或許也行，除此之外的作品都有需要小心提防的陷阱。當然，這三位的作品裡也有弱的，但至少我都**看得出來**。」(C, 178) 一九二一年四月，班雅明去看了克利展，晚春造訪慕尼黑時又花了一千馬克（十四美元）買下克利一九二〇年完成的小水彩畫《新天使》（*Angelus Novus*）。儘管他和這幅畫作的相遇沒有留下文字紀錄，但從夏洛特的憶述中還是能感覺到此意外發現讓這位平日「靦腆壓抑之人」欣喜不已，完全克制不住，表現得「宛如奇蹟降臨似的」。[24]《新天使》將成為班雅明最珍視的收藏品。班雅明買下它之後，曾經將畫掛在修勒姆的慕尼黑家中一段時間。即便修勒姆後來移民巴勒斯坦，這幅畫仍然標誌著兩人的特殊羈絆。早在一九二一年，修勒姆就為《新天使》寫了一篇充滿詩意的觀想文，作為好友的生日禮：

七月十五日天使的問候

我尊貴地掛在牆上
不看著任何人
我從天界來
是天使人

我房裡那人很好
我對他不感興趣
我有至高者看顧
不需任何容顏
我來自的世界
慎重、深刻而清明
那將我繫在那裡的
在這裡顯得神奇
我心裡有座城
神差遣我去
懷有這印記的天使
不為所動
我準備好振翅
很高興能回返
因為我若是為了生命時間而停留
運氣就還是沒有
我眼睛很黑很滿

目光從未空茫
我知道該宣告什麼
而且還知道更多

我是非象徵物
代表我自己
你轉動魔戒也枉然
因我不具意義[25]

克利的《新天使》不僅是班雅明首次創辦刊物失敗時用的刊名、在他一九三三年寫於伊比薩島的晦澀自傳式作品〈阿格西勞斯・桑坦德〉（Agesilaus Santander）裡頭出現過，更啟發班雅明在生命接近尾聲時寫下他的所有作品裡最為人知的段落：〈歷史的概念〉裡對歷史天使的思索。

儘管興趣駁雜，班雅明的思考重心始終擺在任教資格論文上，一九二〇年末到隔年初完成的許多殘篇都是為了尋找論文題目而寫，透露出他思考過程的演變，從最初只談語言學到後來陸續納入不少神學問題。〈任教資格論文大綱〉（SW, 1:269-271）顯示他曾經考慮以神學符號問題為主題。但和博士論文一樣，班雅明的焦點逐漸從語言層面轉到認識論與美學層面。「一如所有歷史研究，」他二月寫信給修勒姆說，「語文學也承諾賜予新柏拉圖主義者在禁慾沉思中尋求的愉悅，只是強度最高。確保道德熄滅（但

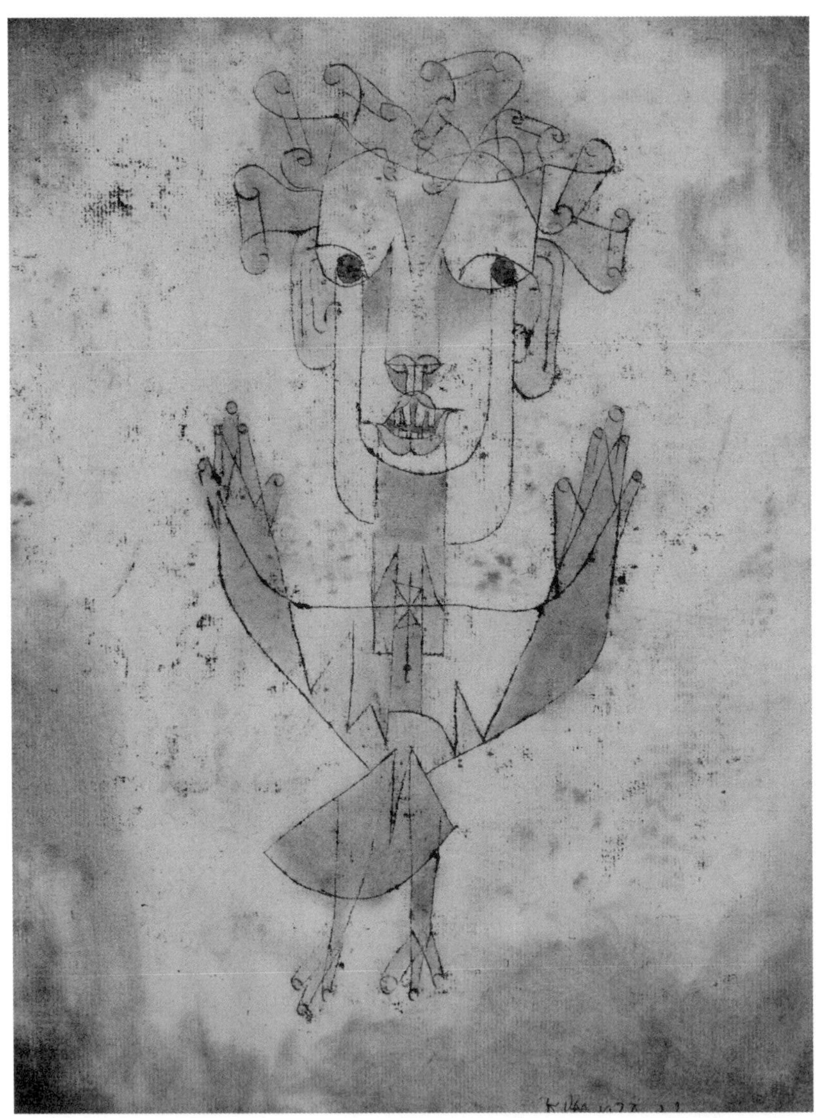

圖十一：克利的《新天使》，一九二〇年。印度墨水、油印（單刷）、水彩上色在紙上。耶路撒冷以色列博物館館藏，修勒姆夫婦（Fania and Gershom Scholem）、黑林兄弟（John and Paul Herring）、卡羅爾（Jo Carole）和勞德（Ronald Lauder）聯合捐贈。攝影：波斯納（Elie Posner）© 耶路撒冷以色列博物館。

火不止）的是完美，而非沉思。它代表歷史的某一面——應該說歷史世界的某一層。人或許能對其基本邏輯擁有規範性、方法性和建構性的概念，卻永遠參不透它們彼此間的關聯。在我的定義裡，語文學究其最深處不是語言科學或語言史，而是**術語史**。」（C, 175-176）儘管「語文學」和「術語」這些詞可能讓人以為班雅明仍然在語言學的範疇裡思考，但這段重要發言其實標誌著他徹底揮別了哲學語言學，朝文學與美學進發。這時期的班雅明潛心鑽研德國語文學的黃金時代，時間大致從施雷格到尼采，而這段語文學傳統就建立在對文學文本的詮釋上。

班雅明努力找尋任教資格論文研究主題的過程看似平靜，甚至心無旁騖，其實他不論家裡家外都很混亂。翻開一九二一年初的報紙頭條就會見到，德國當時政經局勢動盪不安，中間偏左聯盟一邊面對極左與極右派的惡鬥，一邊繼續努力讓羽翼未豐的威瑪共和站穩腳步。由於司法機關始終未能剷除內部最保守的帝國主義勢力，導致極右派被暗中鼓勵做出暗殺、政變與散播煽動言論等過激行為。協約國最終強迫德國接受嚴苛的賠償方案，四十二年內支付兩千兩百六十億金馬克，更讓本就慘淡的德國戰後經濟雪上加霜。倫敦舉行的實際賠償方式協商破局後，法國立刻出兵占領了德國工業重鎮魯爾區。班雅明默默目睹這一切，一如他默默目睹自己的家中危機那般。唯有他最親近的朋友才知道，他的婚姻正瀕臨破碎。

在瑞士度過相對平和的日子之後，班雅明和朵拉的關係愈來愈緊張。由於揮之不去的財務陰影、借住父母家的寄人籬下感，加上班雅明與父親間的強烈敵意，使得夫妻倆生活漸行漸遠，甚至到了愛上別人也不奇怪的地步，而這正是一九二一年春天朵拉與班雅明的共同遭遇。那年四月，班雅明青年運動時期認識的女雕刻家尤拉前來造訪，結果班雅明發現自己竟深深愛上了這位五年不見的老友。尤拉好友夏洛特形容這時期的尤拉有些異於常人：「她個頭嬌小……動作溫柔謹慎，實際上和象徵上都是如此，總是隔著象牙把手的長柄眼鏡觀察訪客和其餘一切……她的頭比起她瘦小的身軀大得不成比例，讓人忍不住盯著瞧。」對於尤拉所到之處引來的敬畏，以及她身上那股「吸引知識分子和藝術家的『靈氣』」，[26]夏洛特印象深刻。我們不清楚尤拉起初對班雅明的情感作何反應，但班雅明顯然很早就發現這位他幻想一起步入婚姻的女子無法對等回應他的愛慕，至少朵拉五月寫給修勒姆那封有苦難言的信裡是這樣寫的。「特別是我很擔心華特。尤〔拉〕對他舉棋不定，他想離開她卻做不到，甚至不曉得該不該要自己離開。我知道她不愛他，而且永遠不會愛他。她誠實得不會欺騙自己，又天真得看不出這一點，因為她從來沒談過戀愛。愛情和信仰一樣，你得擁有它才會明白它是什麼……他今天問我該不該跟她分手……要是內在最深處的他同意讓自己陷入無望的愛情，那就沒辦法了，他別無選擇，只是這對我們更糟。我們都對彼此很好，要是我狀態好一些，我也希望維持，但眼前有太多事情折騰我了。」[27]班雅明苦戀尤拉不得就這樣成了他一九二〇年代初的生活基調。四年後，尤拉和班雅明前未婚妻格蕾特的化學家哥哥拉特結婚，並且在婚前將班雅明寫給她的信全部銷毀（另一段同樣複雜的關係變化，是尤拉的哥哥，也就是班雅明的中學同窗好友孔恩於一九二一年與格蕾特結婚）。

其實，從班雅明生命中這些女人反映出的他，在許多方面都與他的書信、隨筆和著作所建立起的個人形象相符合。不論班雅明呈現的自我有多少面向，有一點是所有一手回憶都會提及的，那就是性魅力的闕如或隱藏。修勒姆回憶自己曾經從一位共同朋友口中聽到，「在她和她的女性朋友眼中，班雅明根本不是男人，她們甚至從來不曾往那方面想。『華特基本上是無肉體的。』」一九二〇年代初，朵拉也曾經向修勒姆坦承她和班雅明很難肌膚相親，而她認為問題出在過於旺盛的智性「抑制了他的性慾」（修勒姆指出朵拉常用心理分析的概念理解丈夫，例如她還說班雅明患有「強迫性精神官能症」）。[28]有論者提到一個或許相關的傾向：貫穿他所有人際互動的、始終有所保留的態度，展現在情慾上就成了容忍與延遲。夏洛特就對班雅明「不受資本主義式的占有之愛干擾」的能力大感驚訝，連朵拉和他好友軒恩長期出軌也不曾激起他的嫉妒。「妻子與好友的親暱並未影響他內心的平靜，甚至讓兩個男人更親近……華特讓我想到……里爾克，思念愛人比愛人在身旁更好，後者往往帶來干擾，而非愉悅。我發現班雅明完全無法面對肉體之愛。」[29]不過，若要說班雅明在這方面遭受什麼「折磨」，那便是他遵照尼采的敕命召喚自己，將自身建構為一個又一個的即興演出與面具。尼采將這些演出與面具稱作「前景真理與觀點推斷」，是形構生命的賭注。[30]這種將智性與情慾的能量置換到作品中的做法，讓班雅明付出了代價。對極為同理好友的夏洛特來說，那代價就是班雅明一生充滿了懷念與挫折：「他的自我在作品裡，並且從他愛之不得的人身上汲取養分。」[31]

班雅明追求尤拉之際，朵拉也有了婚外情，對象是他最親近的老友，音樂家、作曲家兼音樂學家軒恩。軒恩是班雅明柏林的中學同窗，後來和尤拉的哥哥孔恩成為班雅明唯二保持密切往來的青年時期朋友。他在許多方面都非常出色。傳記作家席勒—雷格（Sabine Schiller-Lerg）形容軒恩是個「優雅自持、謙遜低調的貴族」；[32]後來才認識他的阿多諾則說，軒恩是「那種充滿自信，從來不吝讓出鎂光燈焦點，卻不帶絲毫怨恨或自輕的人」。[33]一戰期間班雅明定居瑞士，兩人分隔兩地，軒恩是他最重要的筆友。戰

圖十二：軒恩與尤拉。柏林物品博物館工藝聯盟檔案室。

後頭幾年，軒恩似乎有些茫然，不知道自己該做什麼。他在柏林師事布梭尼（Ferruccio Busoni）與瓦雷茲（Edgard Varèse），分別學習鋼琴與作曲，也在數所大學註冊修課，但不曉得自己能否拿到任何學位。[34]他後來在法蘭克福擔任西南德國電臺的藝術總監，並於一九二〇年代末介紹班雅明接觸這個新媒體。班雅明夫婦自瑞士返回德國之後，就和軒恩恢復見面，到了一九二〇年冬天朵拉便發現自己愛上了對方，常幻想自己和班雅明離婚，與軒恩展開新生活。四月底，她告訴修勒姆情況有多糟：「今天華特告訴我，尤拉已經全對她親戚說了，什麼都說了，關於我和軒恩，說給那些資產階級聽。華特和我一樣嚇壞了……但她自己和華特的事，她卻什麼也沒提。我們只能看還能挽回多少，但風暴肯定不遠了。」[35]有件事朵拉沒在信裡提到，但應該知情，那就是尤拉也瘋狂愛上了軒恩。

面對婚姻危機，朵拉寫信給朋友，班雅明則是寫給自己。一九二〇年代初，他筆記裡有著各種反省，有些針對特定主題，如婚姻、性慾和羞恥等等，有些則已經融合成一套哲學倫理學。儘管班雅明認為「兩個人結婚還是兩個元素，兩個人成為朋友卻會是社群的領袖」，他依舊飽受特定的婚姻觀所苦：「在婚姻的神聖儀式中，上帝讓愛免於死亡的威脅，也免於性慾的危害。」[36]對於班雅明是否清楚家裡的風波，以及小史蒂凡受到的影響，最感人的證明莫過於〈一九二一年一月六日〉這首十四行詩。班雅明將這首作品寫在他記錄史蒂凡童言童語的筆記本裡：

來訪的這人是誰——即使他破壞了
女主人的家庭，為她帶來悲慘——

依然讓門有如迎風的輕輕柵欄
迫不及待為他而開？
即使餐桌已淨，房間已空
他那刺耳的名字仍一再回返
在靈魂眼中，只剩三個跟班依然
真實：睡眠、淚水與嬰孩
然而，劍白的晨光日日
劃破醒來者的舊疤
在安慰到來前令他們再次昏睡
他們淚水的來源早已乾涸
光是孩子的笑容與他日常的習慣
就足以將希望帶來家中。[37]

修勒姆在班雅明身上看到一種矛盾，一邊是他思想散發的「道德光環」，一邊則是他「和日常事物關係」裡的不道德與無道德面。[38]儘管如此，班雅明婚姻裡的首次深刻危機卻需要我們稍稍放下非黑即白的評價方式：他這時期的隨筆草稿與殘篇裡所呈現的概念，並非是他行為的反題，而是其反省，甚至是抑制。

對婚姻忠誠的執念讓班雅明夫婦度過了這次危機，以及之後的一連串波折。直到一九二〇年代末，班雅明才主動結束這段關係。據修勒姆回憶，兩人婚姻最初出現裂痕是在一九二一年春天，為期兩年。「那段期間，華特和朵拉不時恢復夫妻關係，但從一九二三年以後，兩人就只是住在一起的朋友。這樣做主要是為了史蒂凡，因為華特對兒子的成長很感興趣，但應該也有經濟考量。」（SF, 94）兩人關係走到這個新階段，最令人印象深刻的或許是朵拉持續在智識上徹底參與班雅明的一切。她仍然會讀他的所有創作和他關注的所有作品，而班雅明也繼續仰賴她的意見，唯有兩人都同意才會接觸新的智識領域。朵拉或許不難想像肉體上沒有丈夫的生活，卻很難想像自己能從他心靈的吸引力裡抽身。

一九二一年六月初，班雅明夫婦各行其是。朵拉和軒恩去旅行，兩人先到慕尼黑造訪修勒姆，但隨即轉往她姑姑在奧地利布雷滕斯泰因開設的療養院，因為她經診斷得了嚴重的肺病。班雅明懷著歉疚私下向修勒姆透露，他確信朵拉的身體毛病是因為兩人的婚姻問題而起。六月末兩週，班雅明去奧地利探望朵拉，然後在慕尼黑停留幾天造訪修勒姆和他的未婚妻艾莎（Elsa Burchhardt），接著就動身前往海德堡，在那裡待到八月中。他起先住在旅館，但很快就搬進門牌是城堡山7a的洛文塔爾（Leo Löwenthal）家中，洛文塔爾也是後來阿多諾與霍克海默在法蘭克福社會研究所裡的主要研究夥伴。儘管班雅明在海德堡久留的表面理由是看看能否在此取得任教資格，但他其實還有另一層考量，那就是尤拉也在海德堡，因為她是文藝學家貢多夫（Friedrich Gundolf）圈子裡的人。在柏林度過風波不斷的春天後，班雅明感覺海德堡的夏天分外平靜，就連尤拉持續拒絕追求也沒能破壞他的好心情。自班雅明成年以來，這或許是他頭一回感覺自己有望成為學者圈的一分子。

一九二〇年代初的海德堡大學，在許多人眼中是德國當時最令人興奮的智識生產交流中心。一戰後的德國不只政治與經濟動盪不安，更似乎失去了方向與原則，以致舉國上下都在尋找新的價值與領袖。這使得進入大學做研究變得格外有吸引力，而在當時以民族主義象徵主義詩人格奧爾格為首的圈子裡，貢多夫不僅是最有影響力的學術界代表，更是舉國公認的文化權威。[39]作家雷格勒（Gustav Regler）回憶貢多夫戰後演講的氣氛：「長椅上坐滿了人，只有危難當頭才會見到這般聽眾。」班雅明很早就曾針對貢多夫對歌德的重量級研究寫過一篇火藥味十足的批評文章，時間大概是一九一七年。如今聽了他幾次演講，卻發現對方「給我的個人感覺相當軟弱無害，和他在書裡給人的印象非常不同」。（C, 182）有這種感覺的不只是他。格奧爾格其實才是貢多夫背後的那個人。他期盼德國找回前現代的榮光，這個夢想讓雷格勒等門生心生嚮往。「格奧爾格要我們回想霍亨斯陶芬王朝，回想往日王國，〔並讚揚〕那些王朝的眼界廣博與強大。一個新夢想在海德堡誕生了，統一東西方的偉大希望似乎不再遙不可及。」[40]幾年後，班雅明在短文〈文學世界〉（Literarische Welt）裡描述自己與詩人的相遇：「我坐在海德堡城堡公園長椅上讀書，等他出現，絲毫不覺得時間漫長。某天他一邊和一位年輕人交談，一邊緩緩朝我走來。偶爾我也會見到他坐在城堡中庭長椅上。只是那時他的作品對我造成的巨大震撼早已過去……不論我在哪裡接觸到他的教誨，心裡喚起的只有厭惡與反對。」[41]儘管班雅明早已擺脫詩人的教誨，卻仍然著迷於對方的**生命與詩作**；這股張力與其說是他和詩人碰面的遺緒，不如說是他即將展開一項野心十足的文學計畫的前兆。那一年的種種遭遇，從他和朵拉各自糾葛的婚外情（尤其體現在他與尤拉的關係裡）到大量閱讀歌德（特別是探討婚外情宿命下場的《親合力》），到親眼見到他想在「法律上定罪處決」的貢多夫（C, 196），再到格奧爾格那揮之不去的身影，都成為班雅明寫下〈歌德的親合力〉的催化劑。這篇始於海德堡的文章是他影響最深遠也最晦澀的作品之一。

停留海德堡期間，班雅明頻繁與人往來。除了貢多夫的課，他還去聽了二十世紀中葉繼海德格之後最有影響力的德國哲學家雅斯培的演講，以及舊日恩師里克特的講課。班雅明對雅斯培的毒辣形容恰恰與對貢多夫的相反，「他思想軟弱無害，但為人顯然非常出色，甚至討人喜歡」；至於里克特則是變得「頭髮灰白，尖酸刻薄」。（C, 182-183）不過，當時最令班雅明興奮的或許是他在瑪麗安（Marianne Weber）家中舉行的「社會學討論夜」遇到的夥伴。這位瑪麗安不是別人，正是大社會學家韋伯的遺孀，也是女性主義理論家與政治家。在一般討論的場合，班雅明就已經讓這圈子裡的人留下印象，不過最令他們刮目相看的還是那場抨擊心理分析的演講。據他本人描述，連韋伯的弟弟阿爾弗雷德（Alfred Weber）都聽得頻頻喝采。阿爾弗雷德是知名自由派社會學家，和哥哥一樣從經濟分析立論，無疑是當時海德堡大學最有影響力的社會科學教授。由於那幾個月和阿爾弗雷德與瑪麗安往來，參與社會經濟學議題的討論，促使班雅明寫下自己諸多短文裡最精彩的一篇，只可惜始終未能完成，直到他離世前都沒有發表。

這篇名為〈資本主義與宗教〉的短文雖然承襲韋伯的洞見，認為資本主義的工作倫理帶有宗教性質，但其特別之處在於班雅明早在一九二一年就已另闢蹊徑，不由韋伯或科學馬克思主義的觀點切入，而是從《資本論》對資本主義商品拜物性質的分析立論。班雅明主張資本主義或許是最為極端的一種宗教崇拜，完全建立在人與受崇拜之物之間的純心理關係上。這種崇拜沒有教義或神學，完全透過**不斷**頌揚其儀式——購物與消費——來維繫。在班雅明看來，諷刺的是，這種將時間重塑為無止盡的節日的做法恰恰引發了資本主義最有害的後果：「這種崇拜會讓債無所不在，從而使罪無所不在。」[42]這樣的罪過虧欠感不會帶來「存在的改造」，只會造成存在的「徹底毀滅，令絕望擴張，直到絕望成為世界的宗教狀態」。這段話雖然還稱不上班雅明式的馬克思主義，卻是他最後一次站在二十世紀頭幾十年盛行的浪漫主義式反資本主義立場所做的評論，至今仍是他最引人入勝的分析之一。這篇未完成短文的大部分內容及註釋都是用學術語言寫成，或許是作為文章樣本，以吸引阿爾弗雷德的注意。於是，班雅明八月時就這樣滿懷信心離開了海德堡，深信自己已經在海德堡大學確立了地位與任教資格。他告訴修勒姆，「有幾個上了里克特一年討論課的博士畢業生問我怎麼拿到任教資格。」（GB, 2:176）然而，一如日後無數次發生的情況，班雅明誤判了這個圈子，也誤判了他們接納他的意願。

海德堡之行除了讓班雅明對學術生涯燃起新希望，最令他振奮的無疑是見到了魏斯巴赫。對方不只正籌備出版他翻譯的波特萊爾，還因為見面後對他印象深刻，邀請他擔任《阿爾戈英雄》雜誌的編輯。班雅明拒絕之後，魏斯巴赫便問他想不想自己辦一份刊物，享有完全編輯權。班雅明立刻欣然答應。於是那年剩餘的大部分時間，他都忙著規劃這份新刊物，花費許多心力試圖延攬合適的供稿者，只是最終什麼也沒完成，只寫出一篇短文〈《新天使》雜誌創刊宣言〉，直到辭世都沒有發表。不過，新刊物的名稱還是透露了班雅明對它的看重。他希望自己的新天使能和克利生動描繪的使者一樣，充分傳達「時代精神」。在他的構想中，這份刊物不只要收錄原創文學作品，因為它們是對「德國語言的命運」所做的「重大陳述」，還要刊登「抹消式」批評與譯作，因為前者是「屋子的守衛者」，後者是「掌握成形中的語言不可取代的嚴謹學校」。和他之前的作品〈論未來哲學綱領〉及〈關於現今宗教性的談話〉一樣，班雅明在這篇宣言裡提出一套哲學與神學的混合，作為把握「當代相關性」的關鍵：「聖言的普遍有效性必然離不開一個問題，就是它能否在未來的宗教秩序裡要求一席之地。」（SW, 1:294）而在班雅明眼中，單是揭露人類語言本身的靈命，用哲學挖掘概念表層下的歷史語意面向，就足以確保這份普遍性。一九二四年一月十三日，班雅明寫了一封值得紀念的信給霍夫曼斯塔爾，說他將證實「每個真理都在語言裡有自己的屋宇、祖傳的王宮，以最古老的道（logoi）建造而成。比起如此建立的真理，個別學科的洞見只要還在語言國度裡遊走，自顧自遊蕩，就仍然次了一級……而哲學由於感受到某種秩序的蒙福效力，其洞見總是努力尋找特定的語詞；這些語詞只要接觸這個秩序的磁力，表層的概念就會褪去，露出鎖在其中的語言生命的形式」。（C, 228-229）班雅明從一開始就想將《新天使》打造成一個能夠讓深埋在語言裡的祖傳真理受「磁力」吸引破繭而出的平臺。

班雅明創刊計畫最特別的一點，或許是他堅持雜誌的賣點完全來自毫不限制供稿者的語言。一九二〇年代初，新刊物如雨後春筍般出現，但這些「小雜誌」大多出自一群自詡為前衛派的團體之手，例如一九二二年在布拉格創刊的《九力》（*Devětsil*）雜誌、在威瑪創刊的《梅坎諾》（*Mécano*）雜誌和在貝爾格勒及札格瑞布創刊的《澤尼特》（*Zenit*）雜誌。同年在柏林，愛倫堡（Ilya Ehrenburg）和利西茨基（El Lissitzky）創辦了《物件》（*Veshch’ Objet Gegenstand*）雜誌，儘管只出了兩期，但都是俄法德三語對照。一九二三年又有兩份刊物在布拉格誕生，分別是《盤子》（*Disk*）與《生活》（*Život*），兩份雜誌泰格（Karel Teige）都參與其中。同年，簡稱LEF的《左翼藝術》（*Levy front iskusstv*）雜誌在莫斯科創刊，馬雅可夫斯基（Vladimir Mayakovsky）擔任編輯。柏林也有兩份雜誌誕生，分別是《G：基本設計的材料》（*G: Material zur elementaren Gestaltung*）與《掃帚》（*Broom*）。基本上，這些雜誌都是以培養讀者文藝品味為目的，班雅明卻刻意反其道而行，強調「供稿者彼此之間除了自身意願與意識之外，沒有其他關聯」，甚至明確表示反對打造「一種相互瞭解與共同體的氛圍……這份刊物必須透過供稿者的互不相干來突顯一件事，那便是我們這時代不可能讓任何共同性發聲」。（SW, 1:292-296）這段話和之後的一些發言，將成為班雅明的思想指導原則。他一九一九至二二年寫下的作品，主要都在揭露當下此刻如何被神話所滲透。從〈命運與性格〉、〈暴力的批判〉到〈歌德的親合力〉，神話都是主宰與誤導人際關係的力量，因此班雅明才會在〈《新天使》創刊宣言〉中強調，就當前時代而言，諸如脈絡、融貫和共享意義之類的範疇基本上都是假範疇；而他自己這時期的作品也會避免所有的再現策略，以免強加錯誤的連續性與同質性於歷史時刻上。

班雅明認為人不可能表述任何當下的共同體。這種否定不僅反對當時許多歐洲前衛派的做法與目標，也和他好友與那時期的智識合作者的想法相牴觸。例如古特金與朗恩，兩人都千方百計想打造一個建立在共同信念上的智識社群，以延續堡圈的目標。古特金一再提到自己有一個理想，一群朋友遠離世人生活在一起，形成「一個中心或修院」：「要是我們能住在其他地方一陣子，那該有多好！甚至替偉大心靈打造一個避風港，一座新的島嶼。現在不正是時候嗎？」[43] 儘管班雅明一九二四年確實跟著古特金和朗恩去了遠離塵囂的卡布里島（Capri），卻不曾完全認同他們對社群的信仰。不論〈《新天使》創刊宣言〉或〈譯者的任務〉頭幾頁，都是他只信仰語言的宣言，而所謂的只信仰語言，就是只信仰哲學與藝術。因此，不難想像《新天使》如果真的問世，只會吸引一小批讀者：那些讀得下抽象晦澀文字，對語言的見解也和班雅明相同的智識菁英。其實他想辦的「是不用考慮大眾付不付得起錢的刊物」。（GB, 2:182）對照他後來在〈譯者的任務〉以封閉自主性作為立論的基礎，這段話頗有相同的論調。

打從揮別青年運動與為《開始》雜誌撰稿以來，似乎就屬創辦獨立刊物最能激起班雅明的熱情。即使後來明白計畫即將落空，他心底那股智識上的愉悅還是久久不散。從這裡可以清楚看出，班雅明不只在人際關係喜歡掌握智識主導權，還渴望擴大範圍，成為智識領袖。他終其一生不斷接觸志同道合的思想家與藝術家小團體，而且最後通常會成為領袖，或至少是智識上的領導者，只有一九三〇年代流亡期間和布萊希特的關係是個例外。能全權主導一份刊物自然是這種渴望最具體的展現之一，因此《新天使》雜誌只是班雅明最初但絕非最後的嘗試。除了動機相同，這些嘗試還有一個共同點，就是它們全都失敗了。

在海德堡生活的那幾個月或許讓班雅明獲得些許平靜，但等他秋天重回柏林與婚姻生活，日子便又陷入波折。苦戀尤拉不成顯然留下了創傷，讓他常抱怨心情鬱悶，而辦刊物也不是沒有代價。自行其是的性格，加上辦刊物必須召集與指揮作風相異的知識分子，使他那年秋天失去了不少朋友與合作者。不過，一九二一年最後幾個月仍然可說是成果豐碩。夏洛特為我們留下了對這時期的班雅明的生動描繪，充分捕捉到這位三十歲知識分子處處顯露的矛盾：「他缺乏他那個時代的男性特質，性格也有些令人不安之處，和其餘部分不合。孩童般的紅嫩臉頰、烏黑的鬈髮與細緻的眉毛雖然迷人，眼裡卻不時閃現挖苦的神色。肉感的厚唇是另一個意外，沒被鬍髭藏好，而且與其他五官不合。他舉止非常『端正』，不夠自然，只有談到他投入的事或欣賞的人時例外……他兩腿瘦弱，給人肌肉萎縮的感覺。除了經常雙手抱胸，肢體上幾乎沒什麼動作。」[44]

八月下旬，班雅明先是去了卡爾斯魯爾短暫造訪修勒姆，隨即搭火車前往奧地利探望療養中的妻子。朵拉的肺病雖有好轉，過程卻緩慢又痛苦。但班雅明的心思顯然不在朵拉身上，滿心想著《新天使》的出刊計畫。他九月四日前往慕尼黑，和路易與修勒姆會面，討論《新天使》要走什麼路線，並蒐集可能供稿者的手稿。他們的討論通常很激烈，聚焦於文學（海涅〔Heinrich Heine〕、克勞斯和如今已被人遺忘的卡雷〔Walter Calé〕）和語言哲學（蓋格〔Lazarus Geiger〕、斯坦塔爾〔Haim Steinthal〕與毛特納〔Fritz Mauthner〕）。[45]停留慕尼黑期間，班雅明就從路易夫婦那裡聽出一些端倪，回柏林後更立刻得到證實：他們斷然拒絕與他合作。雙方的爭執很快就因為朵拉與修勒姆的介入而文明許多，但班雅明和路易仍然交惡了許多年。

圖十三：朗恩，一九〇一年。阿達爾伯特·朗恩（Adalbert Rang）收藏，阿姆斯特丹。

返回柏林前，班雅明又去了一個地方，同樣是為了《新天使》的邀稿。他在布朗斯費爾的朗恩家中待了六天，時間是九月七日到十二日。[46]一九二〇年，兩人在柏林古特金家中首次碰面，一八六四年出生的朗恩已經走到精彩人生的尾聲。法律出身的他先是擔任行政官，一八九五年重回大學攻讀神學，一八九八至一九〇四年擔任牧師，之後再度進入公部門。一九一七年，他辭去公職，接任柏林萊弗森協會（Raiffeisen Society）總裁（萊弗森協會和萊弗森銀行由萊弗森〔Wilhelm Raiffeisen〕於十九世紀末創立，原本是工人與農民合作社，目前仍在運作）。班雅明到布朗斯費爾造訪朗恩時，他才退休不久，政治立場正逐漸從一戰期間的保守民族主義轉成較為溫和的保守主義。儘管現在鮮少人知道朗恩，但當時的他卻是德高望重。布伯形容他是「我們這個時代最高貴的德國人之一」，霍夫曼斯塔爾則將他與當時最頂尖的知識分子並列。[47]接下來這三年，朗恩將成為班雅明最重要的智識搭檔。朗恩過世後，班雅明形容自己的《德國悲苦劇的起源》失去了「理想讀者」。[48]

九月中，班雅明和朵拉都回到了柏林，麻煩幾乎立刻接踵而至。朵拉不得不接受肺部手術，之後再度經歷緩慢的復原期，而且只能找人在家看護。班雅明的父親也臥病在床，原因不明。班雅明九月形容父親病入膏肓，不過情況很快就好轉，可以下床走動。他的婚姻儘管只剩下一口氣，但靠著相敬如賓還能勉強維繫。班雅明十月四日寫信給修勒姆，朵拉在信裡附的字條上說，班雅明又變得「對我很好、很親切。我身體心理都不太舒服，但希望情況會好轉。事情曾經更糟過」。（GB, 2:198）修勒姆記得他們倆就是靠著這份單薄的體諒才好歹維持住婚姻。「他們好像都怕傷害到對方似的，這種時候還真有些神奇，那附在華特身上、讓他出現暴戾言行的惡魔彷彿完全消失了。」（SF, 94-95）

路易退出後，班雅明便將目光轉向昂格爾，希望他成為雜誌的主要合作者。但由於他和戈德堡的圈子漸行漸遠，使得情況複雜了起來。戈德堡等人一直想拉攏他和修勒姆加入，然而班雅明一直與他們保持距離，這點從他描述波羅的海德國人利克（Hugo Lyck）於某人家中的演講就看得出來：「除了幾位非到不可的資產階級，這群可笑聽眾主要有布洛赫、德布林（Alfred Döblin）、岡伯特（Martin Gumpert）和柏林狂放西區的幾位年輕女士……利克先生無疑是一位精神分裂的天才，在這群與他迥異的夥伴裡是公認知識淵博的密契主義者，能和魂靈溝通，遊歷過全世界，掌握各種奧秘……人們都還不清楚這個人的信仰、出身和收入，而我又對這些事情特別較真。」不過，對於利克的演講**內容**，班雅明倒是覺得「很值得一聽，有些部分無疑是正確的，就算錯的部分基本上也很重要」。這些內容明明大有問題，班雅明為何突然如此偏袒？因為他認為戈德堡圈子的中心思想「源頭」就是利克。（GB, 2:224-225）[49] 正是因為如此，昂格爾十月上旬和班雅明見面時，才會追問他對戈德堡到底看法如何。班雅明沒怎麼掩飾他的反感，雙方眼看就要決裂，結果朵拉的人際手腕再次成功挽救局面。她看出這件事根源在兩人都有「權威性格」，便將昂格爾拉到一旁，靠著「惡魔般的伶牙俐齒」向對方解釋，丈夫對利克的反感只是「個人癖好」。（C, 188）

和路易絕裂，跟昂格爾差點絕交，班雅明和布洛赫的關係也冷淡下來。如此複雜的連鎖反應在他一生中實屬罕見。打從相識以來，班雅明就深受布洛赫的思想吸引，特別是對方思想裡那股頑強的政治動能。但他對布洛赫作品的看法往往充滿矛盾，甚至徹底否定。布洛赫撰文探討改革神學家兼革命者閔次爾（Thomas Münzer），班雅明讀完這篇近乎專書的長文只說它是「用〔喜劇作家〕斯特恩海姆（Carl Sternheim）口吻說話的韋伯」。（GB, 2:226）那年九月，他對布洛赫寫的盧卡奇《歷史與階級意識》書評大為欣賞，但這只是少見的例外。兩人向來熱忱的關係也出現狀況。據班雅明的說法，布洛赫未能造訪他們夫婦之後，寫信說自己只能夠跟「最單純」的人相處，接著解釋班雅明為何不在其中。面對他在信中讀出的輕慢，班雅明的回應是在朋友面前中傷布洛赫，稱他一九二一年初「踏遍全德國」找老婆。這句話特別狠毒，因為多年來一直有傳聞布洛赫和第一任妻子結婚就是看準對方當時財力雄厚。這時，朵拉再度力挽狂瀾，讓這段友誼免於落入絕境；班雅明形容她居間協調的功夫簡直「堪比馬基維利」。（GB, 2:205）這一年，海因勒的弟弟沃夫也來造訪過班雅明夫婦。即使對方不好相處，班雅明始終覺得自己對他有一份特別的責任。海因勒過世後名聲上漲，幾乎成為神話般的人物，沃夫則在戈斯拉爾製陶維生，一邊撰寫短篇小說。班雅明始終堅信海因勒兄弟的創作實力，他打算在《新天使》創刊號選刊海因勒的十四行詩和沃夫的小說就是證明。

一九二一年最後幾個月，班雅明總算寫完了〈譯者的任務〉。他原本計劃以這篇短文作為自己翻譯的波特萊爾選輯的序言，現在卻打算改在《新天使》創刊號發表。這篇文章從一開始就是班雅明的藝術作品批評通論，而非寫給譯者的工作指南。他很清楚這篇隨筆在自己思想發展歷程中的地位。他三月寫信給修勒姆時便曾提到，「這主題對我實在太過重要，以我目前的思想狀態，就算我成功闡述這個主題，也沒有把握能有足夠的自由發展它。」（C, 177）這篇短文以一個大膽的主張開頭，此一主張也是班雅明對這份刊物深切懷抱的構想：藝術作品是相對獨立於閱聽者之外的。「詩不是為了讀者而作，畫不是為了觀者而繪，交響樂也不是為了聽眾而譜。」（SW, 1:253）根據這項主張，班雅明嘗試推翻一般人對翻譯的理解，否定譯文是原作與讀者之間的媒介。他在一九一六年論語言的隨筆裡已經指出，凡是重要的語言實踐都不可能只以傳遞「意義」為目標。文學翻譯尤其如此。文學翻譯的功用不只在傳達原作

「說了」或「表達了」什麼。對班雅明而言，翻譯基本上就是揭露原作固有的某樣事物，而且**唯有**原作容許翻譯，該事物才得以顯露：「原作固有的特殊意涵透過其可譯性表現出來。」在一九一九年論德國浪漫主義的博士論文裡，班雅明已將有限的藝術作品拉下神壇，質疑其獨尊地位，並將藝術作品與後人的批評置於同一個連續體內；現在的他則更進一步，將這個想法補充得更完整也更激進：翻譯和批評不僅是作品「來生」的關鍵元素，實際上更**接替了**作品的生命。「在翻譯中，原作的生命得以不斷更新，得到最新、最完整的開展。」

不過，翻譯如果不是顯露原作的意義，那是顯露什麼？班雅明認為，答案是「真理的語言。思想極力追求的終極秘密都毫無張力地、甚至悄然地貯存其中……哲學家唯一能冀望的完美，就在於預測和描述這種語言，而這種語言便濃縮隱含於翻譯之中」。班雅明的批評理論嘗試定義出一種做法，能為真理在墮落世界中的顯現建立基礎，因此從一開始就聚焦於隱藏在每個當下裡的真理的性質。在一九一四至一五年寫下的隨筆〈學生生活〉裡，這種真理是「終極狀態的元素」，在一九一六年的語言隨筆裡是「造物詞語」，在一九一九年博士論文後記裡是「本性」，而在翻譯理論的脈絡下，則是「純粹語言的內核」。不僅如此，〈譯者的任務〉還在班雅明的語言理論裡加入了新的動力說。在〈論語言本身與人的語言〉裡，班雅明闡述詞語的邏輯優先性和語言存於萬物之中時，並沒有提到歷史演變。但在〈譯者的任務〉裡，這個發光的真理之「核」既是「象徵」也是「被象徵」之物，在他筆下變成唯有經由語言變化這一歷史過程才能掌握的元素。「這個內核儘管在生命裡仍然以被象徵之物的形式存在，隱匿而零碎，卻只以其象徵的能力存在於語言創造中。在各種語言裡，純粹語言這個終極本質只和語言元素及其變化相連結，但在語言創造中則被加上一層沉重陌生的意義。擺脫這層意義，將象徵之物變成被象徵之物……便是翻譯最巨大的能力，也是唯一的能力。」從博士論文後記到〈譯者的任務〉，班雅明對真理的理解也從「純粹內容的有限和諧不連續體」變成無盡過程（作品的創作、翻譯與批評）中的一個「無表達」元素。這樣的轉變部分源自班雅明對於具體歷史問題愈來愈投入；換句話說，就是和政治計畫有關。

由於翻譯能揭露「語言最內在的關係」，亦即「每種語言作為一個整體都意指同一個事物」，因而在真理得以浮現的歷史過程中占有特殊地位。這同一個事物就是「純粹語言」，而純粹語言「無法由任何一種語言單獨獲致，只能藉由所有語言相互補足的全體意圖來達成」。班雅明假定，每種語言都有其「意指方式」，並且和其他語言的基本「意指方式」相調和，從而指向「語言本身」。因此，兩種語言接觸時會朝純粹語言趨近，而譯者的任務就是加強這股隱藏的趨力：「純粹語言……不再意指或表達任何事物，而是所有語言共同意指之物，是無表達的造物詞語。」但對於這些主張，班雅明沒有提出任何證據，只提到一種特別的翻譯手法：賀德林對古希臘詩文的非凡迻譯。賀德林的翻譯超越所有常見的直譯方式，刻意完全忠於希臘文的語法與構詞，使得譯文沒有德語的樣子。講完賀德林的做法，班雅明便結束這個概念層次的論證，展開一系列相互呼應但不連貫的隱喻之網。第一段隱喻性的表述是至聖所：所有語言朝「語言歷史的彌賽亞末日」趨近，在翻譯的驅使下「檢驗語言的神聖成長」，並且被「作品的永恆生命之火點燃」。第二段表述透過一系列有機與地形學的隱喻，描繪真理自物質迷陣的網羅中顯現的過程。原作位於這座「語言山林」的中央，而翻譯則在山林之外，面對這座「樹山」，它「只召喚而不進入，對準那能產生回聲的點，用自己的語言發聲，召喚原作以另一種語言迴響」。因此，「純粹語言的種子」唯有被遠方回聲召喚才能在語言山林裡成熟。第三段表述，班雅明借用了猶太教密契思想的修補說。根據這套思想，那些稱作真理或救贖的神聖容器雖然在歷史時間的開端碎裂，卻可以修復。「所有待黏合的碎片不必彼此相似，但必須完全契合，沒有絲毫縫隙。同理，翻譯並非模仿原作的意義，而是必須密切詳盡地納入原作的意指方式，讓讀者看出原作與翻譯都是更大的語言的片段。」第四段表述則預見了班雅明晚期傑作《拱廊街計畫》裡的核心意象，主張翻譯最終必須是透明的，讓純粹語言之光照耀在原作上：「因為句子若是原作語言前的高牆，直譯便是廊道。」最後，班雅明在隨筆的結尾以社會革命的口吻呼籲解放純粹語言，而譯者的任務便是打破自身語言的「頹圮障礙」。這些發散的隱喻之網沒有等級之分，也不求系統化；它們只是一種不斷改變的反覆召喚，召喚班雅明認為永遠無法量化的真理的語言性。

一九二一年底，班雅明重啟數個寫作計畫，包括探討歌德《親合力》的隨筆和海因勒詩集引言，當然還有《新天使》雜誌。十二月，創刊號的內容底定，包括阿格農兩篇故事〈大猶太會堂〉和〈起落〉、朗恩的隨筆〈狂歡節的歷史心理學〉、修勒姆的〈輓歌〉研究和班雅明的〈譯者的任務〉。(GB, 2:218) 和投稿《開始》雜誌一樣，班雅明在自己創辦的刊物裡也選擇以筆名發表，使用尼曼（J. B. Niemann）或拜姆（Jan Beim）這兩個名字。一九二二年一月二十一日，他將創刊號全稿寄給魏斯巴赫，但在推動刊物上幾乎沒有收到任何成效。魏斯巴赫顯然有意拖延，拿了一大堆別的計畫要徵詢他的意見，包括童書、歌德文集和小作家的作品等等。但別忘了，班雅明本人也是拐彎抹角大師，因此總能用奉承的口吻技巧性地婉拒對方邀約。然而，到了那年春天，兩人的關係逐漸被誤解與憤怒所主導。

一九二一年十二月至隔年二月，隨筆〈歌德的親合力〉進入收尾階段。這股壓力不僅讓班雅明和魏斯巴赫衝突加劇，也使得《新天使》的命運更不確定。沉重的思考負擔使他頻頻抱怨「惱人的精神病」又回來了，再加上柏林白天常發生罷工與動亂，害得他只能晚上工作，而且往往全靠燭光。從許多角度來看，〈歌德的親合力〉都是班雅明早期作品的巔峰，不僅對歌德這本黑暗的社會風俗小說做出極具洞見的批評，也是班雅明對自己的批評理論做得最徹底的一次梳理。如同他對修勒姆的說法，這篇文章不僅是「批評的範例」，也是「一些純哲學論述」的緒論，並在「其中穿插我對歌德的看法」。（C, 194）因此，〈歌德的親合力〉是班雅明首度將自己一九一五年以來發展的批評方法用在重要的文學作品上。他在早期隨筆和論德國浪漫主義的博士論文裡約略提到的批評立場，都在這篇文章裡得到進一步闡發，從而證明看似空泛的形上學主張確實可以具體用在批評上。

對重要作品的解讀，很少有像班雅明這篇隨筆一樣那麼有影響力，又如此充滿爭議性。歌德這本小說本身就很難歸類，開頭是社會風俗喜劇，卻以悲劇收場。故事講述愛德華和夏洛特伯爵夫婦的莊園來了兩名訪客，一位綽號上尉，是愛德華的朋友，另一位則是夏洛特的姪女奧提莉，結果兩人的到訪引發了一連串「化學」反應，這也是書名的由來。愛德華愛上了來投靠姑姑的奧提莉，夏洛特則是和上尉彼此「傾倒」。愛德華和夏洛特一夜纏綿後生了一個寶寶，但比起親生父母，寶寶更像愛德華和夏洛特相擁而眠時心裡想的那個人。某天黃昏，奧提莉帶著嬰兒搭船過湖，不慎將嬰兒落進湖裡溺死，四人的關係開始急轉直下。儘管另外三人再三安慰奧提莉（但不是明說），奧提莉卻變得徹底沉默，最終不知為何就死了。從這段摘要就能一眼看出班雅明撰寫這篇隨筆的主要動機：歌德在小說裡描述兩個外人闖進一段原本和諧的婚姻中，恰恰對應著他、朵拉、軒恩和尤拉陷入的四角戀，以及其所帶來的悲慘後果。因此，他對這本小說的解讀會集中在道德問題也就不足為奇了。但另一方面，他又堅持真正的道德性唯有靠語言的使用——或和奧提莉一樣徹底摒棄語言——才能呈現，使得他對小說的解讀徹底甩脫了親身遭遇的色彩。其實奧提莉才是小說的關鍵人物。對班雅明而言，即便奧提莉藉由沉默及貌似純潔而遠遠凌駕於其他三位主角的道德世界之上，但由於她的「內在」決定從未公開，不曾用言語表達，因此始終與真理不容。套用他隨筆裡的說法，就是注定留在「神秘界」，因而留在自然世界中。

這篇隨筆結構嚴謹而有意涵。全文共分三章，每章三節，第一章是導論，談批評理論和哲學的關係，第二章詮釋歌德這本小說的其中一個面向，第三章對歌德進行自傳式的評論。雖然採取辯證結構，但全篇隨筆更像是二元論證。班雅明不僅希望證明神話元素深植於小說人物的生命中，以及小說的設定與氛圍裡，還試圖證明神話如何頑強對抗真理，不論真理被理解為揭示或自由皆然。儘管班雅明在文中並未明確定義神話，但這個詞不斷在他討論人與自然的關係時出現，而且在這層關係中，自然對人的影響主要是惡意的。[50]「自然（唯有神話自然如此）充滿超人類的力量，總是來勢洶洶。」（SW, 1:303）在這篇隨筆的深處，我們彷彿可以聽見科恩《源自猶太教的理性宗教》對希伯來先知的權威哲學詮釋在喃喃低語。科恩這本書的重點之一，就是區分一神論與多神論；前者定義為神的愛，後者根植於神話。科恩首先宣稱神是絕對的他者，是獨一無二的，因此無法成為知識的客體（不少立場迥異的思想家，如羅森茨維格〔Franz Rosenzweig〕和巴特，都受這想法啟發）。一神論預設神是獨一無二的，因此超越自然崇拜。科恩的作品從道德理性主義出發，對自然的各種展現和人類生活的自然面與感官面都抱著一定的反感，對此班雅明有時也很認同。在科恩眼中，自然是「自身為空」，感官則是「獸性之私」，[51]因此他和班雅明一樣，都認為神話透露出某種曖昧不明之物對人類精神暗中有害的影響。早在青年運動時期的作品中，班雅明就曾經表達自己深切感受到「對自然的恐懼」。[52]如今年近三十，這份對「自然之物」的恐懼再度於這篇隨筆現身，不過最出色的描述仍然要屬《單向街》裡的一個段落。班雅明完成論歌德的隨筆後不久，便開始撰寫這本蒙太奇之書，而這個段落就出自書中一章，標題充滿深意，叫作〈手套〉。班雅明如此寫道：

> 對動物反感，主要是害怕相遇時會被牠們認出來。這種源自內心深處的恐懼，是因為人隱約察覺自己體內有某種東西和動物非常相近，可能會被認出。所有厭惡最初都是對接觸的厭惡……人可能不否認自己和動物都有獸性，但想到就心生反感，必須設法駕馭。（SW, 1:448）[53]

十九世紀初的人普遍認為，有些化學元素會自然互相親合，歌德的小說正是援引了這點，讓每個人物與一個自然性質相親合。在〈歌德的親合力〉中，班雅明指出神話自然不僅對書中人物有害、對歌德有害，也對可能存於文學文本中的真理有害。在他眼中，書中人物和自然元素行為的親合是人類道德淪喪最普遍的信號。這股親合會讓獸性衝動逐漸侵入道德抉擇中。在班雅明看來，歌德本人也是苦主，因為他讓自己的創作臣服於自然，將自然當成唯一恰當的典範。注意班雅明給隨筆起的標題是〈歌德的親合力〉，而非〈歌德的《親合力》〉，因為歌德和他筆下人物一樣，也受到某個對應的自然元素吸引。班雅明在此對所有浪漫主義者最愛的轉義工具——象徵，以及象徵能讓「不朽之跡」閃現的主張提出嚴正的批評。歌德認為在所有可想像的自然現象裡，他都見到了精神的展現；用班雅明的說法，這使得歌德被困在「象徵構成的混亂」中（SW, 1:315），而歌德自比為奧林帕斯神祇的著名事蹟，說到底也只是未經檢證的泛神論，是一種「畸形」。[54]

班雅明的〈歌德的親合力〉是二十世紀最晦澀的評論文章之一。他對書中人物和作者的解讀本來就讓內文不好理解，文中使用的批評理論更讓難度加倍。他之前在博士論文的〈深奧後記〉裡表示，「本性」（他稱之為「有限和諧不連續體」）在人類墮落前是可見的，後來才變得隱匿不顯與支離破碎，唯有藝術能捕捉其破碎的意象，並指出這些想法都來自歌德。（SW, 1:179）到了這篇隨筆，他則是主張文學的「真理內容」取決於文本的某些語言元素，而這些元素以一種濃縮的形式承載著更大的真理。他明白指出批評的任務：想認識自然進而認識自己，最終必須仰賴解析藝術作品，從中分離出那暗示有更整全知識存在的片段。不過，班雅明對藝術作品的見解只有部分以真理內容這個概念為基礎，因為文學的真理內容（Wahrheitsgehalt）只占文本有效元素的一小部分。其餘部分，班雅明稱作「物質內容」（Sachgehalt），其純認知形式和語言無關，也就是和他一九一六年在論語言的隨筆裡提到的命名語言無關。語文藝術作品和其他工藝品一樣，是類比於自然物體而創作出來的。由於文學文本仰賴語言形式，這些語言形式又帶有歷史的印記，使得全體文本構成了「自然史」的檔案庫。於是，文學文本仿效的是人認知的自然，是籠罩著類似與神話的自然。

真理永遠有淪為神話的危險，而文本則是生生滅滅的真理與受神話主宰的元素之間的戰場。神話本身是模稜兩可的，非真亦非假。「〔真理與神話〕是互斥關係；神話裡沒有真理，因為真理裡沒有模稜兩可，因而連錯誤也不容存在。」然而，「真理要能出現，唯有認出神話，也就是認出神話對真理毫不關心，才有可能。」（SW, 1:325-326）從許多角度看，闡述和刻意介入這個二律背反始終是班雅明著作的核心主題，無論早年或晚期的作品皆是如此。儘管他後來和《啟蒙的辯證》裡的阿多諾與霍克海默一樣，愈來愈將神話看作一種知識形式，卻也認為神話是資本世界呈現於外的形式，讓人視資本世界為自然，別無其他可能。在《拱廊街計畫》這部未完成的作品裡，班雅明研究十九世紀中葉巴黎都市商品資本主義的各種文化展現，其中有一段經常為人引用的話是這樣說的：「為了耕耘此前完全被瘋狂主宰的田地，用磨利的理性之斧勇往直前，不左顧右盼，以免屈服於來自原始森林深處的恐懼。每塊地肯定都已被理性變得可耕，不再有叢生的妄想與神話。這是這裡要完成的，為了十九世紀的地形。」（AP, N1, 4）

因此，批評的任務便是區分神話與真理，尤其是清除神話元素以顯露真實。班雅明的評論從來不只是詮釋或評價，更是補償與救贖，藉由「摧毀」對象以探查出其中可能包含的真理。這股破壞的衝動始終如一，不論他最初或最後對評論的思考都是如此。在一九一六年的一封信裡，班雅明用了多個比喻來描述「精神事物的批評」。他指出這種批評以「區分真與不真」為目標，而方法正是藉由對抗和移除「黑夜」，以展露**批評**的光芒。批評是一種獨特的光芒，會點燃和吞噬作品，是一種「攻擊和瓦解他者完全是為了揭露其內在性質的化學物質」。（C, 84）《拱廊街計畫》則有兩則一九三〇年代晚期寫下的註記，指出「必須先『破』而後能『立』」以及「歷史客體最初建構於歷史連續性之上，而唯物論編史學的破壞或批評動能就展現在摧毀這一連續性之上」。（AP, N7, 6和N10a,1）

因此，班雅明堅信批評方法只要發展得當，便能區分真理與神話。而他論歌德的隨筆開頭幾乎就等於他的批評信條：

> 批判尋找藝術作品的真理內容，評論則是尋找物質內容。兩者的關係取決於這樣一個文學（Schrifttum）基本法則：作品愈重要，作品的真理內容與物質內容的關聯就愈密切而不明顯。因此，若只有真理內容深埋於物質內容裡的作品才能歷久不衰，那麼在這期間，具體現實（die Realien）在世界中消退得愈嚴重，在觀者眼前就愈明顯。儘管如此，但從表面來看，物質內容和真理內容雖然在作品歷史之初是合在一起，過程中卻會分離，因為真理內容始終隱而不顯，物質內容卻會浮現，以致對後世評論者而言，詮釋引人注目且稀奇的部分（也就是物質內容）就成了先決條件。（SW, 1:297）

真理內容和物質內容必然彼此關聯，且關係會不斷演變；後者終將消散，前者將從中浮現，從文本外顯的歷史內容裡挖掘出哲學意涵。這意味著班雅明原本抱持的形上學二元論有了劇烈的突變。文本主要由物質內容構成，長年下來形成一道屏障，批評者若想析出並解放作品裡日益隱匿的真理，就必須突破這道屏障。班雅明將隱蔽真理和外顯內容的關係比喻成重複書寫的羊皮紙，「褪色的文本被提到這文本的、更深濃的字跡所覆蓋。」（SW, 1:298）於是，批評者的初步任務就變成突破物質內容。班雅明區分兩種批評：一是評論，處理文本的物質內容；二是批判，目的在尋求真理。評論的最基本工作就是建立批評的哲學基礎，包括設立臨時界標、界定元素和運用概念。但除了解釋文本內的某些表象元素外，評論還必須闡明和揭露這些遮蓋與隱藏真理的元素。這是初步的任務，因為它使藝術作品預備好，以接受更根本的批評（即批判），發現與運用作品中的真理。「打個比方，若成長中的作品是燃燒的柴堆，評論者就是化學家，批評者就是煉金師。對前者而言，他只需要分析木頭與灰燼；對後者來說，唯有火焰才是謎團，才是生之奧秘。因此，批評者探求真理，真理之火在名為過去的粗柴和名為經驗的輕灰上燃燒。」（SW, 1:298）這裡指的是評論後的作品；它是批評者發揮評論作用，如化學家一般分解出作品的各個成分，將本質以外的部分燒成灰燼後的殘餘。而當批評者啟動批判，就會見證不可說的真理，從之前遮蓋它的東西裡掙脫出來、**散發**出來。歷史（即過往事物）、歷史經驗和歷史對現在的深奧影響，都將被藝術作品的火焰吞噬，而反映在文本語言中的、更純粹經驗的本質，則將擺脫宛如冥府魂靈的文本物質內容糾纏，重獲自由。評論解放文學的真理內容不只要靠解釋，還要靠消除那些困住與掩飾真理內容的事物。評論者將真理從「卑下的金屬」裡強行釋放出來，讓墮落的語言得到救贖。兩年後，班雅明寫下論悲苦劇專書，進一步闡發這個描述真理和物質內容之間關係的比喻，將批評說成「作品的死體化（mortification）」。想發現真理，就得先將作品化為廢墟，化為「象徵的軀幹」；「哲學批評的目的就在闡明藝術形式的功能，將作為所有重要藝術作品基礎的歷史內容變成哲學真理。物質內容轉化（Umbildung）為真理內容會削弱有效性；作品的早期魅力會隨時間消退，變作重生的基礎。所有短暫的美都會褪去，作品則會成為廢墟。」（OGT, 182）唯有「抹消式批評」（SW, 1:293）能悄悄轉化其對象，並藉由將淪為歷史之物死體化，使其成為原點。唯有這種哲學式批評可以解構形式的功能，剝去所有光彩，找到通向真理之路。

這種滌除、清掉、瓦解、燒去的概念，是班雅明從事批評時的關鍵。他一次次將追尋真理與去除平庸、駕馭獸性連在一起。修勒姆是最先指出班雅明作品裡有這股神秘的破壞傾向的人，並且有力地指出這點和他好友的革命彌賽亞主義脫不了關係。若以尼采式的、具有創造意涵之「神聖虛無主義」的角度來理解，班雅明的思想從一開始就是虛無主義的，但這樣的破壞思想不僅來自神學，也來自班雅明對資產階級社會的敵意。這份敵意早在他轉向馬克思主義的十多年前便已經存在。如果資產階級的自我理解建立在幾個（對資產階級本身和資產階級與環境的關係的）明確文化意象上，那麼在班雅明看來，想要有真正的政治改變，就必須先換掉進而粉碎這些意象。

完成論歌德的隨筆後，班雅明一九二二年春天重拾其他創作，並預計於《新天使》第二期刊載這篇隨筆。儘管這些作品沒有一份留存下來，但他反覆強調自己這個時期最重要的工作仍然是海因勒作品的導論，甚至表示「投入海因勒的詩與生命之中」是他接下來思考主題的「前景」。例如，他努力將海因勒的詩放進從古典抒情詩到生機論哲學家克拉格斯的母權論的脈絡中。海因勒的詩只有部分留存至今，評價則如我們之前提過的褒貶不一。他的作品只有班雅明全數擁有，但當班雅明柏林寓所裡的物品被蓋世太保沒收，這些詩就和班雅明自己的一些作品一樣，從此不知所蹤，而朋友與同代人也幫不上忙，因為班雅明始終像信仰邪教一般地保護著這些作品。克拉夫特記得一九二〇年代初期的某天傍晚，班雅明在格呂內瓦爾德「欣喜若狂地」朗讀海因勒的幾首十四行詩，卻被他的讀法搞得完全無法理解詩的內容。克拉夫特認為班雅明分享這些珍藏是出於對他的尊敬與信任，這點他沒有看錯；但當他請班雅明把海因勒的作品給他，讓他自己讀，班雅明卻斷然拒絕。[55]

對於出版在即的波特萊爾詩譯，班雅明同樣一點細節也不放過，從字體、版面到裝訂沒完沒了地給建議，並一再叮囑魏斯巴赫要大力宣傳，甚至還特地參加了一九二二年三月十五日在柏林選帝侯大道羅伊斯波拉克書店舉辦的波特萊爾之夜，針對這位詩人發表短講，並朗讀自己的翻譯。儘管他應該是憑記憶或筆記演講，但多年後和他其餘作品一起找到的兩篇短文〈波特萊爾二〉和〈波特萊爾三〉（見SW, 1:361-362）很可能是他短講內容的初稿。這兩篇短文都聚焦於波特萊爾的作品和其「物觀」的二元關係上，其中〈波特萊爾三〉主要討論波特萊爾的兩個關鍵詞「憂鬱」與「理想」之間的交錯關係。班雅明在文中主張憂鬱從來都不只是瀰漫的憂愁，而是根源自「朝理想奔去卻注定死於失敗的嘗試」；理想則是以憂鬱為根基而生：「憂愁的意象最能燃亮精神世界。」班雅明費盡心思指出，這個反轉不是發生在道德領域，而是感知領域：「波特萊爾詩作裡對我們說話的，不是應受指摘的〔道德〕判斷錯亂，而是可允許的感知反轉。」如果說這篇短文對波特萊爾的解讀，其母題仍然不脫過往理解波特萊爾的既有範疇，那麼〈波特萊爾二〉則是另闢新徑，並預告班雅明一九三〇年代作品的核心母題。文中他將波特萊爾描繪成獨具能力的讀者，善於解讀一種極其特殊的攝影作品，其中時間便是那位將「事物本質」捕捉到底片上的攝影師，而它所用的底片當然是負片，「沒有人能從負片演繹出……事物本質的本然樣貌」。為了讓世人體會波特萊爾的原創性，班雅明不是指出波特萊爾有沖洗負片的本事，而是擁有「對實際相片的預感，他所有詩作的本質負片都憑這份預感說話」。因此，波特萊爾在〈太陽〉等詩作裡洞見了事物本質，在〈天鵝〉裡將歷史比作一張多重曝光相片，在〈腐屍〉裡展現了對轉瞬即逝、永遠不可反轉的負片的基本鑑察力。班雅明在波特萊爾身上見到類似卡夫卡的能力。他在一九三四年的隨筆裡表示，卡夫卡對靈魂的「神話史前史」知識豐富。這種將知識視為原罪的經驗，向「費盡無窮心神」的波特萊爾揭露了負片的本質，從而使他對救贖擁有遠勝於他人的理解。

班雅明這段期間的書信往來，留存下來的出奇地少。對於他一九二二年上半年在柏林的生活，基本上只能從他寫給魏斯巴赫的信裡略知一二。這些信有的糾纏不休，有的憤恨委屈，至少都是直接紀錄。至於間接證據，那就精彩了。這時期的他雖然還待在浪漫主義的世界裡，卻已經開始呼吸到另一種大不相同的空氣，即歐洲前衛派的世界。旅居瑞士時，巴爾介紹他認識了里希特，而朵拉也和里希特的第一任妻子伊莉莎白成為密友。里希特原本只是蘇黎世達達主義圈子的邊緣人，但到了一九二一年末卻成為使柏林前衛藝術走出新方向的催化劑。隔年，班雅明透過里希特一點一滴認識了一群活躍於柏林的出色藝術家。這群來自各國、關係鬆散的藝術家包括前達達主義者里希特、侯赫（Hannah Höch）和豪斯曼（Raoul Hausmann），構成主義派的莫霍利—納吉和利西茨基，青年建築師凡德羅（Mies van der Rohe）和希貝賽默（Ludwig Hilberseimer），以及當地藝術家卡登（Gert Caden）、布赫霍茲（Erich Buchholz）和格瑞夫（Werner Graeff）等人。經常來訪的藝術家則包括引入荷蘭風格派畫風的凡杜斯伯格（Theo van Doesburg）、前衛詩人查拉（Tristan Tzara）、阿爾普（Hans Arp）和施維特斯（Kurt Schwitters）。這些人經常聚會，大多選在弗里德瑙區埃申街七號的里希特畫室，但也會在卡登或莫霍利—納吉的畫室，以及柏林大大小小的咖啡館，每天熱烈辯論歐洲新藝術應該何去何從，又需要哪些新的社會形式作為基礎。一九二一年末，莫霍利—納吉、豪斯曼、阿爾普和俄國藝術家普尼（Ivan Puni）共同發表〈元素主義藝術宣言〉，主張別再憑藉個人的創作天賦，而是從藝術材料與創作過程的內在可能來創造新藝術。以此為基礎，這群駐紮在柏林的藝術家逐漸凝聚出一套基本原則。卡登如此描述里希特、利西茨基、莫霍利－納吉和凡杜斯伯格提出的共同中心思想：「我們不是追求個人的『線條』，不是那種誰都能主觀詮釋的東西，而是擁有客觀元素的作品，像是圓、圓錐、球體、立方體和圓柱等，這些無法更客觀化的元素……在空間中創造一個動態－建構式的力之系統，一個最具內在原則並充滿最大張力的系統。」[56]一九二二年七月，莫霍利－納奇在《風格》雜誌發表了影響深遠的隨筆〈生產－複製〉，談到這種新藝術和因為接觸這種藝術而可能出現的新感覺中樞，以及新的解放社會作為文化生產的最終目標，探討三者之間的關係。立場達成一致後，里希特、凡杜斯伯格、莫霍利－納奇、施維特斯、利西茨基和格瑞夫聯袂出席一九二二年九月二十五日於威瑪舉行的「建構主義國際」成立大會，結果與會者似乎在政治傾向上陷入了強烈分歧。莫霍利－納奇得到匈牙利同胞凱梅尼（Alfréd Kemény）和卡萊（Ern Kállai）的支持，主張共產主義路線，認為藝術家最終必須效忠無產階級，但遭到激烈反對，於是莫霍利－納奇等人便脫離了核心團體。莫霍利－納奇不久後就搬到威瑪，不再參與柏林夥伴的討論；反倒是里希特得到利西茨基、格瑞夫和凡德羅大力相助，創辦了《G：基本設計雜誌》（*G: Zeitschrift für elementare Gestaltung*），與同為小型雜誌的柯比意《新精神》、利西茨基的《事物》和凡杜斯伯格的《風格》一起嘗試為藝術定出新走向：一種由建構主義提供嚴謹架構，融合達達主義與原始超現實主義的新藝術。一九二三年，《G：基本設計雜誌》創刊，此後人們就將一九二〇年代初在柏林聚會，並定出這個新走向的藝術家們稱為「G團體」。[57]

班雅明和軒恩經常參加這些討論，不難想像這種聽得比說得多的場合對他們兩人都是相當新鮮且違反本能的體驗。《G：基本設計雜誌》創刊後，軒恩和朵拉都受邀擔任特約編輯，班雅明則翻譯了查拉的隨筆〈左頁看攝影〉。接觸前衛藝術對班雅明後來思想與寫作的影響之大，實在難以估量。G團體帶來的迴響雖然沒有立即反映在他的作品中，但從他開始為一九二三年的蒙太奇之書《單向道》蒐集和記錄資料開始，班雅明對G團體中心信條的重塑就愈來愈明顯。他於一九三〇年代提出的許多最著名的主張，尤其是隨筆〈藝術作品在其可技術複製的時代〉，都源自他一九二二年開始對科技與人類感覺中樞的歷史性感興趣，最終展現在那些作品中。[58]

那年夏初，班雅明急著從魏斯巴赫那裡確認《新天使》的發行消息。他六月底要對方「定下發行日」，並支付他三千兩百馬克的編輯年薪。由於對方遲遲沒有回音，於是他七月二十一日去了海德堡，至少部分原因是去找魏斯巴赫直接商量。幾週後，他返回柏林，並寫信給修勒姆和朗恩，宣布《新天使》難產不治，「胎死腹中」。魏斯巴赫再次宣布暫停所有發行準備，但班雅明很清楚《新天使》是永遠不可能出刊了。不過他安慰自己，在信裡告訴兩位好友這件事讓他「找回選擇的自由」，並且讓他對自己的學術未來看得更透徹。（C, 200）

一九二二年秋，德國經濟迅速惡化，讓班雅明和他朋友不得不分心他顧。古特金被迫改當推銷員，四處兜售人造奶油；班雅明則再次和父親痛苦周旋，希望對方能供應他生活費，同時投身二手書市場，靠著廉價買書（通常在柏林北區）再到經濟還不太受影響的西區轉手牟利。他告訴修勒姆，自己曾在海德堡花了三十五馬克買下一本小書，在柏林轉手賣了六百馬克。但到了十月，他和父母親的衝突已經超過他的忍耐限度，「我下定決心，無論如何再也不倚靠父母。因為他們太小心眼、太有控制欲，和他們相處已經成了一場折磨，消耗掉我所有的工作能量與生活樂趣。」（C, 201-202）朵拉的父親從維也納來柏林當和事佬，但情況非常不妙。一番激辯之後，班雅明的父親仍然堅持兒子進銀行工作。就算一個年過三十的男人已經娶妻生子，經濟上還是完全仰賴年邁父母有多不值得同情，艾米爾認為自己的兒子適合到銀行上班，還是令人對他的判斷力充滿懷疑。他的建議不僅會糟蹋兒子的才華，而且班雅明根本不適合金融機構極度制式封閉的生活。光從他和父母商量時，竟然宣稱家裡財務狀況「很好」，就能看出他有多缺乏商業頭腦。當時德國經濟正朝一九二三年的惡性通膨直奔而去。戰後匯率從十四馬克兌一美元緩緩下滑，一九二一年七月跌至七十七馬克兌一美元，一九二二年開始大幅下挫，一月為一百九十一馬克兌一美元，夏天為四百九十三馬克兌一美元，隔年一月已經暴跌到一萬七千九百七十二馬克兌一美元。[59]從麵包價格看更明顯：一九一九年十二月是二點八馬克，一九二一年十二月漲到一百六十三馬克，一九二三年八月為六萬九千馬克，十二月惡性通膨最嚴重時是驚人的三千九百九十億馬克。

班雅明並非不肯妥協。他表示自己願意工作，但不能阻斷他對學術生涯的追求。朵拉的父母親同意資助這對小夫妻開一家二手書店，古特金的父母親前陣子就是這麼做的，但對班雅明的父母親而言，這條出路顯然同樣不可接受。十一月時，艾米爾「最終」決定每月資助兒子八千馬克（相當於一九二二年的一點二五美元），但是遭到班雅明斷然拒絕，父子間徹底決裂。班雅明的情況只能用山窮水盡來形容——讀書人，無憑無靠，眼前缺乏明確的就業機會，國家經濟又瀕臨崩潰。沒錯，班雅明是想當頂尖的評論家，但是告別青年運動八年以來，除了非出版不可的博士論文，他只發表過三篇單薄的隨筆；手邊進行的出版計畫，包括《新天使》和波特萊爾詩譯，也遙遙無期。

種種壓力讓朵拉的健康付出了代價。十一月底，她帶著史蒂凡離開德爾布呂克街的別墅，先去維也納造訪父母，隨後又前往布雷滕斯泰因，住進了姑姑的療養院。至於班雅明則是選在動盪的十二月去了德國西部，包括最後一次到海德堡打探消息，以及分別到哥廷根和布勞恩費爾斯去見了沃夫與朗恩。這兩趟旅行無疑都別有深意。已故好友的弟弟是他少數還有往來的青年運動時期的舊識。一九二〇年代初，班雅明只跟沃夫、喬爾和庫雷拉還有聯絡，但沃夫的健康正迅速惡化。儘管沃夫對他忿忿抱怨個沒完，班雅明還是去見了這位年輕人的醫師，請教能否帶他去達沃斯的療養院。隨後幾個月，班雅明持續向沃夫的朋友籌募醫療費。造訪朗恩同樣深具意義：他已經成為班雅明最重要的智識交流夥伴。或許就是因為班雅明太仰賴這位長輩，使得他和柏林的知識圈若即若離。修勒姆記得朗恩「衝動暴躁，脾氣又壞」，但班雅明和朗恩不論聊天寫信，都和他跟修勒姆與阿多諾的長年交流一樣既深又廣，從政治、戲劇、文學評論到宗教無所不談。修勒姆更是最先看出，一九二〇年代初的班雅明「發現自己與朗恩儘管在宗教和形上學上看法不同，在最高的政治層面卻深深契合」。(SF, 116)

一九二二年末，班雅明又去了海德堡，與其說是為了在那裡落腳成為學術人做出最後一搏，不如說是為了讓嘗試多年的自己死心，認清海德堡終究沒有他的一席之地。他十二月初抵達海德堡，在那裡租了房間，繼續撰寫那篇預定當作海因勒作品導論的抒情詩隨筆。但連這件事都成了折磨，因為一直被隔壁小孩的嬉鬧聲打擾。他很快和雷德勒恢復了聯繫，希望透過這位當初協助他在《社會科學與社會政策文庫》發表〈暴力的批判〉的經濟學家和雅斯培搭上關係。但他只去了雷德勒的討論課一次，就再也沒有獲邀了。他還重新參與韋伯遺孀瑪麗安舉辦的社會學討論夜，並受邀演講，卻發現自己遇到麻煩，因為他沒有現成的合適主題，只好蒙著頭硬講「次好的」，將那篇抒情詩隨筆改成朗讀版，結果自然是災難一場。不過，即使成功了也沒有差別，因為班雅明發現韋伯的弟弟阿爾弗雷德已經選定另一人頒予任教資格。「一個叫曼海姆的猶太人。」他在信裡對修勒姆說。班雅明之前就透過布洛赫認識了曼海姆，說他是個「討人喜歡的年輕人」。曼海姆當時還不是如日中天的社會學家：一九二六至三〇年在海德堡大學擔任兼任教師，接著轉往法蘭克福大學，一九三三年流亡英國，在倫敦政經學院教書。班雅明的預感是對的，海德堡在他生命中的篇章已經劃下了句點。

第五章 學術浪人：法蘭克福、柏林、卡布里島 1923—1925

到了一九二三年初，班雅明的學術未來只剩一個選項，那就是法蘭克福，而他這一年年初便是在那裡度過。一九二〇年代初，法蘭克福大學在一般人眼中仍屬於實驗性質濃厚的新興院校。班雅明之前就讀的大學全是老牌學府，有些甚至聲譽崇隆，例如海德堡大學創立於一三八六年，弗萊堡大學一四五七年，慕尼黑大學一四七二年（原本位於巴伐利亞邦小城因哥爾斯塔德，一八一〇年在巴伐利亞王室令下遷至慕尼黑）。就連他在柏林就讀的大學，也是一八一〇年由威廉・洪堡根據施萊爾馬赫的理想所創立的老學校。反觀法蘭克福大學一九一四年才創立，且是仰賴個人和企業的遺產或捐款維持，而非如其他大學由王室撥地建校，受國家資助。這種金融和知識界的結合在德國當時絕無僅有，卻很有法蘭克福的特色。評論家克拉考爾在一九二八年出版的自傳體小說《金斯特》（*Ginster*）裡形容他的故鄉是一個「位於高山之間、河流兩岸的大都市，和其他城市一樣靠過往歷史吸引遊客。城牆早已成了公園，加冕儀式、國際會議和全國射手大賽都在城裡舉行……有些基督教和猶太家族可以上溯好幾代；就算沒有顯赫家世的家族也以銀行起家，跟巴黎、倫敦與紐約往來頻繁。藝文組織和證券交易所就算有距離，也只是空間上不在一地」。[1]雖然大戰之後經濟衰退，捐款大幅減少，但市府和黑森邦扛起了預算負擔，使得法蘭克福大學於一九二〇年代成為德國公認最有活力與新意的高等學府。班雅明在自己所學領域裡沒有人脈，不過在其他學科倒是有認識的學者。他的舅公軒弗利斯是數學系榮譽教授，曾經於一九二〇至二一年擔任校長，雖然已經退休，但還是很有影響力。不過，主動伸出援手的不是他舅公，而是他完全沒意料到的人——社會學家薩洛蒙—德拉圖（Gottfried Salomon-Delatour）。薩洛蒙—德拉圖是法蘭克福大學兼任教授，齊美爾是他的老師和博士論文指導教授，班雅明跟他可能是透過古特金夫婦介紹而認識。班雅明想靠引薦成為美學教師，因為他認為這是自己最可能拿到任教資格的領域，但這份努力再次因為誤解與混淆而受阻。薩洛蒙—德拉圖拿到他論歌德的隨筆和〈暴力的批判〉後，不是交給美學教授柯內留斯（Hans Cornelius），而是德國文學史主任舒爾茲（Franz Schultz），可是兩人於公於私都無深交。他身為社會學家，之所以將班雅明的作品交給對方，純粹因為他覺得德國文學史教授是最合適的人選。隨後幾個月，班雅明不斷接觸舒爾茲，打探薩洛蒙—德拉圖推薦的進度，卻遭到對方千方百計地閃躲。

班雅明在法蘭克福短暫停留期間，還造訪了知名宗教哲學家羅森茨威格。他是名聞遐邇的自由猶太教學之家的創辦人兼主任，致力於猶太成人教育，吸引不少重量級知識分子至該機構擔任講課者與教師。一九二二年初，羅森茨威格開始出現肌萎縮側索硬化症的症狀，最終奪去了他的性命。班雅明造訪他時，羅森茨威格已經癱瘓得很嚴重，只能發出「片斷的聲音」，必須靠妻子翻譯。兩人的討論主要圍繞在羅森茨威格的代表作《救贖之星》上。班雅明撰寫論歌德的隨筆期間讀過這本一九二一年出版的作品，並陷入掙扎之中，這是他遇到強而有力的觀念時常有的反應。他當時這樣寫道：「我……〔發現〕這本書很容易讓公正的讀者高估它的結構，還是只有我？」後來也表示自己有段時間「徹底沉迷於」羅森茨威格的這本著作。（C, 194, 494）儘管兩人在語言本體論上有許多雷同之處，但在班雅明心底留下最深刻印記的，還是羅森茨威格批評唯心論（特別是黑格爾）自以為全面。羅森茨威格認為，不論誰宣稱更大的統一體（unity）存在，這個整體都沒有唯一真神和個人之間關係的獨一性重要，但哲學不明白這點。「哲學應當去除世界所有的獨一之物，消解某物（Aught），這是哲學必然走向唯心論的另一個理由。因為唯心論反對一切個體與全體之分，故而成為哲學家的工具。」[2]班雅明儘管能理解爭論焦點所在，也明白羅森茨威格思想有其存在的急迫性，但是對這部作品顯然有所保留，覺得它很「危險」，原因或許出在書裡的論證有如華格納的狂想曲，並且在哲學上肯認聖餐禮與「血的共同體」（blood community）。[3]班雅明離開前，羅森茨威格還隱隱批評了修勒姆的反軍國主義。儘管如此，班雅明仍然告訴修勒姆，自己「無論如何都很想再見他一面」。（C, 205）

班雅明告辭之前，羅森茨威格的朋友、法律史學家羅森施塔克－胡塞（Eugen Rosenstock-Huessy）正巧來訪。這兩人同處一室，可能讓班雅明有些驚訝，因為改宗的問題自然會浮現腦海。改信基督教的羅森施塔克－胡塞，曾經針對自己對猶太教和基督教的理解跟羅森茨威格有過書信往來；當時兩人都在一戰前線，而這些書信也引發許多討論。羅森茨威格一九一三年差點就要改信基督教，但為了想清楚自己的看法並站穩立場，於是深入研究猶太教，結果沒有改變信仰。不過，兩人的名字仍然跟帕摩幫連在一起。帕摩幫是一群同在符茲堡帕摩出版社（Patmos Verlag）出版作品的學者，其中最著名的幾位便是改宗的猶太人。（GB, 2:301n）班雅明對宗教各方面都興趣缺缺，改宗問題似乎也不例外。朵拉記得他對克勞斯一九二二年十一月在《火炬》發表的一篇文章有過簡潔回應，克勞斯在文中討論自己一九一一年改信天主教而後又脫離的經過。對此，班雅明表示「只有既是克勞斯又沒這樣做的人才有話可說」。（引

自GB, 2:302n）

班雅明回到柏林，發現這座城市正深陷德國戰後最大的危機。法國和比利時持續進犯工業重鎮魯爾區，理由是德國拖欠賠款。柏林政府呼籲魯爾區發動總罷工，加上當地已然嚴重折損的經濟生產，使得經濟危機一觸即發。這些事促使班雅明提出他在整個一九二〇年代最強烈的政治主張，不僅認為魯爾區的危機是一場「可怕的經濟災難」，更是「精神瘟疫」。（GB, 2:305）班雅明效法忙著撰寫文章和徵集文宣支持德國政府的朗恩，鼓勵朋友舊識公開表態，並組織知識分子採取行動。儘管他不信任議會民主，但他很清楚德國需要更多朗恩這樣的公民，如同他在給朗恩的信裡所描繪的，「不讓自己注視政治事務內部的目光遭到蒙蔽，始終冷靜，不成為**現實政治家**。」（GB, 2:305）

社會動盪，工作又充滿變數，讓一九二三年初的班雅明深陷憂鬱之中。一月初，他回布雷滕斯泰因療養院和妻兒團聚，三人擠在一個房間裡住了將近六週。那段時間他的信裡充滿絕望與孤離，加上彷彿沒有盡頭的大雪，讓他心情更加惡劣。「關於我自己，我真的沒有什麼好消息可說……我還是會寫任教資格論文，並且在再次白費力氣後，被迫找一個既非記者又非學術的差事做。」（C, 205-206）而沃夫健康急劇惡化，更是讓他對未來難以樂觀。儘管他明知好友痊癒「無望」（GB, 2:309），仍然繼續籌錢好讓對方待在瑞士療養。二月一日，沃夫因為肺結核引起的併發症不幸過世，讓班雅明心情更加絕望，不下於一九一四年得知沃夫兄長海因勒自殺。在他心裡，這對兄弟是「他認識最美麗的年輕人」，失去他們就好比失去了「衡量自己生命的標準」。他衷心相信，凡是尋求「不是詭辯的思想、不是複製的創造與不是算計的實踐」的人，都能在海因勒兄弟身上找到榜樣。（C, 206-207）同一時間，修勒姆移民巴勒斯坦的機率愈來愈高，更加重他內心的失落。

然而，就如同他過去和未來經常發生的那樣，從絕望的深處，那「像狼群四面八方包圍著我，不知如何才能趕走牠們的……逆境」之中，班雅明再度寫出極為出色的作品。他在信裡告訴朗恩，走過德國各地讓他發現這個國家的「命運正以勢不可擋又有害的方式顯現出來。可想而知，這趟旅行的最後幾天再次將我帶到絕望的邊緣，瞥見了深淵」。（C, 206-207）一九二二年底或一九二三年初遇見克拉考爾，[4]也讓班雅明態度明顯改變，開始願意評論當前社會、政治和經濟事務，並有了新的閱讀目標，尤其是格言集。班雅明不僅重讀尼采，還首次拜讀了霍夫曼斯塔爾一九二二年出版的《朋友之書》（*Buch der Freunde*）。那一年他根據自己信裡對危機的記述，寫下了一系列短文初稿，後來都納入他的第一本蒙太奇之書《單向街》裡。第一輪短文的第一篇分析經濟危機對人的影響，暫定標題為〈走過德國通膨之旅〉。後來班雅明將這一輪短文做成捲軸，鄭重獻給修勒姆，作為好友移民巴勒斯坦的告別禮。這些試作透露出這類短文對班雅明的重要性，而他後來也沿用格奧爾格先前的用語，[5]稱它們為「思想圖像」（Denkbild）。這篇簡短卻無比複雜的〈走過德國通膨之旅〉最終以〈全景幻燈〉為名，收錄於一九二八年出版的《單向街》中，文章的風格非常班雅明：明明主題是經濟局勢及經濟局勢對政治的影響，重點卻不是擺在經濟和政治上，而是探討人類感知和認知能力受到的影響：這種「赤裸的悲慘」本身就抗拒人類理解它。「大眾的本能已經錯亂，和生活脫節……〔加上〕社會太過依戀早已被剝奪的慣常生活，以致人就算運用智識且深謀遠慮也是枉然，即使身處險境也不例外……困在這國家的人不再能分辨人格的輪廓，所有自由人在他們眼中都是怪胎……所有事物……的內在本質都在流失，真實被模稜兩可所取代。」(SW, 1:451-454)當然,〈全景幻燈〉完成於班雅明潛心鑽研馬克思主義之前,但他後期的思想基調在此已清楚可見:唯有先意識到社會改革的先決條件,改革才能實現。此外,班雅明還堅信,這些條件目前只能以扭曲而隱蔽的形式獲得。[6]如同他在一九二一年的殘篇〈資本主義作為宗教〉裡所主張的,人類感官與認知能力的折損是資本力量得以維繫的關鍵特徵。

二月中旬,班雅明離開布雷滕斯泰因,一個人回到柏林。但他途中先去了海德堡找魏斯巴赫,從他手裡拿回《新天使》的手稿,班雅明首次創辦刊物的努力就此告終。他之後並沒有替《新天使》另覓出版社,這個決定無疑和一九二三年經濟慘淡有關。編輯生涯半路腰斬,經濟收入無望,班雅明發現古特金夫婦靠著書店得以自足,不禁心生羨慕,也想「找到陸地」(GB, 2:320),腳踏實地實現自己「最大的心願」:「放棄我父母家的公寓。」(C, 206)而在一九二三年初的班雅明心裡,唯一想得到的陸地就是大學。三月初,他再次前往法蘭克福,並且異常積極投入學術政治,因為如此才有機會拿到任教資格。其實,完成論歌德的隨筆之後,班雅明便已經開始為下一部作品進行廣泛的研究,主題是悲苦劇。這是巴洛克時期的一種戲劇,起於十六世紀,十七世紀在德國深受歡迎,有名的劇作家包括格里菲斯(Andreas Gryphius)和馮洛恩斯坦(Daniel Casper von Lohenstein)。雖然粗略來說,悲苦劇源於希臘悲劇,但劇中主角的殞落不是為了帶出主角對抗命運的高貴悲愴,而是以盛大的姿態演示悲傷。班雅明後來形容悲苦劇是「演給悲傷者看的戲劇」。在這個階段,班雅明還不確定這部作品會是任教資格論文或獨立的學術作品,因為他仍抱著希望,舒爾茲會接受他論歌德的隨筆作為任教資格論文。但有證據顯示,最初建議班雅明研究這種戲劇或許有幫助的也是舒爾茲。[7]儘管一九二〇年代初確實有人再度對悲苦劇感興趣，但巴洛克戲劇在當時仍然備受貶低，悲苦劇也被視為粗俗不入流的劇種。然而班雅明就是喜歡邊緣和乍看不起眼的東西，更何況他幾年前就曾思考過這個劇種，[8]因此怎麼也抗拒不了這個誘惑。於是，他這年頭幾個月的涉獵範圍大多數與悲苦劇有關，並且一如以往摻雜著文學、哲學、神學和政治。除了大量閱讀悲苦劇，他還鑽研了古典學家烏斯納（Hermann Usener）影響深遠、探討神祇命名的巨著，馮埃斯兄弟（Leander and Carl von Eß）的《新約聖經》新譯，保守主義政治理論家施密特（Carl Schmitt）的《政治理論》（*Political Theology*），以及十九世紀實在論者邁耶（Carl Ferdinand Meyer）的歷史小說《耶拿奇》（*Jürg Jenatsch*），小說主角原型是十六世紀一位同名的牧師兼政治家。到了四月中，班雅明已可以放心地說，他已經「確定」要用哪些關鍵概念分析這類巴洛克戲劇了。

班雅明在法蘭克福停留一週，造訪可能的援手與指導教授以後，便應朗恩之邀造訪黑森邦北部的小城吉森，並於三月十二日首次參加了「法蘭克福學圈」的聚會。這個學圈由朗恩和布伯號召組成，成員信仰形形色色，除了猶太教徒與天主教徒，還包括貴格會和路德會等新教徒。聚會討論的焦點為，在當前條件下，以宗教原則為基礎的政治復興是否可能。[9]將班雅明和布伯拉進這次聚會，對朗恩顯然很重要。修勒姆回憶，儘管兩人都對彼此有所保留，甚至讓人感覺互相懷疑，但對朗恩來說，兩人都是「道地猶太性的化身」。（SF, 116）這次聚會讓班雅明印象深刻：「德國不為人知的一面展現在我眼前。」（GB, 2:322）即便這話是說給朗恩聽的，所以需要打點折扣，我們也不能小看班雅明的出席。不論如何，班雅明的神學政治觀都使他注定成為席捲戰後德國的宗教復興潮的關鍵人物。此外，朗恩、布伯和羅森茨威格等人嘗試將德國打造成為信仰寬容的社會，也深深打動了班雅明，並無疑對他一九二〇年代初愈來愈政治化產生了影響。班雅明遊走在不少這類團體的邊緣，法蘭克福學圈算不上是第一個。他經由古特金接觸到堡圈的作品，針對羅森施塔克—胡塞所做的評論也顯示他很熟悉帕摩幫。但最能反映班雅明涉入程度的，還是他針對朗恩訴求寫成的〈回應〉。朗恩在《德國石匠公會：對國人同胞淺談政治哲學，以及公正對待比利時與法國的可能性》這本小冊子裡，呼籲法比德三國恢復對話。除了班雅明和布伯，還有兩人對這項籲求做出評論，一位是主張德國遵行和平主義，成為東歐與西歐中介的浸信會記者、小說家兼劇作家帕奎特（Alfons Paquet），一位是天主教宗教哲學家兼心理治療師米歇爾（Ernst Michel）。在〈回應〉一文中，班雅明首先考察了「回應」的形式，將政治小冊這個文類問題化，手法令人想到〈歌德的親合力〉的頭幾頁：接著指出朗恩呼籲文的啟示潛能，「因為文中承認不同民族之間存在著知識邊界，並譴責其封閉……〔這番說法〕證明了真理雖然明確，卻不簡單，就連政治領域也不例外。」班雅明愈是思考真理在政治裡的作用，他的哲學式文學批評和新投入的政治參與就愈互相增強：他主張朗恩的原則源自「概念的互融」（這個用語反映出他**自己**的原則），並闡明「正義、法律、政治、敵意與謊言的概念。世上最大的謊言，莫過於拒不開口」。（GB, 2:374）他在別處延伸了這句話：「謊言是語言的構成部分（因此藉由沉默來說謊並不道德）。」（GS, 6:64）大約在同一時期，他曾經考慮撰寫一篇論說謊的文章，此話就出自他為撰文而做的筆記。在論歌德的隨筆裡，班雅明認為語言是真理唯一的家，奧提莉的沉默迴避了語言，因此不道德。如今來到一九二三年，面對政治危機保持沉默在他眼中不僅違反道德，而且再度迴避了話語的純然中介與調解力量。對班雅明來說，宗教復興的戲碼不是在寬廣的政治舞臺上演，而是在只是表面上受限的語言舞臺上。

一九二二年，克拉考爾撰文探討因戰後危機而突然復甦的新結社形式，並給出正面評價：「凡經歷過這段日子且留心觀察的人，內心深處都會感受到決定德國精神的時刻到了。在豎耳等待的無眠夜裡，可以感覺德國精神的溫熱呼息就在耳畔。而今虛妄的權力夢已然破滅，需求與苦難已經粉碎了企圖窒息二者的硬殼，德國精神正展現巨大的力量，奮力實現自己……無數運動在全德各地勃發，搖撼了國家的根基。儘管這些運動看似互相矛盾，卻幾乎都彰顯出德國精神的願望與本質。從推行普世人類理想或日耳曼同胞思想的青年團體、價值觀和原始基督教共產主義相契合的社群組織、有志一同企求從內部更新的協會、信奉民主和平主義的聯盟，到推動民眾教育的團體，都有著相同的追求，從源於自我的抽象概念邁向具體的公共形式。」[10] 十年後，班雅明在一九三三年的隨筆〈經驗與匱乏〉談到這個現象，不出意料有著不同見解：「過去乘坐馬車上學的一代人如今暴露在外，面對除了浮雲一切都已不再的景致，人那脆弱渺小的軀體被洪流與爆炸包圍，位於這毀滅性力場的中央。隨著科技突飛猛進，人類遭遇到新型態的匱乏。與此貧困相反的是概念的暴增。這些概念伴隨著占星復興、瑜珈智慧、基督科學、手相、素食主義、靈知、經院哲學和唯靈論在人群間散播，應該說徹底將人群淹沒。因為這不是真正的復興，而是激發。」(SW, 2:732) 如果說克拉考爾堅守唯心論，認為「具體的公共形式」有可能產自普遍化的國家精神，反映源自國家精神的概念；那麼班雅明則認為，這種「概念的暴增」的無盡傳播其實會「淹沒」人，而新的經驗匱乏，也就是建設性的剝離，便是面對這樣的時代唯一適當的回應。

班雅明覺得自己在法蘭克福已經做了所有能做的事，至少眼前如此，便於四月初返回柏林，結果竟然得到意外的驚喜：他的波特萊爾譯本校樣出來了。儘管他仍舊擔心這本書何時出版只能「看先驗的時間表」，但還是馬上寫了一篇公告作為宣傳：「這本譯自《惡之華》的詩集收錄了幾篇首度德譯的詩作，且有兩點能確保這些詩譯歷久不衰。首先是譯者不僅在導言確立了對信實的要求，並在翻譯時盡責地加以實踐；其次是譯文對波特萊爾作品中的詩意元素有著令人信服的理解。而與譯文並列的原文，絕對是德國首次出現的、語文學上正確的版本，將特別受到所有仰慕這位偉大詩人的讀者歡迎。」(GB, 2:358) 不過也不是只有好消息：書商卡西爾（Paul Cassirer）雖然對〈歌德的親合力〉讚譽有加，卻婉拒出版。於是，班雅明立刻轉投稿給羅特哈克（Erich Rothacker）和克魯克洪恩（Paul Kluckhohn）主編的《德國文學學術與觀念史季刊》。班雅明和羅特哈克在海德堡認識，而羅特哈克和舒爾茲教授是法蘭克福大學同事，因此班雅明投稿給這份重量級學術期刊不只為了尋求發表管道，也希望對方在舒爾茲面前美言幾句。儘管羅特哈克表示這篇隨筆在他心裡留下「強烈顯著的印象」，卻還是只願意刊載第一部分，而且必須刪減，因為他覺得字裡行間有許多年少才有的過度。羅特哈克指出〈歌德的親合力〉基本上難以理解，「反思過多且雜亂」，後來不少人乍讀之下也有同樣批評。（引自GB, 2:332n）班雅明早已習慣學界對他的不理解，自然不難接受明白拒絕，但他可不接受別人貶低自己的作品，便向羅特哈克表達這一點。然而，羅特哈克非但沒有罷手，反而故作姿態表示會請舒爾茲「勸導」班雅明，說服他接受部分刊載。這對班雅明來說顯然是最後一根稻草，他立刻撤回隨筆，並透過朗恩接觸奧地利大作家霍夫曼斯塔爾，從而認識了這位德語界少數人際往來比他更形式化、更複雜的知識分子。霍夫曼斯塔爾雖然對班雅明沒有反感，卻仍要求朗恩擔任中間人，並表示「即便在這些事上，每個舉措依然如同身體接觸，背後都有其意涵。我們不想『簡化』任何事，或將之化約為『正常』」。（霍夫曼斯塔爾致信朗恩，引自GB,

2:341-342n）

五月初，班雅明回到法蘭克福並打算久留，全力為大學教職最後一搏。他評估自己「不是完全無望」，卻也坦承沒有十足證據這樣說。他起先住在格里帕澤街五十九號的軒弗利斯舅舅家中，但很快就自己租了房子，而法蘭克福的驚人物價讓他原本就已窘迫的手頭更加拮据：「這年頭要在法蘭克福這樣的昂貴都市裡過學生生活，可不是鬧著玩的。」（GB, 2:334）儘管他在美因河畔這座城市始終過得不是很自在，但那幾個月仍然忙碌而多產。修勒姆正巧來法蘭克福借閱市圖豐富的希伯來文館藏，因此班雅明常與他碰面。兩人自柏林相識以來，八年友誼始終不是一帆風順，雖然不乏真正親密和智識頻繁交流的時候，卻也不時被冷戰及相互指責所打斷，而且通常起自一方感覺被對方怠慢，只因為兩人都很敏感，在法蘭克福的這幾個月也不例外。尤其修勒姆和朵拉四月才又在柏林引發了一場風暴，使得這段特別的三角關係再生波折，兩人相處更加困難，[11]「不是為了誰忘記約會或更改時間而吵，就是為了移民到巴勒斯坦的好壞針鋒相對。儘管如此，兩人還是經常結伴在陌生的法蘭克福智識圈裡一起摸索闖盪。和修勒姆一起，班雅明跟自由猶太教學之家恢復了往來，並常到法蘭克福近郊陶努山腳下的巴德洪堡，造訪以阿格農為首的猶太知識分子與作家。

不過，班雅明在法蘭克福最重要的兩場邂逅，修勒姆都不在場。那年夏天，班雅明結識了兩位將會成為他終生智識夥伴的青年，克拉考爾（兩人可能幾個月前見過）與阿多諾。克拉考爾在建築業工作幾年之後，於一九二一年加入德國首屈一指的法蘭克福報，負責報導地方和區域性活動，例如展覽、會議與商展等等。班雅明會認識克拉勞爾，很可能是布洛赫牽的線。兩人相遇時，克拉考爾已經是報社裡報導德國知識分子在文化危機中的角色的頭牌記者。一九二二和二三年，克拉考爾發表的隨筆主要針對兩個議題：一是古典德國人文主義（德國觀念論自康德到黑格爾所宣揚的「人性理想」）在現代化社會的角色，二是戰後掀起的宗教復興潮。在〈等待者〉、〈帶來觀念的團體〉和〈科學危機〉這幾篇隨筆中，克拉考爾描述了文化和哲學傳統如何因為共同價值遭到挑戰而惶惶陷入危機。儘管他本人信奉的人文主義價值就和德國知識分子的普遍處境一樣堪憂，但在一九二三年，他完全不曉得該如何化解這場危機。那年，阿多諾還是法蘭克福大學的哲學系兼社會系學生。克拉考爾和他是在一戰結束前認識的，當時他高中還沒畢業。雖然克拉考爾長他十四歲，但兩人立刻發展出帶有強烈同性戀色彩的深刻友誼，經常一起閱讀康德，談論哲學與音樂。班雅明和阿多諾會認識，顯然出於克拉考爾的安排，但阿多諾一九二三年還常去聽柯內留斯和薩洛蒙—德拉圖的討論課，他和班雅明是在那裡變得更加熟絡的。

和新知故舊往來雖然高興，卻還是無法彌補尋求教職無果日益累積的挫折。除了參加討論課，班雅明也努力打入柯內留斯和舒爾茲的門生圈。柯內留斯身為哲學系教授，因為專長是新康德哲學而在當地享有盛名，出了法蘭克福則少有人知。但就如受他指導博士論文的阿多諾日後回憶，柯內留斯一點也不狹隘，除了擅長繪畫、雕塑和鋼琴，還以思想開放著稱。[12]即使如此，他仍然明確拒絕協助班雅明取得任教資格。班雅明只好將希望轉向科爾夫（Hermann August Korff）。科爾夫的任教資格論文在法蘭克福大學通過後，靠著鑽研十八世紀德國文學聲名鵲起，專精於歌德研究。他一九二三年出版《歌德時代精神》第一卷，這部系列作後來一舉讓他成為德國文學古典主義的權威。由於法蘭克福大學有意聘任科爾夫，加上科爾夫醉心歌德，班雅明便認為對方理當會接受〈歌德的親合力〉作為任教資格論文，無須增刪修改。沒想到科爾夫最終去了吉森大學。班雅明心裡明白，這下只剩舒爾茲是他唯一的希望。但舒爾茲已經表達得很清楚，班雅明要拿到任教資格，就得專門為它寫一篇論文才能過關。這件事本身並不壞，因為班雅明知道對方之所以這麼做，只是不想讓別人覺得他為了一個之前毫無往來的學生開後門。八月學期結束，班雅明回到柏林，大學任教之夢與一九二二年底時相比絲毫沒有進展。學術之門確實開了一道縫，只是看來唯有寫出一篇具開創性的文學論文才能將門撬開。

一九二三年夏，德國馬克之亂開始重創人民生計。班雅明八月初在柏林寫道：「這裡所有事物都讓人感覺淒涼，糧食短缺的情形和戰時不相上下。」電車時有時無，店鋪和小商家一夜消失，左右派僵持對立，衝突隨時可能在街頭爆發。幸好朵拉獲聘成為赫斯特報業集團駐德記者威根（Karl von Wigand）的私人秘書，不僅薪水穩定，而且以尚未受通膨影響的美元發放，給了班雅明一家一線希望。然

圖十四：克拉考爾，約攝於一九二八年。馬爾巴赫（Marbach）文學檔案館。

而，班雅明對家庭的關心一如往常地淡薄。半年不見，他發現五歲的兒子「變了很多，但滿乖的」。（GB, 2:346）他和妻子、兒子在德爾布呂克街父母家的公寓住了三個月後，就在邁耶羅托街六號一棟花園小洋房租了一個房間獨自搬了進去。那條街位於選帝侯大道以南，周圍環境十分優雅。

經濟危機罩頂，加上感覺法蘭克福的機會之門隨時會關上，讓班雅明整個秋天都抱著必死的決心研究悲苦劇。「我還是不曉得自己做不做得到，但無論如何，我都決定要寫完初稿。寧可被丟臉拒絕，也不要自己打退堂鼓。」然而，從悲苦劇本身到他為了詮釋悲苦劇而發展的理論工具，連他自己都覺得難度太高。而且班雅明也清楚，面對如此難以對付的材料，他一方面要從中「逼出」論證，另一方面論證又得夠巧妙，兩者必須取得正確平衡。（C, 209）十二月九日，班雅明在寫給朗恩的信裡提到，研究悲苦劇這種深奧的戲劇形式實在挑戰重重：

圖十五：阿多諾，攝於一九二四年。法蘭克福阿多諾檔案館。

> 我最近一直在思考一個問題，就是藝術品和歷史生命的關係。在這點上，我已經有了定論，藝術史根本不存在。例如，時間事件的接續不僅代表有些事物對人類生命具有因果意義，而是少了發育、成熟、死亡或其他類似的接續，人類生命根本不可能存在。然而，藝術品卻完全相反。它本質上無關歷史（geschichtslos）。嘗試將藝術品放入歷史生命的脈絡中，並不會開展我們的視角，讓我們瞥見它的內核……藝術品之間的基本關係始終強烈……藝術品的歷史性無法由「藝術史」展露，只會在詮釋裡顯現。因為在詮釋裡顯現的藝術品之間的關係雖然不具時間性（zeitlos），卻不無歷史關聯。換句話說，在啟示世界（即歷史）裡全面爆發出時間性的那股力量，在沉默世界（即自然與藝術品的世界）裡卻顯得集中（intensiv）……因此，藝術品是自然的模型，但它並不等待特定的一天，因此也不等待審判日；藝術品作為自然的模型，既非歷史的舞臺，也不是人的居所。（C, 224）

這是班雅明首度嘗試為悲苦劇的研究定義出一套批評方法，他將以此為基礎完成這本專論。這套批評方法目的在揭露藝術品的「內核」，讓歷史裡「全面爆發出時間性」的事物變得凝練集中，因此用意不在闡明藝術品如何根植於某個歷史時刻，而是由於「其可辨的當下」而完整重現那個時刻。

其他工作進展有限，因此對他眼前的處境和悲苦劇研究沒什麼幫助。儘管他已經拿到波特萊爾詩集的校樣，但面對「消逝中」的德國出版業，他知道這本書就算會出版，可能也排在最後面。原本編輯有意刊載的其他隨筆也擱淺了。他那篇論歌德的隨筆的命運不明，而朗恩正試著發揮手腕，準備不著痕跡地拉攏霍夫曼斯塔爾。為此，班雅明特地將〈歌德的親合力〉、〈暴力的批判〉、幾首發表在《阿爾戈英雄》的波特萊爾詩譯和海因勒兄弟的幾篇作品裝成一大袋拿給朗恩，讓他轉寄給霍夫曼斯塔爾。他寄給布伯收進選集的〈真正的政治家〉也再次無家可歸，因為找不到書商出版。班雅明只能寄望這篇隨筆能收進薩洛蒙—德拉圖的退休紀念論文集。沒想到最後竟然是魏斯巴赫先出版了班雅明翻譯的〈巴黎寫景〉，並附上〈譯者的任務〉那篇隨筆。班雅明原本期盼自己能藉此在德國知識界站穩腳跟，但這本詩集很快就船過水無痕，不僅只有兩篇評論，而且刊登在法蘭克福報的那篇評論還很苛刻。這點對班雅明打擊特別深，因為該報編輯正是克拉考爾。這本詩集得到的不是沉默就是惡評，難道輿論是對的？富德（Werner Fuld）很有說服力地指出，格奧爾格翻譯的波特萊爾力量太強，班雅明的翻譯始終未能跳脫其影響，就連修勒姆一九一五年聽他朗讀四首他譯的波特萊爾時，也以為是格奧爾格的譯作。[13]因此，輿論對這本詩集的沉默或許不難想像。不過，〈譯者的任務〉仍是影響最為深遠的翻譯論述之一，連同他一九一九年的博士論文，這是班雅明開創的批評理論首度（有機會）接觸到更多讀者。

儘管這些高風險的作品持續有所成就，也消除不了班雅明對自身處境的悲觀。他清楚意識到，自己追求學術生涯的努力頻頻受挫，不只是因為他找不到靠山，也因為不論何處，大學體制都「明顯在走下坡」。報紙報導，普魯士財政部曾考慮關閉法蘭克福和馬爾巴赫大學在內的五所大專院校，以應付經濟危機。雖然國會反對加上街頭示威讓財政部收回成命，卻使班雅明不由得自問，面對如此「衰敗的生活型態與條件」，他怎敢奢望自己當個知識分子過活？（C, 212）一九二三年最後幾個月，威瑪共和差點瓦解。通膨失控，糧價高得難以想像，人民的不滿從廚房湧向街頭。十一月五日，反猶太暴徒在柏林攻擊猶太市民，搶劫民宅和店家。短短三天後，十一月八日傍晚，希特勒率領六百名左右的棕衫軍*從慕尼黑的貝格勃勞凱勒啤酒館朝音樂廳廣場出發，希望推翻巴伐利亞邦政府，再進攻柏林。這場「啤酒館政變」最終沒能成功，希特勒鋃鐺入獄，雖然代表人民對威瑪共和更加支持，卻也顯示新德國遲遲未能擺脫孱弱國勢，境內的猶太人民處境堪憂。

已經有不少班雅明的摯友由於局勢看來無望，決定離開德國，而修勒姆九月中也完成了移民巴勒斯坦的計畫。於是他和幾位好友再次動了移民的念頭。「逃離一切令人喪氣的往來，告別其中的空洞、無益與殘酷，以拯救我獨立私密的存在本質，因為它和我密不可分，對我來說愈來愈是個不言自明的選擇。」（C, 212）朵拉想去美國，古特金夫婦則是再次遊說他們遷往巴勒斯坦，於是班雅明做出了移民的打算。要是最後一搏仍然敲不開大學之門，他就要「游泳自救，也就是到國外碰碰運氣，因為我和朵拉都已經受不了自己的活力與身外之物慢慢耗蝕」。（C, 209）身處異地不是問題，但遠離歐洲智識圈讓班雅明惶恐不已。他知道目前在德國，一個猶太人要當公共知識分子有多危險。「當一個民族面臨存亡關頭，只會要自己人發言……猶太人自然最好別開口。」（C, 215）既然他已經看清猶太知識分子在德國難以為繼，為何還要待著？為何無法接受從德國搬往巴勒斯坦「不僅實際上可能，而且理論上非做不可」？但不論是一九二三年，或其後十年與修勒姆書信往返，班雅明都一再強調自己認同的不是德國這個國家或民族，而是德國文化。他不僅告訴朗恩，準備移民的古特金從不曾經歷「德國現象裡的正面因素」，還說對他而言，「限定的民族特質始終是關鍵：德國或法國。我永遠不會忘記自己和德國的連結，

* 譯註：指納粹黨人。

以及這些連結有多深。」(C, 214）移民等於切斷他和德國文化的連結，目前對他仍是難以想像的選擇。不過，在朗恩和古特金陪同下，他計劃暫時躲往南方。他還沒準備好放棄德國，也不想這樣做，但顯然渴望暫時擺脫這年從經濟、政治到他個人的困境，稍微喘息。

那年秋天，班雅明認識了在普魯士國家圖書館工作的奧爾巴赫（Erich Auerbach）。這位和他同年的年輕人將跟他一樣，成為二十世紀最有影響力的文學學者。奧爾巴赫同樣出身柏林猶太家庭，取得法律博士之後轉而研究文學，於一九二一年拿到第二個博士學位，論文主題是法義兩國文藝復興初期的短篇小說。他後來根據這篇論文，於一九四二至四五年在土耳其伊斯坦堡寫出自己最著名的作品《摹仿論》。儘管他和班雅明始終不算親密，但兩人在智識上的連結十分明顯，即便是一九三〇年代最黑暗的那段歲月，兩人依然書信往來不墜。

直到一九二三年末，班雅明的未來才稍見曙光。十一月底，他讀到霍夫曼斯塔爾寄給朗恩的部分信件內容，並謄錄了下來。信裡霍夫曼斯塔爾對他作品的評語，是他得到過最振奮人心的回應：

> 你好意託給我的班雅明的那篇隨筆，別指望我能表達它有多無可比擬。我只能說那篇隨筆在我內在生命裡劃下一個新的時代，讓我幾乎無法將思緒從它身上移開，幸好我自己的工作無須用上全部的注意力。文中鋪陳之美，加上對隱藏之物無與倫比的洞察，對我來說——就外在看起來而言——彷彿奇蹟一般。這份美來自徹底穩固而純粹的思想，幾乎找不到匹敵者。這位作者若是比我年輕，甚至年輕許多，那我不得不訝異於他的成熟。(霍夫曼斯塔爾致信朗恩，一九二三年十一月二十日，引自GB, 2:379-380n)

於是，班雅明的隨筆終於在霍夫曼斯塔爾主持的刊物《新德意志貢獻》（*Neue Deutsche Beiträge*）找到了家，分成兩篇於一九二四年四月和一九二五年一月發表。霍夫曼斯塔爾認可他的天賦，在心理與物質層面都對班雅明影響重大，並且維持多年（他日後常靠這層關係和報社與出版社打交道，或是經引薦認識其他作家）。霍夫曼斯塔爾作為讀者對他的肯定，正與他在霍夫曼斯塔爾身上見到的作家特質相符，尤其對方和他一樣清楚察覺到語言的秘密生命。稍早提過，一九二四年一月，班雅明寫信給這位「新庇護人」說道：「對我來說非常重要的一點，就是您清楚點出了引領我從事文學創作的理念，而且如果我沒有誤解，您也抱著同樣的理念——每一個真理都在語言裡有家、有先祖的居所，由最古老的邏各斯建造而成。」（C, 228）

這份有力的支持，讓班雅明在許多事上重拾信心，包括取得任教資格。他甚至謄錄了霍夫曼斯塔爾的信，從父母親那裡弄到一小筆年金。就連瑞士出版商的倉庫被焚毀，他的博士論文只有幾本倖存，似乎也沒讓他喪氣，後來甚至曾拿它跟修勒姆開玩笑，建議老友買走剩下的三十七本，日後囤積居奇。一九二四年初幾個月，班雅明都在鑽研悲苦劇。他老實告訴朗恩，自己的文本基礎「明顯不足，甚至少得離譜」，不過還是抱著「非比尋常的細膩」處理研究素材：光是主要資料來源，他就已經挑選並整理了六百多則引文，而且涉獵範圍遠不只十七世紀。他向朗恩請教阿提卡悲劇（Attic tragedy），* 重讀尼

* 譯註：即在西元前五世紀的雅典臻於巔峰的古希臘悲劇，雅典的所在地古稱阿提卡（Attica），故名。

采的《悲劇的誕生》，鑽研浪漫主義早期自然科學家兼哲學家里特（Johann Wilhelm Ritter）的〈一位年輕物理學家留下的殘篇〉，並發現這篇文章確認了他的看法：不單是人類語詞含有啟示元素，字形本身也有。此外，他也沒放掉新教神學與政治理論。在新教神學方面，哈納克的三卷本基督教教義史是他的指南，但巴特評論聖經的《羅馬書》，特別是較為激進的一九二二年再版，很可能是他研究悲苦劇時的互文參照，間接構成了他對眾說紛紜的宗教改革「存在」意義的理解。[14]政治理論方面，班雅明重讀了施密特的《政治神學》，補足他對無政府主義和猶太與基督教政治神學的認識。他二月便完成悲苦劇的研究綱要，只可惜如今不知所蹤。到了三月，他開始計劃撰寫一篇目標宏大的導論，以及三個章節，分別是〈以悲苦劇為鑑看歷史〉、〈十六和十七世紀神秘學憂鬱觀〉和〈寓言和寓言藝術形式的本質〉。

春天來臨，班雅明的研究腳步也慢了下來，多數時間都在期待南方之行。他決心擺脫「這裡的有害氛圍影響」及隨之而來的種種「限制」。（C, 236）或許最能顯露出他決心的是，為了籌措旅費，他甚至願意割捨部分藏書。他就這樣懷著某種「興奮」之情，為這趟旅行及其可能帶來的內外在改變做準備，包括靠著朵拉協助開始禁食與運動。（C, 257）班雅明和古特金一九二三年秋末就開始規劃卡布里島之旅，到了一九二四年初又有更多人加入，除了班雅明和古特金夫婦，還有朗恩夫婦與古特金的希伯來文老師弗拉陶（Dov Flattau）。隨著旅遊計畫愈來愈具輪廓，班雅明在信裡也開始受到「南方」論述的感染。至少自十八世紀以來，南方論述就是德國文化資產的關鍵元素。義大利似乎是德國的相反：德國陰沉、多雨而壓抑，義大利晴朗、享樂而解放。十八世紀的德國中上階級在教育之旅（Bildungsreise）時，經常會帶著一本手冊，手冊裡如此熱切地介紹這片南方大地：「義大利的自然風光之美，遠勝於藝術。

美感敏銳的旅人將遇見最多采多姿的景色。」[15]這裡又不得不提到歌德。他捕捉到自由的自然之美這個概念中，可以和新的人類內在性相呼應的精髓：

你知道那片大地嗎？那裡有盛開的檸檬樹，
有黃澄澄的橘子在暗葉間閃耀，
有微風自藍天徐徐吹來，
有悄立的桃金孃、巍然的月桂樹。
你熟悉那地方嗎？
那裡，親愛的
我將與你攜手前往！

然而，在德國人的想像中，義大利遠不只是一處美麗仙境。自溫克爾曼（Johann Joachim Winckelmann）一七六四年出版《上古藝術史》以來，親自體驗古代文化遺跡和文藝復興藝術就成了有文化的中上階層的必做之事，而歌德的《義大利之旅》作為最著名的義大利體驗錄，其初衷除了追尋理想化的自然，更是為了重新發掘藝術的極致。歌德在遊歷義大利三十年後的一八一六至一七年之間出版這本遊記，從書信和日記裡重建自己的義大利經驗，將之描繪成一種重生，是他人生首次感覺和內在自我合而為一的轉捩點。「我終於來到全世界第一座城市了！」一七八六年十一月一日，他在羅馬寫道：

「抵達之後，我的心平靜下來，感覺彷彿得到了這輩子再也不會消失的平靜。一旦眼前所見不再是混亂與支離破碎，而是全貌，你就會重獲新生。」[16]早在前往卡布里島之前，班雅明已經在腦海中描繪了那座島嶼。遠走卡布里島對他「至關重大」，因為他渴望「更大的空間與更自由的環境」。（C, 236）因此，他後來認為自己因為卡布里島而徹底改變，也就不足為奇了。一九二四年十二月，班雅明回顧那趟旅行，說道：「柏林的朋友都覺得我明顯變了。」(C, 257)

他是同行夥伴裡最早到的，途中還去了熱那亞、比薩和那不勒斯。一九三一年，卡布里島之行多年後，他仍記得自己當時深怕無法逃離德國的驚惶。一九二四年四月某天，他經過菩提樹下大街，忽然瞥見晚報頭條寫著「禁止出國旅遊」。原來德國政府為了應付馬克危機，宣布民眾必須存一大筆現金才能出國，並於回國時領回。禁令三天後執行，但班雅明籌不出規定金額，只能趕忙收拾行李提前出發，不僅沒有朋友同行，錢也沒有帶夠，付不起他原本預估此行的開銷。[17]他四月九日或十日抵達卡布里島，待在高迪姆斯飯店等朋友前來會合。所有人到齊後，不久便搬進索普拉蒙特街十八號的私人公寓頂樓，離島上最熱鬧的小廣場（La Piazzetta）不遠。這棟公寓有座「面南的大陽臺，可以看到海；最棒的是屋頂上的一道長廊，從都市猶太人的眼光來看，頗有大莊園的味道」。(GB, 2:456)

班雅明一到那裡，就被島上的「驚人之美」所震撼。花草樹木「繽紛無比」，一幢幢雪白別墅映著蔚藍大海，讓原本畏懼自然的他一再提起「鄉下的療癒效果」。（GB, 2:446, 449, 462）儘管這座島從羅馬時代就是很受歡迎的度假勝地，但直到德國畫家兼作家科皮許（August Kopisch）一八二六年在島上重新發現藍洞（Blue Grotto），並出版《卡布里島藍洞發現記》，卡布里才成為歐洲知識分子的避風港。

二十世紀，作家葛林（Graham Greene）、高爾基（Maxim Gorky）和道格拉斯（Norman Douglas）都曾在這裡置產，但一九二四年聚居島上的幾乎全是德國知識分子，班雅明稱他們為「流動的智識無產階級」。（GS, 3:133）他待在島上的期間，就有布萊希特夫婦、布萊希特的舞臺設計師好友奈赫（Caspar Neher）和導演好友萊希（Bernhard Reich）、格奧爾格的書籍美編兼插畫者雷希特和班雅明的死對頭貢多夫造訪過卡布里。

然而他生活有些地方並沒有變。儘管生活費用大幅降低，但他身上的盤纏幾乎立刻就用光了。四月底，他寫信向魏斯巴赫求助，沒想到這次對方回得很快，而且相當正面。此外，即使遠在義大利，班雅明仍然有辦法讓自己為了教職而糾結恐懼。他去了那不勒斯大學慶祝建校五百週年舉辦的國際哲學研討會，只見周圍街上滿是參加派對的學生，研討會場卻顯得孤寂而冷清。「對我來說，」他在信裡告訴修勒姆，「這件事並沒有讓我因此相信哲學家的待遇是最差的，因為哲學家是國際資產階級最不需要的阿諛者。但我之前從沒見過他們處處用如此自豪的寒酸，展現自己的次等。」義大利最出色的哲學家克羅齊當時在那不勒斯任教，卻和研討會保持「明顯距離」。（C, 240）班雅明只忍受一天就溜了，先去參觀維蘇威火山和龐貝遺跡，然後又去了當地的國家博物館，而且一去再去，因為館裡有著舉世無雙的古物收藏。如同世世代代的遊客，班雅明也一再為那不勒斯的大街小巷和「生活節奏」而傾倒。

五月初，班雅明已經安定妥當，可以開始撰寫悲苦劇的研究了。他原本以為之前彙整引文的方式可以讓他下筆如飛，沒想到進展不快，有時甚至慢得痛苦，因為撰寫任教資格論文不是班雅明手上唯一的差事，他還得賺錢養家，而他最近在柏林認識一位朋友，正巧給了他工作。這位朋友名叫黑瑟爾（Franz

Hessel），兩人是透過共同朋友夏洛特認識的。黑瑟爾雖然長他十二歲，出身背景卻非常相似。一九二〇年代初，黑瑟爾優渥的文人生活戛然而止，原因和班雅明差不多，經濟危機讓他家族財富大減，逼得他必須自食其力。於是，黑瑟爾開始替報紙副刊撰寫文評，並於一九二三年之前進入他自一九一九年就開始協助審稿的羅沃爾特出版社擔任編輯。一九二四年八月，他在出版社旗下由他主編的《詩與散文》雜誌刊載了班雅明的四首波特萊爾詩譯。[18]黑瑟爾進入出版社後編輯的第一套大書，是四十卷本的巴爾札克全集，而他將其中一卷、小說《烏蘇爾．米魯埃》（*Ursule Mirouet*）交給班雅明翻譯，以致占去班雅明在島上的不少時間。

雖然工作壓力不小，但卡布里島對班雅明就像一首奢華平靜又快意的田園詩。他已經很久沒有感受到如此平靜了，只有剛去瑞士那段時光能與之相比。時隔多年，他對旅行的無窮饜求終於再次得以滿足，不時在本島上有計畫地探險。他不僅和同行夥伴做了幾次短途旅行，也不放過任何陪伴訪客同遊的機會，帶著索恩—雷瑟爾（Alfred Sohn-Rethel）、薩洛蒙—德拉圖夫婦和夏天來訪的布洛赫夫婦遊歷那不勒斯，造訪薩萊諾、龐貝、拉維洛、波佐利和整條阿瑪菲海岸。那幾個月他遍訪古文物，其中就屬帕埃斯圖姆（Paestum）的神廟「最無出其右。瘧疾肆虐、人們迴避此地的八月天，當我獨自見到那些神廟，我之前根據照片而在心裡跟『希臘神廟』連在一起的老套形容，根本無法和我眼前的景象相比……從神廟望去，不遠就是那有如燃燒的藍緞帶的狹長大海……這三者……是那麼充滿生機，即使現在依然展現出幾乎耀眼可見的差異」。（C, 249-250）當他待在島上，每天都有幾小時泡在當地的酒館「雄貓西狄蓋蓋」（Zum Kater Hidigeigei）閱讀、寫作和聊天。他覺得那裡沒什麼令人討厭的地方，「除了名字之外」。（C, 242）當地的德國知識分子圈大小剛好，永遠不愁沒人可聊，而班雅明的交談夥伴從左派的萊希到保守派的雷希特都有。

六月中，班雅明認識了一位注定改變他人生的人，拉齊絲（Asja Lacis）。拉齊絲是拉脫維亞人，在莫斯科和聖彼得堡求學，畢業後先到俄國中部的奧廖爾成立了一家無產階級兒童劇院，接著又回拉脫維亞在里加一家工人劇院當導演。一九二二年，她在柏林認識了布萊希特的圈子，並且和導演兼劇評萊希相戀。一九二三年秋天，拉齊絲和萊希陪同布萊希特前往慕尼黑，擔任布萊希特在棋盤劇院演出《英王愛德華二世》的助理導演。[19]一九二四年首演過後，拉齊絲因為肺部感染，於復活節和萊希帶著她的小女兒妲卡到卡布里島療養。班雅明抵達島上不久，萊希便因為工作前往巴黎。多年後，拉齊絲在回憶錄裡描述她和班雅明的邂逅：

> 我經常帶著妲卡到廣場附近購物。那天我在一家店裡想買杏仁，但不知道義

圖十六：拉齊絲。法蘭克福阿多諾檔案館。

大利文的杏仁怎麼說，店員也搞不懂我要什麼。這時我身旁一位先生開口說：「女士，需要我幫忙嗎？」我說：「那就麻煩你了。」於是我順利買到了杏仁，拎著東西回到廣場。那位先生追上來問：「需要我幫忙拿東西嗎？」我看著他，那位先生又說：「請容我自我介紹，我是班雅明博士。」……我的第一印象是他的眼鏡有如兩盞小頭燈，頭髮又黑又濃，鼻子細長，而且手很拙，因為他把東西弄掉了。基本上，他就是個標準的知識分子，而且是家境好的那種。他陪我回到家，並問道還能不能來拜訪我。[20]

隔天班雅明就來了，並承認過去兩週他一直在觀察她們。就算拉齊絲最初只是他好奇的對象，也很快就變得遠不止於此：班雅明立刻無可救藥地愛上了她，整個一九二〇年代都在苦苦追求。雖然極度謹慎，但他還是在七月初寫給修勒姆的信裡露了口風：「這裡發生了各種各樣的事，唯有當面才能說得明白……這些事對我工作不是特別有幫助，反而害我中斷了，對做好每件差事必不可缺的資產階級生活節奏也不是特別有益處……我認識了一位里加來的俄國革命主義者，我從來沒見過如此出色的女人。」（C, 245）拉齊絲記得班雅明很快就和她女兒成為朋友——他後來跟布萊希特的兩個孩子也是如此。在《單向街》的〈中國古玩〉短篇裡，班雅明極其迂迴地留下了對妲卡的回憶：「男孩穿著睡衣，怎麼也不肯向來訪的客人打招呼。在場的人們搬出了道德立場，告誡他不能那麼拘謹，但沒有用。幾分鐘後，他又出現了，光溜溜地站在客人面前，已經盥洗過了。」（SW, 1:447）

在卡布里島的那幾個月，班雅明的政治主張和對未來的想法都起了劇烈的變化。他的新戀情顯然解放了他在柏林始終求之不得的生命衝動，但拉齊絲在其他方面也有所影響，只是較不明顯。她對班雅明最大的作用，是領他再次走進之前和G團體（尤其是利西茨基和莫霍利—納吉）短暫往來時曾接觸的蘇維埃文化。兩人聊天時，班雅明經常問起當代蘇維埃藝術和藝術家的事。他們談戲劇，聊文學生態，討論里別丁斯基（Y. Libedinsky）、巴別爾（I. Babel）、列昂諾夫（L. Leonov）、卡達耶夫（V. Kataev）、綏拉菲莫維奇（A. Serafimovich）、加斯切夫（A. K. Gastev）、傑拉西莫夫（M. Gerasimov）、馬雅可夫斯基（V. Mayakovsky）、基里洛夫（V. Kirillov）、柯倫泰（A. Kollontai）和賴斯納（Larissa Reisner）的作品。此外，班雅明對法國文化也有新發現，讓他興致大起，不單是紀德和普魯斯特，還有維爾德拉克（C. Vildrac）、杜哈默（G. Duhamel）、拉迪蓋（R. Radiguet）和季洛杜（J. Giraudoux）。因此，他在認識拉齊絲之前就已考慮將焦點轉向法國，拉齊絲和她的莫斯科人脈只是補充。他很快就在信裡大談在莫斯科發表文章的計畫，包括替一家報社撰寫長篇報導，討論「德國新興的極端資產階級意識形態」，以及將他的〈德國沒落的描述性分析〉譯成俄文。後者後來收錄於一九二八年出版的《單向街》，作為〈全景幻燈〉第十節全部和第十一節部分的內文。這些計畫最終都沒有成真，卻撒下他和蘇維埃文化多方接觸的種子，並且標誌著他從此告別「德國文學見習生」階段，不再浸淫於十七、十八到十九世紀初的德國文學，轉而對當代文化展開正面攻擊。

一九二四年之前，班雅明只寫過兩篇探討當代文學的文章，一篇是一九一七至一九年論舍爾巴特的未發表隨筆，另一篇是一九一三年發表在《開始》雜誌的論霍普特曼隨筆。然而從一九二四年起，他忽然大幅轉向，開始關注當代文化，尤其是流行文化和他稱作日常現代性的事物，並將職涯目標改成記者和廣泛的文化評論家，特別是當他最後一次爭取任教資格依然失敗後，轉變更是明顯。起初他還有些躊躇，但從一九二六年開始，他便復仇似地將矛頭對準當代歐洲，對準法國和蘇聯催生的現代主義與前衛藝術，尤其是流行文化及其媒介。這些現象之所以成為嚴謹的研究主題，可說是班雅明和克拉考爾創造出來的，而他那時期的評論範圍更是廣得驚人。一九二四到三一年，從運用兒童文學和兒童戲劇作為教學模型、賭博、色情到電影、廣播和攝影等各種媒體，班雅明幾乎無所不談。他為德國最著名的一些週刊與月刊撰稿，於一九二〇年代後期站穩腳跟，成為能見度與影響力極高的藝文評論家。

然而，班雅明和拉齊絲討論最深入的不是文學藝術，而是政治議題。他剛認識拉齊絲不久，就在信裡告訴修勒姆，自己「生命的解放力量」充滿著「對激進共產主義現實的深刻洞察」——這點立刻讓他朋友心裡出現「警報信號」。（GB, 2:473, 481）拉齊絲記得自己當時建議過班雅明，要他將階級利益問題放進悲苦劇的研究裡，[21]而班雅明不久後也果真表示，他對「共產主義的政治實踐（其首先不是一個理論問題，而是一種具約束力的態度）看法徹底翻轉」，並將之歸功於拉齊絲。（C, 248）

但不論如何，愛欲與政治交融並不足以解釋班雅明公然左傾。除了邂逅拉齊絲，當時他還遇上另一件大事，就是讀到匈牙利政治哲學家盧卡奇一九二三年出版的《歷史與階級意識》。盧卡奇出身布達佩斯的富裕猶太家庭，曾在布達佩斯和柏林讀大學。一九〇九至一〇年在柏林求學期間，他加入了以齊美爾為首的圈子，在那裡跟布洛赫成為朋友。一九一三年，兩人在海德堡重逢，而且都屬於以韋伯為首的圈子。盧卡奇的頭兩部作品是《靈魂與形式》和《小說理論》，顯示他同時心繫美學與哲學。先前提過，他後來發明了「浪漫主義式反資本主義」這個詞來形容自己當時的著述。一九一八年，盧卡奇政治立場不變，從原本大略支持布達佩斯的社會主義和無政府工團主義者，突然加入新成立的匈牙利共產黨，隔年更成為幹部，出任短命的匈牙利人民共和國的教育與文化人民委員。匈牙利紅軍被捷克和羅馬尼亞擊潰之後，盧卡奇逃往維也納，開始撰述一系列隨筆，試圖為列寧主義提供哲學基礎。一九二三年，這些隨筆匯集成書，以《歷史與階級意識》為名出版，為如今稱作西方馬克思主義的學說打下基底。由於布洛赫，班雅明自然知道許多關於盧卡奇這個人的事，但直到那年六月在卡布里島，他才因為《新水星》雜誌剛刊載的布洛赫書評而得知《歷史與階級意識》這本書。三個月後，班雅明已經對這本書有了初步的瞭解。他的反應值得在此全文引述：

> 盧卡奇雖然從政治出發，但得出的原則至少部分是認識論的，而且可能不若我一開始想的那麼深遠。這本書令我大感驚訝，因為書裡的原則讓我頗有共鳴，或者說證實了我的見解……我想趕緊將盧卡奇的書讀完；要是我發現自己的虛無主義是建立在反對共產主義，而非反對黑格爾辯證法的概念與主張之上，我會很驚訝。（C, 248）

雖然班雅明沒有明說，但他反應如此強烈可能有個原因，那就是他發現盧卡奇書裡的核心概念，尤其〈物化與無產階級意識〉那一章，和他撰寫論悲苦劇的專書時浮現的概念竟然驚人地一致。

班雅明對政治突然興趣大增還有第三個因素：這轉變不是憑空發生的。不論卡布里島看起來多麼與世隔絕，「大世界」的擾攘還是時常滲入島上。班雅明知道高爾基在卡布里島成立了「革命學院」，列寧本人還曾經造訪。然而，這些蘇維埃領袖在島上留下再多印記，還是難以抵禦一九二〇年代初期席捲義大利的法西斯主義。九月十六日，班雅明寫道：

墨索里尼今天中午踏上這座島。儘管處處張燈結彩，但島上居民對這件事的冷淡是騙不了人的。他們很驚訝他會來，想必有要緊的理由。他們交頭接耳，說他在那不勒斯身旁隨時有六千名秘密特務保護。他看上去絲毫不像明信片上描繪的風流倜儻，而是渾身抹滿臭油一般腐敗、懶惰又傲慢，體型好比胖店主的拳頭，臃腫又無輪廓。（C, 246）

雖然班雅明不曾言明兩者的關聯，但他顯然認為在法西斯主義可能主宰這樣一個歐洲大國之際，人有必要表明政治立場。誠如他在〈全景幻燈〉所言：「凡不是直接無視衰落發生的人，都會急於表明自己持續置身這場混亂、參與這場混亂、在其中活動的理由……不論在哪裡，幾乎所有人都盲目搶救個人存在的威嚴，而非公正地鄙視個人存在的無能與糾結，或至少將它從普遍錯覺裡分離出來……儘管如此，空氣裡依然充斥著幻影與虛像，彷彿光輝的文化未來一夜之間就會到來，因為所有人都緊抱著自身立場的光學幻象不放。」（SW, 1:453）

由於對未來的想法產生巨大的轉變，外加島上氣氛活躍，使得班雅明在卡布里島停留的時間遠超過他原本計劃，也遠比他朋友在這個流亡者的小殖民地上待的時間長。朗恩夫婦只待了四週，古特金夫婦不到七週，班雅明卻始終沒離開，連他自己也很意外。「早晨此時，海風拂過多雲的天空，我坐在卡布里最高處的自家陽臺上，遠眺能見到城鎮與大海。對了，來這裡小待就捨不得走的人還真是多得驚人。

最老最有名的例子就是臺伯留，他曾經三去三回，還沒到羅馬就折回來了。」（C, 243）隨後幾個月，班雅明不斷向朋友開心提起居禮夫人如何描述卡布里島的神奇魅力：她認為那裡對人如此有吸引力，是因為空氣有放射性！日後從一九三一年回顧島上那幾個月，班雅明記得自己「什麼都願意忍受，只要不用離開那座島。我甚至認真考慮住進大洞穴裡，那些景象實在太過鮮明，以致我如今再也分不清它到底是幻想，還是源自島上眾多冒險故事裡的某一則傳奇」。（SW, 2:471）

不過，島上那五個半月也不是事事如班雅明的意。寫作慢得折磨人，必須有所產出的壓力引發了似曾相識的症狀：白天小鎮巷弄人聲鼎沸，讓他只能晚上寫作，卻又會被別的聲響干擾，包括牲畜夜裡的各種動作。寄居島上的後半段期間，班雅明飽受病痛之苦：七月初先是胃病，月底又是敗血症，讓他整個夏天都很難受。雖然事不關己，但弗拉陶的朋友伊娃（Eva Gelblum）來到島上，還是讓同住在索普拉蒙特街的這一小圈朋友出現不和的徵兆。其中古特金夫婦最受影響，兩人提前離開很可能跟這位年輕女子引發的混亂有關。但更令班雅明不安的，是法蘭克福報終於刊出了他苦候許久的波特萊爾詩集書評，只是或許出於社內角力之故，克拉考爾未能阻止報社將書評交給奧地利作家茨威格負責。雖然茨威格今日以傳記家聞名，但一九二四年的他可是上層資產階級詩人、小說家和散文家的成功典範。二十世紀初，他出版過一小冊自己翻譯的波特萊爾詩選（班雅明在某封信裡故意提到，如今那本詩選除了在「我書房的毒物櫃裡」，其他地方幾乎都找不到了），因此現在一心只想鬥倒最新的競爭者。班雅明很清楚如此分量的評論會有什麼影響——「情況或許會更糟，但傷害不會大成這樣」——也明白幾乎不會有人知道評論者譯過波特萊爾，是個遇到競爭對手而「惱羞成怒的譯者」。班雅明遠在天邊，毫無反擊之力，只能將怨氣發在號稱是他朋友的「編輯肌肉男」克拉考爾頭上：「願神讓朋友離我遠點，敵人我自己可以對付。」（GB, 2:459, 461）

七月初，班雅明搬到丹納別墅，在那裡租了間房，應該是為了省錢。他的住所不再是整層樓，只有一間單人房，「我從來沒住過這樣的地方：就尺寸而言，這裡和修士房一樣小巧，窗外是卡布里最美的庭園，而且隨我使用。待在這種房間，感覺晚上應該辛勤工作，睡覺反而不正常。尤其我是第一位房客，就算之前有人住過也隔好一陣子了，但我相信我是第一個。這裡原本是儲藏室或洗衣房。粉刷過的牆上沒有照片，接下來也將維持如此。」（C, 246）拉齊絲日後回憶，班雅明對新家出奇地滿意。她記得自己頭一回造訪時嚇了一跳，感覺那裡「就跟葡萄藤和野玫瑰叢裡的洞穴沒有兩樣」。[22]

拉齊絲和妲卡是他造訪那不勒斯最常找的旅伴。有一回旅行歸來，班雅明提議拉齊絲跟他合寫一篇隨筆，談談這座最有活力的城市，因為他幾次旅行下來累積了「非常多材料，全是有趣重要的觀察」，希望物盡其用。（GB, 2:486）於是，〈那不勒斯〉成為班雅明令人難忘的「城市肖像」的第一篇作品，而這座城市在他筆下也總算得以剝去多年來的層層神化與美化，呈現出鮮明的樣貌。後來他有機會評論一篇論那不勒斯的當代研究，但就如他在這篇苛刻的評論裡所說的，「頭一天的經驗顯示，很少有人能不帶扭曲地直視這個生命，直視這毫不停滯也無陰影的存在。那些心裡和自在有關之物並未因接觸這片土地而死去的人，只能指望一場無望的掙扎。但對其他人，對見過貧窮照射在解放之上那最為猥瑣，也最為熱情與恐怖的容顏的人，對這座城市的回憶只會匯聚成克莫拉（Camorra）。」[23]因此，〈那不勒斯〉巧妙地同時捕捉到這座城市的不幸與榮光。班雅明和拉齊絲既沒有放過任由自己過度的狂熱天主教，也沒有忽略克莫拉的腐敗與暴力統治；沒有漏掉窮困潦倒者瞥見遊客被他們嚇到時的竊喜，也沒有忽視城市精神的隱蔽和不可穿透，及其對幻覺與戲劇性的依賴；沒有放過既懶散又喧鬧的街頭百態，也沒遺漏令人麻痺的貧困一旁就是無比的揮霍。然而，這篇文章卻將一個特定的面向——即作者對多孔性（porosity）的描述，及其造成的模稜兩可——視為定義那不勒斯的特徵。

> 建築就和這塊石頭一樣多孔。樓房與動作在庭院、拱廊街和樓梯間相互穿透。它們在萬事萬物裡都為不可預見的新星系預留了場地，刻意不留下確鑿的印記，既沒有看似永恆的情境，也沒有人斷言「是此非彼」……個人生活也是如此分散、多孔而混雜。那不勒斯和其他大城市不同的地方，就在於它有一點和非洲的圈地聚落相同：所有個人態度與行動都被公共生活所滲透。在北歐人眼中，存在是最個人的事，但在這裡就和圈地聚落一樣是眾人之事……就像客廳彷彿搬到街上一般，椅子、壁爐、祭壇都在外頭，街道也搬進客廳，只是聲音更大。連最窮酸的客廳也擺滿蠟燭與雞蛋奶油糕點，還有鐵床架，牆上貼滿照片，街道上則滿是人車與燈光。貧窮拓展了那些反映出最璀璨的思想自由的邊界。（SW, 1:416, 419-420）

儘管文章確實由兩人合寫，但文中的德國散文風格無疑出自班雅明之手。[24]

〈那不勒斯〉之所以重要，不只在於它觀察這座知名城市的複雜視角，更在它揭示了班雅明其後十五年不斷精益求精的文體，也就是「思想圖像」（Denkbild）。〈那不勒斯〉沒有論述式的循序論證，所有觀察與反思都圍繞著一個核心主題，將一個個思想以段落呈現。核心主題會在文中不時出現，故讀者必須克服建構線性敘事的衝動，改以文學意象與概念組集成**星座**的角度去理解。班雅明的這種文體借鑒了兩位德國散文大師，利希滕貝格和尼采。利希滕貝格是數學和實驗物理學家，常在本子裡隨手記錄，寫下突如其來的靈感、犀利觀察和實驗結果等等，並頗為自嘲地稱之為剪貼簿，或照他本人講法，只是些「流水帳」。其中許多短文都很有格言的味道，例如「腦袋和書撞在一起空空作響，難道問題一定出在書身上？」班雅明非常崇拜利希滕貝格，經常拿他當主題，[25]但他和尼采作品的關係更廣泛深遠。尼采成熟時期重新使用格言進行哲學表達的作品，例如《善惡的彼岸》等，以及尼采有結構、有策略地利用格言，建立一個由彼此隱晦交流的奇點構成的不連續網絡以取代恢宏的哲學體系，粉碎其可能性，都為班雅明的寫作提供了重要的先例。班雅明運用這種文體的方式，基本上比利希滕貝格與尼采，甚至比施雷格和諾瓦利斯等浪漫主義格言家都更文學。從他思想圖像裡浮現的輪廓既出於蔓生的思想，也來自語言的共鳴、回聲與置換。

班雅明和拉齊絲十月將隨筆投稿到拉脫維亞和德國，最終於隔年（一九二五年）八月在法蘭克福報發表。如今〈那不勒斯〉已經成為那個時期最重要的文學作品，記錄了班雅明圈子裡的德國文人對卡布里島的「知識占領」。後來，布洛赫沿用同一母題，於一九二六年六月在《世界舞臺》週報發表一篇名為〈義大利和多孔性〉的隨筆；和班雅明在海德堡相識的青年經濟學家索恩—雷瑟爾，則於一九二六年三月在《法蘭克福報》發表一篇標題絕妙的短文〈壞掉的理想〉（Das Ideal des Kaputten），指出「科技設備基本上都是壞的……對那不勒斯人來說，東西只有壞了才開始管用」。[26]

班雅明在島上的最後幾週非常忙碌。九月初，布洛赫夫婦遠道而來，班雅明再度充當島上和附近區域的導遊。他後來記下自己某天晚上和布洛赫、索恩—雷瑟爾漫步波西塔諾鎮上的神奇經歷。當時他告別了兩位朋友，往上來到一個荒廢的街區：

> 雖然還看得到人影、聽得見人聲，但我感覺自己正在漂離山坡下的一切，很容易就能在想像裡穿越。身旁一片靜謐，有種事件滿盈的荒涼（eine Verlassenheit voller Ereignis）。我逼著自己的身軀前行，逐步踏入一個我無法想像亦沒有概念，而它也無意收容我的事件。忽然間，我在濃密月影下的牆壁和空窗之間停了下來……就在那裡，在被拉入虛幻中的同伴注視下，我體會到了接近魔幻空間（Bannkreis）是什麼感覺。我轉身走開。[27]

儘管班雅明始終對布洛赫嚴詞批判——從這位哲學好友對猶太幽默的感性依賴，到對方既發表巨作，也出版「不負責任、道貌岸然的吹捧」，他很習慣批評布洛赫的一切——但他告訴修勒姆，布洛赫「已經很久沒有這樣展現他比較友好，甚至絕對稱得上煥發與有德的一面了，而且跟他談話有時真的很有用」。（GB, 2:481）在島上最後幾週，班雅明在文化和智識方面仍然有新接觸，其中最值得一提的就是跟義大利未來派藝術家馬利涅蒂（Filippo Tommaso Marinetti）、瓦薩里（Ruggero Vasari）和普蘭波利尼（Enrico Prampolini）的茶會。馬利涅蒂「以大師般的手法」表演了一首噪音詩，製造出「蕭蕭的馬鳴、轟隆的炮響、踢踏的馬車與噠噠的機槍聲」。（GB, 2:493）此外，班雅明還是繼續買書。事多又雜，結果就是任教資格論文遭殃。他的悲苦劇研究進展緩慢，不僅常被旅行和社交生活打斷，也被反覆發作的病痛（他現在認為是營養不良的結果）與前所未有的突發憂鬱干擾。但到了九月中，他已經完成了導言和第一部分，以及第二部分若干章節，而他依然預計這本書會有三個部分。

長居卡布里島在班雅明身上留下無可抹滅的痕跡。他不斷以文學的方式消化那時期的體悟，直到死前仍然念念不忘。他最著名的幾則思想圖像都來自卡布里島的啟發。他在〈短影〉集裡提到自己從卡布里島跨海到波西塔諾的夢境，並於一九三二年二月在科隆報發表。一九三八年版《柏林童年》開頭的〈迴廊〉篇裡，卡布里島也扮演了重要角色。班雅明形容〈迴廊〉是「我對自己做過最精確的描繪」。（C, 424）文中回憶他童年柏林家中庭院空氣裡飄著希望的氣息，「當我在卡布里島葡萄園裡摟著愛人，空氣裡依然有一絲那樣的味道」。（SW, 3:345）不過，一九三一年的一則日記或許最能道盡這座島對班雅明始終無可撼動的重要性：「因為我深信，在卡布里島長住過就有資格說自己懂得遠行。凡是在那裡長住過的人，都會堅信所有提線都操之在己，自己所需的一切終將到來。」（SW, 2:471）

班雅明最終於一九二四年十月十日告別卡布里島。離開前一天，他得知朗恩已於七日過世。對方回德後不久便生了病，一開始診斷是風濕，隨即惡化為「神經炎」，最後近乎完全癱瘓。班雅明九月初得知朗恩已經無法收信，便不再寫信給對方。他在島上的最後一天寫信給修勒姆，提到自己聽說了朗恩過世的消息，話語裡除了難過，還有明顯的距離感：「過去兩週我一直有心理準備，但直到現在才慢慢有感覺。」（C, 252）接下來的日子將會清楚表明，班雅明從此（如他曾經用來形容海因勒的那樣）失去了一塊衡量自身存在的試金石。他很久以前就向自己和朋友坦白，朗恩在他眼中代表「真正的德國性」（GB, 2:368），而他一九二〇年代前半完成的作品裡也有些面向唯有對方才能完全理解。班雅明後來曾說，朗恩死後，他那本論悲苦劇的書就失去了「最佳讀者」。（GB, 3:16）他對修勒姆說，自己寫信告訴艾瑪，他「身上流淌的所有德國文化要素」都要歸功於她丈夫。不過，他告訴修勒姆的說法就持平一些：「當〔這個寓居於這些偉大思想主題裡的生命〕癱躺在德國其餘各地的地殼之下，將會如火山般迸發更猛烈的力量。現在……的我健壯又不畏風雨，將有機會拿他那飽經風霜、難以對付的思想團塊來考驗自己。我常循路走到山巔，好將自己尚未探索的思想盡收眼底。他的精神充滿瘋狂，如同山塊布滿裂隙。但由於他的道德本性，瘋狂占據不了這個人。我當然熟悉他智識裡的美好人性，有如大地上的美麗氣候，總是帶著日出的清新。」（C, 252）對班雅明而言，朗恩既是智識典範，也是道德榜樣，其偉大與人格密不可分。他非常擔心朗恩的重要性會被誤解，因為如今只剩他的作品能為這個人作見證。他深怕朗恩的「智識大地」會「因日落……而僵化」。（C, 252）朗恩本人顯然也有此擔憂：他指名班雅明為遺作管理人，但這位晚輩終究沒能達成他的心願。原因是班雅明本人最後拒絕或朗恩家人阻攔，我們不得而知。他在《單向街》開頭的〈旗幟……〉和〈……降半旗〉兩篇短文裡追思好友，第一篇談到朗恩離開卡布里島，第二篇談到他的離世：

〈旗幟……〉

愛上離別者是多麼容易！為消逝在遠方的人，那火焰總是燒得更純粹，火勢因著自船隻或火車窗口揮舞而出、轉瞬即逝的小物變得更加旺盛。分離如顏料穿透消逝者，讓他沉浸在溫和的光輝中。

〈……降半旗〉

當至親之人行將離世，隨後幾個月將有（我們隱約意會到的）唯有他不在了才會發生的某件事出現。儘管若他還在世，我們將很樂意與他分享此事。我們最終將用他已經不再能懂的語言問候他。（SW, 1:450）

班雅明不急著回柏林。他先去那不勒斯和波西塔諾待了幾天，在羅馬停留一週，隨後又去了比薩、佛羅倫斯、佩魯賈、奧爾維耶多和阿西西，但都停留不久。他大部分的行程都是在欣賞義大利藝術，除了羅馬的博爾蓋賽美術館和梵諦岡博物館、奧爾維耶多和比薩大教堂，還有阿西西的聖方濟各聖殿。他以十五世紀藝術為重心，坦承自己缺乏第一手知識，對古代考古遺跡的觀察也「相當一般」。（GB, 2:501）不過，他對自己知識欠缺再不滿，也比不上持續陰雨的天氣、深刻的孤寂——拉齊絲重回萊希身邊，班雅明知道自己未來再難和她約會——與法西斯肆虐「分進合擊」帶來的挫敗。他的行程不斷被圍觀法西斯活動的大批群眾阻礙，而他「不論出於順從或突圍的衝動」，也一次次加入群眾，擠到最前面，以一睹國王和法西斯政客的面貌，以及法西斯青年或法西斯民兵的遊行。「就算我是《法蘭西運動》的記者，而不僅僅是讀者，能做的也不過如此。」（C, 255）

班雅明十一月中返回柏林，回到德爾布呂克街的父母家和朵拉與史蒂凡團聚，十一月二十二日就在信裡告訴修勒姆，他已經謄寫了目前完成之悲苦劇研究的絕大部分，至少預定交給法蘭克福大學的內容都謄好了，而且他對自己選定的標題很有信心：《德國悲苦劇的起源》。此外，他還將原定的三個部分濃縮為兩個部分，每部分三個章節。儘管他沒有把握自己證明了寓言在這類巴洛克戲劇裡占有核心地位——他希望這點會「從全文裡完整浮現」——但對自己的書寫策略，對他創造了一個「瘋狂得超乎想像的拼貼手法……幾乎全由引文構成」的文本，以及這項研究的智識重要性，還是頗為自豪。（C, 256）話雖如此，班雅明對於遞交任教資格論文仍是充滿猶豫。「但這項研究對我意味著結束——給我再多錢也不會是開始……萬一結果是好的，隨之而來的所有事情幾乎都讓我害怕，首先是法蘭克福，其次是講課和學生等等。這些事情只會扼殺我的時間，何況善用時間本來就不是我的強項。」（C, 261）即使目標似乎已近在眼前，班雅明仍然無法想像自己成為一位教授。

其實從他去了卡布里島，並將目光轉向當代文化後，班雅明便開始想像學院外的生活是什麼模樣：「目前我還在各種風向裡摸索，想找出盛行風。」（GB, 3:15）他帶著新的決心投入了文學市場。一九二四年底至二五年初，他寫了兩篇蒐集童書的隨筆，繼續撰寫後來收錄於《單向街》的幾個章節（當時題為〈朋友小匾〉），並開始發展其他隨筆。這段密集創作的時光為班雅明鋪下了路，讓他一九二六年迎來突破，一躍成為德國最受矚目的文學評論家。對他來說，自己在文化活動上的重新定向和政治取向的改變密切相關，而他也一如往常，極盡煽動地向修勒姆描述自己的轉向，心裡早明白對方會有什麼反應：「我希望，共產主義的信號有一天會比卡布里島那時更清楚傳遞到你心中。那信號起初只是些改變的徵兆，喚醒了我的決心，使我不再使用古法蘭克的手法掩飾我思想裡的現實與政治元素，像我過去所做的那樣，而是藉由實驗和極端手段來發展這些元素。這自然代表詮釋德國文學將會退居二線。」（C, 257-

258）班雅明指出他「沒想到自己和激進布爾什維克理論有不少接觸點」，並表示他很後悔自己當時既沒有「針對這些事寫下前後一致的主張」，也沒有機會「親口說分明」，因為「對於這個特別的主題，我沒有其他方式可以表達自己」。（C, 258）

兩篇童書隨筆裡，以〈遺忘的老童書〉較為重要，不僅談到班雅明夫婦悉心蒐集多年的收藏，也論及他對兒童認知與想像世界歷久不衰的興趣。前面提過，班雅明從旅居瑞士開始，就會在本子裡記下兒子史蒂凡的「意見與想法」，特別是小孩玩的遊戲與玩具。這篇隨筆還創下幾項第一：這是班雅明發表的首篇流行文化隨筆，也是他首次嘗試描繪收藏者。一九三〇年代，這個主題將成為他關注的焦點。班雅明一方面承認「自負、寂寞與不滿——許多心滿意足的高學歷收藏者」都可能「有這些黑暗面」，卻也指出所有認真的童書收藏家必然「在這領域中保有孩子般的喜悅」。班雅明認識同為收藏家的霍布雷克（Karl Hobrecker），也很景仰他，曾在信裡告訴修勒姆對方是「這個領域的大師，而且從不吝於宣傳我的收藏」。但霍布雷克也是競爭對手。班雅明曾經表示，對方的「出版商得知我的收藏和它們與我的故事後，很後悔沒有找我」。他還私下告訴朋友，這位老先生文筆相當「老派」，語氣「很溫吞，有時很像失敗的布丁」。（C, 250-251）班雅明對德國教育學的歷史很感興趣，而這篇隨筆也扼要介紹了童書在教育學發展上的角色。他後來還寫過不少分析，都是出於他早期對教育理論與實務的關注，這篇隨筆是第一篇。不過，說到〈遺忘的老童書〉最重要的貢獻，或許還是在於文中區分了兒童對彩色插圖和版畫插圖的反應差異。班雅明從一九一四年起就在不少文章裡提到，彩色插圖和兒童發育中的內在生命有關。[28]「畢竟童書的角色不在讓讀者直接進入物、動物和人的世界，也就是所謂的生活之中。那些東西的意義會慢慢在外在世界中發現，但發現得多或少只會和兒童內在擁有的事物成正比。這種觀看方式的內在本質在於色彩，而在兒童心中，物的夢幻生命便展現在色彩裡。兒童從鮮豔的著色中學習，因為家裡再也找不到其他地方，比在色彩中更能讓人不受懷舊拘束、感性地沉思。」（SW, 1:410）版畫是彩色插圖的「對立互補」，「讓兒童的想像浸淫在自身的夢境狀態之中。黑白版畫平淡無奇，只會將兒童帶離他自己。畫裡隱含強而有力的邀請，激起兒童用文字表達自我的欲望。除了用文字描述這些畫，他還會用演的。兒童居住在這些畫裡。」即便這個區分似乎暗示著夢境般的流動內在性和世界裡的主動能動性截然有別，但比起這個二元對立，班雅明更在意或許有某些隱藏的潛力，能結合這兩個極端。在「演出」過程中，兒童「真的將自己的想法寫在插圖上，在上頭塗鴉。他們一邊學習語言，一邊學習書寫：他們在學象形文字」。（SW, 1:411）因此，這篇童書隨筆是班雅明撰寫悲苦劇研究期間首次公開回歸自己一九一六年的語言理論，將傳遞資訊的工具語言和不傳遞任何事物、只體現語言自身本質的天堂語言嚴格區分開來。班雅明對筆跡學很感興趣，也就是聲稱能從字跡揭露人之內在性的學說。小孩塗鴉正巧無意識展現了他正在發展的書寫理論，而這篇隨筆所闡述的「象形文字」概念，將成為班雅明分析悲苦劇形式本身的核心特色。

除了多方嘗試成為當代文化評論家，班雅明還積極地在德國文學界尋找有給職，其中又以出任一家新出版社的編輯看起來最有希望。這家出版社的創辦人是一位名叫利托爾（Litthauer）的年輕人，修勒姆則說是利陶爾（Littauer）。儘管編輯工作本身不支薪，不過固定撰寫文章和旅行紀聞會有穩定收入。班雅明不禁想像自己從此可以直通出版社，包括創辦刊物和出版論悲苦劇的專書。[29]德國經濟雖然開始回穩，但對初出茅廬的出版社仍然危機重重：利托爾的出版社還沒出書就在春天倒閉了。此外，他也和法蘭克福的西南德國電臺討論過是否要擔任廣播雜誌的週末藝文副刊編輯。由於他的好友軒恩在那裡擔任節目總監，因此起初看來很有機會，結果卻因為班雅明對薪水的期望而告失敗。明明生活費全靠父母供應，而且已經大幅縮水，卻還提出如此不合理的要求，這點充分顯露了班雅明一生為之所困的人格特質：當他財務處境愈是絕望，他就愈是堅持拿到和其成就直接相符的報償。

工作前途茫茫已經夠煩心了，但班雅明彷彿嫌不夠似的，自拉齊絲十月下旬偕萊希和女兒妲卡回到柏林後，又開始頻繁跟她見面，把私生活搞得更為複雜。兩家人的往來方式注定充滿緊張。在班雅明的建議下，史蒂凡常陪妲卡去上韻律體操課。拉齊絲記得史蒂凡總是表現得像個「小騎士，有禮又優雅」。[30]和在那不勒斯一樣，班雅明在柏林也常充當拉齊絲的導遊，不僅帶她認識城裡的種種巨大反差，如他父母等富人居住的西區和工人居住的北區（威丁和莫阿比特等地），也不忘出於自己百分之百屬於上層資產階級的偏好，帶她見識上好餐廳和一絲不苟的用餐禮儀。即使他政治上日益左傾，他的階級品味仍然沒有改變，也不可能改變。當然，階級矛盾不是只在班雅明身上才看得到；一九二〇年代末，左派作家團體內部爆發無數次激辯，無產階級要求團結的呼聲愈來愈高，資產階級知識分子開始受到排擠，只好重回社會民主黨的懷抱。當時不乏**智識上**堅守激進立場，生活上即使貧困潦倒也不放棄資產階級品味的知識分子，班雅明只是特別出名的一位。

拉齊絲很想認識班雅明的弟弟格奧格，因為格奧格那時已經是堅定的共產黨員和社運分子，但班雅明仍然謹守不讓生活圈裡的朋友互相認識的原則，將兩人隔開。他有許多事都不讓這位拉脫維亞愛人接觸，自己卻亟欲透過她進入一個他幾乎一無所知的領域，那就是當代戲劇的世界。一九二四年秋天，之前在卡布里島一直躲著班雅明的布萊希特終於同意見他一面。拉齊絲日後回憶，兩人首次見面是失敗一場，布萊希特從頭到尾都迴避互動。[31]對布萊希特感興趣，反映出班雅明對自己未來可能性的看法起了多大變化。儘管他和學生時代的幾個密友仍有往來，例如軒恩、尤拉和拉特夫婦及尤拉的哥哥孔恩，並且依然對密契思想和密契思想家（他寫了昂格爾新書《反對詩》〔*Gegen die Dichtung*〕的書評，並嘗試發表）深感興趣，但從卡布里島回來之後，他開始跟明顯不同的圈子往來。隨著年關將近，寄住父母家的班雅明夫婦一家也有了和樂的氣氛。光明節那天，史蒂凡不僅收到火車組，還有「一套華麗的印地安服裝，市面上已經很久沒見過那麼好看的玩具了：花花綠綠的羽毛頭飾、斧頭、鍊子。恰巧還有人送他一副非洲面具……今早我就看他一身花俏跳著舞朝我走來」。（C, 258）

一九二五年二月，班雅明論悲苦劇的專書形式已經底定。全書共有兩部分，外加一篇理論導言。雖然第二部分還在（根據幾近完成的手稿）修改，但導言和第一部分都已完成。他告訴修勒姆，導言「肆無忌憚——也就是說，恰恰好是認識論的緒論，是我早期論語言的作品的第二階段……喬裝成思想理論」。（C, 261）原本預定的第三部分與平衡導言用的理論結語自始至終都沒有動筆。班雅明辛苦了一年多後，終於將導言和第一部分「比較溫和」的後半寄給指導教授舒爾茲，希望對方啟動複雜的審核程序，讓他取得擔任大學教授的任教資格。他自認機會「不低」，因為舒爾茲是哲學系主任，可以打通關節。他還請薩洛蒙—德拉圖替他找一位「肯辛苦工作一週的高學歷女性」（C, 3:9），協助聽打第二部分和導言的定稿。班雅明後來所有主要作品都以這種方式完成：定稿寫完後口述給速記員聽打，一邊小幅修改，得出完稿。

二月十三日，班雅明一如既往懷著矛盾心情前往法蘭克福，展開取得任教資格的倒數第二個階段。隨著時間一週週過去，班雅明也愈來愈沮喪。任教資格論文收尾階段的技術細節，像是「聽打和參考書目這些制式化的工作」，讓他備感焦慮；而法蘭克福這座城市本身，不論和柏林或義大利相比，都顯得「荒涼又不適合人居」，從「都市生活到景觀」都令他厭惡。（C, 261, 263）歸根結底，班雅明就是心情不佳。他不僅對過程中最成功的結果始終無感，也愈來愈清楚自己難以突圍的處境。一九二三年，擔任文學史講座教授的舒爾茲讓班雅明希望滿滿，以為對方會支持自己的研究與候選資格，畢竟當初建議班雅明研究悲苦劇的不是別人，就是舒爾茲。如同林德納（Burkhardt Lindner）所言，舒爾茲很有學術野心，只要學生的作品會大受肯定，他不可能介意自己的名字和對方連在一起。[32]但當班雅明春天和舒爾茲見面，將論文其餘部分交給對方，卻發現舒爾茲「冷淡又挑剔——而且顯然瞭解不足。他肯定只看了導言，整篇論文最叛逆的地方」。（C, 263）舒爾茲拿到第二部分，讀也沒讀就直接告訴班雅明，自己不打算再擔任指導教授，並建議他改找柯內留斯指導，申請美學任教資格。這項建議蘊含幾件事。首先，舒爾茲顯然不想再管班雅明了；其次，班雅明就算拿到任教資格，也會在完全不同的領域，而且純就專業考量遠不如哲學理想。德國的大專院校就算有美學課程，也都在哲學或藝術史底下；最後，而且肯定是最讓班雅明氣惱的一點，就是他早在選擇悲苦劇作為主題之前，就曾經針對哲學任教資格一事請教過柯內留斯，結果遭到冷眼對待。「我很快就下修了自己的期望：誰來替我說話這件事實在太難了。兩年前面對這種狀況，我肯定義憤填膺，但我現在已經徹底看透這套體制，沒辦法再生氣了。」（C, 268）

班雅明當然可以不放棄，但他夠瞭解學術圈的政治規則，知道唯有舒爾茲「竭力」支持（C, 264），他在文學史領域才有機會成功。班雅明非常清楚，舒爾茲抽手不管，將他一把推進了學術界的三不管地帶。不論過去現在，德國大學太常倚賴引薦制度，最好的職位、甚至大多數的職位都歸背後有靠山的人所有，這些靠山又只引薦多年下來確定效忠自己的門生。班雅明是局外人，和法蘭克福大學或舒爾茲都沒有真交情——而他也不曾假裝自己有。「我認得其中幾位好心又客觀的教授，但是不認識任何能真正替我說話的人。」（C, 266）因此當薩洛蒙—德拉圖轉述舒爾茲的話，說他「對我唯一不認可之處，就是我不是他學生」（C, 264），班雅明一點也不意外。

過去班雅明對舒爾茲或許有意見，只是悶在心裡，如今他不再對修勒姆有所保留：「這位舒爾茲教授，雖然學者當得不怎麼樣，卻是個精明的世界主義者，對文學事物的嗅覺可能比年輕的咖啡館常客好一些。除此之外，對於他智識上的譁眾取寵，我也給不出其他讚美了。他在其他方面都很平庸，就算有外交手腕，也被偽裝成謹守成規的懦弱給糟蹋殆盡。」（C, 263）從舒爾茲的作品可以看出他既沒有分析能力，也沒有修辭天賦，因此看不懂班雅明的作品，不願意支持，也就不太令人意外了。雖然證據很少，不過成見及政治立場不同可能也有關係。有目擊者表示，舒爾茲曾經參與一九三三年法蘭克福大廣場的焚書事件，那次事件迫使當時威瑪共和最傑出的猶太裔文學評論家選擇流亡。[33]

儘管心裡的不祥預感愈來愈強，而且不無根據，班雅明還是於一九二五年三月十二日正式提交《德國悲苦劇的起源》作為任教資格論文。雖說德國巴洛克文學自十九世紀晚期以後愈來愈受關注，但他選擇這樣一個受到忽略的戲劇形式還是很不尋常。二十世紀初，人們開始以「第二西利西亞門派」稱呼一群作品類似馮洛恩斯坦（Daniel Casper von Lohenstein）和馮霍夫曼斯瓦爾道（Christoph Hoffmann von Hoffmanswaldau）的巴洛克風格的詩人與劇作家，例如格呂菲烏斯（Andreas Gryphius）、哈爾曼（Johann Christian Hallmann）和幾位匿名劇作家。這些十七世紀的創作者從來不曾建立「門派」，但十九世紀開始有不少文學評論者指出，這些人的作品在形式和主題上頗多雷同，例如班雅明視為榜樣的格維努斯（Georg Gottfried Gervinus）便持此看法。在這個文學與歷史的脈絡下，班雅明很早（一九一六年）就注意到了名為悲苦劇的戲劇形式。

這本悲苦劇專書，可以說是班雅明生涯的支點，尤其這是他首次完整地以歷史為取向對現代性進行分析。而書聚焦在過去某時期的文學作品，也和他一九二四年完成的文學評論相一致。不過，和他此前所有作品不同，這本巴洛克研究明顯有兩個焦點。書中〈導言：認識論批判〉倒數第二部分指出，悲苦劇和當代表現主義戲劇從語言到形式都大幅相似。「和表現主義一樣，巴洛克時期其實不算是藝術實踐的時代，而是藝術意志（Kunstwollen）持續不斷的時代。所有被稱作崩壞的時代都是如此……當代陷於內在衝突（Zerrissenheit），從而展現出巴洛克精神樣態的某些面向，甚至包括當時藝術實踐的細節。」[34] 換句話說，**唯有**分析一個早已過去且為人詬病的時代，才能捕捉到現代性的某些特徵。這裡隱含一個主張，班雅明要到一九二〇年代晚期才會在《拱廊街計畫》裡明白道出，那就是時間中的某些時刻具有同步關係，彼此對應；或如他後來所言，世間存在著「歷史索引」，某一年代的特徵有時唯有對照遠久以前的另一年代才能理解。但這個歷史的深層結構在書裡兩個部分都沒有被當成主題：班雅明憑藉他對悲苦劇的解讀與書寫能力，將自己所處時代的顯著特徵於「可辨的當下」（Jetzt der Erkennbarkeit）揭露出來。這份研究不僅將十七世紀和二十世紀的趨勢交織在一起，也將班雅明一九一四至二四年發展的文學批評理論和盧卡奇開創的馬克思主義文學理論連繫起來；書裡專注探討悲苦劇的「物性」，也為班雅明後來研究商品拜物教及其無遠弗屆的幻景效應奠定基礎。因此，他才會在一九三一年的信裡回顧當時，指出這本悲苦劇論著「就算還不是唯物論，也已經是辯證的了」。（GB, 4:18）

班雅明在序言提到「藝術意志」，顯示他重新構想了里格爾（Alois Riegl）提出的文化史模型。在里格爾眼中，有些藝術時期先天就無法產生「製作良好的個別作品」，例如羅馬帝國晚期的「藝術產業」時期、巴洛克時期和資本主義誕生前的現代時期等等。這些時期只會產生不完美或殘缺的作品，但其中展現的藝術意志並不比其他時期的作品遜色。班雅明對前現代的理解著重於片段化與斷裂，這點不僅來自表現主義的傳統，也源自波特萊爾對「現代美」獨樹一幟的理解，他有太多詩作得力於這種殘酷醜陋的美學。巴洛克戲劇的特出之處不在一般意義下的美學成就，而在其形式與風格手法的極端。因此，班雅明聚焦這類戲劇，是為了揭露那時期的藝術意志，進而發掘那時期的精神樣態；況且這些時期的當代歷史經驗**只會**展現在這類殘缺的作品之中：「歷史生命是〔悲苦劇的〕內容與真正主題，由那個時代向它展現其自身。」（OGT, 62）

班雅明認為，悲苦劇的「內容」是一段注定滑向災難的歷史。該書第一部分〈悲苦劇與悲劇〉從大量的悲苦劇段落當中，解讀出那時代的智識通史。在班雅明眼中，那段歷史的重心是路德去除了日常生活的意義：「這種過度反應不僅驅逐了好作品裡值得讚揚或懺悔的特質，連好作品本身也被驅逐出去……人類行動因而失去了所有價值。一樣新東西隨之出現：空洞的世界。」（OGT, 138-139）對於像巴洛克這類的時期，過往解讀向來偏重於那些時期對超驗事物的渴求，以及人類行動因而染上的末世論色彩。反觀班雅明卻主張德國巴洛克時期的關鍵特色就在於**缺乏**慣有的末世論。「巴洛克時期的宗教人太過依附世界，以致覺得自己被世界拖著向大瀑布奔去。沒有巴洛克末世論；正因為如此而有一種機制，它聚積所有塵世之物，高舉它們，再將它們送往終結。」巴洛克時期從這個空洞的世界贏得了「豐盛的事物」，並「以極端的形態將它們呈現出來」。這樣的極端呈現不是由王子推動，也不是神學家或起義的農民，而是悲苦劇本身的戲劇形式。班雅明認為藝術作品不僅有啟示力，也有破壞力，一種虛無之力：舞臺上滿是「通常逃避一切形構」的隨機之物，這樣的舞臺清出「一個終極天堂」，以致「可以如同真空一般，有一天將以災難似的暴力毀滅地球」。（OGT, 66）這裡就和書中許多論點一樣，必須和《單向街》裡的關鍵章節一起閱讀，才能掌握班雅明解讀悲苦劇的全部重點，因為那些章節是和這本書同時寫成的。例如，悲苦劇具有的淨化暴力，就體現在《單向街》的尾章〈到天文館去〉中：「上次戰爭的毀滅之夜，人類軀體被一種類似癲癇發作的幸福感所震撼。繼起的反抗則是人類頭一回嘗試掌控這個新的軀體。」（SW, 1:487）於是，「悲苦劇」一詞既代表一種文學形式，又代表現代史本身的趨勢。正是基於這個原因，班雅明認為悲苦劇負有某種「道德責任」，而其他美學上更成熟的當代戲劇則否，如卡爾德隆（Pedro Calderón de la Barca）的戲劇便不負有這種責任。

〈悲苦劇與悲劇〉大多在對這種參差難懂的舊時戲劇進行形式分析，特別是臺上人物與臺下觀眾之間建立的關係。巴洛克舞臺上的人物遠非自然重現或心理寫實，而是生硬笨拙的建構。班雅明反問，這些人物被用來呈現一段破碎無望的歷史，怎麼能不生硬笨拙？他們頓挫呆板的動作不是受思想或感覺驅使，而是源於「劇烈的身體衝動」，而他們好比神職人員的造作言語，只會突顯他們與自然和優雅的距離。不過，班雅明的分析焦點不在人物本身，而在舞臺與觀眾從中建立的關係。舞臺帶給觀眾的體驗，是他自身處境的一種帶有道德啟發的投射，創造出「一個和宇宙沒有關聯的內在感覺空間」。因此，悲苦劇「與其說是引起悲苦，不如說讓悲苦從中得到滿足：在悲苦者面前演出〔發生〕」。（OGT, 119）

書的第二部分〈寓言與悲苦劇〉，班雅明提出有力論據，不僅重新確立寓言為巴洛克時期的構成比喻，也是現代性的構成比喻。寓言作為象徵元素之間的一種敘事關係，於十八世紀變得聲名狼藉。但在班雅明重新詮釋下，比喻不再和形式的敘事與再現面有關，而是一組完全符碼化的能指，與其再現的事物沒有**必然**關聯。書中最多人引用的段落如此說道：「任何人、任何物、任何關係都能用來意指任何事物。」而較少人引用的下一句話，則是將寓言定位成一種歷史實踐：「出於這種可能，世俗世界便得到一個令其毀滅卻又公正的判決：被說成一個細節無關痛癢的世界。」（OGT, 175）班雅明賦予寓言一種獨特的啟示力，可以揭露世間生活各個面向隱含的深淵。寓言不再製造意義，而是成為「意義的自然史」（OGT, 166）：這種歷史不再和自然本身無止盡的苦痛與毀滅有所區別，而舞臺上遲鈍空洞的人物，被抹除了內在意義的物體環繞，反映的正是這種歷史。「這便是寓言式觀看的核心，將巴洛克時期的世俗歷史敘事視為世界的受難史（Leidensgeschichte der Welt）——唯有在世界衰落時才有意義。」（OGT, 166）

在巴洛克悲苦劇裡，這種「自然史」以道具、象徵和去人化、符碼化人物的形式「晃上了舞臺」。這些物件及物件化的人物可能跟有意義的現在和救贖史沒有內在關聯，而是被寓言作者賦予了已然失落殆盡的隱含意義。「因為憂鬱者一切智慧都受制於陰間，從沉浸於受造物的生命之中而來，沒有滲入任何啟示的聲音。」（OGT, 152）從這裡可以清楚看到，這本悲苦劇專書延續了〈歌德的親合力〉的主張：寓言作者就如同歌德，將源於自然偶像化與受造物榮耀化的「智慧」錯解為求之而不可得的更高意義，導致憂鬱者為了這份看似深刻的神秘知識而背叛自己與世界。這便是悲苦劇蘊含的悖論：寓言作者將賦有隱含意義的已死之物放上舞臺，以救贖這些俗世之物，但這樣的動作所隱含的，卻是空洞世界的**毀滅**。在悲苦劇的舞臺上，寓言化的人與物就如同廢墟和瓦礫——於是觀者眼前浮現一個歷史前景，所有諸如整體性、連貫性和層層推進之類的範疇幻象統統褪去。「在寓言式的直覺的場域，意象是碎片，是神秘記號……整體性的幻象被破除，因為理型（eidos）消失了，明喻不復存在，明喻含藏的宇宙秩序也隨之凋萎。」（OGT, 176）班雅明如此期盼，倘若這類戲劇的悲苦觀眾都**有可能**看出這點，那麼現代讀者應該更能直接洞悉歷史的意識形態建構。如他後來談到電影、攝影及現代最偉大的寓言家波特萊爾時所說的，寓言作品能讓觀者獲得一種「豐碩的自我異化」，不論巴洛克時期或現代的人們，都能從中**看見**自己的異化，進而瞥見歷史的破碎與壓迫性。

最後，巴洛克式寓言不只促使觀者「洞悉事物的無常」，更激起他們「對這些事物得到救贖與永生的關切」。（OGT, 223）這是崩壞裡的救贖。和〈歌德的親合力〉一樣，班雅明在此對寓言家做出了道德宣判。正因為這類戲劇賣弄又自命不凡，以致不僅淪於世俗和受造物崇拜，對救贖大能抱有幻想，更經不起善惡知識的誘惑。是「撒旦的許諾」激發了寓言家創作：「誘惑源於自由的幻覺——探索禁忌；源於獨立的幻覺——擺脫周遭的虔誠者；源於無限的幻覺——置身惡的虛無深淵。」（OGT, 230）因此，這類寓言作品儘管破碎，卻蘊含一股**潛在的**淨化力量。只是這股潛能要能實現，就需要班雅明過去十年發展出來的批評，需要它的毀滅力。於是，班雅明在任教資格論文接近結尾處扼要給出這番批評：

> 從一開始，悲苦劇就注定日後將受批評侵蝕……〔悲苦劇的外在形式〕太粗糙，已經銷聲匿跡，只剩寓言指涉的、非比尋常的細節：一個寓居在有意打造的廢墟之中的知識客體。批評意味著作品的死體化……如同浪漫主義者所說的，不是喚醒活生生的作品中的意識，而是清算死去作品裡的知識……哲學批評的目的在於證明藝術形式作用如下：將每個重要藝術作品賴以成立的歷史內容轉為哲學真理。藝術作品過往的魅力會隨時間而消退，但從物質內容轉為真理內容，這樣的轉換能讓藝術作品的效果減弱成為重生的基礎，所有短暫的美悉數褪去，只剩作品以廢墟之姿存在。在巴洛克悲苦劇的寓言構造中，這些廢墟總是異常醒目，以留存下來（geretteten）的藝術作品的形式元素而存在。（OGT, 181-182）

作品死體化、被毀壞之後揭露了什麼？書裡最後幾句這麼寫道：「就算小樓房保存得再好，計畫的觀念在大樓廢墟裡也比小樓房裡更響亮。」（OFT, 235）從這個已逝形式的廢墟裡向外窺視的，是這個形式的「觀念」。班雅明就這樣為自己的悲苦劇研究，以及自己耗費十年光陰打造的、極其玄奧的批評理論劃下了句點，並在結尾提及一份讀者當時讀不到的文本：〈導言：認識論批判〉裡沒有跟著一九二四年任教資格論文一起提交的部分。那部分直到一九二八年才出版。

班雅明在導言標題上玩了文字遊戲。這篇導言部分目的是想表述一套認知理論，一套觀念學說，卻又批判所有假定這種理論存在的想法。因此，文中既探討人能理解真理的理想狀態，維特（Bernd

Witte）稱之為「知識烏托邦」，又探討知識在世的真實處境，指出這些處境讓人不可能理解真理。[35]導言的核心是一套充滿神秘與宗教色彩的觀念建構論。班雅明筆下的觀念既非康德式的規限性之認知範疇，也不是柏拉圖式的、同一的本質，而是世界某些元素的重構：「觀念之於事物，就如同星座之於星辰。」（OGT, 34）班雅明的語言理論在此暫時得到解決。觀念其實是由語言裡「得救」的元素組成。這些元素的世俗意義得到了轉化，擺脫了偶然性，「語詞的象徵性」重新躍居「首位」。（OGT, 36）在這層意義下，《德國悲苦劇的起源》的目標便是辨明某個語詞的「觀念」，這個語詞即「悲苦劇」（Trauerspiel）本身。

拿到班雅明的論文後，哲學系便正式成立審查委員會，並指派美學及藝術史講座教授柯內留斯負責初審。柯內留斯概略翻了翻論文，竟然極不尋常地寫信給班雅明，要求對方提供論文摘要，班雅明馬上照做了，結果卻白忙一場：柯內留斯對論文只有負面評價。他在報告中表示這篇作品「極其難讀」，這點後來的讀者無疑也有同感，但他接著指出，「儘管我集中精神再三努力，仍無法從這些〔藝術史觀察〕當中得出可以理解的意涵……基於這點，我不推薦系上接受班雅明博士的作品作為他的藝術史任教資格論文。因為我無法……不擔憂，作者表達方式如此難懂，肯定會被認為缺乏學術清晰度，難以在這個領域指導學生。」[36]柯內留斯在這份報告裡沒有談論班雅明文中提出的任何主張，只給讀者一種印象，這篇作品雜亂無章，搞不清狀況，出自一個迷糊甚至不穩定的心靈之手，絕不能讓他站在學生面前。[37]審查報告果然達到預期效果。儘管只是初審，但系上沒有再提出新報告，並於一九二五年七月十三日投票拒絕了班雅明的資格申請，距離柯內留斯提交意見書還不到一週。其實，系上決議是建議「班雅明博士」撤銷申請，免得他本人和系上面對正式拒絕的難堪。

班雅明直到七月底仍然沒有得到正式回覆，但已經開始聽到申請失敗的風聲。朵拉父母親的一位朋友轉述他法蘭克福大學朋友的話，表示班雅明的申請「完全無望」；而舒爾茲身為系主任，也不想太快告知班雅明審查結果，直到月底才寫信說：「收到任教資格論文初審報告後，系上要我建議你撤銷申請。為此，我要通知你，八月六日以前你若有事找我相談，隨時歡迎。」[38] 誠如林德納所言，舒爾茲雖然用官腔掩飾，卻連「遺憾」兩字都懶得說出口。班雅明無意去找舒爾茲，也不想撤銷申請（至少剛開始沒這打算），而是想讓「否決的風險完全由系上去扛」。（C, 276）但他當然沒這麼做。班雅明最終撤銷申請，並於秋天拿回論文。他在八月五日寫給薩洛蒙—德拉圖的信裡表達了內心的憤怒：

> 你會明白我為何沉默了那麼久。你的上一封信當然也有關；這件事實在太沉重、太令人喪氣，狠狠咒罵一輪應該有用。若非一些內在因素，讓學術事業對我來說變得無關緊要，否則我所受的對待肯定會造成慘痛深遠的影響。要是我對自己的評價有那麼絲毫仰賴那些看法，那位負責人處理我事情的不負責與草率，肯定會讓我受到打擊，短時間內無法恢復寫作。幸好事情並非如此，而是相反，只是無法向外人道。（GB, 3:73）

接受建議悄悄撤銷申請，這個決定讓班雅明懊悔了一輩子。隨著時間過去，他愈來愈覺得自己被騙走了揭發那些使他拿不到任教資格的迂腐、小氣與成見的機會。於是，他寫了「十行導言放在我的悲苦劇專書裡，挖苦法蘭克福大學，而且我認為是自己寫過最成功的作品」。（C, 293）他在一九二六年五月二十九日寫給修勒姆的信裡，附上了這篇尖酸刻薄的〈悲苦劇專書導言〉：

> 我想重說睡美人的故事。
>
> 睡美人在荊棘床上沉沉睡著。幾年後，她醒來了。
>
> 但不是因為幸運王子的吻。
>
> 喚醒她的是廚師。他狠狠賞了洗碗童一個耳光，累積多年的力道一次爆發，聲音大得響徹整座王宮。
>
> 在後面幾頁搭成的荊棘籬笆後頭，睡著一個可愛的女孩。
>
> 但願不會有穿著輝煌學術盔甲的幸運王子來到她身邊。誰給她婚約之吻，她就咬誰。
>
> 於是，作者只能自己留著廚師的角色，攬下喚醒女孩的差事。這道響徹學術宮殿的耳光早就該來了。
>
> 因為有個可憐的真理也會醒來。它被一台老式紡錘給刺傷了，只因它想以不受允許的方式，在小密室裡偷偷為自己織一件教授袍。（GB, 3:164）

每個讀完這篇現代童話的人，都不可能沒聽見那記賞在德國大學及教授臉上的響亮耳光。拒絕班雅明的任教資格申請，讓法蘭克福大學哲學系從此蒙羞，直到今日依然甩不開這層陰影。的確，《德國悲苦劇的起源》很不好讀，尤其是〈導言：認識論批判〉，但那種難讀終究不同於〈歌德的親合力〉的陰暗晦澀。憑著挑中一個乍看早已過氣的藝術形式，對其歷史意涵做出無與倫比的分析，如今此書已經成為二十世紀文學評論最有指標意義的成就之一。

第六章 威瑪知識圈：柏林、莫斯科 1925—1928

一九二五年春夏，班雅明沒能為《德國悲苦劇的起源》找到學術的家，也讓他人生故事中的一長段章節劃下了句點，不再在德國大學體制裡尋找棲身之處。他眼下面臨著雙重兩難：他得決定新的職業道路，並找到方法養活自己與妻兒。之前他們一家三口勉強靠著朵拉的工作和父母提供免費住處支撐，但朵拉剛失去家裡主要經濟來源的第二份工作，而班雅明寄予厚望的利托爾出版社前不久也倒閉了。看著一個有錢的年輕出版商在「汽車旅行、晚餐、小費和嗜好上」揮霍了五萬五千多馬克，「現在又和同類人一樣理所當然進了療養院」，班雅明無法掩飾心中的怨懟。（GB, 3:31）原本大有可為的事業，轉眼只剩高雅生活與理想主義交織的黯淡殘影。

於是，班雅明選擇加倍努力尋找德國出版界中適合自己的工作。幸運的是，他將心力轉向公眾論壇，正巧遇上威瑪共和時代大眾媒體真正崛起。隨著貨幣趨於穩定，中產階級再次找回可支配所得的感覺，媒體數量迅速翻倍，以搶占大好機會。柏林很快就獲得「全球最重要報社之都」的名聲，每個月書店和書報攤架上的各色報刊超過兩千種。

透過克拉考爾介紹，班雅明和《法蘭克福報》專欄牽上了線。《法蘭克福報》一八五六年創刊，一開始名叫《法蘭克福商務報告》，一八六六年改名，是德國最老牌、讀者最多的左翼自由派日報。

打從創刊開始，該報就堅守左傾民主立場，是一八七一年德意志帝國成立初期最重要的反對派喉舌。一八七一至七九年，該報編輯經常因為拒絕透露作者文章來源而遭到拘捕。威瑪共和初期，《法蘭克福報》的主要讀者群為自由派企業家和專業人士；由於專欄不斷吸引大牌作者加入，因此很快就追上了政治版及金融版，為報紙招來更多讀者，布萊希特、德布林、赫塞、亨利希・曼和湯瑪斯・曼都是專欄常客。一九二五年八月十六日，班雅明為《法蘭克福報》撰寫的首篇文章〈法蘭克福童謠集〉（Collection of Frankfurt Children's Rhymes）發表。其後多年，他在報上發表了許多文章、紀錄與評註。

那年五月，班雅明還跟一份刊物建立了重要關係，那就是由哈斯（Willy Haas）編輯、羅沃爾特出版社發行的《文學世界》（*Die literarische Welt*）。哈斯在布拉格猶太區出生長大，由於與常在艾可咖啡館（Café Arco）活動、以威爾佛（Franz Werfel）和卡夫卡為首的圈子來往而發展出對文學的興趣。戰後哈斯搬到柏林，為了謀生寫了幾齣知名電影劇本，包括電影《不樂街》，並為《電影信使》（*Film-Kurier*）撰寫影評。他後來擔任卡夫卡《給米蓮娜的信》（*Briefe an Milena*）的編輯，班雅明一九三四年便曾引述他對卡夫卡的詮釋。哈斯指派班雅明撰寫法國文化發展系列報導，班雅明欣然接受。於是除了他原本就感興趣的紀德和季洛杜，班雅明還開始鑽研「超現實主義派那些成問題的作品」，打算寫成報導。他讀了布勒東（André Breton）的〈超現實主義宣言〉，以及阿拉貢（Louis Aragon）的《夢之浪》（*Une vague de rêves*），開啟他對這位作家的長期關注。他告訴修勒姆自己還能在《文學世界》定期報導（他倆虛構的）穆里大學的消息，但最後只發表了一篇文章，諷刺當時的圖書館收購。[1] 雖然剛開始興致勃勃，但班雅明對哈斯這本雜誌的態度很快就變得更加謹慎，而且私下頗多批評。他向早期很支持《文學世界》

的霍夫曼斯塔爾透露，他發現哈斯太三心二意、太被發行量牽著鼻子走。「我起初完全本著你的說法，滿心歡喜迎接這本刊物問世，可是很快就察覺它基本上不打算從事嚴肅批評。我並非無視編輯與發行的必要考量，無視兩者在這樣一本文字從輕到極輕的週刊須有一席之地。但正是因為如此，有分量的內容更該加倍斟酌，而非只在意篇幅大小。」（GB, 3:116）這些反彈顯示班雅明對於發行刊物的財務面仍然視若無睹。反觀哈斯對班雅明卻是無私支持，始終如一：「在所有和我定期合作，投稿到《文學世界》週刊的作者當中，我最敬重的莫過於班雅明。他雖然學識淵博，卻和一般博學者相反。不論談論或撰寫什麼主題，他從來不從類比、隱喻或定義下手，總是似乎從問題核心一路挖掘出來，就像將寶物藏在出口已被掩埋的礦坑裡的精靈一般。」[2]

除了《法蘭克福報》和《文學世界》定期刊出他的文章，班雅明在其他能見度極高的出版管道也愈來愈多露臉機會，例如《福斯日報》（*Vossische Zeitung*）刊登了他的一篇文章，該文對毒氣的軍事用途做出略帶諷刺的報導；[3]日後收錄於《單向街》的文章也開始出現在各大報章。七月十日，《柏林日報》和讀者數最多的左翼自由派報紙《法蘭克福報》共同刊登了〈反勢利小人的十三條論綱〉。隨後那年，班雅明又得到一個重要的發聲管道，就是一九二六年由萊寧（Arthur Lehning）創辦的荷蘭前衛刊物《i10》。布洛赫在南法度假時認識了萊寧，很快便向他推薦班雅明。儘管這份刊物只撐了一年，卻仍是歐洲前衛文化最重要的「小雜誌」之一，刊載了不少尖端藝術家和作家的作品。單是主題首重攝影與電影，就足以讓它獨具一格，而攝影和電影部分由莫霍利—納吉擔任編輯，對班雅明肯定是額外的誘因。

一九二五年春夏，還有其他小財源浮現。班雅明接了一些翻譯和編輯的案子，其中最費力費時，卻也最有回報的，便是翻譯《追憶似水年華》第四部〈所多瑪與蛾摩拉〉共三卷，讓他沉浸在普魯斯特的世界裡。雖然他感覺譯酬「一點也不好，但至少好到讓我覺得自己非接下這個大工程不可」。（C, 278）班雅明最終拿到了兩千三百馬克，約合當時五百五十美元，分次小額給付，直到隔年三月付訖。除此之外，他還接了一個更小卻沒有更簡單的工作：翻譯化名雷杰（Alexis Léger）的法國外交官作家佩斯（Saint-John Perse）的散文詩〈阿納巴斯〉（Anabase）。班雅明認為這首詩本身「無足輕重」，但吸引他的不只是相對豐厚的報酬，還有整件事的緣起：里爾克原本答應翻譯這首詩，後來改口寫序，並保證與他長期合作的島嶼出版社（Insel Verlag）會負責出版，只要譯者是班雅明（同樣是霍夫曼斯塔爾推薦，再加上書商蒙喬森〔Thankmar von Münchhausen〕的引薦）。班雅明夏末把詩譯完，並分別寄給里爾克和霍夫曼斯塔爾，但直到他辭世都未出版。[4]另外，他也負責編選十九世紀語言理論家兼教育改革家洪堡文集的工作。為此，霍夫曼斯塔爾將不來梅印刷廠的韋根（Willy Wiegand）介紹給班雅明，他自己的《新德國貢獻》便是由韋根負責。儘管對方曾經讓他對學術之路有過一次錯誤的樂觀，班雅明卻還是接受了這份工作，主要出於對霍夫曼斯塔爾的忠誠，而非賺錢的可能。這本選集最終未曾出版，但班雅明整理自己初步研究所得，寫進〈洪堡擷思〉（Reflections on Humboldt）這篇短文中。他指責洪堡未能察覺「語言的魔力面……〔以及〕它的人類學向度，特別是以病理學的角度而言」，以致死守黑格爾對語言的理解，視語言為「客觀精神的一部分」。如此負面的評價，或許可以說明他為何對這個案子興致不高。[5]這些案子裡最重要的一項直到八月才敲定。出發長途旅行前，班雅明和羅沃爾特出版社簽下一紙合約，明年出版社將給他一小筆錢，並保證出版他的三部作品，分別是《德國悲苦劇的起源》、《寫給朋友的小冊子》（暫定書名，也就是後來的《單向街》）和〈歌德的親合力〉。

班雅明投入出版的能量如此旺盛，是因為背後有個同樣野心勃勃的閱讀計畫在支撐。不少作品對他影響深遠，其中有些出乎他意料之外，特別是湯瑪斯・曼的《魔山》。「我實在不知該如何跟你形容，」四月六日，他寫信給修勒姆：「這個人，這個我和其他幾位文學出版人都很討厭的人，竟然讓我備感親近，只因為他新出的那本偉大的小說……〔那本〕書裡有著無疑很根本的東西——讓我感動，從以前就一直感動我的東西——對著我說話……我只能猜測作者寫作時，內在必然發生了某種變化。事實上，我很有把握就是如此。」（C, 265）這段話不僅全面而親密地描繪了二十世紀初令班雅明信服的主要知識潮流，並且如他信裡所暗示的，湯瑪斯・曼已經超越了自己早年的尼采式保守主義，邁向新的、更辯證的酒神式人道主義（展現在小說主角於〈雪〉那一章的離題中），儘管依然悲觀並充滿神秘色彩。班雅明在信裡好奇湯瑪斯・曼是否讀過他那篇論歌德《親合力》的文章。十多年後，他在對方流亡瑞士期間創辦的《衡量與價值》（*Maß und Wert*）雜誌上發表《柏林童年》部分章節，而湯瑪斯・曼對班雅明的印象則是他寫了「那本驚人敏銳與深刻的書，雖然主題是『德國悲苦劇』，其實在談寓言的哲學與歷史」。[6]湯瑪斯・曼的這本小說還是個罕見的機緣，讓我們有幸一窺德爾布呂克街大宅裡的生活樣貌。一九二五年秋，班雅明妹妹杜拉的朋友朗格（Hilde Lange）*某日健行回來，發現班雅明全家（父母親和三個小孩）正熱烈討論《魔山》。班雅明信裡常給人他是家中局外人的印象，但這個小故事卻讓人覺得，即使

* 譯註：即格奧格未來的妻子希爾妲。

到了這麼後期，這一大家子還是有幾分家庭生活在。[7]

班雅明長期接觸（已於一九二四年過世的）卡夫卡的作品也是從那陣子開始。他讀了摘自《審判》的〈在法的門前〉，並形容那篇短文是「德國最傑出的短篇小說之一」。（C, 279）班雅明還持續鑽研左派政治學，甚至五月就曾考慮當成職業選擇：「我要是〔在出版界〕運氣不好，」他寫信告訴修勒姆：「就可能加緊投入馬克思主義政治學，加入共產黨——在可見的未來前往莫斯科，至少暫時待著。」（C, 268）班雅明的弟弟格奧格已經堅定投向德國共產黨，在他三十三歲生日那天給了他一本列寧作品當禮物。修勒姆的禮物也很別緻，是孟德爾頌（Moses Mendelssohn）的《耶路撒冷或論宗教力量與猶太教》一八七三年初版，以及里維耶爾（Jacques Rivière）一九二四年出版、極具開創性的普魯斯特研究（里維耶爾是《拱廊街計畫》的重要參考來源）。

在那長達數月，為了法蘭克福而憂懼不定，最後以失敗告終的日子裡，班雅明不時沉迷於旅行的幻想。那是他最愛的心理「毒藥」。隨著他定下搭乘貨輪在地中海一系列港口停靠遊歷的旅行計畫，那份藉由旅行擺脫眼前煩憂的隱隱期望也逐步化作現實。他原本希望說服拉齊絲同行，但對方最終只同意跟他一起搭駁船從柏林到漢堡，然後送他上貨輪。[8]八月十九日，貨輪從漢堡出發，班雅明心情格外亢奮。雖然擔心如此便宜的旅行方式可能不舒服，但他很快就放心了，而且很愉快：「這趟所謂的貨輪之旅真是人生最舒服的一段長詠嘆調。不論去到哪個外國城鎮，你都帶著自己的房間，應該說你自己的……流浪小窩——；沒有旅館、客房或其他房客。我此刻正躺在甲板上，熱那亞的黃昏盡收眼底，身旁的卸貨聲是現代化的『世界音樂』。」（GB, 3:81）八月底，他首次有機會在岸上逗留較長時間，遊歷塞維亞和哥多華一帶，飽嘗當地「迷人的異國風光」——還有酷熱（他信裡說陽光下有五十度），讓他氣力放盡。他在哥多華不僅見到了大清真寺，還有西班牙巴洛克畫家萊亞爾（Juan de Valdés Leal）的作品，並形容對方具有「哥雅的力量、羅普斯（Félicien Rops）的感性和維埃茲（Antoine Wiertz）的主題」。（C, 283）巴塞隆納讓班雅明留下了鮮明的印象：除了蘭布拉大道和巴黎大街何其相似，城市裡粗野的一面也令他驚奇。他在船長和大副陪同下探索隱蔽的城市角落，「他們是我唯一的談話對象，雖然沒受過教育，卻不乏獨立判斷，並且擁有陸地上少見的特質，對有教養和沒教養的差別特別敏銳。」（C, 283）儘管很難想像班雅明和船員能有什麼熱烈討論，但他們顯然接納了班雅明，甚至對他抱有敬意，而班雅明旅行結束時也答應船長，等他譯完巴爾札克會寄給他一本。

貨輪在熱那亞停留較久，班雅明趁機造訪利古里亞海岸，以及拉帕洛到菲諾港的知名岬角步道。之後貨輪在比薩停靠數天，班雅明首次見到城牆完整的盧卡城，並恰巧碰上特別的市集日，讓他獲得《單向街》裡最令人難忘的思想圖像，亦即〈玩具〉篇中的「非賣品」。文中描述一頂「兩邊對稱的狹長帳篷」裡有一間「機械室」，參觀者走在其中，兩旁桌上的機械玩偶就會動作，在「哈哈鏡」組成的空間裡演出歷史和宗教的多重寓言。班雅明企圖用意象來描述反映在意識建構物裡的歷史自我扭曲，而「非賣品」便是最早的嘗試之一。或許正因為他剛接觸馬克思主義不久，所以對這種扭曲的最終效應還明顯抱持樂觀：「你從右手邊入口進去帳篷，從左手邊離開。」（SW, 1:474-475）班雅明在那不勒斯跟船員朋友分道揚鑣，隨即發現「這座城市再次如去年一般占據了我心裡所有空間」。（C, 284）他在那裡遇到一起旅行的舊識阿多諾與克拉考爾，便帶著他們和仍住在波西塔諾的索恩—雷瑟爾去卡布里島遠足，島上「一個心跳一週就過去了」。（GB, 3:80）巧的是，尤拉和先生拉特也在義大利旅行，於是班雅明又和她親密了起來。此後對方常在他卡布里島上的住處出現，一直持續到隔年。

十一月初，班雅明從卡布里島去了波羅的海邊的拉脫維亞首都里加。雖然此行目的是造訪拉齊絲，但這是班雅明早有計劃，抑或想起一年前共度夏天的往事而臨時起意，我們不得而知。這個階段拉齊絲對他的重要性，以及對方在家期盼他到來的殷切心情，日後都被記錄在《單向街》的〈武器和彈藥〉裡：

> 我去里加探訪一位女性朋友。她家、那座城市和那裡的語言對我都很陌生。沒有人在等我出現，也沒有人認識我。我獨自在街上走了兩小時，之後再也沒見過那樣的景象。每道門都在噴火，每塊房角石都竄著火花，每輛電車都像消防車朝我撲來，因為她很可能從門裡出來，或者就在轉角，或坐在電車裡。但我們兩人當中，我無論如何都要先看到她才行，因為她那雙好比火柴的眼睛要是先碰到我，我就會像火藥桶般炸得粉碎。（SW, 1:461）

拉齊絲不曉得班雅明會出現在家門口。她正忙於製作共產黨戲劇與籌建一家無產階級兒童劇院，惹得拉脫維亞政府揚言要以顛覆罪逮捕她。這位「假日戀人」的出現讓她大感意外，且很不高興。「我隔天有場首演，所以去了排練。我滿腦子都是十萬火急的事，結果你猜誰來了——班雅明。他喜歡驚喜，可是這回我一點也不開心。他從另一個星球跑來，但我沒時間給他。」[9]於是，班雅明只好獨自在里加待著，整座城裡似乎瀰漫著拉齊絲的嚴厲斥責與他挨罵後的鬱悶。日後他在〈玩具〉的「立體鏡」段落裡回憶里加，形容整座城就像一個大市場，「低矮的木造攤位擠成一團」沿著海堤排開，還有小輪船停在「黑壓壓的侏儒城」外。「城裡某些角落可以見到……聖誕時節才會深入西方的彩色紙棒。就像被最愛的聲音責罵：就是這些紙棒。」[10] 拒絕一如以往展現在身體上：班雅明告訴薩洛蒙，自己的整體狀態「還有許多有待加強」。（GB, 3:100）儘管這次造訪始終沒有他期望的喜悅氣氛，但拉齊絲偶爾還是會讓他去劇院找她。有回班雅明碰巧遇上一齣反抗鐵桿中產階級政府的劇碼，結果被一大群人推著頂到門柱上，好不容易才爬上窗臺掙脫。拉齊絲找到他時，只見班雅明帽子扁了，外套和衣領也皺了。據她日後回憶，班雅明只喜歡劇裡其中一幕，就是一名頭戴高帽的紳士在雨傘下和一名工人閒談。至於他認同哪一方，後人只能自行猜測了。[11]

十二月初，班雅明回到柏林，回到德爾布呂克街大宅跟朵拉和史蒂凡團聚。同住者還有他的保母雷貝茵（Grete Rehbein）。班雅明似乎接受了自己和拉齊絲不會有任何未來，於是乖乖重拾家庭生活，開始多花時間陪伴已經七歲半的史蒂凡。他每週會讀幾小時書給兒子聽，「聽從書本的召喚，在童話世界的混沌裡隨意漫遊」。（C, 287）光明節那天，班雅明挑了小時候看過的木偶劇，靠著兩位朋友協助，在史蒂凡和他朋友面前「精彩」上演了奧地利劇作家雷蒙德（Ferdinand Raimund）的童話劇。（C, 288）接觸時間一多，班雅明又開始像一九一八年以來那樣，不時記錄兒子的童言童語。這份童言世界的檔案不僅透露出許多班雅明對史蒂凡的認識與他自己在家的角色，更重要的是它記錄了極有童趣的新詞，包括誤解或誤讀的語詞、自創的組合字和有趣的片語等等。對班雅明這樣的思想家來說，小孩就好比語言實驗室，現成的人類語言起源觀察站，而小史蒂凡的言談也一直影響班雅明的寫作，直到他離世為止。另一方面，班雅明顯然也在兒子身上找到了他想找的東西，那些源自或注入他自身知識興趣裡的母題與實踐，包括心靈感應現象、用身體模仿無生命體和無意識的表現。對班雅明以外的讀者來說，這份童言手冊還是一份語言社會學紀錄，可以見到家庭生活如何形塑語言——以班雅明工作為中心的家庭生活。班雅明記得史蒂凡說的第一個詞是「安靜」，肯定多半出自媽媽口中，因為爸爸在讀書或寫作。有個小故事，顯然是保母雷貝茵轉述的，很能說明這一點：

> 我們不在現場——因為我有東西得寫，這幾天一直要求房子裡要安靜——廚房裡只有他和雷貝茵。他說：「雷貝茵要安靜，他現在必須工作，安靜。」說完他就沿著黑漆漆的樓梯走上樓，打開兩扇門進了自己黑漆漆的房間。過了一會兒，雷貝茵也上了樓，看見他站在黑暗裡一動也不動。他說：「不要吵他，雷貝茵！他真的必須工作。」[12]

這裡同時包含了數個母題：小孩利用角色扮演來彌補缺席的父親、家庭生活的一切都以父親的工作為重、小孩覺得工作就是一個人開心待在很暗的地方。父親對兒子的矛盾心理似乎也有跡可循。班雅明肯定非常欣賞兒子的語言天賦（至少對蒐集的這些資料極為看重），才會特地打字記下來分送朋友，並引用作家寫筆記的悠久傳統，戲稱這份紀錄是史蒂凡的〈意見與想法〉，而聖誕節來訪的軒恩也預言這孩子會有很大成就。但另一方面，班雅明對兒子學期成績的反應又很簡略，只提到「非常普通」（GB,

3:131），讓人無法不察覺他的冷漠。史蒂凡的女兒孟娜（Mona Jean Benjamin）日後回憶，她那位博學的倫敦書商父親很不喜歡提到自己父親。「他發現自己很難談論對方，那人對他與其說是父親，不如說是一個讀書人，感覺很遙遠，對他的印象就是會從國外買玩具給他的人。」[13]

這段時間，班雅明和弟弟妹妹的往來也變多了。妹妹杜拉當時還住在家裡，因此每天都會遇到；弟弟格奧格雖然搬出去，但仍經常造訪德爾布呂克大宅。妹妹杜拉在父母家附近的格呂內瓦爾德區俾斯麥女中讀書，但該校文憑無法讓她申請大學。儘管普魯士一九〇八年就通過法律，賦予女性和男性同等的就學機會，但在一九一八年，全普魯士只有四十五所學校授予女性申請大學必須的高中畢業文憑，[14]於是杜拉只能去上專為女性申請大學開設的私人課程。一九一九年，普魯士政府再次放鬆限制，允許女性就讀男校。杜拉立刻抓住機會進了格呂內瓦爾德實用文科完全中學，也就是二哥格奧格一九一四年畢業的學校。一九二一年，杜拉從完全中學畢業，之後陸續在柏林、海德堡和耶拿讀大學，最終於一九二四年拿到格來斯瓦德大學博士學位，論文題目是育兒對在家工作的服裝業女性的影響。[15]一九二〇年代，杜拉除了將論文修

圖十七：班雅明的妹妹杜拉，一九二〇年代末。柏林藝術學院班雅明檔案館。

訂成書出版，還在《社會實踐》（*Soziale Praxis*）雜誌發表了不少相關主題的文章，成為公認的無產階級工作與家庭相關議題專家。杜拉的研究，加上她和未來的兄嫂希爾妲是密友，使得她與二哥格奧格非常親。格奧格小班雅明三歲，由於戰爭中斷學業，以致一九二三年才拿到醫學博士學位。他一九二〇年加入獨立社會民主黨，一九二二年改加入德國共產黨。雖然班雅明和妹妹的關係直到一九三〇年代都很緊繃，卻常和弟弟見面，尤其班雅明轉為極端左派之後，兄弟倆就更親了。一九二六年初，格奧格和希爾妲成婚，班雅明表示弟弟將希爾妲「調教」成共產黨員，令她父母親「煎熬加倍」。（C, 288）這兩個說法都缺乏事實根據。雖然希爾妲是因為造訪杜拉而認識格奧格的，但她成為左派是自己的選擇，之後才發現和格奧格志趣相投。一九二〇年代，格奧格和希爾妲在共產黨內地位愈來愈高。格奧格一九二五年獲聘為柏林威丁區市立學校校醫，並持續發表學術和大眾文章，討論公共衛生問題，以便幫助無產階級孩童。希爾妲拿到法律學位之後開始為執業做準備。她一九二九年取得律師資格，一九五〇年代擔任法官，以嚴厲對待共黨政權反對者著稱，一九六三至六七年出任東德司法部長。但一九二六年她和格奧格成婚時，兩人只在威丁擁有一間小公寓。那裡就像沙龍，常有共產黨員和左傾資產階級知識分子的聚會。

自一九一七年以來，班雅明頭一回手上沒有大案子可忙（除了普魯斯特翻譯，但接下那份工作主要是經濟考量，而非知識上的要求）——所謂大案子是指足以寫書的篇幅。不過，班雅明察覺到一件事，只要他能成為引介當代法國嚴肅文學的主要管道，就有機會在德國出版界取得一席之地。由於他非常熟悉當代法國文學，因此便下定決心，要將「這個單薄的事實織成紮實的底子」。一九二五年底至二六年初，班雅明寫作量不高，閱讀量卻「大得嚇人」，而且絕大多數是法文。（C, 288）但他讀的那些書也滿足了他的其他興趣，例如讀托洛斯基談政治（以及關於盧卡奇和布哈林世界史論的辯論〔GB, 3:133〕），讀克拉格斯和柏努利談瑞士法學家、歷史學家兼母權論者巴霍芬。班雅明曾經告訴修勒姆，並且於一九三〇年代不斷以各種說法表達這件事，「對決巴霍芬和克拉格斯是不可避免的；許多事都表明，這場對決只能從猶太教神學的角度進行。當然，兩位大學者也察覺這裡是大敵之所在——而且不無道理。」（C, 288）儘管其後十五年，班雅明數度提及這場「對決」，卻始終沒能按他心中所想，對巴霍芬和克拉格斯寫下他的定論。此外，班雅明一如以往，閱讀了大量偵探小說。直到現在，他才在與克拉考爾的書信往來之間，逐漸看出一條途徑，能將個人愛好（例如偵探小說）化為嚴肅探討的對象。結果就是班雅明或許是偵探小說史上唯一從體液說切入的人：他告訴克拉考爾，偵探的形象和這套老學說吻合得「令人不安」，不只有黑膽汁般的憂鬱，還有黏液般的冷靜。（GB, 3:147）

這段期間，不論動手翻譯或試著逃避，普魯斯特始終掛在班雅明心裡。部分原因可能來自他察覺對方的「哲

圖十八：格奧格，一九二〇年代末。柏林藝術學院班雅明檔案館。

學視角」和自己非常接近：「我〔之前〕讀他寫的任何東西，都覺得我們靈魂相通。」（C, 278）希米德（Die Schmiede）文學出版社一九二五年向加利瑪出版社取得了《追憶似水年華》版權，並於同年出版作家肖特蘭德（Rudolf Schottlaender）翻譯的第一卷，但評價極差。當時，年輕的羅曼語學者庫爾提烏斯（Ernst Robert Curtius）剛發表使他成為頂尖中世紀專家的作品。他大力批評這個版本的《追憶似水年華》，指出譯文不僅拖沓，而且錯誤百出。這番評論讓加利瑪出版社的編輯大為震驚，甚至請出法國大使勸阻希米德出版社。一九二六年秋，班雅明和好友黑瑟爾跟希米德出版社商討這本小說的全譯事宜，包括重譯已出版的第一和第三卷，同年八月兩人就譯完了第二卷。最終，兩人完整翻譯了其中三卷，還有一卷譯了部分內文。其中《在少女們身旁》德文版一九二七年由希米德出版社出版；希米德倒閉後，《蓋爾芒特家那邊》一九三〇年由皮珀出版社（Piper Verlag）出版。班雅明一九二四年夏天在卡布里島上嘔心瀝血完成的《所多瑪與蛾摩拉》則從未出版，譯稿也佚失無蹤。至於《女囚》，黑瑟爾和班雅明還沒譯完就中斷了。「你讀我譯的普魯斯特，可能讀不太下去，」他寫信給修勒姆：「除非發生什麼不尋常的事，我的翻譯才會變得可讀。這件事本來就非常困難，加上許多原因，讓我只能給它很少時間。」（C, 289）其中一個不算小的原因就是譯酬偏低。另外，就文字風格而言，他發現普魯斯特那種枝節蔓生的句子無法翻譯，又時常綿延不絕，「基本上和法語的精神存在著張力，並且……原文之特別有很大部分源自於此」，而德文則無法如此「迂迴與充滿意外」。（C, 290）然而，在和翻譯纏鬥過程中，卻也令他想出不少極為出人意料的新穎表達，非常切合這位偉大的法國小說家。「他的天才最有問題的一面，就是他完全去除了道德觀點（des Sittlichen），以及對一切物質與精神事物的觀察極其細微。我們或許可以將之（部分）理解成這間巨大實驗室裡的『實驗程序』，時間是實驗主題，而實驗室裡有著成千上萬的反射鏡、凸面鏡與凹面鏡。」（C, 290-291）班雅明後來在一九二九年發表了〈論普魯斯特的形象〉，文中對這項觀察做出更細緻的闡述，這篇文章也成為文壇早期對這位小說家和這部傑作的出色評論之一。

班雅明還接到另一項工作，替新版《蘇聯大百科全書》撰寫三百行的歌德條目，牽線人可能是萊希。儘管這篇介紹直到一九二八年後半才面世，並經過刪節，但班雅明寫得無比投入，且不乏戲謔。「接下這份工作本身就帶有神聖的放肆，讓我深受吸引，」他寫道，「而我想我應該能生出合適的東西。」（C, 294）其間，班雅明跟格奧格夫婦及他們在威丁的朋友熱烈討論了歌德在當代左派文化中的角色。根據那些討論，以及他對十九世紀文學史的廣泛涉獵，班雅明指出從馬克思主義的角度剖析歌德，讓我們得以將天神帶入凡間，將歌德放進歷史之中，成為名實相符的文學史的一部分：

> 我對於上個世紀中葉文學史的書寫方式感到非常驚訝，尤其是施密特（Julian Schmidt）的三卷本《萊辛逝世後的德國文學史》展現的影響力——它有著清晰的輪廓，就像結構精美的簷飾。由此可見將這類書當工具書來寫失去了多少，而晚近學術技巧（無可指摘的）要求和實現作為生命鮮明意象的理型（eidos）並不相容。同樣令人驚奇的是，這位頑固編年史家的客觀心態竟隨著歷史距離增加而提高，而他表達判斷時的慎重與不慍不火（這是晚近文學史的典型特色）則展現出當代品味的淡漠乏味，其原因正是它缺乏可能產生平衡作用的個人元素。（C, 308）

班雅明深知霍夫曼斯塔爾對他的恩情，因此在為這位前輩作家的新劇《塔》撰寫評論時，他打定主意要美言幾句。然而，這齣劇硬是想從卡爾德隆的《人生如夢》擰出一齣現代悲苦劇來，讓班雅明心生疑慮。早在撰寫評論之前，他就向修勒姆表示，儘管他還沒讀劇本，但「打從一開始，我私下的看法就很明確，與之抵銷的公開看法也很清楚了」。（GB, 3:27）

隨著柏林的漫長冬天告一段落，班雅明的心再次渴望著離開。大理由已經有了，就是他需要對當代法國文化進行更多實地考察；只差一個小誘因，就能讓他搭上火車離開德國。而這個誘因來自黑瑟爾與海倫（Helen Grund），他們夫妻倆邀請班雅明到巴黎南郊的豐特奈歐羅斯暫住，繼續翻譯普魯斯特。班雅明接受了邀請，但他沒有寄住在黑瑟爾家，而是選擇「體驗一次住旅館的感覺」。（C, 293）三月十六日，班雅明住進蒙帕納斯當費爾—羅什羅廣場附近的正午飯店。除了加快翻譯進度以便早點拿到譯酬，他還希望自己成為德國頂尖的法國文化評論家。他知道若想實現這個目標，就得加強法語口說與書寫能力，掌握法語的實際「節奏與溫度」，才可以和頂尖的法國作家與知識分子建立真正的連結。（C, 302）但班雅明到法國還有其他理由。他的財務狀況仍然極不穩定，而他覺得法國生活費可能只有德國的一半，甚至三分之一。再說，除了黑瑟爾夫婦，尤拉也住在巴黎，她對他的吸引力依然不減。

巴黎的春天喚起了班雅明在卡布里島感受過的無邊活力。「春天來臨，我在這座城市目睹的景象無異於一場恐怖攻擊：短短一兩晚，綠意就在城裡無數角落爆發開來。」（GB, 3:141-142）班雅明沉迷於信步漫遊。他走過書攤成排的河岸，走過一條條大道，也走過偏僻的工人區。和在柏林一樣，班雅明在巴黎也成為咖啡館常客，尤其偏愛圓頂咖啡館（Café du Dôme）。他總是不忘尋找物美價廉的餐館，也曾興奮敘述下榻旅館附近有一家驛站供應便宜套餐。他還去了塞尚和恩索爾（James Ensor）的作品大展，增加自己對現代主義藝術的認識。班雅明很高興新環境激發了他的創作力。「我發現了一種可以誘使精靈幫忙的神奇習慣，那就是早上一起床便坐定工作，不用更衣，也不讓手或身體碰到一點水，甚至滴水不喝。在當日進度完成前，我什麼事也不幹，早餐更不用說。這會引發你所能想像最古怪的副作用。這樣我下午就能做自己想做的事，或只是在街上閒逛。」（C, 297）

班雅明的嗜好不是只有白天閒逛而已。初到巴黎不久，他就告訴尤拉自己工作異常順利，因為他花了無數個晚上「將巴黎盡收指尖」。（C, 292）有些晚上，他會出門滿足自己對大眾文化的興趣，例如去看冬季馬戲團，欣賞小丑家族弗拉泰利尼（Fratellini）的演出。班雅明覺得他們「精彩得超乎想像，而且他們的名氣應該比你猜想的高出一倍，因為他們現在的名氣是靠舊把戲或熱門橋段，而不是靠『現代』招式掙來的」。（GB: 3:172）此外，班雅明還在《文學世界》發表了一篇報導，介紹一齣在私人表演工作坊演出的超現實主義鬧劇。不過，他對超現實主義藝術的看法依然矛盾，覺得整齣劇「很糟」。反倒是巴黎大眾文化的陰暗面效果完全不同，讓他在信裡熱情寫下之前沒發現的手風琴舞廳（bals musettes）和猥褻舞廳。至於在性交易世界的探險，通常是跟黑瑟爾或蒙喬森、或者三人一起，這部分班雅明提得比較隱晦，始終不曾明講他們三個德國人在巴黎地下世界的探索性質為何，只回憶他們「過去幾晚憑著可靠的指引，在城市老舊石頭外衣的美妙皺摺裡摸索」。（GB, 3:166）朵拉日後的描述讓我們多少有些概念：一九二〇年代末，她在離婚官司裡指出，黑瑟爾那些年持續供應不知檢點的年輕女人給她丈夫。

對於巴黎的地下世界，這兩位德國朋友比班雅明有經驗得多。作家兼出版商蒙喬森於一九一二年搬到巴黎，隨即打入蒙帕納斯的藝術家圈子，並結識了黑瑟爾和海倫夫婦。一九一四年，黑瑟爾在軍中服役（楚浮電影《夏日之戀》裡的弗圖尼奧〔Fortunio〕便是以他為藍本），蒙喬森和海倫展開長期地下情，之後又和羅蘭珊（Marie Laurencin）相戀。跟黑瑟爾與班雅明一樣，他這時期主要以報導和翻譯為生。班雅明從他身上獲得的遠不只是智識上的刺激：他這位朋友似乎總有是迷人的女性為伴，而且經常不忘也替他找一個迷人的女伴。某天他們到香堤邑和桑利斯旅行，蒙喬森的「當地愛火」是「一位不太出名、卻毫不令人厭倦的女畫家。對方丈夫完全成了背景，簡直難以形容」。儘管班雅明並未提及自己女伴是誰，但倒是對尤拉這樣說：「我感覺那位可愛的異邦人目前正是我的菜。我們兩人就屬當情侶時最愉快了。」（C, 296）

一九二〇年代，黑瑟爾成了班雅明的密友。早在慕尼黑求學階段，黑瑟爾就已經是施瓦賓波希米亞圈的核心成員。一九〇三到〇六年，他和貧困潦倒的雷文特洛伯爵夫人一起住在考爾巴赫街六十三號知名的「角舍」（Eckhaus）裡，同居者還包括她前後期的戀人，如克拉格斯和沃夫斯凱爾。這場「共

圖十九：黑瑟爾，約一九二八年。烏爾斯坦圖像社（ullstein bild）／紐約格蘭傑收藏（The Granger Collection）。

產生活」實驗不僅讓黑瑟爾接觸到宇宙圈，還認識了德國現代主義最頂層的關鍵人物，包括里爾克、喬倫斯基（Alexej von Jawlensky）、維德金和帕尼薩（Oskar Panizza）。[16]後來黑瑟爾中斷學業，並和雷文特洛伯爵夫人分手，接著搬到巴黎，常在蒙帕納斯藝術圈出沒。他在圓頂咖啡館遇見未來的妻子海倫和藝術收藏家兼經紀人羅謝（Henri-Pierre Roché），海倫當時還是一位年輕的藝術系學生。黑瑟爾還認識了巴黎現代主義的核心人物，包括畢卡索、葛楚・史坦（Gertrude Stein）、畢卡比亞（Francis Picabia）、雅各（Max Jacob）和杜象（Marcel Duchamp）。大戰從軍歸來後，黑瑟爾帶著海倫到慕尼黑南郊的謝夫特拉恩村過起退隱生活，其間上演了一連串的三角戀，不只牽涉黑瑟爾夫婦和羅謝，連海倫的姊姊尤漢娜（Johanna）和她丈夫、黑瑟爾的哥哥艾弗瑞德（Alfred）也被捲入其中。直到最近，黑瑟爾留給後人的印象仍然是他在這些婚外情裡的角色。楚浮的《夏日之戀》便是根據羅謝一九五三年的同名自傳小說改編而成。黑瑟爾夫婦在強烈體驗了電影裡描繪的三人行後決定離婚，但於一九二二年再婚，並以極開放的方式在巴黎同居。海倫至少可以講出六個和黑瑟爾長期交往的年輕女性。黑瑟爾除了繼續為羅沃爾特出版社執行大案子和翻譯普魯斯特，還在寫他的第三本小說《秘密柏林》。儘管他是《拱廊街計畫》的幕後推手，卻和班雅明一樣對日常柴米油鹽毫無概念，也和好友一樣其貌不揚。在他兒子史戴凡（Stéphane）印象中，黑瑟爾「近乎全禿，個頭矮小又有些肥胖，臉龐和動作給人溫柔的感覺。他在我們眼中就像心不在焉的聖人，活在自己的世界之中，和〔自己兒女〕幾乎沒有什麼關聯。他口才不算好，對自己的表達方式非常講究，很喜歡玩調度文字的遊戲」。[17]

班雅明和海倫的關係頗為複雜。他雖然討厭對方努力對他施展「社交手腕」，卻喜歡對方挑逗自己，也喜歡自己「決心不殷勤回應」。（C, 296）海倫有不少理由住在巴黎。她作為時尚評論家正開始累積可觀名聲，同時也是《法蘭克福報》駐巴黎時尚記者（班雅明後來在《拱廊街計畫》論時尚那一章引用了海倫的報導）。此外，這份工作還讓她得以接近愛人羅謝，這點也不容忽視。

一九二〇年代，班雅明和黑瑟爾常在柏林和巴黎結伴漫遊，這件事的重要性再怎麼強調也不為過。對黑瑟爾來說，當他在城市叢林裡散步時，心裡完全明白這種漫遊和現代性固有的工具性是對立的。他稱呼信步而行是「純粹無目的的樂趣」。「散步能將你從多少有幾分可憐的私人生活當中解放出來，這是它無比迷人的一面。散步時，你和一連串的陌生環境與命運為伍，彼此溝通。當真正的漫遊者在理想的漫遊（flânerie）之城裡巧遇熟人，瞬間變回明確個體時，最能意會到這一點。」[18] 隨後幾年，班雅明不僅研究當代法國文化，還探討了十九世紀出現的都市商品資本主義的各種文化展現，並將標題暫定為《拱廊街計畫》。過程中，他開始定義巴黎的漫遊者（flâneur）。這個形象主要藉由波特萊爾的詩和印象派的

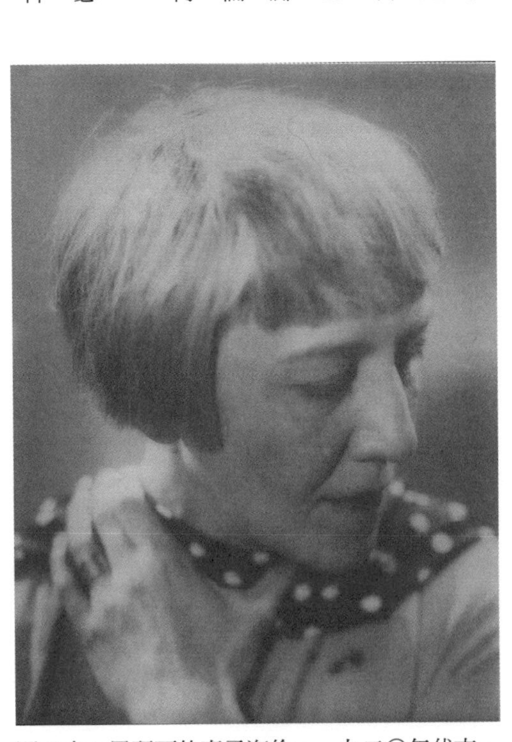

圖二十：黑瑟爾的妻子海倫，一九二〇年代末。© 布雷斯勞爾（Marianne Breslauer）／瑞士攝影基金會（Fotostiftung Schweiz）。

繪畫傳遞給我們，並足以稱作現代意識的原型。而黑瑟爾以他天生的鑑賞力、睿智的分心和成熟的偷窺傾向，成為現代漫遊者的至高體現。當他們倆走在大城市的街道上，班雅明腦中必然浮現出那些想法的雛形，進而寫下無疑是二十世紀對現代性最引人入勝的分析。

如果說黑瑟爾和散步教會了班雅明什麼是漫遊式的現代觀察，那麼他和克拉考爾的交流則幫他確定了什麼將是他獨特的思考主題。黑瑟爾著重對都市生活特定面向進行自發成形的光學式洞察，克拉考爾則強調城市的物質性與外部性，側重城市的常見物品、肌理與表面結構，並反映在那時期完成的作品裡，如〈兩個平面〉、〈城市地圖分析〉和〈旅館大廳〉等等。旅居巴黎期間，班雅明更加積極地與克拉考爾書信往來，兩人開始分享自己未發表的研究成果。一九二五年三月十五日，克拉考爾在《法蘭克福報》發表〈旅遊與舞蹈〉，文中使用的文化分析手法，和資本主義現代性促成的新社會形式正相呼應。克拉考爾聚焦旅遊和舞蹈這兩項「時空激情」，指出這類大眾流行活動已經演變成排解現代社會無聊與雷同性的管道：旅遊只是接觸不如日常環境那麼「熟悉無感」的空間的一種體驗，而舞蹈則是「節奏的再現」，將人的注意力從時間次序轉移到對時間本身的思索之上。[19]從不少角度看，這篇短文都對克拉考爾非常重要。它顯示克拉考爾轉而關注日常現代性的形式與產物，認為由此可以窺見一整個歷史時代的特質。隨後數年，克拉考爾陸續發表了〈分心崇拜〉、〈城市地圖分析〉、〈卡利哥世界〉和〈去看電影的女店員們〉等文章，對當代文化做出了精彩的探討與批判。他尤其定焦於柏林豐富多樣又極度活躍的休閒世界，例如踢樂女孩（Tiller Girls）的踢腿舞、電影、購物和暢銷書等等。這些文章的最大成就，或許就是將威瑪時期的批判目光轉向傳統文化中被斥為短暫而且，嗯，很「表面」的表面現象。

班雅明和克拉考爾交流密切，因為他不僅將研究目標轉向法國及蘇聯，也轉向大眾流行與日常現象。克拉考爾對城市生活敏銳且時而細微的形相學式考察，徹底改變了班雅明的作品走向，讓這位後起之秀不斷指出兩人的觀察方式有了新的「交會」。某次在信裡，班雅明先讚美了克拉考爾的短文〈中海拔山脈〉（Das Mittelgebirge），接著寫道：「我認為你只要繼續探索小資產階級關於夢想與渴望的陳腔濫調，就會遇上美妙的發現，而我們或許會在我過去一年全力鎖定的目標相會：明信片。或許哪天你會完成我等了好久卻不敢親自動手的工作，撰文討論集郵的救贖意義。」（GB, 3:177）在寫給朋友分享巴黎經驗的信裡，班雅明強調自己接觸巴黎是從其「外部性」開始，也就是街道分布、交通系統、咖啡館和報紙。因此，是克拉考爾向班雅明展示如何運用一套明顯只適用於智識文化菁英頑強客體的理論，讓周圍的世界向他敞開。

對這兩位作家（尤其班雅明）而言，轉向大眾流行文化連帶促使他們重新思考，如何撰寫評論才算對歷史和政治負責。一九二六年，班雅明從巴黎寫信給克拉考爾，信裡清楚表明他顯然知道轉向需要新的直接與透明：「隨著時間推移，我作品裡的意義（das Gemeinte）變得更加明晰。對作家來說，沒有什麼比這更重要的了。」（GB, 3:180）幸運的是，班雅明風格與焦點的逐漸轉變留有明確紀錄：《單向街》。這本蒙太奇之作寫於一九二三至二六年，不僅讓我們一窺班雅明威瑪時期撰寫評論最常用的新散文體，也就是思想圖像，更可說是新批判方法的使用指南。《單向街》一九二八年初版，由六十篇散文構成，每篇從文類、風格到內容都大不相同。既有格言、笑話和夢境紀（Traumprotokollen），也有固定的描寫套路，包括城市、大地和心靈景觀；既有片段的書寫說明書，也有尖銳的當代政治分析，以及對兒童心理、行為與情緒的先見之明。書中對資產階級時尚、生活型態和求愛模式的解碼，是羅蘭・巴特《神話學》的先聲。當然還有那一段又一段直搗日常事物核心、班雅明後來稱作「探索商品靈魂」的精彩文字。

《單向街》有不少篇章最初都發表於報紙和雜誌專欄，而這種體裁也大大左右了後來書裡所用的散文體。專欄（feuilleton）是十九世紀法國政治刊物和報紙的發明。儘管它可以說是現今報紙藝文副刊的先例，但有幾點明顯不同：一、專欄沒有獨立版面，而是在每版下方三分之一，由橫線隔開（德文常稱專欄在「線下」〔unter dem Strich〕）；二、專欄主要是文化評論和長篇文學連載，但其他內容也不少，包括小道消息、時尚評論與各種短文，例如格言雋語、文物和文藝快訊等，通常稱作「短評」。一九二〇年代，不少知名作家曾調整寫作方式以符合專欄要求，其中「小文」（kleine Form）迅速成為威瑪共和時代文化評論與批評的主要文體。作家彭佐特（Ernst Penzoldt）如此界定「小文」的主題：「對大小世界的詩意觀察、日常經驗各種迷人之處、隨興漫遊、奇妙巧遇、情緒、感傷絮叨，以及諸如此類的內容。」[20]威瑪共和最後二十年，「小文」風行的程度讓人感覺它已經跟都市現代性成了同源語。一九三一年，特吉特（Gabriele Tergit）出版小說《凱瑟比爾征服選帝侯大道》，書中描述柏林一家日報社想請作家蘭貝克定期撰文描寫柏林。「蘭貝克很心動。能將自己的經驗透過優雅散文直接傳遞給某人，而不只是積在心裡，感覺一定很愉快……蘭貝克說：『請讓我徹底考慮你的邀約，我只是不曉得小文這種體裁適不適合我。』」[21]

小文顯然很適合班雅明。《單向街》首篇〈加油站〉便是支持小文的號召。「文學要產生重大影響，行動和寫作就必須嚴格交替才有可能。要培植不起眼的體裁，如傳單、小冊、報刊文章和標語等等，因為比起書的做作與博學姿態，這些體裁更能讓文學在行動團體內發揮影響。唯有這等敏捷的語言才能應付當下而不示弱。」(SW, 1:444）隨後幾篇，班雅明更不時語出驚人，表示殘篇優於成品（「作品是構想的遺容面模」）、即興勝過「能力」（「所有致命一擊都出自左手」）、做壞和殘屑好過精雕細琢（孩童會將「種類天差地遠的材質，以嶄新、直覺式的關聯」將它們組在一起）。（SW, 1:459, 447, 450）班雅明認為，在資本主義現代性裡，傳統體裁根本再也無法存活，更別說提供架構，讓我們對資本主義現代性的結構、作用與效果得出有意義的洞察了。「文字過去受到書的庇護，得以在書中自主自律，如今卻被廣告無情拖到街上，被迫屈從於經濟混亂的殘暴他律。」(SW, 1:456）這些看法意味著，班雅明深信真正的批評都是由「道德問題」所驅動：「批評家是文學戰場上的戰略家。」(SW, 1:460）

班雅明對寫作的嶄新理解，來自他政治意識的演變。一九二六年五月二十九日，他在寫給修勒姆的信裡有一段關鍵文字，清楚表明了立場。這個立場出自他對歐洲當時局勢的直接回應：「我們這個世代的人，只要感覺和明白自己身處的歷史時刻不只是文字，而是一場戰鬥，就不能停止研究和實踐事物（及環境）與群眾的互動機制。」班雅明當然清楚好友對這封信會作何反應：修勒姆之前就已經指控他背叛了自己先前的作品與信念。這封信值得注意之處，在於他嘗試從宗教儀式的角度來看共產主義政治學。「就其典型而言，我不認為〔宗教和政治儀式〕有任何區別，但也不認為兩者存在調解的可能。」[22] 班雅明認為兩者無法調解，只承認兩者能互相「弔詭反轉」成對方。這種反轉「無情而激進」，其任務「不是一勞永逸地做決定，而是每一瞬間都在做決定……若有一天我加入共產黨……對於最重要的事，我的立場會是永遠激進向前，絕不考慮後果」。在這段個人信條自述的結尾，班雅明隱晦重申自己受昂格爾《政治與形上學》啟發而得出的想法。他認為「共產主義的『目標』既無意義，又不存在」，但「這絲毫無損共產主義行動的價值，因為共產主義行動就是對其目標的修正，因為有意義的**政治**目標並不存在」。（C, 300-301）不論是無政府主義或共產主義，政治行動唯有替有意義的宗教經驗創造空間，它才有用。

靠著黑瑟爾夫婦領路，班雅明打進了幾個法德移民知識分子圈。他在黑瑟爾家不僅認識了畢卡比亞和嘉百麗（Gabrielle Picabia）夫婦，還結識了畫家巴爾蒂斯（Balthus）的作家兼譯者弟弟科羅索夫斯基（Pierre Klossowski）及攝影師芙倫德（Gisèle Freund），三人於一九三〇年代往來密切。儘管如此，班雅明始終強烈地感覺到自己在巴黎是邊緣人，以及一個沒沒無聞的德國知識分子想打進法國文化圈又有多麼困難。他發現，「雖然有那麼多人樂於跟你交際十五分鐘，卻沒有人特別想跟你有更多接觸。」（C, 301）對此，他的解決方法就是對這座城市「不斷求愛」，而且他還有一個得力助手，那就是時間。既然他無路可走，反而對自己的處境有了全新的耐性。於是，班雅明去看了「非常有意思」的《奧菲》首映，結識了導演考克多（Jean Cocteau）；他去聽梵樂希（Paul Valéry）演講，結識了《新法蘭西評論》總編輯博蘭（Jean Paulhan）。班雅明彷彿走進了普魯斯特的小說一般：透過蒙喬森介紹，他數度踏入高雅的巴黎貴族圈，發現他們「仍然保有舊時藝術贊助人的習慣」。（GB, 3:130）他去普爾塔雷斯伯爵（comte de Pourtalès）的沙龍聽演講，那裡「擺放著昂貴的家具，紳士淑女點綴其間，個個面容邪惡到極點。你只會在普魯斯特小說裡見到那種樣貌」。他還曾經受邀到一家高級餐廳參加巴薩諾公主（Princess di Bassiano）的早宴：「餐點從大量的魚子醬開始，之後一直維持這種派頭。烹調在餐廳中央的爐子進行，所有菜餚都在你面前製作、上菜。」（C, 296）儘管他經常感到無聊，也常訝異於這些活動的膚淺與附庸風雅，偶爾還是不免露出劉姥姥進大觀園的姿態。

雖然他嘗試被巴黎知識分子接受的努力不算成功，但在巴黎的時光卻不乏老朋友與新朋友陪伴——以及愈來愈多的打擾。他刻意結識了奧地利記者小說家羅特（Joseph Roth）。羅特一九二三至三二年擔任《法蘭克福報》記者，一九三二年出版了《拉德茲基進行曲》記述奧匈帝國的衰亡。他在巴黎替《法蘭克福報》撰寫專欄期間，班雅明聽從了克拉考爾的建議主動聯繫對方。儘管這兩位作家始終不曾建立親密的友誼，但不時會在柏林和巴黎見面，直到羅特一九三九年過世為止。之後幾個月，班雅明和布洛赫的會面次數就和他跟黑瑟爾一樣頻繁，但他始終無法克服心裡對好友的批判——甚至懷疑對方偷了他的點子。「布洛赫是個不凡的人，」他在信裡告訴尤拉，「我尊敬他，因為他是最理解我作品的鑑賞家（他對我作品的理解比我高出許多，因為他不只熟悉我寫的所有東西，還很清楚我多年來說過的每一個字）。」（C, 299）那年四月，當班雅明得知布洛赫的作品在耶路撒冷流行了起來，曾經語帶嘲諷告訴修勒姆「這表示大家的直覺變得太遲鈍了」。（GB, 3:315）

儘管尤拉是班雅明前來巴黎的誘因之一，但他到巴黎沒多久，尤拉就離開了，於是他剩下時間都在思念中度過，信裡話語也愈來愈親密。他常提到對方替他做的頭像變得很有名。「我常常想妳，」四月三十日，班雅明這樣寫道，「尤其常常希望妳在我房裡。這裡完全不像卡布里島的房間，但妳應該會覺得合理，而我也覺得**妳在這裡很合理**……我希望妳察覺到我很珍視妳，特別是現在，在我下筆此刻，就像手輕撫著你。」（C, 298; GB, 3:151）雖然班雅明不敢直接要求尤拉離開丈夫（尤拉一九二五年十二月和他的老友拉特結婚），卻催她獨自前來巴黎：「妳如果過來，我們就終於有一回相聚不是純屬巧合了。我們已經老到可以這樣做，這對我們都好。」（GB, 3:171）班雅明那些年寫給尤拉的信，強烈透露兩人斷斷續續有著肉體關係，而且想方設法不讓拉特發現。其實班雅明剛到巴黎不久，薩洛蒙—德拉圖也來過，但班雅明察覺兩人已經漸行漸遠，提到這位法蘭克福來的支持者和密友「悄悄地來，又靜靜地走了」。（GB, 3:157）軒恩夫婦五月來訪，讓日子熱鬧不少，同行夥伴還有俄國移民攝影師史東（Sasha Stone）。班雅明和他在G團體認識，後來《單向街》的蒙太奇封面便是由他提供。

不久後，班雅明的巴黎之行被迫中斷，因為七月十八日他父親突然過世，於是他回到柏林待了一個月。自他結婚以來，班雅明就和父親常起衝突，因為他始終認為父親有責任支持他的知識抱負與作家生涯。不過，由於那段時間他們常住在同一個屋簷下，因此除了說話互相傷害，偶爾還是有親密的父子時光。一九三〇年代初，班雅明寫過幾篇自傳式文章，其中的父親形象就算有些疏遠威嚴，但對他

圖二十一：尤拉創作的班雅明頭像，史東（Sasha Stone）攝影。柏林藝術學院班雅明檔案館。

絕對充滿關愛。因此，失去父親讓他花了一段時間才恢復。之前在巴黎，班雅明就時常深陷抑鬱，讓他飽受困擾。他在描述巴黎的快樂時光後，不忘提醒尤拉「記得這種炎熱的假日陽光不會天天照在我身上」。（C, 297）但當他服喪完重返巴黎，卻開始出現新的症狀，而且很嚴重。布洛赫發現老友有自殺傾向；當班雅明回到柏林，布洛赫告訴朋友他「精神崩潰」過。

儘管班雅明深受憂鬱與神經疾病所苦，他在知識方面還是展開了新的冒險。他在巴黎停留的最後幾週，布洛赫和克拉考爾也住進了正午飯店。兩人立刻染上和班雅明一樣的習慣，三人經常在巴黎街上散步聊天直到深夜。布洛赫和克拉考爾齟齬多年。打從克拉考爾一九二一年在《法蘭克福報》將布洛赫的《革命神學家湯瑪斯．閔次爾》貶得一文不值，兩人就形同水火。然而，一九二六年八月下旬，當布洛赫在巴黎奧德翁廣場一間咖啡館巧遇克拉考爾，卻逕直走到對方面前問好。據布洛赫描述，「克拉考爾驚訝不已。在他那樣攻擊我，還有我那樣回應之後……我竟然主動上前，向他伸出我的手。」[23]三人住得如此靠近，使他們成為新的知識共同體。布洛赫想和班雅明一起建立一套「唯物論體系」，但是對班雅明來說，知識共同體仍然有其界線。他本來就不是好相處的朋友，尤其如果天天碰面的話，修勒姆對此便很有體會。布洛赫一次次出動他所謂的「激進樂觀」來對抗班雅明的憂鬱，但班雅明卻死抱著「悲觀堡壘」不放。就如班雅明在一九二九年那篇論超現實主義的出色短文所描述，「悲觀無所不在。絕對是如此。對文學的命運不信任，對自由的命運不信任，對歐洲人的命運不信任，但對一切的和解更是三倍不信任：階級之間、國家之間與個人之間的和解皆然。只有對法本公司*和空軍的平和完善無限信任。但再來呢？接下來又怎樣？」（SW, 2:216-217）布洛赫日後形容那段旅館時光就像染了「戰壕病」一樣。[24]

或許為了擺脫憂鬱與神經緊繃，班雅明和布洛赫一起去了法國南部。兩人於九月七日抵達馬賽。克拉考爾和女友（後來成為妻子）「莉莉」．愛倫芮琪（Elizabeth "Lili" Ehrenreich）先到一步，下榻於巴黎大飯店，離班雅明住的卡諾廣場雷吉納酒店不遠。從班雅明那幾週的書信明顯可以看出，他的狀態幾乎沒有改善。他告訴蒙喬森自己反反覆覆經歷精神崩潰，「就算中間好轉，也只是讓後來更糟。」（GB: 3:188）班雅明甚至告訴修勒姆「復原的機會恐怕不高」。其中一個焦慮來源是翻譯普魯斯特：「實際工作上的事有很多可以說。讓我補充一點……從某方面來說，這工作讓我身體不適。和這樣一位作家徒勞地牽扯在一起，看到他如此出色地追求和我類似的目標，至少和我之前的目標類似，偶爾會在我身上引發類似腸中毒的症狀。」（C, 305）班雅明甚至消沉到一反往常的習慣與偏好，幾乎沒去遊歷普羅旺斯的風景。唯一的例外是他和克拉考爾的艾克斯（Aix-en-Provence）一日遊。班雅明形容「那座城市凍結在時間之中，美得難以言喻」。兩人在城門外觀賞鬥牛，班雅明覺得鬥牛既「不恰當」又「病態」，克拉考爾卻得到靈感，寫下一篇名為〈小伙子與公牛〉的短文。[25]不過，馬賽之行倒是出了一件好事：班雅明結識《南方札記》（*Cahiers du Sud*）的編輯巴拉德（Jean Ballard），並說服對方刊載他還沒開始寫的普魯斯特隨筆。在班雅明日後流亡巴黎的那段日子，巴拉德也常是他堅定的朋友。

---

* 譯註：法本公司（IG Farben）成立於一九二五年，曾為世界上最大的化工與製藥企業，和納粹政權的關係密切，納粹用於猶太人大屠殺的毒氣齊克隆B便是由法本公司所製造。

和在那不勒斯一樣，班雅明開始描繪馬賽的樣貌。一九二九年寫完〈馬賽〉，隔年於《新瑞士評論》發表。正如同一般遊客的想像，這篇文章喚起的馬賽印象是座粗獷淫穢的海港城市，有如「一頭海豹張開發黃的咽喉，鹽水從齒間汩汩流出，將船公司扔給它的黑色與棕色無產階級軀體吞了下去……吐出油、尿與油墨的臭氣」。但班雅明接著強調，即使是最空乏鄙陋的街區，例如妓女巷，也仍然散發著遍布地中海的古典時代精神。「老舊門框上那些胸房豐滿的寧芙仙子和蛇髮女妖美杜莎的頭像，直到現在才明白成為專業公會的象徵。」這種對城市精神的召喚，其實促成了一種交響曲式的描述：這篇由十個小節構成的短文，正是想讓讀者感受到馬賽帶來的五官體驗。如同《單向街》書裡對十九世紀巴黎的研究，班雅明也對馬賽的邊界地帶特別感興趣，尤其是馬賽和普羅旺斯之間的郊區，他稱之為「城市的緊急狀態，不斷刺激城鄉決一死戰的地帶」。（SW, 2:232-233, 235）和在卡布里島一樣，班雅明的馬賽描繪也源自一場成果豐碩的談話，只是這回對象換成克拉考爾，而克拉考爾的〈兩個平面〉與〈南方的站立式酒吧〉也寫於他們兩人同在馬賽的時候。〈兩個平面〉和〈馬賽〉形成很有意思的對比。班雅明在文中嘗試捕捉城市精神，把握馬賽喚起的獨特感官體驗，克拉考爾則全力關注城市的表面幾何。造訪者完全受這個表面支配，困坐於如夢境般糾結的街道巷弄與市區廣場的冰冷理性之間。

班雅明只逗留一週就離開了馬賽，到聖拉斐爾附近的阿蓋村暫住，拉特夫婦正在那裡度假。雖然班雅明不時與他們見面，實際上卻等於進行了整整三週的獨處治療，只有斯特恩的《項狄傳》與他為伴。他讀的是十八世紀德文譯本，覺得這本書非常迷人。十月上旬，班雅明回到柏林，讓他離開巴黎的神經疾患依然沒有痊癒。他打算待到聖誕節，然後恢復「橢圓」生活，往來柏林和巴黎之間，並繼續翻譯普魯斯特。儘管故鄉如今對他沒什麼吸引力，但他還是在書裡尋找庇護，甚至嘗試「大規模重新擺放」自己的藏書，包括更新他一絲不苟製作的卡片目錄。雖然重新擺放的詳情如何，我們不得而知，但他動手前曾經表明自己會扔掉不少書，「只留下德國文學（最近特別偏好巴洛克時期，但因為經濟拮据變得很困難）、法國文學、宗教研究、童話與童書」。（C, 306-307）

十月回到柏林之後，班雅明驚惶發現，羅沃爾特出版社在履行合約出版他的作品這件事上幾乎毫無進展。不僅《德國悲苦劇的起源》和《單向街》都還沒付印，出版社甚至拒絕給他新的時間表。儘管他明白學術之門已經永遠關閉，但還是希望自己對這類巴洛克戲劇的研究能為他帶來其他可能，例如協助他在漢堡打進以沃伯格（Aby Warburg）為首的圈子。說到底，這個期望是有知識基礎的，因為《德國悲苦劇的起源》深受第一批維也納藝術史學派、尤其是里格爾的作品影響。沃伯格自己的早期作品也來自他和維也納學派的接觸，雙方看法也很類似。《德國悲苦劇的起源》裡的研究，以及書中透過歷史和社會向量構成的力場來理解這樣一種文學形式的做法，照理說應該使班雅明成為沃伯格學派的當然盟友才對。

此外，班雅明還努力和持續左傾的柏林文學圈子保持聯繫。他參加了一九二五社（Gruppe 1925）舉辦的一場「真的很怪」的集會。集會以庭審的形式進行，對象是左翼作家貝歇爾（Johannes R. Becher）一九二五年出版不久就被禁的新書《利未人或唯一的正義之戰》，並由德布林擔任檢察官，明星記者基施（Egon Erwin Kisch）是辯護律師。一九二五社的組成本身就很怪異，成員包括前表現主義者托勒爾（Ernst Toller）、艾倫斯坦（Alfred Ehrenstein）和哈森克萊弗（Walter Hasenclever），前達達主義者皮斯卡托（Erwin Piscator）和格羅茲（George Grosz），以及我們現在會將他們和新即物主義或新客觀主義連在一起的寫實主義作家貝歇爾、德布林和圖霍爾斯基（Kurt Tucholsky）。班雅明和其中不少成員在社交場合認識，例如布洛赫、布萊希特、德布林和羅特；其他人則是於一九三〇年代陸續與他有交集，包括偉大的奧地利小說家穆齊爾（Robert Musil）。

那年十一月，班雅明得知拉齊絲在莫斯科昏倒了，至今我們仍然不曉得原因是出自心理疾病還是神經疾患。班雅明十二月就趕往莫斯科陪伴她。儘管拉齊絲的崩潰是主因，但班雅明最終走訪俄國是不少因素互補造成的結果，從個人、政治到職業的考量都有。追求反覆無常的拉齊絲令人既喪氣又滿懷希望，[26]感覺就像嘗試在快速變動不居的文化領域裡立足，或是用文字捕捉莫斯科科技落後的城市生活一般（莫斯科在他筆下，被比作迷宮、堡壘和露天醫院）。

班雅明一到莫斯科，便與拉齊絲的伴侶萊希會合，兩人立刻一起去看拉齊絲。隨後幾週，兩人時常這麼做。拉齊絲在羅特療養院附近的街上等他們，班雅明發現她「戴著俄羅斯毛帽，神情熱切，臉因為一直臥病在床而有些浮腫」。[27]接下來幾天，萊希經常擔任地陪，帶班雅明遊覽莫斯科，不只參觀克里姆林宮和其他主要觀光景點，還去了幾個蘇聯重要的文化機構。班雅明很快就和萊希一樣，成為俄國無產階級作家協會（VAPP）總部「赫爾岑之家」（Dom Herzena）的常客。

班雅明的日記描述了他在莫斯科遭遇的巨大困難。當地冬季的嚴寒令人力竭，城市本身的格局更令人挫折到極點。人行道很窄又覆著薄冰，完全無法好好走路；好不容易終於適應，抬頭卻只見到堂堂的世界首都跟小城沒有兩樣，房子只有矮矮兩層，雪橇與馬車就跟汽車一樣多，是個「拼湊而成，一夜就被打回原形的大都市」。（MD, 31）班雅明感覺這座城市很大很散，卻又人滿為患。那種強烈的異國感——蒙古人、哥薩克人、佛教僧侶、東正教修士和形形色色的街頭攤販——在柏林根本無法想像。而他幾乎不懂俄文，所以始終無法融入，只能倚靠萊希和拉齊絲，後來則是依賴奧地利記者巴塞齊斯（Nikolaus Basseches）。巴塞齊斯是奧地利駐俄總領事的兒子，在莫斯科出生，之後也在奧地利使館工作。班雅明整天聽別人交談，只偶爾聽懂幾個字，看電影和看劇僅能倚靠簡略的翻譯。儘管他很努力成為蘇聯文學最新動向的專家，卻終究一個字也讀不懂。

訪俄期間，班雅明和萊希的關係很難形容。尤其頭幾週，萊希花了大把時間陪他，並分享自己在俄國文化機構內的人脈。兩個男人之間產生了某種親密感。萊希被迫搬離住處時，還常在班雅明的旅館房間過夜。然而他們又是對手，愛著同一個女人，只是兩位作家自認觀念解放，始終不曾直接承認這一點。一月十日，這層緊張關係終於浮出水面。兩人大吵一架，表面上是因為班雅明在《文學世界》發表的那篇論導演梅耶荷德（Vsevolod Emilevich Meyerhold）的文章，但班雅明很清楚，其實是為了拉齊絲。然而拉齊絲不僅知情，還刻意利用這種處境，偶爾給班雅明一個意味深長的眼神，或是親吻與擁抱，但常常只要能單獨陪在她身邊，班雅明就感激不盡了。其中一次獨處，班雅明告訴拉齊絲想和她生個孩子，拉齊絲說他們倆沒有在「荒島」上生兩個孩子，完全是他的錯，還舉出他曾經多次拒絕或逃離她。拉齊絲顯然很享受兩個男人給她的關注。當某位蘇聯將軍對她表示好感，班雅明出言反對，拉齊絲斥責班雅明，說他只是「家族朋友」（Hausfreund）——這個詞在德文裡是委婉的說法，用來指稱無所不在的男情人：「要是他跟萊希一樣蠢，沒有把你趕出去，那我不反對。但要是他把你趕出去，我也不反對。」（MD, 108）於是，他們兩人再次掉進卡布里島初識時的劇烈拉扯：拉齊絲「強硬得嚇人，就算再溫柔，也沒有愛意」，讓班雅明「愛恨」交織。（MD, 34-35）他發現自己陷入新的三角關係，令他清楚想起一九二一年的那段痛苦時光，自己的婚姻因為他被尤拉吸引而觸礁。如此看來，班雅明和萊希大吵後又寫了一封親密短信給尤拉，也就不那麼令人意外了：「妳應該不時試試離開拉特一個晚上，否則等我回去就會很『折磨』——我和妳都不想這樣。撇開我才能（正隨年紀增長而）衰退不談，柏林和莫斯科的距離似乎足以讓我期待妳的回應……兩個吻。妳把吻抹掉之後，記得立刻把信撕了。」（GB, 3:227）

還有一件事，也讓莫斯科那幾週宛如一九二四年卡布里島的翻版，情慾和政治以非常班雅明的方式交織在一起。當時他的作家生涯正處於關鍵階段——他感覺自己和同輩德國作家格格不入，於是便（和許多同輩德國作家一樣）寄希望於俄國，以排解「知識分子在資產階級社會裡面對自身宿命」的「危機感」。（MD, 47; C, 315; SW, 2:20-21）正是這份危機感，以及其中必然涉及的對階級利益與社會使命的考量，讓獨立作家的地位受到質疑。對此，班雅明再度代表同輩發聲，指出德國一戰過後的歷史發展其實屬於左派資產階級知識分子革命教育的一部分：激進化不是因為戰爭本身，而是因為一九一八年的革命向「德國民主社會的小資產階級暴發戶精神」投降。（SW, 2:20）從這個角度看，蘇聯便是「無產階級統治」的世界歷史實驗，對傳統階級社會進行嚴格控制下的解放與液化，不論工人或知識分子的生活，都在這套「新光學」的影響下，按照集體存在的「新節奏」連結在一起。

如今每天面對這種新節奏，班雅明不斷對俄國極為發達的政治意識與相對原始的社會組織的反差感到詫異。龐大的人口「顯然是極為強大的動力因素，但從文化的角度來看，卻是一股難以超越的自然力」。（GB, 3:218）一如所料，班雅明發現這種結構上的矛盾象徵性地展現在居家室內裝潢上。西方資產階級的室內裝潢強調舒適，如同《單向街》的〈配有豪華家具的十居室住宅〉裡形容的那樣，「巨大的餐具櫃爬滿浮雕，沒有陽光的角落擺著棕櫚盆栽」，「家具豪華卻沒有靈魂」，反觀俄國公寓基本上都沒有裝潢。「莫斯科所有機關團體裡，只有〔乞丐〕最可靠，只有他們拒絕讓步，其餘一切都以**改裝**的名義進行。屋裡家具每週都會換位置。這是他們唯一的居家享受，也是一種激進的手段，讓他們得以擺脫『舒適』，以及憂鬱症這個相應的代價。」（MD, 36）某次參觀一家工廠時，班雅明不僅注意到「列寧壁龕」，還察覺同一樣商品同時由手工和機器兩種方式生產。

旅俄期間，班雅明親眼見證了蘇聯文化政策的史達林化。一九二六年十二月二十六日，他從莫斯科寫信告訴尤拉，「公共生活很大程度帶有近乎神學的特質，而這裡公共生活的緊張程度大到難以想像，甚至封鎖了一切私人事務」——代表他幾乎不可能再和拉齊絲獨處。（C, 310）在擷取日記內容寫成的〈莫斯科〉文中，班雅明則是漠然表示「布爾什維克主義已經剷除了個人生活」。（SW, 2:30）俄國人各自孤立地活在既是住家，也是辦公室、俱樂部和街道的屋子裡。咖啡館生活已不復見，藝術學校和藝文圈子（cénacle）亦是如此。資產階級的安居自得、消費主義的商品崇拜，都以自由理智為代價而被抹除，而自由理智本身也已和自由貿易一起消失。

因此，俄國作家的立場在當時（列寧死後近三年）和其他歐洲作家並不相同，他們的活動具有「絕對公開」的性質，一方面代表更多的工作機會，另一方面卻也面臨更多的外部監督（根據班雅明在〈俄國作家的政治結社〉裡的分析〔SW, 2:6〕）。理論上，新俄國所有智識生活都有利於全國政治辯論，而在一九二六年底至二七年初的那個冬天，後革命的重建氛圍下，這類政治辯論主要還是不同政治結社間的言論競爭，不過當然以共產黨為主。即使共產黨的指令經常修改，卻沒有任何知識分子敢忽視，就像過去貴族贊助人的想法不容無視一般。

班雅明寫了幾篇論俄國社會與文化的文章（SW, 2:6-49），儘管語氣會隨發表管道的基調而改變，例如發表在《文學世界》的作品通常比刊登在布伯《受造物》（*Die Kreatur*）雜誌的〈莫斯科〉等文章更激進，但對「私人生活」的關注始終如一。這部分如同漫遊者的意象所透露的，也是他其他面向作品的基礎。當然，這種私人生活會顧慮整體責任，並且受哲學對原子式主體性的批判所影響；換句話說，基本上和「集體孤獨」這個班雅明年青哲學的核心概念相一致。如同馬克思一八四四年所寫，真正的個人必然是個「物種—存有」。（引述出自SW, 2:454）按這個行星式的觀點，班雅明表示，公共生活的緊張必然會被封入私人生活本身。因此，無論是保護窮人和過去權利被剝奪者，還是維護知識自由、異議自由與過去工作的自由，培養這種行星式的個人生活都必不可少。正是見到對這種自由的壓制，使得班雅明筆下除了強烈同情，還有幾分嘲諷。就像他指出俄國「舊式」受苦受難的夢想家和新式革命家毫不相容；後者是為了政治領導而鍛鍊的「知識神槍手」，而在剷除反社會前者的過程中，俄國見到「自身過去的幽靈，一個阻礙國家走上新工業化伊甸園（Eden der Maschinen）之路的幽靈」。（SW, 2:8-9）就像這份帶有嘲諷意味的分析所表明的，真正的客觀性有賴主體與客體、個人與集體的辯證。掌握事實必須以某種決定為前提：

在這個由「蘇俄」所揭示，甚至由它促成的歷史事件轉捩點上，關鍵問題不是哪個現實比較好或更有潛力，而是：哪個現實內在和真理趨於一致？哪個真理內在預備和現實趨於一致？只有能清楚回答這兩個問題的人才叫「客觀」。不是對準同時代的人……而是對準事件……唯有憑決定與世界辯證地講和的人才有辦法掌握具體事物。希望「根據事實」來決定的人，不會在那些事實裡找到任何根據。（SW, 2:22）

正是出於辯證客觀性的原則，班雅明在向布伯描述〈莫斯科〉這篇短文時，引用了歌德的著名格言：「凡屬事實者，皆已是理論。」（C, 313）

因此，班雅明對俄國問題沒有明確「立場」，至少不曾公開表態，但他旅居莫斯科兩個月寫下的日記卻透露了端倪：「我愈來愈清楚，我的工作需要對短期未來有個明確的架構，而翻譯顯然無法做到這一點。事實上，要有這個架構，我的首要之務就是採取立場。目前阻止我加入德國共產黨的純粹是外部因素。」（MD, 72）這些因素讓班雅明質問自己，難道不能「具體而經濟地」守著「左翼局外人」的立場，繼續在自己已經習慣的範疇內工作？他覺得「要不是同行的行動證明了……這個立場很可疑」，否則知識前導者的角色其實相當令他心動。（MD, 73）他在「資產階級作家當中非法地隱姓埋名」說得過去嗎？他能否維持「邊緣位置」而不致於站到資產階級那邊或危及他的工作？現在也許是入黨的時機，尤其入黨對他很可能不過是「一段插曲」，卻能確保他擁有「使命」，有機會站到受壓迫者那邊。班雅明並未忽視工作上向建制結構靠攏對他個人有什麼好處：他察覺這讓萊希有耐心去忍受拉齊絲那些令他作嘔的行為，而且「就算這份〔耐心〕只是表象，也已經很了不得了」。但另一方面，在無產階級執政國家效法萊希成為共產黨員，就代表「徹底放棄個人獨立」。尤其是，班雅明留意到，自己那些「奠基於形式和形上學的學術作品」本身就帶有革命作用，特別是就其形式而言。為了這類作品，他不曉得自己是該避開「某些極端的『唯物論』」，還是入黨後在黨內化解自己「與對方的分歧」。他曾在別處形容，那是個只追求「平庸的清晰」的社會。（SW, 2:39）在那種社會裡「〔他作品〕內建的心理遲疑」會有什麼下場？他在日記裡盤點這些利害之後，得出了一個相對明確的結論，還是回到私人生活這個核心議題：「只要我繼續旅行，入黨就無疑是一件難以想像的事。」接下來他將繼續以自由作家的身分活動，「不屬於任何政黨或專業領域」。（MD, 60）

班雅明很清楚自己對共產黨態度矛盾，因此儘管他明確反對後來被稱作史達林主義的體制，但莫斯科還是帶給他豐富多元的感受，符合他的多向度知識原則：「唯有盡量多向度地體驗過一個地方，才算認識那裡。」（MD, 25）班雅明熱切觀察形形色色的日常活動，以及城市裡的文化與政治事務。他在刺骨寒冬中走走看看，「外頭冰天雪地，裡頭熾烈火熱」。（MD, 128）他逛商店（玩具店和糕點店尤其讓他開心）、餐館、酒吧、博物館和辦公室（接觸到「布爾什維克官僚體系」），造訪了一間聖誕樹飾品工廠、一家兒科診所和一座知名的修道院，還有克里姆林宮和聖瓦西里主教座堂等觀光景點。他領會街頭種種，觀察乞丐、流浪孩童、路邊攤販、各式各樣的器具、商店招牌與海報，留意到汽車和教堂鐘聲相對稀少，居民打扮很有特色，時間感「很亞洲」，電車上十分擁擠人們卻很有禮貌，雪橇輕快溫柔掠過行人身旁，還有各種繽紛色彩在雪中綻放。他每天都去看舞臺劇、看電影或芭蕾舞。當時新上映的電影，他看了愛森斯坦的《波坦金戰艦》、普多夫金的《母親》、庫勒雪夫的《守法》和維爾托夫的《世界的六分之一》。芭蕾舞他看了作曲家史特拉汶斯基創作的《彼得洛希卡》，還有梅耶荷德改編的短版（但還是超過四小時的）果戈里《欽差大臣》。劇裡的舞臺場面非常鋪張，好幾幕出現了活人畫，*班雅明拿來跟莫斯科蛋糕的構造相比。至於布爾加科夫的《渦輪機歲月》，他的形容是「徹底令人反感的挑釁」。（MD, 25）他去梅耶荷德劇院聽了一場爆滿的公開辯論，參加者包括作家馬雅可夫斯基、別雷、盧那察爾斯基和梅耶荷德本人。他還以文學和造型藝術專家的身分接受《莫斯科晚報》採訪，[28]並且一有機會就去接觸莫斯科出色的繪畫收藏。高掛在舒金畫廊入口臺階上端的馬諦斯《舞蹈》和《音樂》令他震撼。站在某幅塞尚畫作前，他腦海閃現的靈光影響了後來幾篇最有名的短文：「當我望著那幅美得出奇的塞尚畫作，心裡突然閃過一個想法，那就是『同理心』連在語言上都不成立。我覺得，人掌握到一幅畫時，不是進入畫的空間，而是那空間向前急推，尤其在幾個很特定的點上。它在角落與角度裡向我們敞開，讓我們在其中相信自己能將過去的關鍵經驗局部化；那些點有著難以解釋的熟悉感。」（MD, 42）這種時間在空間中沉澱，讓熟悉事物出現陌生共鳴的經驗，不只驅動了班雅明一九三〇年寫下〈攝影小史〉，也引發《單向街》裡的一系列沉思，進而促成一九三五年〈藝術作品在其可技術複製的時代〉的誕生。

正如他寫信給尤拉、談到俄國公共生活的神學張力時所說的，在莫斯科到處都是政治與文化騷動的氛圍

* 譯註：活人畫（tableau vivant），法文原意為「活生生的畫面」，指一位或多位演員靜止在舞臺上的戲劇場面，常搭配特定的姿勢、戲服與布景。

中，臨在（Gegenwart）就變得格外重要。

就班雅明未來作品的走向而言，俄羅斯之行帶來最重要的影響，便是刺激他發展出對電影媒介的想法。他替《文學世界》寫了〈論俄國電影的當前狀態〉和〈敬覆舒密茨（Oscar A. H. Schmitz）〉兩篇文章，皆於一九二七年三月發表。他在文中討論當時的俄國電影，兩篇文章分別鎖定維爾托夫和愛森斯坦，並概略提出一套電影美學，其中不少要點都與他的文學批評理論相同。班雅明對電影的立場，就和他對絕大多數本土文化的立場一樣，都跟克拉考爾看法一致，將電影媒介視為探查社會環境與氛圍的絕佳手段。他稱作「電影媒介原則」的原理，對揭露一個地方的隱藏向度非常關鍵。這個潛在的解放媒介，正是在俄國平日樣貌裡起作用的新節奏與新光學的塑膠版。事實上，「電影出現，一個新的意識領域也隨之誕生」：

> 簡而言之，電影是一面稜鏡，周遭環境的空間在其中……被打開。這些辦公室、有家具的房間、沙龍、大城市的街道、鐵路總站和工廠本身都很醜陋、無法理解、絕望地悲傷……而電影用它那幾分之一秒的炸藥炸毀了這整個監獄世界，於是我們現在得以在四處散落的殘骸之間進行漫長的冒險之旅。一棟房子、一個房間的附近，可能包括幾十個最意想不到的站點。（SW, 2:17）

這段精闢的文字預示了班雅明關切的幾個主題，而他也在日後稍作改寫，放進〈藝術作品在其可技術複製的時代〉之中。（SW, 3:117）電影對環境進行「稜鏡作業」，解構了空間，創造出新的圖像世界：「炸毀」的空間則是斷開了慣常的物質連結，產生「四處散落的殘骸」。套句班雅明常說的話，就是環境被批判而有創意地「死體化」了，宛如出土的考古遺址，原本埋藏的社會歷史地層被挖掘出來。電影在物化的日常中發現「意想不到的站點」，從而讓環境吐露「之前其他方法都無法令其透露的秘密」。其中，以蒙太奇手法造成地點或視角突然轉變很能產生揭露的效果。不論在布萊希特或班雅明眼中，蒙太奇始終是一種辯證手段，因為它可以同時分割及合成材料。電影的每一「剪」都是行動斷點與敘事序列的接點。從他稱作文學蒙太奇的書寫實驗，到《拱廊街計畫》的蒙太奇經典（若不論其規模，足以和維爾托夫和魯特曼〔Walter Ruttmann〕拍攝的「城市交響曲」相提並論），班雅明始終依循著這套辯證邏輯。他文字中的電影性不僅來自高度在地的場面調度和中斷節奏，也來自對「集體空間」與「動作中的集體」的多角度揭露。

班雅明指出電影媒介的獨特優勢在其拓樸學傾向之後，隨即針對電影情節提出一個常被忽略的關鍵問題。電影對生活空間的新式挪用，完全仰賴錄影設備的能力，從而證明了藝術進展並非靠新的形式或內容，而是媒介的技術創新。事實上，電影的技術革命已經讓電影找不到「適合的形式〔或〕內容」。一旦意識形態無法決定主題和處理手法，「有意義的電影情節」的問題就只能個案解決。尤其俄國電影自後革命時期以來，便以對階級運動採取嚴格的建築式描繪著稱。因此，班雅明認為俄國電影未來需要培養呈現「標準情境」的「新『社會喜劇』」，以及「對技術事務的嘲諷與懷疑」：這是布爾什維克技術官僚缺乏的態度。班雅明指出，俄國人對電影相當欠缺批判。由於俄國很少引進好的外國電影（卓別林在當地鮮有人知），以致缺乏歐洲的比較標準。電影的藝術問題甚至可以說已經不存在了。電影在蘇聯作為受到嚴格管制的政治論述形式、社會主義的宣傳，其首要功能永遠是一種精巧的訓練手段（只是沒多久就將資訊媒介的王座讓給了廣播）。八年後，當班雅明在〈藝術作品在其可技術複製的時代〉再次探討電影形式的問題，他同樣出於電影的教育和批判煽動性，將之視為訓練手段（Übungsinstrument），讓觀者掌握由震驚（shock）促成的新統覺，照見我們所接觸事物裡的「視覺無意識」。班雅明的電影美學從一開始就預示一種新的觀看方式。[29]只要回想他十多年前探討年青哲學時對意識轉換和時空新體驗的強調，就可以再次看出班雅明思想的形式與焦點或許跳躍而不連續，但其關切始終如一。

一九二七年二月初，班雅明回到柏林，開始忙著替《文學世界》撰文介紹俄國電影與俄國文學，並準備撰寫〈莫斯科〉在《受造物》發表。其中〈莫斯科〉以「散記」方式撰寫，讓「受造物」「為自己發言」，並且讓讀者「大部分……靠自己的方法」解讀。（MD, 129, 132）[30]此外，雖然他從萊希那裡得知，蘇聯大百科編輯委員會讀完他寫的綱要後有些裹足不前，而他研判應該是他們覺得太「激進」了，但還是繼續撰寫「歌德」條目。（C, 312）他跟萊希和其他莫斯科文學界人士的談話，則為他三月二十三日在廣播電臺首度亮相提供了素材。他在節目中發表了題為〈俄國青年作家〉的演講，應該是他後來在那年春夏於萊寧《國際評論i10》發表的〈近期俄國文學〉的一個版本。兩年後，班雅明將開始固定上廣播節目。一九二九到三二年，他在法蘭克福和柏林電臺登場八十多次，多半是發表自己寫過或即興完成的作品。然而，他在俄國最熱衷的活動之一卻成果有憾。他頻繁造訪莫斯科玩具博物館，並買了最重要的幾件玩具的相片，還在店家、市集和流動攤販買了不少玩具，結果完成的圖文短篇〈俄國玩具〉卻始終未在《法蘭克福報》的副刊出現，而是於一九三〇年以刪節版刊登於《德國西南廣播報》，篇幅長上許多的原稿則不幸亡佚。停留莫斯科期間，還有一項出版品讓他特別開心，那就是《文學世界》出版了一份掛曆，由格羅斯曼（Rudolf Großman）替主要供稿者繪製肖像漫畫，且每幅漫畫都附有班雅明撰寫的小短詩。

此外，由於在柏林「閒得發慌」，班雅明除了介紹新俄羅斯，還擴大了他對當代法國文壇的報導：自從去年八月寫了一篇論梵樂希和象徵主義的文章後，班雅明就開始向《文學世界》供稿，而他與黑瑟爾合譯的普魯斯特《在少女花影下》(*A l'ombre des jeunes filles en fleurs*）也於一月發表，並獲得不少好評，他在法蘭克福與柏林的夥伴也讚譽有加。《法蘭克福報》稱讚譯筆嫻熟精準，「宛如顯微鏡一般」，《文學月刊》甚至還有讀者投書盛讚班雅明和黑瑟爾在翻譯上互補得宜。[31]班雅明日後又譯了不少同輩法國作家的作品，例如阿拉貢、朱漢多（Marcel Jouhandeau）、布盧瓦（Léon Bloy）和莫妮耶（Adrienne Monnier）。

遺憾的是，羅沃爾特出版社講好要出的《單向街》和《德國悲苦劇的起源》進展依然令人搖頭。羅沃爾特不斷推遲出版時間，讓班雅明喪氣不已，最後甚至扣住《德國悲苦劇的起源》的訂正校樣，直到對方保證依然會出版《單向

圖二十二：一九二七年的班雅明，克魯爾（Germaine Krull）攝影。柏林藝術學院班雅明檔案館。

街》，並且將他論歌德《親合力》的研究成書出版，他才放手。

回到柏林，班雅明和朵拉及八歲的史蒂凡住在格呂內瓦爾德的父母家中，度過了異常平靜的兩個月，隨後他再次踏上旅程。為了跟上法國文學圈的脈動，以及滿足自己的旅遊慾，班雅明四月一日再度抵達法國首都久待，原本計劃停留兩三個月，結果一待就是八個月，其間還去了蔚藍海岸與羅亞爾河谷。他很高興住回正午飯店同一間客房，也就是他和克拉考爾與布洛赫智識交流的老地方。落腳巴黎頭幾週，班雅明大部分時間都在讀普魯斯特。四月底，修勒姆在前往倫敦研究卡巴拉手稿途中取道法國，在巴黎待了幾天，和老友睽違四年首次重逢。他發現班雅明格外放鬆，而且思緒活躍。班雅明表示巴黎的刺激「氛圍」讓他想永久定居在這座城市，卻也承認很難跟法國人深交，以致定居幾乎不可能。「在這裡想和法國人有所共鳴，交談超過十五分鐘，」他寫信告訴霍夫曼斯塔爾，「簡直難上加難。」（C, 315）他在巴黎唯一可倚賴的熟人是霍夫曼斯塔爾和布洛赫的共同好友，小說家、評論家兼《南方札記》編輯布萊翁（Marcel Brion）。班雅明相當敬重對方，特地介紹給修勒姆認識，而他對《南方札記》的介紹則刊登在三月號的《文學世界》上。一九二六年底，布萊翁在這份知名法國刊物上對班雅明的波特萊爾翻譯表示好評；一九三〇年代，班雅明流亡巴黎，兩人友誼更深，《南方札記》也刊登了不少班雅明作品的法譯。

五月中，修勒姆離開法國前往英國不久，輪到朵拉和史蒂凡來巴黎一遊。班雅明帶著朵拉在巴黎逛了幾天，接著全家便趁五旬節去了利古里亞海岸。六月，班雅明在蒙地卡羅幾家賭場贏了不少錢，夠他獨自到科西嘉島度假一週。班雅明喜歡賭博頗有杜斯妥也夫斯基的味道，而且顯然跟他喜歡「實驗」的性格有關，其中他最愛輪盤賭。這些賭性都反映在《拱廊街計畫》的字裡行間。阿多諾點出《拱廊街計畫》初稿裡有一段「對賭徒的精彩描述」(g°,1)，同時包含了神學和世俗母題。[32]「賭徒」確實向來是班雅明偏愛的偽裝，不僅因為賭桌上的危險與挑戰令他難以抗拒，更由於賭博在他眼中就像吸大麻，具有社會和形上學的暗示性，尤其是它帶來的時間感。從第一部作品到最後一部，班雅明永遠在主題、形式和風格上冒險。就像賭徒運氣欠佳仍然不下賭桌那樣，班雅明喜歡試手氣。他從科西嘉島搭飛機回昂蒂布，「讓我接觸到人類最新的交通工具」。但這趟科西嘉之旅卻也讓他遺失「一批無可取代的手稿」，包括他「多年來為撰寫〈政治學〉而形成的初步構想」。[33]

六月上旬，班雅明從土倫附近的帕迪貢寫信給霍夫曼斯塔爾，形容他手上的工作「大都是為了能在巴黎站穩腳跟」。(C, 315) 他感覺自己「完全疏離」於同輩德國人之外，只能寄希望於法國，因為他發現自己跟超現實主義運動和某些法國作家（「尤其阿拉貢」）聲氣相投：「隨著時間流逝，我一直想親近現代形式的法國精神……即使它不斷以其歷史偽裝占據我的心思。」班雅明口中的偽裝其實就是法國古典戲劇：他正考慮撰寫一本論拉辛、高乃依（Pierre Corneille）與莫里哀的書，好跟《德國悲苦劇的起源》呼應。但就和之前無數構想一樣，這項計畫也被擱置了。或許正是出於這份對歷史重新燃起的興趣，使他拒絕了克拉考爾推薦他買打字機的建議。

> 我知道你已經有了那樣一台機器，也知道我沒有依然是正確的。就在最近，因為法美網球錦標賽之故，我比之前更確定這一點。真的！我在那裡弄丟了我的鋼筆。其實應該說，我在騷亂中成功擺脫那個

> 我已經屈服一年、再也無法忍受下去的可怕暴君。我決定買下接下來遇上的第一枝廉價替代品，於是便在擁擠的巴黎街道上找了一個攤子。道地的市民最常在那裡替筆灌墨水。我在攤子上找到了最迷人的當代創造物。它滿足了我所有夢想，並且賜予我在上一枝筆的時代不可能擁有的生產力。（GB, 3:262）

這一小段文字，和寫給霍夫曼斯塔爾的信同一天完成，扼要展現了班雅明知識方法的靈活與狡黠：即使再迷戀生產工具，他仍然能夠將工具寓言化，同時挖苦自己。

停留帕迪貢期間，班雅明也著手撰寫構思已久的論瑞士詩人小說家凱勒的文章。他在信裡表示，這篇文章除了補足他對法國文學的研究，還藉由指出凱勒相貌中「明顯的超現實主義特徵」，反駁將凱勒視為善心地方作家的庸俗論點。這篇〈凱勒〉隨筆一直寫到七月中，於八月在《文學世界》發表，隨之開啟了班雅明與德國多家報社的合作，讓他在威瑪共和末年寫下不少談論文學大家的重要文章。隨筆從「重新評估十九世紀」的呼聲開始，觸及不少很有代表性的議題（SW, 2:51-61），尤其是以一八七一年德意志帝國建立為斷點的德國資產階級的意識形態斷裂。凱勒的作品和資產階級的「前帝國主義」階段藕斷絲連，他對家國的愛不同於民族主義，熱情不濫情的自由主義也和現代版的自由主義相距甚遠。懷疑主義和生動的幸福想像在他作品中同時並存，這股張力使他帶有獨特的幽默感，並且和他的憂鬱與暴躁密不可分。如同波特萊爾，凱勒也掌管著「十九世紀古代」這個區塊。這個古代遵循「收縮（Schrumpfung）的形式律，縮進了凱勒所處動盪時代的景物之中。[34]對他來說，這些事物有著「老水果和老人臉的乾癟枯瘦」。在他描述的鏡像世界裡，「客體會回望觀察者的凝視」，現實中最微小的細胞也有無限密度。這些主題都將在班雅明隨後十年的作品裡得到發展。

八月中，班雅明受到佩吉談論雨果的一段話啟發，去了奧爾良、布盧瓦和圖爾旅行五天，造訪教堂與城堡。這趟羅亞爾河之旅留下的日記（SW, 2:62-65）記錄了他對許多景點的鮮明印象，例如圖爾大教堂正門上方的圓花窗，他在窗上見到「教會思維的象徵：從外看盡是板塊和鱗片，有如得了痲瘋病一般；從內看則是金黃花開，令人沉醉」。日記裡還記錄著他被自己幾星期前愛上的一名巴黎女子——「那些年很常也很容易發生這種事」（SF, 133）——爽約後的孤獨感，「這趟旅行的一切，尤其微不足道的小事，都讓我泫然欲泣」。而能讓他聊以自慰的，只有豪華旅館的舒適，以及欣賞偉大建築作品時得到的平靜與「強烈的臨在感」。班雅明領悟到，他的「巴黎玫瑰」就「神奇種植在」兩座教堂之間，在他一個月前造訪的沙特爾主教座堂和眼前的圖爾聖加蒂安主教座堂之間。他原本希望這趟旅行的紀聞能在《法蘭克福報》發表，可惜克拉考爾和其他編輯都不支持。

八月十六日，班雅明返回巴黎，隔天修勒姆也來到法國首都停留數週，在國家圖書館查找資料。兩人經常晚上聚會，地點多半選在蒙帕納斯大道的咖啡館。其間，修勒姆夫婦曾經造訪班雅明那個「凌亂寒酸的小房間，房裡除了鐵床架和少數家具，幾乎沒有其他擺設」。（SF, 133）班雅明和修勒姆一起看了幾次電影（班雅明特別欣賞美國男演員曼吉〔Adolphe Menjou〕），正巧他的好友兼工作夥伴黑瑟爾那年夏天也在巴黎，於是修勒姆順帶認識了黑瑟爾和海倫夫婦。八月二十三日傍晚，修勒姆陪（繫著紅領結的）班雅明去了巴黎北區，那裡正在舉行抗議美國波士頓獄方預定當晚處決薩柯（Nicola Sacco）和凡澤帝（Bartolomeo Vanzetti）的示威活動，結果騎警攻擊示威者，現場陷入一片混亂，兩人好不容易才逃了出來。面對修勒姆問他是否效忠馬克思思想與方法，班雅明只說自己的生產方式雖然正經歷辯證轉變，但和激進革命的觀點不必然互相牴觸。（SF, 135）對於超現實主義、梵樂希的作品，以及他（最終未能完成的）洪堡語言哲學文選計畫，他的態度則直率許多。

修勒姆來訪，讓移民巴勒斯坦的老話題再次浮上檯面。耶路撒冷的希伯來大學剛成立人文學院，修勒姆提議班雅明到那裡去教法國和德國文學，不過得懂希伯來文。班雅明對這個提議很感興趣，並表示願意學希伯來文，於是修勒姆便安排正巧在巴黎的希伯來大學校長馬格內斯（Judah L. Magnes）拉比與他見面。馬格內斯生於美國，二十五年前曾在海德堡和柏林讀書。兩人談了兩個小時，馬格內斯滿懷情感聽著準備充分的班雅明敘述自己的語言哲學養成，提到他對德國浪漫主義、賀德林、歌德和悲苦劇的研究，以及他對波特萊爾與普魯斯特的著迷，並強調翻譯工作對他哲學與神學思索的刺激。班雅明表示，這些事讓他更清楚體會自己的猶太人血統。他說自己「全力做好重要文本的批評者角色」，但「他的立場在德國基本上乏人問津」，因此期待研究希伯來語和希伯來文學。（SF, 137-138）會談過後，馬格內斯要求班雅明提供推薦信，作為取得教職的第一步。向知名學者索討推薦信對班雅明來說並非易事，因為他已經斷了太多後路。那年秋天，他花了許多時間試探有誰願意寫推薦信，包括重新聯繫以沃伯格為首的圈子。隔年春天，馬格內斯收到霍夫曼斯塔爾和慕尼黑德國文學講座教授布雷希特（Walter Brecht）的推薦信，顯然寫得很精彩。班雅明還附上幾本自己的作品。他向馬格內斯和修勒姆強調自己對巴勒斯坦重建的支持，並且將重建和政治上的猶太復國主義區分開來。對此，修勒姆冷淡表示：「班雅明之前從來不曾如此明確表態，之後也沒有在任何場合提過……（和馬格內斯會面）事後想來比事發當時感覺更奇妙。」（SF, 138-139）班雅明對搬往耶路撒冷一事到底有多認真，我們不得而知。從他往後幾年寫給布萊翁和霍夫曼斯塔爾等人的信裡，感覺他似乎很認真；別處的發言則顯示他只想拿個短期津貼，以便學習希伯來文或寫文章。最後，馬格內斯一口氣給了他一筆錢，班雅明也終於有所行動，於一九二九年暮春開始跟《猶太評論報》的編輯邁耶（Max Mayer）博士每日上課。但課只上了不到一個月，首先是因為邁耶離開柏林去了溫泉療養地，到了秋天又因為班雅明忙著離婚，讓課程徹底結束。

修勒姆大約九月底返回耶路撒冷。他和班雅明此生只會再見一次：一九三八年，地點仍然是巴黎。兩人一九二七年相聚那幾週，班雅明向他朗讀了幾段新作的內容，主題是巴黎拱廊街；原本預計只寫五十頁左右，再過幾個月就能完成，沒想到很快就超越了他一開始的簡略構想，成為有意為之的長篇大作、他生命末年的知識源泉，最終足足寫了一千多頁，去世後才以《拱廊街計畫》為名出版。在那封寫於一九三〇年一月二十日，廣為後人引用的信裡，班雅明形容拱廊街計畫是「我所有奮鬥與想法的劇場」。（C, 359）最初的緣由是一九二七年夏秋，他計劃為之前供稿過的柏林《綜觀》（*Der Querschnitt*）雙月刊寫一篇隨筆，[35] 並打算在巴黎和黑瑟爾合撰。黑瑟爾後來也寫了一本談漫遊的書，取名為《柏林漫步》（*Spazieren in Berlin*），書中受阿拉貢一九二六年出版的《巴黎鄉巴佬》（*Paysan de Paris*）啟發，將現代城市視為助記符號。一九二九年該書出版，班雅明亦曾撰寫書評。班雅明自己的短文〈拱廊街〉則是一篇幻景式的報導文學，源自他和黑瑟爾的多次討論，因此很可能是由兩人合寫。班雅明或許將它視為那篇未完成的五十頁隨筆的草稿。[36]

從班雅明放棄和黑瑟爾合寫文章到拱廊街計畫正式啟動，其間還有一個醞釀階段，同樣計劃以隨筆發表，當時（一九二八年一月底）的標題為〈巴黎拱廊街：辯證的仙境〉（Paris Arcades: A Dialectical Fairyland），其中仙幻劇（Féerie）一詞正好是流行於十九世紀的法國、使用寓言人物與夢幻布景的劇種名稱。自從一九二七年中有了構想以來，班雅明就開始多多少少記下自己對拱廊街及其環境的簡短思考。這些初步想法後來都收錄於《拱廊街計畫》的〈巴黎拱廊街之一〉中。如同他後來引用一本十九世紀旅遊指南裡的描述，「這些拱廊街是近代工業的豪奢發明，玻璃屋頂和大理石地板走廊貫穿整片廊街，屋主為了這番事業齊聚在這裡。光線自廊街上方透入，左右全是極其高雅的商店，使得**廊街**就是城市，就是迷你世界。」即使在構思之初，班雅明對拱廊街的興趣就不只來自拱廊街是個有力的象徵，揭露了都市商品資本主義的新型展示與銷售策略，也源自拱廊街與生俱來的曖昧性：拱廊街作為迷你世界，既是室外也是室內，既是公開也是私人空間。

這個階段，拱廊街計畫在班雅明眼中就相當於巴黎版的《單向街》，是一部主題為十九世紀中葉法國社會與文化，融合格言與軼事題材的蒙太奇文本。除了一九二八年，可能還包括一九二九年，班雅明結合自己的隨筆寫作計畫，進一步寫下幾篇更長、更細緻的草稿，也就是後來的〈巴黎拱廊街之二〉，並且很快就寫滿了引文、評論與參考書目。班雅明從一九二八年秋冬開始蒐集這些想法與引文，最終構成《拱廊街計畫》的骨幹：三十六個按字母順序排列的資料夾或「卷宗」（德國編輯取名為〈紀錄與題材〉〔Aufzeichnungen und Materialien〕）。這些引文取自十九、二十世紀法德兩國的各種資料來源，最後數量遠超過班雅明自己的評論與思索。但根據阿多諾的說法，我們無法確定班雅明是否只想將拱廊街計畫當成一本引文評論（Zitatenkritik）作品。他於一九二九或三〇年曾經有意撰寫一本談論文學批評理論的書，最終沒能實現，而在相關筆記裡，他便曾主張引文評論的必要。[37]

拱廊街的寫作一直持續到一九二九年底或三〇年初，其間很快又多了一篇名為〈土星環或關於鋼鐵建築的評論〉的隨筆，可能是為了廣播或報紙而寫。但之後就中斷了四年多，原因或許出在班雅明的寫作靈感明顯源自於超現實主義，卻又要遵守歷史唯物論的規律，以致調和上出現了理論困難。班雅明一九三四年初重拾計畫，並決定寫成書籍出版，因為他找到了「嶄新犀利的社會學觀點」，讓這項計畫「面目一新」。（C, 490; GB, 4:375）這個擴充和重新定向的第二階段一直持續到一九四〇年春，班雅明被迫逃離巴黎和國家圖書館為止。這段期間他又完成了兩篇精練的概要〈報告〉（exposés），一篇用德文寫成（寫於一九三五年），一篇用法文寫成（寫於一九三九年），使得拱廊街的文本總數來到七篇。離開巴黎前，班雅明將〈紀錄與題材〉手稿交給當時在國家圖書館擔任館員的作家巴塔耶（Georges Bataille），由他收藏在上鎖的檔案室。二戰過後，手稿於一九四七年底由專人送往紐約，交到阿多諾手上，因為拱廊街後期寫作是在社會研究所贊助下進行的。[38]《拱廊街計畫》由阿多諾的門生提德曼（Rolf Tiedemann）編輯，最終以未完成、基本上也不可能完成的「廊街」文集形式於一九八二年出版。[39]

儘管班雅明在一九三〇年代所寫的信裡反覆強調他打算整理自己精心匯集的材料，寫一本論拱廊街的書，但我們或許可以這樣說，在那關鍵十年間，他為了寫書而做的研究已經成了目的本身。即使班雅明本人偶爾也會區分研究（Forschung）與呈現（Darstellung），然而這個慣用區別卻逐漸不適用於拱廊街計畫這項獨特的研究。[40]《拱廊街計畫》就如它現在所是的樣子，實際上是一篇文本，和儒貝爾（Joseph Joubert）、波特萊爾和尼采的筆記一樣。儘管用漫遊式的閱讀，將城市當成一冊歷史羊皮書卷，無疑更加合適，但整部作品從頭到尾甚至能當作十九世紀中葉巴黎日常生活的百科全書來讀。不論班雅明當初決定將這項計畫擴展成書的規畫如何，他的總體目標似乎就如同提德曼所說，是「以不同於當代呈現手法的方式，將理論與材料、引文與詮釋如星座般匯聚成新的組集」。（AP, 931）

至於拱廊街計畫所使用的文體，班雅明自己說是「文學蒙太奇」（AP, N1a,8），而蒙太奇作為藝術建構原則，其全盛期顯然是一九二〇年代，只要舉出莫霍利－納吉、哈特菲爾德（John Heartfield）、愛森斯坦和布萊希特等人的名字便足以說明這點。班雅明從《單向街》開始擴大使用蒙太奇手法，以大城市五花八門的街頭生活景象為模型，將多組短格言式的文本匯集在一起，中間沒有明顯的過渡。在《拱廊街計畫》裡，不僅「《單向街》的世俗母題將〔得到〕……極度強化」（班雅明於一九二八年一月三十日的信裡這樣告訴修勒姆），而且書中大量使用引文、評論與省思，每個都可想成跟全書的某主題相關，更大大加強了這種複音式多視角手法的效果，在班雅明將拱廊街現象編排成迷宮世界的手法下，本書成為該歷史時期的高濃縮「神奇百科全書」。（AP, H2,7; H2a,1）在這座巨大的文字拱廊裡，每一個編號段落都在十九和二十世紀之間交流，每一個段落至少理論上都是通往過去的門檻與走道，帶人走進有文字可考的歷史和形塑前者的原初史（Urgeschichte），從而走入現在。[41]《拱廊街計畫》的段落反映出不同時刻之間，尤其是特定歷史現象的「前歷史」與「後歷史」之間（例如波特萊爾就在中世紀寓言有前歷史、在新藝術有後歷史）的虛擬交流，進而以一閃而過的易讀性，將既紀實又形上的「辯證意象」揭露於現在面前。

我們之前便曾指出，辯證意象作為班雅明歷史唯物論的核心概念，早在他一九一二至一九年發展的年青哲學裡就已經出現端倪，因為他的年青哲學正源自尼采對十九世紀歷史主義的批判。歷史主義相信人可以科學地「如實」理解過去，但在這點上，班雅明卻認為過去在現在之中具有多重內在性，現在是詮釋過去的要角，「作品的來世」是所謂傳統的根基。這種對歷史感知的動態理解，和物體與建築在超現實主義眼中永遠甩不開過去廢墟的影子，兩者有著顯著的雷同，使得「可辨的當下」成為辯證意象論的中心。[42]歷史物件只會向辨識得出它的獨特現在顯現。過去會按班雅明設想的那樣，以他早年哲學思考得出的圖式，被某個夢見它的現在喚醒；同時，現在也會被過去之夢喚醒，自過去之夢中覺醒，進而達致自身的覺醒。反思（或閱讀）的方法取決於一套經驗的藝術：

> 新的辯證式歷史學方法是一門藝術，能夠將現在體驗為覺醒世界，亦即我們稱作過去的那個夢境真正指向的世界，以穿越並實現回憶夢境時**所發生的一切**！——因此：回憶和覺醒的連結最為緊密。覺醒即是回憶（Eingedenken）的辯證的哥白尼轉向。（AP, K1,3）[43]

為了支持這套歷史夢境和歷史覺醒的深奧學說，班雅明引用了馬克思（「意識的改革完全在於……將世界從夢見自身中喚醒」）和米什萊（「每個時代都會夢見下個時代」）。[44]這個深奧的概念對一九二〇年代晚期《拱廊街計畫》的第一個擴充階段尤其重要。這個階段直接受到超現實主義的歷史幻像影響（阿多諾一九三五年的批評〔見SW, 3:54-56〕最終讓班雅明在這點上稍微收斂，更強調社會學層面）。他有一回用隱然帶有神學色彩的說法，指出「覺醒的組集」意味著「從我們父母親的存在裡」**建構出覺**

醒。（AP, 907-908; N1,9）這種覺醒來自辯證地重新進入夢境，也就是進入上世紀的「集體歷史夢境」；來自批判地穿透這道名為過去的或多或少隱蔽的夢境地層。因此，《拱廊街計畫》的顯微要旨便是考察從十九世紀最過時、最不顯眼的存在角落裡挖掘蒐集而來的歷史「殘屑」，因為那些角落儲藏著秘密歷史與集體夢境。這包括文字廣告（賣啤酒、乳液、女帽）、商店招牌、商業企畫書、警察報告、建築藍圖、節目單、政治文宣、展覽目錄、世紀中巴黎社會生活的「生理學」、回憶錄、信件、旅遊日記、版畫、書中插圖、海報，以及大量久被遺忘、對塞納河畔城市各種面向（如賣淫、賭博、街區、股市、流行歌曲、波希米亞人與黑社會等）的研究。

因此，「覺醒的辯證」需要一套關於引用的理論與做法。[45]雖然德文的引用（Zitieren）一詞可以回溯到拉丁文的citare，原意是「啟動」與「召喚」，但班雅明的理解超越傳統的動靜之別。在《拱廊街計畫》裡，引用既是爆炸也是拯救：藉由炸開實用歷史書寫學的物化均質連續體，從中挖掘出歷史客體，再將它整合進新建立的集體脈絡中，在辯證意象的「力場」裡，也就是振盪的停頓（Stillstand）之中，讓歷史客體得以變形與實現。在當下組集裡拯救過去，暗示語言裡有一個「時間之核隱藏在知者和被知者之中」（AP, N3,2），套用班雅明一九二九年〈論普魯斯特的形象〉中的說法，這個救贖就發生在「交織時間」（verschränkte Zeit）中。[46]這便是蒙太奇的時間性。藉由引用與評論，亦即所謂的「詳細詮釋」，蒙太奇法則讓我們在閱讀和書寫歷史之際得以擁有一種新的具體，一種「強化的圖像性」：

〔將強化圖像性和（馬克思的）歷史觀結合在一起的〕第一階段，就是將蒙太奇法則引入歷史，也就是用切割最精確的最小元件組裝出大型結構。說穿了，就是從微小個別時刻的分析裡找出整體事件的結晶，因此必須和庸俗的歷史自然主義決裂，以便如實掌握歷史建構本身。在評論的結構中，歷史的碎片裡。（AP, N2,6; 亦見於N2,1）

在同篇文章的另一段裡，班雅明借用萊布尼茲的用語，把微小的個別時刻稱作「單子」，將這個傳統的實體概念改造成哲學事件論的術語。[47]覺醒的組集意味著現代主義單子論。

班雅明引用馬克思對歷史的理解，包括我們剛才所引述的卷宗N，他心裡想的主要是事物技術化和商品化的雙重過程。這個現象於十九世紀開始廣泛出現，其中攸關拱廊街計畫整體的，是「十九世紀藝術的命運」（C, 509），而這正是班雅明《拱廊街計畫》的基本主題。當這個雙重過程不斷增強，甚至成為掩蓋藝術問題的推手之一，藝術的活力或方向問題便愈形緊迫。班雅明鎖定名為新藝術的美學運動，以突顯藝術愈來愈急於超越市場和技術機制，結果失去了與「人民」生活的連繫。為了對抗這種絕望的唯心論，《拱廊街計畫》仔細考察十九世紀的地方文化與工業文化，在資產階級存在的各個面向反覆追蹤「抽象人」的多變幽靈，追蹤一切事物為了抽象人而被量化為有價之物、等同於有價之物的過程。換句話說，班雅明同時想對抗美學**和**庸俗的唯物論。面對資本主義的扁平化與抹消傾向，《拱廊街計畫》一方面反對收藏家的記憶實踐，反對他們執行「剝除事物的商品性質的薛西弗斯任務」（AP, 9），另一方面也反對傅立葉等人的烏托邦理論，因為傅立葉將物質事物視為贈予而非商品，並想像一種完全不同、更人道（卻屬於空想）的技術挪用。班雅明指出，「開始於一八〇〇年左右的事物轉化（Wandel der

Dinge）帶來新的生產節奏，替時尚在所有領域的優勢開闢道路，並改變藝術與科技的舊有關係，讓藝術愈來愈難適應科技進步。」（AP, G1,1; 亦見F3,3）同時，事物性質的這項轉變不僅（透過透明和多孔原理）為寓居提供了新的可能，也為溝通與表達（這裡的關鍵詞彙是同時性和相互交融）帶來新的可能。尤其在藝術領域，十九世紀以其「對構造的覺醒」（AP, F6,2），揭示了一種獨特的「現代美」的可能；用波特萊爾的名言來說，就是一種和現代經驗（尤其是現代都市經驗）的速度、多樣性與不和諧相連繫，卻依然展現出與古代相呼應的美。

《拱廊街計畫》萬花筒般的文本本身，就體現了這種構造不一致。正如我們所見，這樣的文本反映了漫遊者世界的相互交融與多重層次的透明，到處充滿了拱廊街現象「根本上的曖昧性」（AP, Q2,2），就如同時尚的呈現，即使藉由召喚離去者（某種陳舊設置）以達成現時的創新，從而戰勝死亡，卻仍被視為和死亡、和設定好的遺忘相連繫；即使憑藉引用過去的力量而代表著一種革命潛力，卻還是顯現為「虛假意識」的不懈動因。（AP, 11, 894; SW, 4:395）居家裝潢、廣告、工程、博物館和大眾媒體的呈現也是如此。這些現象彼此有著「秘密的親緣關係」，在客觀建構的歷史開展之中形成預期與迴響，因而生動活躍。但面對這些現象，班雅明卻展現他特有的矛盾心理，無疑顯現了他對一般資產階級世界的雙重看法。在《拱廊街計畫》裡，與他的後期作品一樣，藝術和商品特質的關係問題懸而未決。

十月二十一日，班雅明返回柏林。離開巴黎前他去看了一場國際攝影展，只見人們對著價值大有問題的相片誇誇其談，連展出的巴黎老相片也令人失望。十月十六日，他在寫給孔恩夫婦的信裡表示，對象是人的老相片似乎比對象是場所的老相片更重要，因為服裝時尚是極為可靠的時間標記——這一想法直接借自同行克拉考爾經典隨筆〈攝影〉的開頭幾頁，而他曾讀過草稿。班雅明寫到，攝影「一夜之間成為緊要的話題」。（GB, 3:291）[48]一個月後，他公開讚揚和G團體有往來的俄裔畫家兼攝影家史東，後來羅沃爾特出版的《單向街》便是採用史東的拼貼攝影為封面——「史上最有力的封面」，班雅明如此喝采道。（GB, 3:303）同年底，他在評論好友黑瑟爾的小說《未知的柏林》時提到攝影蒙太奇：「這部作品嚴格說來接近攝影蒙太奇：家庭主婦、藝術家、時尚女性、商人和學者全跟柏拉圖式喜劇面具的暗影輪廓交叉剪接在一起。」（SW, 2:70）班雅明對攝影的見解在〈攝影小史〉中表達得最為完整。這篇文章分兩次於一九三一年的《文學世界》刊出，並以卷宗Y〈攝影〉收錄於《拱廊街計畫》中。

班雅明在巴黎讀了福樓拜的《情感教育》。小說裡和《拱廊街計畫》都提到一八四八年發生的許多事件。班雅明讀得如癡如醉，甚至告訴孔恩夫婦自己再也無法專注於當代法國文學：「回到柏林以後，如果還讀得下書，我可能會找福樓拜的另一本小說來讀。」（GB, 3:291-292）結果他回到柏林三週左右就得了黃疸。為了讓病榻生活輕快一些，他最終捨福樓拜選了卡夫卡，而對方死後出版的《審判》對他的影響不下於福樓拜，讓他甚至是在近乎悲痛的狀態下讀完這本書，「小說裡質樸的豐富令人震撼」。（GB, 3:312）受《審判》的魔咒感召，班雅明也寫了一篇短寓言〈一樁奧秘的想法〉，並於十一月十八日附在信裡寄給修勒姆。（見SW, 2:68）這篇短文將歷史描繪成一場審判（Prozeß），而應許的彌賽亞並未出現是故事的關鍵。自此，班雅明開始大量鑽研卡夫卡小說，並透過隨筆、廣播談話和各種隨想提出重要評論，直到過世為止。[49]在他眼中，卡夫卡是極為現代的故事講述者。寓言原本是為了傳遞傳統，照亮幽微的史前力量與生物生命，但經過卡夫卡的重新挪用，卻不可思議地體現了傳統衰亡湮滅的劇烈與滑稽，顯露出現代城市住民的存在。

班雅明黃疸發作，使他無法如自己告訴修勒姆那樣，在城裡四處宣傳《單向街》和《德國悲苦劇的起源》，羅沃爾特出版社終於在一九二八年出版了這兩部作品。他還想去聽昂格爾講課。他告訴修勒姆，戈德堡和昂格爾「這兩位反對律法主義的先生」已經重新開始宣傳戈德堡最新的神學事業。「當然，」他接著說道，「如果有人親自來訪，那就更榮幸了。」（GB, 3:302）他指的是自己生病時得到的拜訪，來訪者是黑瑟爾的詩人哲學家朋友沃夫斯凱爾，也是格奧爾格與克拉格斯的施瓦賓波希米亞圈盟友。「幸好他寫的東西我幾乎一句話也沒讀過，」他告訴孔恩，「才能毫無顧慮地跟上他精彩的談話。」（GB, 3:313）他說，沃夫斯凱爾那天朗讀了十九世紀抒情詩人雷瑙（Nikolaus Lenau）的一首詩，那模樣令他永遠無法忘懷。一九二九年，班雅明在《文學世界》記述了這段造訪。同年，沃夫斯凱爾在《法蘭克福報》發表〈生氣〉（Lebensluft），影響了班雅明對靈光的看法（靈光一詞源自希臘文，原意為「空氣吹拂」、「呼吸」），而他也曾在信裡向沃夫斯凱爾提到這一點。（GB, 3:474-475）沃夫斯凱爾不是德爾布呂克大宅的唯一訪客。除了黑瑟爾經常來訪，班雅明也常和弟弟格奧格長談他的莫斯科經驗。當時格奧格已經和德國共產黨關係匪淺，也會向柏林的貧民提供適當的醫療服務。

十一、十二月，班雅明投入更多力氣，希望打進以德國藝術史學家沃伯格為首的圈子，因為對方的作品讓他心有戚戚焉。沃伯格捨棄形式化、美學化的狹隘藝術史，將藝術作品視為一種社會記憶的作用。和班雅明一樣，他的思想以文化古物的來生（Nachleben）為核心，也就是文化接納的概念，更恰當的說法是對抗，既保存又轉化。而他對藝術品全面又高度重視細節的研究視角，也和班雅明一樣必然需要超越傳統的形式與內容對立，以及傳統的學科（例如歷史、人類學、心理學和語文學）之分。早在一九二五年初，班雅明就曾在信裡向修勒姆提及瓦堡研究所一九二三年的一份出版品，指出作者潘諾夫斯基（Erwin Panofsky）和撒克斯爾（Fritz Saxl）運用沃伯格對杜勒的詮釋來研究杜勒的版畫《憂鬱》。班雅明後來告訴霍夫曼斯塔爾，他有把握潘諾夫斯基會是他作品的知音。（GB, 3:17）於是，霍夫曼斯塔爾應班雅明要求，寄了一本一九二七年八月號的《新德國貢獻》到漢堡給潘諾夫斯基，裡面有班雅明後來出版的《德國悲苦劇的起源》論憂鬱那一章，[550]外加一封推薦信。霍夫曼斯塔爾十二月或隔年一月將對方的回信寄給班雅明，但這封信現已佚失。班雅明形容潘諾夫斯基的反應「冷淡又充滿忿恨」，讓他只能為自己的「不合理請求」向霍夫曼斯塔爾道歉。（GB, 3:325, 332）不過，隔年夏天倒是有好消息傳來，撒克斯爾覺得《德國悲苦劇的起源》「很有意思」，希望和作者見面。（GB, 3:407-408n）然而，班雅明和沃伯格學派始終沒能建立起連繫，對他、對學派都是一大損失。

一九二七年底，班雅明同意參與藥物迷醉實驗，其後七年又陸續參與了幾次。他主要服用的藥物是大麻，在兩位醫師朋友喬爾（一九一三至一四年柏林青年運動的反對者〔見SW, 2:603-604〕）和弗蘭克（Fritz Fränkel）的鬆散照看下進行。喬爾和弗蘭克當時正在研究迷幻藥物，因此找班雅明當受試者。後來班雅明開始自行吸食大麻，並於一九二八年記下自己某天晚上在馬賽的吸毒經驗。他還不只一次吸食鴉片，並注射過麥司卡林和羥可酮。班雅明服用這些他視為「毒藥」（波特萊爾對大麻和鴉片的稱呼）的藥物，是想知道使用後的效果，至少他如此宣稱。他覺得大麻迷醉本身是一種特別強烈的研究形態，既危險又充滿吸引力，會讓感知力同時放大又集中。這和《拱廊街計畫》的漫遊者形象明確相關。在班雅明眼中，漫遊者作為十九世紀的閒逛之人，便十分獨特地中了幻景般的大城市生活之毒。早在一九一九年，譯完波特萊爾的《人造天堂》之後，班雅明就曾在一封信裡提到，波特萊爾嘗試「觀察」藥物迷醉的現象，「以瞭解其中的哲學意義」，並表示自己需要獨立進行相同實驗。（C, 148）此外，班雅明嘗試迷幻藥也受到超現實主義者的影響，且符合他知識上喜歡實驗的性格。在一九二九年的隨筆〈超現實主義〉裡，班雅明強調迷幻藥具有預備功能，可以「世俗地喚醒」蟄伏於日常事物世界的革命能量，促成迷醉的辯證（Dialektik des Rausches）。他在一九二八年一月三十日寫給修勒姆的信裡提到這個哲學理由，幾乎毫不掩飾地表示自己最近踏進了「大麻的領域」：「我（十二月和一月頭兩次實驗留下）的筆記……很可能替我的哲學觀察做出很有價值的補充。不只這些筆記和我的哲學觀察密切相關，連我服藥後的經驗在某種程度上也是如此。」（C, 323）

班雅明和其他受試者（頭兩回實驗包括他朋友布洛赫）的實驗紀錄，以書面「協議」形式保留了下來。其中一些是迷醉狀態下潦草寫下的，一些則似乎是事後根據筆記與回憶彙整而成。班雅明利用部分內容，包括他自己的紀錄和其他人對他的描述與引述，於一九三〇年代初寫了兩篇副刊文章〈大麻在馬賽〉和〈米斯洛維采—布倫瑞克—馬賽〉。《拱廊街計畫》談到漫遊者、十九世紀室內裝潢和廊街裡的鏡像與疊影現象時，也繼續深入探討協議內容。班雅明曾在信裡提到想將自己對大麻的想法寫成書，可是始終沒有著手，甚至成為他的又一項「大規模失敗」。（見C, 396）照理說，這本大麻書應該和蘇爾坎普出版社在他過世後，於一九七二年出版的《論大麻》（*Über Haschisch*）內容不同。那本書裡收錄了他參與過的實驗的協議內容和那兩篇副刊文章。[51]不過，儘管協議紀錄相當零碎，卻還是反映了班雅明對於迷醉（Rausch）的看法基調（迷醉是尼采後期哲學的關鍵詞），[52]並且讓我們一瞥班雅明其人，看見他在威瑪共和末期的焦慮與無懼、感性與專橫、激情、矜持與幽默感，看見他作為批評家和書評的事業前景大好，不難得到穩定工作，卻由於缺乏支撐而褪色，只因他愈來愈意識到自己的思想正面臨「瓦解」（C, 396），以及同時間邪惡的力量正在公共和私人領域蔓延。

班雅明對藥物的興趣，當然不代表他完全擁抱非理性。他追尋的不是象徵主義者心嚮往之的感官錯亂，而是理性的轉化，同一律和無矛盾律的轉變。對於藥物，班雅明探討的主要母題是多重視角，並和思想加速相連結：迷醉者的感受可以同時間處在多個位置，或同時從多個角度體驗某個物體。「吸鴉片或抽大麻的人，目光可以從同一處吸入上百個部位」（OH, 85），使得同一律經由「多義性的」體驗而得到轉化。[53]大麻的影響有點像置身於童話的泛靈世界，所有感知物都有面孔或面具——面具中的面具。迷醉者就好比漫遊者或遊戲中的孩童，成為看見一切事物都有著細微區別的面相學家。為了描述這個位於事物世界內的多重假面體驗，班雅明提出「空間的叫賣現象」概念，並在《拱廊街計畫》稱呼這個奇特現象為漫遊者的基本感受，遙遠的時間地點與眼前景觀和當下時分彼此相互交融。[54]迷醉藉此鬆開（而非取代）理性思考的束縛，使得方法必然歪曲，同時讓思想沉浸於流動但斷裂且輪廓分明的圖像空間，進入「理性跳起腳趾舞」的場景，使得思想感性化。與此同時，「迷醉帶來的自我鬆綁」（SE, 2:208）則能加快人對所有事物的同理，特別是最微小的事物。班雅明在第二份藥物協議裡，將這種抽離能力與曖昧的涅槃（原意為「吹熄」）連結起來。如同他在一九三〇年三月的藥物協議裡所說的，這種「對事物的溫柔」（以及視語詞為事物而對其溫柔）決定了人對所有事物散發出的、增添事物光彩的多變「靈光」

的理解。[55]班雅明在〈超現實主義〉文中暗示，藥物宛如觸媒，能促成「空間上更豐富」、更多層次的感知；這種啟發性的迷醉可以帶來更深刻的清醒，或許因為它讓人瀕臨死亡。因此，迷醉的辯證和《拱廊街計畫》的覺醒辯證類似，因為覺醒代表創造地挪用夢想，亦即過去之夢。班雅明在論超現實主義的隨筆裡談到迷醉可能具有解放性，或許應該置於此心理歷史辯證的脈絡下來理解。

一九二八年頭幾個月，班雅明不斷收到好消息。一月底，他的《單向街》和《德國悲苦劇的起源》終於由羅沃爾特出版社出版了。德國、瑞士、法國、荷蘭、匈牙利、英國和美國都有評論發表，尤其重要的是他好友同行撰寫的書評：克拉考爾在《法蘭克福報》發表〈班雅明的著作〉，哈斯在《文學世界》頭版詳細評論《德國悲苦劇的起源》，布洛赫在《福斯日報》對《單向街》發表令人難忘的〈哲學裡的評論形式〉，黑瑟爾在《日記》（*Das Tagebuch*）發表《單向街》書評，還有布萊翁在《新文學》發表〈論班雅明的兩本書〉。班雅明還得知作家赫塞主動寫信給羅沃爾特出版社稱讚《單向街》（但信未能留存下來），後來也向德國出版社推薦班雅明的《柏林童年》。同年稍晚，和克勞斯往來密切的斯托塞爾（Otto Stoessl）在維也納某家報紙發表評論，「對我寫的東西提出帶有讚許意味的長篇批判」，讓他滿心感謝。但他也提到柏林主要自由派報紙《柏林日報》出現了一篇「充滿惡意」的書評。（GB, 3:426）這篇不利於班雅明的評論出自二戰後在馬堡教授浪漫主義的米爾希（Werner Milch）之手。雖然他的解讀很不友善，卻中肯指出班雅明這兩本作品的焦點與主題儘管明顯有別，背後推力卻都來自浪漫主義的碎片理論與實踐。[55]至於《德國悲苦劇的起源》，各報普遍給予好評，雖然班雅明事後說法相反。（C, 372）此外，哲學、藝術史、德國文學、社會學及心理分析領域的不少學術期刊和專論也談到這本書，其中包含一些長篇討論。[57]

當時的一件插曲，進一步顯示班雅明增長中的文人聲望。一月底，紀德造訪柏林，並接受班雅明兩小時專訪。所有德國記者當中，他只同意和班雅明會面。班雅明覺得會面「非常有趣」且「令人愉快」，不久後便寫了兩篇關於紀德的文章，在《德意志匯報》和《文學世界》發表。[58]他二月寫信給霍夫曼斯塔爾也談到紀德：「〔他〕具有徹底的辯證性格，特點在於保留與防禦多得幾乎令人困惑。從他的文字已經能看出這一點，但跟他當面交談有時會加深這個印象到極端的程度，有時則是到了成問題的地步。」（C, 326; 324）班雅明在《文學世界》發表〈和紀德對話〉，文中對此直言不諱。他稱呼紀德為現今最難捉摸的作家，強調對方擁有「辯證式的洞察力」，「原則上拒絕一切中庸之道。這種對極端的堅持不是一種知識方法，而是生命的氣息與熱情，因此只可能是辯證的」。[59]這種態度意味著堅定的世界主義：紀德「拒絕接受任何全然民族主義的主張，只有當法國的民族認同包括歐洲歷史上的緊張地區及歐洲各民族，他才承認這份認同」。（SW, 2:94, 95, 9660

大約同一時期，班雅明和其他作家的關係也有進展。一九二八年二月中旬，他認識了當時在海德堡教書的文學批評家庫爾提烏斯。班雅明一九一九年首次讀到對方論當代法國小說家的隨筆，而庫爾提烏斯將在一九四八年出版影響深遠的《歐洲文學與拉丁中世紀》。此外，班雅明還終於第一次跟霍夫曼斯塔爾見到面了。他之前將自己新出的兩本書寄給對方，並在《德國悲苦劇的起源》裡題詞，「獻給霍夫曼斯塔爾／謝謝你／為本書開路／一九二八年二月一日，WB」*。（GB, 2:333n）從班雅明給布萊翁的

* 譯註：班雅明的姓名縮寫。

信裡可以找到他這樣說的原因，因為霍夫曼斯塔爾是第一個讀到這部作品的人。（GB, 3:336）霍夫曼斯塔爾特地到格呂內瓦爾德大宅造訪班雅明，而班雅明除了向他提及自己和猶太性的關係，還提到醞釀中的拱廊街計畫。對班雅明而言，這場會面並不輕鬆。他清楚感覺「儘管我對他如此景仰」，而霍夫曼斯塔爾「對我也如此真心體諒和善意」，他卻「抹除不了心裡的保留」。他向修勒姆形容，霍夫曼斯塔爾有種「近乎老氣的傾向」，不時覺得「自己被所有人完全誤解」。（C, 327-328）隨後一個月，霍夫曼斯塔爾的《塔》（*Der Turm*）在劇院首演，班雅明替這齣作者自封為悲苦劇的演出寫了劇評。儘管他在信裡對這齣劇看法很矛盾，但在劇評裡卻說劇中情節足以和「《哈姆雷特》劇中呈現的基督受難世界」相提並論。（SW, 2:105）

同樣是二月，阿多諾來柏林待了幾週，班雅明和他變得熟稔許多。兩人又聊起一九二三年在法蘭克福沒討論完的題目。那月中旬，班雅明告訴（當初介紹兩人認識的）克拉考爾，「我和阿多諾最近很常見面——這對我們兩人都很有幫助。他現在也認識布洛赫了。」（GB, 3:334）班雅明六月初又會在法蘭克福附近的柯尼斯坦見到還在攻讀博士的阿多諾。一個月後，兩人便展開長達十二年的書信往來，點滴記錄著他們倆的「哲學友誼」[61]（但直到阿多諾一九三六年秋天造訪巴黎，兩人才開始直接以名相稱。在此之前，班雅明始終使用敬語，不像他對老友修勒姆、軒恩和孔恩那樣使用平語。不過，班雅明臨終前口述的最後一封信卻是給阿多諾的）。兩人關係變得更加緊密的契機，是班雅明對後來成為阿多諾妻子的卡普魯絲（Margarete "Gretel" Karplus）的欣賞。卡普魯絲和他在那年年初認識，後來班雅明移民巴黎之初寫了不少情意溫暖逗趣的信給她，信裡充滿對手上寫作計畫的洞見，而卡普魯絲則是慷慨貢獻自己的時間金錢（她於一九三〇年代中期主管一間手套工廠），於班雅明一九三三年三月逃離柏林之後多方幫助他。

雖然朵拉努力翻譯卻斯特頓（G. K. Chesterton）的偵探小說，上廣播講兒童教育，替《文學世界》撰寫書評（包括喬伊斯「還在進行」的《芬尼根的守靈夜》），並擔任《幹練柏林女子》雜誌編輯，但班雅明三月還是告訴修勒姆，他家狀況「很悽慘」。（GB, 3:348）這顯然部分暗示他在等待耶路撒冷大學的 302 津貼。不過，就算經濟狀況再糟，班雅明一月還是有閒錢與時間去了一趟波蘭但澤自由市索波特的知名賭場。他的文學事業與之前相比確實頗有起色，除了固定替《文學世界》和《法蘭克福報》撰寫書評及副刊文章，也偶爾替其他刊物撰稿，包括《新瑞士評論》和《國際評論i10》，還受《日記》發行人葛羅斯曼（Stefan Großmann）之邀，在這份著名刊物上定期發表文章。此外，除了羅沃爾特出版社希望延長合約，包括提供他每月津貼，黑格納出版社（Hegner Verlag）也提出了相同條件，但他最後都拒絕了。前者是因為他覺得羅沃爾特提出的條件很羞辱人，後者是因為他對出版社的「天主教傾向」有疑慮。（C, 303 322）

發表管道一多，文章開始從德爾布呂克大宅源源不絕湧出。除了兩篇紀德訪談，班雅明那年春天還發表了三篇論童玩的文章，討論玩具的文化史，並提及「玩具的哲學分類」，也就是從遊戲理論而非孩童心靈（即個體心理學）來思考玩具。[62] 此外，班雅明也撰文討論克勞斯朗讀奧芬巴赫（Jacques Offenbach）的輕歌劇《巴黎生活》、某場獨特的十九世紀水彩畫展、筆跡學、精神病患者寫的書、柏林食品展和〈女神般的巴黎〉，以及同年稍晚談論小說家格林（Julien Green）、〈成功之道十三題〉（裡頭包括賭博理論的雛形）、布洛斯費爾特（Karl Blossfeldt）透過植物攝影揭露的「新圖像世界」和歌德在威瑪的文章。其中不少文章都反映出《拱廊街計畫》關切的議題。至於論歌德和威瑪的文章，則是從他前一年撰寫《蘇聯大百科全書》的〈歌德〉條目衍生而來，但完成於一九二八年。班雅明六月赴威瑪造訪歌德故居，以核實自己引用的資料，結果意外在歌德的書房裡獨處了二十分鐘，連警衛的影子都沒看到。「所以說，」他事後向孔恩夫婦描述，「有時愈是冷血搭訕事物，事物的反應就愈溫柔。」（GB, 3:386）

班雅明一九二八年初發表的文章與書評當中，有篇書評既簡短又不算重要，卻因為反常地充滿謾罵而顯得特別突出。這篇論菲賽兒（Eva Fiesel）一九二七年出版的《德國浪漫主義的語言哲學》（*Die Sprachphilosophie der deutschen Romantik*）的書評，於二月在《法蘭克福報》發表，結果引來了作者憤怒投書回應。時任副刊編輯的克拉考爾隨後回信，力挺班雅明的書評（這兩封信都沒有留存下來）。三月十日，班雅明寫信給克拉考爾感謝支持，並讚揚對方以「極其準確的惡意」回擊「學術女流氓，這種

圖二十三：卡普魯絲，約一九三二年。法蘭克福阿多諾檔案館。

人就是火氣大」（GB, 3:341, 343），接著用開玩笑的口吻說自己需要雇用保鏢，以防被書評讀者攻擊。此外，他還告訴修勒姆，「那個瘋女人」在那篇「無恥」的作者投書裡引用了幾個大人物替她背書，包括沃夫林與卡西勒（Ernst Cassirer）。（GB, 3:346）

在書評裡，班雅明表明這本書「很可能是一本博士論文」（其實不然），並肯定它「水準高於德國語文學博士論文的平均」。接著他表示：「這點需要一開始就講清楚，免得讀者誤解接下來的這句話：這是標準的女性作品。也就是說，其內在主權和對主題的真正涉入程度，都遠低於作者的專業程度與學識水準。」（GS, 3:96）因此，他形容這本書是「不夠男子氣概的歷史主義」（讓人想起尼采的說法），對浪漫主義思想隱含的語言理論缺乏真正的理解，[63]「因為只有以〔這種思想本身〕無從進入的〔知識〕中心為基礎，才能確切闡明特定脈絡」。他還責備作者對二手文獻的「不當」疏忽及參考書目不足。

班雅明似乎沒有細讀整本書（他將它歸類為他在書評結尾直率攻擊的實用科學語言學參考書），也沒有查詢作

圖二十四：班雅明的妻子朵拉，一九二七年。猶太國家圖書館。

者資訊。其實，作者的主要專長不在語言哲學，而是古典語文學。菲賽兒將於一九二〇年代末成為國際知名的伊特拉斯坎語文法權威。一九三三年，德國通過多項反猶太法案，儘管同事和學生正式陳情，菲賽兒仍然失去了慕尼黑的教職，並於隔年移民美國，先後在耶魯大學和布林莫爾學院任教。[64]班雅明在書評裡的嫌惡口吻有些令人困惑。他評論過十幾本女性作者的書籍，從來沒有類似舉動。即使他心裡歧視女性，這也不曾減損他對鄂蘭、莫妮耶、芙倫德、豪普特嫚（Elisabeth Hauptmann）和西格斯（Anna Seghers）等女性友人的尊敬。[65]當然，班雅明如此反應也可能出於防衛，反對有人巧妙但無謂地侵犯他的知識地盤，而且無視於他之前對該領域的貢獻（即《德國浪漫主義的批評概念》）。同樣的謾罵口吻只再出現過一次，就是一九三八年對布羅德（Max Brod）撰寫的卡夫卡專書的評論。（SW, 3:317-321）

工作機會增加，終於讓班雅明得以挑選自己想評論的作品，而他選擇將焦點擺在和《拱廊街計畫》有關的題材上。年初他就曾向孔恩透露：「我得開始新的、完全不同的計畫，不要再綁手綁腳，胡亂寫一些新聞與外交類的文章。」（GB, 3:321）而拱廊街計畫也確實如他所言，是他未曾涉足的領域。「巴黎拱廊街的寫作，」五月二十四日他在信裡告訴軒恩，「愈來愈神秘，也愈來愈堅持。只要我白天沒有用最遙遠的泉水餵它，晚上它就會像一頭小野獸般嚎叫。天曉得如果我放了它……它會做出什麼事。但這要很久以後才會發生。儘管我已經時常瞥見它自然生成的外殼，卻幾乎不讓任何人往裡面看。」（C, 335）班雅明在這階段廣泛探索的，主要是和時尚的哲學描述有關的「罕見材料」，而時尚作為「對歷史過程既自然又完全非理性的時間尺度」，便成了《拱廊街計畫》卷宗B的主題。

儘管工作多得離不開書桌，班雅明還是時不時就會參與柏林知識圈的活動。修勒姆的兄長埃里希邀他參加柏林愛書人的年會晚宴，席間所有人都拿到一本精彩的小書，書名叫《穆里大學哲學系專用教學詩》，作者是「宗教哲學系儀仗官」修勒姆，獻給「穆里大學校長班雅明閣下」。這本手冊是這對好友一九一八年在瑞士穆里村合編的，裡面是他們想出來的笑話和學術嘲諷。修勒姆的兄長自費印了兩百五十冊，在晚宴上分送。三月下旬，班雅明出席了克勞斯四場朗讀會的最後一場，聆聽這位偉大的諷刺作家在鋼琴伴奏下朗讀奧芬巴赫的輕歌劇。那場演出肯定很震撼：班雅明事後告訴孔恩，他聽完思緒翻騰，心裡滿是說不上來的感受。

四月，為了躲避德爾布呂克街大宅裝修時的噪音與灰塵，班雅明搬進「蒂爾加滕區最深、最被人遺忘的角落裡」的一個房間，「兩扇窗外只有樹木窺探著我」。（C, 335）他在那裡住了兩個月，後來才轉租給布洛赫。由於鄰近普魯士國立圖書館，他便趁這機會進行拱廊街的研究。而羅沃爾特出版社預付給他一筆錢，請他寫一本「論卡夫卡和普魯斯特等人的書」（C, 335-336），也讓他得以維持研究不墜。雖然兩年後羅沃爾特和班雅明重新簽約，並展延期限兩年，但這本名叫《文學隨筆集》（*Gesammelte Essays zur Literatur*）的書終究沒能問世。

除了文學上努力，班雅明還花了不少時間力氣協助兩位朋友。萊寧的《i10》雜誌陷入了嚴重的財務危機，班雅明想方設法在德國替好友爭取援助，除了請克拉考爾向《法蘭克福報》董事會求情，他自己也寫信給出版界的朋友舊識尋找救命錢，只是毫無成果，最終萊寧的雜誌只辦了一年就劃下句點。孔恩也失業了，而班雅明同樣拚命替好友找工作。那年他在克勞斯的圈子認識了溫文儒雅的柏林銀行主管格呂克，兩人意外發現彼此意氣相投。儘管班雅明後來以他為範本，寫下知名的挑釁文章〈破壞型人物〉，但在孔恩失業之際，班雅明找他是為了尋求實際的建議。此外，班雅明也不忘向家裡經營手套工廠的新朋友卡普魯絲求助。然而，德國一九二九年中陷入經濟衰退，班雅明無法替好友找到任何機會，最後只能建議學識淵博的孔恩從事新聞工作，並且設法讓《文學世界》與《法蘭克福報》刊登對方的幾篇評論。

五月二十四日，班雅明寫信給修勒姆，大聲宣告自己即將前往耶路撒冷，同時表達其經濟上的考量：「我已經確定將秋天造訪巴勒斯坦列入今年的行程，希望到時我和馬格內斯拉比已經就我實習期間的財務事宜達成協議。」（C, 335）幾週後，他在柏林和馬格內斯見面，這位大學校長「二話不說，親自保證」提供津貼讓他學習希伯來語。（C, 338）其後兩年，班雅明至少推遲了七次耶路撒冷之行，理由五花八門（例如必須完成拱廊街計畫、不能拋下生病的母親、需要和拉齊絲在一起或必須處理離婚訴訟），最後更承認自己「在這件事上有著純屬病態的拖延」。（C, 350）儘管他未曾踏上耶路撒冷，但十月倒是從馬格內斯那裡拿到一張三千六百四十二馬克（約合當時九百美元）的支票。多虧這份遲來八個月的經費，班雅明總算安排了希伯來語課。但如我們之前所提，他只上了幾週就沒有再繼續。修勒姆認為班雅明起初想將焦點從歐洲文學轉向希伯來文學的念頭就是在自欺欺人，並且花了一段時間才明白這一點，只因「他千方百計地逃避自己的狀況」。（SF, 149）從班雅明這時期寫給布萊翁、霍夫曼斯塔爾和沃夫斯凱爾等人的信裡提到他打算赴巴勒斯坦考察的語氣，可以證明修勒姆所言有據。另一方面，班雅明始終不曾認真學習希伯來語，也似乎不覺得需要償還津貼。不論後來在信裡跟修勒姆提及此事，或和修勒姆的妻子在柏林聊到，他都避而不談，讓人感覺他自始至終都不老實。

那年春末發生了兩個不幸的事件。五月初，班雅明的母親嚴重中風，之後再也沒能完全康復，儘管獲准返家休養，但愈來愈需要照顧。比起父親突然離世，班雅明在信裡幾乎不曾談論母親的病情，只偶爾順口提及。五月下旬，他前往法蘭克福參加舅公軒弗利斯的葬禮。在這位曾任法蘭克福大學數學系教授及校長的長輩身上，他清楚看見猶太教和基督教文化的緊張對立，而這樣的描述也適用於他自己。回想那段和法蘭克福大學糾纏不休的日子，班雅明時常住在舅公家，兩人因而變得親近。葬禮結束，班雅明返回柏林，重新住回德爾布呂克大宅。不少文章交稿在即，長短都有，包括「幾篇論當代法國文學的長文」。（C, 335）這些文章後來以〈巴黎日記〉為名，於一九三〇年四到六月在《文學世界》分四次刊出。一九二八年六月和七月，班雅明和黑瑟爾就普魯斯特譯文所有權轉移一事，和皮珀出版社展開曠日廢時的協商，最終毫無進展，使得兩人徹底放棄進行到一半的翻譯工作，放下這項「強烈影響（他自己的）創作」的計畫。（C, 340）同年七月，班雅明應《文學世界》之邀，發表了一篇帶有自傳色彩的格奧爾格短論，紀念詩人的六十大壽；布伯和布萊希特也在撰稿人之列。班雅明與布萊希特的密切往來則將從翌年展開，並就此深深影響了他的人生。

一九二八年夏天，班雅明又開始不安於室。儘管他和朵拉都沒有固定收入，但班雅明在給孔恩的信裡表示：「我就像一隻企鵝似的坐在光禿禿的三十七歲（他剛滿三十六歲）岩石上，沉思著獨自前往斯堪地那維亞的可能。但今年也許已經晚了。」（GB, 3:399）這項計畫要到一九三〇年夏天才會實現，但財務不穩並沒有阻礙班雅明到德國南部短旅行。他七月去了慕尼黑，發現那座城市是具「美得令人毛骨悚然的屍體，美到令人不敢相信它毫無生氣」。（GB, 3:402）九月，他在瑞士盧加諾和好友拉特夫婦見面，並於湖邊住處寫信給修勒姆，提到自己想趕快繼續拱廊街計畫，重拾不受現實所限的工作。「要是我為了營利而寫的文章不必維持在某種水準之上，免得連我都覺得噁心，」他自嘲自憐道，「那該有多好。我不能說我沒有機會發表爛文章，只能說我始終缺乏寫爛文章的勇氣。」（GB, 3:414）九月下旬，班雅明先前往熱那亞，而後去了馬賽，在那裡一個人抽了大麻。重訪這座法國港都還催生了另外一項成果，就是他隔年四月發表在《新瑞士評論》上、幾篇名為〈馬賽〉的生動小品文（SW, 2:232-236），用英語作品來類比，或許最接近艾吉（James Agee）對一九三〇年代末期布魯克林的描繪。班雅明自己則是將〈馬賽〉和他那年稍早完成的威瑪短文相比，不過據他表示，沒有哪座城市比馬賽更讓他難以著墨。（C, 352）

那年秋冬為了「營利」而寫的文章裡頭，最重要的一篇首推〈超現實主義〉，於次年二月分三次在《文學世界》刊出。（SW, 2: 207-221）八個月前，《文學世界》才刊出了他摘譯的阿拉貢超現實主義旅遊指南《巴黎鄉巴佬》。班雅明和超現實主義的關聯至少可以回溯到一九二五年，他寫了一篇名為〈夢之媚俗〉（Traumkitsch）的短文。隨著他對超現實主義瞭解日深，心底的懷疑也愈來愈強，但拱廊街計畫始終受超現實主義的思維影響，因為他起先本打算承繼「超現實主義的遺產」——從一定距離之外。（C, 342）他認為自己這篇論超現實主義的隨筆是「擺在《拱廊街計畫》前方的不透明屏幕」。（C, 347）隨筆以科技的圖像開頭，也以科技的圖像結尾；更精確地說，是人體力量和科技力量在新形成的自然（physis）裡相互交融的圖像。班雅明以遠離潮流的觀察者身分發言，從他位於山谷關鍵發電站的有利位置「評估運動的能量」，因為運動的「英雄階段」（他又稱之為「初始運動」）已經結束了。超現實主義仍然站在高度暴露的位置，處於「無政府的投石黨〔暴力的政治反對勢力〕和改革紀律之間」，尋求在彼此衝突的政治與美學律令中做出決定。有論者表示，超現實主義標誌著藝術界和知識界的危機，是一場「自由的人文主義概念」的危機。如同物質電磁說出現之後，物質是宇宙基本材料的舊概念便隨之消失，新的動態自然也改寫了人之實體（substance）與身分的概念。[66]班雅明沒有使用傳統認識論的原子式主體與客體觀，而是訴諸圖像空間（Bildraum）與身體空間（Leibraum）的範疇，來描繪新的實在事件紋理及其波動，也就是「神經支配」（innervation）。這種對柏格森所謂的「固體邏輯」的懸置，對閱讀行為影響深遠。儘管換個角度來看，超現實主義文本代表著「深奧詩歌的原始高潮」，但它尤其不是「文學」。誠如班雅明在一九三〇年的〈巴黎日記〉裡所言：

> 正當純粹詩意的概念可能在乏味的學術主義裡逐漸消失，超現實主義給了它一種煽動的、近乎政治的強調。超現實主義重新發現了深奧詩歌的偉大傳統。這種傳統其實和為藝術而藝術（l'art pour l'art）相去甚遠，對詩歌而言是一種如此秘密又有益的實踐。（SW, 2:350）

超現實主義者從內部炸開了詩歌世界，將「詩意生活」的概念推到極限。見到他們專注於過時事物——第一批鋼鐵建築、第一批工廠、第一批相片、即將消逝的物品、平臺鋼琴、五年前的服裝——和這些事物相遇催生了具有某種原始強度的圖像。這點當然是和《拱廊街計畫》的主要連結之一，因為《拱廊街計畫》正是為了「引爆隱藏在這些〔過時或破舊〕事物中的『大氣』的巨大力量」（這個說法還讓人想到之前談到的、電影的「稜鏡」效應）。從古老事物裡擷取能量供現在使用，是班雅明自早期就刻意為之的寫作傾向。[67]這種做法為革命經驗、革命虛無主義，甚至為革命行動的可能奠定了基礎。面對尋常事物的態度，首先就是個革命的問題──「我們在日常世界認出多少神秘，就能穿透神秘到多少程度」──只是班雅明並沒有回答「根本的問題」：革命的條件到底來自態度還是外在環境的改變。班雅明表示，這個問題決定了政治與道德的關係。事物世界的「世俗啟明」（profane Erleuchtung）揭露了不同現象間的隱密關聯，讓圖像空間顯現在政治行動的空間中，在他所謂「身體的集體神經支配」裡。在這個圖像空間中，沉思的力量不再足夠。行動會生出自身的圖像，而且行動就是那圖像。〈超現實主義〉最後一段非常特別。班雅明提到了〈共產主義宣言〉，並且舉「世俗啟明帶領我們進入的那個圖像空間」為證，將它和身體空間嫁接，形容它是「普遍和整體現時性（allseitiger und integraler Aktualität）的世界」。他過世那年寫下〈歷史的概念〉，又提到這個說法。[68]自由這個主題過去曾啟發青年激進主義，此刻又出現在飽滿的「超現實主義經驗」之中，因為這種經驗能放鬆自我，並有分寸地抹除區分夢境和清醒世界的門檻。正如我們在文章最後讀到的，這種「激進的知識自由」受到「悲觀的組織」約束，將使得整體現時性成為可能，從而讓實在超越自身。但在闡述這股解放潛力的同時，班雅明也直言，儘管超現實主義者有時深受非辯證的神話、夢境和無意識觀吸引，懷抱著「過熱的幻想」，大力破壞自由人文主義的理性主義，但他們並不總是能勝任革命詩意生活所需的世俗啟明工作。[69]

班雅明在這篇超現實主義短文裡如此簡要描繪的概念，將留待他本人去探索其意涵。自此之後，集體作為一種「身體空間」，乃是由「圖像空間」所塑造，並存在其中，這一看法將指引著他的政治思想。他在一九三〇年代完成的論媒體美學的文章，其實都能看作是對這些概念的拆解，以及對這些概念之間關係的闡述，最終目標是透過神經支配達成集體的形成與轉變，也就是漢森所謂的「對世界進行非破壞的模仿式納編」。[70]此外，就如同班雅明在一九三六年論藝術作品的隨筆裡所言，藝術是進行這種納編時無可取代的媒介：「電影用於訓練人與裝置互動時所需的新統覺與新反應，而這個裝置在他們日常生活中的作用幾乎每天都在擴大。讓我們這時代的這個巨大科技裝置成為人類神經支配的對象——這便是電影的歷史任務，電影的真正意義就在其中。」[71]

如果說一九二五年中是班雅明的事業低谷，其後三年便見證了他在一九二〇年代後期德國文化舞臺上的非凡崛起。事後看來，這段崛起很大程度不僅要歸功於他的寫作才華與驚人獨到的分析，也源自於他無與倫比的多才多藝。他能為自己打造出符合主流趨勢的記者形象，特別是當時正迅速取代死而不僵的保守菁英帝國文化的新即物主義，卻又能超越「新覺醒」。他的蘇聯經歷，以及和布萊希特與日俱增的親近，使得他在思想經常受左派影響的同時，又和新即物主義的左翼自由主義傾向徹底不同。而他不斷增進的流行文化專業知識，尤其對歐洲前衛運動有著第一手深入掌握，更讓這樣的形象在關鍵時刻益發鮮明。結果就是大量文章為他贏得了鵲起的聲名，並使他接觸到更多發表管道。「德國文學見習生」階段結束了，班雅明正一步步建立自己作為德國首席文化批評家的地位。

第七章 破壞型人物：柏林、巴黎、伊比薩島 1929—1932

一九二九年的情慾糾葛，將班雅明推回他一九二一年婚姻首次觸礁時經歷過的混亂。一九二八年夏天，他得知拉齊絲將到柏林的蘇聯使館工作，擔任蘇聯電影的交易代表。拉齊絲十一月抵達柏林，萊希與她同行，但他並沒有待久，因為布萊希特的新劇《三便士歌劇》正在收尾（拉齊絲與萊希自一九二三年便和布萊希特共事，拉齊絲後來在駐柏林使館舉辦試映會，布萊希特也出席過幾次）。萊希離開後，班雅明和拉齊絲同居了兩個月，從一九二八年十二月到一九二九年一月，地點是杜塞道夫街四十二號，離朵拉、十歲的史蒂凡和他病重母親住的大宅只有三公里出頭。不過，一九二九年二月他便搬回了德爾布呂克大宅。儘管離開愛巢顯然是拉齊絲下的逐客令，但她仍然在他生活中扮演重要角色，班雅明許多時候都是跟她一起參與柏林文化圈的活動。而她的長期愛人萊希回到柏林後，班雅明也重拾自己和這位好友的往來——當然還有兩人圍繞著拉齊絲的尷尬互動，就像在莫斯科那樣。這些人對彼此都有著與眾不同的放任，以致班雅明即便還和拉齊絲同居，一月照樣參加了朵拉的慶生會。

然而，那年春天經歷了一番波折之後，班雅明終於正式提起離婚，以便轉娶他的拉脫維亞女友，即使拉齊絲想不想和**他**結婚根本還不清楚。從他愛上尤拉（還有朵拉愛上軒恩）導致夫妻關係破裂以來，已經七年過去，這段期間朵拉對丈夫的忠誠令人讚嘆，不僅經常做些自貶身價的工作維持家計，並且始終是班雅明作品的頭號測試者。而這個小家庭面對丈夫長年缺席、對家庭生活興趣缺缺，卻還是設法同住一個屋簷下，其毅力同樣令人讚佩。但如今，班雅明鐵了心要一刀兩斷。六月二十九日離婚訴訟開始，其間雙方激烈指責對方，隔年三月二十七日訴訟結束，兩人正式離婚。班雅明以妻子外遇為由提起訴訟，結果卻發現自己遇上了「德國數一數二危險狡猾的律師」。（GB, 3:489）對方輕鬆點出他的破綻，讓他大敗收場。法官回絕了他的主張，因為他曾多次以口頭或書面形式告訴朵拉，說她也可以仿照他擁有性自由，而且他常靠妻子的記者收入維生，最近甚至還拒絕朵拉要他協助撫養兒子的所有請求。結果不出意外，法官裁定他必須償還朵拉四萬馬克，等於放棄他所有的繼承所得，包括珍藏的童書和德爾布呂克大宅的持分。[1]

訴訟開始前不久，班雅明從德爾布呂克大宅寫信給霍夫曼斯塔爾，說他希望八月初就能「了結柏林的事」。（GB, 3:473）約莫同一時間，朵拉則從英國的薩里郡寫信給修勒姆，語氣明顯悲傷許多。從這封一九二九年六月二十七日寫下的信裡，我們可以瞥見兩人的婚姻及班雅明性格中較為世俗的一面，當然更能見到朵拉的慷慨個性，頗值得大段引述：

> 親愛的修勒姆，華特狀況很糟，我實在說不出口，只要一提就讓我心碎。他完全受拉齊絲左右，做出一些我難以下筆之事，讓我這輩子再也不可能跟他說半句話了。他現在只剩下腦袋和性，其餘都不管用；而你也知道，至少不難想像，遇到這種情況，連腦袋也很快就會廢了。這一直是他最大的危險……／拉齊絲的居留證過期了，他想快點娶她，好讓對方取得德國公民身分。雖然他從來不曾為我或史蒂

> 凡存過半毛錢，卻要我（而我也同意了）將我未來會從姑姑那裡繼承的財產借一半給他。我把書都給了他，但他隔天又要我把童書也全給他。冬天他和我同住幾個月，什麼錢也沒出，還花了我幾百馬克，卻在拉齊絲身上用了幾百馬克。我跟他說錢快用完了，他就提離婚。施派爾（Wilhelm Speyer）明明給了他幾千馬克，找他合寫一部劇本和一本小說（我有書面證明），他卻欠我兩百多馬克，包括伙食費和電話費等等。／過去八年，我們互相給對方自由——他自己幹了哪些齷齪事統統不怕我知道，還講了上千次，鼓勵我也去「找個朋友」。而且我們六年前就分居了，現在他卻指控我！原本被他鄙夷的法律，這時突然變成好東西了。當然，這一切都是沒良心的拉齊絲在背後操縱。他自己也跟我說過好幾次，對方根本不愛他，只是在利用他。我知道這聽起來很像爛小說，但句句屬實……／他說我要是撕毀婚約，他就會背上債務。我答應終止婚姻，但他什麼責任都不會負——對史蒂凡、對他欠我的錢都是。他甚至不想把公寓留給我。那公寓是我自己粉刷，這些年的租金和燃料費也是我付的……他提出任何要求，我都答應，直到我發現他是那種上一秒說好，下一秒就要求更多的人。他對史蒂凡和我的未來的關心程度，就和對陌生人差不多。／這段日子他過得很痛苦。我聽不少人（注意，這些人可都是他朋友）描述親眼所見，說他們倆像貓狗一樣大打出手。她住的公寓是他付的錢，而他原本也住在那裡，直到被她請走。這時他又想到我了。他說我應該讓她來和我同住，我當然拒絕了，因為幾年前她對我很壞。所以現在他要報復了。[2]

值得一提的是，雖然朵拉指證歷歷，批評班雅明不負責任又沒良心，還暗指他深深傷害了她和兩人的孩子，卻選擇減輕他的責任，將他描繪成性成癮和拉齊絲操弄的受害者。這套說法顯然有助於原諒對方，而朵拉也確實在法官做出判決後一年內就原諒了班雅明。[3]不過，這也顯示了她有多麼忠誠，不是忠於丈夫，而是忠於他的作家天賦。離婚是班雅明的狗急跳牆之舉，不論情慾或財務上都是一著險棋。儘管朵拉的慈悲心始終無法對他感到同情，卻無損於她對他智識上的崇拜。

雖然一九二九年為班雅明的日常生活帶來種種動盪，卻是他生產力的高峰，充分展現出他的專注力，以及修勒姆形容他「滿懷深刻的靜定——用**無慾**都不足以描述」。（SF, 159）那年他寫下的作品包括大量報紙評論、隨筆、廣播稿、短篇故事和一篇翻譯，此前幾年和之後都不曾超過此數。同時，《拱廊街計畫》也有進展。班雅明寫出幾段精彩的哲學與歷史反思，包括〈巴黎拱廊街〉，並持續蒐集引文。為了拱廊街計畫，他還研究了十九世紀晚期興起、名為新藝術的藝術運動，發展自己對叫賣和媚俗的看法（隨後反映在他發表的〈上世紀旅館女服務員羅曼史〉一文中〔SW, 2:225-231〕），並詳細檢視十九世紀的巴黎建築。與此相關的是他二月拜讀了吉迪恩（Sigfried Giedion）一九二八年出版的《法國建築》。班雅明寫信給這位瑞士藝術史學家，形容這本書帶給他的「觸電」感受，並用一句也能貫穿他自己作品核心的話來描述書中的「激進之知」：「你能在當今時代裡突顯出傳統，更確切地說是發現傳統。」（GB, 3:444）如同他三月告訴修勒姆，這些研究的重點在於他希望「掌握一個時代最極端的具體性，它偶爾會在兒童遊戲、一棟建築或某個特定情境裡顯現出來。這是個危險又令人屏息的事業」。（C, 348）這份事業始於《單向街》，在他發明的思想圖像中延續，展現於他在〈短影（一）〉（十一月發表於《新瑞士評論》）裡嘗試的哲學小品及同類型的文章中，隨後更在他的自傳式文本〈柏林紀事〉和《柏林童年》裡，得到大規模的體現。

一九二九年還有一個關鍵，那就是班雅明作品裡的馬克思傾向更加明顯。修勒姆最先察覺這個轉變，指出那一年是班雅明「知識生涯明確的轉捩點，也是高強度文學與哲學活動的巔峰，但無損其思想的連貫性……而且比之前更加顯著」。（SF, 159）轉變有部分原因顯然來自於拉齊絲在柏林——班雅明最初接觸到馬克思主義就是因為在卡布里島遇見了拉齊絲。一九二九那一年，拉齊絲帶他去工人會堂參加無產階級革命作家會議，以及無產階級劇團的多場演出。而班雅明可能早在一九二八年冬天，即兩人同居期間，便草擬了一份教育學宣言，顯然是應拉齊絲要求而寫，因為文中反映出她在蘇聯無產階級兒童劇院的十年經驗。[4]這篇未能在他生前出版的〈無產階級兒童劇院綱領〉（SW, 2:201-206），清楚顯示班雅明始終關切童年對於人類存在的意義，因而不斷思索歷久彌新的教育問題。[5]他在文中寫道，孩童的每個舉動都是「來自另一個世界的信號；孩童在那裡生活，在那裡發號施令」。因此，教育者的職責不是消滅孩童世界，讓孩童服膺於階級利益（「資產階級」教育便試圖做到這點，尤其是維內肯的青年文化本身），而是讓孩童盡情遊玩，從中養成一種認真，因為不論哪種遊戲，對學習與童年的完滿都不可或缺。班雅明表示，「兒童教育必須讓孩童全副生命投入其中」，而這種人本教育學的關鍵就在即興教學，可以透過戲劇工作坊來培養（類似的工作坊可以在十九世紀社會理論家傅立葉提出的烏托邦社會找到，而傅立葉在《拱廊街計畫》中也有吃重戲分）。兒童劇院是「教育的辯證場」，可以培養孩童「在不帶感情的愛的核心裡……建立觀察力」，讓遊戲和現實融合為一。童年的成就不在成品的「永恆」，而在「姿態的『時刻』」。[6]這樣的時刻自有其未來性與共鳴：「孩童的姿態傳遞出的，關於即將發生之事的秘

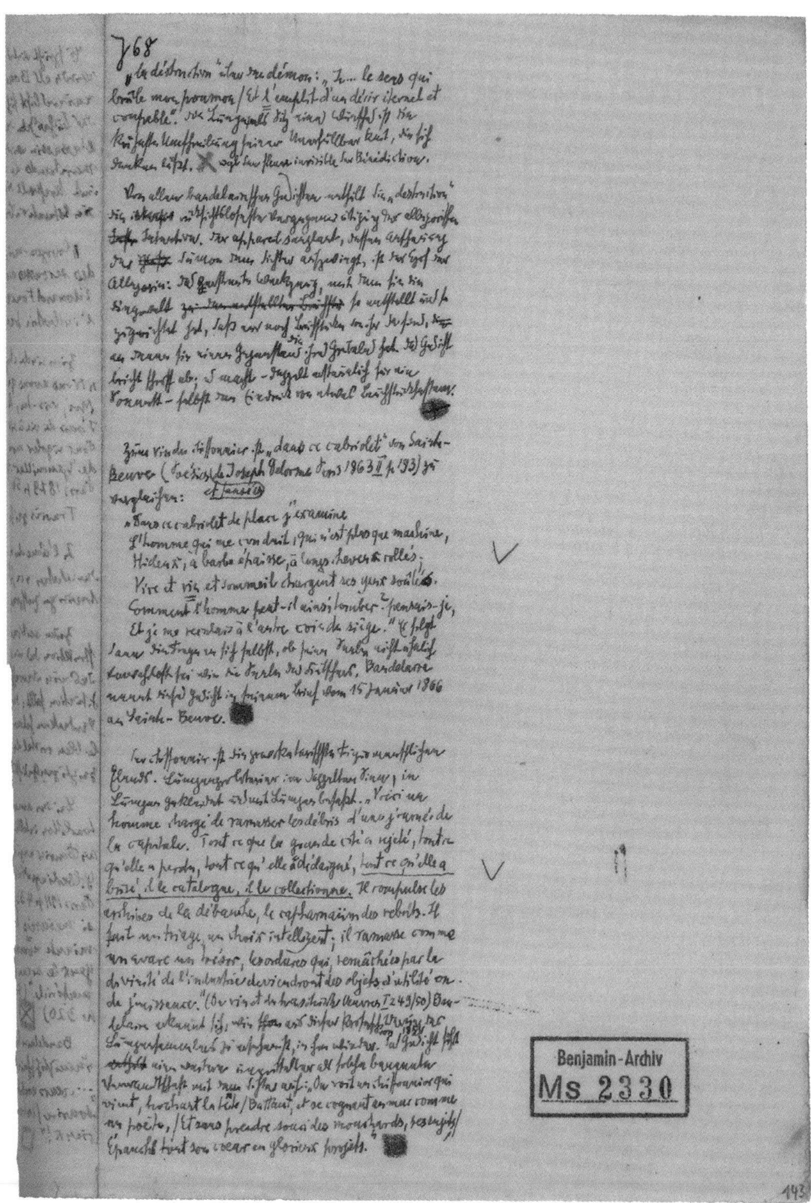

圖二十五：〈巴黎拱廊街〉（左）與《拱廊街計畫》（右），J68 手稿。柏林藝術學院班雅明檔案館。

密信號，才真正具有革命性。」一九三〇年，拉齊絲返回莫斯科，離開前曾安排班雅明移民蘇聯。雖然她嘗試替他在那裡找機會，但再次徒勞無果（據拉齊絲本人的說法，她曾勸阻班雅明搬到巴勒斯坦）。[7]經歷一九二〇年代晚期這段感情加深的時光後，兩人再也沒有見面，但書信往來一直持續到一九三六年。拉齊絲在哈薩克展開十年的軟禁生活，萊希則是反覆遭到流放與監禁。

雖然修勒姆察覺到班雅明「馬克思腔變重了」，部分來自拉齊絲的影響，部分來自班雅明那陣子跟阿多諾和霍克海默的知識交流增加，但最重要的誘因無疑還是班雅明和布萊希特兩人自一九二九年五月起愈發熟絡的友誼。[8]儘管時至今日，班雅明最出名的是他一九三〇年代中期的作品，但我們可以這樣說，正是由於一九二九年他和布萊希特確立友誼，他的知識立場才奠下了成熟的基石。激進的左派政治主張、恣意挪用猶太教和基督教神學的神學視野、對德國哲學傳統的深刻理解，以及符合現代性迅速多變條件下客體多樣性的文化理論——這些都將從此刻起成為班雅明作品的特色。然而，出於命運擺弄，他的朋友和知識夥伴始終無法理解、更無法容忍這個「矛盾的流動整體」，至於他的對手就更不用說了。在他那受創極深的妻子寫給修勒姆的一封信裡，可以看出班雅明這套乍看關聯薄弱又不斷變動的知識立場，有多容易被無情理解為投機的舉動：

> 從那時起，他就不斷簽約：跟布爾什維克主義簽約，而且不肯放棄，免得失去最後的藉口（因為如果他真的放棄了，就不得不承認讓他離不開這位女士的，不是對方的崇高原則，而只是性）；跟猶太復國主義簽約，一方面是為了你，一方面是（別生氣，這話是他親口說的）「因為家就是讓他有錢花的地

方」；跟哲學簽約（否則他對神權政治、上帝之城或暴力的看法，要怎麼和這套沙龍布爾什維克主義相一致？）；跟文學生涯（而不是文學）簽約，因為在黑瑟爾和黑瑟爾趁他跟拉齊絲外遇空檔塞給他的小姑娘們面前，他自然恥於承認這些猶太復國主義幻想。[9]

從某方面來說，這些指控是班雅明自找的，因為他始終拒絕徹底毫無保留地遵守其中任何一項「合約」。他的立場符合所有既定學說與信仰體系，而他只是想接近這些體系，直到能取用裡頭某些元素而已。這無法光用喜歡拼裝來解釋。就如他極度客氣、努力不讓朋友彼此認識一樣，這是保持知識獨立性的一種策略。

兩人結交當時，班雅明將近三十七歲，布萊希特三十一歲。儘管朋友們對班雅明受到布萊希特多少影響普遍存疑，但連他們也不懷疑這段友誼的重要。修勒姆發現，對方「將一個嶄新的元素，一股名符其實的根本力量帶進了〔班雅明的〕生命裡」。鄂蘭後來也說，和布萊希特結交是班雅明天外飛來的好運。[10]現在看來，那是當時最重要的德國詩人和最重要的文學評論家攜手結盟。他們經常在布萊希特靠近動物園的公寓中長談，而班雅明也很快就被彼此關係緊密的劇作家圈子所接納。兩人討論著各式各樣的話題，包括必須搶在希特勒之前將小資產階級拉攏到左派，[11]以及卓別林創造出很有啟發性的作品：他新推出的電影《大馬戲團》裡的戲棚橋段非常精彩，兩人都印象深刻；[12]班雅明也才剛讀完法國詩人蘇波（Philippe Soupault）談論卓別林電影《小流浪漢》的文章，並針對卓別林發表了一篇短文。（SW, 2:199-200, 222-224）班雅明投入廣播應該也是出於布萊希特的鼓勵，因為他自己剛以林白為主角製作了一部廣播劇。除此之外，他還介紹班雅明認識馬克思主義知識分子，例如一九二三年出版《馬克思主義與哲學》一書的科爾施。他是《資本論》編輯，也是前共黨國會議員，班雅明對馬克思主義的理解其實主要來自於他，《拱廊街計畫》也大量引述了他的言論。[13]六月二十四日，班雅明告訴修勒姆：「你知道了應該會很感興趣，我和布萊希特最近建立了非常友好的關係，但不是基於他的成就（我只曉得《三便士歌劇》和他的敘事詩），而是基於對他手邊計畫合理且必然的興趣。」（SF, 159）最終，布萊希特成了班雅明的主要研究對象之一。從一九三〇年六月製作廣播節目〈布萊希特〉起，其後十年，班雅明寫了數十篇文章討論布萊希特的史詩劇場、詩歌、小說與談話。布萊希特的蒙太奇理論，其中對姿態、引文與過去和未來之辯證的強調、反偶像崇拜的「素樸思想」、對寓言運用自如、他的嘲諷與天生人道主義，尤其是他的獨特語調，表面簡單甚至粗暴，實則極度巧妙精微，這些在在對班雅明的寫作產生深遠的影響。即使他的手法最終和這位雪茄不離手的巴伐利亞大詩人不同，且布萊希特私下覺得他是密契主義者，[14]這份影響依然存在。流亡期間，班雅明能倚靠的綠洲不多，布萊希特在丹麥菲英島斯文堡（Svendborg）附近的家便是其中之一，而他也將和布萊希特一起，重新展開他與德國思想的個人對抗，就像之前他和海因勒與朗恩並肩作戰那樣。

和布萊希特及布萊希特的圈子熱切往來，只是班雅明一九二〇年代晚期在柏林接觸到令人沉醉的知識氛圍的一部分。在後來幾代人眼中，當時的柏林就是「威瑪文化」的所在地。班雅明依然常和老友見面，尤其是黑瑟爾和他妻子海倫，以及克拉考爾、布洛赫、哈斯與施派爾，並且依然謹慎接觸（有時由古特金陪伴）戈德堡的圈子，好向修勒姆報告他們的計畫：戈德堡和昂格爾以「哲學團體」為名，每週舉行晚間討論會。那些年在班雅明的知識往來圈裡最重要的進展之一，就是他和藝術家莫霍利－納吉重拾聯繫。兩人在班雅明接觸G團體時相識，而他對班雅明思想影響之深遠，可以說和布萊希特不相上下。兩人一九二三至二八年完全停止聯繫，當時莫霍利－納吉於包浩斯*任教，起初在威瑪，後來在德紹。雙方再次牽上線，是因為他們都在萊寧的《i10》雜誌發表作品，莫霍利－納吉是雜誌的攝影編輯。兩人一九二九年針對攝影、電影和其他現代媒體的討論，對於班雅明在〈攝影小史〉、《拱廊街計畫》和〈藝術作

圖二十六：布萊希特，約於一九三二年。柏林藝術學院班雅明檔案館。

* 譯註：包浩斯（Bauhaus）是一所成立於一九一九年的建築、設計與藝術學校，根據校址所在地，共經歷威瑪、德紹與柏林三個時期。一九三三年因納粹壓迫而關閉，但其建立的流派與風格影響深遠，持續至今。

品在其可技術複製的時代〉裡的看法產生了莫大的影響。莫霍利—納吉曾經在克羅歌劇院製作奧芬巴赫的《霍夫曼的故事》時擔任設計，因此班雅明透過他也開始接觸柏林音樂圈，和指揮家克倫佩勒（Otto Klemperer）交好。儘管班雅明有不少摯友是充滿熱誠的音樂家和作曲家，特別是軒恩與阿多諾，但他總是再三申明，自己對音樂幾乎一竅不通。

此外，班雅明還結識了一些新面孔。他開始和年輕的政治哲學家施特勞斯來往，施特勞斯後來在美國極具影響力，當時則在柏林猶太學院任教，並且剛完成一本論史賓諾莎的書。班雅明在寫給修勒姆的信裡提到施特勞斯：「我不否認他喚起了我的信任，覺得他很合我意。」(C, 347）班雅明還透過黑瑟爾認識維也納作家兼劇評波爾加（Alfred Polgar），並從對方的陪伴中得到許多樂趣。那年夏天，他結識了美裔法國小說家格林（Julien Green）。他曾經異常熱切地向朋友推薦對方的作品，且在不久前才評論了格林一九二七年的小說《梅蘇拉》。八月中，他在廣播節目裡談到格林，後來在巴黎再見到對方，並於隔年四月的《新瑞士評論》發表一篇頗有見地的隨筆〈格林〉。文中提出關於「原初史」的重要主張，例如寓居（dwelling）的過程。在格林筆下，寓居依然充滿著遠古的魔力與恐懼，因為他小說裡的人物和祖先的魂靈同住在一個屋簷下。「父親的房子……變成了洞穴、居室和通回人類原初過去（Urzeit）的畫廊。」(SW, 2:335）最近和遠古的生命型態在寓居空間並存，這幅既歷史又原初史的景象，是班雅明後期作品的特色。

由於他對法國作家的書評、詮釋與評論相當成功，那年春天他對法國文學的近期發展愈來愈關切，也就不足為奇了。即便為了拱廊街計畫而積極研究十九世紀法國文化，班雅明發現自己「愈來愈常遇見年輕法國作家的文章。這些作家在追尋各自思路時，指南針不約而同受到磁北極擾亂，以致路線毫無章法。我則是直向而去」。（C, 340）完成論超現實主義的隨筆後，班雅明又寫下另一篇經典〈論普魯斯特的形象〉。這篇實為超現實主義隨筆「姊妹作」（C, 352）的文章於一九二九年三至六月完成，六、七月在《文學世界》發表。（SW, 2:237-247）班雅明一直覺得普魯斯特的「哲學視角」與自己相當契合（C, 278），而在造訪莫斯科期間，他開始察覺普魯斯特的《追憶似水年華》與《德國悲苦劇的起源》之間的對應。他發現《斯萬家那邊》的同性愛場景帶有「野蠻虛無主義」的色彩，顯示普魯斯特以如此方式「闖進小資產階級室內刻有虐待狂字樣的整潔小房間，並將一切無情砸得粉碎，不留下任何未玷污的、明確的邪惡概念，讓每一個碎片裡的邪惡清楚展現其本質，亦即『人性』，甚或『仁慈』」。在他看來，這正是「我那本巴洛克之書的主旨」。（MD, 94-95）約莫同一時期，也就是一九二六年初，班雅明開始計劃寫一篇論普魯斯特翻譯的隨筆。一九二九年初，他寫信給里希納（Max Rychner），因為對方執掌的《新瑞士評論》正籌劃發表一系列論普魯斯特的德語文章，包括庫爾提烏斯談普魯斯特觀點主義的短論。班雅明表示他和普魯斯特的文本還很近，無法撰文討論，但「德國的普魯斯特研究和法國的研究相比，肯定會有不同觀點。普魯斯特有太多可談……而且都比視他為『心理學家』更重要。就我所知，法國幾乎完全只從這個面向來談」。（C, 349）同年三月，他告訴修勒姆自己正在「醞釀一些論普魯斯特的繁複交織之作」（C, 349），五月則說他在寫一篇「相當初步但很精巧的論普魯斯特隨筆」，內容「從一千零一個方面展開，但還沒有核心」。（GB, 3:462）這些評論都指出，班雅明顯然從多個角度切入普魯斯特這部巨著，這本貨真價實的「生命之作」。在他眼中（必須說，他其實還不知道喬伊斯的《尤里西斯》），這本小說是「我們這時代卓越的文學成就」。

他談到小說裡的許多面向，包括「普魯斯特筆下人物如植物一般，牢牢根植在自己的社會棲地上」；其作為顛覆式的儀態喜劇，對自我、愛情與道德的貶低；對勢利眼的分析與嘮叨的生理學；對尋常物品和班雅明所謂「日常時分」的關注；對長時段內的相似性的熱切崇拜，以及隨之而來的轉變，存在變為圍繞著孤獨旋轉的記憶保護區；敘事再難以捉摸和理解，再充滿無可化解的鄉愁，仍然具有歷史具體性；最後，普魯斯特的造句方式展現出「可理解的身體的全部肌肉活動」，並闡明非自願回憶的流動。然而，班雅明這篇隨筆的核心關懷——可以往上追溯到他研讀尼采和柏格森的學生時代，並向後延伸至其一九三〇年代抱持的歷史唯物論——就是探討「交織的時間」。他此前便曾在一封信裡暗示，普魯斯特以時間流逝為尺度，為我們提供了「生命的嶄新意象」。（C, 290）在這篇隨筆當中，他強烈否定唯心論者對於普魯斯特「永恆主題」的詮釋：「普魯斯特的永恆不是柏拉圖式，也非烏托邦式，而是迷醉的（rauschhaft）……誠然，我們在普魯斯特身上可以見到歷久不衰的唯心論的雛形，但令他作品偉大的不是這些元素。普魯斯特為我們展示的永恆是交織的時間，而非無垠的時間。他真正感興趣的是時間流逝的最真實形式，也就是交織。」因此，出於對幸福的執迷追求，「衰老與記憶的對立」在小說裡才會如此根本。在某個時效性的瞬間（非常類似《拱廊街計畫》和別處提到的「可辨的當下」），普魯斯特筆下的「交織宇宙」向我們敞開，過往所是（Gewesene）在電光一閃的辨別中浮現，就好比馬塞爾品嚐瑪德蓮，遺忘已久的過去剎時浮現。非自願回憶的瞬間是「重返青春的震撼」，某些帶著層層厚度的過往經驗被喚醒，匯聚成意象。在這個對於「對應」的瞬間體驗中，時間的流逝濃縮結晶，構成迷醉的永恆。正是在此，在迷醉現象中，我們見到了和超現實主義的關聯。

六月底，離婚訴訟開始前不久，班雅明和豪賓達中學的同窗老友施派爾一起完成了兩天的汽車之旅。施派爾溫文儒雅，是多產的小說家兼劇作家，班雅明正和他合寫一齣偵探劇。施派爾最受歡迎的兩本小說分別是一九二七年的《夏洛特有點瘋狂》（*Charlott etwas verrückt*）和一九二八年的《特提亞之戰》（*Der Kampf der Tertia*），前陣子才剛翻拍成默片。後者講述一群高中生努力拯救一群貓狗不被撲殺，班雅明二月在《文學世界》給了這部電影很好的評價。對於老友邀約，班雅明肯定是欣然同意：他五月初開始學習希伯來語，感覺很想藉機翹課。他從法國班辛寫信給修勒姆，提到他對自己目前在文壇關係的滿意（鹿特丹一家報紙剛刊出一篇專題文章討論《單向街》），以及對朋友布洛赫的不滿。早在二月，他就再次向修勒姆抱怨，布洛赫巧妙但無恥地剽竊了他的想法和用語。現在他則表示「我的不朽之作有不少部分，已經不無殘缺地透過布洛赫兩本新書《痕跡》和《隨筆集》傳給後世了」。（GB, 3:469）

那年七月，班雅明和施派爾又去度假。這回時間較長，兩人造訪了聖吉米亞諾、沃爾泰拉和西埃納。班雅明除了在信裡，也在八月《法蘭克福報》上的優美短文〈聖吉米亞諾〉裡表示他很喜歡托斯卡尼的風景。「實在很難，」文章開頭寫道，「用言語來形容我們眼前的風光。後來言語確實來了，拿著小槌子敲打真實，像敲銅片似的，直到從真實裡敲打出意象來。『傍晚，婦女聚集在城門前的噴泉邊，用大水罐接水。』直到我找到這些言語，凹凸不平、暗影深沉的意象，才從太過耀眼的經驗裡浮現。」他接著描述黎明時分，聖吉尼亞諾曙光乍現，宛如稜線上一塊發光的石頭，並表示「前人顯然懂得如何將這石頭當成護身符帶在身邊，從而將時間變成恩惠」。（GS, 4:364-365）他也同樣喜歡沃爾泰拉，那裡有大量伊特拉斯坎文明的遺物。他覺得沃爾泰拉「雄偉壯觀，位於終年無雪、宛如非洲的恩加丁谷地中央，那遼闊的荒蕪與光禿的山頂是那麼明顯」。（GB, 3:477）〈聖吉尼亞諾〉是獻給霍夫曼斯塔爾的追思文。霍夫曼斯塔爾七月十五日過世，正好是班雅明生日。班雅明七月二十七日從沃爾泰拉寫信給修勒姆，信裡描述好友過世的消息是多麼令他難過，德國報刊上的訃告又是多麼無禮，令人作嘔。

同樣在信裡，班雅明還提到自己在「格奧爾格的園子裡」看見美得出奇的盛開花朵。這裡指的是柯梅雷爾（Max Kommerell）一九二八年出版的傳記集《詩人作為德國古典主義的領導者》，論及的對象包括歌德、席勒與賀德林等等。柯梅雷爾是文學史學家，也是格奧爾格圈子裡的人。一年後，班雅明在《文學世界》發表了他在聖吉尼安諾開始提筆的書評〈反對一部經典〉，文中強調這本書很「偉大」，帶有「普魯塔克風格」固有的「面相學式、嚴格來說非心理學的視角」，內文「充滿道地的人類學洞見」。但他同時提出了一個關鍵的批判：

> 不論〔今日〕以何種形式顯現，我們的任務都是抓住它的雙角，以便質問過去。唯有這頭公牛的血填滿坑洞，離去者的靈魂才會出現。格奧爾格圈內人的作品就是少了這種致命的思想突擊。他們不向現在獻祭，而是百般迴避……〔以致剝奪了〕文學理當獲得的詮釋與成長的權利。（SW, 2:383）

這個關鍵的詮釋原則——現在掌管著所有對過去的詮釋與質問（「命脈」）[16]——不僅反映在《拱廊街計畫》的「漫遊者哲學」裡，也是班雅明對黑瑟爾《柏林漫步》的評論焦點，書中清楚可見兩人知識上的親近。一九二九年十月，班雅明在《文學世界》發表了書評〈漫遊者回歸〉，文中俯拾皆是《拱廊街計畫》的句子。班雅明形容這部閒適哀傷的作品是「清醒者的埃及夢之書」，將它和波特萊爾、阿波里奈爾（Guillaume Apollinaire）及列奧多（Paul Léautaud）的「漫遊者經典作品」並列，同時指出「正由於現代性在這位作者身上顯現，因此唯有他能如此『提早』又原創地瞥見才剛變舊的事物」。（SW, 2:264）那年七月和八月，班雅明手上還有其他文章，包括一篇論瑞士散文家瓦爾澤（Robert Walser）的「惡評」。（C, 357）這篇九月刊登在《日記》上的評論，其實乍看並沒有敵視這位作者的跡象（班雅明也有提到，卡夫卡非常喜歡瓦爾澤），不過他將瓦爾澤表面上對風格的忽視解釋成「純潔巧妙的笨拙」，並指出在對方精巧古怪的故事裡出場的人物，都跟童話英雄一樣擁有孩童般的高貴，且兩者皆「來自黑夜與瘋狂」，從這些地方或許可以看出些許敵意。（SW, 2:258-259）

八月底，班雅明於《文學世界》發表了一篇題為〈和軒恩對話〉的文章，他在文中和作曲家老友軒恩一同討論廣播與電視在教育和政治方面的可能性。軒恩是他相識最久、也最親近的好友之一，最近剛出任要職，成為法蘭克福西南德國廣播電臺的藝術總監。兩人一致認為，電視與廣播應該擺脫文化宣傳或純粹報導的桎梏。自一九二三年無線廣播引入德國以來，顯然唯有迎合觀眾的「娛樂」渴望，才能讓新大眾媒體政治化。不過，兩人都主張這樣的節目走向無須排除各種藝術活動——他們舉的例子是布萊希特、懷爾（Kurt Weill）和興德米特（Paul Hindemith）製作的《林白的飛行》，以及艾斯勒（Hanns Eisler）的某齣清唱劇——也不必放棄實驗性的作品。（GS, 4:548-551）[17]這次對談讓班雅明心生計畫，打算於隔年完成一篇論廣播的政治面向的文章。儘管文章最後沒寫成，但他在給軒恩的信裡提到了自己想要討論的議題，包括廣播的邊緣化，部分是因為未能出現具煽動性的自由主義媒體，部分是來自威廉時期部會首長的失敗；廣播被工會主義把持；廣播對文學事務漠不關心；以及廣播與媒體關係腐化。（GB, 3:515-517）這篇對談文融合了班雅明於一九二〇年代最關切的兩個議題：透過現代媒體（包括印刷品、廣播、攝影及電影）提供的視角，思考教學方法和一般的教育問題。由於這個核心傾向源自他對自己和朵拉童書收藏的思考，甚至出於他對兒子成長的觀察，因此很少出現在那時期的重要隨筆中。班雅明對教育與媒體的想法並未形成融貫的理論，而是散見於德國報刊專欄的多篇短文中，不只時間分散，發表地點也很多樣。

一九二〇年代後期，班雅明不僅有機會思考新的通訊媒體，軒恩還替他製造機會，讓他定期上廣播節目。一九二九年下半，班雅明開始經常出現在法蘭克福和柏林的電臺。一九二九年八月到一九三二年春天，他的聲音在廣播裡出現八十餘次，而且各種型態都有。有對年輕聽眾談話（〈柏林街頭流浪兒〉、〈獵巫〉、〈舊德國的橡皮筋〉、〈巴士底〉、〈浮士德博士〉、〈私酒業者〉與〈里斯本大地震〉）、文學課程（〈兒童文學〉、〈懷爾德〔Thornton Wilder〕和海明威的作品〉、〈布萊希特〉、〈卡夫卡：《中國長城》〉與〈循著舊書信的痕跡〉）、廣播劇（包括博學機智的對談，題目像是《德國人讀什麼，他們的經典作家寫什麼》或《利希滕貝格》，以及兒童劇，如《卡斯帕周圍的喧囂》），還有「廣播教化劇」，也就是用戲劇呈現一般生活常見的道德問題，以家庭、學校和辦公室為主，正反例都有。[18] 班雅明通常自己寫腳本，不時即興發揮，廣播劇則常跟他人合作。他擅長回收自己在報刊上的文章內容，再根據聽眾調整，並使用更簡單一點的說法。他偶爾會在信裡貶低自己的廣播作品，稱它們是掙麵包的工作（Brotarbeit），無關緊要，純粹為了賺錢而做。雖然這話符合他前一年所說，永遠會維持「一定量」的糊口活，不過從我們手上的資料可以清楚看出，他在這件事上投注了許多心力，所有的廣播腳本都經過精心建構，展現出作者的絕佳文采與知性魅力。

一九二九年八月初，班雅明從義大利搭巴士返回柏林，沒多久便搬出德爾布呂克大宅，徹底告別這棟「我住了十年或二十年的地方」（C, 355），他在一封短信裡悲傷地告訴修勒姆。他原本希望獲邀參加記者兼教授德賈當（Paul Desjardins）主持的「蓬蒂尼十日談」（Décades de Pontigny）來撫平哀傷。這場在前蓬蒂尼熙篤會修院舉行的年度盛會，聚集了法國最重要的藝術家、作家與知識分子，據他告訴修勒姆，只有「功成名就」的外國人才會獲邀。（GB, 3:428）儘管他後來未能與會，據他說是出於「執行上」的問題，但整整十年後，也就是一九三九年，他終於順利參加，並獲准使用修院著名的圖書館。在柏林沒了住處，班雅明只好搬到舊西區舍訥貝格（Schöneberg）腓特烈威廉街的黑瑟爾家暫住幾個月。他十月發表黑瑟爾論柏林新作的書評，並且討論和軒恩合寫廣播劇。軒恩應該是受黑瑟爾委託，但黑瑟爾後來自己打了退堂鼓，因為如他向軒恩抱怨的，班雅明「〔往往〕把事情搞得很困難」。[19]軒恩則是將矛頭指向黑瑟爾，指責對方「瘋狂的固執」，甚至建議班雅明搬出左輪手槍，因為這案子當初似乎是班雅明替黑瑟爾爭取到的。至於班雅明本人，由於酬勞有一千馬克，因此對黑瑟爾拒絕配合「非常惱火」。（GB, 3:517）

就在返回俄國前夕，拉齊絲再次發生精神崩潰。一九二九年她在莫斯科曾因此短暫喪失行動能力。班雅明將她送上火車，前往法蘭克福接受一位執業神經科醫師治療。[20]他九月和十月去了法蘭克福，除了探望拉齊絲，還做了幾場廣播談話，並和阿多諾展開更密切的知識交流，兩人討論的焦點便是拱廊街計畫。他們身旁很快就聚集了一小群朋友，成員包括拉齊絲、卡普魯絲和霍克海默，他們以陶努斯山的度假小鎮柯尼斯坦為根據地，在「瑞士小屋」舉行圓桌會議，討論班雅明作品的核心概念，例如「辯證意象」等。[21]班雅明朗讀《拱廊街計畫》初稿，而他的賭徒理論顯然引起了轟動。這些「柯尼斯坦談話」在所有與會者的思想裡都留下了烙印，並協助形塑後世所知的法蘭克福學派文化理論。在那封一九三五年五月三十一日寫給阿多諾，常被後人引用的信裡，班雅明提到法蘭克福和柯尼斯坦的談話開啟了他思想的新階段，尤其擺脫了「愉悅古老」、依然「囿於自然」的浪漫主義哲學思考模式，以及「狂想曲式」的表達模式。他告訴阿多諾，這類思想與寫作在他看來是幼稚而過時的。（SW, 3:51）當然，後浪漫主義和反浪漫主義（後者和擁抱專欄體裁同時發生）的取向，在《單向街》的結構與調性上已經現出端倪。雖然這部作品受到克拉考爾的都市研究影響不小，但到了一九三五年時，克拉考爾已經不再是提供給班雅明發表管道的人，這個角色由阿多諾和霍克海默取而代之。

那年秋天，班雅明的離婚訴訟開始變得很「殘酷」，超乎他意料之外，而且據他表示開始影響他的身心狀態。十月底，美國股市崩盤那個月，班雅明崩潰了十天，無法開口也打不了電話，更別提寫信了。（GB, 3:489, 491）這一年他取得了那麼多成功，甚至可以說是他作為威瑪時期文學批評家的聲望最高峰，結果卻以深陷憂鬱告終。儘管他傲然宣稱離婚是一種解脫，但之後兩年他有父母家歸不得，還被妻兒流放，這件事也將成為他一生最大的情感難關。

一九三〇年，新的一年到來，班雅明的外在環境仍然不穩定。雖然接下來幾年，報紙和電臺的工作多少讓他生活維持得下去，但當納粹掌權，他在德國的文人生涯也就此完結。自一九二〇年代初期惡性通膨以來，他便不曾面臨經濟危機，如今他卻遭遇這樣的威脅。德國三月失業人口高達三百萬，任性離婚也很可能讓他失去所有遺產。儘管如此，班雅明表示自己並不後悔，反倒決心從目前的「過渡存在」和生活中瀰漫的「臨時感」裡頭汲取智識上的好處。四月二十五日，法院作出離婚判決隔天，他在信裡告訴修勒姆，自己「完全沉浸在這個新起點上，一切就從住哪裡〔及〕如何謀生開始」。（C, 365）

這種面對外在不確定的內在堅決態度，從他幾週後寫給修勒姆的一封「極為私密」的信裡得到證實。信中明白提到他「幾個月來捲入了不斷變動的驚人組集裡」。（引自SF, 162）這主要是指家人與婚姻，兩者在他筆下都成了格林小說裡會遇到的黑暗力量：「我妹妹就如同〔他〕筆下最不可愛的女性角色。」班雅明和妹妹始終關係不睦，那陣子更是史無前例地差。當時已經成為前妻的朵拉後來告訴修勒姆，班雅明被妹妹「可怕地剝削」。這裡應該是指家族地產的處置。[22]然而，妹妹不是班雅明遇上的唯一阻礙。「無論這些力量出現在我眼前何處，我都得挺身鬥爭——因為它們不只出現在〔我妹妹身上〕……也在我體內。」（引自SF, 162）班雅明在一段常被後人引用的話裡告訴修勒姆，這是場遲來的鬥爭，而且是在災難般的狀況下開始：

> 我想，恐怕連你對我的婚姻也不可能比我描述得更公平、更正面了，而我的說法至今依然不變，因此應該永遠不會變了。以一種不過分誇張的講法，我得說……到最後（我是說多年下來）這場婚姻完全成為這些力量的化身。有很長很長一段時間，我都相信自己永遠沒有力量擺脫婚姻。當這股力量在最

> 深沉的痛苦與荒涼之中突然到來時，我當然要把握。正如這一步所產生的困難決定了我目前的外在存在——畢竟年居四十，沒有恆產、地位、住處與資金，過日子並不容易——這一步本身則是我目前內在存在的根基。它感覺紮紮實實，沒有惡魔存在的空間。（引自SF, 162）

修勒姆在回憶錄裡提到，班雅明這個階段面臨人生的「重大危機與轉變」，並引用班雅明一九三〇年代初認識的美國歷史小說家赫格斯海默（Joseph Hergesheimer）的話：班雅明當時就像「剛從一個十字架下來，就又要上另一個十字架」。（引自SF, 164）朵拉一九三〇年十一月在班雅明母親火化儀式上見到對方。她告訴修勒姆，班雅明看上去「糟透了」，讓她非常驚訝難過。「智識上，他還是和以往完全一樣，很有說服力，但我已經變得比較獨立了。我很清楚感覺到，他對我已經沒有一絲喜歡，只對我表現得體，而我並不介意。」[23]

面對如此困境，班雅明選擇了他習慣的解方：旅行。他一九二九年十二月底到一九三〇年二月底去了巴黎，下榻蒙帕納斯拉斯帕伊大道二三二號的艾格隆飯店。「你一踏上這座城市，」他在〈巴黎日記〉寫道，「便感覺得到了報償。」（SW, 2:337）這篇文章於一九三〇年四至六月分四次在《文學世界》刊出，對當時的法國文學做出全景式的描繪。然而，彼時巴黎經濟狀況很不穩定，班雅明只能向同樣沒錢的朋友如蒙喬森借款，並不時離開巴黎「為廣播通勤」至法蘭克福。即使處境堪憂，班雅明仍然努力在法國首都擴展文學人脈。剛到巴黎那幾天，他就聯繫之前來訪結交的朋友，如詩人阿拉貢、德斯諾（Robert Desnos）和批評家皮耶—亢恩（Léon Pierre-Quint）等人，並且跟格林見了幾面，兩人說好由班雅明翻譯他的新書，但最終沒有下文。某天晚上，班雅明在醉舟（Le Bateau Ivre）俱樂部待了很久，開心地聽著他心目中「法國最偉大的現世詩人」法爾格（Léon-Paul Fargue）講普魯斯特，整晚最精彩的部分是法爾格講述自己設宴款待普魯斯特和喬伊斯，但兩人不歡而散的經過。[24]在班雅明這階段結識的人裡，朱漢多和貝爾（Emmanuel Berl）對他有最立即的影響。前者是天主教知識分子，研究外地人生活，班雅明對他的研究裡論及「虔誠與罪惡的交纏」印象深刻；而後者身為猶太知識分子，擁有「少見的批判神經」，讓他深受吸引，甚至表示對方和他的觀點「驚人地」相近。（C, 360）不過，比起這些往來，班雅明和他口中的「阿爾貝先生」的邂逅更令人難忘。他認為，普魯斯特《追憶似水年華》裡的阿爾貝蒂娜（Albertine）正是以對方為範本。[25]班雅明第一次見到他，是在聖拉札爾街的一間「同性戀小澡堂」櫃臺，阿爾貝先生是老闆。他記下兩人的談話，寫成題為〈和阿爾貝先生相聚一晚〉的短文，附在信裡寄給修勒姆。在所有新朋友當中，莫妮耶最為重要。她是知名書店書友之家（La Maison des Amis des Livres）的老闆，其對面就是畢奇（Sylvia Beach）經營的莎士比亞書店。二月初，班雅明走進這間位於奧德翁街七號的書店，「心裡閃過膚淺的期待，以為會是個年輕貌美的女孩」，結果卻見到「一位冷漠的金髮女士，眼眸澄澈灰藍，身上一件灰色粗羊毛洋裝，式樣好似樸素的修女服」。他立刻感覺她「是那種值得對方無比敬重，但她自己對此既無期待，又不會反對或蔑視的人」。（SW, 2:346-347）莫妮耶的書店是巴黎現代主義作家和藝術家的聚會所兼講堂。接下來幾年，班雅明不僅在這裡結識了梵樂希和紀德等人，以假名I. M. S.發表詩歌與散文的莫妮耶更在他一九三〇年代離開德國流亡海外之後，成為他最堅貞的朋友與支持者之一。

某一次從巴黎到法蘭克福工作，有人請班雅明撰文紀念因漸凍症而於一九二九年十二月過世的羅森茨維格。班雅明告訴修勒姆他拒絕了，因為他已經離羅森茨維格那獨特的思想世界太遠，不再如一九二〇年代初期那樣狂熱獻身其中。正因為他曉得自己從那時以來在知識路上走了多遠，才有辦法從巴黎出發，盤點過去這幾年。他在一封用法文寫給修勒姆的信裡特別提到兩件事。首先，他知道自己在德國愈來愈有聲望，並宣告決心成為眾人眼中「最重要的德國文學批評家」。（C, 359）當然，他立即補充道，文學批評在德國不被視為嚴肅文體已經超過五十年，因此想在這個領域闖出名聲，就得先讓批評成為一種文類，而他希望自己和羅沃爾特出版社簽約要出的文學隨筆集，可以協助實現這個目標。其次，他提到自己在「巴黎拱廊街」研究上的進展，稱它為第二項大成就。這時他已經設定會將成果寫成一本書，並且像預知《拱廊街計畫》卷宗N似的，指出這本書就像《德國悲苦劇的起源》一樣，需要附上認識論導言，並表示自己為此打算開始研究黑格爾與馬克思。

一九三〇年二月下旬，班雅明自巴黎返回德國。他一邊繼續在黑瑟爾家暫住，一邊四處找房子。四月初他再度搬家，在梅內克街九號的花園別墅租了個房間，就在夏洛滕堡選帝侯大道南邊不遠處。四月二十四日，他在新家得知自己的婚姻終於宣告解除。那天傍晚，班雅明寫了封信給修勒姆。那些最心底的事，他依然只找他傾訴。信中，班雅明回顧往日，感嘆自己「終究無法在我第二十二年立下的光輝基礎上築起整個人生」。（C, 365）這個第二十二年橫跨了一九一三和一四年，先有〈青年形上學〉誕生，緊接著〈賀德林詩作兩首〉問世。與其說班雅明覺得自己這十六年來沒有寫出更好的作品，不如說他這些年面對財務及其他現實需要，已經變得愈來愈妥協，不再堅持自己所珍視的獨立與超然。

除了個人危機，修勒姆還在二月時質問班雅明，要他講明自己和猶太教的關係。修勒姆提醒這位老友，自己曾為了他向馬格內斯和希伯來大學說情，只因他說自己「想和猶太教進行有益的交鋒」，結果班雅明未能兌現承諾，害他站不住腳。修勒姆表示，不論班雅明做何決定，他都能接受，只要他明講——就算這代表班雅明「這輩子除了透過我倆的友誼，不會考慮和猶太教真正交鋒」，他也能釋懷。（C, 362-363）班雅明置若罔聞了兩個多月，最後終於在四月二十五日坦承，他「除了從你身上，完全沒有透過其他管道認識現存的猶太教」。（C, 364）一九三〇年六月，修勒姆夫人艾莎（Escha）到柏林造訪班雅明。她替丈夫傳話，直接問班雅明有多相信猶太教、講好的巴勒斯坦之行，以及他顯然積欠馬格內斯的款項。班雅明完全避而不答。當對方要他講明自己的「共產主義傾向」，班雅明回答：「修勒姆和我是這樣的——我們已經相互說服了對方。」這話充其量只是顧左右而言他。[26]這幾次交流讓修勒姆決定放手，不再嘗試說服老友接受猶太復國主義，甚至任何形式的猶太教。

一九三〇年春，班雅明展開一項雄心勃勃的計畫，預備撰寫（用唯物論者和布萊希特的話來說，就是生產）一系列隨筆，這些隨筆日後將使他站上當時的文化政治舞臺。事實上，之後這一年，班雅明太過埋首於研究，以致我們對他工作以外的生活幾乎一無所知。之前他在《單向街》形容批評家是「文學戰場上的戰略家」（SW, 1:460），這個說法比布萊希特還早。根據這套觀點，批評基本上是道德事務（moralische Sache），批評家必須以「真正的論戰」為要務，用藝術家的語言說話。接下來的兩年，班雅明在幾篇書評裡努力實踐這套文學論戰觀，其中不少都發表在社會民主主義期刊《社會》（*Die Gesellschaft*）上。他同時將矛頭對準保守的右翼法西斯和溫和的左翼自由派，將自己定位於左翼之外，超越傳統二元對立，並且不忘真正的人性理想，撇除兩個極端的煽情。在他針對柯梅雷爾論德國古典主義新作的書評中，儘管他對主流的文化保守主義非常反感，包括條頓崇拜、宗派式語言「危險的時代錯置」，以及硬是將歷史事件代入神話力場中，也就是「救贖史觀」，卻還是努力保持平衡的語調。不過，他對小說家兼散文家容格（Ernst Jünger）編輯的隨筆集《戰爭與戰士》就沒那麼客氣了。容格可以說是威瑪共和時期極右派知識分子的領袖，而在〈德國法西斯主義理論〉這篇長書評裡，班雅明試圖揭露容格戰爭神秘主義背後抽象、男性中心又「褻瀆」的運作策略。在容格那個圈子對於「帝國」戰士的理解中，班雅明見到了戰後德國自由軍團傭兵的意義轉變，這群身穿鐵灰色制服「為統治階級效力的戰爭工程師」，基本上和「身穿常禮服的官員」是一體兩面；在容格等人對「國家」的想像裡，他見到了一套利用這群戰士為統治階級辯護的說詞。這群統治者蔑視國際法，不用向任何人負責，更無須為自己負責，「臉上帶著斯芬克斯般的生產者表情，急著保證自己將是自家產品的唯一消費者」。（SW, 2:319）這本選集裡的作者，班雅明評論道，完全無法是什麼說什麼，而寧願替所有戰爭事務套上德國唯心論的英雄色彩。正如幾年後，他在〈藝術作品在其可技術複製的時代〉引用馬利涅蒂對戰爭的謳歌，作為法西斯主義政治美學化的例子，這本選集裡的戰爭崇拜，也被他解譯成「為藝術而藝術」原則的展現。班雅明認為，後者正是向著藝術的崇拜價值的複雜回歸，一種逃避社會功能與客觀內容的消極神學，是面臨技術進步（攝影）與商品化蔓延所引發的藝術危機時，一種慌不擇路的規避。容格提到的戰後「總動員」，其真正關鍵在於全球技術（planetary technology）的出現，尤其被濫用於毀滅性的目的：「社會現實，」班雅明在書評開頭就這樣寫道（而且整個一九三〇年代他都堅持此一論點），「還不夠成熟，無法讓技術成為自己的器官，而……技術還不夠強大，無法駕馭社會的基本力量。」這種將戰士惡意地神化有一個症狀，就是對和平缺乏感激，因此需要論戰果斷介入：「我們不能容許一個只知道戰爭的人談論戰爭……你曾在一個孩子、一棵樹或一頭動物身上見到和平嗎？那不就像在戰場上遇見哨兵一樣？」

班雅明批判文化右翼分子，通常會訴諸日常觀點和節制的美德；而當他攻擊左翼自由派知識分子，則是毫不妥協高舉革命的旗幟。這種文章的語調有時會十分嚴厲，例如〈左翼憂鬱〉便是。這篇文章一開始遭到《法蘭克福報》拒絕，後於一九三一年在《社會》雜誌發表。表面上，這篇文章是在評論凱斯特納（Erich Kästner）的詩集——凱斯特納如今以童書《小偵探愛彌兒》聞名——但班雅明在文中勾勒出德國左派激進知識分子從行動主義、表現主義再到凱斯特納所屬的新客觀主義的發展，並將過去這十五年理解為「資產階級的解體」。[27] 班雅明指出，此一發展的政治意義在於「將革命的本能反應（只要在資產階級裡出現）轉為分心的對象……以供消費」（SW, 2:424），「分心」在此顯然帶有負面意涵，可見布萊希特的影響。班雅明表示，這種文化傾向帶有的商品化憂鬱和偽虛無主義，是用絕望偽裝骨子裡的自滿；相較之下，前表現主義詩人海姆、利希滕斯坦（Alfred Lichtenstein）和當代詩人布萊希特創作的才是「真正政治的詩」。因此他做出結論，左翼自由派的人性觀企圖將職業生活和個人生活劃上等號，其實無異於「獸性」，因為在當前處境下，真正的人性（echte Menschlichkeit）只能誕生自人類存在的兩極**張力**之間。

凱斯特納的詩「喪失了被嫌惡的天賦」，既不是對一無所有者說話，也不是對有錢實業家說話，而是對中間階層的代理人、記者和部門主管說話。這些人的存在訓練有素、「品行優良」、充滿壓抑與幻想，克拉考爾一九三〇年出版的《白領勞工》便是以他們為分析對象，而班雅明那年也在《文學世界》和《社會》寫了書評。之前提過，班雅明智識上和生活上都受益於克拉考爾，最早可以回溯到一九二〇年代初。在這本論上班族的作品中，克拉考爾以熟知內情的外人角度書寫，被班雅明借為己用。[28]作為「來自資產階級的革命作家」，這位「不滿的」外人將自身階級的政治化視為己任。他知道知識分子無產階級化很難使他變成無產階級，知識分子只有間接的影響。和當時流行的激進主義不同，班雅明不迎合煽情的勢利眼光，而是以面相學家與解夢師之姿，留意寓居空間、工作習慣、服裝與擺設等顯眼和不顯眼的細節，將社會實在的面貌視為畫謎（Vexierbild）裡的合成圖像，唯有在幻景中才能發現真正的結構：

> 虛假意識的產物就像畫謎，真正主體（Hauptsache）從雲層、枝葉和陰影間向外窺伺。作者甚至深入白領階級報紙的廣告版，以發現如畫謎般鑲嵌在（vexierhaft eingebettet erscheinen）光輝與青春、教育與人格構成的幻景中的真正主體……然而，更高的實在並不滿足於幻想的存在，於是以畫謎形式讓人在日常生活中感覺到它的存在，就像貧窮在耀眼的分心之光下做的那樣。（SW, 2:308-309，亦可參見356）[29]

這些都市合成體的真正主體，暗示著一個徹底常規化的孤離存在。這個存在被「體育」的無所不在去政治化，內在則受到現成「價值」框架嚴密管控，是人類關係的物化與異化：「現今沒有哪個階級的思想與情感，比白領階級更遠離日常生活的具體實在。」面對這種對當代社會秩序非人性面的集體適應，作家譴責「報導文學」作為新客觀主義後裔的偶發觀察與粗略的事實調查，並「強行辯證地進入」研究對象的生活，吸收這個階級的語言，從而將他們的意識形態基底暴露在他的諷刺凝視中。作家就像撿破爛的（這是個典型的波特萊爾母題），破曉時在喜怒無常的孤離中撿拾「言語的碎片」，不時讓「其中幾塊褪色的破爛棉布，如『人性』、『內在』或『吸收』，在風中嘲諷地飄揚」。

因此，「嚴肅的資產階級寫作」就好比學科訓練，是嚴肅投入閱讀和語言考掘。這已經有典範存在，那就是「法國超現實主義者和德國的克勞斯所實踐的……私人生活的原則性公開，即無所不在的論戰」。（SW, 2:407）在這種既非新聞「觀點」又非實際政黨政治的文學論戰中，非政治和政治寫作的差異基本上消失，激進和投機寫作的區別則更加明顯。至少這是班雅明一九三〇和三一年發起論戰所期望的效果。他也計劃撰寫一本文學批評，作為這些政治色彩濃厚的隨筆的補充。為此他於一九三〇年四月和羅沃爾特出版社簽署新合約，取代一九二八年的舊合同。這年的頭幾個月，班雅明全力準備這本文評的導言，並將題目暫定為〈批評家的任務〉，預計包括三部分：批評家的任務與技巧、批評的衰微與作品的來生。（GS, 6:735，亦見SW, 2:416）該書將收錄他之前發表的論凱勒、黑博（J. P. Hebel）、黑瑟爾、瓦爾澤、格林、普魯斯特、紀德和超現實主義的隨筆，外加〈譯者的任務〉、一九三〇年三月動筆的論克勞斯的一篇重要隨筆，以及兩篇尚未開始的隨筆〈小說家與說故事的人〉與〈論新藝術〉。（GB, 3:525n）[30]然而，一年後，羅沃爾特出版社倒閉，代表班雅明又有一本書胎死腹中。

一九三〇和三一年，班雅明不僅在批評事業上產量驚人，也和一九二〇年代初期一樣，持續反思批評的本質。在這時期關於文學批評理論的評注中，班雅明提到「文學批評自浪漫主義運動以來一蹶不振」（SW, 2:291），並將部分責任歸咎於新聞業，批評新聞建立在「一知半解和腐敗的親密關係」上。（SW, 2:350〈巴黎日記〉）尤其是靠著評論，由於其程序的隨意與普遍缺乏知識權威（也就是缺乏理論基礎），「新聞業摧毀了批評」。（SW, 2:406）[31]的確，傳統非歷史形式的美學已經過時；有鑑於當代批評的原子化，目前需要的是「繞個彎，藉由唯物論美學，將書置於時代脈絡中。這樣的批評將帶來新的動態辯證美學」，而正確的**電影**批評正可以充當範本。（SW, 2:292, 294）[32]批評和文學史的分家必須取消，唯有如此，批評才能成為文學史的基礎，成為其「基本學科」（Grundwissenschaft）。（SW, 2:415）文學史的這種轉變，意味著批評必須合併評論與論戰——也就是合併解釋與策略、作品中的事件與對事件的評斷——這種批評「唯一的媒介是作品自身的生命，它的續命（das Leben, Fortleben der Werke）」。（SW, 2:372）在這個說法中，班雅明訴諸他的文學與歷史中心思想，即作品的來生。他在一九一九年論德國浪漫主義批評概念的博士論文裡首次闡述這個概念（傳統的文學史不可否認地屈從於問題史〔Problemgeschichte〕）。同時，他還召回了「物質內容」與「真理內容」這兩個範疇，如他一九二一至二二年在〈歌德的親合力〉文中闡釋的那樣，與「評論」和「批判」的概念密切相關。他將這些概念結合起來，描述批評的責任為「學習從作品內部看（im Werke sehen lernen）」，也就是發現作品內隱藏的關係，因為若要從內部闡明作品，就必須說明「作品的真理內容和物質內容相互交融的方式」（SW, 2:407-408），而所有標榜馬克思主義批評的評論，班雅明補充道，幾乎都不曾如此切入藝術作品的內部。在作品內部，傳統的美學難題（例如內容與形式之爭）都不復存在，藝術領域本身也被拋在腦後。

在這個脈絡下，班雅明使用了一個他和阿多諾共用的術語：收縮（Schrumpfung）。[33]收縮是作品在時間中傳播的法則，更精確地說，收縮界定了「真理內容如何進入物質內容」。（SW, 2:408, 415-416）班雅明指出，收縮是一個雙重過程：作品一方面因為時間的作用而成為「廢墟」，另一方面則被批評所「解構」。如同他在論歌德的隨筆中所言，物質內容和真理內容原本在藝術作品中是合一的，後來隨著時間而分離，而批判的閱讀就是在變得陌生的物質內容的細節裡爬梳出真理。在他後期談批評理論的筆記裡，班雅明用了Abmontieren這個德文字來稱呼這種文本解構。Abmontieren的字面意義是「拆解、拆散」[34]（這是個布萊希特用語，跟Demontierung〔拆解〕與Ummontierung〔重組〕兩個詞有關，用來指稱布萊希特寫作所具有的改造性的批判功能；參見SW, 2:559, 369-370，以及關於克勞斯的部分，436, 439）。批評同時具有破壞力和建設力，加上時間的力量，能將藝術作品收縮壓擠成一個「微永世（microeon）——一個高度濃縮卻又多重的反映，反映它所源起的歷史時代，以及它被接受與重生的時代」。[35]這跟馬克思主義批評傾向將作品化約為歷史資料的手法完全不同。班雅明心裡想的是作品的內在轉變，是經由閱讀產生的東西。至於接受的問題意識——即作品的整個生命、效果（Wirkung）、名聲、翻譯與命運的問題——班雅明在一篇相對沒那麼有名的隨筆結尾給出了明確陳述。這篇隨筆題為〈文學史和文學研究〉，一九三一年四月發表於《文學世界》，比他動手撰寫那篇較為人知的唯物論美學宣言〈收藏家兼史學家福克斯〉早了三年左右。在這篇論文學史的隨筆中，班雅明主張作品的接受史和創作史是一體的，因為作品在被接受的過程中，會「從內轉變為一個微世界，甚至是一個微永世」，從而成為「歷史的工具」：

> 重點不是在文學作品所處的時代脈絡裡呈現文學作品，而是在文學作品出現的時代呈現它被感知的時代——我們的時代。正是這點讓文學成為歷史的工具（Organon der Geschichte），而文學史學家的任務就是做到這一點，並且不讓文學被化約為歷史（Historie）素材。（SW, 2:464）

在班雅明和其他左派知識分子眼中，批評和文藝所面臨的危機——班雅明甚至談到「科學與藝術所面臨的危機」（C, 370）——是整體的社會生活危機的一部分。

一九三〇年夏，班雅明似乎有機會將自己對批評的思索化為實體：他和布萊希特說好一起創辦期刊，並取名為《危機與批評》（*Krisis und Kritik*）。這個構想來自兩人一九二九年春天開始的談話，以及一個始終無法抹滅的信念，那就是不論角色再間接，文學都可以「改變世界」。一九三〇年夏天，班雅明在廣播上發表談話〈布萊希特〉，並刊出他的第一篇布萊希特評論，在《法蘭克福報》上分析布萊希特《實驗》（*Versuche*）一書裡的幾個段落。班雅明和布萊希特身旁聚集著一個「互動緊密的批評讀書

圖二十七：一九二九年的班雅明，喬埃兒（Charlotte Joël）攝影。法蘭克福阿多諾檔案館。

圈」，其宗旨包括「消滅」一九二七年甫出版《存在與時間》的海德格。[36]依此脈絡，新刊物也有了更明確的雛形。那年九月，班雅明找來他的出版商羅沃爾特（Ernst Rowohlt），對方同意出版這份新刊物，編輯部也正式開始討論（席間還有速記員在場）組織架構與發刊計畫。羅沃爾特講好，由劇評兼劇作家以耶林（Herbert Ihering）負責編輯事務，班雅明、布萊希特和布萊希特的《法蘭克福報》駐柏林記者好友馮布倫塔諾（Bernard von Brentano）從旁協助。[37]

十月上旬，班雅明寫信給修勒姆，將自己描繪成新刊物的籌畫要角。這項計畫自然引來了好友提醒，而班雅明則表示自己很小心地選擇加入，沒有忘記九年前籌辦《新天使》不成的經歷：

> 我任命自己為刊物組織和實質事務的代表，為出版商羅沃爾特接受發行計畫清除了路障。這是我和布萊希特長期討論出來的結果。新刊物的正式定位是學院派，甚至走學術路線，而非新聞雜誌，名稱為《危機與批評》。我已經完全贏得羅沃爾特的支持，但現在出了一個大問題，就是能否團結有話要說的人……除此之外，還有跟布萊希特共事這個先天的難題。我當然認為，如果要問有誰能處理這件事，那人應該是我。（C, 368）

羅沃爾特進一步做出指示，供稿者的政治傾向應該「大力向左」（好像這點還真的需要他擔心似的！）。身為組織籌劃者，班雅明一九三〇年十月和十一月起草了〈《危機與批評》備忘錄〉，列出二十六位可能的供稿者，包括阿多諾、克拉考爾、柯爾施、盧卡奇、穆齊爾、德布林、吉迪恩（Sigfried Giedion）、與德米特（Paul Hindemith）、皮斯卡托（Erwin Piscator）、懷爾和杜多（Slatan Dudow）。他甚至還列了很難算是進步派思想家的貝恩（Gottfried Benn）與貢多夫。[38]這其間納粹在政治上大有斬獲，尤其九月中在德國國會選舉表現得異常強勁，顯然替發刊計畫注入了刺激：必須反擊如德國文化戰鬥聯盟（Kampfbund für deutsche Kultur）等組織的影響。該聯盟於一九二八年由羅森伯格、希姆萊（Heinrich Himmler）和斯特拉瑟（Georg Straßer）成立，旨在對抗前衛藝術中的「文化布爾什維克主義」（柯比意和包浩斯是常見的攻擊目標）。那年秋天，班雅明甚至去參加了斯特拉瑟主持的衝鋒隊會議。衝鋒隊是納粹的黨內派系，其領導於一九三四年六月的長刀之夜被希特勒剷除。班雅明事後（十月）告訴馮布倫塔諾，他在那次會議目睹了一場「有的地方滿精彩的辯論」。（GB, 3:546-547）

在規劃《危機與批評》的備忘錄中，班雅明表明立場，而且和他十六年前提出年青哲學的立場基本一致，指出新刊物會有「政治性格……但不會偏向任何一黨」。階級鬥爭的概念雖然對這個階段的知識產出不可或缺，但智識與藝術並不從屬於狹隘的政治目標之下。[39]這份刊物將牢牢掌握對於「當今社會基石的危急情況」的清楚認識，由此進行批評活動。從這個附帶條件可以看出，班雅明對「危機」和「批評」這對孿生詞的字源學理解：重點在於危機或關鍵轉捩點的概念，就像談到病程中的危機一樣。這時需要的是**思想**干預，是資產階級知識分子可以用來考慮自身的策略（這份刊物絕不是「無產階級的喉舌」）。在一九三〇年秋天的編輯會議上，班雅明指出需要一種「條列式的寫作風格」；這種風格跟純文學或新聞寫作不同，強調區辨與計算的實驗精神。[40]班雅明計劃自己在新刊物上的第一篇隨筆，主題會是自知身為資產階級小說家的湯瑪斯・曼，因為五年前他發現對方的作品《魔山》異常迷人。

創刊初步討論結束後，班雅明七月下旬坐上郵輪，展開遊歷斯堪地那維亞的長期旅行，實現自己兩年前許下的願望。他穿越北極圈來到北芬蘭，回程在波蘭濱海度假勝地索波特見了老友拉特夫婦，那裡有他最愛的賭場。班雅明在船上寫了短篇散文集錦〈北歐海〉，翻譯了朱漢多的作品，還讀了克拉格斯的《心為靈魂之敵》（*Der Geist als Widersacher der Seele*）的第一卷。儘管他覺得克拉格斯的「形上二元論很拙劣」，政治傾向也很可疑，不過仍然是一本「偉大的哲學作品」。（C, 366）[41]那趟旅行最幸運的事，或許是他開始和阿多諾未來的妻子卡普魯絲通信。班雅明從挪威特隆赫姆寄了一張明信片給她，用兩人相識初期常有的客氣文字寫著：「一出柏林，世界就變得遼闊美麗了起來，就連擠滿各色旅客的兩千噸輪船上也有空間供您暗自開心的僕人我落腳。方才我就是船上的一個奇景，一位留著鬍髭的滑稽老婦人，在露臺的扶手椅上做日光浴——因為不論身處大街或峽灣，都得在露臺上——身旁擺著杯咖啡，振筆編著手工藝。就拿這件簡單的編織品來說吧，它是我們友誼的椅背套，象徵一位大無畏旅人的舊情誼。」（GB, 3:534-535）但他後來向修勒姆坦承，搭船感覺太孤單，工作負擔又太重，那趟旅程完全沒帶給他真正的好處。

初秋，班雅明回到柏林，隨即搬進攝政王街六十六號的公寓。他原以為這間作家兼畫家波伊（Eva Boy）轉租給他的房子只是又一個臨時棲身之所，沒想到卻成了他在柏林的最後住處。這間公寓位於巴伐利亞區南段，附近住著柏林最顯赫的幾個猶太家族，班雅明驚喜發現新家的種種好處——沿著走廊相隔兩個安靜的房間，就是他表弟維辛和妻子葛特（Gert）的住處。他們兩人不僅參與了他的藥物實驗（見OH, 57-70），且班雅明似乎有一陣子迷戀上了葛特。葛特後來於一九三三年十一月因肺炎死於巴黎。

（GB, 4:309）攝政王街六十六號五樓的這間公寓書房很大，冬天窗外可以見到溜冰場，房裡擺著他的兩千冊藏書，克利的水彩畫《新天使》俯瞰其下。班雅明甚至收藏了不少唱片，因為有人送他一台留聲機，讓他非常開心。就像修勒姆說的，「這是最後一次班雅明的所有家當都在一個地方。」（SF, 178）生活安定之後，班雅明總算有時間多陪自己十二歲的兒子史蒂凡。他告訴修勒姆，他們父子倆一起聽了布萊希特唱歌的唱片，也跟他說兒子對布萊希特尖刻思考和說話方式的評論。（GB, 3:542）

那年秋冬，班雅明忙著撰寫評論與錄製廣播——「有太多事要做了，」他告訴阿多諾——還要忙預計出版的刊物和隨筆集，然而這兩項和與羅沃爾特談妥的評論計畫最終都未能實現。除此之外，班雅明還有一項計畫也胎死腹中：他受到阿多諾和霍克海默鼓勵，計劃在法蘭克福社會研究所發表一場題為〈文學批評的哲學〉的演講。這題目是阿多諾建議的，霍克海默則於那年十月當上所長。但因為班雅明母親十一月初過世，演講被迫延期，結果再也沒有另定時間。這段時間他還替羅沃爾特出版社審稿，擔任書稿審議最後階段的顧問，而他和黑瑟爾合譯的普魯斯特《追憶似水年華》第三卷《蓋爾芒特家那邊》也終於在皮珀出版社出版。

十一月二日，班雅明母親過世，但似乎沒有給他帶來多大的情感衝擊。比起四年前他父親過世引發的心理動盪，這點更是明顯。不過他的財務穩定倒是出了大問題。一九二六年父親離世，班雅明得到了可觀的遺產：他們三兄妹每人各分得一萬六千八百零五帝國馬克，當時約合四千美元。此外，班雅明還簽名放棄出售德爾布呂克大宅所得金錢的定額持分，換得了一萬三千帝國馬克。但離婚讓這項財務安排變得有些複雜。班雅明被迫用自己對德爾布呂克大宅的持分貸款四萬馬克，以償還積欠前妻的債務。最終，他前妻就用班雅明所得遺產的一大部分從他弟弟妹妹手中買下大宅，並保留那間房子直到一九三〇年代。

儘管身為批評家名聲日起，又和布萊希特等新夥伴攜手合作，班雅明仍然四處找尋能滿足他多重興趣的知識人脈。那年十二月，他寫了一封短信，連同《德國悲苦劇的起源》一起寄給保守派政治哲學家施密特，因為對方一九二二年出版的論著《政治神學：論主權概念四章》是他重要的參考來源。班雅明在信裡寫道，「您很快就會發現，這本書裡談到十七世紀的主權學說，受您影響有多深。」（GB, 3:558，亦可參見SW, 2:78）他還指出施密特的政治哲學近作證明了他的藝術哲學論述是對的。雖然沒有證據顯示施密特有回信，但後人在他去世後發現他的藏書裡有《德國悲苦劇的起源》，而且滿是註記。另外，施密特在他一九五六年出版的《哈姆雷特或赫庫芭》也粗略用到了這本書。[42]

班雅明當時剛收到維也納前現代主義建築師路斯（Adolf Loos）的文選，寄件人是該書編輯、藝術史學家法蘭茲．格呂克（Franz Glück），班雅明好友古斯塔夫．格呂克的弟弟。班雅明十二月中旬寫信向法蘭茲致謝，提到路斯的思想與創作對他目前的研究很重要。（GB, 3:559）路斯是維也納諷刺作家克勞斯的朋友及（用班雅明的話來形容）「戰友」。班雅明三月開始撰寫論克勞斯的隨筆，寫了將近一年，於一九三一年三月分四次在《法蘭克福報》發表。在這篇強而有力隨筆的關鍵處，班雅明多次引用路斯的說法，並將文章獻給格呂克（他在柏林帝國信貸銀行擔任外國業務主管至一九三八年）。班雅明同年完成的〈破壞型人物〉，在不少方面便是以他為模型。出身維也納的格呂克經常和以克勞斯為首的圈子往來，班雅明或許就是他介紹給對方認識的。[43]班雅明至少從一九一八年就開始讀克勞斯發表在自家《火炬》雜誌上的散文與詩，後來也常去看對方在劇場和廣播電臺的熱門演出，聽克勞斯朗讀自己的作品、莎翁和歌德的創作，以及奧芬巴赫的劇本。此外，他也已經發表了四篇論克勞斯的短文。[44]克勞斯及其「古怪反思」在他筆下最終成為更真實的人道主義的榜樣，同時也跟克勞斯擁護者宣傳的「道德人格」形象不同。

對班雅明而言，克勞斯體現了一種原始力量，這點從他選擇的標題〈全人〉（Allmensch）、〈惡魔〉與〈怪物〉（Unmensch）便看得出來；而克勞斯的批評就是一種「吃人行動」，抹除了個人與客觀的界線。換言之，克勞斯發揮自己的「模仿天才」，模仿他諷刺批評的對象，藉此揭開對方面紗，自內部挪用對方，從而吞噬它們。克勞斯「拆解」情境，以便挖出情境所帶出的真正問題（班雅明同一時期的其他文學評論計畫也使用了這個詞，尤其是對克拉考爾和布萊希特的研究）。班雅明生動描繪出表演中的克勞斯，他那激動的姿勢令人想起遊樂場的表演者，「那妓女般半濛半明、令人屏息的目光」陡然落在如癡如醉的觀眾身上，「邀請他們戴著讓人認不出自己的面具，和他來一場不聖潔的婚姻」。於是，揭開維也納社會的腐敗與虛偽同時也是一種模仿式的自我掩飾（與揭露）。這是一個矛盾的過程，而身為諷刺作家的克勞斯不僅整個人參與其中，他的真實面目——應該說他的「真正面具」——也藉此顯露。克勞斯的論戰技藝來自戰前維也納表現主義（他和荀白克完全是同代人），從他將「個人特質當成最有力的批評工具」，並惡魔般有意識地調度它，便能看出這層淵源。班雅明指出，表現主義在風行之前，曾是人格最後的歷史避難所。

「個人因素與客觀因素的重合」可以從克勞斯讓自己的個人存在——尤其是他的原始生物與情慾面

向——成為公共事務的方式看出來；他的憂鬱享樂主義在世界主義式的正直中得到了反擊與實現。這是克勞斯個人論戰權威的秘訣。這種權威總是立基於對手邊事務的關注。歷史回憶在半瘋狂的節慶哀悼中拯救了個人意識，而克勞斯和媒體的終身鬥爭無疑將這些矛盾推向刀尖，因為這裡涉及的是一位「偉大記者」對新聞寫作的譴責。「只有波特萊爾像克勞斯一樣痛恨健全常識的飽足，憎惡知識分子為了在新聞寫作中求得庇護而與之做出的妥協。新聞寫作是對文學生命、心靈與惡魔的背叛。」（SW, 2:446）

班雅明本人對媒體的批判，顯然受惠於克勞斯對「空話」的剖析。空話是新聞處理現實的手段，也是大眾傳播時代促使語言貶值的工具。商業報界專橫的話題性癱瘓了歷史想像，讓大眾無能評判，遑論哀悼。克勞斯尖銳批判大行其道的「偽主觀性」，尤其對源自海涅的「專欄主義」與源自尼采的「隨筆主義」的雙重傾向大加詆毀，但他顯然與這兩者有所勾結。然而，班雅明指出，克勞斯從來不允許自己「跟聽眾與模式的深度勾結」進入他的話語中，即使這份勾結不時從他的微笑、從他在表演中將話語化約為生物「嗡嗚」裡透露出來。

克勞斯利用引用對手來吞噬對方，在自己的文章、詩歌與劇作裡，展現他身為引用大師的本領，甚至「連報紙都能引用」。班雅明在《拱廊街計畫》的文學蒙太奇裡也用了這個手法，不論有沒有加上引號。引用是克勞斯的基本論戰步驟，從來都不只是次要功能，這是他和布萊希特的眾多接點之一。生成與毀滅在引用中彼此交融。換句話說，被引用的文句有如收藏品從原文裡被掘取出來，經過曲解與炸毀後於新文本的母體中重生，並於過程中成為即興創作的材料，好比舊時尚成為新時尚的素材。[45]被引用的素材不僅以「被喚醒」與被拯救的形式得到召喚，更受到評判，而這種概括式的評判可以將整個歷史連結到個別的新聞、片語或廣告上。在這樣的千年一瞬中，克勞斯窺見了人的形象，即使那形象可能已經道德破產。他不斷引用古典人文主義，引用其自然觀與自然人的概念，以便執行他的毀滅使命，為一個更模稜兩可、更去種族化、更世界主義，並且終將主宰惡魔的人文主義效力。套用班雅明的著名說法：「怪物作為更真實的人道主義的使者，站在我們之間。」班雅明在論克勞斯的隨筆末尾引用了馬克思的一段話，反映出所謂的唯物人文主義（der reale Humanismus）。在這段話中，資產階級對公共與私人的反對在行星式個體性的願景中被克服：「唯有當真正的個人……在其經驗生活、個人工作與個人環境中成為一個類存有……唯有此時，人的解放才告完成。」班雅明在隨筆第二部分結尾提到這種解放，讓他的年青哲學的主題再度赫然浮現。這種解放意味著法律將在沒有外部規範的「無政府」狀態下終結，正義由此誕生：「無政府是唯一合乎道德並適合人類的國際憲法（Weltverfassung）。」

遺憾的是，克勞斯對班雅明這篇隨筆的反應，坐實了班雅明對他人格的描繪，充滿野蠻甚至專橫的諷刺。他在一九三一年五月中的《火炬》雜誌提到班雅明的隨筆：「對於這篇顯然出於善意，看上去也是深思熟慮過的作品，我確實能說的只有它和我有關，而且作者似乎知道許多我的事，這些事我自己之前也不知道，甚至現在也不是很清楚。我只能說，希望其他讀者比我更讀得懂（或許它是一篇心理分析）。」最後這句話或許可以用克勞斯本人的知名格言來作註腳：「心理分析就是它宣稱自己能治療的疾病的症狀。」這話就算不是無端充滿惡意，也很輕率，班雅明讀來肯定特別難受。那年六月，他寫信給最早告訴他雜誌裡有這段話的修勒姆：「簡而言之，克勞斯只可能會是這種反應，而我只希望自己的反應也是理性可以預期的——換句話說，就是再也不寫文章談他。」（引自SF, 175）班雅明說到做到。

一九三一年一月上旬，班雅明和前一年一月上旬一樣在巴黎度過，繼續強化自己與法國作家的往來。回到柏林後，他隨即發現自己被捲入《危機與批評》的爭議中。早在班雅明前往巴黎前，創刊計畫就已經因為內部不和與外部限制而蒙上陰影。他和布萊希特雖然預見整合一群如此不同的知識分子與藝術家會有困難，但還是覺得他倆最後會擺平一切。結果證明，想要遊走在總體化的「資產階級」觀念和片面化的「無產階級」觀念之間只是徒勞一場。班雅明和布萊希特都堅持，發展藝術的技術與建設向度是藝術家的主要**社會**責任，但包括記者庫列拉（Alfred Kurella）在內（庫列拉過去曾和班雅明在弗萊堡參與青年運動，此時是共產黨幹部）的其他人卻反對，主張嚴格遵守意識形態。事情發展到最後，班雅明於一九三〇年十二月跟布萊希特談話時表示，他打算退出刊物的編輯團隊。[46]從巴黎回來之後，班雅明發現情況沒有好轉，便於一九三一年二月寫信給布萊希特，告知對方自己辭去共同編輯一職。創刊號考慮刊登的三篇文章，作者分別是馮布倫塔諾、庫列拉和已故的反布爾什維克馬克思主義理論家普列漢諾夫（Georgy Plekhanov），都算不上班雅明心中適合這份刊物的「基礎作品」，但這也不無優點，因為那三篇文章更符合「新聞現實的要求」，而非學術描述的要求。要是那三篇文章真的登上雜誌，「我擔任共同編輯一事就等於簽下公告，但我完全無意如此」。不過，布萊希特有任何需要他之處，他仍然願意為刊物效勞，並為創刊號撰稿。（C, 370-371; GB, 4:16）只是他深信，列名編輯將有損自己的智識品格。班雅明辭職後，創刊計畫又延續了幾個月，直到羅沃爾特出版社爆發財務危機，所有關於《危機與批評》的討論才就此停歇。

創辦刊物雖然無疾而終，卻不妨礙班雅明的政治思考。比起選擇恰當的政治立場，他心裡更在意怎樣的書寫方式最能體現自己的立場。三月上旬，他讀到里希納評論馮布倫塔諾的〈資本主義與純文學〉，立刻忍不住寫信給對方分享自己的新政治觀點。這也是他迄今為止最明確的政治表態。（C, 371-373）班雅明寫信當天，還寄了一份副本給修勒姆，信中闡明自己如何架起一座橋樑（Vermittlung）——當然是論戰性的——從他原有的「獨特語言哲學觀」走向「辯證唯物論看事情的方式」。班雅明表示，促使他轉向唯物論視角的不是「共產黨文宣」，而是對過去二十年資產階級所產出的某些「代表」作品散發的自滿感到沮喪（這裡他提到了海德格）。正是在這封信裡，班雅明指出《德國悲苦劇的起源》雖然還不是唯物思想，卻已經是辯證的了，因此當他提到「唯物論思考」，心裡想的不是特定教條或世界觀，而是一種立場（Haltung），一種看事物的方式，一種指向「真理總是以最濃密的形式顯現其中的對象」的思考。如同班雅明信裡所言，這種客觀洞察由於看穿「當代存有的真實處境」而獲得正當性，從而使每一次哲學與歷史知識的真實體驗都成為認知者的自我認識。這個論點非常班雅明，而且才在（他向里希納提到的）他論克勞斯的隨筆裡演練過一遍。真理的密度、物質所蘊含的意義的等級與階層，構成了唯物論與神學的連繫：

> 就感動我們的事物而言，唯物論者的**立場**似乎在科學和人性上都比唯心論者的立場更有成效。若容我一句話交代，可以這樣說，我從來都只能在神學意義（Sinn）上研究和思考，也就是按照猶太法典教誨，摩西五經（Torah）每段經文擁有的四十九層意義（Sinnstufen）。而就我個人經驗，即使是最老套的共產主義陳腔濫調，也比當代資產階級的深刻思想擁有更多**意義階層**。

對班雅明而言，他在給里希納的信裡回應之事顯然不過是個「小小挑戰」，但將同一封信寄給修勒姆，卻是刻意火上添油。論克勞斯的隨筆發表之後，修勒姆已經講明自己對其中的「唯物論」觀點很不高興，起碼他不接受階級鬥爭是理解歷史的關鍵。一九三一年三月三十日，他從耶利哥寫信給好友，以更勝往日的直白口氣（班雅明在回信裡一再試圖安撫他這位生氣的朋友），直言他對班雅明個人、政治和宗教行為的不滿，指控班雅明無異於自欺欺人與自我背叛：「在你**真正**的思考方式和**自稱**的思考方式之間，存在著令人不安的隔閡與脫節……你的紮實知識來自……語言形上學……卻表態想將〔這樣的知識〕套入某個框架之中，好讓〔它們突然顯得〕是唯物論思考的成果……結果只是替你的產出蓋上冒險、模稜兩可甚至狡詐的戳記。」（C, 374）當然，對班雅明而言，模稜兩可從來不只是混亂的標誌，更不是不負責的象徵，而是在現代世界從事哲學的實質條件。面對修勒姆的直球攻擊，班雅明並未動搖，沒有提出好友企圖激起的「論戰發言」，僅表示修勒姆做出的人身攻擊，其實觸及了他和其他人目前所關切的問題意識的核心。他補充道——部分是為了讓對方放心（他仍然是資產階級），部分是為了反抗（他不是猶太復國主義者）——他很清楚自己的生產基地是柏林維爾默斯多夫西區，沒有任何不切實的想像：「最先進的文明與最『現代』的文化，不僅是我個人安逸之所在，某部分也正是我的生產手段。」（C, 377）

春天將盡，班雅明的旅行慾再度發作。一九三一年五月四日至六月二十一日，他再次踏上了法國土地，跟好友施派爾夫婦及表弟維辛夫婦造訪了利古里亞海岸，足跡遍及瑞昂萊潘、聖保羅德旺斯、薩納里、馬賽和勒拉旺杜。六月中旬，他們在勒拉旺杜與布萊希特和他的大隊朋友及合作夥伴見面，包括內兒（Carola Neher）、赫塞—布里（Emil Hesse-Burri）、豪普特嫚、葛蘿絲嫚（Maria Grossmann）和馮布倫塔諾夫婦，不久後連懷爾與蓮娜（Lotte Lenya）也搬到了附近，彷彿布萊希特的跟班還不夠多似的。這趟度假之旅，加上法國南方的空氣與遼闊的天空，重新激起了班雅明在卡布里島上經歷過的談興。在他的旅行日記〈一九三一年五至六月〉（SW, 2:469-485）裡，班雅明記錄下自己對各式主題的想法，從海明威的寫作風格、室內裝潢的現代式樣、意象的力量到什麼始終處於運動之中，不一而足。這份日記顯然只為了自己而寫，因為裡頭還提到他造訪尼斯的賭場、黃昏時分在大街跟蹤一位美麗女郎，途中不時停下來摘花。那陣子他談興之高，甚至還包括一場真情告白：他向維辛夫婦表示，自己的「三位摯愛」——朵拉、尤拉和拉齊絲——讓他成為「三個不同的男人」，因為他發現真正的愛情會讓他變得**很像**自己的愛人。

這段時間有好幾則日記顯示，班雅明的坦率遠不只是出於愉悅或放鬆。一年前離婚判決下來後，那短暫的解放甚至雀躍的感覺早已消退，取而代之的是打完仗後持續不斷的倦怠，以及時常冒出的自殺念頭。一九三一年春天到一九三二年夏天，也就是班雅明和前妻最為疏遠的時候，他時常想著自殺，只是旁人不一定總能察覺。他被激得提離婚，不只因為他想和拉齊絲結婚，也因為他害怕掌控自己婚姻的那些「惡魔」力量。然而，和朵拉斷絕關係，連帶奪走了他生活裡唯一的穩定因素與支持，情感和智識上都是。打從兩人在一起開始，朵拉就是他的定心丸。少了她，班雅明再也對抗不了自己的脆弱。

然而，說也奇怪，對生活和人際關係不滿——加上「為錢掙扎」和德國無望的文化與政治局勢——

竟然和美夢成真的感覺同時出現。修勒姆表示，班雅明這時期在信裡不時展現出面對外在困境的內在沉靜。〈一九三一年五至六月〉日記開頭就透露著這股複雜的情緒。班雅明一方面為個人的掙扎感到疲憊，卻又對自己的命運充滿確信：

> 這份〔對於我的生活的〕不滿，還包含我對與我處境相同的人為了控制德國文化政治的絕望局面所選擇的方法缺乏信心，而且愈來愈反感……想充分瞭解我是出於什麼想法與衝動撰寫這份日記，我只需要提示一點，那就是我愈來愈願意了結自己的性命。這份意願不是出於恐慌發作，儘管它和我在經濟方面掙扎得精疲力竭有著深刻關聯，但要是沒有我此生最美好的願望已經實現的感覺，是不可能想到結束性命的。老實說，直到現在我才明白，這些願望就好比紙上的字句，只是隨後被命運的文字（Schriftzügen meines Schicksals）給覆蓋過去了。（SW, 2:469-470）

日記接著對願望進行簡短的思索（不久後便改寫放進他具自傳性質的正式作品裡），不過沒有回到自殺的問題上。

在如此陰鬱的背景下，班雅明和（時而故作傻氣時而激越的）布萊希特在勒拉旺杜的幾次談話就顯得格外突出。兩人照例談了不少作家，像是莎士比亞、席勒、普魯斯特和托洛茨基，以及班雅明口中「我最愛的主題」，也就是寓居（Wohnen）。不過，兩人針對卡夫卡多次辯論，對班雅明構成了最大挑戰：他為了七月三日在法蘭克福的電臺節目，正在讀卡夫卡過世後最近剛出版的短篇小說集。那次廣播

〈卡夫卡：《中國長城》〉（SW, 2:494-500）其實就有大量內容是來自兩人的談話。儘管班雅明沒有照抄布萊希特，說卡夫卡是唯一貨真價實的布爾什維克作家，但他似乎呼應了布萊希特對卡夫卡的一些看法，並進一步詮釋，尤其是提到卡夫卡筆下「只有一個主題」，那就是對他不熟悉的事物新秩序的驚詫。在卡夫卡的世界裡，班雅明寫道，現代人寓居在自己身體中的方式，就和《城堡》主角K寓居在村裡一樣，「是個陌生人、放逐者，對連結自己身體和更高更大秩序的法則一無所知。」班雅明表示，卡夫卡的故事「充滿了故事始終未能產出的寓意」，而法則無法以如此形式顯現，則是恩典在卡夫卡小說裡得以運作不可或缺的條件。這個說法不僅預告了班雅明一九三四年那篇論卡夫卡的出色隨筆裡的論證，也預告了他後來對卡夫卡的看法。[47]

班雅明毫不猶豫從布萊希特那裡挪用自己所需，而布萊希特似乎並不介意。畢竟「抄襲」——例如抄襲莎翁和馬羅（Christopher Marlowe）——本來就是布萊希特戲劇裡的元素之一。但當阿多諾五月二日在法蘭克福大學發表就職演說〈哲學的現時性〉，其中提到《德國悲苦劇的起源》裡的想法，哲學的對象是現實的「無意圖」性，卻沒有說明出處，班雅明很快便高聲抗議。阿多諾早期學術生涯其實就建立在公然挪用班雅明的作品上，因此直接參照《德國悲苦劇的起源》幾乎不算特例：這場就職演說顯然受惠於班雅明的思想，而他早期一篇重要隨筆〈自然史的概念〉也是。另外，從他的任教資格論文《齊克果：美學的建構》可以看出，作者在尋找自己聲音的同時，依然仰賴好友的知識原則。不過，有件事必須明說，阿多諾從來不曾隱瞞這份恩惠：他在法蘭克福大學開的第一門討論課，主題就是《德國悲苦劇的起源》。班雅明過世之後，維辛回想他表哥曾說「阿多諾是我唯一的門徒」。[48]阿多諾和班雅明七月初左右在法蘭克福重聚，應該是班雅明去電臺錄製卡夫卡節目的時候。阿多諾曾將就職演說講稿寄給班雅明、克拉考爾和布洛赫，因此兩人會面時討論了那次演說，當時班雅明並不覺得阿多諾有必要提起他參考了自己的作品。

然而，他七月中返回柏林，比較仔細地讀過講稿，並且和布洛赫談過之後——畢竟布洛赫是公認的班雅明思想回收大師——他改變了主意。班雅明六月十七日寫信給阿多諾，信中引了講稿裡的一段話，哲學的任務是從現實抽離出來的元素中建構圖像或意象，藉此詮釋無意圖性的現實。接著他評論道：

> 我贊同這句話。但要我這樣說，就非得提到《德國悲苦劇的起源》的導言，因為這個完全獨特——相對來說，稱其獨特並不算自誇——又嶄新的見解，最初便是在那篇導言裡首先提出的。就我而言，那本書作為出處是無法略過的。而我也無須贅言，若我處在你的位置，情況就更是如此。（BA, 9）

阿多諾很快回了信，只是沒有留存下來，但我們可以從班雅明給他下一封信的結尾推斷出信的大意：「我沒有任何怨恨或任何你或許擔心的情緒，而且……就個人和實質方面，你上一封信已經徹底澄清了一切。」儘管這段小插曲很快就被遺忘了，卻透露出兩人從往來之初就潛藏著的緊張關係——即使當時兩人的思想交流無疑是單向的。

那年夏天在柏林，班雅明和前妻意外地暫時恢復友好關係，讓史蒂凡很開心。首先是朵拉邀他到德爾布呂克大宅共進午餐，同行還有兩人的共同舊識，美國作家赫格斯海默。朵拉預定來年翻譯他的小說《血山》(*Mountain Blood*),並陪他巡迴打書。赫格斯海默寫了不少受歡迎的短篇故事與小說,包括一九一七年的《童子復仇記》(*Tol'able David*)和一九一九年的《爪哇岬》(*Java Head*),班雅明對他相當推崇。和家人謹慎恢復往來,在之後幾年將對班雅明產生重大影響。那年夏天,班雅明還迎來在大學任教的一線希望:阿多諾的音樂家兼作家朋友葛拉布(Hermann Grab)很喜歡班雅明的作品,於是要到了幾篇代表作,轉交給巴洛克專家齊薩茲(Herbert Cysarz,班雅明在《德國悲苦劇的起源》裡數度引用他的研究),期待對方或許能替班雅明在布拉格查理大學(Karlsuniversität)找個教職。齊薩茲回應如何,我們不得而知,但就和之前及之後的嘗試一樣,這次的學界求職之舉再度無疾而終。

不過,就連這些好消息也幾乎無法挽回他的情緒平衡。他八月替日記本取名〈一九三一年八月七日至我死亡之日的日記〉。和五、六月一樣,日記開頭便提到自殺的計畫(但除了開頭這段就沒有其他地方提及):

> 這本日記不能保證很長。今天基朋伯格(Anton Kippenberg)傳來了壞消息〔基朋伯格是島嶼出版社負責人,班雅明原本希望對方能替他出一本書,紀念歌德過世百年〕,這給了我的計畫只有徒勞無功才能給出的相關性……不過,若問什麼更能加強我考慮這項意圖的決心——其實是內心的平靜——答案肯定是在我生命的最後幾天或幾週,巧妙又有尊嚴地運用這份決心。剛逝去的種種在這方面留下了許多遺憾。我無能為力,只能躺在沙發上讀書。我常在一頁末尾深陷於幻想之中,渾然忘了翻頁。我心裡主要想著那個計畫——想知道它是否無可避免、在書房這裡或回旅館執行最好等等。(SW, 2:501)

班雅明之前提到「愈來愈願意」自殺，從各方面看都是過去不曾出現的，儘管至少從一九一四年八月好友海因勒和賽麗格森結束生命的那一刻起，自殺的念頭就一直籠罩著他。[49]兩人的死在他的想像裡留下了難以抹除的印記，並立即反映在他為紀念年輕詩人好友而寫的十四行詩裡。海因勒的屍體躺在論壇那陵墓般的會所裡的景象，始終縈繞在班雅明心裡：當初激起他閱讀歌德《親合力》的「秘密」動力，是某次自殺未遂；而在《單向街》名為「地窖」的那一節寫到，「那男孩的屍體被監禁，以示警告：日後任何住在這裡的人，都不得在任何方面與他相似」；《柏林童年》第一節則描述，那孩子「住在涼廊裡……宛如待在多年來只為他準備的陵墓一般」。（SW, 1:445; 3:346）接下來十年，自殺的概念對他在《拱廊街計畫》和波特萊爾研究裡發展的現代性理論而言相當關鍵（班雅明在他的波特萊爾研究中寫道，現代主義就站在自殺的標誌底下）。至於他一九三二年夏天制定的這項「計畫」，儘管次年夏天他差點就在尼斯一個旅館房間裡動手，但最終要到一九四〇年，蓋世太保緊追其後，現實狀況似乎陷於絕望，計畫才真的執行。但那時與其說是執行計畫，不如說是迫於危急。如果要問班雅明一九三一年對自殺的態度，最好的參考或許是他十一月發表在《法蘭克福報》的〈破壞型人物〉最後一句：作為一個使用空間卻不擁有空間，並總是站在十字路口的人，「破壞型人物之所以活著，不是因為他感覺生命值得一活，而是自殺不值得費事」。（SW, 2:542）

即使經歷這些難關，班雅明在許多事上依然產量驚人。一九三一年四月到隔年五月，班雅明在《法蘭克福報》刊出了二十七封信件，時間為一七八三年至一八八三年，歐洲資產階級的全盛時代。這些信由他親自挑選，並附上簡短的互文導言，但沒有署名。班雅明長年關注資產階級的書信，視之為一種文體，而這系列信件也成為他一九三六年在瑞士匿名出版的《德國人》（*Deutsche Menschen*）一書的基礎。與此相關，他還寫了一篇名為〈循著舊書信的痕跡〉的廣播稿，以他向來的思路指出常人與作者、人與主題、個人與客觀的界線會隨時間漸漸失去效力，因此唯有深入作者的人性核心，才能允當理解一封信的意義——而且此處的人性並非心理：「歷史學家愈深入過去，華而不實的廉價自傳的……心理特質就愈沒有價值，事物、日期與名字則愈成為自己。」（SW, 2:557）這裡的關鍵，我們再度看到，便是「活傳統」的延續。

一九三一年夏秋兩季還有幾篇作品值得一提，包括七月在《文學世界》發表的〈揭開我的藏書〉和十月刊載的〈梵樂希：六十歲生日專文〉。（SW, 2:486-493; 531-535）前者跟班雅明一年前發表的〈食物〉一樣，充分展現了他卓越的隨筆才華。文中包含《拱廊街計畫》卷宗H的一些段落，將收藏家形容為瀕臨滅絕的群體，這些人和寶貝收藏品的關係之親密，超越了商品交換。他們就像物世界的面相學家，在被收藏品喚醒的「回憶的混沌」中穿梭。後者則指出，儘管梵樂希全面否定情感（pathos）充沛的「人」，但他仍代表歐洲舊人文主義的進階階段。文中也包含班雅明對「純粹的詩歌」（poésie pure）的獨特思索：在純粹的詩歌裡，思想就像海中升起的島嶼，從聲音的音韻中浮現。班雅明的另一篇文章那年秋天則遭到《法蘭克福報》退稿。這篇文章是〈什麼是史詩劇場？布萊希特研究〉的初版，經過數個月的編輯延宕，最終在該報右翼劇評家迪博德（Bernhard Diebold）的干預下沒能刊出，並且直到班雅明過世都不曾發表。此外，還有一個更難受的損失：羅沃爾特出版社於一九三一年初夏宣告破產，班雅明寄予厚望的文學隨筆出版計畫也隨之告吹。

那年秋天班雅明完成的作品當中，對他事業最有助益的，便是九至十月分成三期在《文學世界》刊出的〈攝影小史〉。這篇文章上溯他之前對俄國電影的討論，同時預告了他一九三五至三六年完成的〈藝術作品在其可技術複製的時代〉的核心議題。[50]過去兩年，由於他和莫霍利－納吉恢復往來，加上在柏林和巴黎分別結識了攝影師史東和克魯爾（Germaine Krull），讓班雅明重新燃起早年對攝影的興趣，而〈攝影小品〉也使他成為早期最主要的攝影理論家，專注思考「攝影興衰所引發的哲學問題」。班雅明認為，攝影的興盛期發生在這個新媒介的前產業階段，也就是第一個十年，後來的大師如阿特傑（Eugène Atget）、桑德（August Sander）和莫霍利－納吉，在他看來都只是有意識地更新和改造納達爾（Félix Nadar）、卡梅倫（Julia Margaret Cameron）和希爾（David Octavius Hill）建立的傳統而已。班雅明對攝影傳統的說法不僅是顯著的貢獻，更和當時盛行的看法背道而馳。後者主張，一九二九年德意志工藝聯盟（Deutscher Werkbund）在斯圖加特盛大舉辦的「電影與攝影」展上提倡的「新視野」攝影，代表著與傳統方法的徹底決裂。

班雅明的分析以早期相片的神秘魅力為出發點，尤其是團體和個人照。那些「美麗而難以接近」的人臉，來自一個仍然帶有一絲沉默氣氛的時代，而早期相片的「靈光」便是這種氣氛或「氣息圈」（Hauchkreis）的作用。班雅明使用「氣息圈」一詞，帶出了「靈光」的希臘文原意，也就是「氣息」——由被攝對象身上散發出來。「〔早期相片裡的人物〕有一種靈光，這種媒介雖然被他們的目光所穿透，卻也使他們的目光更飽滿、更穩固。」決定靈光氛圍的技術因素，除了讓被攝對象表情更加如繪畫般不真實的長時間曝光，還包括鮮明的明暗對比，班雅明稱之為「從最亮光線到最暗陰影的絕對連續體」。正是這種對比，讓搖籃期的攝影帶有面相學的特性，以及一種細膩與深刻，一如後來愛森斯坦和普多夫金電影裡的人物與情境給人的感覺。然而，商業攝影興起，加上大光圈鏡頭出現，使得影像的「暗部被抑制」，靈光「被排除於照片之外……就像帝國主義資產階級的墮落造成靈光被排除於現實之外」。這套「靈光消逝」理論日後將在班雅明對藝術的思考裡扮演日益重要的角色。

靈光是某些媒介才有的特質。正是這類特質，讓人得以領略潛藏在相片裡的「新圖像世界」。老相片的「魔幻價值」會激發「一股難以抗拒的衝動，讓人在其中尋找偶然性的微小火花。這種此時此地的偶然性會讓現實灼穿相片的圖像性，揭露那存在於久逝瞬間的如此存在（Sosein）裡的不顯眼所在，未來至今仍築巢於其中——而且揭露得如此有力，以致我們只要回頭看，或許就能重新發現它」。[51]某種特有的認知可能在文字或圖像中被某個不顯眼或邊緣的事物給引發，這個概念在班雅明早期作品裡就曾出現過，例如他一九一四至一五年完成的〈學生生活〉便提到，「歷史始終是濃縮的，宛如凝聚於一個焦點」，以及「終極狀態（Endzustand）的元素……以最瀕臨滅絕、最受譴責、最受嘲弄的創作與思想的形式深植於每個當下」(EW, 197)；此想法也形塑了班雅明後期作品的基本概念，即藝術的「真理內容」。一九三一年，班雅明思想裡的這個基本傾向左右了他對「視覺無意識」的闡釋。視覺無意識是「對鏡頭而非眼睛說話的其他自然——『其他』在此尤其是指人類意識所賦予的空間被無意識所賦予的空間給取代」。班雅明在論超現實主義的隨筆裡初次描繪的「圖像空間」，在〈攝影小史〉裡開始浮現具體的輪廓。這個空間不能夠只存在於資本主義社會機制所生產的意象體系中；集體若要轉變，對新圖像世界的領略就必須發生在由攝影和電影等現代科技媒體所開啟的，觀看與行動的可塑新可能性之中。

阿特傑之所以發展建設性的揭露與消毒法，藉此「替現實卸妝」，其中一個原因便是反抗十九世紀末傳統商業攝影「令人窒息」的氛圍，反抗在柱子與簾幕之間精心擺好姿勢的對象、半影色調和模擬光暈。阿特傑不理會城市的地標與著名景點，只詳細記錄不顯眼的日常，「尋找那些不被注意、被遺忘、被放逐的事物」——就像班雅明編輯《拱廊街計畫》裡的「歷史殘屑」快照那樣。下一世代的桑德在作品中同樣避開刻意美化，展示時代的特有面貌（他一九二九年出版深具社會學意味的肖像攝影集，並取名為《面對時間》〔*Antlitz der Zeit*〕）。這種乾淨、冷靜、微觀的描繪，將「對象從靈光裡解放出來，是最新攝影學派最顯著的成就」，也是超現實主義攝影追求的「有益疏離」的先驅。而在文章組織更明晰的〈藝術作品在其可技術複製的時代〉中，論證再次出現了細微變化，班雅明對「靈光」現象的態度轉為矛盾。攝影既促進人際關係的物化，又消解物化，既抹殺獨特性，又揭露秘密和稍縱即逝之物，進而有助於波特萊爾所說的「現代美」出現。[52]

一九三一年十月初，局勢轉趨嚴峻，而且不只班雅明受害。「德國的經濟秩序，」他告訴修勒姆，「死死陷在公海裡，緊急法令有如浪頭相互碰撞。失業不僅讓經濟和政治方案跟不上腳步，連革命計畫也無用武之地。眼前看來，納粹黨已經成為失業群眾的代言人，共產黨員卻還沒建立必要的連結……由於這個簡單的事實，凡是還有工作的人都成了工人裡的貴族。大量領退休金的人……正從失業群眾裡湧現——這群閒置的小資產階級，特色就是沉迷賭博和無所事事。」（C, 382）班雅明冷冷評論道，他自己的行業有個優勢，即使沒有報酬也能充分就業，就算缺乏最少量的經濟儲備，他到現在仍然能糊口。那段時間，班雅明生出了兩篇需要先做研究才能完成的長篇隨筆。除了憑藉他堅定的決心，也有賴朋友相助，「他們不時盡力幫忙」。（GB, 4:53）當時他住在梅內克街巴達維亞公寓的一個小房間裡，因為波伊從慕尼黑回來，需要在自己公寓住上幾週。除了探望史蒂凡，班雅明生活中沒有「任何開心事」：「我居住和寫作的空間（更別說我思考的空間）侷促得愈來愈難忍受。我根本做不了長期規畫……我有好幾天，甚至好幾週完全不知該做什麼。」（C, 384）就連意料之外，而且酬勞不錯的小差事，例如替他最喜愛的作家利希滕貝格的最偉大私人藏書編纂書目，也無法讓他心情好轉。

不過，十月底他又回到攝政王街的公寓，他的「共產主義小間」。他最喜歡躺在沙發上工作，身旁圍繞著自己的兩千本藏書，牆上「只有聖徒的畫像」。他很快就以較為振奮的口吻寫信給修勒姆：「雖然我對『之後會發生什麼』毫無概念，但我很好。我可以說——我在物質方面的困難自然與此有關——我有生以來（班雅明此時三十九歲）頭一回覺得自己像個成年人，不僅不再年輕，而且長大了，因為我幾乎已經實現我內在諸多存在模式裡的其中一種。」（C, 385）他在〈短影（一）〉的其中一個思想圖像裡強調過這個尼采式的多重自我主題：「我們所擁有的所謂自我的內在形象，其實是一組從這一分鐘到下一分鐘的純即興演出。」（SW, 2:271）一九三一年十一月，《新瑞士評論》編輯里希納和班雅明共進晚餐，並為我們留下了那個人生階段的班雅明的肖像——至少是他的某次即興演出：「我觀察著對面那個男人的大腦袋，怎麼也甩不開所見的景象：他的眼睛——穩穩躲在眼鏡後面幾乎隱形——似乎不時醒來，兩撇鬍子奉命違抗他容貌的年輕，宛如兩面我不太認得的國家的小國旗。」[53]

一如以往，班雅明手上總是同時忙著好幾件事：《法蘭克福報》上的書信連載；十二月在《文學世界》發表〈關於偉大康德的各種人情事物〉；隔年二月同樣在《文學世界》發表〈特有思考〉，文中嚴詞批評黑克爾（Theodor Haecker）論維吉爾的新書，指責書裡對詩人做出慣有的基督教解讀，刻意迴避了對古典文本進行當代解讀時必然面對的問題：人文主義在我們這時代是否依然可能？（SW, 2:574）此外，班雅明還擔任某場有聲電影劇本公開賽的評審，他告訴修勒姆一週要看一百二十部劇本。根據他的想法，刊登他作品的少數刊物及小報代表「私人出版社的無政府結構」，接著他用半戲仿的語氣，吹噓自己「行銷策略」的主要目的——不管寫什麼都想辦法出版，除了少數日記內容之外——已經成功達標「四、五年左右」了（當時第一版〈什麼是史詩劇場？〉的命運還不明朗）。然而，哀傷的口吻很快再次浮現。修勒姆發現，〈攝影小史〉是從《拱廊街計畫》的緒論衍生出來的作品。班雅明很哲學地承認了這一點：「的確……但除了緒論和補遺之外，還能有其他東西嗎？」

一九三一年二月底，班雅明寫信給修勒姆，信裡提到他依然多產——「所有這些寫作……有如十頭馬車」——並表示自己很想逃離他下一封信告訴這位好友的、「柏林各種投機勾當的恥辱」。（引自SF, 180; C, 390）靠著寫作的「手」和錄音的「機器」分工合作，班雅明稍微減輕了工作量：「我愈來愈懂得將筆和手保留給少數重要主題，將寫給廣播和報紙的東西說給機器聽。」（引自SF, 180）不過，有些報刊文章仍然值得提筆，例如他就表示《法蘭克福報》書信選的未署名導言是「手寫的」。那年二到五月，班雅明除了隨筆〈特有思考〉之外，還發表了幾篇作品，包括兩篇論布萊希特史詩劇場的構作與教育原則的文章、一篇論尼采胞妹成立的尼采檔案館（兩年後反映在麥司卡林實驗出現的奇幻諷刺意象中〔OH, 94〕）的作品，以及一篇論紀德一九三一年劇作《伊底帕斯》的劇評。他還和《文學世界》編輯哈斯合編

〈從世界公民到上層資產階級〉，從古典資產階級時代作家裡摘錄政治向的段落，並附上簡短討論，算是書信選的補充。這其間，班雅明也多次錄製廣播談話，展現出無窮活力，並自編自導了幾齣成功的廣播劇。

那年一到二月，班雅明一有閒暇或偷空就會做「筆記……記錄自己和柏林的關係史」。（引自SF, 180）這是為了履行他前一年十月跟《文學世界》簽署的合約，預計分成四期刊出。從這個不起眼的開頭，班雅明不僅寫出了最完整的自傳〈柏林紀事〉，還完成了他的後期傑作《柏林童年》。雖然〈柏林紀事〉最終只有預發稿，但已經符合新聞業刊出的標準，且到了一九三二年夏天就幾近完成。反觀《柏林童年》的撰寫歷程幾乎和《拱廊街計畫》一樣漫長，也跟它同樣複雜，班雅明直到去世之前都還在進行，持續增加和修改內容並調動順序。那年冬天雖然活動滿檔，卻依舊沒能阻止班雅明抱怨自己錯過了大好機會：歌德過世百年紀念即將開始，「作為除了最多兩三人以外唯一對這個主題有所瞭解的人，我自然沒有份」。（引自SF, 181）最後他談到自己和修勒姆有沒有機會在對方接下來五個月的歐洲之行見到面：「我計劃不了。要是有錢，我絕不會再多等一天。」最終，班雅明還是用兩篇文章參與了歌德過世百年紀念：一篇是書目加註釋，整理歌德在世到當代討論歌德的重要著作，一篇評論近期對浮士德的研究，兩篇文章都發表在《法蘭克福報》的歌德特刊上。

這筆意外之財給了他逃離柏林的足夠收入。從他一九一五年在慕尼黑大學初識的「全才」老友諾格哈特那裡，班雅明得知西班牙東岸的巴利亞利群島有個獨特的度假地，一個未經破壞的島嶼秘境，可以給他和目前都市生活完全相反的東西，一個幾乎無需任何事物就能度日的機會。和諾格哈特恢復聯繫，不是班雅明這時期生活裡唯一的意外轉折。儘管兩人都在柏林居住多年，之前卻完全斷了往來，結果現在諾格哈特只是提到伊比薩島，班雅明就收拾行囊逃離柏林，到這座西班牙小島久留。後來他又去那裡長住了一回。

四月十七日，班雅明搭乘卡塔尼亞號貨輪前往巴塞隆納，剛出發就遇上了「狂風暴雨」的天氣。十天航程，他發現自己有了「新嗜好」。我們可以在他去世後出版的〈西班牙，一九三二年〉找到這段描述，那就是蒐集「能找到的所有事實與故事」，看看「滌除所有模糊印象」會得出什麼（SW, 2:645-646），很像《拱廊街計畫》對軼事和祕史的關注。班雅明想方設法結識船長和船員，靠著咖啡與梵豪登熱可可，向他們請教各種主題，從他們服務的船公司歷史到舵手考試用參考書裡的字體，什麼都問。他還聽水手講述各種奇談，並將部分材料記了下來。同樣，他在伊比薩島也聽各種人物講故事，並將其中某些故事改編成短文，[54]包括分別改編自海上和島上故事的〈手帕〉與〈出發前夕〉。（SW, 2:658-661; 680-683）前者十一月發表在《法蘭克福報》，文中討論「說故事的衰微」，指出說故事的技藝不僅和空閒有關，也和智慧與「忠告」（不同於「解釋」）有關，直接預示了他一九三六年的知名隨筆〈說故事的人〉的內容。

班雅明搭渡輪從巴塞隆納到伊比薩島。伊比薩島是巴利亞利群島裡最小的島嶼，在當時也是遊客最少的島。班雅明到了小島首府暨主要港口的伊比薩鎮之後，才從諾格哈特那裡得知他們倆被壞人騙了。看來，諾格哈特不僅建議班雅明到伊比薩島，還提供他在那裡久住的方法，要他和某人聯絡。這人除了答應在班雅明離開柏林期間租下他的公寓，還將自己在伊比薩島上的家租給諾格哈特夫婦，諾格哈特夫婦則大方空出一個房間給班雅明住。班雅明很快答應了這些安排，並預計用租金支付西班牙的生活費。沒想到答應承租他公寓並租房給諾格哈特的人竟然是騙子。他在班雅明家待了一個月就跑了，直到夏天才被警察逮捕。不只班雅明沒有收到房租，連諾格哈特夫婦租下的房子也不是那個騙子的。騙局被揭穿後，諾格哈特獲准免租金在聖安東尼奧村外一棟殘破的石頭農舍裡居住一年，但得由他出錢整修農舍。班雅明則是以每天一點八馬克包餐的租金，在「聖安東尼奧灣一間名叫弗拉斯奇多之家的小農舍」找到住處，「周圍是無花果樹，前方有一座翼板破爛的風車」。[55]儘管他被迫「在毫無舒適可言」的狀態下過活，而且還得付柏林公寓的租金，但他還是很高興來到了伊比薩島。

五月中左右，班雅明住進了諾格哈特家。他們夫婦倆成功讓凋敝多年的舊農舍重獲生機。這座名為箱子（Ses Casetes）的小房子，矗立於聖安東尼奧灣一個名叫薩彭塔德斯莫利的懸崖上，由於屋裡只有一個或可當作主房的門廊、兩間臥室和一個廚房，因此被諾格哈特夫婦、他們已成年的兒子（主修語文學，正在寫論伊比薩方言的論文）和班雅明擠得滿滿的，但看在班雅明眼裡卻像一首田園詩：「最美的景色是窗外那片大海與岩嶼，夜裡島嶼上的燈塔照亮了我的房間。」（C, 392）儘管島上沒有「電燈、奶油、酒、自來水，以及可以調情和看報紙」（C, 393）之類的現代便利設施，但他很快便重拾長住卡布里島當時的生活節奏。伊比薩島上的風景和卡布里島在某些小地方既像又不像：刷白的房舍與種滿橄欖、杏樹、無花果的山坡都很類似卡布里島，但就如瓦萊羅（Vicente Valero）所言，對島上為數不多的外國人來說，來到一九三二年的伊比薩就像回到了過去。卡布里島至少從羅馬時代就是觀光勝地，因此其日常文化可以說是「外國人」塑造的；伊比薩島則幾乎隔絕於現代化歷程之外，島上經濟以牧羊為主，農耕完全不用機械。就像班雅明在十二月《科隆日報》刊登的專欄文章〈陽光下〉裡描述的，「來這裡的路不是大路或郵路，卻也不僅僅是獸徑，而是由農夫、農婦、孩童及牲畜數百年來穿越田間踏出來的小徑，匯集在這片遼闊的鄉間土地上。」（SW, 2:664）

在相對原始的鄉間景致和「居民的美麗與沉靜」裡，班雅明找到了「內心的平靜」，就連〈陽光下〉這篇散文小品，似乎都顯示他和自然的關係進入新的階段。之前的恐懼依然占據他的感官，且更加深入，但現在多了一個明顯「南方」的成分，一種更純屬個人與身體的關係，不再是青年時代的高調形上學，而是以一種既感官又沉思的描述方式，一種寓言式的報導文學，還清積欠當下此刻的所有債務。他所喚起的景致充滿基本事實，飽含象徵與歷史見證。和他鍾情於漫步的都市街道一樣，「這裡的地面感覺是中空的……每踩一步都會發出回聲」。因此，即使來到原始的伊比薩島，班雅明仍然身處於他自己的自然與歷史圖像世界中：「東西變了，地方換了；什麼都沒留下，什麼也沒消失。然而，名稱突然從這一切活動中浮現，無言進入過客的心裡，在他說出口的瞬間被他指認出來，浮上表面。他對這片風景夫復何求？」於是，敘述者最後又將讀者帶回這篇短文的出色開頭，自然以符碼之姿、以成串的名稱顯現：

據說這座島上有十七種無花果，所有人都該知道它們的名稱——男人走在陽光下這樣告訴自己。的確，他不只應該見過賦予這座島嶼面貌、聲音與氣味的植物和動物，見過山裡的地層及各種土壤，見過從暗黃到紫褐，以及中間深淺不一的朱紅色，他更應該知道這一切事物的名稱。每個地區不都是由動植

物的獨特組合所統治，每個在地名稱不都是當地動植物最初與最後相遇的密碼嗎？」（SW, 2:662）

然而，這個位於地中海世界的僻靜角落（和諾格哈特家隔海灣相望的聖安東尼奧村，居民只有七百人）已經暴露在現代化的浪潮之下：十五公里外的港城伊比薩正在興建一間飯店。（C, 390）

班雅明的一天從清晨七點在海裡游泳開始，那裡「又遠又遼闊，岸邊見不到半個人，放眼望去頂多只有海平面上一艘帆船」。（C, 392）結束海邊的獨處光輝，他會走到森林裡的樹幹旁做日光浴，或光著上身沿海邊和在內陸漫步：他告訴卡普魯絲，自己「正在過百歲人瑞透露給記者的那種長壽秘訣般的生活」。（C, 392）班雅明在島上結識的人當中，有個名叫塞爾茲（Jean Selz）的法國人值得一提。他對班雅明和班雅明在島上探險時的奇特姿態印象深刻：「班雅明體格粗壯，頗有日耳曼人的沉重感，和他心靈的活躍形成強烈對比。他眼鏡後的眼眸常因這份活躍而炯炯有神……班雅明不擅長走路；他沒辦法走快，但可以走很久。我們一起走過起伏的鄉間……聊天說話讓路途變得更長，因為他常因說話而被迫停下腳步，坦承走路會讓他無法思考。只要看見感興趣的東西，他就會用法語說：『嘿！嘿！』（Tiens, tiens!）這就是他停下腳步準備思考的信號。」[56]於是在島上一小群德國旅客口中，「嘿嘿」就成了這位喜愛散步的柏林哲學家的綽號。由於他一貧如洗又一臉愁容，班雅明在村裡還被稱作「可憐蟲」（el miserable），只有他自己不知道。[57]

除了諾格哈特夫婦和塞爾茲夫婦，班雅明和外地人幾乎沒什麼接觸。島的另一頭住了幾個美國人，在聖歐拉利婭，包括作家保羅（Eliot Paul）。儘管他和班雅明一樣喜歡前衛藝術，並曾擔任巴黎重要文學刊物《過渡》（*transition*）的共同編輯，但班雅明對那群美國人統統敬而遠之，只偶爾接觸德國移民，包括一位名叫尤奇許（Jokisch）的怪人。尤奇許是斯圖加特人，一九二〇年代末期來到伊比薩島，曾經在諾格哈特夫婦住的那間薩彭塔德斯莫利小農舍待過一陣子，目前住在島上東南區的小山村聖荷西，和兩位女性同居。他靠著捕魚為生，並曾經非法出口當地的一種蜥蜴，甚至還替德國情報部門工作過，至少他從不諱言自己是納粹支持者。[58] 班雅明在〈仙人掌樹籬〉裡，用故事中愛爾蘭人歐布萊恩的形象，捕捉到尤奇許的一些怪異之處。（GS, 4:748-754）此外，他還靠著諾格哈特兒子漢斯．雅各（又名尚．雅克）親手匯編的資料，對島上農民的故事、傳說、歌謠和諺語等口述傳統有了不少洞見。

班雅明的島上經歷還帶來另一項成果，就是寫下他稱作「理性占星術」理論的緒論片段，為他來年對模仿能力的著名研究揭開序幕。在這篇短文中，班雅明提到「南方的月光夜」；置身其中，人會感覺早以為消失的模仿能力在體內活了過來。班雅明認為，這種力量就蘊含在占星術過去所擁有的權威中。占星術是天體形構的面相學，我們感知到的星座組集是「相似性宇宙」的一部分，而在古代，天界發生的事件原則上可以被個人或群體模仿。這種古代的模仿科學或技術，證明了存在著「一種在事物內部明確發揮作用的主動模仿力」，「每個存有內在都可能有數個模仿中心」。這個原始模仿力和「模仿性視覺模式」的概念，肯定是班雅明一九三二年置身於伊比薩島的風景與寧靜時迸發而出，並且和他約莫同時期形成的想法——經驗是「存在過的相似性」——密切相關。

「過去這幾週，我很賣力工作。」六月二十五日，班雅明在聖安東尼奧寫信告訴修勒姆。（BS, 10）在沒有電燈、一切再度只能用手寫的情況下，他努力保持高產，以盡量延長待在島上的時間，同時繼續支付他柏林公寓的房租。他的閱讀範圍依然廣泛，從斯湯達爾的《帕爾馬修道院》、托洛茨基自傳和他寫的二月革命史（班雅明讀到「興奮得喘不過氣」[C, 393]）、福樓拜的《鮑華與貝庫歇》、馮塔內（Theodor Fontane）的《施特希林》、格林的《殘骸》、懷爾德的《卡巴拉》德譯本、一本名為《列寧與哲學》的馬克思主義研究、一本宗教改革時期的新教教派史，以及一本天主教和新教的教義差異研究。其中一些文本他本來就相當熟悉。那年夏天，他除了繼續寫作自己和柏林關係史的短篇，也開始重讀普魯斯特。六月，班雅明收到莫妮耶新出版的《故事集》。之前提過，兩人一九三〇年在她巴黎的書店相識，同年班雅明為了撰寫〈巴黎日記〉採訪過她。他興奮回信給莫妮耶，請對方允許他翻譯其中一兩則故事。十一月，班雅明翻譯了莫妮耶的〈聰明處女〉（Vierge sage）在《科隆日報》刊出。

儘管如此，班雅明首度長居伊比薩島的最後幾週過得並不舒坦。祖國傳來的消息愈來愈不樂觀。一九三二年春天，納粹黨首次在巴伐利亞、普魯士、漢堡和符騰堡取得重大的選舉勝利，德國許多城市逐漸出現納粹非法軍事組織和共產黨及社會主義政黨的小規模衝突，而後兩者愈來愈無力抵抗。班雅明還有一件更特定的事要擔心：他不知道自己為《拱廊街計畫》蒐集的材料下場如何，因為那些資料都在他的柏林公寓裡，有可能被在那裡住了一週的騙子拿走。因此，他愈來愈想返回柏林，即使就像他一九三二年五月十日在信裡告訴修勒姆的，他很想逃避直接經歷「第三帝國的開張典禮」。（GB, 4:91）班雅明不安還有他個人的原因，因為他六月和一位名叫歐嘉（Olga Parem）的俄裔德國女子往來密切，對方專程到島上來找他。修勒姆後來特地見了這個女人，證實朵拉和軒恩向他說的沒錯；他記得對方「非常活潑迷人」。歐嘉是黑瑟爾一九二八年介紹班雅明認識的，兩人顯然自從那時就成了朋友。後來她告訴修勒姆，自己有多喜歡班雅明的頭腦與魅力：「他的笑容令人著迷，一笑整個世界都打開了。」據修勒姆轉述她的話：「班雅明那些年愛過許多女人，他在巴塞隆納有個『非常漂亮的女性朋友』，是柏林一位醫師的前妻。」如今在島上，班雅明不僅讓「歐拉」跟自己和諾格哈特夫婦同住，還跟名叫瓦羅（Tomás Varó）的鄰居講好，每天傍晚日落前開著大三角帆船載他們遊海灣。瓦羅是他現任房東的女婿，捕魚為生，村裡都叫他「小瓶子」（Frasquito）。六月中，班雅明突然向歐嘉求婚，結果被拒絕了。[59]

儘管（又或許正是由於）經歷了這番波折，班雅明仍然設法在伊比薩島多待了一週，甚至參加了七月十五日臨時為他舉辦的四十歲慶生會。在島上的最後幾週，他應塞爾茲和蓋兒（Guyet）之邀，搬到聖安東尼奧灣區一間名叫「小房子」（La Casita）的屋子，與他們夫妻倆同住。塞爾茲的藝術家姪女桃樂西（Dorothée Selz）形容班雅明「優雅又很有教養，沉默低調，而且非常謙遜」，正是這些特質讓他贏得島上居民的信任。塞爾茲專精歐洲民間藝術，對於巴黎當代藝文界也很熟悉。他和妻子一九三二年春天首次來到伊比薩島，對班雅明隔年重返島上幫助甚多。[60] 一九三二年，他們夫妻倆一直陪著班雅明，直到他七月十七日半夜搭船離開，前往馬約卡島。班雅明在寫給修勒姆的信裡描繪了那一幕：

> 他們的陪伴實在令人難以割捨……等我們趕到碼頭，跳板早已取下，船也開始動了。當然，我之前就將行李放到船上了。我冷靜地和他們握了握手，開始抓著船身往上爬，最後靠著焦急的伊比薩人幫忙才順利翻過欄杆。（BS, 13）

班雅明的終點站是義大利比薩北部的小鎮普維洛莫（Poveromo），直譯是「窮人」。此行是為了再次與施派爾合作。施派爾當時正在創作新的偵探劇，最終名為《一件外套、一頂帽子和一隻手套》，而他提供的報酬就算不是及時雨，也很豐厚。[61]班雅明離開伊比薩島後預計前往托斯卡尼，出發不到一週就先抵達了尼斯，住進小公園飯店（Hôtel du Petit Parc）。這是他前一年陪施派爾在街對面修車時意外發現的地方，「不知何故非常吸引」他。他之前在六月二十五日寫信給修勒姆，提到自己說不定會在尼斯過生日，跟「一個旅程經常與我交會的古怪傢伙」一起「喝酒慶祝」——這顯然代表他又再度浮現自殺的念頭。七月二十六日，班雅明懷著「相對平靜」的心情寫信給老友，描述他成為作家的希望愈來愈渺茫，失敗感愈來愈強：

> 過去十年，我的思想為自己打造的文學表達形式，完全受制於預防措施與解毒劑，只為了對抗這類突發事件的不斷威脅，免得思想解體。儘管我有許多（或者說不少）作品取得了小規模勝利，卻被大規模的失敗所抵銷。我不想談那個必須保持未完成，甚至不能去碰的寫作計畫，而是在這裡列出四本書。這四本書標示著真實的毀滅或災難現場，即便我放眼未來幾年的生命，仍然見不到最遠的邊界。（BS, 14-15）

這裡提到的「四本書」是指在他去世後出版的拱廊街計畫、胎死腹中的羅沃爾特文學隨筆集、一九三六年以《德國人》為名出版的德國書信集，以及「一本真正非凡的大麻書」。班雅明原本預定寫完這封過分悲觀的信給修勒姆後，隔天就準備了結生命。

雖然和他去年夏天在最後一刻取消了「計畫」一樣，班雅明最終沒有走上絕路，但他採取這一步的原因始終不明。修勒姆不認為問題出在政治局勢惡化。七月二十日，新獲任命的反動派總理巴本（Franz von Papen）推翻了社會民主黨主持的普魯士政府，導致政治恐怖與暴力事件在全德蔓延，並為希特勒掌權鋪平了道路。身為猶太人，班雅明無疑實質受到這些重大發展的影響。巴本發動政變並自封「普魯士帝國政委」後，《法蘭克福報》不出幾天便報導，政府有意要求廣播媒體配合其右翼宣傳。隨後幾週，柏林和法蘭克福的左傾電臺主管紛紛遭到撤職，而班雅明很大一部分的收入都來自這些電臺。與此同時，《法蘭克福報》也開始對班雅明的信件和稿子置之不理（儘管其後兩年，他們還是繼續刊登他的作品，但幾乎都用化名）。另外，班雅明七月二十六日更在信裡告訴修勒姆，柏林住宅主管機關已經發出通知，由於違反規定，他不能再租那間公寓。

不論再次考慮自殺的原因為何（修勒姆認為被歐嘉拒絕是原因之一），班雅明七月二十七日確實擬好遺囑和四封告別信，分別寫給黑瑟爾、尤拉、軒恩和維辛夫婦。[62]其中給黑瑟爾和尤拉的信特別生動地表達出他當時的精神狀態：

> 親愛的黑瑟爾：
>
> 一條有著公園景觀（vue sur le parc）的死巷——還有什麼比這更適合死刑室的位址？[63]曾經有位好心的紳士稱讚我是生活藝術家（ein Lebenskünstler）。我選擇這裡作為離去的地方，也算是向他致意了。

在那些可能讓我捨不得離去的人當中——真希望我的心沒有因為想到無有而跳得那麼快——你是其中一位。但願這個如清晨一般清新美麗的房間所應許的所有幸福，在我書寫此時能傳遞到你那有著青青草原的房間；願它和我一樣溫柔安息在那裡，也願我很快安息。

班雅明 敬上

親愛的尤拉：

妳知道我曾經深愛過妳。即便我即將死去，我這一生有過的禮物，也沒有一個比得上因妳而受苦的那些時刻。我想這句問候就已足矣。

華特 敬上

班雅明寫給維辛夫婦的信雖然比較長和瑣細，其中一部分是在指示如何執行遺囑，但同樣情感洋溢，充滿對表弟的溫情。這封信清楚顯示了班雅明在寫信當天，其實還沒下定決心自殺——「我還不是完全確定會將計畫付諸執行」。儘管他也談到自己已經和死亡講和，讓他感到無比geborgen（意思是隱蔽與安全，這個詞在他談論童年的作品裡非常重要，文中隨處可見放逐與死亡的念頭），但話語間還是帶著和前一年夏天相同的哀嘆。他提到自己「精疲力竭」，渴望「療癒的」安息：「這個我用每天十法郎換得的房間，窗外廣場有孩子在玩耍，甘必大大街（Avenue Gambetta）的嘈雜穿過大大小小的樹葉微微傳來。這個房間是個候診室，瀰漫著低調而振奮人心的信任，我感覺偉大的醫師很快就會召喚我進去無有的診間（Parloir des Nichts）。」班雅明接著說，他這樣性格和教育背景的作家在德國正迅速失去發展機會，「唯有和女人一起生活或是有明確的工作」能讓他忍受不斷倍增的困難，但「目前兩者都不成立」。至於老友軒恩，班雅明在信裡只寫道：「親愛的軒恩，我知道你會懷著朋友之情思念我，而且不會只是偶爾。為此我謝謝你。華特敬上。」他始終沒有把信寄出，但一直跟遺囑一起收著。

在遺囑中，班雅明指定修勒姆為他遺產中所有手稿的管理人，並囑咐好友，他死後出版的任何作品必須有四到六成的淨利保留給史蒂凡。[64]接著，他將自己所有藏書送給史蒂凡，並規定維辛、修勒姆和格呂克可以各自挑選十本書，總值不超過一百馬克。他還分送不少繪畫和珍貴物品給其他朋友，包括布洛赫、拉齊絲、孔恩、卡普魯絲、維辛的妻子葛特、尤拉、施派爾和豪普特嫚。另外，在寫給維辛夫婦的信裡，班雅明追加了一項遺產給前妻朵拉。

離開尼斯之後，班雅明便前往義大利和施派爾合作，在那裡待了三個月左右。八月七日，他從普維洛莫一間名叫伊蓮別墅的膳宿公寓寫信給修勒姆：「普維洛莫果然名副其實，是窮人的海濱渡假村，至少適合經費有限、小孩又多的家庭，從荷蘭、瑞士、法國和義大利來的都有。我住的房間很簡單，但相當令人滿意，遠離所有嘈雜。就條件和景色而言，我都很滿足。」（BS, 16）協助施派爾寫劇本，並提供建議，最多可以讓班雅明賺到五千馬克（票房收入的百分之十），但當時的他幾乎身無分文：「我靠施派爾預支給我的買菸錢過活，不然就是賒帳」——換句話說，膳宿公寓給他的「信用額度滿寬的」。他發現，跟施派爾合作非常能轉移他的注意力，而且給了他許多空閒時間，儘管財務面臨困難，還是有辦法振作精神。他「已經不知道多久」沒有像這樣全神貫注在一項內容明確的計畫上了。

這項計畫就是《柏林童年》。班雅明在普維洛莫開始動筆，一開始只是對〈柏林紀事〉裡他的早期童年部分進行重塑與擴充。〈柏林紀事〉是他快一年前簽約，要在《文學世界》發表的自傳體長篇。班雅明在伊比薩島開始讀普魯斯特，〈柏林紀事〉大部分內容也是在那裡寫的，但到了普維洛莫他就放棄了委託，以便專注於從中誕生的新計畫，因為他覺得新計畫至少商業上更具可行性。班雅明將對話漫談式的自傳體編年史轉化成更詩意、更哲學的呈現方式，就像之前《單向街》裡的蒙太奇結構，且進度飛快——「我一寫就是整天，有時還寫到深夜」。[65]到了九月二十六日，他已經向修勒姆宣布（雖然事後證明有些言之過早），這個似乎由全然不同的思想圖像所組成的新文本「大致完成了」：

它是……分小節寫成的：我一再被導引著採納這種形式，首先是財務困難，以致作品性質很難確定，其次是考慮它的商業未來。此外，這個主題似乎非得選擇這種形式。簡言之，我正在創作一系列素描（Folge von Aufzeichnungen），並且會命名為〈一九〇〇年的柏林童年〉（Berliner Kindheit um 1900）。（BS, 19）[66]

十一月中，班雅明返回柏林，繼續寫作《柏林童年》，其中幾個小節重寫了六、七次。返回柏林途中，他在法蘭克福稍作停留，並向阿多諾朗讀了一大段手稿。同月二十一日，阿多諾向克拉考爾描述聽完的印象：「我覺得很棒，完全是原創的作品，甚至比《單向街》又向前了一大步，因為所有遠古的神話都被清除乾淨，只在最當代的事物，在每個情況的『現代』裡尋求神話。」（引文收錄於BA, 20n）阿多諾這裡所指的，可能是班雅明在文本中從孩童視角喚起都市場所的方式，尤其是地底或地下場所，例如室內公共泳池、市場、帶有格柵可以窺見地下室公寓的人行道或動物園裡的水獺池。返回柏林期間，班雅明還朗讀了部分手稿給卡普魯絲聽，並對她的反應感到滿意。

儘管之後兩年，班雅明仍不斷為這部作品添加新的篇章，但他一九三二年十二月中就寄了一份他稱作「新書」的暫定稿給修勒姆，並表示雖然遠方正迅速黑暗，但這部作品反映了他「相對來說最陽光的一面」，即使「嚴格說來，『陽光』這個形容詞在任何意義上都不適用於〔這本書的〕內容」。他還補充道，在自己寫下的所有作品當中，「這部作品可能最容易被誤解」。（BS, 23-24）十二月二十四日，柏林備受敬重的《福斯日報》刊載了〈聖誕天使〉，為部分內容面世揭開序幕。同年十二月到一九三五年九月，共有二十六篇《柏林童年》的故事在報上出現，主要是《法蘭克福報》和《福斯日報》，而且大多使用化名，例如德特勒夫．霍爾茲（Detlef Holz）或康拉德（C. Conrad），一九三三年四月之後則是匿名發表；一九三八年，他在湯瑪斯．曼主編的流亡者雙月刊《衡量與價值》上又發表了另外七篇。一九三三年春，班雅明完成了意味深長的導言，並對手稿其餘部分進行大幅修改與刪減（刪了九篇，其餘內容也刪減了三分之一以上），同時他也重拾一九三三年的努力，嘗試將這一系列小品文出版成書，但至少遭到三家德國和瑞士出版商以內容太難而拒絕，直到去世後才成書出版。[67] 如今，這本書在二十世紀散文寫作中，仍是較少有人知的經典。

第一次向修勒姆描述這部作品時，班雅明曾說「這些童年記憶……不是編年史式的敘事，而是……進入記憶深處的個人探險」。（BS, 19）關鍵在於這裡所指的記憶並非單純是心理記憶，而是本體論的記憶；記憶是元素，而不僅是能力——這個概念類似於柏格森將記憶視為過往影像的遺存，是人類所有感知與行動的先決條件。我們於〈柏林紀事〉已經見到這個概念在起作用，其中一段話被改寫成標題為〈挖掘與記憶〉的短篇。（見SW, 2:576, 611）在這些簡潔的思索裡，班雅明從語言本質得到啟發，主張記憶並非主要是一種考察過去的工具，它不只是記錄器與倉庫，而是過去的劇場（Schauplatz）、過去經驗的可滲透媒介（Medium des Erlebten），「就像土地是埋於地底的古城的媒介，想接近自己被埋葬的過去，就得照挖掘者那樣做。」所謂記憶，就是某個消逝時刻的多重深度與意義的現時化，因為或許「現實唯有在記憶中才會成形」，普魯斯特在《斯萬家那邊》如此推斷。如同班雅明一九二九年〈論普魯斯特的形象〉文中寫到的、與他的現代單子論有關的說法：「被人記得的事是無限的，因為它只是通往它之前與之後發生的一切事情的鑰匙。」班雅明一九三二年開始挖掘被掩埋的時間地層，最終挖出了大量圖像（而不是如普魯斯特挖出一整個世界的人物），這些圖像作為過去經驗的沉澱，構成「後來洞見的清醒房間裡的寶藏，一如收藏家藝廊裡的人體像」。

除了耐心挖掘過去的層層疊疊，還有一件事同樣重要，那就是確認「古代寶藏到底存放在**今日土地上**的哪個位置」（粗體字為作者標明），因為活存的此刻也是媒介——過去的圖像在其中獲得形式與透明，未來的輪廓也在其中得到描繪：「作者生活所在的此刻是個媒介，而他寓居其中便是從經驗序列（Folge seiner Erfahrung）切出另一個部分。」在《柏林童年》裡，記憶的覆寫性（因此也是經驗的覆寫性）——普魯斯特稱之為「交織的時間」——意味著存在一種圖像覆蓋、時空疊加的模式，能將文本轉換成虛擬的覆寫羊皮紙。[68]就如同漫遊者沉醉於記憶中，統覺到（apperceive）城市過去的痕跡烙印在此時的特徵裡，班雅明清醒而抒情地挖掘自己的童年歲月，其中包含一種地方和事物的垂直蒙太奇，被人記得的感官經驗遵循相似性原則，產生多重對應，不只包括其他感官經驗（對各種形式、顏色與氣味），也包括童年的夢境、幻想與閱讀經驗。於是，斯德丁納爾鐵路車站的砂岩門面有著沙丘的圖像，是小孩和爸媽正要搭火車前往的地方；市立閱覽室入口樓梯間潮濕冰涼的氣味裡，帶著閱覽室鐵製長廊的味道；男孩家裡的擺設——壁紙、磁磚爐灶的作業臺、父親的皮革扶手椅——都印有他在冒險小說裡遇到的「華麗陷阱」；還有橡木玻璃門書櫃，那是孩子崇拜和深受其誘惑的對象，書櫃上有童話房的圖像，許諾給人天堂般的快樂，而其中又有老農舍的圖像，故事曾在那裡和家事的節奏為伴。同理，沒有按照時間順序的不連續敘事作為一個整體，持續透過各式各樣的指涉，將作者已經除魅的當下疊加於未除魅的過去之上，以致死而復活的遊戲世界處處由放逐的視角所形構，人則處處感覺自己在孩子裡頭預先成形。孩子那根植於事物世界、尚未浮現至意識的知識，被放在哲學與歷史的天平上衡量，就像夢境被回憶到最小的細節。作家的當下地層被突破，變為透明，成了一扇窗，能看到被記起的經驗。這些經驗為當下預先定形，卻也仰賴當下實現其潛在的意義，因為前歷史唯有透過後歷史才能夠被辨識出來。

一九三一年，班雅明在日記裡提到自己「最鍾情的主題就是寓居」。比起《柏林童年》，《拱廊街計畫》挖掘的是更早的歷史時期，這本書加上他對自己童年的描繪，兩者共同構成了他對寓居最全面的探討，[69]但這份描繪卻始於他即將無家可歸的時候。一九三二年初，班雅明在〈伊比薩短文集〉曾寫到一個懂得在廢墟裡築巢的男人：「不論他做什麼，都會從中蓋出一座小房子，就像孩子在玩樂時總會蓋房子一樣。」（SW, 2:591）孩子將自己安置於突然可得的事物世界小區塊裡，可以暫時安全地躲藏起來

（geborgen）。《柏林童年》透過孩童的模仿天才——模仿各式普通物品（門、桌、櫃子、窗簾、瓷器）或拿這些物品當面具偽裝自己，以便從中或從其物質性去觀看——來研究這種「地下」寓居（某些面向與《拱廊街計畫》裡盒中小人有計畫的自我收納相類似）。家在孩子眼中是一座「面具庫」，就像現代城市的各式站點，包括街角、公園、庭院和計程車招呼站，對他們來說是古代的露頭（outcropping）*，是他們瞬間被吸進險峻秩序的起點，如同他一九三三年撰寫的〈姆姆類仁〉（Mummerehlen）裡，中國老畫家被吸進自己的山水畫那樣。作者自己的哲學沉浸和孩子的狂喜沉浸相比，就像醒覺世界對照夢境一般。藉由文本將不同時間平面帶入交流的各種框架手法，童年那未經思索的神話空間消融在歷史空間之中，一如孩子視作理所當然的全面安全感（Geborgenheit）消融在成人的危機感之中。然而，童年世界儘管在社會上無可回復，卻引發了殘像，而神話化的面相學則在歷史記憶裡製造出更高的具體性與更深的親密感。[70]

例如，在〈冬日的早晨〉裡，作者召喚了那樣一個早晨；當孩子在臥房裡等待早餐水果——應該說水果在等他時，他悄悄穿越了一連串的起點與通道，以難以察覺的方式，融合了時間與空間：

> 這時總是如此，只有女傭的聲音擾亂了冬日早晨陪伴我親近房裡事物的肅穆。百葉窗還沒拉起，我已經迫不及待推開烤箱的插銷，檢查裡面烤著的蘋果。有時它的香氣幾乎沒有改變。於是我會耐心等待，直到我感覺自己能聞到來自那更深、更隱密的冬日小室裡傳來的泡沫香氣，甚至勝過聖誕夜的冷杉樹香。蘋果就在那裡面，在等著我。那焦黃而溫熱的水果，令人感到熟悉卻有所轉變，有如旅行歸來

的好友。這是一趟穿越烤箱熱氣黑暗大地的旅程，那熱氣將這天所有事物為我儲備的香氣萃取了出來。（BC, 62）

如此清醒寫實的描寫展現出一個轉化與迴旋、時間與空間可塑的世界，猶如童話裡的主導事件，居家世界的早期發散。暗裡發光的烤箱在文中被描繪成「香氣」的來源，這個說法既具有文獻意義，反映了特定的歷史時期及社會與技術慣習，也具有隱喻和神話般的暗示力量，在母題網絡中發揮作用。這套辯證經濟學在班雅明撰寫這部他最完美的創作時無所不在，決定了他寫作的獨特基調。誠如阿多諾在他寫的《柏林童年》後記裡所言，班雅明筆下的「陽光」（sunniness）從頭到尾都被憂鬱所籠罩，就像孩子瞬息萬變的認知被來自無所不包的神秘有靈事物世界各個角落的難以言喻的訊息所籠罩。[71]

一九三二年夏，阿多諾寄了一份討論課報告給班雅明，主題是美學的近期發展。二十八歲的他在法蘭克福大學擔任私人講師，這是他為一群特選學生開的課，[72]總共兩學期，課堂上對班雅明的《德國悲苦劇的起源》投入了不少關注。班雅明回到德國後，並沒有應阿多諾之邀參加討論課，只在信裡表示他對這個主意很感興趣。今日學術界對這本班雅明著作的複雜挪用，對照當年同樣是學術界將它拒於高牆之外，感覺不僅充滿諷刺，也頗有預言的意味。班雅明向修勒姆提到這門課，並且用一種只會加深對方潛在偏見的口吻，告訴原本就對阿多諾有所保留的修勒姆說：「只要我說，他第二學期還要在討論課上

* 譯註：地表突出可見的岩床或淺層沉積物。

使用我論德國悲苦劇的那本書，卻沒有列在課程書目上，你就可以明白個大概了。」(BS, 26)

十一和十二月，回到柏林之後，班雅明讀了阿多諾第一本著作《齊克果：美學的建構》的校樣，其間不忘稱讚作者對資產階級室內空間（齊克果圖像世界的一部分）「別出心裁的分析」，將資產階級室內空間視為形上內向性的社會化與歷史化模型：「自從讀了布勒東（在他的《自由結合》裡）的最新詩句，我就再也沒有像我讀到你對筆下主角一去不返的內在世界的探索那樣，被如此吸引到自己的領域裡了。因此，所謂的共同創作終究還是存在的。」(BA, 20-21) 他講好在《福斯日報》發表阿多諾的書評，而他的《柏林童年》也有幾篇將於隔年在同一處發表。這篇簡短的書評於四月刊出，文中提醒讀者注意阿多諾繞過了齊克果思想當中已經刻板印象化的存在主義神學學說，轉而注意「其中乍看微不足道的遺跡……意象、明喻與寓言」。(SW, 2:704) 這個視角和班雅明自己同時期完成的另一篇評論〈嚴謹的藝術研究〉的方法論思索一致，這篇評論經報社編輯要求修改後，於七月以筆名霍爾茲在《法蘭克福報》發表。[73]文中，班雅明稱奧地利裔的里格爾為新型藝術學者。他們安然處在未開發的邊緣領域，在他們眼中，個別藝術作品首先以其明顯的物質性，具體而微地顯現出知覺領域隨時間的變化。這種方法暗示了批評者將批評視為嚴謹研究的動力。強調邊緣案例和不起眼的資料——加上批判式追蹤和「嗅出」（durchspüren）的模式——讓人清楚想起拱廊街計畫（同樣關注十九世紀資產階級室內空間）及其歷史唯物論的閱讀理論，而這又回過頭來點出了《拱廊街計畫》與《德國悲苦劇的起源》的連繫，因為《德國悲苦劇的起源》明白使用了里格爾的主張。

十一月中旬，班雅明搭施派爾的車從普維洛莫回到德國。一九三二年最後幾週，他努力修復自己和《法蘭克福報》與《文學世界》的溝通管道。這兩處是他最主要的發表場所，但《法蘭克福報》自八月中就沒有再刊登過他的作品，而《文學世界》編輯、也是他的前合作夥伴及評論家同行哈斯則是從普維洛莫寫信給他，表示《文學世界》目前無法考慮讓他繼續投稿。班雅明雖然和哈斯保持往來，並於一九三四年論卡夫卡的隨筆裡引用和討論對方的作品，但他在寫給修勒姆的信裡尖酸地表示：「我們這群『信奉相同宗教的人』裡的『知識分子』，遇到壓迫者總是先把同類推出去砍頭，免得自己犧牲。」（BS, 23）他的這些努力取得了一些成功，尤其《法蘭克福報》十一月又開始刊載他的作品：「我只要出現，就能阻止對我的抵制，但我最初幾週投入的精力能否避免最壞的情況，目前還無從判斷。」（BS, 23）他也努力建立新的管道，其中最重要的除了《福斯日報》，就屬來年將從法蘭克福遷往日內瓦的社會研究所新創辦的《社會研究期刊》（*Zeitschrift für Sozialforschung*）。班雅明十一月途經法蘭克福時，曾和一九三一年起擔任所長的霍克海默見面，對方可能就是那時向他邀稿的，班雅明後來貢獻了一系列帶有批判性的文章，直到該刊一九四〇年最後一次發行德語版為止。一九三四年，《社會研究期刊》創刊號刊登了班雅明的〈法國作家的當前社會處境〉。這篇隨筆主要寫於一九三三年春末，並且如他向修勒姆坦承的，多少需要「捏造」才能完成，而首要理由顯然是資訊不足。（BS, 41）儘管班雅明曾向阿多諾保證兩人「共同創作」是可行的，但在修勒姆看來，班雅明有時會選擇退讓，好迎合社會研究所的社會學路線，就像班雅明偶爾會扭曲自己，好讓自己看來像是修勒姆能認可的人那樣。這主要出於經濟考量，因為不出幾年，社會研究所將會成為他的首要雇主與翻新版《拱廊街計畫》的資助者。儘管他曾經私下抱怨霍克海默提議他撰寫的某些文章，尤其是一九三四年動筆、寫了兩年才完成的論福克斯（Eduard

Fuchs）隨筆，但長期來說，配合社會研究所的研究綱領並未妨礙班雅明從事不符合他稱作「新座標系」的研究。（SF, 197）

一九三二年接近尾聲，班雅明書案上還有其他計畫要做，包括一齣偏奇幻的廣播劇，主題是十八世紀德國作家兼科學家利希滕貝格，班雅明向來推崇對方寫的格言。這齣劇是由柏林廣播公司委託，但不是由其製作。他還想寫一篇卡夫卡評論，但由於沒有人委託，始終沒有寫成；另外就是《柏林童年》的新篇章。[74]一九三三年一月或二月，班雅明針對其中一篇〈姆姆類仁〉草擬了一份扼要的說明，闡述他對相似性和模仿行為的看法。這些想法不久前才在未發表的〈論占星〉與〈燈〉裡討論過，並且對《拱廊街計畫》裡的「秘密吸引力」的概念形成（見卷宗R2,3）有著雖不明顯卻很關鍵的影響。[75]一九三三年夏末，班雅明著手謄寫新文〈相似論〉，好讓修勒姆存檔，結果不僅幾乎重寫，做了不少修改與補充，還從中生出更簡潔的姊妹作，於九月完成了〈論模仿能力〉。[76]班雅明稱這兩篇文章是他思考語言哲學的「筆記」，直到過世都沒有發表。其間他曾要求修勒姆寄來自己一九一六年的隨筆〈論語言本身與人的語言〉，以便重寫〈相似論〉，並告訴對方新作不過是〈論語言本身與人的語言〉的註釋或附錄，明顯「缺乏權威性」——這是個暗示。文中所言不過是「舊方向的新轉折，仍在闡明魔法被打敗的方式」。（BS, 61, 76）

相似性的體驗，不論感官（如面孔之間）或非感官（如人與星星之間），都有歷史：這是班雅明的出發點。儘管沒提到希臘格言「同類相知」，但他在這裡就和別處一樣，將模仿的概念挪用到知覺的原因論上。我們或許可以這樣猜想，古時候，模仿的天賦在我們今日稱作知覺的經驗裡扮演了一定角色，而自然裡我們視為客觀的過程，原則上是可模仿的。班雅明認為，宗教發達之前，「模仿式知覺」和「模仿式生產與理解」曾經相當活躍，在原始魔法或靈視儀式（如舞蹈）中發揮作用，如今這種力量一絲不漏轉移到了語言之中：「隨著歷史演進，靈視將其古老力量讓給了」書面和口說語言，也就是閱讀的力量。這股力量先是被內臟、星星與巧合的「模仿對象性」給喚醒，而後被更形式化的手寫符號（如符文）所激發。在任何閱讀或書寫中，相似性唯有在關鍵時刻，在它們「於事物流動之間忽然閃現時」才能被人掌握。「世俗閱讀」和「魔法閱讀」一樣，有一種必然的節奏，一種可變的迅速；模仿與符號在其中相融合，因為語言中的模仿只有透過意義的物質連結才會顯現，藉由聲音或字的組合來傳達。然而，語言顯然不僅是一套符號系統，它基本上更是一種活生生的「媒介」——班雅明向來偏好這個詞——在這個媒介裡，物與物在它們的意義中相遇，也就是「在它們的本質（Essenzen）裡，在它們最倏忽即逝而微妙的實體中，甚至在它們的香氣裡相遇」。[77]語言（特別是書寫）儲藏著古代的同化力，於是成為「非感官相似性最完整的檔案庫」。因此，非感官相似性的概念是班雅明語言理論「新轉折」的核心，因為如果相似性基本上是經驗的工具，那麼正是非感官相似性「不只在所說與所意謂之間，也在所寫與所意謂、所說與所寫之間建立連結」——而且（他補充道）每一次都以全新的方式建立連繫。這裡明顯和辯證意象理論有關，因為辯證意象就算不是用看的，也是用**讀**的，是透過時刻之間的關聯，突然在語言裡浮現（閃現）的歷史組集。

在《拱廊街計畫》裡，當談到賭徒下注時心靈的身體呈顯（bodily presence）時，班雅明提到一種無所不是占卜的閱讀模式（O13,3），並進一步闡明和事物的占卜關係是十九世紀漫遊者與收藏家的共同特徵，兩者各自以獨有的方式被相似性所糾纏。此外，〈姆姆類仁〉和《柏林童年》的其他篇章同樣將孩子描繪成居住在充滿魔法般的關聯的宇宙中，並在遊戲空間裡化身為擁有無窮生產力的模仿天才。想必是這些非功利、甚至令人迷醉的活動——賭博、漫遊、收藏和童年遊戲——這些反映班雅明本人性格面向的活動，讓他不僅可以談論變得相似的能力，還可以探討在所有閱讀裡發揮作用的非感官相似性。因為，基本上「我們的存在已經不再包括曾經讓我們得以談論這種相似性，尤其是得以喚起這種相似性的事物」。

威瑪共和告終前的那幾年，班雅明發表了不少如今已成經典的隨筆，像是〈超現實主義〉、〈克勞斯〉、〈論普魯斯特的形象〉與〈攝影小史〉。即使是他在德國報刊雜誌上比較不那麼重要的文章，也充滿精彩的洞見，而且涵蓋主題多得驚人，包括城市景觀、法國文學、德國文學、俄國文學、教育學、電影、戲劇、繪畫、平面藝術、當代政治文化與現代傳播媒介。不過，那段期間沒有出版、甚至未完成的作品也一樣重要，因為它們標誌著《拱廊街計畫》與《柏林童年》的開端。這兩項計畫在班雅明接下來漫長的流亡歲月裡，可以說是他所有寫作的依歸。

第八章　流亡：巴黎、伊比薩島 1933—1934

一九四〇年六月，為了在法國辦理出境簽證，班雅明在簡歷寫道：「對我而言，戰間歲月自然分隔成兩個時段：一九三三年以前和一九三三年之後。」[1] 一九三三年一月二十八日，施萊謝爾（Kurt von Schleicher）就任德國總理不到兩個月便宣布辭職，藉此將任命權交給總統興登堡，而非國會手上。其實至少早在一九三〇年，當時的總理布呂寧（Heinrich von Brüning）為了阻止德國分崩離析，開始靠緊急命令治理國家，德國的政黨民主就已經名存實亡。一月三十日，興登堡任命希特勒為總理，隨即於二月一日解散國會。然而，三月初的大選還沒舉行，國會大廈就於二月二十七日半夜發生大火，而且可能是納粹黨自導自演。希特勒趁機授予政府緊急權力，創造有利條件，在接下來的一年半將德國直接打造成極權警察國家。反對黨被禁，反當權者被捕，其中許多人慘遭清算。國會大火後不久，班雅明就有不少朋友出逃海外，如布萊希特、布洛赫、克拉考爾、施派爾、馮布倫塔諾和沃夫斯凱爾。至於軒恩與弗蘭克則是遭到逮捕，並被送進倉促設立的集中營（軒恩三月失去法蘭克福電臺藝術總監一職，四月二度被捕，後來逃到倫敦；弗蘭克於該年移民至巴黎，一九三八至四〇年和班雅明是同棟樓的鄰居）。班雅明本人那陣子幾乎不敢出門。[2] 如同帕米耶（Jean-Michel Palmier）所言，「短短幾個月內，德國流失了它的作家、詩人、演員、建築師、畫家、導演和教授。從來沒有哪個國家有過這樣的文化大失血。」[3]一九三三至三五年，有十萬名以上的德國人出逃海外，其中半數是猶太人，流亡的幾千名知識分子只是零頭而已。[4]

二月二十八日，班雅明寫信給修勒姆，深刻記錄下當時的黯淡局勢：「面對新政權，我這個圈子裡的人僅有的一點沉著也迅速消失。許多人察覺，這裡的空氣再也不適合呼吸——只不過人都快被勒死了……尤其經濟方面，這件事自然也就無所謂了。」（BS, 27）他接著道出內心的憂慮，不曉得自己該如何熬過接下來幾個月，不論人在德國或海外。「世上有些地方能讓我賺得微薄收入，也有些地方能讓我憑藉微薄收入過活，卻沒有一個地方兩者兼具。」

過去十年，班雅明反覆有過離開德國的念頭，只是始終不明確。隨著一九三三年春，德國陷入即便不是意料之外、也是前所未有的恐怖統治，原本混沌的想法忽然變得急迫起來。如同他在信裡告訴修勒姆的，民眾半夜被拖下床、刑求與殺害。德國報紙與廣播已經實質掌握在納粹手裡，抵制猶太商家和焚書也很快就會展開，到處都確實感受到壓迫的氛圍：「凡是不符合官方立場的態度或表達方式都受到恐嚇……德國的氛圍令人難以忍受，只要看到人們的翻領，*通常就不想再看他們的臉龐。」（BS, 34）但他強調，自己急著離開德國不是因為怕死，而是（這相當符合他的個性）發表作品與智識生活的可能性都被扼殺：「所有我能想到的地方，都像數學聯立似的拒絕我的稿件，中斷正在進行或進入最後階段的商量與討論，所有詢問都石沉大海……面對這種情況，就算像我長久以來很有理由做的那樣，在政治上盡量謹慎，也只能保護自己不受體制迫害，無法免於挨餓。」班雅明對自己被迫逃離祖國的心痛陳述，許多人都感同身受。流亡者在物質方面進退兩難，可能失去工作、讀者與財物，但對大多數人來說，心裡的痛苦其實更加難受。

三月初，修勒姆請瑪克絲（Kitty Marx）到柏林看望班雅明。年輕的瑪克絲是柯尼斯堡人，去完柏林後不久就要前往耶路撒冷，預計春天和修勒姆的另外一位朋友史坦許奈德（Karl Steinschneider）結婚。班雅明立刻喜歡上瑪克絲，而瑪克絲也對他很感興趣。班雅明借了她不少書，包括穆齊爾《沒有個性的人》和布萊希特最新教化劇《母親》的校樣。[5]接下來五年，他寫了不少溫文又略帶嘲諷的信，與她維持著溫暖的友誼。據修勒姆回憶，瑪克絲覺得班雅明面對全面危機顯得很沉著，不像許多人那樣驚惶。她對他在如此處境下的驚人鎮定感到印象深刻。修勒姆表示，這份鎮定或許和他一年前差點自殺的經驗有關係；無論如何，他的沉著「表現在外人面前遠多於信裡，信裡往往透露出〔他的〕不安」。（SF, 195）

三月十七日傍晚，班雅明離開了柏林，當時距離德國第一波「依法」排除猶太人還有很長一段時間。四月一日，德國首次全面抵制猶太商家，隨後又採取措施將猶太人排除於公職及各行各業之外。班雅明坐上前往巴黎的火車，一路平安離開了祖國。三月十八日，他在科隆暫停，其間和歷史學家林弗特（Carl Linfert）見面。林弗特是《法蘭克福報》的編輯兼記者，也是班雅明愈來愈重要的智識夥伴，其作品在班雅明的寫作裡扮演了重要的角色。班雅明在〈嚴謹的藝術研究〉這篇評論裡討論了林弗特論十八世紀建築繪圖的隨筆，並在《拱廊街計畫》中引用他的作品。離開柏林前，班雅明寫信給諾格哈特和塞

＊　譯註：這裡或許是指納粹蓋世太保的打扮。

爾茲，敲定他再次長住（這回將待上五個月）伊比薩島的細節。他當時能做的計畫就那麼遠。班雅明告訴修勒姆，像他這種處境的人幾乎都無法做太長久的打算。班雅明三月十九日抵達巴黎，下榻蒙帕納斯坎帕涅普雷米埃街的伊斯特拉飯店（Hôtel Istria）。他在飯店待到四月五日，然後前往西班牙。他會選擇那家飯店，很可能是因為那裡長期跟藝術家很有緣，尤其是超現實主義派，例如畢卡比亞、杜象、曼雷（Man Ray）、查拉（Tristan Tzara）、阿拉貢和蒙帕納斯的琪琪（Kiki de Montparnasse）都住過那家飯店，還有里爾克、馬雅可夫斯基與薩提。阿拉貢甚至曾在詩裡提到它，讓飯店沾光不少：

只有燃燒發亮的東西熄滅了……
當你走下伊斯特拉飯店，
坎帕涅普雷米埃街一號的一切都變了，
在一九二九年的中午時分……[6]

班雅明告訴蒙喬森，在巴黎那兩週，他常坐在露臺上抽煙斗，讀著報上的內容頻頻搖頭。但不論未來看上去有多黯淡，他仍然心懷期盼。他告訴修勒姆，兩人書信往來進入了「新的篇章」。其他流亡者都覺得納粹只是德國波濤洶湧的近代史裡又一個短暫的章節，班雅明卻明白自己人生同樣進入了新的段落。於是，他著手申請法國身分證的同時，也開始打探在法國出版作品的可能。他和青年運動及《開始》時期的老友庫雷拉見面。庫雷拉曾是《危機與批評》預定的編輯群之一，目前是布萊希特圈子的人，不久後將加入親共產黨的《世界報》擔任編輯。班雅明很清楚逃離德國將對自己的創作帶來莫大傷害，但為了謀生，在重重危機中，他仍然設法為之後幾個月爭取到一小筆收入，將自己的柏林寓所租給一位「可靠的先生」，而這位名叫馮舍勒（von Schoeller）的房客竟也一路住到了一九三八年底。另外，「靠著巧妙的安排」，班雅明還從別處拿到了幾百馬克，希望夠他在伊比薩島住上幾個月。而柏林的朋友，主要是卡普魯絲和蒙喬森，也樂於協助他處理一些私事，例如公寓和他留下的文稿、書籍與雜物等等。

當時班雅明還有一個很大的煩惱，就是朵拉和史蒂凡仍在柏林。「這些……都可以忍受，只要史蒂凡不繼續待在那裡就好。」（BS, 36）三月底，他從巴黎寫信給朵拉，提議將兒子送到巴勒斯坦，因為朵拉的兄長維克多在當地協助建立了一個村落，但朵拉不想和史蒂凡分開，便否決了他的提議。朵拉四月失業之後，開始和十五歲的史蒂凡一起學義大利文，希望能在南歐找到避風港。一九三四年秋，朵拉在義大利西北部利古里亞海濱的度假小鎮聖雷莫（San Remo）買下一間房子，開始經營民宿，並立刻衷心懇求前夫來當房客，而他也照做了。[7]朵拉滯留納粹德國那一年，一直努力替班雅明尋找出版機會，但毫無所獲。史蒂凡則堅信自己是左派，在德國一直待到一九三五年夏，就讀文理中學之外，也盡力維持正常青少年生活的樣貌。九月，史蒂凡到聖雷莫和母親重聚，先在當地文科高中入學，之後再赴維也納（朵拉父母親住在那裡）和倫敦繼續學業。朵拉完全讓兒子作主，因為就如她告訴他父親的，「這孩子太懂事了」。

四月上旬，班雅明和塞爾茲夫婦一起前往伊比薩島，途中在巴塞隆納停留幾天，除了因為老友孔恩夫婦住在那裡，也可能是為了探訪一位「很美麗的女性友人」。對方是柏林某位醫師的前妻，歐嘉曾經向修勒姆提過她。[8]到了伊比薩島，班雅明先在伊比薩鎮塞爾茲家短暫停留，隨即於四月十三日左右抵達聖安東尼奧村，結果發現短短一年整個村子就有了巨大轉變。那裡不再是世外桃源，而是新興度假聖地，並且在以德國人為主的夏季訪客中不乏納粹的身影，就像塞爾茲說的，「顯然玷污了那裡的奇妙氣氛」。[9]之前是觀光客，現在是難民，島上居民為了搶占外人湧入的商機，使得聖安東尼奧村整天充斥新建工程的噪音，就連早期外來者也發現有利可圖，例如諾格哈特夫婦就將俯瞰聖安東尼奧灣的薩彭塔德斯莫利小房子分租出去。班雅明抵達伊比薩島時，他們正準備搬進新家。房子是當地一位醫師蓋的，地點就在海灣對面的聖安東尼奧村。諾格哈特夫婦答應讓他寄宿兩個月，班雅明原本期待重回去年夏天的房間，好好享受旁邊的那片森林，沒想到這回的安排很不理想。諾格哈特夫婦的新家不僅樣式平庸，地點也不方便，牆壁更和紙一樣薄，各種聲響在房裡迴盪，冷風直灌，偏偏那年夏天又來得遲。不過，新家也不是一無是處。房間比之前大，甚至有類似更衣室的空間，還能洗熱水澡，但班雅明始終未能重拾一年前住得舒服愉快的感覺。諾格哈特也變了，不僅話變少，也不再像學生時代班雅明認識的那麼「全才」。最令人擔心的還是物價上漲，即使他（透過蒙喬森在柏林）賣掉部分錢幣收藏貼補家用，還是很難靠每月六、七十馬克的「歐洲最低水準」過活。除了「一年前的森林」，班雅明白天常到伊比薩港造訪塞爾茲夫婦，或在咖啡館裡（鎮上電影院對他而言太髒了）暫避聖安東尼奧村瀰漫著的「殖民氛圍……那種最可憎的氛圍」。「我對開發商長期以來的不信任……在這裡以無比誇張的方式得到了證實。」（C, 415-416, 419）

德國危機導致全歐烏雲密布，無疑加深了班雅明對伊比薩島和島上變化的不滿。但他仍然保持慣有的耐心，不在信裡評論政局，也不私下談論相關議題，而是努力替自己目前近乎漂泊的生活建立某種有益的型態，並重新認識熟悉的環境。班雅明發現，只要遠離「爆破和鐵鎚聲」，避開「思想狹隘的店家和度假遊客」的長舌與爭辯，自己就能重拾幾分「這裡過去的美麗與僻靜」。（C, 415-416, 408）於是，在休閒椅、毛毯、保溫瓶與其他日常用品的幫助下，班雅明仿照去年夏天，將自己的書房打造成森林裡的藏身處。起初，冷風讓他無法在室外工作，且辛苦一整天的「補償」只有在諾格哈特家的琺瑯浴缸裡泡熱水澡，雖然這在伊比薩島已經算是奢侈的享受了。後來天氣開始允許他清晨到心儀的山丘散步，而他也會從樹叢後方搬出休閒椅，擺好書和紙，不受打擾地閱讀或寫作。他在寫給卡普魯絲的信裡描述自己的每日作息。（GB, 4:207-208）那年夏天，班雅明寫了不少封長信給她，並且首次用自己替她取的綽號「菲莉齊塔絲」（Felizitas）稱呼她，[10]同時在信末署名「德特勒夫」或「德特勒夫．霍爾茲」，他當時常用的筆名之一（他還自稱她的「養子」，阿多諾則是她的「問題小孩」）。班雅明通常六點或六點半起床，到海裡泡澡和游泳，七點到森林裡的小窩，然後讀一小時的盧克萊修（Lucretius）。八點他會喝保溫瓶的熱水、吃早餐，接著開始工作——靠著堅持和這麼點食物——直到下午一點，通常中午左右會到森林短暫散個步。他兩點左右到鎮上午餐，在長桌旁仔細觀察時下流行的禮節，之後通常坐在附近的無花果樹下讀書或「塗塗寫寫」。如果找不到棋友，他有時會玩撲克或多米諾骨牌消磨傍晚前的時光（只不過他的對手心頭上沒別的事，往往玩得「太認真」），或在咖啡館跟人閒聊。接著他會回到自己和「三百隻蒼蠅」同居的房間，約九點或九點半上床，就著燭光讀西默農（Georges Simenon）的偵探小說。

然而日子一久，就連這套作息也無法抵銷聖安東尼奧的噪音與塵土，於是班雅明開始經常往島上的深處跑。某次他和一位新朋友同行，見到「島上最美麗、最偏僻的角落」。這位新朋友名叫保羅・高更（Paul Gauguin），二十二歲的丹麥雕刻家，知名畫家高更的孫子，伊比薩深山村子裡只有他一個外國人。兩人清晨五點和一名龍蝦漁夫會合，在海上待了三個小時，瞭解對方的工作，隨後班雅明與保羅——他就和這裡的景致一樣「未經開化又高度開發」——就被送到一處隱密的海灣。只見「一幅永恆完美……存在於不可見世界邊緣的景象」出現在兩人面前：幾名女子聚集在兩三艘漁船邊，全身包裹在黑衣裡，只露出「嚴肅凝然的臉龐」。對此，班雅明百思不得其解，直到一小時後，兩人正沿著山路往村莊走，「一名男子挾著一口孩童用的白色小棺材朝他們走來」，他才恍然大悟。山下女子是替孩童送葬的，卻又不想錯過汽艇靠岸的難得景象。「要明白這幅景象有多驚人，」班雅明評論道，「你得先理解它。」班雅明覺得保羅早就知道這是怎麼回事，但他一路上「幾乎都沒開口」。（C, 419-421）

地中海的魅力仍然不時在班雅明身上發揮奇效。他有次寫信給卡普魯絲，在信末以田園詩的筆調描繪自己坐在高處露臺上見到的景色：「山下城鎮橫陳，鐵鋪或建築工地的聲響宛如大地的呼吸由下方傳來，而大地就從我腳下，從城鎮這小小一隅向外展開。屋子往右會見到大海，屋後坡地緩緩向上，而後在耐心地伴著地平線的綿連山丘後方再次沉向大海。」（C, 4:209）長程深入島嶼內陸在他心裡留下了鮮明的印象。「山裡有著島上開墾最密集、最肥沃的土壤。地面水渠遍布，雖然很深，卻十分細窄，往往要隔好一段距離才會從高草後方現身，而草全是最深的綠色。水從水道潺潺流過，發出近似吸吮的聲響。山坡上種著角豆樹、扁桃樹、橄欖樹和針葉樹，谷地長滿玉米與豆子，盛開的夾竹桃倚石而立。」（GB, 4:231-232）

儘管班雅明努力限縮自己往來的圈子，例如刻意避開住在聖安東尼奧村附近的前達達主義藝術家豪斯曼（Raoul Hausmann），卻還是多少受惠於島上新的社交發展。比方說，他常去的米瓊酒吧（Migjorn，意思是「南風」）老闆就是塞爾茲的弟弟居伊，而他也經常往征服街的塞爾茲家跑，因為他們夫妻倆會定期招待一群作家和藝術家。班雅明甚至試著學習西班牙文，就像每回想起自己答應要學希伯來文那樣，他蒐集的學習法簡直包山包海，從傳統的文法書、詞頻表到最新流行的「暗示」法都有，但結果也和學習希伯來文沒有兩樣。如他自己承認的，他始終沒有真的學會。

五月最後一週，班雅明都待在伊比薩鎮的塞爾茲家，因為他家相對安靜，有花園又看得到海灣與遠山，班雅明需要這份寧靜才能完成棘手的當代法國文學研究，作為他在霍克海默新辦刊物上的首發作。借住期間，他朗讀《柏林童年》的內容給好友聽。由於他是邊譯邊讀，其中有些段落他在譯成法文時遇到了困難，於是塞爾茲便自告奮勇擔任譯者。根據班雅明的說法，儘管塞爾茲不懂德文，翻譯還是在兩人密切合作下展開——「最枝微末節的字，我們也花好幾個小時討論」——而且班雅明表示他對初步成果相當滿意。[11]同樣是五月下旬待在伊比薩舊鎮區這段期間，他終於實現一年前首次許下的願望，和好友抽了鴉片。塞爾茲在〈班雅明的一次實驗〉（Une expérience de Walter Benjamin）文中詳細描述了這段經歷，[12]班雅明則是在給卡普魯絲的信裡扼要提及：

> 幾乎沒有〔鴉片的〕煙飄向天花板，因為我很懂得將煙從長竹管裡一口吸進體內……那天傍晚，我原本很難過，但我意識到那種罕見的狀態，內外在的憂患極為精確地相互平衡，產生唯一能讓人真正尋

> 得慰藉的情緒。我們認為這是個……徵兆，在做出所有巧秒的小安排，讓自己夜裡不會被打擾之後，我們兩點左右開始工作……我們倆針對協助的角色做了分配。這個角色需要非常謹慎，而在我們分配之下，兩人既提供服務，也接受服務；對話和協助的動作彼此交織，就如同戈布蘭（Gobelin）掛毯裡為天空上色的絲線與前景呈現的戰鬥彼此交織一般……今天，我對窗簾的研究大有斬獲——將我們和俯瞰城市與海洋的陽臺隔開的那道窗簾。（OH, 14-15）

塞爾茲後來引用了班雅明發明的有趣法文新詞 rideaulogie——窗簾學！班雅明則將自己對鴉片的思索寫進〈煤煙記〉（OH, 81-85）裡，並說窗簾是「風之語的詮釋者」。〈煤煙記〉和後來的《拱廊街計畫》都暗示，若想明白裝飾在現代世界中的無所不在與多重價值，就需要一種特別的方法，一種多重的可解釋性。鴉片和大麻一樣——他們用「煤煙」一詞作為暗號——揭露了隱藏在日常裡的「表面世界」：「抽鴉片或吸大麻的人能體驗到目光從一個地方汲取出一百個站點的力量。」[13]

當然，「內外在的憂慮」不可能靠這些手段排遣太久。「大世界」終究以意想不到的方式侵入了這座小島。五月六日，佛朗哥將軍以巴利亞利群島軍事指揮官的身分造訪伊比薩，讓班雅明被迫想起激進右派席捲歐洲的事實。他五月初就得知消息，自一九二二年便積極投入德國共產黨的弟弟格奧格落入了衝鋒隊手中。起初消息說他被刑求，瞎了一隻眼睛，後來證明是誇大其詞。班雅明離開柏林前跟弟弟通過電話，當時就有傳言說他死了。格奧格四月被制服員警和便衣逮捕，並「預防性羈押」在柏林一處看守所。夏天他被送往由衝鋒隊和黨衛軍管理的桑博格（Sonnenburg）集中營，但聖誕節前後便獲釋。之後他一如班雅明預期又開始從事非法活動，為地下報刊翻譯英語、法語和俄語文章，同時編輯時事通訊。一九三六年，格奧格再次被捕，並判處六年徒刑，刑滿後又被送往毛特豪森（Mauthausen）集中營，於一九四二年死在營中。[14]弟弟被捕的消息——修勒姆的弟弟維爾納也遭遇類似命運——自然讓班雅明更為兒子擔憂。但他無法直接寫信給朵拉討論這些事，那只會置她和史蒂凡於險境，因為「到處都是間諜」。（BS, 47）當他七月得知朵拉和兒子正開車橫越中歐時，總算稍微鬆了口氣。但五月底時，動盪帶來的衝擊開始在他身上顯現，讓他告訴修勒姆「我狀況很糟。完全無法找到絲毫寄託，長期下來只會威脅到人的內在平衡——連我這種習慣活在不穩定狀態、從不抱期望的人也不例外」。（BS, 51）

班雅明春末已經開始在考慮離開伊比薩島，但他既沒有錢，也沒有可行的去處。（BG, 23）他五月寫信告訴幾位朋友，自己很怕巴黎的「陰冷冬日」，季節彷彿消失無蹤，只剩永恆的寒冷與死亡。七月中，他果然如預期的山窮水盡，除了出租柏林公寓的微薄進帳，就沒有其他可靠收入了。眼看短期報酬無望，班雅明愈來愈倚靠少數朋友這裡一點、那裡一些地解囊相助。他便是在這種處境下，寫下了這首〈哀詩〉：

你坐在椅子上，
身體愈來愈累、愈來愈累。
你按時上床，
按時吃飯，

你有錢——
來自主的恩賜。
生命真美好！
你心跳愈來愈響、愈來愈響，
海面愈來愈靜、愈來愈靜，
直至海底。(GS, 6:520)

當然，詩裡的陰鬱帶有幾分諷刺的陶醉——至少直到那有如精要版啟示錄的結尾三聯句。這首〈哀詩〉很值得拿來跟最有名的德國流亡者之詩相對照：班雅明描繪的是個人沉沒至歷史深處的感受，布萊希特一九三八年完成的〈致後來出生的人〉則觀照一個沉沒本身就是歷史的時代：

你們這些從吞沒我們的洪水裡
冒出頭來的人哪
切記
當你們大談我們的失敗
也別忘了自己躲過的
黑暗時代。[15]

因此，班雅明反倒可以從島上夏天的多雨天氣裡得到安慰——即使他習慣戶外工作。誠如他對卡普魯絲所言，「我喜歡陰沉的日子，不論在北方還是南方。」（GB, 4:249）然而，班雅明的悲苦與哀傷是真實的。我們之前提過瓦萊羅，他在一九九〇年代訪問了島上許多最年長的居民。據他表示，當地人後來都稱班雅明為「可憐人」，他們從他愈來愈破舊的衣服和蹣跚步伐看出他的貧窮與孤立。[16]班雅明在島上頭三個月，就已經和他一九三二年喜迎自然與原始社會的生氣勃勃形成強烈對比，最後三個月更是深陷絕望。隨著反覆被迫遷居，班雅明一步步和人斷了聯繫，甚至連島上朋友也不例外，原本就很拮据的飲食更是低過了維生標準。營養不良加上心情低落，使他不停因病而虛弱。

不過，所有文學管道都被切斷的時候還沒到。班雅明仍然鍥而不捨地跟一些報紙記者和刊物編輯保持聯繫，包括林弗特、里希納與庫雷拉。庫雷拉已經移民到巴黎，顯然有意來伊比薩島住上一陣子。班雅明六月寫信給他，介紹島上的生活狀況與兩個主要城鎮。他告訴當時擔任蘇維埃共產國際法國支部書記的庫雷拉，他很高興和他取得聯繫：「你處在正中央，而我頂多擦邊而過。」（GB, 4:224）不過，這個邊擦得再細微，依然持續帶給他工作：「德國不斷有人……向我邀稿，」六月中，他在聖安東尼奧村這樣寫道，「〔那些人〕過去對我幾乎不感興趣。」（BS, 59）[17]他每月平均可以賺到一百馬克，略高於島上維持最低生活水準所需的七、八十馬克。日常的不穩定也沒有削弱他的創作力，《柏林童年》最精彩的幾個篇章反倒都是在流亡初期這段時間寫下的，像是〈月亮〉、〈駝背小人〉，以及他的「自畫像」之作〈迴廊〉。如同他告訴卡普魯絲的，他寫作時罩著「名為隱密的斗篷」，加上他雖然持續在報上匿名或化名發表其中篇章，卻遲遲未能找到出版商將《柏林童年》發行成書，這一切使他得以抗拒結束這個寫作計畫的誘惑。（C, 427-428）這些新篇章都是他趁工作空檔，在委派的差事之間寫的。五月三十日，班雅明完成了最有截稿壓力的文章：〈法國作家的當前社會處境〉。

班雅明對法國文壇的廣泛考察是靠著最薄弱的材料完成的，包括諾格哈特的藏書、他自己去年留在伊比薩島的三、四十本書，以及霍克海默從日內瓦寄來的幾本書。他很清楚自己身處何等窘境。「這篇隨筆從任何角度看，都是徹底捏造，」四月十九日，他在信裡告訴修勒姆，「由於我得在這裡寫，手上幾乎沒有參考資料，反而使它多少帶有魔幻的樣貌。這篇隨筆將在日內瓦大膽展示容顏，但在你面前刻意隱藏。」[18] 儘管困難重重，但他最終還是對自己能在痛苦中完成作品（這已經快成了他的模式）感到滿意：「雖然無法給出什麼定見，但我相信讀者將從中洞悉截至目前從未如此清楚表明的連繫。」（BS, 54）

在這篇隨筆中（SW, 2:744-767），班雅明回溯法國知識分子的當代社會危機，在阿波里奈爾的作品裡找到了最早的表達。接著他陳述天主教右派的立場，指出「浪漫虛無主義者」巴雷斯（Maurice Barrès）的作品要求「天主教的感受與土地的精神」相結合，成為班達（Julien Benda）的著名指控「知識分子的背叛」的出發點。右派作家中，班雅明對佩吉的討論最為持平。這點並不令人意外，因為他向來對這位詩人很感興趣。他強調佩吉的神秘民族主義裡帶有自由放任主義、無政府主義和民粹主義的成分，而他認為三者都是法國大革命的真正遺緒。分析了佩吉的民粹主義後，班雅明從左拉開始，介紹和大眾小說（roman populiste）形式對抗的幾位作家，尤其是賽林（Louis-Ferdinand Céline）和他一九三二年爆炸力十足的首部小說《茫茫黑夜漫遊》（*Voyage au bout de la nuit*）。即使班雅明對賽林的成就始終存疑（這點不難想見），他仍然喜歡那看穿前革命大眾、揭穿「他們的懦弱、驚惶恐懼、願望與暴力」的冷靜目光，遠勝過自由派作家感傷乏味、讚揚普通人單純與道德純潔的文章。因此，班雅明讚揚賽林不像大多數晚近文學那樣一味從眾，而是反對將當代法國的一切視為理所當然。

以從眾的概念為橋樑，班雅明連結到超越從眾的四位作家：格林、普魯斯特、梵樂希與紀德。在他看來，格林的小說是「描繪激情的夜景畫」、炸毀心理小說常規的黑暗作品。但他在對方作品的核心裡發現了一個矛盾，那就是形式創新，主題處理卻很退步。他在普魯斯特最偉大的小說裡也看到了同樣的矛盾，只是被帶到更高的層級。

> 因此我們有理由追問，過去十年小說為自由取得了什麼成就？除了普魯斯特率先為同性愛辯護之外，我們很難想出什麼答案。然而，即便這個說法是對文學微薄革命成果的公允評價，同性愛在《追憶似水年華》裡的意義卻遠非如此而已。恰恰相反，同性愛出現在他的作品中，是因為自然生產力最遙遠、最原始的記憶都被驅逐至他所關注的世界之外。普魯斯特描繪的世界排除了生產所涉及的一切。

（SW, 2:755）

形式創新與主題退步的矛盾，在接下來一年持續吸引著班雅明，刺激他思考進步文學中的「形式與內容關係」，從而寫出〈作者作為生產者〉這篇隨筆。〈法國作家的當前社會處境〉還以另一種方式為這篇隨筆打了底。班雅明在分析梵樂希時，著重於梵樂希對自己作品的構想與態度。班雅明認為，梵樂希是當代作家中的技法大師，對他來說，寫作基本上就是技巧。而班雅明和梵樂希看法相同，進步只會發生在技巧上，而非思想。因此，藝術作品理想上「不是一種創造，而是一種建構，首重分析、計算與規畫」。（SW, 2:757）但梵樂希將人類主體、將知識分子視為私人，以致跨不過「歷史門檻」，將「受過和諧教育的自足個人」與「準備在更大計畫中占有一席之地」的專家技師區分開來。這就讓班雅明將目光轉向紀德。

根據他的解讀，紀德《梵諦岡地窖》裡的主人翁只是一個技法、一種建構，用來展現那個將另一位同車者推下火車致死的知名「無端舉動」。班雅明看出這一舉動和超現實主義者的行為之間的直接連結。「超現實主義作家愈來愈熱衷於將最初出於好玩或好奇而生的情節，跟共產國際的口號相調和。就算我們對紀德作品高舉的極端個人主義的意義還有些微猶疑，讀完他最近的聲明也會明白那樣的極端個人主義已經徹底失去了有效性。因為那些聲明清楚顯示出，那樣的極端個人主義一旦面對周遭世界的考驗，就會不可避免地變成共產主義。」（SW, 2:759）於是，班雅明筆下對象從自由派資產階級大作家轉向名符其實的左派：超現實主義作家本身和（一九三四年一月補上的）馬樂侯（André Malraux）。對於馬樂侯在《人的命運》（*La condition humaine*）裡對中國共產黨抵抗蔣介石與國民黨的描繪，班雅明認為這本小說與其說是吹響了革命的號角，不如說反映了當前西方資產階級左派的心態：「比起蘇聯社會重建的重大事實，中國國共內戰的氛圍與問題更受到西方文人知識分子的關切。」（SW, 2:761）因此，唯有超現實主義作家才可以回答不說教的革命文學存不存在。對於這個問題，班雅明早在一九二九年論超現實主義者的隨筆裡就已經給出十足震撼的回答，但在這篇為了《社會研究期刊》而寫的隨筆中始終沒說明白，只暗示超現實主義「為革命贏得了迷醉的力量」，也就是讓文學與精神病產生連結，使文學變得危險。〈法國作家的當前社會處境〉算不上班雅明最重要的論文：它太謹慎、太顧慮出版者，不願意越線。但這篇隨筆在審慎選擇的角度之下，對法國文壇的危機處境所做的考察，其價值遠超過班雅明本人的預期。《社會研究期刊》不僅反應熱烈，還立即請他再寫兩篇文章，一篇探討藝術史學家福克斯，一篇評論最近的語言哲學和語言社會學著作。不過，這兩篇作品都得等班雅明返回巴黎才有辦法進行。

分析完當代法國作家和知識分子的處境，班雅明將焦點轉回德國文化圈，尤其是正在歡慶六十五歲生日的格奧爾格。而他對這位文化保守主義代表詩人兩本新作的評論，將他推向「此時此刻非得在德國讀者面前談論格奧爾格的不愉快處境」。（SW, 58-59）七月十二日，班雅明以史丹弗林格（K. A. Stempflinger）為名在《法蘭克福報》發表〈回顧格奧爾格〉。這篇卓有見地的權威評論是他最後一次公開評價這位詩人。年少時他受到對方作品的強烈吸引，而隨著時間過去，班雅明在評論開頭便如此表明，他已經換了一副新的耳朵，可以成熟評價這位新藝術運動詩人。在他眼中，格奧爾格仍然偉大、甚至近乎先知，他違背本性的憤怒與不妥協姿態，使他「立於以波特萊爾為始的智識陣線的尾端」（格奧爾格在班雅明之前就譯過波特萊爾的作品）。[19]然而，四分之一世紀過後，我們如今可以更清楚看到，和格奧爾格名字連在一起的那場「精神運動」，不過是頹廢主義運動可悲的臨終抽搐：「新藝術運動的風格，說穿了就是舊資產階級耽溺於無限大的詩意幻想，藉此掩飾自身無能的風格。」

新藝術運動的德文譯名「Jugendstil」源自閱讀者眾的《青年》（*Die Jugend*）期刊。該運動的「受虐裝飾」反映了它企圖將新興的構築形式轉譯回藝術與工藝語言，從而藉由對生命的熱情裝飾來掩蓋其技術手段的現代性，因而是「頗有自覺的巨大倒退」。雖然「青年」二字容易讓人想起它對未來的酒神式想像，但新藝術運動始終是個「渴望更新人類存在而不關心政治的『精神運動』」。新藝術運動的極度倒退意味著就連青年的形象都「乾縮」成了「木乃伊」。班雅明評論結尾的這段話，雖然意在諷刺格奧爾格對已故俊俏青年馬克西敏（Maximin）的迷戀，卻也想到自己已故（甚至神化了）的年少同志（海因勒、沃夫和賽麗格森），以及他那一代理想主義的萎縮。因為就如他所說的，在世界陷入暗夜之際「活在那些詩作裡」，從中尋得庇護與安慰的，正是戰前青年運動那群不妥協的憂鬱浪漫主義者，而格奧爾格則是為那個「注定失敗」的世代發聲，有力傳達其經驗的「吟遊詩人」。因此，格奧爾格的形象與作品所具有的真正歷史意義，不是透過那些稱他為師、憑他之名取得大學教席或政治權力的人彰顯出來，而是經由「那些可以在歷史審判臺前作證的人——至少是當中最好的那些——因為他們已經死了」。

論格奧爾格的文章刊出後，《法蘭克福報》立即又請班雅明再寫一篇紀念評論，這回對象是逝世兩百年的維蘭德（Martin Wieland）。班雅明向修勒姆坦承，自己對這位德國啟蒙運動詩人、小說家兼翻譯家幾乎一無所知。但靠著某本文集裡的文章，和雷克拉姆（Reclam）出版社的維蘭德作品，他還是完成了一篇傳記式評論（重點擺在維蘭德與歌德的友誼），於九月刊出。那年春夏，班雅明一頭栽進剛翻譯出版的貝內特（Arnold Bennett）小說，並於五月下旬在《法蘭克福報》發表了德語版《老婦譚》（*The Old Wives' Tale*）的評論。在這篇名為〈爐邊〉（Am Kamin）的評論裡，班雅明進一步延伸他一年前和塞爾茲首次論及的隱喻，亦將於一九三六年的著名隨筆〈說故事的人〉中再次提及：這個隱喻就是將小說情節建構比喻為壁爐生火。[20]他向尤拉及不少朋友推薦了貝內特的《克雷亨格》，並特別向尤拉提及，自己和這位愛德華時代的傑出小說家兼評論家心靈相通：

> 在〈貝內特〉身上，我愈來愈明白他是這樣一個人，不僅立場目前和我非常相近，而且能證明我的立場是對的：也就是說，他對世界未來如何完全不抱幻想，[21]根本上也不信任，這樣的人既不會產生道德狂熱，也不會心懷怨恨，而是養成一種極其慧黠、精明又巧妙的生存之道。這使得他可以從不幸中攫取機會，從自身邪惡裡攫取少數體面的行事方式，進而擁有人生。（C, 423）

除了閱讀貝內特對英國鄉下生活鉅細靡遺的描述、偶爾讀讀偵探小說，班雅明還讀了托洛茨基《俄國革命史》第二卷的德譯本。為了躲避柏林當局的審查，他在信裡用暗語告訴卡普魯絲：「說到我去年夏天開始讀的那本講農民生活的大部頭小說，我目前讀到最末卷〈十月〉。克里托洛茨（Kritrotz）在這一卷的本事可能比卷一還高強。」（GB, 4:187）接著他又讀了史蒂文生《化身博士》德譯本。到了夏末，他開始「亂讀一通，連神學都讀，只因為沒有能看的偵探小說」。這裡是指當時出版不久的三本書：一本論歷史和教義、一本論耶穌的歷史事蹟，一本則是費夫賀（Lucien Febvre）的《路德傳》。讀完之後，他寫信給曾經攻讀數學的修勒姆，向好友稍稍展現出自己的神學幽默感：「這已經是我這輩子第五或第六次領會什麼是因信稱義了，只不過我遇上了和學習微積分一樣的麻煩：每回搞懂個幾小時，就會忘掉好幾年。」（BS, 76-77）

不論班雅明成年後變得多麼靜不下來，四處漂泊，他仍然是個柏林人，恣意徜徉在緊密的朋友、舊識與或敵或友的知識分子群中。如果說他在伊比薩島上的第一次停留是都市生活以外的美好插曲，那麼第二次停留便讓班雅明初次體驗到他餘生大部分時間都將熬受著的、個人與智識上的孤立。一九三三年在伊比薩島的那幾個月，他常寫信的對象只有修勒姆、卡普魯絲與瑪克絲。四月抵達島上不久，他便寄了一張明信片給克拉考爾，詢問對方移民現場的消息。克拉考爾二月二十八日偕妻子逃往法國，目前擔任《法蘭克福報》的駐巴黎記者，班雅明不久前才在報上讀到他論瑞士後新藝術運動畫家奧古斯都·賈科梅蒂（Augusto Giacometti，雕刻家阿爾伯托·賈科梅蒂的堂哥）的文章。但班雅明整個夏天都沒有收到回信，這點從他大約四個月後告訴卡普魯絲的話裡可以看出端倪。他說自己對於能在巴黎找到真正理解他作品的人不抱幻想：「毫不意外地，克拉考爾的所作所為，我都是耳聞才得知。他的情況讓人特別難受，或許是因為我還對他抱有根深蒂固的幻想。」（GB, 4:227）那年春天和大半夏天，修勒姆幾乎每兩三週就會來信，班雅明對此始終心懷感激。班雅明考慮搬去或至少造訪一次巴勒斯坦的話題再度搬上檯面。「你是否（一）可以（二）應該駐在這裡的問題，經常在你的男女仰慕者圈子裡被提出來討論。」修勒姆五月底告訴班雅明，並鼓勵他也參與討論。在此之前，瑪克絲曾邀班雅明到雅法附近的利河伯，造訪她和丈夫的新家，且願意支付旅費。修勒姆記得班雅明對這些邀約的反應都很正面，但最後「總是有理由放棄」。（SF, 197）我們現在知道，對於班雅明這樣的作家在巴勒斯坦有沒有工作機會，修勒姆在信裡並未給出太樂觀的答案。早在三月他便曾說過「你顯然無法在這裡討生活」，七月更直接表示「就算只有一半適合的工作或職業，我們也看不到任何可能」。（BS, 31, 65）耶路撒冷大學主要靠美國人資助，沒有錢聘人，儘管每天都有成船的歐洲人抵達，但「學術界的空間小得可憐」。（BS, 33）六月十六日，班雅明藉著討論他去巴勒斯坦的事，在信裡寫道：「我一無所有，也沒什麼依戀。」他說自己「很樂意，也完全準備好去巴勒斯坦」，只要他能確定那裡比歐洲更有空間「貢獻我的所知所能……如果不是更多，就是更少……要是那裡可以讓我增進知識與能力，又不用放棄已有的成就，我在踏出這一步時就不會有半點猶豫」。（BS, 59-60）好友修勒姆的回信替這些揣想徹底關上了大門。耶路撒冷並非人人都能來生活與工作的城市。「長期下來，只有不管碰到什麼問題……都還是完全與這片土地和猶太教使命相融合的人能在這裡生活下來。對新來者而言，這並不總是很容易，尤其是在智識上持進步立場的人……我之所以能在這裡落腳，全是……因為即使面對絕望與毀滅，我依然信奉這個使命，否則更新者那種往往展現於傲慢與語言衰退的多疑本性，早就把我撕裂了。」（BS, 66）班雅明的回信有點為自己辯解，他說他從來不曾將巴勒斯坦視為「只是另一個或多或少出於權宜的棲身之所」，但他也不諱言，「你我顯然都無意檢驗我對『猶太復國事業的支持』……檢驗結果只會是負面的」。（BS, 71）[22]雙方都對對方的顧慮與考量掩不住怨懟，但可以肯定的是，這份怨懟從未重挫兩人的友誼。那年九月，修勒姆答應盡其所能地替班雅明保管東西，他手邊累積的班雅明作品也愈來愈多。

除了沒錢、沒希望、沒有家，彷彿這手邊種種煩憂還不夠似的，班雅明又遇上了德國護照過期的問題。七月一日，他搭船到巴利亞利群島中最大的馬約卡島，以便向德國領事館申請新護照。他很清楚，一個自主逃到海外的德國猶太人想換新證件並非易事。他聽說領事館有官員收走舊護照後拒絕發還。於是，班雅明耍了個小花招，謊稱自己護照遺失，這樣他至少有文件應付最糟的狀況。不過，新護照很快就下來了，算是虛驚一場。返回伊比薩島前，他在馬約卡島待了兩天，開車和步行探索島上，認識當地風景，發現那裡不如伊比薩島豐富與神秘。他造訪了山上的戴亞村，「那裡的檸檬和柳橙正在結果」，還去了法德莫薩，「喬治桑和蕭邦的愛情故事就是在這裡的嘉都西會修道院上演的」，以及「懸崖上的宮殿，一位奧地利大公四十年前曾住在這裡，寫了幾本馬略卡地方志，內容無所不包，卻沒有半點根據，著實令人吃驚」。（GB, 4:257）他還去了德國作家聚居的卡拉拉雅達村，造訪《文學世界》前同事伯歇爾（Friedrich Burschell）和奧地利小說家兼劇作家布萊（Franz Blei）。雖然布萊的藏書赫赫有名，而且或許能借閱，讓班雅明心動不已（他在一封信裡提到這一點），但他還是決定返回伊比薩島。

班雅明在島上的最後幾個月（七到九月），心裡被各種矛盾情緒所撕扯。貧窮、漂泊與久病不癒將他推向絕望邊緣。不過如同以往多次發生過的，絕望也帶來收穫。班雅明最重要的隨筆之一〈經驗與匱乏〉便是寫於那年夏天。他後來將開頭兩段改寫進〈說故事的人〉第一節，成為知名的段落。在這兩段中，班雅明站在「一九一四至一八年經歷過世界史上最醜惡事件的世代」的角度，對當時的文化狀態做出通盤診斷：我們的可交流經驗變少了，過去世代相傳、形成共同遺產的經驗正日益消失。就算物質上沒有，我們精神上也變窮了。「我們一份份地拋棄人類遺產，以其真正價值的百分之一典當出去，換取幾個『當代』的零頭。經濟危機迫在眉睫，戰爭的陰影則尾隨其後。」[23]諷刺的是，這種經驗的匱乏與破產，展現於外的卻是過去幾百年來科技與傳播方式取得了空前進展。班雅明這裡指的是「上世紀出現的風格與意識形態可怕大雜燴」，是持續淹沒我們的訊息與思想過剩，以及一種和經驗分離或「經驗是透過不正當手段模擬或取得」的文化出現。

這篇隨筆的開頭，可以解讀為一九一〇、二〇年代「保守革命」代表批判現代性的自由派版本。

但文章的論點隨即轉到全然不同的方向，提出令其聞名後世的宣言：新的匱乏帶來的不是絕望，而是新的野蠻。在匱乏經驗中，這種野蠻從無到有，並以極簡之物為基礎，反制貧乏與攙假。「在偉大的創意心靈中，總有一些不屈不撓地從清理白板（tabula rasa）做起的人……笛卡兒就是這種建構者（Konstrukteur）……愛因斯坦也是。」當今藝術家中，也有許多「最優秀的心靈」轉向「當代世界那個哭得有如裹著『現在』這塊髒尿布的新生兒的裸裎之人」尋求靈感。班雅明舉了作家布萊希特、舍爾巴特、紀德、畫家克利和建築師路斯、柯比意為例。這些藝術家雖然彼此截然不同，卻都以「不抱任何幻想卻又無限投入其中」的態度面對當代世界。他們接受了全新之物的使命，個個都準備好必要時「活得比文化更久」，而且會笑著這樣做。他們的笑將證實他們的野蠻，卻也將證明其人性。一種必然「去人性」的人性，如同舍爾巴特或克利筆下奇特精巧的人物，將「配戴著過去所有祭品，傳統、莊嚴而高貴的人的形象」拋到腦後。這種極簡主義的新人性形象超越了傳統的悲劇喜劇之別，建立在「洞察與棄絕」和遊戲的精神上，其特質原則上和有權少數者（wenigen Mächtigen）的特質不同。有權少數者不棄絕任何東西，甚至「更加野蠻，但不是好的那種」。

這篇隨筆呼應班雅明的許多作品，也預告許多未來之作。班雅明對新玻璃環境（glass-milieu）、說故事的人與集體夢境的思索，可以說匯聚了來自《單向街》和他對布萊希特、克勞斯、舍爾巴特、新藝術運動和十九世紀資產階級室內空間研究的種種母題。短短幾頁篇幅中，班雅明引用這些素材，最後甚至將米老鼠詮釋為一個超越當前處境的夢——這麼做全是為了想像新的野蠻可能會帶來何種新文化和新經驗形式：[24]

自然與技術已經完全融合，原始和舒適也是。對於已經厭倦了日常生活的無窮複雜，覺得存在的目的已經淪為無盡地平線上最遠方消失點的人，能找到一種生活方式，讓一切都以最簡單、最舒適的方式解決，讓車不比草帽重，樹上果實變圓速度和熱氣球一樣快，肯定能讓他們如釋重負。

在班雅明對現代性不確定走向的描繪裡，〈經驗與匱乏〉是最有力的一篇。而他寫下這篇作品時的周遭環境，最令他珍惜的正是其古老的特質。我們可以想像他坐在伊比薩島多風高地森林裡的休閒椅上編造著烏托邦寓言，描繪或許有朝一日會從歐洲的後法西斯廢墟裡興起的社會。

說來十分矛盾，島上的那幾個月雖然將班雅明帶到貧困邊緣，卻也讓他迎來和拉齊絲分手後最強烈的情慾體驗。拉齊絲離開後，他在柏林那段期間並非孤家寡人，但不論出身背景相同的女性或朵拉在離婚官司裡提到的年輕私娼，他所擁有的關係都不算「認真」。那期間他和卡普魯絲可能有過一段情。儘管周遭眾人都表現得好像她和阿多諾彼此專一，但班雅明離開柏林後兩人的書信往來有時卻透露出他們同在德國時曾經滋生情愫。卡普魯絲從未提過可能和阿多諾分手的想法，卻精心設計了一些手法，好讓自己和班雅明書信往來的部分內容不讓泰迪（阿多諾小名）知道，證明雙方都有意維持親密關係。這向來是班雅明最愛的情慾糾纏方式：處於複雜三角關係的其中一角，且對象最好已經和其他人有穩固關係，而旅居伊比薩島正好讓他有時間在這方面累積更多經驗。

離開柏林後頭幾個月，班雅明分外寂寞。六月底，他寫信邀布赫霍茲（Inge Buchholz）暫時拋下後來成為她丈夫的男人，甚至跟對方分手，來伊比薩島與他同居，生活費由他負擔。（GB, 4:242-245; SF, 196）班雅明和布赫藿慈可能是一九三〇年在柏林認識的；我們對這位女士幾乎一無所知，甚至連她娘家姓氏都不清楚。沒有跡象顯示布赫藿慈接受了邀請。但約莫同一時間，班雅明經由諾格哈特的兒子尚．雅克介紹，認識了三十一歲的丹麥畫家滕凱特（Anna Maria Blaupot ten Cate）。[25]她因為親眼目睹柏林五月十日大焚書，於六月底或七月初來到伊比薩島。班雅明八月中旬擬了一封情書給她（但顯然沒有以此形式寄出），信中可以清楚看出他對這位年輕女子的感受：

親愛的，我剛才在露臺上，整整一小時都想著妳。我什麼都沒發現，什麼也沒學到，但是想了很多，並且發現整個黑暗都被妳填滿，聖安東尼奧的燈光下也有妳的身影（這裡不談星星）。過去我墜入愛河，眼中的女人就只有……我愛的那個……現在不一樣了。妳擁有我在女人身上所愛的全部……所有讓女人變成監護人、母親和妓女的一切，都在妳的容貌裡浮現。妳從這個角色轉變成那一個，每個角色又有一千種形態。在妳的懷抱裡，命運將再也不向我搭訕，再也無法讓我因恐懼或快樂而措手不及。籠罩著妳的巨大寂靜，暗示了妳和白天占有妳的事物相去甚遠。正是在這般寂靜之中，形態發生了轉變……／有如波浪彼此交織。（GB, 4:278-279）

班雅明替滕凱特取了小名「圖兒」（Toet），這個字同時有「臉」和「甜點」或「甜蜜」的意思。[26]或許連他自己也沒想到，滕凱特對他竟然也有好感。「我經常想在你身邊，」一九三四年六月，她在信裡

告訴班雅明，「和你輕聲細語，寥寥幾句；而我也相信，我們現在對彼此將和之前不同……你對我來 416
說不再只是好友，遠遠不只，而你肯定也知道這一點。也許甚至比到目前為止我遇過的任何男人都重要。」[27]如同瓦萊羅所言，班雅明切斷了其他所有聯繫，包括不斷減少的島上朋友和經常寫信的對象，如修勒姆與阿多諾，讓他整個八月都能獻給新歡。而他就這樣從七月經歷的絕望深淵走了出來，並萌發出全新的創造力。那年夏天，他寫了至少兩首詩給滕凱特，還打算寫一系列文章獻給對方，並暫定標題為〈三個站點的愛情故事〉。（GS, 6:815）為此班雅明寫了兩篇相關文章，一篇是名為〈光〉的故事，後來他收進（未曾出版的）〈來自孤獨的故事〉裡；[28]另一篇則是極度深奧的準自傳沉思錄〈阿格西勞斯·桑坦德〉（Agesilaus Santander），也是他寫過最特殊的文章之一。八月中旬，他在伊比薩島連續兩天寫了兩個版本。（SW, 712-716）

這篇文章的古怪篇名既與色諾芬和普魯塔克曾經提過、並出現在高乃依的一齣悲劇裡的古斯巴達王阿格西勞斯二世（Agesilaos II）有關，也和西班牙北部港城桑坦德（Santander）有關。根據後來發現、編輯這篇（應該無意發表的）文章並附上詳細評論的修勒姆表示，這個篇名其實是「天使撒旦」（Der Angelus Satanas）的回文，至於多出來的那個「i」，近來則有研究指出可能代表「伊比薩」。[29]文章裡的天使顯然以班雅明一九二一年買下的克利畫作《新天使》為藍本，祂在文末「不可抗拒」且間歇地（stoßweis）退回未來。修勒姆最早看出這個天使和班雅明最後一篇署名作品〈歷史的概念〉第九節的知名寓言「歷史的天使」關係密切。在有出版的〈阿格西勞斯·桑坦德〉兩個版本中，新天使因作者的「秘密名字」而曝光。作者父母在他出生時給了他這個名字——這是班雅明杜撰的——免得他日後當上作 417

家立刻被人發現是猶太人（就像他叫華特・班雅明在歐洲立刻會被戳穿）。這份掩護力讓這個名字得以凝聚生命力，擋開不諳其故者（搞混名字這件事，後來讓班雅明得以在西班牙入土為安——但不是因為「秘密」名字，而純粹是前後顛倒：波埠將死者姓名登記為「班雅明・華特」。這真是他一生經歷中最糟的諷刺）。

在〈阿格西勞斯・桑坦德〉中，天使可以說從名字裡走了出來，全副武裝發動攻擊，失去了人的特徵。在這篇隨筆深奧的中間點，班雅明寫道，天使「在畫裡再現了祂的男性面後」送出了「祂的女性面」。這個構思和他九月一日信裡對修勒姆（修勒姆除了這隱晦的暗示外，對滕凱特一無所知）的說法遙相呼應：「我在這裡遇見了一個女人，是女性版的祂〔天使〕。」（BS, 72-73）但這道攻擊是份禮物，只會讓作者激發力量，亦即他的耐心，而耐心就像天使的雙翼，讓他在歌唱讚美女人時保持鎮定。講到自己，他說他每回被女人迷住，「就會立刻在她人生旅途中埋伏等候，直到她生病、年老、衣衫襤褸時落入他手中。簡而言之，沒有任何東西能勝過此人的耐心」。然而，這事無關征服，因為「天使就如同我不得不告別的一切：人，尤其是事物」。天使就像寓居於失落之物裡的秘密名字，並「使失落之物變得透明」。過程中，天使並未讓作者離開視線——作者本人是「空手而歸的〔送禮者〕」——而是拖著他一起退回未來。在這實為撤退的追求中，天使要的唯有幸福。〈阿格西勞斯・桑坦德〉較完整的第二版是這樣結尾的：

他想要幸福——也就是既有對獨特、新穎、尚未出生之物的狂喜，又有因再次經歷、再次擁有、曾經活過而來的至樂，兩者並存的衝突。這就是為什麼當他帶著新人同行時，除了回家之路不會有其他旅程給他新的希望。就像我也是；因為我才初見你不久，就已經和你一起回到了我的來處。

班雅明曾提到「不抱幻想」將他和貝內特連在一起，而〈阿格西勞斯．桑坦德〉則提供一個關於他的生命處境的更複雜觀點：儘管經常需要撤退與放棄，但和有意義的事連結，與某些人和經歷接觸，對他來說仍是可能的，即便只是出於偶然甚或不幸。在滕凱特身上，班雅明感受到他之前在女人身上所愛的一切。當新而獨特者出現，就會出現原初的回歸，一種就算不是回家也是回程的返回。「幸福」存在於等待中，被他理解為時間與空間裡的漩渦。[30]這種想法非常符合他的風格。

滕凱特不久便和法國人塞利耶（Louis Sellier）結婚，並於一九三四年和先生聯手譯了班雅明前陣子發表的隨筆〈大麻在馬賽〉。[31]她也嘗試為這位潦倒的仰慕者在荷蘭電臺找工作，可惜沒有結果。一九三四年，滕凱特和塞利耶在巴黎住了一段時間，班雅明曾經去找他們，並和滕凱特保持聯繫直到次年。到了一九三五年十一月，兩人的關係顯然已經破裂，儘管班雅明二十四日在巴黎還是忍不住寫了最後一封信給滕凱特，但可能沒有寄出。信中坦承他難以相信兩人根本不認識彼此。（GB, 5:198）因此，班雅明和布赫藿慈或滕凱特的關係，就和他與卡普魯絲的關係一樣，都是最終以失敗收場的三角戀；他和拉齊絲（在她和萊希交往時）及尤拉（在他和朵拉仍是夫妻時）似乎也是如此。這些告吹的戀情全在他作品裡少有人注意的性主題中留下了痕跡。當他在《拱廊街計畫》和〈中央公園〉裡，以夾帶刻薄諷刺的寓言手法描繪波特萊爾的個人習性，談到男人性的「苦路」（Via Dolorosa）時，其實是在間接思考他本人的情慾經驗——尤其是為滕凱特而寫的系列文裡提到的「站點」，他個人的世俗「十字架」與「受難」。[32]

儘管有了新戀情，但一九三三年夏天，班雅明依然居無定所，嘗試在伊比薩島找到可容忍的生活與工作條件——他尤其努力將開支減到最低限度，只是最終徒勞無功。六月底，他終於擺脫諾格哈特家嘈雜透風的房子，先是住進便宜偏僻到極點的旅館（每天只要一比塞塔，如他所言「從價格就能想像房間的長相」），之後搬到聖安東尼奧灣較不發達的那一側。他前一年在那裡住過，白天可以不受敲打和爆破聲打擾，在旁邊森林裡的休閒椅上工作。他和一棟興建中房子的屋主講好，免費住進其中一個已經完工、先用來擺放家具的房間。那棟房子有幾週只有他一個人住，雖然窗子沒裝玻璃，也還沒配管，但離海邊只有三分鐘不到，而且它隔壁其實就是塞爾茲夫婦一九三二年租的房子。「搬到這一區，」班雅明在信裡告訴尤拉，「我已經將生活所需與生活費降到最低，感覺不可能再低了。最神奇的是這裡的一切都很適合居住。就算真缺什麼，也明顯是人際關係，而非生活舒不舒適。」（C, 423）缺乏同伴這點有個例外，就是隔壁鄰居，一個「很討喜的年輕人……也是我的秘書」。（GB, 4:247）

瓦萊羅曾經挖出班雅明停留伊比薩島期間一段引人入勝的插曲，主角就是這位顯然很聰明的年輕人，來自德國的菲斯普爾（Maximilian Verspohl）。兩人在班雅明一九三二年首次造訪伊比薩島時認識，其間甚至一起去了馬約卡島的帕爾馬兩天。（GB, 4:132）一九三三年春末，菲斯普爾和幾位來自漢堡的朋友回到伊比薩島，搬進班雅明隔壁的「小房子」。班雅明很快就和二十四歲的菲斯普爾和他朋友打成一片，經常到隔壁吃飯，每週一起坐帆船出遊。而那幾個月菲斯普爾也確實算是班雅明的「秘書」，因為他有打字機，除了幫班雅明謄打寄給德國各家報刊的隨筆與評論，還包括其他作品，打好後全寄給修勒姆，進駐規模愈來愈大的班雅明文庫。這原本是很理想的安排，可是後來島上開始傳出流言，暗指訪客裡有納粹同路人，甚至間諜。菲斯普爾自稱大學法律系的預備生，但他一九三三年底返回漢堡後，就立刻成為黨衛軍上士。因此，班雅明不僅將作品，還將自己用來偽裝身分的一連串假名交托給了一位支持納粹、甚至與黨機器關係確切的德國人。班雅明平常對於結識外人相當警惕，這回竟然如此迅速且大範圍地暴露了自己及智識心血，或許透露出之前那幾個月對他身體造成了多大的打擊。

不過，和隔壁德國年輕人的親近往來（雖然不夠謹慎）並非他的習慣。班雅明的島上好友本來就不多，那年夏天更開始與他們斷絕往來。之前提過，班雅明春天重訪島上後不久，他和諾格哈特的連結就開始瓦解；而到了最後幾個月，連塞爾茲也開始與他疏遠。塞爾茲後來將兩人漸行漸遠的原因歸咎於某個事件。班雅明每回造訪伊比薩鎮，常會去光顧塞爾茲弟弟居伊開的米瓊酒吧。有天晚上，他一反常態點了一大杯複雜的「黑色雞尾酒」，並且泰然自若地把酒喝個精光。隨後他又接受一位波蘭女士挑戰，跟著對方連續喝了兩小杯一百七十五度（proof）琴酒。最終他面無表情地勉強走出了酒吧，但一出去就倒在人行道上。儘管很快就被塞爾茲扶起來，卻費了好大的勁。班雅明說他想立刻回家，但塞爾茲說服了他，說他不可能走十四公里返回聖安東尼奧村的住處。於是，塞爾茲花了整晚才將班雅明扶上陡峭的征服街，帶回家中就寢。隔天塞爾茲接近中午才起床，班雅明已經離開了，並留下一張字條向好友道歉和致謝。之後兩人雖然繼續斷斷續續合力將《柏林童年》譯成法文，但情況已經不如以往。「當我再次見到他，我感覺他內心有些改變。他無法原諒自己在我面前那個樣子。他顯然覺得非常丟臉，而且似乎怪在我頭上，實在莫名其妙。」[33]丟臉無疑是原因之一，但比起精心維護的體面保護殼出現裂痕，更讓他難以忍受的，應該是他暴露了類似內心絕望的情緒，即使只有短短一瞬。

結束馬約卡島之行幾週後，班雅明身體開始出現狀況。首先是「非常令人不快的」右腿發炎。幸好疼痛出現時他剛到伊比薩鎮幾個小時，而且碰巧找到一名德國醫師到旅館替他治療。那位醫師很喜歡「天天描述我的死亡機率，尤其是出現併發症的時候」。（BS, 69）儘管必要時可以拖著身子出門，但班雅明七月底完全被困在伊比薩鎮，沒有書也沒有紙，那些東西全放在聖安東尼奧村。不過，他倒是沒錯過這個機會，和塞爾茲一起翻譯《柏林童年》，後者每天從征服街下山與他會面。八月第一週，班雅明回到聖安東尼奧村，但二十二日又前往伊比薩鎮。他先前已經找好免費的住處。此時他除了右腳發炎，還加上牙痛、疲憊，並因酷暑而發燒（他先前還拿這件事向修勒姆開玩笑，說島上外國人常會罹患「八月瘋」）。除了「種種痛苦」之外，班雅明還失去了最心愛的書寫工具，他萬分珍惜、壞了只會重買同個品牌的鋼筆，使得他被迫接受「一支廉價又不能用的新書寫工具帶來的各種不便」。（GB, 4:280）那陣子壓在班雅明心裡的，還有他柏林藏書的命運。那年夏天稍早，卡普魯絲已經將他柏林公寓裡的「庫存」手稿轉到巴黎，[34]可是他根本負擔不起將藏書打包運到巴黎的費用。

九月初，班雅明又因腿部發炎臥床不起。「我住的地方完全是鄉下，離聖安東尼奧村……三十分鐘遠。面對如此原始的條件，加上幾乎無法自行站立，幾乎不會說當地語言，甚至還得工作，往往令人處於忍受的極限。等我恢復健康，就會立刻回巴黎。」（BS, 72）那裡沒有醫療，飲食「糟糕」，取水困難，到處是蒼蠅，而且他還躺在「世界最爛的床墊上」。（BS, 76-77）但班雅明照樣工作。儘管如他告訴卡普魯絲的，由於健康欠佳，他至少損失了兩週的工作時間，但他八月和九月初仍然完成了數篇文章，包括〈論模仿能力〉、〈月亮〉、《法蘭克福報》請他撰寫的論維蘭德專文，以及〈阿格西勞斯．桑坦德〉。從這些作品可以清楚看出，班雅明流亡的頭幾個月便已預言了接下來會發生什麼：原本的生活環境與出版機會被斬斷，只能有工作就接。論法國作家和論維蘭德的文章基本上都是無足輕重的差事，班雅明清楚意識到時間被占用，無法投入自己在乎的工作。但在流亡生活的種種限制下，班雅明仍然能寫出如此個人甚至深奧的作品，包括〈論模仿能力〉、〈阿格西勞斯．桑坦德〉和《柏林童年》的關鍵篇章，實在令人印象深刻，更別提〈經驗與匱乏〉裡對現代性的重要主張了。班雅明顯然也察覺這些成果的複雜性，才會在日後提到自己在「伊比薩島最後那個夏天的精彩與悲慘」。（BS, 140）

無論局勢如何嚴峻與不確定，巴黎都在向他招手。七月底，班雅明收到一封德國反猶太主義受害者援助接待委員會的快信。該組織前一年四月在巴黎成立，資助者包括法國首席拉比萊維（Israel Lévi）及羅斯柴爾德（Edmond de Rothschild）男爵等人。班雅明告訴修勒姆，這封快信是份「正式」的邀請函，「答應〔讓他〕免費住進羅斯柴爾德男爵夫人（Baroness Goldschmidt-Rothschild）在巴黎為流亡猶太知識分子預備的房子裡」。（BS, 68）班雅明的朋友兼合作夥伴施派爾雖然有受洗，卻是出身於法蘭克福的猶太銀行世家，這件事顯然是他動用自己金融界人脈的結果。班雅明認為這份邀請「無疑」意味著「影響多少有些深遠的入門磚」，即使這對自己的財務狀況不過是「杯水車薪」。他八月八日向委員會提交正式申請，表示自己被告知巴黎的房子九月中會準備就緒，希望委員會月底前告知他最後決定。（GB, 4:272-273）九月一日他寫信給修勒姆，說他對「自己前去巴黎持最大的保留態度，因為巴黎人都說『移民比德國佬更糟』」。（BS, 72）他後來告訴瑪克絲，「猶太人在這裡所做的事和所受的待遇，或許充其量可以說是充滿疏忽的仁慈。其中包含著（很少實現的）施捨與最高等級的羞辱。」（C, 431）結果，男爵夫人預備的住房根本不是免費，再加上一連串複雜的「疏漏與拖延」，最終扼殺了班雅明微薄的期望。

十月六日，班雅明抵達巴黎，除了病重，眼前也沒有任何工作機會。他九月二十五或二十六日離開伊比薩島，啟程當天發著高燒，在「難以想像的惡劣情況下」前往法國，並住進巴黎鐵塔街上的黑吉納德帕西旅館。那裡雖然廉價，地段倒是昂貴的十六區。醫師診斷他得了瘧疾，採用奎寧治療，這雖然讓他腦袋回復清醒，身體卻依然虛弱。十月十六日他寫信給修勒姆，當時已經幾乎十天沒有下床：「我在這裡面臨的困惑，就跟巴黎的街角一樣多。只有一件事是肯定的……想在法國文壇落腳，並以此作為謀生手段，很快就會奪走我僅存且不再沒有限制的主動權。我寧可做任何別的工作……也不要在街頭小報的編輯接待室裡消磨時間。」（BS, 82）但到了十月底，班雅明還是開始接觸當地人脈。他造訪了為普魯斯特和紀德作傳的批評家皮耶－亢恩，並帶著一絲希望離開，期盼這次接觸終究會有用處。「我刻意避開德國人，」他告訴瑪克絲，「我還是喜歡跟法國人說話。當然，他們幾乎不能做什麼，也不願做什麼，但他們拒不談論自身命運這點帶有莫大的魅力。」（C, 431）

班雅明自己的命運就已經夠他煩憂了。他知道自己的處境相當「絕望」，尤其一開始未能在巴黎站穩腳跟。對一個就算局面大好依然甩不開憂鬱的人來說，此時席捲他的憂鬱浪潮是「深刻而有根據的」，隨之而來的躊躇不決往往讓他瀕臨癱瘓。這種失落與孤立感在十一月初惡化成第一波危機。他表弟維辛的妻子葛特在巴黎過世了。他們倆在柏林參與過幾次班雅明的大麻實驗（參見OH, 63裡他對葛特跳舞的描述），而他也將他們視為最親近的朋友。班雅明在葛特的死裡見到了其他人的命運，甚至包括他自己：「她將是我們在巴黎埋葬的第一個人，但絕不是最後一個。」（GB, 4:309）

班雅明的財務狀況就算沒有破產，也比夏天更糟了，別的不說，光是巴黎的生活費用就比伊比薩島高出好幾倍。十一月初，卡普魯絲寄來一張三百法郎的匯票，暫時平息他「最近幾天就算極力克制，依然讓我癱瘓的焦慮」。（GB, 4:309）這筆錢算是班雅明作品在柏林出版的預付款。慷慨又有本事的「菲莉齊塔絲」不僅為好友接下賣書的任務，之前還匯款讓他付錢給西裝裁縫師傅。班雅明期盼兩人能在巴黎相會，並以此表達充滿深情的感謝：「妳知道我實在欠妳太多，這封信如果從感謝表達起，便根本開不了頭……我更希望能在妳最意想不到的時候，在巴黎一家偏僻小餐館裡用感激之情突擊妳。而且，我會確保自己穿著妳送的西裝，因為那或許更能讓我自由地做許多事，而非表達這份感激。」（C, 427）然而，戲謔終究無法完全掩蓋一個獨立靈魂被迫勉強糊口，不時靠朋友微薄接濟時，心裡強壓著的屈辱。帕米耶曾經描繪流亡者的普遍景況，尤其是他們每日面對的喪氣遭遇：

> 他們沒有朋友，沒有證件或簽證，也沒有居留或工作許可，被迫重新學習活下去。在一個常令他們感到陌生與充滿敵意的世界裡，這些人感覺自己徹底被當成了孩子。由於無法謀生，又被官僚詭計所拋棄，他們被迫求助於支援委員會（如果有的話），在櫃臺前排隊以獲得補貼、證件、資訊或建議，在領事館、人民委員會或警察局苦等數小時或幾天，以解決他們的身分帶來的法律難題。[35]

靠著朋友幫忙，班雅明於十月二十六日搬進一家比較像樣的旅館，四號街上的皇宮酒店。這家旅館離聖日耳曼大道只有一箭之遙，離他在繁華年代經常光顧的花神和雙叟等文藝咖啡館也只有幾步路。從窗戶望出去，可以見到聖敘爾比斯教堂的一座塔樓，「天氣總是在它上方和後面以自己的方式說話」。（GB, 4:340）班雅明恢復了工作能力，至少偶爾如此，並在那裡住到隔年三月二十四日。情緒問題並未妨礙他又完成一篇《柏林童年》的文章（但未指明哪一篇），也沒有阻止他和當時主持布拉格文學週刊《文字中的世界》（*Die Welt im Wort*）的前《文學世界》編輯哈斯談妥出版計畫。十二月七日，〈經驗與匱乏〉在這份流亡者刊物上發表。隔週他又發表了一篇意涵豐富的筆記——其實是對一份問卷的回應——討論歌德時代一位偉大的道德家兼幽默作家的某本暢銷作，〈論黑博的《萊茵家的朋友》〉。這是他論黑博的最後一篇文章。（GS, 2:628）然而，正如他接下工作時就擔心的，兩篇文章他都沒拿到稿酬。十一月中旬，班雅明在《法蘭克福報》化名發表了兩篇文章。這是他在德國僅存的發表管道，而一九三五年六月將是他最後一次在該報發表作品。第一篇〈德語在挪威〉是對挪威高中德國文學選集的評論。（GS, 3:404-407）班雅明在文中並未觸及這樣一本選集（副標題為「大師」）可能有的政治意涵，只是強調一個國家擁有不虛矯的大眾文化（das Volkstum），使其經典藝術得以立足，這件事相當重要。評論見報三天後，班雅明又發表了一篇副刊文章〈思想圖像〉（Denkbilder），格式為表面不連續的沉思小品文，正是他擅長的手法。（SW, 2:723-727）

儘管班雅明認為流亡必然導致自己只能不斷尋求報刊作為發表管道，哪怕再小的可能都不放過，但他也明白這些努力換來的報償只夠零花。正是出於這個原因，那年秋天他和霍克海默在巴黎數次會面，很可能成為他持續流亡的謀生關鍵，而那幾次會面也確立了他作為社會研究所主要供稿者的地位。社會研究所一九二三年由德國富商維爾父子（Hermann and Felix Weil）捐助，在法蘭克福歌德大學成立。[36]首任所長葛林貝格（Carl Grünberg）是奧地利的馬克思主義者。這派馬克思主義者明白，社會結構的革命變革取決於在議會民主制裡取得絕對多數。[37]在葛林貝格領導下，社會研究所和所內學者針對正統馬克思主義主題展開了一系列研究，包括社會主義和工人運動的歷史。一九二八年，葛林貝格中風，由其左右手波洛克（Friedrich Pollock）代行職務。一九三一年，霍克海默受命成為所長，並獲得由菲利克斯．維爾資助創設的社會哲學教席。霍克海默出身斯圖加特附近祖文豪森（Zuffenhausen）富裕的猶太實業家族。他和班雅明等背景類似的大多數朋友或同事不同，高中就輟學進入家族企業。他在父親的工廠完成見習，之後到布魯塞爾的關係企業實習，於一九一四年成為家族事業的副理。一戰期間，霍克海默短暫入伍服役，隨後辭去公司職務，迅速完成文理中學的剩餘學業，並在法蘭克福讀完大學，主修心理學和哲學，一九二二年以名為〈目的論判斷的二律背反〉的論文取得哲學博士學位。這時他已經是哲學系講座教授柯內留斯的愛徒，也成為他的助理。在德國大學體系中，這個職位介於助理教授和高級研究生之間。正是由於助理一職，霍克海默才會在一九二四年讀到班雅明遞交給柯內留斯的悲苦劇論文，所以論文遭拒也有他的一份。一九二五年，霍克海默自己的任教資格論文通過，題目為〈康德《判斷力批判》作為理論與實踐哲學的連結〉。

一九三一年，霍克海默接掌社會研究所，此時他心底已經有了明確的研究綱領。他在就任演說裡強調，社會研究所在他領導下將採取不一樣的走向。他決心利用所裡巨大的研究與出版潛能來推動經濟學、心理學、社會學、歷史與文化的跨學科研究，而一九三二年創刊的《社會研究期刊》便是新研究取向的主要出版管道。霍克海默召集了一群年輕知識分子參與期刊運作，像是阿多諾、文學社會學家洛文塔爾、社會心理學家佛洛姆（Erich Fromm）和哲學家兼文學史學家馬庫色（Herbert Marcuse），皆是今日被歸類為法蘭克福學派的學者。霍克海默一九三二年更在日內瓦創立了研究所支部，以便就近使用國際勞工局（以工業化世界市場經濟為主）的龐大統計資料庫。誠如他後來坦承，成立支部的用意還包括「選在仍有法治的周邊國家，作為緊急避難用的總部」。[38]後來霍克海默和阿多諾於一九三三年遭到解職，他也於次年移居紐約，靠著他的先見之明，研究所才得以幾乎不受打擾繼續研究工作。

接下來幾年，班雅明鞏固了他在社會研究所的地位，成為所裡討論文化事務的主力，同時經歷了研究所與他合作關係的轉變，從一開始委託他撰文，像是論法國作家和社會學家兼藝術收藏家福克斯的文章，到採納班雅明自己建議的主題。和霍克海默會面當時，班雅明還沒開始寫答應要交的論福克斯隨筆，但已經見過（一九三三年移民至巴黎的）福克斯本人，並對他印象深刻：「他這人很了不起，令人心生敬畏，同時讓人覺得反社會主義者法（Anti-Socialist Laws）時期〔一八七八至九〇年〕的社會民主黨人肯定是這個樣子。」（BS, 90）班雅明十二月開始撰寫霍克海默委託的另外一篇文章，並於隔年四月第一週完成。這是一篇關於語言哲學近期發展的評論，一九三五年初以〈語言社會學的問題〉為名發表在《社會研究期刊》。文中考察了法德兩國語言學的最新發展，並如同班雅明信中所言，以他自己的理論起點作結，也就是有效超越了語言工具論的「語言面相學」。儘管多年來學術界普遍認為，這篇文章對當時語言社會學的考察相當中立與敷衍，但晚近研究顯示，文中討論的幾位語言學家和班雅明本人對這個主題的思考其實有所關聯。[39]與霍克海默的那幾次會面，應該也講妥了請班雅明寫幾篇較短的評論。

這時期，班雅明常和前妻朵拉通信。透過她的提點，班雅明向修勒姆探詢一家由俄裔女子珮爾西茲（Shoshana Persitz）在特拉維夫新成立的出版社，但修勒姆勸他不要寫信給對方：「將你的隨筆譯成〔希伯來文〕……不會引起相關讀者的興趣，因為〔你的隨筆〕所處的位置太前衛了……若你之後想為這群讀者寫作，就得以完全不同的方式表達自己，那樣做或許會很有成效。」（BS, 87）不論徹底簡化和改變焦點是否會使班雅明的作品富有成效，這番話都讓他相信自己在巴勒斯坦前途無望。但他仍然好意接受了這個勸告，並感謝好友讓他免於不必要的麻煩。

一九三三年底，終於有法國報刊向班雅明邀稿。委託者是共黨機關週刊《世界》（*Monde*），應該是當時任職於編輯部的庫雷拉牽的線。文章主題為奧斯曼男爵（Baron Haussmann），他是拿破崙三世時的塞納省省長，也是十九世紀中葉徹底改造與「策略性美化」（strategic embellishment）巴黎市的主要人物。庫雷拉一九三四年一月離職，週刊內部對這篇文章的支持顯然銳減，因為班雅明根本沒有動筆。（見C, 437）不過，奧斯曼男爵自此便徘徊在班雅明心頭，不僅在《拱廊街計畫》卷宗E裡角色吃重，也是他一九三四年為《社會研究期刊》所寫一篇短評的主題。為了熟悉奧斯曼男爵和社會語言學的近期發展，班雅明再度浸淫於法國國家圖書館的雄偉氣氛中，在「好比歌劇布景」的著名閱覽室裡讀書做研究。（GB, 4:365）其後幾年，國家圖書館成了他的生活重心。「真沒想到，」十二月七日他如此寫道，「我竟然那麼快就重新摸熟了國家圖書館複雜的目錄系統。」（BS, 90）正是一九三四年初對奧斯曼男爵的研究，啟動了《拱廊街計畫》偏重社會學的第二階段，並持續到一九四〇年六月他逃離巴黎為止。（見GB,

4:330）只是班雅明個性不改，覺得他得先從卡普魯絲那裡拿到自己開始這項計畫時所用的筆記紙，才有辦法寫下「大量縝密的手稿」，以「維持計畫的外在統一性」。

班雅明在巴黎刻意迴避與德國同胞往來，只和其中少數人接觸。他這麼做不是因為找不到機會。當時法國出現了許多德國流亡知識分子的非正式交流據點，包括聖日耳曼大道上的馬修（Café Mathieu）和梅菲斯托咖啡館（Café Mephisto），以及德國俱樂部（Deutscher Klub），其中亨利希・曼、凱斯滕（Hermann Kesten）、布萊希特、羅特、克勞斯・曼（Klaus Mann）、德布林和弗伊希特萬格（Lion Feuchtwanger）都是常客。班雅明之所以自絕於外，不只因為他厭惡其中幾位作家的社會民主黨傾向，更由於他偏愛和少數幾個同行一對一交談，像是布萊希特、克拉考爾、阿多諾和（此時已經比較少往來的）布洛赫。

十月底或十一月初，布萊希特與合作夥伴斯特芬（Margarete Steffin）抵達巴黎後，這種情況好轉了一陣子。布萊希特和（當時是戀人的）斯特芬住進了班雅明下榻的皇宮酒店，之後的七個禮拜，兩人經常熱烈交流意見。十一月八日，班雅明寫信給卡普魯絲。由於信寄往德國，所以得用暗語：「我每天都和布瑞希特見面，而且通常都聊很久。他正努力替我聯繫出版社。昨天蓮娜與她丈夫〔懷爾〕突然和他一起出現。」(GB, 4:309) 其他十一、十二月流亡到巴黎的德國知識分子，也很快聚集在求知若渴的「布瑞希特」身旁，讓圈子愈來愈大。除了克拉考爾、克勞斯・曼、劇作家兼小說家凱斯滕，還有布萊希特的合作夥伴豪普特嫚。她被蓋世太保拘禁審問了整整一週，不久前才逃離德國。布萊希特和斯特芬正在合寫《三便士小說》（一九三四年出版），兩人除了讓班雅明研讀手稿，[40] 斯特芬還抽空替班雅明彙整了後來收錄於《德國人》的書信，布萊希特也大力支持班雅明對奧斯曼男爵的研究。此外，班雅明和布萊希特還重拾先前討論過的偵探小說合寫計畫，並做了初步的筆記與草稿，只是終究未曾跨出計畫階段。[41]

布萊希特抵達巴黎前不久，班雅明曾經寫道：「我和布萊希特作品的一致，構成了我整個立場中最重要、最有說服力的觀點。」（C, 430）這個看法始終未曾動搖，即使他樂於承認卡普魯絲的說法，自己很容易受這位詩人影響是「巨大的危險」。阿多諾和修勒姆比卡普魯絲更擔憂這一點，所持的理由也與她不同。布萊希特稱自己有許多「粗略的想法」，他們擔心這些想法對班雅明錯綜複雜的心靈與思緒造成影響。撇開布萊希特作品的浩瀚精妙（歌德之後沒有其他作家對德語的影響比他更大）不談，他們擔心班雅明自己的精妙之處面對入世的正統馬克思主義，會成為祭壇上的犧牲品。這些對他朋友選擇的直接攻擊，讓班雅明做出一個發人深省的回應：「在我儉省的存在之中，確實有少數關係占據了某一極，與我出身所在那一極相對立。」但這些關係帶來非常「豐碩」的成果，他在這封一九三四年六月寫給卡普魯絲的信裡保證道：「尤其是妳，肯定不會不知道我的生活就和我的思想一樣遊走於各種極端。藉由這樣做而得以維持的振幅，以及將照理說互不相容的事物與想法並置的自由，都有賴危險才得以彰顯。這種危險在一般情況下或在我朋友的眼中，只以這些『危險』關係的形式呈顯。」（GB, 4:440-441）班雅明的朋友有多不樂見「各種極端」在他思想裡並置，他本人就有多樂於此道。我們多少可以這樣說，正是這份不穩定、這種對固定與教條主義的反抗，使他的作品具有刺激而「鮮活」的特質，吸引了好幾代的讀者。

班雅明一生中，這種擔心他會被別人牽著走的事從來沒少過。例如他的前妻和一些最親近的朋友，就曾在他和海因勒與古特曼的關係中見到同樣的擔憂，並試圖讓他睜開眼看清這些他們所認定的危險。班雅明的朋友在他身上清楚看見認同的衝動，一種將自己的性格與思維模式多少與他人融合的傾向。然而，這種模仿力與睜著眼擁抱「危險」的習慣非但不是缺點，反倒成為班雅明許多最偉大隨筆的促成因素：他大膽將自己投射為歌德、卡夫卡與波特萊爾，從而獲得以其他方式或許無法達致的洞見。

十二月十九日，布萊希特和斯特芬離開巴黎前往丹麥，也邀請班雅明去那裡找他們。班雅明非常沮喪：

> 布萊希特不在了，這座城對我就像失去了生命。他希望我隨他去丹麥，那裡過日子應該很便宜，但我想到冬天和旅費，想到必須依賴他，而且只有他可以依賴，就覺得可怕。儘管如此，我接下來能強迫自己做的決定就是去那裡。生活在流亡者的圈子裡實在難以忍受，獨處也好不到哪裡，打進法國人的生活圈子又不可能。於是只剩下工作。但當你察覺工作顯然成為你最後的內在精神支柱（它已不是外在支柱），沒有什麼比意識到這點更有害工作了。（BS, 93-94）

儘管布萊希特在巴黎停留時間相對短暫，卻為班雅明打開了一張廣大的人脈網，其中許多是共產黨員。有些是新認識的人，例如蘇聯記者兼影視編劇契司諾—黑爾（Mischa Tschesno-Hell），之後還斷斷續續保持聯絡；其餘則是柏林的舊識，例如克雷伯（Kurt Kläber）。克雷伯是重量級左派刊物《左彎》

（*Die Linkskurve*）編輯，一九三三年春天曾經偕同布萊希特與馮布倫塔諾嘗試在瑞士提契諾州建立左派藝術家村。和布萊希特重新接觸也讓班雅明心裡重燃希望，或許自己的作品能出現在共黨刊物上。豪普特嫚建議，他那篇論法國作家的隨筆對同時以法語、德語、英語和俄語出版的《文學與革命》（*Littérature et Revolution*）雜誌會是寶貴的補充。於是，班雅明便請布萊希特向他的記者兼出版商朋友寇爾佐夫（Michail Kolzow）遊說此事，因為對方在共產黨出版管道地位顯要。不過，和他先前面對俄國出版社的許多嘗試一樣，這回依然無果。十二月中，班雅明的寫作生涯又迎來一波挫敗：當月十四日，第三帝國一項規範所有報業的新法生效，讓十一月設立的帝國文學院（Reichsschrifttumskammer）成為正式機關，德國所有作家都必須加入這個國立「商會」。隨後幾個月，班雅明權衡了加入的好處（可能獲得發表管道）與壞處（可能有洩漏行蹤的危險），最後決定不參加，並開始擔心這個單位成立以後，他發表文章的機會將更加減少。

新年伊始，班雅明心裡愈發明白，巴黎本身給他帶來了無解的困局。過去他在城裡的生活主要仰賴黑瑟爾和蒙喬森等朋友引路，加上手頭還算充裕，因此不僅可以接觸巴黎的文化生活，還能尋花問柳。但一九三四年初的處境已經完全不同。巴黎本身發生了翻天覆地的變化。面對德國愈來愈不願遵守一戰後被強加的諸多限制，法國向德國開戰的焦慮正不斷攀升，而巴黎則是被突然湧入的德國移民衝擊得搖搖欲墜。不少德國專業人士及知識分子搶著和法國人共事，甚至取而代之。第一波流亡者主要由知識分子和反希特勒政權的左派人士組成。據先前成立的援助委員會統計，截至一九三三年五月，已經有多達七千三百名德國人逃到法國，一九三九年更到達三萬人。誠如斯珀伯（Manès Sperber）所言：「我所愛的那個城市，居民在歌曲和街頭呼喊中炫耀自己心地如黃金般善良，卻又不可思議地以自己公開反猶太人為傲。」[42]此外，法國本身也絲毫躲不過歐洲激進右翼化的風潮，而班雅明也在二月四日晚上親眼見到了鐵證。當時他站在皇宮酒店窗邊，看著數個右翼組織的武裝抗議者與警察暴力相向，這些組織包括法蘭西運動（Action Française）、火十字團（Croix-de-feu）和愛國青年團（Jeunesses Patriotes），它們為了阻止達拉第（Édouard Daladier）組成左派政府而走上街頭。

當然，班雅明的親朋好友大多也有自己的流亡苦難要面對。施派爾在瑞士，但班雅明和他正瀕臨決裂，因為對方不肯或無法交出兩人在普維洛莫合寫偵探劇的分潤給他，令他大為光火。克拉考爾和軒恩稍微好一點，因為他們都取得了收入微薄但穩定的工作：克拉考爾成為《法蘭克福報》的駐巴黎記者，軒恩則替英國國家廣播公司供稿，只不過是暫時的。維辛回到了柏林，他依然為妻子的死深感哀傷，並和她生前一樣飽受嗎啡上癮所苦。有些人設法帶出了一小筆錢，例如目前流亡到巴塞隆納的孔恩。還有些人似乎完全消失了，例如布洛赫。希特勒上臺後，布洛赫和他第三任妻子便逃到瑞士，班雅明好幾個月都沒收到他的消息。另外一些人則是被困在德國，包括卡普魯絲、班雅明的前妻朵拉、兒子史蒂凡和弟弟格奧格。德國政府一九三三年七月頒布了一連串命令，導致卡普魯絲和她家人被歸類為「東方猶太人」，無法取得護照，「即使爸爸，」卡普魯絲對他表示，「在〔柏林〕王子大道住了四十七年，而我爺爺還是維也納的大實業家！」（GB, 4:331n）班雅明的弟弟格奧格已經從索嫩堡（Sonnenburg）集中營獲釋，卻拒絕逃離德國——班雅明很清楚他很快又會投入非法的共黨組織工作。「人們這樣四散各地，」他春天寫信給卡普魯絲，「真是太可怕了。」（GB, 4:433）

於是，班雅明在巴黎再沒有親近的朋友。「我幾乎從來沒有像現在這樣孤獨過，」他一月在信裡告訴修勒姆，「如果我想和流亡者同坐在咖啡館裡，機會並不難找，但我都避開。」（C, 434）智識孤立與物質艱困始終是他在巴黎的生活基調。對一個被迫仰賴寫作的微薄收入與朋友小額接濟的人來說，這城市實在太貴了。雖然阿多諾、卡普魯絲和修勒姆努力不懈地為他尋找贊助者或其他奧援，卻往往石沉大海。畢竟身無分文的流亡者太多，而收入來源太少。就這樣，班雅明下榻的旅館愈來愈廉價，吃的餐館愈來愈便宜，還得擔心營養不良與之前在伊比薩島幾乎使他陷於癱瘓的舊病復發。但班雅明無處可去。而且，和某些流亡者不同，他對於納粹政權垮臺完全不抱幻想。他知道流亡就算不是永遠，也會很久。其實，這段巴黎流亡歲月才剛開始，即使其間幾度中斷，仍將一直延續到他生命盡頭。

失去了朋友和財務支持，班雅明努力對抗屈服於抑鬱、將自己關在房裡的誘惑，只是不總能做到。他說自己除了盡量工作，還在床上躺了好幾天，「只是為了讓自己不需要任何東西，也見不到任何人」。（GB, 4:355）狀況好的時候，他會閒逛到畢奇的書店，在英美作家的肖像和親筆簽名前流連，或是瀏覽塞納河河岸的舊書攤，偶爾重拾已經變得「模糊」的老習慣，精心挑選一本書買下。他會像現代漫遊者一樣在大街上漫步，並渴望春天的溫暖天氣，心想到時或許可以恢復「平靜與健康」，重新漫步於「盧森堡公園，做我習慣做的思考與觀察」。（GB, 4:340）倘若他白天走不開身，夜裡想像力就會在帶有深奧政治意涵的夢境中解放。「只要我的想像力在日出日落之間被最無謂的問題所占據，晚上就會愈來愈常經歷想像力的解放，而且幾乎總是帶有政治主題……〔這些夢境〕有如國家社會主義祕史的圖解。」（BS, 100）

儘管抑鬱纏身，班雅明仍然拚了命想在法國打下橋頭堡，實在令人嘆服。他告訴修勒姆，自己完全能體會歌德《格言與感想集》其中一段話裡的感受：「小孩一旦被燒傷就會和火保持距離，常被火燒到的老人甚至連取暖都會避免。」（GB, 4:344）可是他依然義無反顧，哪怕機會再小也不放過。儘管尚未在法國報刊上發表過任何隨筆，他還是聯繫了譯者畢努斯特—梅欽（Jacques Benoist-Méchin），讓對方同意如有需要便擔任他的翻譯。他在一九三四年初春寫的信裡滿是針對德國的文學前沿發表一系列演講的計畫。講座將以法語進行，採報名制，地點設在知名婦科醫師兼共產黨員達爾薩斯（Jean Dalsace）的家中。除了報名費收入，班雅明也希望藉此接觸到法國知識界。講座將介紹德國讀者百態，同時各有一場專門講卡夫卡、布洛赫、布萊希特與克勞斯。為了準備演講，他一頭栽入研究與撰稿中，不斷寫信向朋友索要資料。開場演講除了評論反法西斯傾向，還將尖銳批判表現主義大作家貝恩（Gottfried Benn）所採取的立場。納粹奪權後，貝恩代理亨利希・曼接掌普魯士藝術學院，填補對方倉促離開德國留下的空缺。新政府很快就要求學院成員宣示效忠。雖然有證據顯示，貝恩從未對希特勒與納粹明確表態，但從惡名昭彰的第一篇隨筆〈新國家與知識分子〉開始，他還是發表了一系列文章支持新政權。隨著班雅明首場演講日近，邀請函也印妥寄出，但講座最終並未舉行，因為達爾薩斯重病，演講被迫全數取消。

除了透過引介，班雅明也親自接觸了幾位知識分子領袖，例如他拜訪了《新法蘭西評論》的編輯博蘭，自薦用法語寫一篇論瑞士人類學家兼法學家巴霍芬母權論的文章。博蘭表示有興趣，於是班雅明做了許多功課，也把文章寫完了，結果卻換來客氣而果斷的拒絕。不過，這段插曲顯示出班雅明對自己用法語寫作愈來愈有自信。那年稍早他曾告訴卡普魯絲，據一位法語母語使用者表示，他的第一篇法語作品（目前已佚失）只有一處錯誤。至於他和其他人的接觸，包括德國文學教授托訥拉（Ernest Tonnelat）、散文兼評論家杜博（Charles Du Bos）和某本新法國百科全書的編輯，則是連拒絕這樣的明確回應也沒有。對流亡的德國知識分子來說，班雅明轉入法國知識界的困難根本不足為奇。雖然他們普遍獲得法國同行同情，尤其那些所謂的「左岸」（Rive Gauche）作家，如紀德、馬樂侯、巴布斯（Henri Barbusse）、尼贊（Paul Nizan）和蓋埃諾（Jean Guéhenno）等人，[43]可是就連他們也會和德國人保持某種距離。即使常邀對方到咖啡館聊天或到書店聚會，也很少請至家中作客。

班雅明在法國以外尋找發表管道的嘗試同樣令人失望。他有幾篇文章還沒拿到稿酬，其餘則擺在德國出版社裡任其凋萎，再也沒出現過。就連朋友也沒有履行義務：哈斯始終沒有支付他在《文字中的世界》發表文章的稿酬，而《文學中的世界》也已經在布拉格倒閉並宣布破產；施派爾則繼續扣著兩人一九三二年合寫偵探劇的版稅不給他。從這裡可以看出流亡帶來的掠奪感有多強。即使金額偏低，不過是一齣普通成功的戲劇的十分之一收益，卻還是讓班雅明考慮對老友採取法律行動。還有一篇頗值得注意的文章，預定寫給《社會研究期刊》，但最後沒寫完不是因為被拒絕，而是他不想寫了。他投入了幾個月心血撰寫這篇「對《新時代》文化政治主張的回顧式重述」。《新時代》這份報紙是德國社會民主黨的意識形態喉舌（BS, 139），而班雅明希望「就此闡明集體文學成品特別適合唯物論的處理與分析，甚至必須如此才能得到理性評價」。（C, 456）儘管他夏末秋初寫的幾乎每封信裡都提到這篇文章，卻終究無疾而終。在班雅明慫恿下，修勒姆請秀肯文庫（Schocken Library）編輯許皮策（Moritz Spitzer）向班雅明邀稿，請他寫「至少一本小書」。（BS, 106）秀肯文庫是頗受歡迎的小書系列，讀者主要是德國猶太人。但這項計畫也落了空，因為德國匯兌處不久便終止了支付給秀肯文庫海外作者的所有款項。

班雅明遲遲找不到《柏林童年》的出版管道，這點尤其讓他感到挫折。年初克勞斯・曼曾考慮選錄幾篇班雅明的文章，發表在他流亡期間創辦的刊物《文粹》（*Die Sammlung*）上，但最後沒有下文。不過，當他收到赫塞來信，信裡興奮論及他的手稿，班雅明又燃起一絲希望。赫塞不確定自己幫得上忙，但「我僥倖躲過了焚書等等的事件，而且又是瑞士公民，除了私底下口頭謾罵，沒有人對我怎麼樣。但我的書愈來愈邊緣，開始蒙灰，而我接受這樣的事實，知道這將持續很長時間。不過，我從信裡瞭解到，像我們這樣的作家，仍然有很小一群讀者」。（引自GB, 4:364n）赫塞聯繫了兩位出版商，菲舍爾和朗恩（Albert Langen），希望替《柏林童年》找到一個家。儘管他的努力最終還是徒勞，但班雅明仍然深深感謝這位大作家的支持。班雅明的另一次嘗試則替修勒姆帶來新的煩惱。阿多諾曾向柏林一家猶太出版社的社長賴斯（Erich Reiss）推薦《柏林童年》。於是，班雅明寫信給修勒姆，要求對方寫一封推薦信闡述書裡的「猶太面向」。（BS, 102）這件事當然碰觸到兩人友誼裡的最大痛點，也就是班雅明和猶太教的關係，可想而知，修勒姆的回答既尖銳又充滿責備：

> 我討厭賴斯先生，那個肥胖的柏林西區猶太佬，半商人半勢利，你要我去找他談，我不是很有興趣。另一方面，我也不清楚他是否讀過你的書，抑或整件事只是威森葛倫德先生（譯註：即阿多諾）的主意。賴斯正大大利用猶太復國主義的勢頭，搞得人盡皆知……我完全不清楚你怎會覺得我身為「專家」有辦法在你書裡找到猶太復國主義的元素。這裡我真的需要你幫忙，給我一些提示。你書稿裡唯一「猶

太」的段落，就是我當時力勸你刪掉的那一段。[44]我不知道就你想像，除了直接加上相關內容，還有什麼步驟能讓一切不會只是擺出某種形而上的立場，因為後者只會讓賴斯無動於衷。很遺憾，你覺得我能挖出你書裡的「猶太面向」，這實在是高估了我的智慧。「猶太面向」對出版社來說很清楚，對我來說卻很模糊。順帶說一句，我不認識賴斯先生。不用說，如果出版社主動來找我，為了你我絕對義不容辭，這點我可以向你保證。但我必須帶著幾分保留，由你自己判斷你是否真的覺得推薦我作為預定的「權威」是明智之舉。（BS, 106-107）

儘管在班雅明流亡期間，修勒姆一再證明自己是忠貞的好友，但他始終拒絕做出任何可能損害自己在其他猶太知識分子眼中地位的事。即使他對收信者毫無敬意，可是連這樣無礙其身分的事，他也不願意做。於是，班雅明尋找出版管道的事再度落了空。

不過，他在文學方面的努力並非盡數白費。他完成了於伊比薩島開始的評論〈語言社會學的問題〉，從《社會研究期刊》那裡拿到了一小筆稿酬。另外，《法蘭克福報》也刊了幾則他的短篇，其中一些以化名史丹弗林格發表，包括一篇對柯梅雷爾論尚．保羅作品的評論、一篇對蒲寧（Ivan Bunin）兩部作品的評論，以及合寫一篇對一本論歌德的新作品的評論。一九三四年春天，班雅明完成了他一生最重要的兩篇隨筆：〈作者作為生產者〉和〈卡夫卡〉。其中〈作者作為生產者〉直到他過世二十六年後才首度出版，從手稿判斷，這篇隨筆首次發表為一九三四年四月二十七日，是班雅明在巴黎法西斯主義研究所演講的講稿。這間研究所於一九三三年底由比哈吉—梅林（Oto Bihalji-Merin）與曼斯（Hans Meins）創立，成員包括柯斯特勒（Arthur Koestler）和斯珀伯，雖然受共產國際掌控，但是由法國的工人與知識分子出資維持，目的在蒐集和傳播法西斯主義的相關資訊與文獻。班雅明這場演講，是他對文學形式與政治之間關係最尖銳的分析之一，很適合這間研究機構，但演講實際有沒有舉行，我們不得而知。

〈作者作為生產者〉檢視了文學作品的政治傾向與美學品質之間的關係。一般認為，政治傾向會限制作品的美學品質。然而，班雅明開頭就表明，「作品只要具備正確的〔政治〕傾向，就必然具有其他一切品質。」但這篇隨筆遠非教條式地呼籲文學公然政治化，而是嘗試從文學品質的角度重新思考作品的政治傾向：「我希望向各位闡明，文學作品的傾向唯有先具備文學正確性，才會具有政治正確性。換句話說，政治傾向就包含了文學傾向。而我還要立即補充一點：這個或隱或顯包含在所有正確政治傾向裡的文學傾向，就是作品的品質之所在。」（SW, 2:769）班雅明從作品的形式品質（也就是「文學技巧」）與主流的社會生產關係之間的關聯出發，重新思考作品的形式品質，從而徹底顛覆了傾向的概念。於是，作品傾向「正確」與否的問題，就變成作品在「當時的文學生產關係」裡的位置問題：作品的技巧意味著進步或退步？班雅明這裡所談的與其說是特定文類所用的技巧，例如現代主義對敘事視角的操弄，不如說是對文學建制的全面重塑，從文類、形式到接受翻譯或評論的能力，甚至某些明顯相當邊緣的面向（如是否適合抄襲）也包含在內。

這篇隨筆的中段是一段不算抄襲的長引文：班雅明引用某位「左翼作家」，其實這人就是他自己。引文中以日報作為他前述主張的最佳佐證。根據他的解讀，資產階級報紙回應了讀者對資訊永不饜足的不耐需求，不斷開出新的管道讓讀者表達其擔憂，像是讀者來信、讀者投書和聯名抗議等等。於是，讀者成了合作者，在蘇聯報刊裡更成了生產者。「因為讀者在那裡隨時預備成為作家——也就是描述者，甚至開處方者。讀者身為專家——或許不是某學科的專家，而是所在職位上的專家——從而取得了作者資格。工作本身也有機會發言。」（SW, 2:771）班雅明重拾自己早在一九二〇年代中期於《單向街》裡探索的主題，進而主張「技職教育」更能確保「文學能力」，而非其他文學專業。說來矛盾，報紙一邊「展現人們對文字肆無忌憚的貶抑」，一邊又將自己建構成「生活條件文學化」的舞臺。這是班雅明最深奧的主張之一，包含了這樣一個複雜的想法：現代生活唯有以特定文本形式呈現才容許分析，進而容許改變。如果說班雅明在《單向街》裡追求一種其自身就足以應付當下的「敏捷語言」，那麼他在〈作者作為生產者〉裡的訴求更大，呼籲對所有書寫形式（作為一種生產）進行概念重建。唯有這種（根源自他一九二〇年代初接觸到的國際建構主義的）革命式進展，能夠克服「少了它就無法解決的二律背反」。

從這個理論基礎出發，班雅明回到了階級歸屬與文學生產之間關係的核心議題。這個議題在威瑪共和時期引發了激烈爭論，而在〈作者作為生產者〉裡，班雅明對他稱作「所謂的左翼知識分子」的人們做出了徹底的批判否定，作為他對此議題的回應。班雅明強烈反對德布林和亨利希·曼等人的妥協。在這些作家眼中，社會主義是「自由，是人民的自發團結……是人道、寬容與愛好和平」。他們的政治立場不過是略加喬裝的人道理想主義，對法西斯主義毫無抵抗力。「只要作家感覺自己只是態度上和無產階級站在一起，而非作為生產者與無產階級同在」，這種「政治傾向就算看上去再具革命性，也具有反革命作用」。對此班雅明再度點名他在〈攝影小史〉首度提及的令人厭惡之人，一九二八年以作品《美麗世界》（*Die Welt ist schön*）改寫攝影集定義的攝影家雷爾—帕屈（Albert Renger-Patzsch）。根據班雅明的解讀，雷爾—帕屈的照片無法以不「美化」的方式重現出租公寓或垃圾場。極度貧困成為美學享受的對象。於是，看似進步的攝影手法只不過是「從內而外，也就是時髦地，翻新舊有世界」。

在這篇隨筆中，布萊希特是有效藝術實踐的正面範例，尤其是他的「功能再造」，也就是功能轉化（Umfunktionierung）理念。根據這個想法，一直以來為現狀服務的文化材料與實踐統統可以「功能再造」，不再供作生產工具，而是改造生產工具。此外，班雅明還將這個手法與他呼籲全面超越專門化的訴求相提並論。如同投書報刊的讀者成為作者，他也建議作家開始拍照。「唯有超越智識生產過程中的專門化……這種生產在政治上才有用。」[45]班雅明這場演講所主張的前衛做法，以及其中的布萊希特式唯物論與剛萌芽的民粹主義，都和蘇聯當時的藝術政策背道而馳。史達林一九三二年發表〈論文藝組織的重建〉之後，社會主義寫實主義便成為蘇聯的國家政策，而一九三四年八月舉行的蘇聯作家大會更正式接受社會主義寫實主義，呼籲藝術明確政治化。班雅明的演講如果真在共產國際資助的研究所上發表，肯定引來一場激辯。

那年夏天，班雅明和布萊希特談話過後，替這篇隨筆做了重要的補充：

> 那天和病榻上的布萊希特長談……話題環繞在我的隨筆〈作者作為生產者〉上。我在文中發展出一套理論，文學是否具有革命功能，其關鍵判準在於技巧進步帶來多少的藝術形式轉變，以及進而造成多少的智識生產方式轉變。布萊希特認為這項主張只對一種人成立，那就是中上階級作家，而他認為自己也包括在內。「這類作家，」他說道，「在一件事上體驗到自己和無產階級的利益一致，那就是生產方式

的發展。但當兩者在這件事上一致，這些作家作為生產者就徹底無產階級化了。而在這樣一件事上徹底無產階級化，將使兩者在所有戰線上團結一致。」（SW, 2:783）

五年後，布萊希特這段關於資產階級作家可能無產階級化的看法，幾乎原封不動地出現在班雅明論波特萊爾的書中。

從班雅明一九三五年初的書信裡可以清楚看到，他對卡夫卡作品的興趣愈來愈濃。他告訴修勒姆，自己很希望有朝一日可以就卡夫卡與猶太作家阿格農發表演講。在他原定於一九二一年發行的《新天使》創刊號裡，阿格農的〈大猶太會堂〉本來會是重點討論的作品。此外，他之所以和一九二一年決裂的好友克拉夫特小心重建關係，兩人對於卡夫卡的討論也功不可沒。一九三三年以前，克拉夫特都在漢諾威擔任圖書館員，如今流亡海外，同樣體會到其他流亡知識分子的兩難處境。儘管兩人始終未能回復往日情誼，不過同在巴黎期間還是重拾了聯繫。班雅明讀完克拉夫特幾篇隨筆，包括兩篇論卡夫卡和一篇論克勞斯的文章，深感「認同並充滿敬意」。（GB, 4:344）

四月十九日修勒姆的來信，終於成功為班雅明開路，讓他提筆撰寫從一開始就設定為重量級卡夫卡評論的文章。修勒姆之前聯繫《猶太評論》（*Jüdische Rundschau*）編輯威爾屈（Robert Weltsch），試探對方能否刊登班雅明論卡夫卡的隨筆。《猶太評論》是當時德國仍然允許發行、銷售量最大的猶太出版品。威爾屈聽從修勒姆建議向他邀稿，班雅明也於五月九日欣然答應，但警告對方自己不會配合「直接從神學角度解釋卡夫卡」。（C, 442）後來這篇隨筆於那年稍晚在《猶太評論》發表，不僅拒絕對卡夫卡的作品直接進行任何宗教解讀，還反對所有教條式的寓言解釋，拒絕為故事中的各個元素賦予固定價值來穩固意義：根據這類詮釋，〈判決〉或《城堡》等故事裡的父親或官員不是上帝、靈媒，就是國家政體。班雅明明確拒絕常見的神學、政治或精神分析解讀，堅持這些文本最終是不可解讀、開放而令人困惑的：「卡夫卡擁有為自己創造寓言的稀有能力，但他的寓言從來不止於可解釋的部分，而是採取一切可能的預防措施來防止人們對他作品的詮釋。」（SW, 2:804）然而，班雅明的解讀有一個主要取向，即「人類社會的生活與勞動組織的問題。卡夫卡對此愈來愈關注，即使這個問題對他變得不可理解亦然」。如果說班雅明之前在〈經驗與匱乏〉裡是藉由檢視技術化急速蔓延的後果來探討這些問題，因為這些問題關乎人類經驗的本質，那麼他在〈卡夫卡〉便是透過神話視角來檢視這些問題。卡夫卡筆下的人物，從〈判決〉的班德曼、《審判》的約瑟夫·K、《城堡》的K到後期短篇散文的動物主角，統統活在一個房間昏暗發霉的世界裡，不論其外在建制結構是家庭、法庭或城堡都是如此。這個世界是由這些角色既無法辨識，也無法對其採取立場的力量所塑造而成。文中有一個著名的段落，班雅明提到卡夫卡的一張兒時照片，並暗示男孩「無限悲傷的眼眸」正眺望著一個自己永遠不覺得自在的世界。是什麼讓挪用不得安穩，讓所有存在變得倉促？班雅明認為卡夫卡習慣從「世界的時代」的角度思考。這使得他的筆下世界成為遲來的世界，被來自班雅明所說的「原初世界」（Vorwelt）的元素入侵所干擾。卡夫卡筆下的人物生活在一種沼澤中，裡頭充滿了被壓抑的原初世界記憶，而地底力量則藉由遺忘來宣示它對當前時代的所有權。主角只要一個失足，不論再輕微，都可能落回沼澤世界，回到那原始、前人類的生物世界。《變形記》不僅是卡夫卡最著名作品的名字，也是籠罩著他筆下人物的具體威脅，那種退回異形生物的危險。就算他們沒有失足，也能感受到這股威脅的影響——透過羞恥感。他們對自己的生物性感到羞恥，因它而變形、自卑，被它沉沉壓著，有如法庭上被判有罪的人直不起腰。卡夫卡筆下的人物可以說都在等待審判，即使希望無罪，仍陷於無望。而班雅明認為，這種「無意義」有其美好之處。

正如〈歌德的親合力〉透過傳記手法否定傳記式詮釋，〈卡夫卡〉則是用神學否定神學式詮釋。兩者對神話的理解類似，很接近科恩對前理性萬物有靈領域的戒慎。這個領域始終威脅著舊有的人類推理和道德行動特質。班雅明在文中引用了布羅德提到卡夫卡有次和他談話，將人比作「進入上帝腦中的虛無思想與自殺念頭」（SW, 2:798），藉此召喚這種精神危機感。在這段著名的談話中，布羅德接著問卡夫卡，這個世界是否還有希望？「希望無窮，」卡夫卡回答，「只是不屬於我們。」那屬於誰？班雅明點出寥寥幾個孤絕之人，希望牢牢繫在這些人身上，就像繩尾牢牢繫住〈一家之主的憂慮〉裡渺小的奧德拉代克，或像《城堡》裡的助理一樣難以捉摸，無動於衷，似乎藉此擺脫了家庭的泥淖。但班雅明同時指出，卡夫卡偶爾會在筆下暗示異化與變形的有用之處，這點讓他得以將文章扣連到自己對現代性的分析上。那年夏天，班雅明在布萊希特居住的丹麥斯科夫博斯坦（Skovsbostrand）撰寫這篇隨筆，內容無疑受到他和這位劇作家對話的影響，其中最明顯的莫過於文中對姿態（布萊希特構作戲劇的關鍵要素）的討論。班雅明以一段無比精彩的論述，揭示了姿態在卡夫卡作品裡的功能。他首先指出，在負擔如此沉重的世界裡，再簡單的姿態也無比困難。儘管姿態在其中可能屬於他所說的測試程序（Versuchsanordnung），卻不具備內在意義。藉此，班雅明極其巧妙地援引他在〈攝影小史〉所發展的、和「視覺無意識」有關的那些範疇。姿態好比攝影，會使故事裡的人物成為受試者，成為一個和自己照片裡的大步而行或留聲機裡的聲音相分離的人。[46]這些姿態可以揭露我們存在的某些隱藏片段，唯有透過實驗才會曝光的地下因素。班雅明將這種隱性姿態的暗示稱作「學習」，「因為這是一場從遺忘向我們吹來的風暴，而學習則是對抗這場風暴的突圍」。（SW, 2:814）

班雅明藉由一連串精彩的召喚與類比，不僅邀來卡夫卡筆下一些最令人難忘的人物，例如奧德拉代克、桑丘．潘薩、老鼠歌手約瑟芬、獵人格拉胡斯，還找來其他各色人物，包括凱薩琳大帝的總理大臣波坦金和格林童話裡的眾多角色。因此，這篇隨筆的主要策略之一便是藉由重說故事來取代對故事的任何解讀。對班雅明而言，重說故事和我們對重說故事的體驗，正是閱讀卡夫卡的過程與審判的一部分。卡夫卡「在鏡中看見，以罪惡之姿向他展現的原初世界，不過是以法律（Gericht）之姿向他展現的未來」。於是，審判（Prozess）過程本身便是判決。這就好比〈天方夜譚〉，故事是從未來訴說現在。這便是班雅明反對老套詮釋所換來的棘手負擔。他堅持卡夫卡的觀點，寫作與閱讀無非是對世界進程的去蕪存菁，是我們的無盡審判與唯一的希望。因此，這篇隨筆的開頭與結尾都帶著自傳色彩。文章以一則軼事開頭，描述低階文官蘇瓦爾金去見憂鬱到無法行事的波坦金。過去十年，憂鬱造成的行動癱瘓始終威脅著班雅明，如今在巴黎更成為他的常伴。這篇隨筆卻暗示「救贖」就藏於絕望之中，可能在某個時刻醒來，以一個無意識、甚至「無意義」的姿態為入口，從這個看似不可能的微小破口進到世界來。（BS, 135）[47]那年夏末，班雅明將這樣告訴修勒姆，研究卡夫卡「非常適合作為我走過種種不同思想道路的交會點」。（BS, 139）

即使文學活動如此密集，班雅明仍然入不敷出，連生活費的一小部分都付不起。到目前為止，朋友們持續透過餽贈小筆金錢讓他在巴黎得以生存。一九三四年春，班雅明憑著一些機構給他的薪俸與不斷出售藏書，逐漸在不定期收入之外有錢進帳。經由前德雷福斯聲援者兼法蘭西學院印度學家希爾萬（Sylvain Lévy）牽線，班雅明那年春天從普世以色列聯盟獲得了每月七百法郎薪俸，為期四個月。大約同一時間，社會研究所也在霍克海默要求下，同意發給班雅明每月一百瑞士法郎薪俸。這項薪俸一直維持到一九三〇年代末，金額也逐步增加。阿多諾為班雅明多方奔走也取得了一項成果：他的鋼琴家姑媽卡薇莉—阿多諾（Agathe Cavelli-Adorno）說服諾因基辛一位女富商兼家族好友赫慈貝格（Elfriede Herzberger）資助這位好友。第一張四百五十法郎的支票由阿多諾、他姑媽和赫慈貝格共同分擔，到了那年夏天開始由赫慈貝格定期提供，但金額較少。

從這裡可以清楚看出，班雅明的處境有多絕望，即使有這些新的財源，依然無法阻止他的經濟狀況繼續惡化。三月下旬，他被迫搬出巴黎六區的廉價旅館，並靠典當行李才能結清房款。幸好他妹妹杜拉最近剛搬到巴黎，儘管兩人長期以來一直關係不和，但她表示願意幫助哥哥，不過只是暫時如此。於是班雅明搬進了巴黎十六區茉莉街十六號，妹妹居住的小公寓裡。經過多年冷淡，這麼近距離生活對雙方都不容易。班雅明就直言「我在搖籃裡的時候，可沒人教我唱過這首歌」。（BS, 101）他在妹妹家待了兩三星期，直到杜拉原本的房客回來，然後又搬到更便宜的旅館，十四區當費羅—羅什洛廣場的弗羅里多飯店。與此同時，班雅明的人際關係也跌至新低。和伊比薩時期的好友塞爾茲見過數次面之後（他仍繼續翻譯《柏林童年》的部分篇章），班雅明突然和對方斷絕所有聯繫，並且用了一個明顯是假的藉口，取消兩人四月初的最後一次會面。他持續和表弟維辛見面，給予對方精神支持，但這些會面帶來了新的麻煩。早前維辛還在柏林時，卡普魯絲被他的狀態和行為嚇了一跳，以致不敢將要給班雅明的書託付給他，並強烈質疑維辛是否有能力將班雅明的藏書運往丹麥。維辛結束嗎啡成癮治療後回到巴黎，整個人「不成人形」，簡直變了個人（GB, 4:361），但對班雅明而言，他仍然是「曾經與我非常親近，未來也可能重新非常親近的人」，對於他的「品格與心性」，班雅明充滿信心。（GB, 4:378）班雅明在德國的家人仍然令他擔憂。朵拉和史蒂芬還在柏林，弟弟格奧格從監獄出來後去了一趟瑞士及義大利，返回柏林後一如班雅明所料想，又開始從事地下政治工作。

就連寫信這個通常可以讓班雅明紓解緊張的管道，在那幾個月也絲毫無法帶來平靜。二月下旬，他對阿多諾取材自馬克．吐溫《湯姆歷險記》的歌唱劇《印地安喬的寶藏》做出了極尖銳的批評。阿多諾一九三三年十一月至隔年八月寫完劇本，並開始為部分段落配樂，但最終未能完成。班雅明秋初便拿到劇本，但拖到隔年一月下旬才回覆。對這兩位好鬥的知識分子來說，這顯然是風雨欲來的徵兆。儘管班雅明用詞相當謹慎，卻已足以讓阿多諾明白好友對這整項計畫的反對。班雅明肯定覺得自己有資格抨擊阿多諾的作品，因為對方闖進了他自認為專家的領域：為兒童而生的文化。他在信裡稱阿多諾的劇作為樣板兒童劇（Kindermodell），可能跟他自己寫的樣板廣播劇（Hörmodell）和布萊希特為了替觀眾和其他劇作家樹立榜樣而寫的某些戲劇有關。基於這點，他反對阿多諾硬將場景設定為美國鄉間的田園風光，同時批評阿多諾讓死亡如幽魂般在整齣劇裡揮之不去，這樣做是不當處理。其中一處評論肯定特別刺傷了阿多諾：班雅明暗示這齣劇完全比不上考克多一九二九年那部真正「危險」的小說《可怕的孩子》。（BA, 23-24）

那年春天和修勒姆的某次交流，觸碰到了更核心之處：話題再次回到班雅明的政治傾向及其作品所受的影響。此外，這封關鍵書信也談到班雅明的政治思想，再次引燃雙方不自在的陳年之爭。讀完相對溫和直白的〈法國作家的當前社會處境〉之後，修勒姆表示他看不懂，並問班雅明這篇隨筆是不是「共產黨信條」。（BS, 107）修勒姆想知道班雅明的立場，同時提醒老友始終不肯碰這個問題，而他的信總算引出不再那麼遮掩的回應。一封後來在東柏林找到的草稿上寫著：「我總是根據自己的信念而寫，頂多偶有小小的例外；但我從來不曾嘗試表達我多樣信念裡那矛盾的流動整體，只有極特殊的例外，而且從來只在口頭上提過。」（BS, 108-109）在他實際寄出的信裡，班雅明闡述自己的共產主義「只不過是我在思想和生活裡某些經歷的表達……激烈又不無內容地陳述這樣一個事實：我的思想在當前的知識產業裡無處立足，就像我的生活方式在當前的經濟秩序裡無處容身一樣……它是一個完全或幾乎完全失去生產手段的人理所當然會做出的嘗試，宣告自己在思想和生活上都有權利擁有這些生產手段……我真的還有必要跟你交代這些嗎？」（BS, 110）班雅明接著提起布萊希特的一段話，表示他很清楚真正的關鍵所在：修勒姆反對他的神學取向，反對他所採納的布萊希特式介入政治，以及他曲意調整好跟社會研究所同一陣線的左翼社會分析。那年夏天，班雅明在另一封信裡再次提到兩人的爭論，並表示自己無法將挑釁意味更濃的〈作者作為生產者〉寄給修勒姆，因為副本不夠。（BS, 113）一九三八年，修勒姆當面向他討這篇隨筆來讀，班雅明直接回答：「我覺得你最好還是別讀它。」（SF, 201）

三月中旬，班雅明的黯淡生活迎來了一個亮點：靠著社會研究所（由波洛克提供）的額外協助，班雅明順利將「大約半數，不過是比較重要的那一半藏書」從柏林公寓運到了丹麥的布萊希特家。（C, 437）他原本希望將書全部運走，但租下他柏林公寓的房客馮舍勒實在太體貼也太可靠，不想讓公寓失去最重要的擺設，以致「風采盡失」。[48]最終這些書裝在五、六個大板條箱裡，安全抵達丹麥。這不僅讓班雅明寫作時有書參考，還讓他做出了幾筆重要買賣，尤其是百般折騰之後終於在七月談妥，將巴德全集賣給耶路撒冷希伯來大學圖書館。因此，在他流亡期間，書和跟書有關的事始終是他逃避日常生活種種悲慘的方式。他一月讀了馬樂侯的《人的命運》，並向卡普魯絲表示這本書「很有趣，甚至可以說令人著迷，但終究沒什麼收穫」。（GB, 4:341）然而，他就是在這時候替春天發表的〈法國作家的當前社會處境〉添上了馬樂侯的章節。此外，偵探小說仍然不離他的床頭，被他一本本興致盎然地讀完。他讀了幾本毛姆的書，包括《兼差密諜阿興登》，全是法文譯本，並熱情推薦給卡普魯絲。

不過，他的讀物主要還是跟巴黎拱廊街計畫有關，而且都是在國家圖書館裡讀的。一九三〇年代，由於不停更換住所及所在國家，國家圖書館成了班雅明的北極星，也是他唯一可倚靠的家園。另一個不變之處是他對寫作用品的執著：班雅明的信中充滿了向朋友索要自己長年使用的紙與筆記本的請求。連結這一切的則是一個強烈的信念：拱廊街計畫將是他最重要的作品。「這陣子，拱廊街計畫是我和命運之間的漁翁得利者（tertius gaudens）。最近我不僅能完成更多研究，還想得出可以怎麼運用——我已經很久沒這樣了。不難想像，這幅景象跟最初第一幅景象已經相去甚遠。」（BS, 100）就這樣，他讀完了恩蘭德（Sigmund Engländer）撰寫的四卷本法國工會史，並摘錄幾段放進《拱廊街計畫》。春天結束時，班雅明已經對自己為了研究巴黎所蒐集的大量材料有了初步概念與組織，並且將這份研究暫時定名為〈巴黎，一座十九世紀的都城〉，預計分成五大部分——傅利葉或拱廊街、達蓋爾或全景畫、路易．腓力或室內居所、葛杭維或世界博覽會、奧斯曼或巴黎改造工程。（AP, 194）這次內容重組發生在一個關鍵時刻，計畫一開始的超現實主義與集體社會精神分析取向和一九三四年以來構成計畫特色的歷史與社會學取向在此相遇。那年夏天稍晚，班雅明從丹麥寫信給克拉夫特，隱約提到他在政治和群眾心理之間看出了關聯：「你承認自己暫時不想接受共產主義『是人類的解方』。但想當然，重點正是藉由這套體系的可行發現，來剷除自稱人類解方的無益主張，甚至徹底棄絕對於『完全』體系的不切實想望，至少也要嘗試將人類的日子打造得鬆散些，就像一個理性的人一夜好覺醒來展開新的一天那樣。」（C, 452）

或許基於這種心理政治因素，班雅明繼續嘗試迷幻藥。離開巴黎前往丹麥前不久，他試了麥司卡林，讓一九三三年移民到法國的弗蘭克替他皮下注射。在這些夜間實驗產生的胡思亂想當中，除了對「遊蕩」、兒童行為的揣想和緊張症帶來的樂趣外，還有一個想法特別突出，那就是他對位於威瑪（已經被尼采的原型法西斯主義者妹妹搞成聖地）的尼采故居的暗黑狂想。（OH, 94, 96）

一九三四年初夏，班雅明終於勉強接受布萊希特的丹麥之邀，因為他再也無法在巴黎自力更生，而布萊希特的好客似乎是僅剩的選擇。這是他頭一回夏訪並長住丹麥，另外兩次是一九三六和一九三八年。布萊希特、薇格（Helene Weigel）和兒子史蒂芬、女兒芭芭拉住在斯科夫博斯坦村的一處偏僻農舍，離斯文堡不遠。斯文堡十九世紀就已經工業化，卻仍保持鄉間小鎮的風貌。丹麥領土大部分由島嶼構成，而斯科夫博斯坦村就座落於第三大島芬島南岸，和南方面積較小的措辛厄島隔海峽相望。對班雅明來說，這個芬島「南端」的小村是「你能想到最偏遠的地方」，當地的「未經開發」和遠離現代世界則是有利有弊。村子裡幾乎沒什麼消遣，班雅明很快就放棄了，連戲院都敬而遠之，因為他覺得票價不可忍受。他似乎沒讀什麼跟手頭研究無關的書，較值得一提的只有愛倫堡的《一位蘇聯作家之所見》（班雅明認為「是這位本身不討喜的作家最有趣的作品」）和巴爾扎克的《貝姨》。他在伊比薩島時，親近自然對他變得無比重要。但在這裡，他連像樣的機會也沒有。他一再抱怨鄉間小路和海邊小徑太少，儘管海灘很多，卻貧瘠多石。班雅明在離布萊希特家幾分鐘路程的鄉間房子裡租了一個房間，雖然有利於保護隱私，卻不僅限制了他和布萊希特夫婦的往來，也很難跟這位充滿魅力的劇作家身旁來來去去的人物打關係。這點有好有壞。班雅明一方面對反覆無常的布萊希特小心翼翼，深怕自己弄僵兩人關係或濫用對方的好客。其實，他和布萊希特的關係比起他和其他同代人很不一樣。他對布萊希特帶著某種敬畏，甚至屈從，對其他人則幾乎感覺不到這種情緒。但另一方面，他和布萊希特的真摯友誼更加深化，跟薇格和那兩個孩子也變得很親。由於在丹麥比在巴黎更孤單，班雅明總是真心企盼去布萊希特家的大農舍消磨夜晚：和布萊希特下棋，跟薇格玩六十六（一種雙人撲克牌遊戲），和大家一起聽廣播，是他連續幾週僅有的社交活動。

於是，二十世紀最有影響力的兩位知識分子就此展開一段密集的智識交流，並不時合作。儘管兩人性格明顯不同，卻造就了一段非凡的友誼。布萊希特圈子裡的貝勞（Ruth Berlau）如此回憶：「只要班雅明和布萊希特在丹麥相聚，兩人之間就會立刻瀰漫著自信與信任的氣氛。布萊希特非常喜歡班雅明，甚至愛著班雅明。我感覺他們不用言語也能互相理解。兩人一言不發下完一盤棋，起身時已經交談過了。」[49]兩人似乎永遠在布萊希特家討論，從來不曾在班雅明的住處進行過，因此總是帶著某種徵象和氛圍。班雅明注意到布萊希特書房裡兩個小地方。在天花板的橫樑上，布萊希特寫了一行字「真理是具體的」（Die Wahrheit ist konkret）[*]；窗臺邊小木驢脖子上則是掛著一塊小牌子，上頭寫著「連我也得理解它」。當然，布萊希特的劇作與劇場論總是討論的主要焦點。早在離開巴黎前往丹麥前，班雅明就曾向布萊希特提及此事，點出對方「筆調極其輕盈確信」的作用，並暗示對方的劇作和中國圍棋（棋盤最初空無一物，而且棋子是放至定點，而非移位）的相似。「你將人物與表述擺在正確位置，讓它們無須演出就能獨自達成該有的策略作用。」（C, 443）而今到了斯科夫博斯坦，兩人常在布萊希特家裡徹夜暢談文學、藝術、社會與政治。這些談話目前只剩班雅明的紀錄，而且多半是布萊希特的論點，班雅明自己在對話中的角色，我們只能全憑想像。兩人話題常回到姿勢上，而這些交流與其他談話，也將主導班雅明對夏天動筆的卡夫卡隨筆的修改方向。為了強調姿勢的重要，布萊希特提到自己為女演員內兒寫的一首教誨詩——內兒曾在《大團圓》和《屠宰場的聖女貞德》擔任主角，並於電影版《三便士歌劇》飾演波莉。「我教了內兒幾件事，」布萊希特說，「例如，她不僅學會了表演，還學會了如何梳洗。之前她梳洗只到不髒的程度，這完全搞錯重點。我教她如何洗臉，後來她學到爐火純青，我甚至想把她洗臉的過程拍成電影。可惜並沒有，因為我當時沒在拍片，而她也不想讓其他人拍。那首教誨詩是個示範。」（SW, 2:783）

面對時局動盪，兩人的討論自然經常轉到藝術對社會的作用上，而布萊希特區分「當真」和「非當真」作家的方式相當出人意料：「假設你讀完一本精彩的政治小說，才發現它是列寧寫的。你肯定會改變自己對列寧和那本小說的看法，兩者在你心中的地位都會下降。」（SW, 2:784）布萊希特當然認為自己是「非當真」作家。他說他常想像自己在法庭上接受訊問，當被問到自己的回答是否當真，他只能回答不完全是。一九四七年十月，布萊希特在美國眾議院非美活動調查委員會上的狡黠閃躲轟動一時，彷彿應驗了自己當年的預言。此外，他將無法歸類於這兩者的作家歸於第三類，如卡夫卡、克萊斯特（Heinrich von Kleist）和畢希納（Georg Büchner）等人，並稱他們為「失敗者」。這些漫談不僅包括西方文學，還論及韓波與貝歇爾、孔子和尤里比底斯（Euripides）、霍普特曼與杜斯妥也夫斯基的作品。

如果說，班雅明在丹麥的夜晚是歡樂與刺激，那麼白天就是孤單和寂寞。儘管他完成不少工作，但那段時間是他睽違十八個月又和自己的藏書團聚，結果竟然沒有寫出任何重量級的作品，實在令人意外。那年夏天，他主要將時間用在兩件事上，一是論德國社會民主黨文化政治的文章，二是修改論卡夫卡的隨筆。布萊希特有訂閱《新時代》，班雅明從這份社會民主黨刊物裡節錄了大量內容。他在信裡告訴霍克海默，他希望這篇文章能為「集體文學產品」提出唯物論分析，並且向對方坦承，自己選擇這個主題是為了「滿足社會研究所的目標」，也就是長期從事工運與社會民主的歷史研究。（C, 456）儘管他花了幾個月工夫，卻還是沒完成這篇文章。這點並不令人意外，因為這個主題既不適合他的才能，也不符合他的興趣，而且他對資料裡的正統觀點愈來愈糾結。十月他終於向孔恩坦承，這篇文章的主題「雖然是我選的，卻不是出於我的自由選擇」。（GB, 4:508）

修改論卡夫卡的隨筆可就完全不同了，班雅明不僅有了新想法，同時也根據他與布萊希特的談話和跟修勒姆的豐碩書信交流進行調整。於是，這篇隨筆便成了一篇古怪的三角對話，在布萊希特的歷史主

---

* 譯註：此語原出自黑格爾，德文字 koncret 兼有「具體」和「混凝土」之意。

義和唯物論、修勒姆的神學觀與他自己獨有的、較為中間的立場之間遊走，不過都以卡夫卡作品裡寓言的功能為核心。布萊希特對卡夫卡的看法顯然很矛盾，而且幾乎不受班雅明這篇隨筆影響，甚至對這篇隨筆有些敵意，不但有段時間避而不談，還批評它「尼采式的日記體」。布萊希特認為，卡夫卡的作品受到他身處布拉格的制約，那裡只有三流記者與做作的文體。在如此不幸的條件下，文學就成了卡夫卡主要的、甚至唯一的現實。布萊希特說得很毒辣，甚至故意有些離譜：他認為卡夫卡的作品確實有藝術價值，但毫無用處。卡夫卡是很偉大，卻也是個失敗的作家，「一個軟弱、毫無吸引力的人物，只不過是布拉格文化沼澤七彩水面上的一個泡沫」。（SW, 2:786）一個月前，他換了一個思考角度，認為卡夫卡的核心議題是「組織」。「他腦海裡揮之不去的，」布萊希特評論道，「是對螞蟻式社會的恐懼：人們因為共同生活而彼此疏離。」（SW, 2:785）因此，由於卡夫卡刻意模稜兩可，甚至隱晦含混——布萊希特認為，這是對「猶太法西斯主義」的無意識支持（SW, 2:787）——我們必須對他做個「清理」，析離出他作品隱含的「實用建議」。[50]於是，布萊希特願意接受《審判》是一本預言之書：「你可以從蓋世太保身上看到契卡〔蘇聯秘密警察〕會演變成什麼。」但是對於當時最普遍的小資產階級，也就是法西斯主義者，卡夫卡太沒有抵抗力，他的視角是「被車輪碾壓者的視角」，只能用問題回應法西斯主義者標榜的「英雄主義」，尤其是他自身地位得到擔保的問題。「身為保險經紀人，卻似乎只相信所有擔保都是無效的，這真是卡夫卡式的諷刺。」（SW, 2:787）

布萊希特對班雅明認同卡夫卡的不可決定性始終抱持懷疑，而修勒姆則是對好友對卡夫卡作品神學面向的評價不表認同。兩人各自提出的論點值得全文引用。修勒姆寫道：

> 如果我沒理解錯，你將卡夫卡的看似當下描繪成原初世界，這點確實相當犀利出色，只是在我看來，這種當下的無效性很有問題，而問題就出在最後也是最關鍵的那些點上。我得直說，其中百分之九十八都很有道理，獨缺了臨門一筆，而你似乎也察覺到了，因為你對羞恥感（這裡你顯然掌握了核心）與法律（這裡你就遇到困難了！）的詮釋失去了同樣的水準。秘法的存在讓你的詮釋站不住腳：它根本不應該存在於荒誕錯亂的前神話世界裡，更別說它竟然以一種極特殊的方式宣告其存在了。你去除神學成分做得太過火，結果因小失大，倒洗澡水連嬰兒也一起倒掉了。（BS, 122-123）

對於妄加批評他的猶太信仰有問題的朋友，班雅明有時會還口，但這回沒有。對於「卡夫卡會如何思考最後審判投射到世界歷史裡」的問題，班雅明強調卡夫卡並未提供答案，這是因為他在救贖之路上只體驗到虛無。「我努力闡明卡夫卡如何努力——在那『虛無』的陰暗面，也可說是『虛無』的內裡——摸索救贖之路。這表示戰勝那虛無的任何勝利……對他來說都是可憎的。」（BS, 129）

為了回應與糾正好友對卡夫卡的解讀，修勒姆回了一首長詩，就像兩人討論《新天使》時那樣。修勒姆兩次用詩歌回應，很可能是蓄意挑釁，用顯然拙劣的詩句挑戰同時代最頂尖文學評論家的看法。而班雅明的回應則是緊扣詩裡的要點不放，默默跳過它的美學價值：

> 1. 我姑且這樣界定我的隨筆和你這首詩的關係：你以「啟示的虛無」為出發點……從審判既定程序

的救贖與歷史視角切入，而我則是以渺小荒謬的希望及其所指定的生物為起點。這種生物一方面是希望的指定對象，另一方面又反映著這種荒謬。

2. 我認為羞恥感是卡夫卡最強烈的反應，這點不僅與我的詮釋的其他部分毫不矛盾，而且原初世界，也就是卡夫卡的隱密當下，反倒是讓羞恥感跳脫私人領域的歷史與哲學標誌。因為照卡夫卡的說法，摩西五經已經失敗了。

3. 正是在這個脈絡下，聖經（Schrift）問題浮上了檯面。不論因為門徒丟失了聖經，或無法破解它，結果都一樣，因為少了屬於聖經的鑰匙，聖經就不是聖經，而是生命。生命住在城堡所在的山腳下。正是在將生命變形為聖經的嘗試中，我察覺到「反轉」（Umkehr）的意義，而卡夫卡有太多寓言都是為了帶出這層意義，如〈下一個村莊〉和〈水桶騎士〉。〔〈桑丘．潘薩的真相〉裡〕潘薩的存在是最好的例子，因為他的存在其實在於重讀自己的存在——再滑稽、再唐吉訶德也不例外。

4. 文章一開始，我就強調「丟失聖經」的門徒不屬於交際花（hetaera）的世界，因為根據我的排行，他們是（用卡夫卡的話來說）「擁有無限希望」的那些生物的助手。

5. 當我稱卡夫卡的作品是「扭曲」的，點出其中的彌賽亞面向，這就代表我不否認其中的啟示成分。卡夫卡的彌賽亞範疇是「反轉」，或曰「研究」。你猜得沒錯，我並不想改變神學詮釋採取的進路——因為我自己也這樣做——而只是不走來自布拉格〔也就是布羅德〕的那種傲慢輕率的形式。（BS, 134-135）

如同之前論克勞斯的出色隨筆，這篇論卡夫卡的隨筆是班雅明思想的另一個結晶點。那年秋天，他寫信告訴克拉夫特，「這份研究將我帶到了我個人思想與反思的十字路口。對我來說，為此付出額外思考，就如同指南針引導一個人在未知土地上行走一般。」（C, 462）但班雅明也明白，流亡異域靠撰文討論德語文學為生的機會十分渺茫。「完成了卡夫卡隨筆，我想我的文學隨筆系列也隨之告一段落，短期內沒有再寫的餘地。比起這種文章，寫書可能更容易為成品找到安身之所。因此，倘若我還有本錢做計畫，我打算轉向創作更長篇的作品。但這件事上我有多少機會，我們就不深究了。」（GB, 4:509）

不過，即使轉向長篇，班雅明仍不斷供應較短的文章到德國，包括針對論席勒和論中世紀戀歌（Minnesang）的作品的書評、對瑞士精神分析師兼存在主義心理學家賓斯汪格（Ludwig Binswanger）作品的批評，以及《柏林童年》的〈聚會〉和〈花園街十二號〉，都在《法蘭克福報》發表，至於其他管道則依然封死不通。許皮策邀請班雅明為秀肯出版社的下一本年鑑撰文，班雅明提議直接摘錄他論卡夫卡隨筆的內容，結果卻得知布羅德對卡夫卡作品具有「詮釋壟斷權」。班雅明為此痛罵編輯，讓人想起歌德的名言「願神懲罰出版商！」他對論卡夫卡的作品也遭遇相同命運的克拉夫特說道：「我還沒遇過一個編輯是不會挾作者自重，以彌補自己無力左右出版商的，所以我一點也不覺得意外。」（GB, 4:466）至於克勞斯．曼的《文粹》和其他管道，班雅明則是刻意刁難，好讓對方絕不會接受他的作品。即使再潦倒，也無法打消他對《文粹》輕率的自由主義的敵意。因此，當克勞斯．曼表示想將他列名為供稿者，班雅明立刻要求唯有《文粹》確實定期接受他的投稿，他才會答應。這項要求看上去相當合理，但一個細節便將它打回原形：他建議對方在雜誌上開一個文化筆記（Glossen）專欄，專門評論共產黨作家的作品。

接連挫敗讓班雅明對某些朋友的成功很難持平看待，尤其是布洛赫。他經常成為班雅明、阿多諾和修勒姆嘲諷的笑柄。班雅明告訴修勒姆，「亞森．羅蘋系列的新書——你知道，就是那位有名的怪盜紳士——即將以布洛赫新作品的形式出現。《我們時代的遺產》——我很想先睹為快。首先，基本上是好奇；其次，因為我很想知道自己作為這時代的孩子，從我自己的作品裡可能得到什麼遺產。」（BS, 145）但不論嘲諷或再次指控對方巧妙剽竊，班雅明最後仍然表示很期待再見到布洛赫。

班雅明多方嘗試，還是掙得了一些小錢：尤拉拿到四馬克，這是《柏林童年》裡的〈駝背小人〉七月發表在《馬德堡報》的稿酬。雖然威爾屈拿到論卡夫卡的隨筆，只付給班雅明六十馬克，把他給氣壞了，卻也只能接受。班雅明抵達丹麥時幾乎身無分文，身上僅存的現金已經用作運費，將行李送到斯科夫博斯坦，免得留在巴黎還要付貯存費。考量到自己的經常收入就算微薄，至少不會中斷，於是班雅明便向布萊希特借了一筆錢，以捱過最初幾週。抵達丹麥後不久，他就向丹麥流亡知識工作者援助委員會申請補助。他在文件裡這樣介紹自己：「我一九三三年三月被迫離開德國。我當了四十一年德國公民。身為獨立學者和作家，政治動盪不僅讓我瞬間失去謀生工具，而且就算我無黨無派，是異見分子，也不再確信自己能保有人身自由。同月，我弟弟遭到殘酷虐待，並從去年聖誕節便被關在集中營裡。」（GB, 4:448-449）他接著提到委員會可能認識的作家，例如霍夫曼斯塔爾、普魯斯特和波特萊爾，列舉自己論這些作家的文章和主要著作，並指出他目前還和《法蘭克福報》有往來，但這些訴求似乎沒有激起任何反應。七月，赫慈貝格和她哥哥阿爾豐斯（Alfons）沒有寄來支票，可能因為德國政治不穩。班雅明徹底破產，只能向幾乎永遠都能倚靠的那個人發出求救信號：卡普魯絲。直到九月中旬希伯來大學寄來一張支票，支付他售出的十六卷本巴德全集，這場經濟危機才沒有繼續惡化下去。

當然，斯科夫博斯坦並未遠離世界政局。布萊希特和他的友人經常擠在收音機前。「因此我聽到了希特勒的國會演講。由於我是第一次聽到他講話，那感覺可想而知。」(BS, 130）更令人詫異的，是希特勒在今日稱作長刀之夜的那一晚肅清了羅姆（Ernst Röhm）和他麾下的衝鋒隊。這群俗稱褐衫軍的納粹民兵經常無端使用暴力，令正規軍感到恐懼與反感。儘管希特勒長期放任，因為他們當年助他奪權有功，現在卻覺得他們的暴力行徑——還有羅姆的野心——威脅到自己的統治。六月三十日和七月一日，黨衛軍和蓋世太保逮

圖二十八：布洛赫於米蘭，一九三四年。柏林物品博物館工藝聯盟檔案室。

捕了羅姆與衝鋒隊主要成員，當場殺死其餘黨羽，並利用戈培爾迅速建立、已經拿來對付過共產黨和社會民主黨的宣傳大傘，陸續剷除副總理巴本，以及希特勒無法相信其忠誠的一些保守派和中間派政治人物。這場行動造成至少八十五人死亡，實際數字甚至可能高達數百人，羅姆也在其中。納粹黨內這波結構大地震，就連已經認命的班雅明也在心裡燃起一絲期盼。然而，希特勒幾乎馬上就掌控全局，很快便澆熄了希望的火花。

奧地利的情況更令人憂心。七月二十五日，後世稱作七月政變的事件開始，黨衛軍扮成奧國士兵與警察闖進聯邦總理辦公室，殺害了總理陶爾斐斯（Engelbert Dollfuß），並掌控奧地利主要廣播公司的維也納播音室，播放了一則假新聞，作為納粹全面起事的信號。雖然國內大部分地區相安無事，但納粹和依然效忠奧地利的軍警於其中幾邦發生暴力衝突，奪走了兩百多條人命。由於奧國軍警奮力抵抗，加上納粹本身缺乏組織，政變未能成功，但納粹德國首度嘗試向外擴張領土的作為，還是震驚全歐。班雅明靠著廣播密切追蹤政變發展，並形容「那真是個令人難忘的經驗」。（GB, 4:500）然而，這些事件對他本人還有特別令人不安的一面，因為他不久後便得知克勞斯這個少數還能讓他抱有敬意的歐洲同代人，竟然以大有問題的說法支持陶爾斐斯：「〔奧地利猶太人〕認為奧地利國家社會主義不是較小的惡，而是較大的惡，是『全然恐怖』，因此就算保護者再令人反感、智識上和他們距離再遠，他們仍然希望社會民主黨視他為較小的惡。至於我們，我們從來沒有『跟從過』，尤其是跟從那些謊言，因此跟這個概念沒有更多瓜葛。我們認為比起社會民主黨，陶爾斐斯的政治是較大的善，而與國家社會主義相比，社會民主黨的政治充其量是較小的惡。」[51] 陶爾斐斯雖是民選總理，卻利用立法機關的程序危機強制奧地利進入緊急狀態，以便凍結國會成為實質獨裁者。儘管他反對德國納粹主義，卻想仿效義大利的法西斯主義。班雅明見到克勞斯「向奧地利法西斯主義投降」，讓他大為沮喪，忍不住問：「究竟還剩下誰，還有誰能讓步？」（C, 458）

到了九月，班雅明已經想離開斯科夫博斯坦了。不是因為他和布萊希特的友誼變調，兩人關係依然熱絡且大有收穫，但他很寂寞。薇格和兩個小孩因為小兒麻痺爆發而離開芬島，而他仰賴的外界書信也愈來愈少，變得稀稀落落。夏天天氣惡劣，本來就機會不多的散步與游泳接近停擺。儘管他對布萊希特和薇格充滿感激，但那間農舍和那裡的氣氛最終還是不合他的意。只要有斯特芬在，氣氛就會變得很壓迫。布萊希特努力不讓自己的這位情人和其他人接觸，因此她經常連續幾天不露面，但薇格和她之間的嫉妒緊張，卻還是讓所有人如坐針氈。即使比較熱鬧的日子，也不總是適合班雅明。一間房裡十幾個人，不是所有人都討人喜歡。如同他告訴霍克海默的，雖然他獨自待在寄住的農舍房間有助於工作，但手上的差事卻不是他想做的，也就是研究拱廊街。為此，他需要待在巴黎。雖然沒有向最親密的朋友提起，但他頭一回造訪丹麥這段期間，其實飽受重度憂鬱之苦。他告訴他們，自己心理狀態欠佳，並提到他目前「無遮掩的內在狀態」。（BS, 138）

因此他渴望消遣，渴望一些能打破他生活模式的事，並不由自主將自己對伊比薩島的回憶拿來跟丹麥的處境相比：

> 就連這裡的夏天也和去年夏天形成明顯對比。去年我起得不夠早——那通常是生活充實的表現。現

在我不僅睡得更久，而且白天一直受夢境困擾，反覆出現。過去幾天，我的夢裡全是美麗驚人的建築作品：我見到布〔萊希特〕和薇格，外貌像是兩座巨塔或大門，踉踉蹌蹌穿越城市。這場睡眠的洪流如此猛烈衝過白天，宛如受月球擾動的大海。是您的影像驅動了它。我思念您的存在，勝過言語所能表達，更勝過我所能想像。（GB, 4:482）

滕凱特（他現在用「您」稱呼她）的影像就這樣覆寫了他的記憶，讓他忘了伊比薩島最後幾天的貧窮、疾病與絕望，使得那一段時光成為美好的田園詩，同時也讓他在丹麥的日子確實顯得寂寞與沉悶。

其實，班雅明時常藉由回憶感情來安撫內心寂寞，甚至是不曾發生的感情。前述那封信件草稿繼續寫道，「對我來說，時間與距離更加清楚，也更加有力地展現了決定您我關係的因素。我需要您在身邊，這股需要占滿了我，而等待則支配了我白天與思考的節奏。但您在我身邊要引發這樣的感覺，得仰賴一部分的您身在其中。這點比一年前更確定了。」別忘了，滕凱特這時已經是法國人塞利耶的妻子，而班雅明前一年冬天才見過他們兩人。他試圖舊情重燃還不只這一次。八月他再次寫信給布赫藿慈：「一年對我來說毫無意義。另一方面，我把我們那四年放在秤上，發現幾乎沒有重量。」（GB, 4:477）我們知道這封信確實寄出了。布赫藿慈回覆說她已經把班雅明的信都燒了，而他手上有的地址也不再聯繫得到她。[52]直到九月下旬，班雅明的情書往來才有了進展。

九月十八日，班雅明短暫離開斯科夫博斯坦，前往德拉厄去找布萊希特。德拉厄位於哥本哈根市區幾公里外，是個迷人的海濱小鎮，薇格和兩個孩子就是去了那裡。班雅明除了在海邊盡情享受了幾個小時，也在哥本哈根品嚐到了心心念念的大城市生活。他在街頭閒逛了幾個小時，還向一位「紋身大師」買了一套幻燈片，大大掃去了他心底的陰霾。「我前陣子去了哥本哈根，」兩三週後，他得意洋洋地告訴孔恩，「在那裡買了幾樣很可愛的東西，讓我只有在無憂無慮的時候才會想繼續蒐集的收藏——也就是彩色幻燈片——更豐富了。我向一位刺青師買了幾張他自己繪製的圖案。他在哥本哈根運河旁一家農產店後方隔了個小房間，圖案就是從牆上取下的。」（GB, 4:508）這些幻燈片將成為班雅明流亡期間最珍惜的資產，其後數年為他待過的許多旅館與公寓的牆面增添風采。某天他在德拉厄散步，竟然巧遇柏林時期認識的朋友赫茲費德，馬利克出版社（Malik Verlag）社長約翰的弟弟。馬利克出版社成立於一九一七年，班雅明、凱斯勒（Harry Graf Kessler）、格羅茲（George Grosz）及拉斯克－舒勒都是創社初期的支持者，一開始主要出版柏林達達主義者的各種刊物，一九二〇年才轉為圖書出版，作者包括圖霍爾斯基、辛克萊、帕索斯（John Dos Passos）、高爾基、馬雅可夫斯基和格拉夫（Oskar Maria Graf）。一九三三年春天，政治立場明顯偏左的赫茲費德僥倖躲過蓋世太保追捕，逃到了布拉格，留下四萬多冊圖書替納粹焚書添加柴火。赫茲費德一見到老友就直呼道：「嘿，班雅明，你應該也是一八九二年生的吧？我們肯定會不時見面。因為你也知道，我們這一代人都是這樣：身體較弱的一九一四年之前就消失了，愚蠢的一九一四到一八年之間也消失了，剩下的應該還能再撐一段時間。」（C, 478）對於赫茲費德的樂觀預測，班雅明顯然心知肚明：對方知道他肯定病了。

班雅明發現，布萊希特在德拉厄心境異常躊躇。布萊希特本人將這種不尋常的猶豫不決歸因於自己比大多數流亡者享有更多優勢。正如班雅明在〈斯文堡筆記〉所說的，「這是因為他基本上很少承認流亡是自己計畫和事業的基礎，以致更有理由覺得與自己無關」。（SW, 2:788）儘管心境猶豫不決，布萊希特還是繼續找班雅明在文學上合作。班雅明剛到德拉厄的頭幾天，就跟布萊希特及馬克思主義哲學家科爾施以「文藝復興時期史料編纂家的風格」合寫一篇諷刺希特勒的散文，並暫定標題為〈賈柯莫・烏伊的一生〉。（SW, 2:788）一九一八至一九年德國革命期間，科爾施在積極參與左翼活動的同時深入研究法律，不僅於一九二三年獲聘為耶拿大學法學教授，其代表作《馬克思主義與哲學》也於同年問世，和盧卡奇、葛蘭西的作品並列二十世紀批判性馬克思主義最重要的理論巨著。科爾施在一九二〇年代還以反對史達林主義著稱，導致一九二六年遭共產黨開除。一九三三年他失去大學教職，起先轉戰地下工作，隨後移民到丹麥與英國，最終由於前黨內同志指控他為「托派希特勒間諜」，而於一九三六年前往美國。對班雅明而言，和科爾施往來是個轉捩點：他從來不曾潛心鑽研馬克思本人的著作，全靠科爾施的作品進一步瞭解馬克思主義。《馬克思主義與哲學》是《拱廊街計畫》最常引用的作品之一，對班雅明的整體政治立場影響深遠，不過我們也別忘了，他一九三〇年首次讀完後對阿多諾評論道：「就我的感覺，步伐有些搖擺，但方向正確。」(BA, 7)

班雅明跟布萊希特及科爾施合作還沒任何進展，就因腎炎而臥病不起。康復過程既緩慢又痛苦，還得待在小房子的角落裡，即使失去各種東西對他已經不足為奇，這段過程依然稱得上「臨時」與「令人不滿」，只有閱讀《罪與罰》是唯一的慰藉。由於這是他頭一回讀這本小說，布萊希特甚至宣稱他的病就是這樣來的。「杜斯妥也夫斯基無疑是大師，」班雅明於病中寫信告訴克拉夫特，「但主角心中的混亂最終也出現在作者心裡……而且是無邊的混亂。」（GB, 4:506）這場病讓班雅明在德拉厄比原定多待了一週。九月二十八日，眼看復原得差不多了，班雅明便動身前往菲斯特島——從羅斯托克搭渡輪過去並不遠——最後抵達給瑟鎮（Gedser）。他那個週末在丹麥最南端的小鎮做了什麼，我們不得而知，只曉得他和卡普魯絲在一起。從事後兩人一概用沉默遮掩，或許可以推斷這次會面很可能涉及私情，甚至跟性有關。總之，班雅明十月二日已經回到斯科夫博斯坦，並且更加渴望離開丹麥，不論後果如何。

十月初，班雅明開始為返回巴黎做準備。他很希望重啟拱廊街研究，但路上有著巨大的障礙。首先，他需要重新熟悉自己為了研究而蒐集的大量資料。這需要時間和一定程度的安穩，但他忙著尋求經濟支援，這兩者都是奢求。其次，研究只能在巴黎進行，講得更精確一點是法國國家圖書館，但巴黎的生活開銷完全超出他的負荷。（BS, 144）這時，社會研究所即將遷往美國的消息傳來，讓他本就充滿變數的財務狀況雪上加霜，畢竟經濟上支持他的機構只剩它了。「這事最後很可能導致我和所上高層的關係鬆動，甚至中斷。後果如何，我就不細說了。」（BS, 144）為了穩定財務狀況，班雅明寄信給皮耶—亢恩和布萊翁，表示自己願意投身法國文學界，任何層面都可以。

十月底，班雅明離開丹麥，終點站是利古里亞海岸。他的前妻在聖雷莫經營一間名為綠意別墅的民宿。布萊希特已經去了倫敦，預計跟艾斯勒合寫一齣新音樂劇，同時商討《屠宰場的聖女貞德》和《圓頭與尖頭》的製作事宜。因此，班雅明沒有什麼理由留在丹麥，加上他在預定出發日前幾天收到《法蘭克福報》寄來的一整個夏天的稿酬，讓他離開丹麥的決心更加堅定。喜歡旅行的他在從未造訪過的安特衛普待了一天，發現這座城市擄獲了他這樣一位「舊船乘客兼港口漫遊者」的心。（GB, 4:556）

班雅明十月二十四或二十五日抵達巴黎，再次挑了一間廉價旅館，住進第六區的利特黑酒店。雖然他只待了幾天，但還是見到了克拉考爾，討論對方剛完成的小說《格奧爾格》，同時拜訪《新法蘭西評論》社長博蘭，對方表示有意刊登班雅明論巴霍芬的隨筆。就在他離開巴黎前，班雅明收到霍克海默來信，讀完肯定激動顫抖，因為霍克海默在信中表示，社會研究所或許可以多聘一個人到美國——他強調機率不高，但不是毫無可能——並提供生活津貼，不知道班雅明是否願意接受約聘，為期一到兩年？[53]班雅明答得非常明確：「能到美國工作，不論在你那裡或其他相關機構做研究，我都樂於接受。甚至容我這樣說，只要你覺得妥當，不管是什麼安排，你都可以當我先答應了。」（C, 460）可惜這項提議終究沒有成真，不過也是從那時起，美國就成了班雅明遙遠的想望。

前往聖雷莫途中，班雅明在馬賽短暫逗留，和《南方札記》編輯巴拉德見面商談某篇隨筆是否可能發表。十一月初，班雅明抵達聖雷莫，感覺自己終於來到了避風港，踏上「利古里亞海岸最適合冬居的地方」。（GB, 4:531）這個濱臨地中海的西利古里亞大市鎮，自十八世紀首家大飯店建成以來，便一直是旅遊中心。斯摩萊特（Tobias Smollett）在他一七七六年出版的《法國與義大利遊記》裡這樣描述：「聖雷莫這個鎮相當大，穩穩立於坡度平緩的山丘上，還有一個可以停靠小船的港口，許多小船都直接停在沙灘上，但只要載了東西，就只能下錨停在海灣裡，很不安全……這一帶幾乎沒有平地，但山上長滿了橘子、檸檬、石榴和橄欖，因此盛產優質水果和好油。聖雷莫的女人比普羅旺斯的女人漂亮許多，脾氣也好很多。」[54]濱海阿爾卑斯山在這裡直插入海，氣候異常穩定，四季如春，自十九世紀晚期便引來許多達官顯要，俄羅斯沙皇、鄂圖曼蘇丹和波斯沙阿都是常客。朵拉希望這裡無比發達的觀光事業，能躲過歐洲法西斯化的危害。

班雅明和朵拉結束了不愉快的離婚官司之後，這幾年關係漸有好轉。朵拉還在柏林之時，一直努力為他尋求出版機會，如今更在義大利供他吃住，而且不是只有這一次。她夏天搬來聖雷莫後，先在京城飯店廚房打工，以支付自己和史蒂凡的開銷。她七月表示自己很開心來到義大利，她「已經很多年沒有這麼健康愉快了」。史蒂凡雖然七月和母親一起來義大利，卻堅持回柏林讀書，不肯轉學到聖雷莫當地的普通高中。外人不難想像，班雅明敏銳察覺到，接受朵拉接待使他身陷一種曖昧的狀態。某天，他在自我撕裂的徬徨時刻這樣問道：

> 當某人告訴我，我很幸運可以散步寫作，追尋自己的想法，不必擔心日常生活，而且住在最美的地方——聖雷莫確實美得出奇——我該怎麼回答呢？當另一人起身到我面前，說我窩在自己的往日廢墟裡，遠離所有事務、朋友與生產手段，是多麼可憐可恥的一件事時，我面對這人只會更容易陷入尷尬的沉默。（C, 465）

義大利鄉間的相對平靜與安穩，讓班雅明恢復了長途散步、大量閱讀與寫作的習慣。十二月初，當地氣候如夏，班雅明去了聖雷莫後方的高山，造訪了老布薩納和塔賈兩座山城，飽覽地中海的壯麗風光。當時他深深地被周遭景致打動，甚至打算勸克拉考爾來聖雷莫，因為兩人十月見面時，他發現對方心情沮喪。儘管他無法保證天氣暖和，但很期盼這裡的舒服能打動對方：「假如天氣轉涼……就可以用壁爐。我很喜歡壁爐，甚至——你說不定還記得——以它為基礎建構了一套完整的『小說理論』。」（GB,

4:538）[55]而且這裡的開銷和巴黎完全無法相比。他告訴克拉考爾，朵拉可以用鎮上最低的旅館價接待他，每天二十里拉。

然而，隨著冬日到來，班雅明再度陷入絕望沮喪的情緒中。他很快就發現民宿比他想的還難住。他剛到不久，工人便一湧而入，泥水匠和水管工的嘈嚷令他想起伊比薩島上住的那間未完工的房子。「我有時會問自己，」他十一月二十五日在信裡告訴卡普魯絲，「根據星盤，我是不是注定要在工地裡過日子。」（BG, 124）不過，神經衰弱只是他最微不足道的困擾，每天都被外國旅客和溫泉客包圍才更令他難受。他覺得那些人「很粗魯」，「很難指望從他們身上得到什麼收穫」（BS, 149），更找不到人交流想法。他周遭唯一還算有頭腦的只有戈德堡和他的跟班們。「我這下可是身陷正宗魔法猶太人的總部裡了，因為戈德堡在這裡住下之後，不僅派弟子卡斯帕里（Adolf Caspary）出入各家咖啡館，還讓《希伯來人的現實》〔*Wirklichkeit der Hebräer*，戈德堡的代表作，一九二五年出版〕出現在報攤上。至於他本人，誰曉得呢？可能在賭場檢驗自己的命理學吧？」（BS, 148）班雅明一點也沒忘記，自己一九二〇年代初和戈德堡的往來經驗，因此不僅不跟其他房客接觸，連打招呼都刻意避免。但就連他平常當作避風港的咖啡館也幫不上忙，因為他發現鎮上的咖啡館「甚至比義大利小山村裡的咖啡館還糟糕」。（BA, 59）他在斯科夫博斯坦手邊連最基本的研究工具也沒有，而今到了聖雷莫，缺乏智識交流更是重創他的工作力。「最糟的是，」他年底對修勒姆說，「我愈來愈厭倦一切。原因與其說是生活不安穩，不如說是變動無常造成的孤立所致。」（BS, 149）

結果又是老樣子，班雅明再次迫切渴望離開眼前所在，到哪裡都好。他還是期盼霍克海默會召他去美國，但也知道不太可能。因此，當修勒姆——即使他已經對好友成為忠貞猶太教徒不抱任何希望——十一月底提議，班雅明可以靠著講課等有償活動，在巴勒斯坦停留三到四週，班雅明的反應就和霍克海默問他是否願意造訪美國一樣積極。一九三五年初，隨著相關安排更加明朗，修勒姆提議班雅明可以春天或冬天來訪。班雅明選了冬天，並且強調自己無法提前出發，是因為擔心他和社會研究所的關係岌岌可危。「就如我之前跟你提過，社會研究所即將從日內瓦遷往美國。由於我那脆弱無比的救命繩就繫在他們椽上，而且快斷了，以致必須不惜代價和所上高層保持私人聯繫。因此，其中一兩位最有影響力的成員——主管或行政部門的人——可能的歐洲行，就成了我絕對無法忽視的見面機會。」（BS, 153）修勒姆在信裡讀出好友一反常態，直接表達自己對社會研究所的保留態度。無論如何，班雅明提到卡夫卡的《審判》（椽與繩子）就表明了他和霍克海默等人的心靈距離，以及對他而言，那群人的行為與動機是難以理解的。[56]

一如以往，班雅明在夢境裡找到了遠離生活不幸的避難所。他告訴克拉考爾一個夢，夢中他的「守護天使」將他帶到巴爾扎克身邊。「我們只能長途跋涉，穿越一片沒有小徑，長滿蔥鬱綠草、白蠟樹或赤楊木的區域。所有樹木都指著我該去的方向。最後在一個綠樹成蔭的涼亭裡，我見到了正在桌前抽雪茄寫小說的巴爾札克。那些小說固然偉大，但那一瞬間，當我見到他置身於那片綠意盎然、難以形容的僻靜之中，我似乎更能理解那些小說的成就所在。」（GB, 5:27）一九二〇年代初，班雅明努力爭取教職之際，曾經夢到自己在歌德的書房遇見這位大詩人（SW, 1:445-446）；如今在聖雷莫這個綠意盎然的僻靜之地，他則是遇見了「巴爾札克」（雪茄讓人想到布萊希特），夢見對方身處的環境就和自己在伊比薩島那時一樣有助寫作。夢見偉大作品從寂靜之中誕生，動人地道出了班雅明受挫的野心。他空有滿腹壯志，卻找不到一個「就算滿足不了我的眼睛，至少也有益於我的工作與性格」的地方。（GB, 4:543）

他以為民宿會是避風港，結果不然。為了躲避其他房客和入夜的寒氣，他不得不每晚九點就上床睡覺。做夢於是成了樂趣的來源，而且他時間多得很。閱讀是另一件樂事。他重拾狂讀偵探小說的習慣，專挑毛姆、永遠的西默農、克莉絲蒂（但他覺得《藍色列車之謎》過譽了）和維里（Pierre Véry）的作品讀。其中最出乎意外的，或許要算他迷上了史蒂文生的《巴倫特雷的少爺》，不僅推薦給當時和他通信的朋友，還稱這部作品「幾乎勝過所有偉大的小說，只略遜於《帕爾馬修道院》」。（C, 464）不過，他讀書不純為了消遣。他仍然想替蘇聯作家的作品撰寫短評，所以讀了伊里夫（Ilya Ilf）和彼得羅夫（Evgeny Petrov）合寫的諷刺小說《金牛犢》。霍克海默對班雅明的當代法國文學研究很感興趣，開始邀他撰寫一系列沒那麼正式的〈巴黎書簡〉。儘管班雅明直到一九三七年才動筆，但這項提議已經足以讓他持續關注法國文學（他讀了格林的新作《幻想者》，但很失望），挖掘新作品與作家，像是拉侯歇的《夏勒瓦的喜劇》、德蒙泰朗的《單身漢》和蓋埃諾的自傳體小說《四十歲男子的日記》。

這段時間，有一本書讓班雅明留下了深刻的印象，更準確地說，是喚起了他對逝去好友的回憶。流亡海外的德國歷史學家兼神學家蒂姆（Karl Thieme）寄了一本自己的書給班雅明，一九三四年出版的《古老的真理：西方教育史》。班雅明特別關注書中對現代奉獻的批判，因為這立刻讓他想起朗恩，以及他最初從朗恩那裡得知的「神學思維世界」概念。儘管朗恩已經過世十年，班雅明仍然強烈感覺到朗恩的教誨並未過時，「所有西方文化依然受到猶太與基督教啟示及其歷史內容的滋養」。（C, 466-467）他坦白告訴林弗特，自己無法忽視他和蒂姆看法天差地遠，蒂姆書裡每一頁都清楚顯示了他們倆有多不同，但他仍然認為這本書的「價值不容置疑」。（GB, 4:559）

十二月，史蒂凡來訪，稍稍緩解了他的孤寂。父子倆幾乎兩年未見，他發現十六歲的兒子沉穩、自信又獨立，卻感嘆自己除了「嚴肅」討論之外，無法和這位年輕人有任何互動，原因或許出在史蒂凡心底對他這位太常缺席的父親愈來愈不滿。史蒂凡打算回柏林上學，至少待到來春他在義大利的學校註冊為止。除此之外，外界來訪少之又少。維辛二月下旬來過，拉特和妻子尤拉也是，停留時間不長，但好友來訪只讓班雅明更覺得孤單。他開始相信生活不在這裡，而在別處，連流亡生活也不例外。他有許多朋友開始聚在倫敦：軒恩看來至少暫時在那裡落腳了，阿多諾在倫敦和牛津都建立起人脈，尤拉和拉特也正考慮以倫敦為家。班雅明經常想起伊比薩島，那裡的小社群和「景物深深烙印在我心裡」。他得知諾格哈特因傷寒猝逝，心裡很難過。孔恩告訴他，島上的人都感嘆諾格哈特英年早逝。班雅明回覆孔恩，雖然他和諾格哈特只是泛泛之交，「他的生命之繩碰巧與我的生命之結交會」（C, 465），但這位年輕人的死給他的衝擊卻超乎預期。他再次提到了「生命之繩」的比喻，顯示他對自己人生的看法愈來愈宿命論，即使我們可以說，他本來就對自己的命運有所預感。當然，在班雅明的往來圈子裡，不是只有他一個人受苦。軒恩因為遲遲找不到工作而沮喪，阿多諾也說自己處境「艱難」，連平常來信都能振奮班雅明心情的卡普魯絲也透露，自己和阿多諾的關係遇到了瓶頸。身體不適又不快樂的她要阿多諾到柏林一趟，兩人坦誠討論彼此的未來。

這段期間，班雅明持續受精神困頓、甚至緊張性癱瘓所苦。他在信裡告訴修勒姆，「憂鬱幾乎不停歇地發作，有如沸騰的陰霾」。儘管如此，他仍然持續寫作，甚至接下了德國與法國流亡者報刊的邀稿。（BS, 154）這些工作有許多都是不得不的選擇。他在聖雷莫的生活開銷當然很低，其中也要感謝朵拉的慷慨，但他知道自己就算想永遠留下來，也不可能如願。一月下旬，他收到社會研究所大方寄來的七百法郎支票，二月又收到五百法郎，讓他攢得一筆不小的積蓄，捱過離開聖雷莫之後的那幾個月。他認為這兩筆錢是那篇語言社會學論文的稿酬，因此決定繼續寫小題目，而不是他一直想回返的宏大主題。他告訴如今在巴塞隆納做生意的孔恩，「我限制自己一次煉就一篇文章，半像匠人那樣，不要太趕」。（C, 476）一月他完成了第一篇法文長篇作品，主題是巴霍芬，也就是博蘭鼓勵他投稿給《新法蘭西評論》的文章（現收錄於SW, 3:11-24）。由於對自己的法文還沒有把握，他二月初去了尼斯，和布萊翁一起檢查文章的倒數第二個版本。這篇隨筆旨在向法國大眾介紹這位當時在法國少有人知的十九世紀學者。他研究遠古的墳墓象徵，進而發現了史前的「母系時代」。在這個酒神式的母權社會裡，死亡是開啟所有知識的鑰匙，意象則是「來自死者國度的訊息」。班雅明對巴霍芬的興趣由來已久，早在他慕尼黑求學階段，初次接觸克拉格斯學圈時就開始了。最終，這篇隨筆在春天被《新法蘭西評論》拒絕。儘管博蘭將文章寄給聲譽崇隆的《法蘭西信使》（*Mercure de France*）雜誌，而後班雅明的書商朋友莫妮耶又於一九四〇年向他毛遂自薦《書友公報》（*Gazette des amis des livres*），但這篇隨筆始終沒有在班雅明生前發表。他一九三五年初撰寫的另一篇約稿也遭遇相同命運：布萊希特的《三便士小說》書評。班雅明對這本小說情有獨鍾，不僅寫信勸所有朋友非讀不可，還要他們將聽到的任何迴響轉給他。其實他已經想好要在哪裡發表，只是他和克勞斯．曼關係緊張，導致計畫告吹。班雅明寫信到阿姆斯特丹給克勞斯．曼，要求隨筆在《文粹》雜誌的刊登稿費是兩百五十法郎，而非對方提出的一百五十法郎。結果即使都排版好了，這份十二頁的手稿還是被原封不動退了回來。「早知如此，我肯定會接受他的無禮開價，」班雅明在信裡引用了《三便士歌劇》〈人類奮鬥不足之歌〉的歌詞，這麼告訴布萊希特，「我顯然沒有聰明到能應付這個世界。」（C, 484）得知班雅明的糾結之後，克拉夫特覺得有必要替好友上一堂流亡政治學的課：「你或許應該從中得到啟發，未來永遠先接受較少的稿酬，因為就勉強維持生計來說，金額大一點也還是少得可憐，幾乎沒差。」克拉夫特強調，他也同意這些刊物將作者當成奴隸，而且他們這樣做是「出於健康的階級本能」。（引自GB, 5:92n）班雅明那段時間埋首撰寫的第三篇純文學作品，是名為〈巴黎來函〉的論紀德隨筆，邀稿單位是人民陣線在莫斯科新創立的機關報刊《字詞》（*Das Wort*），隨筆最後於一九三六年十一月發表。第二次連載談到了繪畫與攝影，同樣由《字詞》編輯部（布萊希特是其中一員）邀稿，但始終未能付梓。諷刺的是，正是在《字詞》發表的這篇隨筆，讓蓋世太保當作把柄，於一九三九年二月下令將班雅明驅逐出境。

除了約稿，班雅明還重新構思了十二月在《猶太評論》發表的論卡夫卡隨筆，增加了不少內容。他之所以一反常態，如此積極修改文章，是因為有可能在秀肯文庫出版一本卡夫卡專書，但還有其他因素。他的〈卡夫卡〉定稿後不久，卡夫卡全集卷一就問市了。阿多諾對他這篇隨筆的評論雖長，但很正面，表示他讀完「當下就感激得不能自己」，同時指出「在我心裡從來沒有如此刻一般確信，我們兩人對哲學基礎的看法是一致的」。（BA, 66）事實證明，讓阿多諾先讀到這篇隨筆再理想不過。他理解班雅明試圖藉由閱讀卡夫卡的寓言引出自己的「『逆』神學」，也理解神話與遠古內在於現代性的建構，而且他比其他人（修勒姆、克拉夫特或布萊希特）都理解「字符」——書寫，亦即語言的圖像，即經文——在這篇隨筆中的寓言功能。一九三五年初，班雅明大幅改寫並擴充了隨筆的第二部分，並打算大修最後的第四部分。但秀肯文庫最終沒有和他簽約，修改也就止於幾段精彩的補遺了。[57]在克拉夫特的建議下，班雅明將手稿寄給法國評論家杜博，希望對方能為他引薦當地的出版管道，可惜無疾而終。

在聖雷莫的那幾個月，班雅明持續撰寫短文，主要是為尚未完成的《柏林童年》而作。他寫下〈色彩〉的初稿，完成了〈哈勒門〉，亦即後來的〈冬日夜晚〉。他還寫下語調最輕快的兩篇小品文。十二月初，〈一分不差〉在《法蘭克福報》發表。這是篇半自傳短文，描述對著麥克風向聽眾講話的焦慮：講者徹底失去時間感，怕自己超時所以長話短說……結果節目還剩幾分鐘，但他已經無話可說。隔年三月，〈漫步閒談〉在《法蘭克福報》發表，和〈一分不差〉一樣使用化名。文中，班雅明將個人經歷化為小說，包括之前旅居伊比薩島和一九三五年二月底參加尼斯嘉年華的經驗（他發現嘉年華「比那些吹牛鬼描述的要好得多」(GB, 5:57-58)）。他將這些經歷加以濃縮，並結合他對嘉年華這類「例外狀態」的文化現象的反思。儘管他在信裡自謙表示，〈漫步閒談〉就是一張「戰士擺拍」照（BA, 77），不過這篇短文仍然非常出色，巧妙融合了日常觀察與深刻反思，充分展現班雅明的短文風格。[58]

阿多諾的回信點醒了班雅明，讓他想起自己真正想進行的主題：巴黎拱廊街。一九二〇年代末，阿多諾和班雅明在陶努斯山談話後，就不停遊說班雅明繼續這項研究計畫。一九三四年十一月六日，阿多諾寫了一封引人注目的信，不僅將好友此前視為己有的領域算上自己一份，甚至告訴班雅明哪些方法可行，哪些方法應該避免：

聽你說你終於放下隨筆，重新開始拱廊街計畫，真的是我多年來從你那裡聽到最開心的消息了。你也知道，我一直認為我們一定會對第一哲學（prima philosophia）做出貢獻，這部作品就是貢獻之一。而我最渴望的，莫過於見到你經歷了漫長痛苦的遲疑之後，終於能為這部作品劃上一個不負於這個重大主題的句點。倘若我要給這部作品一些啟發，且不被你視為不自量力，那就是：這部作品應當放膽實現其最極端主張裡的所有神學內容與字面意義（所謂放膽，意思就是不去理會來自布萊希特無神論的任何反對。也許有一天，我們會將它當成逆神學來拯救，但絕對不能複製！）。另外，為了你自己的方法好，你應該極力避免以外部方式，將你的思想和社會理論連結在一起。因為在我看來，講到最具決定性、最根本的議題，就該大聲清楚說出來，以便揭示問題不曾稍減的絕對深度，又不忽略其中的神學。而後，在這個決定性的層次，我認為正因為我們不是被迫以屈從的方式，從外部挪用馬克思理論，反倒可以更輕易地利用它：在這個架構下，「審美」維度能以更深刻、更具革命性的方式介入現實，這是被視為「機械神」(deus ex machina）的階級理論所遠遠不及的。因此在我看來，有兩件事似乎必不可少，一是最遙遠的主題，亦即「一成不變」與地獄，應該全力表達，不能有任何保留；二是「辯證意象」應該以最清晰的方式闡述。沒有人比我更清楚，這些話句句都充滿了政治火藥，也必然如此。但這些火藥埋得愈深，引爆時力道就愈大。這方面我不敢給你「建議」，我只是挺身抗暴，試著替你自己的意圖說話，就像你對克勞斯做過的那樣，光是如此描述就足以被驅逐。

阿多諾如此投入，甚至不請自來，把自己當成合作者，讓班雅明大受鼓舞。然而，接下來幾年，阿多諾對拱廊街計畫什麼能說、什麼不能說的態度愈來愈獨裁。這對計畫和計畫收到的迴響都是害多於利，對班雅明心情的傷害就更不用說了。

一九三四年十二月，阿多諾讀到這篇論卡夫卡的隨筆，從中隱約察覺到了拱廊街計畫的影子。班雅明在文中區分了「歷史年代」（Zeitalter）與「世界年代」（Weltalter），阿多諾抓住這個區分，堅持認為班雅明對歷史的看法，應該已經重回拱廊街計畫的中心思想，亦即「原初史和現代性」的關係。「在我們看來，歷史年代的概念根本不存在……想理解世界的紀元年代，只能從業已石化的現在來外推。」（BA, 68）阿多諾在此點出歷史哲學的核心地位，這對班雅明一九三五年重啟拱廊街計畫後的書寫走向影響深遠。拱廊街計畫第一階段（一九二七至三〇年）的特點是各式各樣的筆記與素描，顯示班雅明受到超現實主義和所謂的「社會精神分析」影響，強調「夢想集體」的概念。但當他一九三四年初重啟計畫之後，卻因為一篇重要論文而開始朝社會學和歷史的方向轉移，這篇論文的主題是奧斯曼男爵的巴黎大規模更新計畫，包括拆除許多舊街區和拱廊街。阿多諾的信讓班雅明更加認識到，十九世紀的巴黎歷史本身就是一個新生的「歷史物」，受到仍然在進行的意識形態建構影響；所謂的意識形態建構，用阿多諾的話來說，就是「業已石化的現在」的「外推」。而班雅明派給自己的任務，便是挖掘出正統編史學掩埋扭曲的「原初史」面向。經由這種多角度挖掘，一段相抗衡的歷史將得以浮現。旅居聖雷莫期間，班雅明開始從這個全新的角度檢視自己第一階段完成的筆記，並於隔年春天回到巴黎後，擴大拱廊街研究的規模。然而他心底明白，唯有得到社會研究所的大力支持，他才可能擴大研究，但社會研究所有刊物要維持。離開義大利之前，班雅明身上的壓力愈來愈大，因為霍克海默「頻頻催促」他開始撰寫論福克斯的論文，以便在《社會研究期刊》發表。班雅明之前真的是想盡各種「巧妙的托詞」，一直不想動筆，但就像他二月坦白告訴修勒姆的，他已經不能再拖了。

不是只有阿多諾想和班雅明搶奪智識主導權。布洛赫才剛出版新書《我們時代的遺產》，班雅明就開始四處聽見傳言，指出布洛赫將他和他的作品歸為一九二〇年代現代主義景觀的一部分。班雅明原本打算和布洛赫重修舊好，自從他離開柏林，兩人就沒再見過面了。這些年來，他經常覺得對方「盜取」自己的思想。他還沒拿到布洛赫的新書，就先寫了一封信給這位老友（他寫給布洛赫的信如今只留下兩封，這是其中之一），要求見面消除誤會。「自我們上回談話之後，我敢說流的血和淚已經夠多，可以再進行思想交流了。這麼做或許能為我們雙方提供新話題。這就帶到我的第二個重點：有新東西可說，不代表舊東西可以就此罷休。」（GB, 4:554）接下來，班雅明在信裡拚命解釋（不只對布洛赫，應該也是對自己）布洛赫對他作品的看法為何讓他特別在乎。儘管文中充滿防備，卻也顯示班雅明和布洛赫一樣努力，不希望兩人的關係淪為揣測與謠言的犧牲品。

等他一月中旬終於讀到這本書，班雅明隨即和克拉考爾分享了他表面貶抑、實則巧妙克制的評價，給了克拉考爾不少信心，因為「布洛赫可能已經在巴黎了」。（GB, 5:27）班雅明將這本書比作「一聲轟天巨雷，接著是閃電般的短促音信」，並指出這聲巨雷建立了自己的「真實回聲」，也就是來自「空洞空間」（Hohlraum）的迴響。這裡他影射的是布洛赫書中的核心概念：火花四射的空洞空間。布洛赫認為這就是「我們的情況」，不只當前，未來很長一段時間都是如此。[59]在他看來，最適合這種情況的文學形式就是蒙太奇。一九二〇年代，蒙太奇在所有藝術領域都得到了實踐，而布洛赫新書裡的方法與核心主題便是蒙太奇，精確地說是「哲學蒙太奇」。「如今，」布洛赫在〈蒙太奇劇場〉一節寫道，「除了裂隙、錯位……廢墟、交錯與空洞空間，再沒有其他存在。」「晚期資產階級的蒙太奇，是後者世界的空洞空間，充滿了火花與『表象史』的交錯。」闡述這段不起眼的歷史，及其「歷史面貌的重疊」，將布洛赫帶向「十九世紀的象形文字」，而讀者正是在此遇見整套班雅明式的母題，例如叫賣、煤氣燈、世界博覽會、絨毛布偶、偵探小說和新藝術等等。布洛赫不僅出色運用了他一九二八年在《單向街》書評中稱作「哲學中的評論形式」的手法，還刻意挪用了（他也大方承認班雅明的功勞）拱廊街計畫的主題與組集式手法。他一九二〇年代晚期就在和班雅明於柏林的交談中得知了這些內容，而班雅明為知音所寫的專欄也多次呼應前述題材。至於班雅明，他認為布洛赫對這些材料的闡述欠缺「集中度」，這也正是《拱廊街計畫》出版後受到的指責。

> 我們並沒有讓手上的主題清晰浮現，反而再次發現了舊有的哲學程序，對曾經風光的每個議題「表明立場」。這個主題非常明顯，而且在談論非當代性的章節裡，偶爾會得到非常精確的處理……這裡所討論的事物，並不允許自己在空的空間裡（im leeren Raum）被改正與修正，而是要求一個討論的場所。我認為這本書的一大弱點，就在於它迴避了這個討論的場所，從而迴避了鑑識證據。其中最重要的，就是被閹割的德國知識分子的犯罪事實。這本書要是成功了，將成為過去三十年、甚至一百年來最重要的著作之一。（GB, 5:28）

不過，班雅明二月六日寫信給孔恩，信裡談到這本書時，他的評價就不是那麼正面，甚至有些諷刺。除了刻意選擇的萬花筒式風格，他還不認同書裡的「誇大主張」：

這本書和它所在的處境完全不符，其格格不入的程度就好比一位優雅的紳士前來視察地震摧毀的災區，心裡最急的就是攤開僕人帶來的波斯地毯——順帶一提，那些地毯已經多少被蟲蛀了——擺出已經有些褪色的金銀器皿來。布洛赫的意圖無疑是極好的，也有珍貴的洞見，但他不曉得如何周到地讓它們發揮作用……面對這種情況，也就是難民區，優雅的紳士除了將波斯地毯送給災民當床單，將錦衣裁成外套，熔掉他華麗的器皿，就沒有其他能做的了。（C, 478）

面對聖雷莫的沉悶，班雅明決心盡量多去附近的尼斯走走。「就算那裡〔那座城市〕沒有很多人跟我合得來，至少也有一兩個人可以。此外還有像樣的咖啡館、書店、選擇豐富的報攤。簡單說就是我在這裡不可能擁有的，那裡都有。而且，我在那裡還能補充偵探小說。我的需求量滿大的，因為在這裡，我的晚上通常八點半就開始了。」（C, 477）布萊翁就是班雅明能在尼斯見到的法國朋友。這位小說家兼評論家和文學刊物《南方札記》關係密切，曾在班雅明一九二八年出版論德國悲苦劇專書時寫過書評，班雅明一九三五年一月能在《南方札記》發表〈大麻在馬賽〉法譯，也是靠布萊翁大力幫忙，還修正了不少滕凱特不精確的法文。儘管他後來想找人翻譯班雅明的〈馬賽〉未能成功，不過還是持續以各種方式宣傳好友的作品。

班雅明原本預定五月才離開聖雷莫，但二月下旬，他發現自己不得不離開自己在「聖雷莫的避風港」（C, 480），因為他的前岳母突然來訪。事實證明，他在聖雷莫的時光並不比在斯文堡輕鬆多少。離開前不久，他在寫給卡普魯絲的信裡提到這段時光，給出了相當黯淡的總結：

親愛的菲莉齊塔絲，／妳常聽我描述自己在物質方面的擔憂，因此我不難想見，甚至希望妳覺得我「除此之外」一切都好。給妳這種感覺，是我出於友誼的舉動。／但另一方面，沉默有時就像毒藥，且因為那是強加於我的，至少就我聲音可及的距離而言，所以妳現在也會遇見，希望妳不會退縮。／我經歷了幾小時、幾天最深沉的悲慘，我想我已經許多年沒有經歷過了。不是滿足時感受到的那種痛苦，而是充滿了由小事所引發、最終流於虛無的苦澀。／我非常清楚，造成這種處境的關鍵原因是我在這裡面對著難以想像的孤獨。不只與人隔絕，還與書隔絕，要是天氣太壞，連自然都與我隔絕。每天晚上九點以前就寢，每天重複那幾條路線，且從一開始就知道路上不會遇到任何人，每天對未來做著同樣陳舊的思考：這些情況，就算心智相當強健（而我自認屬於此類）最後也會陷入嚴重的危機。／奇怪的是，那些理當最能使我堅強的事物，也就是我的工作，卻只加重了危機。我剛完成兩項大研究，「巴霍芬」和貝爾托德〔Bertold，原文如此〕的小說，內心的負擔卻沒有減輕半分。／我已經無事可做，反正待在這裡的日子遲早會結束（我的前岳母就要來了），而連這件事也讓我提不起勁。只有一件事有用，那就是和妳見面。要是我們一定會見面，那該有多好！（BG, 132）

在種種不適裡頭，班雅明顯然最擔心寫作再也無法讓他維持生計。二月二十二日，他寫信給專門替自己保存資料的修勒姆，哀嘆「眼前這段歷史和我的人生道路，都讓我無限分散的創作的有限集合顯得比過往更難預測，當然也更不可能了」。（BS, 153）而且他看不到盡頭。雖然他從未小看希特勒的執著，卻還是低估了對方的殘暴。[60]面對德國在羅姆政變後的驚人穩定，班雅明向孔恩預言可能出現類似之前布呂寧政府的狀態，也就是越過國會靠緊急命令統治國家。（C, 476）一九三〇至三二年執政的布呂寧曾自稱是「威權民主」。班雅明一九三五年提出這個看法，顯然低估了納粹為了掌控德國所採取的措施，也等於無視當時已經發生的大規模暴行。

第九章　巴黎拱廊街：巴黎、聖雷莫、斯文堡 1935—1937

兩年的流亡生活，讓班雅明的人生陷入了難以平復的混亂——基本上，所有流亡的德國人都不例外。然而，一九三五、三六和三七年卻是相對穩定，即使並不牢靠。那幾年，社會研究所給他的薪俸愈來愈高，使他相信《社會研究期刊》會持續邀稿，其他刊物也會不時給他工作。此外，他在巴黎智識圈的地位也略有提升。這不代表流亡變輕鬆了，也不代表長遠下來，他的處境會變好。頂多就是這些年的驚恐暫時告一段落，變得稍稍可以預測，使他可以放下心來，思考自己最重要的創作。於是，拱廊街計畫向前邁進一大步，因為班雅明總算有機會一口氣呈現自己的發現：一九三五年，他做好準備要展示計畫目前的進展。為了撰寫這份他稱作報告（exposé）的公開說明書，班雅明評估了自己七年來蒐集的大量素材，並以此為基礎，重新構思計畫的理論架構，最終寫出一篇名為〈巴黎，一座十九世紀的都城〉的短文。這次的素材回顧也催生了另外一篇隨筆，那就是〈藝術作品在其可技術複製的時代〉。這篇文章可說是《拱廊街計畫》的當代補充，特別是它對電影文化的分析，因為《拱廊街計畫》只檢視了一八五〇年代前後的視覺藝術發展。一九三五到三九年，班雅明建構出一套最具說服力、影響也最深遠的現代性理論，而這一切都始於一九三五年五月到一九三六年二月的那九個月。

不過，一九三五年初卻是從他逃離前岳母開始的。班雅明匆匆告別了朵拉在聖雷莫經營的小民宿，住進了宏偉許多的摩納哥馬賽酒店。他之前就待過那裡，如他所說，當時「我還是統治階級的一分子」。（GB, 5:68）但班雅明不僅在這裡沒說，在別處也沒提到，只曾以最隱晦的文學手法（在《拱廊街計畫》卷宗O）透露，賭場才是他選擇摩納哥的原因。那年三月，班雅明的妹妹在信裡（顯然是回覆哥哥的絕望懇求）首次提到這個長期折磨班雅明的痛苦。自此之後，那些和他最熟的人便幾乎不再理會他的求助了。班雅明的妹妹在信裡表明不願幫忙，因為她確信哥哥一拿到錢就會賭光。班雅明的前妻朵拉也在五月寫道，她聽說他在摩納哥的賭桌上輸了「一大筆錢」。[1]修勒姆亦在回憶錄裡簡略提及，他通常不會出手幫忙也是出於同樣理由。因此，當我們讀到班雅明流亡期間充斥在信裡的苦苦哀求，最好別忘了這個陰暗面。只要將他提出的生活開銷數字和其他難民相比，就會發現那些數字有時刻意誇大，好讓他弄到更多錢賭博和找女人。就好比他當時寫信給妹妹要錢，但其實他每個月都會從社會研究所拿到五百法郎（當時約合一百瑞士法郎），外加出租柏林住處的租金，還有寫作賺來的零花錢，而他妹妹每個月當保母只能賺到兩百五十法郎，加上分租自己狹小住所得到的微薄收入。不過，就算我們知道他出入巴黎花街柳巷過著無節制的生活，也絲毫不減流亡確實帶給他的驚恐。我們甚至可以這樣說，正是這些庸俗面顯露了他的絕望。為了從內理解他這種行為，我們有必要參考班雅明在《拱廊街計畫》裡對賭徒和賭徒所體驗的時空迷醉感的描述。

> 這種迷醉源自於賭博擁有一種特殊能力，可以經由迅速不停拋出一個個相互獨立的組集，一次次喚起賭徒的新奇感，從而帶來鎮定的效果……迷信者至少會尋找跡象，賭徒連跡象都還看不出來就開始反

應。（AP, O12a,2; O13,1）

我們不要忘了，在班雅明眼中，思考本身就是一種生存賭注，來自於人察覺真理其實毫無根據與目的，存在是「毫無基礎的組織」。對他而言，賭桌具有本體論的意義，象徵著世界就是一場遊戲。

班雅明當然知道自己很難在摩納哥停留太久——「世界上最後四、五十個經濟幸運兒開著遊艇或勞斯萊斯彼此炫耀，整個地方籠罩著風雨欲來的烏雲，那是我唯一擁有和他們相同的東西」（BA, 78）——因此他立刻開始思考接著要去哪裡。少了之前讓他得以旅行的那點外快，班雅明能去的只剩單靠社會研究所薪俸就能過活的地方，而眼前最簡單的選擇就是立刻搬去巴黎，因為巴黎雖然開銷不小，但他反正五月也得去那裡會見研究所代表。只是他很猶豫。首先是他最理想的可負擔選擇沒了，也就是借住在妹妹家。杜拉在維拉侯貝爾朗代的住處雖然名為「公寓」，其實只是一個大房間，而且她每天早上都得照顧左鄰右舍的五個孩子，否則就付不起生活開銷，因此根本無法收留自己的兄長。其次是他很想在接下來幾週去南法見阿多諾夫婦。權宜之計是搬去巴塞隆納，那裡有孔恩作伴。面對好友詢問每個月一百瑞士法郎能否在巴塞隆納過活，孔恩給出了一個很有意思的回答，讓我們一窺流亡者被迫承受的生活條件：

靠一百瑞法過活當然沒問題，只要除了吃住（而且只住民宿）之外幾乎不花錢就行。這裡當然有民宿，西班牙人開的，一百五十比塞塔，只是很少有空房，而且是屋子裡其中一個房間，也就是所謂的雅房，即便待到春天也還可以忍受。我認為你住雅房比較實際，只要五十比塞塔，而且絕對稱不上難住。你可以在咖啡館吃早餐，中餐去可接受的猶太潔食餐館，只要兩比塞塔，可能最便宜又吃得飽，晚餐可以自己做。這樣的話，花費如下（一百瑞法等於兩百三十八比塞塔）：

租金　五十含洗衣
早餐　十八
午餐　六十
晚餐　六十，如果你需要的話！
外加白天水果和午後一杯咖啡

總計　一百八十八比塞塔，你還有五十比塞塔可花（GB, 5:52n）

猶豫不決的班雅明，最終還是留在原地，在摩納哥住了六週。他幾乎沒做工作，只是不停寫信，經常遊覽附近的大山丘。沒多久，他表弟維辛也來了。維辛會來同樣有他的苦衷，而且得靠表哥接濟。「就這樣，」班雅明在信裡告訴卡普魯絲，「雖然聽起來不可思議，但我有兩週以上全靠自己的微薄財產養活兩人。老實說，要做到這點，我只能降低兩人的生活水準，到我從來沒經歷過的程度。是啊，對我們來說，那一週真的非常難忘（誰曉得之後還有多少類似日子要過）。」養活兩個窮難民，代表班雅明再也住不起旅館。「這裡天氣很好，清晨午後只要走得夠遠，就能去到某個地方，讓人慶幸即使遭遇這一切，至少還有這個地方。只是回程路上，你實在鼓不起勇氣踏進沒付錢的旅館，面對你實在沒錢付、甚至是根本付不起的旅館老闆的接待。」他請卡普魯絲再次幫他爭取金援，即使目前看上去希望渺茫，因為「一個被現實嚇倒的人如我，只能夠將力量寄託於希望之上了」。（BG, 141-142）

那幾年留存下來的書信裡，有一封是他寫給拉脫維亞愛人拉齊絲的信。兩人自一九二九年就沒有再見過面，而她年初寫信來，說她一直在莫斯科替他找工作，只是沒有結果。這封回信是他在被迫離開聖雷莫不久後寫的，信裡表達感激的方式非常符合他一貫的作風：「有些人看我過得如此悲慘，就以喚起我卑微的希望為樂。這讓人對希望變得異常敏感，就像風濕患者對發炎一樣。這種情況下，能認識一個不會喚起對方任何希望的人**真的很好**，即使那只是因為她懶得寫信。我說的就是妳。因此，在我已被淹沒的『靈魂』裡，妳就站在少數僅存的高地上。妳的不寫信，對我來說幾乎就和妳的聲音一樣重要——如果時隔多年，我又能聽見妳的聲音的話。」（GB, 5:54）信末，班雅明隨口提起自己已經不再和妻子同住，「長久下來實在太難了」，並且在告訴拉齊絲一個巴黎地址，方便她寫信給他之後，又加上一句自己在《莫斯科日記》那本蘇聯紀行裡的話：「我現在好想見妳，看妳穿著那鹿皮外套，並陪它走過莫斯科的大街小巷。」（GB, 5:55）

他還告訴拉齊絲，維辛很快就會去莫斯科，希望能在那裡行醫。對班雅明來說，除了紐約和耶路撒冷，莫斯科也是他逃離歐洲的最終三角選擇之一。因此當他告訴拉齊絲，要是維辛半年內沒有在莫斯科替他找到工作，她就再也不會收到她的華特的消息時，只有一半是玩笑話。維辛一九三五年七月抵達莫斯科，掙扎了幾個月之後，終於在十月替自己在中央癌症治療研究所找到了工作，但年底就決定離開蘇聯。他在寫給班雅明的信裡透露了流亡者在蘇聯的處境，以及布萊希特那樣的人決定不去蘇聯的原因：

「對我和對所有當醫生的人來說，遲早都得成為蘇聯公民。據我所知，甚至從一九三六年起就會是如此。你知道這就代表完全喪失個人自由，因為你永遠拿不到出國簽證（這裡有一道特別指令，無論如何都不發簽證給在俄國境外有親屬的人）。」（GB, 5:56-57n）

儘管想逃得更遠，但巴黎終究還是代表他有機會繼續拱廊街計畫，而且論福克斯的隨筆也得開始寫了。這麼多個月之後又能在圖書館做研究，不只在班雅明醒著的時候影響他，也對他的夢境起了作用。他說，長年待在圖書館裡，「每週都有成千上萬個鉛字從〔他〕指尖下滑過」，使他產生了「某種近乎身體上的需求」，而他已經很久沒有得到滿足了。（GB, 5:70）於是，班雅明做過這樣一個不安的夢，夢中一名陌生人從桌前起身，從**他個人的**書架上拿走了一本書。這份不安逼得班雅明重新思考自己的處境，也讓他前往巴黎的念頭變得更加強烈。就這樣，儘管他仍不確定自己是否負擔得起住在法國首都的開銷，卻還是在四月初告別了摩納哥。

前往巴黎途中，班雅明先去了尼斯，在他三年前考慮過自殺的小公園酒店住了一晚，接著再從尼斯直奔巴黎，於四月十日住進丹費爾—羅什洛廣場的弗羅里多酒店，離他上回下榻此處幾乎滿一年。此時的班雅明並不曉得，在一整年幾乎沒有寫出任何大作之後，接下來這一年，他總算可以全心投入巴黎拱廊街計畫的複雜構想之中，寫下幾篇至今仍最為人所知的作品。事實上，這幾個月就和他撰寫論德國悲苦劇專書或《單向街》初稿時一樣多產，而班雅明本人也察覺到了這一點。

值得一提的是，少了社會研究所支持，這些驚人的智識成就便不可能實現。班雅明在尼斯寫信給霍克海默，重申自己對社會研究所的忠誠：「對我來說，最要緊的莫過於讓自己和研究所的工作結合得愈緊密、愈有成果愈好。」（C, 480）無論他心裡有幾分保留，班雅明都清楚社會研究所已經成為他唯一的依靠。不僅《社會研究期刊》是他最重要的作品發表管道，社會研究所自一九三四年開始提供的薪俸，更是他一九三〇年代僅有的固定收入。一九三五年四月發生了一連串事件，讓班雅明對社會研究所更加依賴，也為他的拱廊街計畫提供關鍵助力。抵達巴黎後不久，班雅明終於等到他從冬天到初春一直殷切期盼的聚會。這次和社會研究所所長波洛克會面，為他帶來兩個重要結果。首先是緩解了他陷入谷底的經濟困境，至少暫時如此。波洛克將月俸加倍，從五百法郎調到一千法郎，為期四個月，也就是一九三五年四月到七月，並給了他五百法郎現金在巴黎安頓。此外，波洛克還對拱廊街研究提出一個無比重要的建議，那就是寫一份報告闡述整個計畫。截至當時，班雅明向霍克海默和他同事提起這本計劃中的書時，總是說得非常籠統（「我在這裡或那裡都暗示過，只是從來沒有透露太多」〔BS, 158〕）。面對眼前的情況，他有必要為這些素材提供一份有條理的說明——不僅為他自己，也為他的資助者。

班雅明立刻抓住了這條智識上的救命繩，一頭栽入撰寫報告的工作。諷刺的是，這篇文章能完成，得要感謝巴黎國家圖書館的年度休館，讓班雅明沒有機會將素材岔到其他方向，而是乖乖待在房裡寫作，手邊只有之前蒐集的大量筆記可以揮灑，結果他一個月就把文章寫了出來，算是相當地快。這篇隨筆就是〈巴黎，一座十九世紀的都城〉（Paris, die Hauptstadt des XIX. Jahrhunderts），也是他對複雜的拱廊街計畫所寫的首篇概述（第二篇是法文，寫於一九三九年）。完成這份報告不僅讓班雅明重拾信心，甚至令他重新燃起活下去的渴望，即使為時不長：「從這篇作品，我見到了不能在生存戰場上失去勇氣的主要理由，甚至是唯一的理由。」（BA, 90）班雅明向克拉夫特提到，自己是如何以驚人速度將龐雜的筆記與想法理出秩序，「淬鍊成晶」（BA, 88）：「這個如土星運行般的緩慢節奏，其背後最深層的原因就是大量思想與意象所須經歷的徹底顛覆。這些思想與意象源自於許久之前，我那乍看形上、實則神學的思維，因此唯有顛覆才能全力輔助我目前的安排。這是個潛移默化的過程，我幾乎一無所覺，以致當它受到外部刺激，讓我短短幾天內就寫出了作品計畫，真是嚇了我一大跳。」（C, 486）班雅明更詳細地向阿多諾描述拱廊街計畫的起源：

> 最早是阿拉貢——我每晚在床上看《巴黎鄉巴佬》，總是不到兩三頁就心臟狂跳，只能將書放到一旁……但我對「拱廊街」的描繪便是從那時開始的——接著是柏林那幾年，我和黑瑟爾天南地北討論拱廊街計畫，也滋養了我們倆友誼最美好的部分。副標題「辯證的仙幻劇」便是那時出現的，只不過現在不再合適了。這個副標題透露了這項計畫在我當時想像裡，是帶有狂想曲性質的。（BA, 88）

班雅明用「狂想曲」形容早期的拱廊街計畫，等於承認它源自「一種天真捲入自然的古老哲學思考方式」。而他告訴阿多諾，這項計畫會變成現在這樣，主要歸功於他和布萊希特的會面。班雅明聲稱，那次會面帶給他一個「難題」，也就是歷史唯物觀點和最初的超現實主義觀點的衝突，這點已經被他解決了。

一九三五年完成的這份報告，文字高度凝煉，近乎速記，涵蓋主題非常廣泛，從鋼鐵結構、攝影、商品拜物教到靜止的辯證法，同時定義了歷史人物，包括傅利葉、路易·腓力、波特萊爾和奧斯曼男爵，最後論及十九世紀人物類型，從收藏者、漫遊者、陰謀家談到妓女與賭徒。《拱廊街計畫》建立在一組複雜的立論之上，是班雅明過去七年緩緩淬鍊出的成果，也是〈巴黎：一座十九世紀的都城〉的主範疇。而拱廊街本身作為組織所有內容的隱喻、都會世界的縮影，則有了新的意義：這些拱廊街本質上就模稜兩可，既是半室內半公開的走道，也是半陳列商品半都會休閒的空間，於是成為班雅明現在稱作「辯證意象」的主要例子。在一九三五年的班雅明心中，辯證意象是「願望圖像」、「夢境圖像」，也是集體意識的動態形象，新與舊在其中相互交融，集體「既尋求克服，也尋求改變社會產物的不成熟與生產的社會組織不當」。自一九二〇年代末以來，拱廊街計畫一直以「社會心理學階段」為特色。在這個意義上，一九三五年的報告可以說是這個階段的頂點。文中的夢境圖像證實了集體具有預見更美好未來的能力：「在夢裡，每個時代都包含了下個時代的意象，而下個時代似乎和原初史的元素相結合，也就是和無階級社會的元素結合在一起。我們對這種社會的經驗就儲存在集體無意識裡，並經由和新事物的相互交融促成了烏托邦，在生命的千百種型態裡留下痕跡，從歷久彌新的雄偉建築到稍縱即逝的潮流時尚，都能見到這樣的印記。」班雅明在一九二九年論超現實主義的隨筆裡，就曾假定過時之物潛藏著「革命能量」，甚至連一九一五年演講〈學生生活〉第一段也提到了這一點。如今他提出一個可能更為複雜的模型，在這個模型裡，我們可以從當代社會未被講述的面向中，讀出因新舊交會或撞擊而產生的烏托邦的痕跡。〈巴黎，一座十九世紀的都城〉就像一張地圖，引領我們對社會現象進行占卜式的解讀。從巴黎火車站、傅利葉的法朗斯泰組織（phalanstère）、達蓋爾的全景畫到路障街壘本身，統統以可能潛藏著革命知識的願望圖像的形式出現在報告中。就連以商品展示和交換為主的結構與空間，如世界博覽會、資產階級室內裝潢、百貨公司和拱廊街，也被證明其中弔詭地蘊含社會革命的可能。

這份報告還預告了更多東西：這項拱廊街計畫將涵蓋一套先進的類型與媒體理論、報紙的民主潛能、政治中立化的全景式文學，以及攝影經由大量複製擴展了商品交換領域——這些在文中都被視為十九世紀中葉在巴黎興起的、新的社會現代性的構成面向——外加一種全新的多視角觀看方式。報告結尾，班雅明隱約提及一套闡述現代經驗的綜合理論，這套理論正是他晚期作品的重心。而他對波特萊爾這個人物的思考，則是讓我們預先看到以古典的方式閱讀現代文學的手法，詩人的作品在他的呈現下，反映出具有轉化力量的「疏離者的凝視」。他將波特萊爾描繪成世紀中葉的典型漫遊者，每當詩人不隨著城市人群的浪潮移動，就會在市集的邊界徘徊，而邊界理論（Schwellenkunde）正是《拱廊街計畫》的基礎。人群是一道「面紗」，熟悉的城市隔著它向漫遊者招手，有如幻景。漫遊者不時遇見遠古時間與空間的幽靈，這些幽靈不安分地寓居於日常生活現象裡。因此，波特萊爾的憂鬱凝視就代表漫遊者的寓言式感知模式。在這種模式裡，古老的符號森林不斷穿透持續演變的城市景貌，歷史客體就像時尚物品，同時引用過去與未來，有如重複書寫的羊皮紙和畫謎向漫遊者揭露自身。班雅明在〈巴黎，一座十九世紀的都城〉裡沒有分析，而是列出他後來解讀波特萊爾時的核心母題：詩人對一位突然冒出人群的哀傷女人的破碎印象、對恆常如新的巴黎現代面貌的體驗，以及詩人如何預示了地下巴黎的存在和地下巴黎與神話過去的共鳴。報告最後一節的主題是奧斯曼大膽無情的城市規畫或「戰略美化」，也是班雅明接受階級鬥爭理論最明顯的一次嘗試。他在結尾明確肯定辯證思考是「歷史覺醒的媒介」，因為「夢境元素」在覺醒過程中獲得實現（亦即被認出與被運用）正是真正的歷史思考的典範。

完成〈巴黎，一座十九世紀的都城〉之後，班雅明五月二十日在信裡告訴修勒姆：「有了這份我沒有多想就答應撰寫的報告，〔拱廊街〕計畫進入了新的階段，終於比較有書的樣子了，雖然還差很多……到時它將從法國的角度揭示十九世紀。」（C, 481-482）他在寫給阿多諾的信裡附了報告的副本，並表示他希望手上素材又更接近完整的研究一點。這個消息對阿多諾真是再好不過了，他早就認為拱廊街計畫「不僅是你哲學的核心，就目前所有可以用哲學訴說的一切而言，更是關鍵之言、獨一無二的傑作」。（BA, 84）阿多諾的反應確實迅速而明確。「仔細讀完之後，」他六月五日寫道，「我認為現在可以這樣說，我不再對社會研究所抱持保留的態度了……我會立刻寫信給霍克海默，要他全面支持這項研究，當然少不了該有的經濟支援。」（BA, 92-93）

儘管阿多諾大力支持，但〈巴黎，一座十九世紀的都城〉有一些部分顯然令他困擾，並在八月寫信提出中肯的批評。由於信中內容深究事理又精準到位，後人直接以寄信地為名，稱之為「霍恩貝格書信」（Hornberg Letter），班雅明也形容這封信「精彩難忘」。（BA, 116）阿多諾緊抓著成為拱廊街計畫核心的社會心理學理論，並對這項發展的可預期結果提出致命的評價。他認為，班雅明目前對辯證意象的思考一點也不「辯證」，並且強調「一旦將意識裡的辯證意象定位為『夢』，這個概念不僅將失去魅力，變得平凡普通，還會喪失客觀權威性，在唯物觀點上可能站不住腳。商品的拜物特性不是意識的事實，而是會產生意識，因此在這個關鍵意義上是辯證的」。（SW, 3:54）阿多諾認為，辯證意象外在心理化必然導致辯證意象不敵「資產階級心理學的魔力」，而且他還指出更致命的一點：班雅明對集體潛意識的理解和榮格的說法很難區分。「發明集體潛意識只是為了分散注意力，讓人忽略真正的客觀性和與之相關的異化主體性。因此，我們的任務是辯證地將這個『意識』兩極化，分解為社會與個人。」（SW, 3:55-56）阿多諾的另一個批評也很尖銳。他認為這種心理化實際上以非辯證的方式重新定位了無階級社會，將這個概念打回成神話。他在信裡始終刻意避免站在不可知論立場否定現代處境，將之全盤視為「地獄幻景」。對他來說，這種明顯烏托邦式的概念可能被宰制階級吸納、收編、再利用，最終自打嘴巴，成為宰制階級的工具，而班雅明不久後也如此認為。接下來幾年，相較於好友死後他在充滿真知灼見的隨筆裡對好友的推崇，阿多諾不總是最捧場的讀者，班雅明也經常對他的批評感到憤怒，只有霍恩貝格書信不同。班雅明坦承「你的所有省察，幾乎全部，都觸及到事物的富饒核心」。（BA, 117）如此看來，他似乎同意阿多諾對辯證意象心理化和粗率運用「無階級社會」一詞的批評。但有一個「相當關鍵」的論點，他並未動搖：「在這個〔辯證意象〕組集裡，我所指出的某些元素似乎完全不可或缺，那就是夢境圖像。」（BA, 119）他堅持主張，辯證意象不能脫離「歷史覺醒」的過程，也就是不能脫離「我們稱作夢境的過去」。（AP, K1,3）這種歷史夢境和個人意識的心靈之夢截然有別。換句話說，班雅明的辯證意象比阿多諾認為的更辯證、更客觀。無論如何，阿多諾這封信促使班雅明重新闡述了拱廊街計畫的理論架構。霍恩貝格書信和班雅明的肯定標誌著超現實主義傾向的社會心理學階段告一段落，自此班雅明對事物的解釋具有更明確的社會學色彩。

完成〈巴黎，一座十九世紀的都城〉的狂喜，不出所料很快就被崩潰給打散。儘管他在信裡不若以往經常抱怨噪音，但巴黎春天的劇烈溫差與寒風烈日卻讓他神經衰弱，「身體在發燒和失眠之間擺盪」。（GB, 5:102）他向孔恩坦承，自己已經很多年沒有這麼難受，並抱怨幾乎沒有什麼能使他高興起來。與他上次離開時相比，巴黎對德國流亡者更不友善了。他每個月都在日常生活中感受到法國人的排外心態，尖銳的反猶太行為似乎更加深這種感覺，就連他向各種猶太福利組織求援也給他留下不好的印象。「要是猶太人繼續只仰賴自己人和反猶太分子，最後剩下的人可能寥寥無幾。」（GB, 5:103）不過，他也知道自己是他那個圈子留在歐陸的人裡頭比較幸運的：「隨著苦難成為這個時代的盟友，它所引發的掠奪也變得更有感，連我身邊的人也躲不過。」（GB, 5:103）

這裡，班雅明特別惦記著表弟維辛。維辛回到巴黎之後，又開始使用嗎啡。班雅明和卡普魯絲都懷疑兩人的柏林舊識弗蘭克是維辛重拾癮頭的禍首。弗蘭克是研究成癮現象的神經學家，也是一九一八至一九年德國革命期間，德國共黨前身斯巴達克同盟（Spartakusbund）創立時的柯尼斯堡工人與士兵委員會代表。他於一九二〇年代協助共產黨改善工人衛生與醫療狀況，因而認識了班雅明的弟弟格奧格，進而認識班雅明的妹妹杜拉，最後經由他們兩人認識了班雅明。班雅明一九三〇年的隨筆〈花環入口〉便是描述弗蘭克與杜拉參與過的一次展覽。隨著兩人愈來愈熟，弗蘭克和他倆的另一位神經學家朋友喬爾便成為班雅明在柏林嘗試藥物時的「醫學顧問」。其中幾次嘗試，維辛夫婦也在場。一九三五年當時，弗蘭克就住在巴黎，並經常與維辛碰面。[2]後來班雅明於一九三八年也住進這棟位於冬巴勒街（Rue Dombasle）的公寓。

更令人不安的是，班雅明在寫給卡普魯絲的信裡多了一分新的冷漠。六月底，卡普魯絲在一封信裡提到這件事，並溫柔懇求班雅明恢復兩人之間「我曾認為不可動搖的友誼」。（BG, 147）原因很複雜，主要是兩人誤解了幾封信裡的內容，但他們此時的關係肯定因為卡普魯絲與阿多諾重修舊好而蒙上陰影，尤其當他發現卡普魯絲近乎學舌一般，對拱廊街計畫講出和阿多諾差不多的看法，心裡更是強烈感受到這一點。對於班雅明可能調整拱廊街計畫，好讓它在《社會研究期刊》發表，卡普魯絲五月二十八日在信裡寫道：「我其實認為這樣做非常危險，不僅相對沒有發揮空間，而且永遠無法寫出那些真正是你朋友的人期盼多年、沒有任何妥協、只為自己而存在的偉大哲學研究，其意義足以彌補過去幾年來發生的許多事。德特勒夫，這不只為了拯救你，也為了拯救這部作品。」（BG, 146）而維辛往來於班雅明和卡普魯絲之間，也加劇了兩人的緊張關係。維辛頻繁逗留柏林那陣子，卡普魯絲克服了一開始對他的反感，和他親密起來。如今他往來兩人之間，顯然是為了惡作劇而故意挑撥。面對卡普魯絲懇求兩人恢復過往的親近，班雅明雖然沒有動搖，但回應仍算友善。他提到自己的「存在處境」、工作與「精疲力竭」，希望能緩和對方的「不耐」。但提到維辛時，他自己反倒有些不耐煩：「我得承認，面對如此沮喪困窘的發展，我有時會擔心自己這次違反我對友誼的信條，遲早會失去維〔辛〕和妳的友誼。當我見到維才來幾天就癮頭復發，更是令我提不起信心。妳我分離如此之久，只要有人往來之間，就必然成為我倆的信差，而維目前對我來說不是合適人選。只有能夠想像我們當初一起住在南方日子如何，以及我為他做了多少努力的人，才能理解他的失敗對我有多大影響。除了這些疑慮，我也不清楚你們倆目前的交流程度。」（BG, 148）班雅明的「信條」當然是指他長久以來堅持的做法，不讓朋友互相認識，而他刺探朋友的「交流程度」也顯示他心生嫉妒，懷疑維辛和卡普魯絲是否發展出親密關係。七月他和卡普魯絲的書信往來稍稍拾回舊日的熱情，但這段惱人的插曲無疑為兩人發展出超友誼關係的可能劃下了句點。

約莫同一時間，班雅明（應該和布洛赫一起）認識了康托洛維奇（Ernst Kantorowicz）。他很討厭這位德國猶太人，覺得對方是機會主義者。康托洛維奇後來在普林斯頓高等研究院工作，一九五〇年代晚期因為出版《國王的兩個身體》而在英語知識分子圈內一舉成名。該書研究「中世紀政治神學」，將國王的形象一分為二，一是血肉之軀，二是國家的象徵。不過，康托洛維奇在流亡期間還不是以此聞名，而是他為神聖羅馬帝國皇帝腓特烈二世撰寫的傳記。這本自由發揮、高度神學化的傳記確立了他在自由派和左派知識分子心中的地位——一個無可救藥的極端右派。一戰結束後，康托洛維奇曾在德國自由軍團服役，協助血腥鎮壓「大波蘭起義」和柏林的斯巴達克起義。海德堡求學期間，他開始在格奧爾格和貢多夫的圈子活動，正是這層關係讓他寫出那樣一本傳記，從而贏得法蘭克福的教席。但這層關係並未讓他躲過納粹的種族政策。失去教席後，他流亡海外，同時徹底變了一個人。班雅明對此嚴厲批評：「只有臭名在外的軟木塞才浮出水面，就像枯燥低下到難以形容的康托洛維奇，他將自己從政黨理論家升格成了共產主義的好管閒事者。」（GB, 5:104）

那年夏天，班雅明和兩位好友（布洛赫和黑瑟爾的妻子海倫）重修舊好，稍微平衡了這些困境。布洛赫終於在七月中來到巴黎，班雅明很快就和這位多年哲學夥伴與對手見了面，只是目標很微妙。他一方面很想澄清誤會，恢復友好，另一方面又堅持布洛赫必須理解，他強烈反對《我們時代的遺產》對他的拱廊街計畫母題的選擇性挪用，就算再有眼光與想像力也一樣。沒想到他發現布洛赫很想要和解，他在老友身上見到「高度的忠誠」，讓他鬆了一口氣。班雅明告訴修勒姆，結果就是兩人保留了一分迂迴謹慎的善意：「『儘管』這段關係永遠不可能發展到雙方完全滿意，但我絕對願意擔起責任維護這份聯繫。這樣做完全出於我清楚洞悉這段關係的限制，畢竟幻想與感性從來都不是我的弱點；另一方面，我的朋友四散各地，導致彼此孤立，我也不例外。」（BS, 170-171）隨後幾週，直到八月底布洛赫前往蔚藍海岸之前，兩人經常會面，班雅明於是得到一位討論的夥伴。自從離開斯文堡，他就沒有這種對象了。只是他仍然對布洛赫挪用自己想法的習慣耿耿於懷，因此總是刻意將主題從拱廊街計畫轉開。（BS, 165）另外，班雅明也很高興自己和之前在柏林決裂的海倫重修舊好。他們一起去看時裝秀，班雅明讀了海倫論時尚產業的小書《論時尚的本質》（*Vom Wesen der Mode*），覺得書裡對於時尚如何受社會與商業決定的詳細描述非常精彩，並大段謄錄在自己的拱廊街筆記裡。

另一方面，班雅明七月抱怨他從一九三三年在伊比薩島以來，就沒有再認識新朋友，結識「頭腦敏銳的人」了。他在巴黎感覺就和在斯文堡或聖雷莫一樣孤單。儘管他想方設法和自己的法國舊識保持聯繫，包括南方的布萊翁與博蘭、巴黎的莫妮耶，但似乎就是交不到新朋友。莫妮耶身兼詩人、書店老闆和出版商，自從一九二〇年代初就是巴黎現代主義圈的重要人物。她的「書友之家」開在巴黎六區的奧德翁路上，既是書店也是圖書館，還是聚會所及演講廳。班雅明最早從一九三〇年就開始在這裡借書，而引薦他認識莫妮耶的人，是德語學者貝爾托（Félix Bertaux）：

> 夫人，柏林來的作家兼散文家華特．班雅明先生昨天問我：「你認識六年前在《新法蘭西評論》發表詩作的詩人嗎？那幾首詩強烈影響了我。在我讀過的所有法文作品裡頭，印象最深的就是那幾首。」在得到妳的許可之前，我覺得自己無權向他透露妳的名字。不過，妳如果不堅持對班雅明（他翻譯過普魯斯特）保持匿名，並且傳話允許他見你，他一定會很高興……夫人，請原諒我的輕率，可是這位陌生

讀者的熱誠實在令我感動，我希望至少也讓妳感受幾分，同時也想再次表達我對妳的由衷敬意。[3]

到了一九三六年，班雅明和莫妮耶的關係已經很像是「德國意義下的友誼」(GB, 5:230)，而她的書店也成為班雅明巴黎座標裡愈來愈重要的一個據點。

班雅明偶爾會和布洛赫或克拉考爾見面，打破自己的孤立。只是這兩位朋友的命運與心理狀態大不相同，形成了鮮明的對比：克拉考爾通常垂頭喪氣，還在難過自己找不到人出版他的小說《格奧爾格》，對未來也和班雅明一樣不確定；布洛赫則是老樣子，精神滿滿，出版事業的成功和剛娶了第三任妻子卡蘿拉（Karola），更是令他喜形於色。班雅明對卡蘿拉的冷淡成了另一個變因：「這是氣氛問題：既然有些女人懂得尊重友誼在丈夫生活中的角色——這點沒有誰做得比絲特莉茨基（Else von Stritzky）*更好——自然也有些女人只要在場就會讓丈夫的友誼枯萎。琳達算是一半一半，卡蘿拉看來完全屬於後者。」(BA, 77) 琳達也在巴黎，日子過得很苦，班雅明對她投以與生俱來的大方（即使斷斷續續），不僅和她盡釋前嫌，還盡可能幫助她。

巧遇偶爾也會讓班雅明心情輕鬆不少。春末，他遇見了好友赫茲費德和赫茲費德的前達達主義者哥哥哈特菲爾德。哈特菲爾德的攝影蒙太奇技巧出神入化，使他成為柏林炙手可熱的書籍、雜誌和海報設計師，如今他最為人所知的作品就是為《工人畫報》(*Arbeiter-Illustrierte Zeitung*) 設計的封面，其中包

* 譯註：艾莎・馮・絲特莉茨基，布洛赫的第一任妻子。

圖二九：莫妮耶，芙倫德攝影。© Gisèle Freund-RMN. 法國巴黎龐畢度中心國立現代美術館 © CNAC/MNAM/ Dist. RMN-Grand Palais/Art Resource, NY.

含幾張極為有名的希特勒諷刺照。兩兄弟四、五月來巴黎出席哈特菲爾德的攝影蒙太奇個展。班雅明立刻對哈特菲爾德留下了印象，在他停留巴黎的期間和他見了不只一次面。兩人的話題不可避免地集中在流亡的嚴苛上，班雅明從哈特菲爾德那裡得知他悲慘逃離德國的經歷。

501

由於那些政治色彩濃厚的攝影蒙太奇，哈特菲爾德自然成為一九三三年新政權的目標，甚至差點沒能逃脫，幸好搶在希特勒的褐衫軍闖入他寓所前逃了出來。除了流亡生活，兩人當然也聊了雙方的共同興趣，也就是攝影。班雅明表示，兩人「聊得非常愉快」。（C, 494）

那天春初，班雅明出沒於巴黎國家圖書館的各個角落，繼續推進拱廊街研究。他申請並取得了圖書館的許可，有權進入「地獄」（Enfer），也就是法國政府自一八三〇年代開始收存的情色作品的落腳地（直到二〇〇七年某次展覽，這些館藏的其中一部分才首次公諸於世）。撰寫「報告」顯然讓班雅明對拱

502

廊街計畫有了新的信心，開始將研究觸角伸向這座大圖書館更偏僻的角落。他如今相信，這項計畫「構想之初純粹是個人興趣，卻關乎我們這個時代的關鍵歷史旨趣」。（BS, 165）也是從這時候起，班雅明開始更全面闡述這個過往時代（即十九世紀中的巴黎）和當代此刻複雜的相互關係。他認為，為了辨別出當前「關鍵歷史旨趣」的輪廓，歷史學家需要挖掘和重建被隱藏的歷史物件，他稱作「在存在最不起眼的安排中、在其殘屑裡保留歷史意象的嘗試」。（BS, 165）那幾個月，班雅明抄錄愈來愈多各種各樣的十九世紀和二十世紀的資料，並加上自己的評論與心得，使得拱廊街計畫的筆記迅速增加。由於累積的素材量太驚人，變得很難攜帶，因此在波洛克建議下，班雅明將所有筆記和蒐集來的素材都影印了一份。[4] 他也開始「摸索」馬克思《資本論》卷一。（BA, 101）因為忙於推進拱廊街計畫，加上有社會研究所暫

圖三十：班雅明於巴黎國家圖書館翻閱書目卡，芙倫德攝影。© Gisèle Freund-RMN. © RMN-Grand Palais/Art Resource, NY.

時提高的薪俸，班雅明一九三五年幾乎沒有發表任何作品。七月他在《法蘭克福報》發表了一篇匿名文章，那是他生前在德國發表的最後一篇作品。

一九三五年剩餘的時間，班雅明一邊繼續拱廊街計畫，一邊愈來愈關注視覺藝術。他去看了一個有關巴黎公社的影像和文件大展，那是附在聖德尼郊區年度紀念日的一項活動。他還去看了義大利文藝復興時期五百件最偉大藝術作品展，留下了深刻印象。他和蒂姆的書信往來顯示他對舊時藝術作品的強烈興趣與敏銳觀察力，其中許多對藝術的想法與觀察都記在拱廊街計畫的手稿裡。儘管班雅明很少在隨筆裡直接討論文藝復興時期繪畫，但在一九三六年完成的〈藝術作品在其可技術複製的時代〉裡，有一個腳註論及拉斐爾的西斯汀聖母，顯示那次展覽帶給他長遠的影響。不過，那篇隨筆探索更深入的是攝影與電影的關係，以及電影出現前的十九世紀的其他藝術形式。

六月底，班雅明參加了一場可能對他有劃時代意義的活動：國際作家捍衛文化大會。這場大型會議於六月二十一至二十四日在巴黎聖維克多街互助宮（Palais de la Mutualité）舉行，有來自四十個國家的兩百三十位作家代表參加，出席者高達三千人，[5]標榜的是關切法西斯威脅的作家齊聚一堂，商討如何保護西方文化。會議推手其實來自莫斯科共產國際內部，最早的籌劃者為後來出任東德文化部長的貝歇爾和擔任共黨刊物《世界報》編輯的小說家巴布斯（Henri Barbusse）。兩人於蘇維埃作家協會的架構之下運作，用意在拉攏西方作家支持蘇聯文化政策。蘇聯作家協會的前身是俄羅斯無產階級作家協會（RAPP），於一九三四年正式取代後者。後來巴布斯因病退出，由馬樂侯和愛倫堡逐漸成為主事者，並將大會擴張，脫離共產黨的直接掌控。一九三五年三月，《世界報》刊出修改過的大會邀請，由馬樂侯、愛倫堡和貝歇爾署名，並獲得紀德支持。文中強調作家是「人類文化遺產的守護者」，淡化任何政治意涵。[6]基於這個新走向，開幕式由四位重要作家發表演講：佛斯特（E. M. Forster）、班達（Julien Benda）、穆齊爾和卡蘇（Jean Cassou），然而四人都反對蘇聯代表團宣傳的說法，反對人類有共同的「文化遺產」。不過，就如同哈賓巴赫（Anson Rabinbach）所指出的，與會者普遍同意史達林主義是一種人道主義，甚至是唯一可以成功對抗法西斯在歐洲崛起的人道主義。這個看法等於既否定了具有革命性質的前衛藝術（主要代表為超現實主義者，由於布勒東和愛倫堡鬧翻，導致超現實主義者沒被大會納入），又否定了以班達、赫胥黎、佛斯特和穆齊爾為首的「資產階級」作家。取而代之的是某種定義模糊、但顯然倒向蘇聯的進步立場，力圖在文化「遺產」（大會用語）與「對抗資本主義墮落與法西斯野蠻」（出自季米特洛夫〔Georgi Dimitrov〕之口）之間取得黃金平衡。[7]小說家兼評論家卡蘇精確定出了論述邊界：「我們的藝術並不為革命服務，革命也不強加責任在我們的藝術上。但我們的所有藝術，就其最鮮活的維度，以及我們對文化與傳統的鮮活理念，都帶領我們走向革命。」[8]更直白地說，大會提出了一種所謂的反法西斯美學，既不是革命式的唯物主義，也不是非政治的自由主義，而是一種文化綜合主義，建立在這樣一個前提上：俄國革命是人道主義革命過程中的一個時刻，而如蓋埃諾所言，「自有歷史以來，人類就不斷耐心推動這場偉大漫長的人道主義革命。」[9]法西斯是倒退，是回到中世紀，共產主義才是未來。

大會期間，班雅明和布萊希特經常碰面，兩人都對大會很失望。布萊希特反對那些「冠冕堂皇的話語」和「愛好自由、尊嚴與正義的過時概念」，並譴責大會刻意抑制「階級」和「財產關係」這類語詞的使用。[10]他當時正在寫一本諷刺歐洲知識分子的小說《圖伊小說》（*Tui-Roman*），因此誠如班雅明所言，這場大會讓他「值回票價」。至於班雅明，參加大會「唯一令人滿意」的收穫就是和布萊希特說到話。除此之外，他只能告訴霍克海默，大會期間成立的幾個常駐機構「或許偶爾可以發揮干預的用處」。（GB, 5:126）他發現與會作家默默認同一九三四年日丹諾夫（Andrei Zhdanov）在莫斯科作家大會上反對先進藝術的談話，這點顯然讓他非常沮喪。共黨高層日丹諾夫在談話裡獨尊「共產主義寫實主義」，譴責先進藝術。班雅明在當時尚未發表的演講〈作者作為生產者〉裡主張，唯有在美學上進步的藝術形式，才可能在政治上是進步的。這項主張現在讀來彷彿先見之明，批判了當時普遍屈從新蘇聯模式的現象。

七月中，班雅明繼續拱廊街計畫，幾乎每天都有令人興奮的新發現，他的生活條件也好轉了。由於妹妹出國，他便搬進妹妹在維拉侯貝爾朗代的公寓，那是十五區一條不起眼的街道。流亡期間，他和妹妹關係改善不少。這顯然是因為兩人處境同樣艱難，加上都缺乏其他人際互動的結果。杜拉流亡巴黎之後，頭兩年都在一個法國家庭幫傭。當時許多無法繼續就業的女性都選擇此路。但一九三五年初，杜拉曾經重拾社工舊業，在家裡照顧難民的小孩，並將公寓分租給鄰居好友弗蘭克的母親。弗蘭克就是研究迷幻藥物，並找班雅明實驗的人。但她才踏入新的人生階段，就出現僵直性脊椎炎的症狀，該病最終於一九四六年在瑞士奪走她的性命。這種疾病除了生理癥狀，還伴隨著重度憂鬱。一九三五年二月，班雅明還在聖雷莫時，曾經試著幫忙，寫信請前妻寄錢給她度過難關。如同他三月向妹妹杜拉求助，妹妹在回信裡表明的那樣，她的景況和他相比安穩不到哪裡：「但我想你根本不想承認，生活對我來說有多辛苦，幾乎每天都抱著劇烈疼痛工作又是什麼感覺。要不是偶爾能休假兩週，我早就自我了結了。目前我還不想那樣做。」[11]令人詫異的是，妹妹描述了自己的絕望處境之後，竟然還是附了自己賺的三百法郎和班雅明前妻朵拉欠她的三百法郎。那年夏天，杜拉賺到了出國的錢，並答應讓哥哥這段期間借住她的公寓。被迫下榻旅館兩年後，班雅明再次嚐到「住在自己房間的感覺」。儘管只到十月，他還是努力將公寓變成自己的家，除了掛上他和卡普魯絲同在柏林時，對方送他的畫，還掛上哥本哈根那位紋身大師賣給他的珍貴幻燈片。

儘管住處變舒服了，但班雅明八月還是過得很辛苦。社會研究所的薪俸調回成原本的五百法郎，而且他從春天以來，除了拱廊街計畫就幾乎沒做任何事，因此也別想寄望稿費，甚至連支付基本生活開銷的錢都沒有。此外，巴黎八月是一座空城，就算時局紛亂也無法阻止法國人成群去度假。班雅明發現，連流亡者也「湊錢」出城了——當然，這麼做的都是有錢的人。只有他留了下來，想旅行只能在夢裡。「我常想到巴塞隆納，」他寫信告訴孔恩，「不只因為你，也因為去了那裡，我不習慣的夏天枯坐就會結束。這裡剛下起不停的雨，摻雜著火車車軸的節奏，更不用說雨水在聖家堂或蒂比達博山的景象周圍編織的面紗了。」(GB, 5: 146）[12]「枯坐」家中讓班雅明有更多時間閱讀。他白天閱讀和拱廊街計畫有關的法文資料，晚上則徜徉在偵探小說與哲學裡，包括施特勞斯的新書《哲學與法律》。那陣子他讀的許多東西都出於對故鄉的擔憂，因為他弟弟被關進了索嫩堡集中營。他讀了布雷德爾（Willi Bredel）的《考驗：集中營小說》，指出「這本書無疑值得一讀。作者描繪集中營不是完全成功，這點可以引發有益的思考」。(GB, 5:130）除此之外，儘管不曉得拿不拿得到書，班雅明還是請朋友寄朗霍夫（Wolfgang Langhoff）的《沼澤士兵》給他。朗霍夫和布雷德爾一樣，都曾被關入博格莫爾（Börgermoor）集中營，書名裡的「士兵」便是由此而來。

十月一日杜拉回到柏林，班雅明隨即搬出妹妹的公寓。他很怕又在廉價旅館流浪，但幸好找到一個比較穩定的選擇，搬進貝納街二十三號，和同是德國來的布德（Ursel Bud）女士合租一間公寓。布德在巴黎當文書助理，和班雅明一樣是柏林猶太人，但比他年輕二十歲，出身也沒有他好，是女子職業學校商科畢業生。她後來和班雅明一樣被關進法國拘留營（但時間久得多，從一九三九年十月關到一九四一年五月），一九四二年嘗試從馬賽逃離法國，之後便不知所蹤。[13] 班雅明在貝納街住了兩年整，直到一九三七年十月才搬走。他分租的房間「很小」，但相當舒服。（GB, 5:198-199）那一帶位於十四區中心，氣氛陰鬱，但離地鐵站很近，最棒的是沿著蒙帕納斯大道往北走二十分鐘，就能到他最愛的那幾家咖啡館。靠著朋友利維—金斯堡夫婦（Arnold and Milly Levy-Ginsberg）幫忙，班雅明湊到了一些家具，再加上他收藏的幾張相片與幻燈片，就這樣有了一個家。搬家本來就很麻煩，但他的情況更複雜。因為就如他告訴布萊希特的合作者斯特芬的，「我身旁的東西像叛亂一樣……因為我住在七樓，所以首先是電梯罷工，接著是我在乎的那少數幾樣東西大舉遷徙，最後是我認為無可取代的那支美麗鋼筆不見了，讓我非常難過」。（C, 510-511）不過，這份痛苦到月底就結束了，「可能是被日復一日從我巢穴周圍呼嘯而過的美好秋風給吹走了」（C, 511），也可能是新家很舒適，浴室有熱水，家裡有電話，他覺得很舒服，遠超過預期，連工作的「繁重」也明顯減輕了。（GB, 5:198-199）

儘管住進新公寓，拱廊街計畫也不斷帶來新刺激，但那年秋天班雅明再次陷入憂鬱與絕望。雖然這在班雅明流亡期間顯然稀鬆平常，但一九三五年秋天卻到達新低點，而他也不斷用「絕望」來形容：

「我生活的周遭種種實在太渺茫、太不確定，」他在信裡告訴修勒姆，「讓我根本不敢將自己內心平衡的寶貴時光用在工作以外的事上……我每個月**頂多**只有兩週可以糊口。」（C, 511-512, 514）他對霍克海默說：「我的經濟狀況就只比沒有負債好一點……這裡只是順帶一提，我應該更新身分證件了（班雅明沒有身分證件就不能看醫師或向公部門證明自己的身分），卻付不出一百法郎的費用。」（C, 508-509）霍克海默沒有忽略這個感嘆。十月三十一日，他額外寄了三百法郎給班雅明辦理新的身分證明和法國記者通行證。這麼做頗有他的風格。阿多諾則是同意向赫慈貝格施加「道德壓力」，希望對方能繼續中斷已久的津貼。（GB, 5:113n）儘管有這些支持的信號，班雅明仍然覺得自己的處境甚是絕望，必須考慮搬到莫斯科。這時，維辛已經順利在那裡站穩腳跟，在中央癌症治療研究所工作。他和之前一樣積極，相信班雅明一定可以在蘇聯找到工作，並為此動員了許多人脈，包括拉齊絲和瓦爾登（Herwarth Walden）。瓦爾登經營過畫廊和出版社，是一九一〇、二〇年代柏林現代主義的核心人物，目前在莫斯科教書。對於移民俄羅斯，卡普魯絲提出了敏銳的反對意見，問班雅明是否真的想和拉齊絲住在同一座城市，又是否真的能適應如此巨大的生活條件變化，而且肯定會失去社會研究所的薪俸。這項計畫很快就作罷了，而且再也沒有重啟。瓦爾登的下場是一道警鐘。儘管我們對瓦爾登在莫斯科的歲月所知甚少，但他顯然忍不住和那些將先進藝術和法西斯劃上等號的人起了爭辯，因而造成致命後果。瓦爾登一九四一年死於蘇聯薩拉托夫的牢獄之中。很難想像班雅明會對這套無論對他或對瓦爾登而言都非常危險的美學體制保持沉默。

親朋好友陸續傳來壞消息，讓班雅明更不好過。儘管起步似乎頗為順利，但孔恩終究沒能在巴塞隆納安身立命，宣布被迫要再次搬家（但最後並未執行）。班雅明一想到孔恩可能從「少數依然為我存在的人」當中消失，就感到心碎。班雅明告訴孔恩，他察覺這個時代的道德危機正因為現實危機而愈演愈烈，因此已經開始列「消失清單」，而且不曉得自己哪一天會出現在上頭。（GB, 5:183）他也一直擔心維辛。傳言說他又重回嗎啡懷抱，莫斯科的工作岌岌可危。自從在利古里亞海岸收留了維辛，班雅明就對這位任性的表弟抱著近乎父親般的責任感。卡普魯絲向他保證，她沒有聽見任何跡象顯示維辛藥癮復發。

最糟的是，他和修勒姆的關係出現了嚴重危機。修勒姆雖然不像他學生時代的朋友孔恩和軒恩那麼親，卻是他智識交流上最久的夥伴。儘管兩人的人生發展與智識取向不同（尤其班雅明天生左傾，更加深了他對猶太復國主義的反對），注定拉開彼此的距離，但班雅明仍然極為依賴和修勒姆有來有往的交流。他知道，不論自己說了什麼或寄了什麼，永遠會得到誠實至極且經常令人眼界大開的回覆。但那年夏天和秋天，修勒姆的來信卻漸漸減少，到了十二月更近乎中斷。班雅明對好友的忽視非常不滿，便要瑪克絲去找修勒姆，親口轉告他在巴黎的絕望處境，並問對方為何沒有重新邀他去巴勒斯坦。「這些想法激出了修勒姆的反應，」班雅明告訴卡普魯絲，「而他可憐的尷尬（因為不想說假話）讓我不僅對他的本性產生最悲傷的看法，也對過去十年他一直在那裡自我教育的那個國家的道德氛圍產生最悲哀的看法。在我們的書信往來裡，這些都沒有明說，因為自從察覺我可能無法達成他的期望之後，他的做法就是拖延，不像以往那樣堅持。但就如妳可以想像的那樣，我自己是不太想讓他知道我對他尷尬態度的看法。他將尷尬隱藏在自以為是和遮遮掩掩裡，以躲避主動同理我。不誇張地說，我認為他覺得我的處境是出於全能上帝的復仇之手，因為我的丹麥友誼惹火了祂。」（BG, 172-173）班雅明以這種方式向卡普魯絲宣洩情緒，加上發生的其他種種事情，肯定讓她樂在其中；至於班雅明則是抱定主意，忍受那位替他保存資料的好友的意識形態缺陷。這種情況直到隔年春天才化解。

一九三五年秋，班雅明持續頂著逆境工作。除了金錢與個人困境，作品愈來愈混沌的未來也沉沉壓在他的心上：「我不時夢見之前遭逢阻礙的出書計畫，包括《柏林童年》和書信集，接著又感到詫異，自己竟然還有力氣開始新計畫。當然，以目前情況來看，新計畫的命運甚至比我自己的未來會是什麼模樣更難預測。但另一方面，當外在氣候太惡劣，寫書就像踏進庇護所，讓我可以躲一躲。」(BS, 171) 這裡提到的新計畫，首先就是那篇論福克斯的隨筆。由於社會研究所已經開始催稿，班雅明只能於八月暫時擱下拱廊街計畫，讀起撰寫隨筆所需的資料。他很喜歡福克斯，那年夏天也和對方見了幾次面，現在則希望快點將隨筆寫完。但閱讀資料其實又拖了一年半，其間他不斷轉做其他案子，直到一九三七年一、二月才了結此事，而且過程意想不到又令其心滿意足地輕鬆。雖然那年秋天，班雅明似乎沒有為《柏林童年》再添章節，但倒是寫出幾篇令人難忘的虛構作品，例如耀眼的小故事〈拉斯特利的故事〉（Rastelli Erzählt）。這是一則關於工具性的寓言，十一月在瑞士《新蘇黎世報》發表，顯然是那年秋天創作的「一小堆短篇」裡的一篇，「好讓我的工作量變成兩三倍」。(C, 513) 他還計劃在索邦大學德文研究所講解歌德《親合力》，並告訴修勒姆等人時間是二月，但該講課最後可能有、也可能沒有實際舉行。此外，他也考慮替史騰貝爾格（Dolf Sternberger）一九三四年出版的論海德格新書《理解死亡》撰寫評論。史騰貝爾格幾年前在軒恩家結識班雅明，一九三〇至三三年和阿多諾走得很近，會去參加對方主持的討論課，一九三四年成為《法蘭克福報》編輯。班雅明很好奇史騰貝爾格對「海德格和語言」的看法，但始終沒有評論對方的書，可能是因為他對海德格本人感到厭惡。這位弗萊堡哲學家享譽全球令班雅明感到沮喪，並且心生不祥的預感。（GB, 5:156; GB, 4:332-333）

最重要的，是他寫了一篇美學的新作品。如同他在信裡告訴朋友的，這是一篇「綱領式」的隨筆，脫胎自一九三一年完成的〈攝影小史〉，文中檢視了複製技術對藝術作品的構成與接受的影響，並明確呼應拱廊街計畫的認識論與編史學原則，亦即嘗試從當下的視角辨識出十九世紀藝術的「命運」。十月九日，班雅明在寫給卡普魯絲的信裡提到〈藝術作品在其可技術複製的時代〉。這是他首次書面提及這篇日後最為人所知的隨筆：

> 過去幾週，我看出了當前藝術（當前藝術處境）背後的結構特徵。這使得我們得以在十九世紀藝術的「命運」裡，認出那些對我們來說是關鍵，但現在才開始生效的部分。就這點而言，我藉由一個關鍵例子完成了我的認識論。這套認識論以「可辨的當下」（Jetzt der Erkennbarkeit）這個深奧概念為核心，我可能連妳也沒有分享過。我發現十九世紀藝術的某個面向只有「當下」才能辨識，之前不行，未來也無法。（GB, 5:171）

一週後，班雅明以更加自信的語調寫信給霍克海默，形容這篇隨筆——

> 朝唯物主義藝術理論的方向邁進了一步……倘若這本〔論拱廊街的〕書以十九世紀藝術的命運為主

> 題，那麼這個命運之所以對我們有話可說，恰是因為它包含在鐘聲才剛傳入**我們**耳中的那座時鐘的滴答聲裡。我的意思是，藝術的命運鐘聲已經響起，而我在一系列初步反思裡捕捉到了它的印記，並取名為〈藝術作品在其可技術複製的時代〉。這些反思嘗試為藝術理論提出的問題提供真正當代的形式，並且不可否認地，希望從內部避免所有對政治的**直接**指涉。（C, 509）

這篇隨筆特別以電影作為當代藝術的典型，藉由思考世人對電影的震驚與接受，點出人類「感知」被「裝置」無所不在地交穿之後所發生的深刻改變，進而突顯藝術與科技之間關係的巨大轉變，而這也是拱廊街計畫的關注焦點。

顯然受到這波靈思泉湧的影響，班雅明暫停了他在巴黎國家圖書館的「歷史研究」，轉而追隨「他房裡的低語」（GB, 5:199），整個九月和十月大部分時間都埋首桌前，完成了這篇隨筆的初版。十二月，他再次拿出初稿，在與霍克海默（他十二月中旬人在巴黎）談話後重寫了整篇隨筆，並加上腳註。一九三六年二月初，班雅明完成了德文第二版，並納入阿多諾對文中政治與哲學論證的建議。在現存的數個版本中，德文第二版在許多關鍵點上都是最完整、也最明確的，因此漢森稱之為「原始版」（Urtext），並沿用至今。但班雅明很快就開始再次重寫，一直持續到一九三九年三、四月。一九五五年，這篇隨筆的德語版首度問世，便是以這個第三版，也就是最後一版（班雅明始終認為它還沒完成）為基礎，而這也是後來廣為流傳的版本。一九三六年五月，〈藝術作品在其可技術複製的時代〉以法譯版在社會研究所的《社會研究期刊》初次亮相，至今仍是班雅明最廣受引用的作品。

〈藝術作品在其可技術複製的時代〉探討現代資本主義制約下，人類經驗的可能性。這些可能性與現代科技緊密相連。[14]這篇隨筆源自〈經驗與匱乏〉可能闡述得最好的一個信念：資本主義的一大後果是破壞了人類獲得充足經驗的必要條件。〈藝術作品在其可技術複製的時代〉對技術（Technik）的理解看似矛盾：技術既是經驗貧瘠的主要原因，也是可能的**解方**。如同班雅明在〈收藏家兼史學家福克斯〉文中所說的，人類經驗已經因為我們「對科技的笨拙接受」而變質。（SW, 3:266）他在《拱廊街計畫》裡追溯了這個偏差的接受如何在十九世紀形成，由於這個偏差的接受，現代科技麻醉了人的感官能力，同時美化了基本上殘酷無情的生產與宰制條件。然而，也唯有科技可能將人類經驗從物質束縛中解放出來。這篇論藝術作品的隨筆大膽出擊，藉由重新思考電影本就具有的新感知模式，分析科技解放人類經驗的可能。班雅明以理論的方式建構他的多方論證，寫出由個別主題拼貼而成的論述，裡頭賦予電影兩個關鍵能力：一是電影作為可複製的藝術作品，有能力動搖霸權階級數百年來賴以掌控社會的文化傳統的根基；二是他認為電影有能力對人類感官結構造成深遠的改變。人類若想對抗現有那些龐大有害的社會裝置，就必須擁有新的統覺與反應。

在這篇隨筆當中，班雅明最知名的創新就是他對現代藝術作品可複製性的關注。可複製性會貶低一件藝術作品在某個特定時空的價值，進而破壞其獨特性與本真性，並改變它傳遞文化傳統的方式。「一個事物自出現以來，有某些部分是可傳遞的，而事物的本真性就是這些可傳遞部分的精華，包括事物的物理存續和與之相關的歷史見證。由於歷史見證建立在物理存續上，而物理存續對複製沒有任何作用，因此歷史見證也會受到複製危害。其中真正受危害的，是事物的權威性，也就是事物從傳統中獲得的重量。」（SW, 3:103）班雅明將可傳遞性的問題鎖定在靈光這個概念上，也就是「某種奇特的時空組織：一種不論再近也位於一段距離之外的獨特顯現」。（SW, 3:104-105）當一件藝術作品獨一無二的本真狀態不是出於它的品質、使用價值或本身價值，而是出於它和觀者的象徵距離，就能說它具有靈光。這個距離主要不是紀念碑和觀者間的平坦空間，而是產生心理不可接近性的「奇特組織」，是藝術作品因其在傳統中的地位而出現的權威感。藝術作品的靈光意味著認可，也就是被納入經得起時間考驗之經典的特權。[15]班雅明這樣的看法當然十分聳動與挑釁：他正面攻擊文化裡的古典作品，那些改寫我們對人類經驗的理解的天才之作。想讓藝術從文化傳統的魔咒裡解放出來，擺脫文化傳統所根植的崇拜與儀式，就必須如此攻擊。對班雅明來說，「當前人類的危機與更新」——不要忘了，這篇隨筆是在法西斯蔓延的陰影下寫的——只能透過「粉碎傳統」來實現（SW, 3:104），而非直接拋棄傳統。認可傳統意味著融入崇拜儀式：「藝術作品鑲嵌在傳統的脈絡中，這件事最早體現在崇拜裡，因為我們都曉得最早的藝術作品是為了崇拜而創作的……換句話說，『本真』的藝術作品的獨特價值永遠根植於儀式。」（SW, 3:105）這裡的重點是藝術作品的戀物化，而且是透過傳遞、而非創作所促成的。當藝術作品持續作為戀物對象，是拉開距離又被距離拉開之物，擁有無可置疑的非理性力量，它就可能成為文化裡的神聖不可侵犯之物，始終把持在有權少數人的手上。擁有靈光的藝術作品會宣示權力，就像統治階級會宣示政治權力一樣，並有可能強化統治階級的政治權力主張。因此，這些藝術作品對統治階級最有意義；從過去到現在，為靈光藝術提出理論辯護始終是統治階級得以維持權力的關鍵。這種藝術，以及它經過儀式認證的再現與建構策略，不僅不會對統治階級構成威脅，而且受認可的藝術作品所散發的，帶有本真、權威與永恆色彩的靈光，還有助於坐實他們的權力主張。

另一方面，大量複製的藝術作品允許欣賞者在自己所在之處欣賞，不再需要去供奉與膜拜它的場所，例如博物館、音樂廳與教堂。班雅明在文中的第一個強力主張，就是這種複製能力（電影尤其是如此）使得「傳統在文化遺產中的價值遭到抹除」。（SW, 3:104）這項主張預設了一件事，那就是文化遺產本身有助於統治階級維持權力。如同他自己在《拱廊街計畫》某個片段所說的，「統治階級的意識形態本質上就比被壓迫者的思想更多變，因為統治階級的意識形態不僅必須跟被壓迫者的思想一樣，一次次隨著社會衝突的情況而改變，而且須將社會衝突美化成根本上和諧的狀態」（AP, J77,1），而文化遺產正是將原本的血腥衝突遺跡榮耀化、美學化，成為穩定和諧之物。然而，「當藝術生產不再以本真為衡量標準，藝術的所有社會功能就會徹底翻轉。藝術不再奠基於儀式，而是奠基於另一種實踐之上，也就是政治」。（SW, 3:106）因此，可複製性歸根結底是藝術作品的政治能力，複製破壞了藝術作品的靈光，讓它在不同觀看空間產生不同的觀看效果。靈光的抹除使得電影能藉由「集體同時觀看」打造政治體。

班雅明指出電影擁有粉碎支解傳統事物、曝光隱藏領域的社會與美學力量後，立刻轉向同一論證的另一端：人類感官系統的歷史演變。他綱要式地界定了自己對現代媒體的研究範圍，並指出他所關注的兩個彼此相關的主題：一是藝術作品具有將自身所在的歷史時期編碼成資訊的能力，因此可能向觀者揭露他們所在環境中某些他們原本無法理解的面向；二是媒體有促成觀看結構改變的能力。之所以產生這些看法，是因為班雅明深信外表看來再明顯不過的事物，包括我們是誰、我們所處物理環境的本質和所處歷史時刻的性質等，其實對我們都是有所隱藏的。對生活在一九三〇年代的班雅明而言，世界具有

「幻景」（phantasmagoria）的特質。這種十八世紀誕生的光學幻覺裝置會將人物的影子投射到牆上或螢幕上，而班雅明重新定義這個詞彙，用以描繪都市商品資本主義世界：一個強烈「真實」到我們以為它生來就是如此的環境，其實它只是一個社會經濟建構物，用班雅明在隨筆中的布萊希特式用語來形容，就是「裝置」（apparatus）。因此，「幻景」一詞揭露了幻覺在這種環境裡的作用。這種作用不僅會危害事物的普遍可理解性，還會破壞人類得以形成習慣與做決定的能力。

班雅明主張，若要克服社會裝置無孔不入的「物化」力量，像電影這樣的科技化藝術形式就必須提供「技藝訓練」，幫助人「組織規範」自己對生活環境的回應。（SW, 3:114, 117）班雅明在此強調「訓練」絕非偶然。根據他的解讀，人類「面對著一個在他們生活中作用幾乎與日俱增的龐大裝置」，電影可以培養他們「應付這個裝置所需的統覺與反應」（SW, 3: 108），而且靠的正是以極其巧妙的手法使用技術裝置（攝影機、剪輯室、戲院投影）。這種藝術形式以本身固有的裝置與能力來訓練人。首先，它不只可以複製：電影作為蒙太奇作品，是鏡頭前所有過程之複製的集結。其中最主要的，便是演員在「一群專家面前，即監製、導演、攝影師、錄音師、燈光設計師等人」面前的演出，這些人統統可以、也會干預演員的演出。儘管剪接會讓演出看起來完整連續，但一般的電影演出都是由個別鏡頭組成，而且每個鏡頭都經過這群專家核可。電影是一種測試演出，它「讓測試演出有能力被展示，方法就是將這種能力變成測試」。（SW, 3:111）在機器前演出是不連續的、可測試的，這種特性將一件原先隱藏之事暴露出來：科技化現代主體的自我異化，變得可測量與可掌控。因此，電影演員用裝置來戰勝裝置、戰勝人類。思考測試演出不僅能粉碎電影明星受人崇拜的「魔力」，由於演出「和影中人是分離的」，因此變得「可轉移」，並受到另一種控制，也就是觀者（他們總是集體觀看）的控制。

「人將自己呈現在鏡頭前」還得到電影另一項功能的補足，那就是「藉由這個機器再現他所在的環境」。（SW, 3:117）「在攝影棚裡，機器已經深深滲透進現實之中，以便讓呈現現實的純粹視角成為這個特殊過程的結果，也就是由精心擺設好的攝影裝置進行拍攝，再將這些畫面和其他攝影裝置拍攝的畫面拼在一起。」（SW, 3:115）這個弔詭的說法——藉由「無設備」的配置（dispositif）來達成「只看得到現實」——是班雅明關於人與機器互相滲透的理論核心。用他的名言來說，透過相機，我們發現了「視覺無意識」。電影的構成手法，包含特寫、放大、慢動作、跟拍、搖鏡、疊印、溶接，讓我們對「掌管我們生活」的時空「必然性」產生全新的洞察，從而揭露「大量前所未知的行動空間」（Spielraum）。（SW, 3:117）

除了分析電影拍攝，班雅明還對觀看電影隱約做了一些指點。在他看來，欣賞電影不可能跟凝視具有靈光的藝術作品性質相同。「專注於一件藝術作品的人會被作品吸進去。他會進入它，就像傳說中的中國畫家看著自己完成的畫作，下一秒就進入畫中那樣。反觀分心的大眾則是將藝術作品吸入他們裡面。他們的浪潮圈住作品、圍繞作品。」（SW, 3:119）[16] 龐大的社會裝置製造出和諧整體的表象，掩蓋受支配的、冷酷的現代生活，而班雅明在此暗示，想看透和應付這個裝置，只能透過更去中心的觀看，透過分心分散的包圍，避免陷入那種貌似與和諧共謀的藝術作品裡。我們需要培養視角，使它具有電影般的可塑性。這項現代觀看者前所未有的「任務」——在支離破碎中前行——必須「經由習慣……逐步養成」。這種熟練的「分心觀看」現象非常現代，而電影正是它「真正的訓練場地」。（SW, 3:120）班雅明相信，這種預知訓練是一種預備，以便讓人養成那些光靠它們就足以把握社會裝置的「統覺與反應」。

這篇論藝術作品的隨筆，接下來大部分篇幅都是堅定的科技烏托邦主義，這也是班雅明後來經常為人詬病之處。他顯然明白自己在電影這個新媒體裡看到的特質只是必要條件，而非充分條件，因為這些特質終究得靠具體的作品來實現，且永遠可能因為龐大資本的利益而遭到挪用。隨筆開頭和結尾強烈的政治修辭，試圖區別法西斯的政治美學化與共產主義的藝術政治化，必須擺在歐洲瀕臨戰爭的歷史脈絡下才能看得明白。

班雅明以問代說，藉由詢問發表的可能讓霍克海默得知這篇論藝術作品的隨筆：「我可以想像〔這篇文章〕很適合《社會研究期刊》。」(C, 509）而這篇隨筆也確實於一九三六年在該期刊首度面世，只不過是由克羅索夫斯基（Pierre Klossowski）翻譯的法文版，而且經過大幅簡略。決定譯成法文刊登的是霍克海默，班雅明也很自然地接受了，因為他當時住在法國。班雅明之前透過巴塔耶認識譯者克羅索夫斯基，至於他和巴塔耶則是在國家圖書館認識的。克羅索夫斯基多才多藝，班雅明認識他時，他已經是活躍的哲學家與散文家，後來更開始繪畫和寫小說。克羅索夫斯基的父親是藝術史學家，母親是畫家，師事波納爾（Pierre Bonnard）。他和畫家哥哥巴爾第斯（Balthus）從小在家就經常見到藝術家甚至作家來訪，例如紀德和里爾克。班雅明不是克羅索夫斯基唯一翻譯過的德國作家，他還翻譯了維根斯坦、海德格、賀德林、卡夫卡與尼采，都是有名的譯作。一九三〇年代中葉，克羅索夫斯基和巴塔耶交情日深，對他的智識成長很關鍵，而巴塔耶則是協助班雅明於一九三〇年代晚期打進法國最先進的知識分子圈的功臣之一。

巴塔耶從一九二二年就在巴黎國家圖書館工作，一九三〇年轉到紙本書部門，常去造訪的班雅明應該就是在那裡認識他的。兩人有些地方品味相同：巴塔耶也經常將薪水花在賭場和妓院。[17]不過，班雅明是因為和克羅索夫斯基針對論藝術作品的那篇隨筆開始有密切的智識交流，才接觸到巴塔耶的智識世界的。從某方面來說，巴塔耶想藉由反對超現實主義的典範，來建立自己的智識生涯。他早在一九二四年就開始在算得上是超現實主義團體的周圍活動，但始終拒絕屈服於布勒東的魅力。一九二九年，巴塔耶創辦《紀實》雜誌，從布勒東陣營吸收了不少反對者，顯然想取代超現實主義。同年，布勒東發表《超現實主義第二宣言》，呼籲返回最初的原則，其實就是排除自己圈子裡某些最早的盟友，例如亞陶（Antonin Artaud）、馬松（André Masson）、蘇波、畢卡比亞（Francis Picabia）、維特拉（Roger Vitrac）和杜象。不過，比起這些更有名的敵人與前好友，布勒東花了更多篇幅（足足一頁半）批評巴塔耶和他創辦的雜誌，兩人似乎徹底鬧翻了。但到了一九三五年，巴塔耶又改變心意，認為如果成功意味著在智識上贏得注意，就必須付出與布勒東結盟的代價。一九三五年九月，兩人在攝政咖啡館碰面，共同擬定了一項新運動和一份新刊物的計畫，並定名為《反擊》（*Contre-Attaque*）。新團體的第一份宣言發表於十月七日，共有十三人署名，包括布勒東、巴塔耶、艾呂雅（Paul Eluard）、克羅索夫斯基、瑪爾（Dora Maar）和莫里斯（Maurice Heine）。這群創辦者希望新運動是革命的、反國家主義、反資本主義，並擺脫資產階級的道德觀。蘇利亞（Michel Surya）說得一針見血：「《反擊》急就章地在綱領裡放進了一堆東西，除了解放孩童不受家長教育的桎梏……還有自由表達性衝動……隨激情行動、自由之人有權享受一切應得的樂趣等等。」[18]班雅明可能參加了這群人一九三六年一月二十一日舉行的第二次聚會。巴塔耶和布勒東原本預定在會上發言，但布勒東沒有出現，之後所有聚會也都沒有出席。到了四月，他和巴塔耶再度決裂。直到一九三六年初，班雅明和法國文人圈子的關係還很遙遠，但透過巴塔耶和克羅索夫斯基，他開始找到一條通往激進思想世界更直接、也更能投入的道路。

靠著班雅明和克羅索夫斯基字斟句酌地合作，法譯版〈藝術作品在其可技術複製的時代〉於一九三六年二月底完成。班雅明對克羅索夫斯基譯文的評價很有意思，加上隨後社會研究所的編輯過程漫長又辛苦，使得其中兩個評價特別突出：「首先，譯文非常精確，大抵傳達了原文的意思。其次，法文版不少地方有教條（doctrinaire）的味道，在我看來是德文版極少出現的。」（GB, 5:243-244）在巴黎高等師範學院擔任教授的社會學家阿隆（Raymond Aron）當時是社會研究院法國代表，負責修改克羅索夫斯基的譯文。班雅明表示，阿隆感覺譯文有作者參與的痕跡，但有時不一定是好事。隨筆提交後經過多次校訂，阿隆的修改只是第一次，也是最溫和的一次。三月上旬，霍克海默接到班雅明憤怒來信，指控社會研究所巴黎辦公室的總書記布里爾（Hans Klaus Brill）在作者背後大幅改動隨筆內容。布里爾的用意很明顯，就是要軟化隨筆裡非常政治的語言。他從隨筆的第一節就開始攻擊，因為第一節主張激進政治要以激進美學為基礎。他接下來的修改更令人吃驚，連「社會主義」這個詞也不放過。班雅明抗議表示，這篇隨筆如果要對「法國前衛知識分子有任何資訊價值」，就必須保留它的「政治藍圖」。（GB, 5:252）沒有什麼比這點更能突顯一件事，那就是這篇隨筆的作者與編輯者心中設定的讀者完全不同。班雅明一心只想擴大自己在激進美學左派的陣地，因此想用論戰和介入的語言。他的主張充分顯示了他與傳統的中間左派藝文人士如紀德與馬樂侯已經離得多遠，即使他當初深受他們吸引。另一方面，我們也不難理解，社會研究所擔心法國政府對激進外國出版物的寬容度，因此希望討好教育水準極高的左翼自由派。

面對班雅明的抗議，霍克海默的回應同樣透露了不少訊息。我們從之前的書信知道，霍克海默第一次讀到這篇隨筆，就對文中某些地方持有疑慮。一月二十二日，他在寫給阿多諾的信裡表示，他認為問題出在班雅明「深陷經濟困境，而我想盡力幫他脫離苦海。很少有人智識超群到我們絕不能讓他滅頂，班雅明就是其中之一」。[19] 儘管有幾點他也認為不妥，但霍克海默清楚告訴班雅明，布里爾此舉是出於負責任的態度，並且是根據他的明確指示行事。「你自己也強調過，你很清楚我們的處境。我們必須盡一切能力，防止《社會研究期刊》這個學術發聲管道捲入媒體的政治討論之中。」[20] 雖然霍克海默在信裡明確反駁了班雅明的指控，但他也指出一項接受的好處：再針對修改做討論只會讓隨筆更晚發表。班雅明立刻屈服了。他三月二十八日發電報給霍克海默，表示「接受修改」。他很快就發現，為了讓隨筆照他可以接受的形式發表，就算沒有危及他在社會研究所的地位，也動搖了幾分，而社會研究所不僅是他主要的經濟來源，也是唯一穩定的發表管道。因此，他三月三十日寫信給霍克海默，向這位所長好友保證自己會「竭盡一切所能，讓研究所恢復以往對我的信心」。（GB, 5:267）

隨筆發表後，班雅明立刻開始孜孜不倦地尋找更多讀者，因為他意識到這篇隨筆的吸引力可能不止於此。在一九三〇年出版他對喬伊斯《尤里西斯》的評論初版而大受歡迎的吉爾伯特（Stuart Gilbert），在倫敦找尋隨筆的英語譯者。班雅明當初可能是透過莫妮耶認識他的。莫妮耶也答應會盡力向巴黎知識分子宣傳這篇隨筆。她寫了一封信向顧客和熟人介紹班雅明，並預備附上隨筆摘錄，但社會研究所拒絕提供班雅明需要的一百五十份抽印本，導致計畫胎死腹中。根據波洛克透露的線索，社會研究所的理由很值得玩味：

> 我起先傾向滿足你增加印量的要求，並盡量發行抽印本，因為我認為我們可以利用你這篇作品，替我們的刊物在法國進行小小的宣傳。但我現在覺得自己錯了。你的研究太大膽，而且對某些問題的看法很有問題，不適合由我們的刊物進行如此有計畫的發行。（引自GB, 5:292n）

可以想像，班雅明得知社會研究所認為他的隨筆太過大膽，心裡會有多沮喪，但對方由於他的結論「有問題」而收手，才是真正令他受傷的地方。班雅明還寄了一份隨筆到莫斯科給萊希和拉齊絲，希望能在俄國發表，但萊希的回覆幾近惡評，表示隨筆帶給他「強烈的反感」。[21]於是，班雅明便請斯特芬將隨筆交給蘇聯前衛藝術大師特列季亞科夫（Sergei Tretjakov），希望這位布萊希特的譯者幫忙翻譯。

事實證明，這篇隨筆根本不太需要幫助，不僅立刻產生巨大的迴響，更在巴黎廣受討論。班雅明表示，這篇隨筆成為哲學家華爾（Jean Wahl）和詩人尤夫（Pierre Jean Jouve）公開談論的主題。（GB, 5:352）六月下旬，馬樂侯在倫敦一場大會發表演講，希望推動撰寫新的藝術大全，特別提到了這篇隨筆，尤其是結尾重點的分心理論，並於返回巴黎後不久和班雅明見面，表示他將在下一本書裡更完整討論這篇隨筆的中心思想，只是這件事並沒有實現。班雅明本人則應德國海外作家保護協會巴黎分會之邀，於六月二十二日在梅菲斯特咖啡館傍晚討論會上以〈藝術作品在其可技術複製的時代〉為題發表演講。一週後的第二次聚會，班雅明的唯物主義藝術論主張引發大批流亡作家爭辯，而他的小說家兼批評家朋友薩爾（Hans Sahl）也針對這篇隨筆發表了長篇報告。七月上旬，班雅明寫信告訴孔恩，那天晚上最有趣的事情就是與會的共產黨員從頭到尾都沒有說話。（C, 528-529）

在這篇隨筆的初期迴響之中，讓班雅明感到特別開心的是孔恩的評論，孔恩對「這篇作品從你最早期的寫作裡孕育而來」印象深刻。（引自GB, 5:328）班雅明也在回信裡坦承，這篇作品「雖然立意新穎，且肯定有許多令人意外之處，但確實和我早期的研究一脈相承」。而且他還在信裡一個關鍵段落表示，相承的基礎來自一個「事實，那就是這些年來，我對藝術作品的本質有了愈來愈精準確鑿的概念」。（C, 528）班雅明編了一個小寓言給瑪克絲，總結他對自己目前處境和對隨筆讀者的感受：

> 同時，春天到了。但生命的小樹不在乎季節，連一點新芽都不肯長，頂多結些小果實。有些自然的新朋友仰頭看著最後幾顆果實——當然，這些都是承諾要給妳的。將近一個月後，它們將以法文的形式送到妳家。至於自然的朋友，他們是湊巧碰在一起的一小群人，包括幾位移民、一兩位法國業餘人士、一位對此情況搖頭的俄國人，還有幾位不同出身與性別的人，他們對小樹的好奇遠勝於果實。（C, 524）

雖然心裡惦記著隨筆的第三版，但班雅明在一九三六年春天總算有更多時間見見老友與認識新朋友。那陣子他常和年輕的呂貝爾（Maximilien Rubel）見面。呂貝爾在維也納攻讀哲學和社會學期間，開始對克勞斯的作品特別感興趣。他一九三〇年代初期來到巴黎之後，便在索邦大學研究德國文學。班雅明可能是透過克拉夫特認識他的，雖然克拉夫特不像他們倆那麼熱衷深奧激進的馬克思主義。呂貝爾於一九三六年（西班牙內戰爆發的第一年）公開支持西班牙無政府主義者，後來成為研究馬克思和馬克思主義的知名歷史學家，並擔任七星文庫馬克思全集的主編。同年春天，班雅明和有錢的英國女作家埃勒曼（Annie Winifred Ellerman）建立了友誼。埃勒曼化名布萊赫（Bryher），一九二〇年代經常和她的詩人愛人杜麗特爾（H. D., Hilda Doolittle）一起在喬伊斯的圈子活動，並且和不少美國移民知識分子往來，如海明威、葛楚・史坦（Gertrude Stein）、阿博特（Berenice Abbott）和畢奇等等。她不僅對藝術非常大方，也是畢奇的莎士比亞書店的主要資助人。布萊赫的第二任丈夫麥克弗森（Kenneth Macpherson）是作家，也是電影製作人，兩人合編電影雜誌《特寫》，並成立名為普爾製片的獨立電影公司。班雅明得知布萊赫和電影的關聯後，便送了一份論藝術作品的隨筆副本給她，並用法文題辭「獻給布萊赫夫人，附上作者由衷的同情與敬意」。不難想像，布萊赫對這篇隨筆很感興趣，主動找人譯成英文。

那年春天，巴黎還迎來了不少朋友與智識夥伴。四月，班雅明和波洛克見了面。這場會面非常重要。波洛克表示，霍克海默決定從五月開始，將班雅明的薪俸提高到每月一千三百法郎——這顯然表示他已經重獲社會研究所的青睞。這次會面，班雅明還同意為《社會研究期刊》撰寫介紹法國文壇的系列報導，接下來幾年，他也確實寫了幾篇，並寄給霍克海默，只是始終沒有刊登。班雅明和波洛克也討論了他這陣子為了讓霍克海默的隨筆在法國發表所做的努力。之後他又花了許多時間，希望促成《新法蘭西評論》或伽利瑪出版社出版霍克海默的隨筆，然而終究沒有成功。五月，蒂姆來到巴黎，兩人再度談起了藝術。其中一個話題可能是法國蝕刻畫大師梅庸（Charles Meryon）的作品。班雅明很可能是那年春初在國家圖書館做研究時，透過波特萊爾的文字得知這位畫家，隨即被對方偉大陰鬱的巴黎畫作深深震撼。梅庸很快便成為拱廊街研究的重要角色。同一個月，新教神學家田立克（Paul Tillich）也來到巴黎，班雅明順利和對方說到話。由於大力提倡宗教社會主義，田立克一九三三年被法蘭克福大學免除神學教授職位，之後接受尼布爾（Reinhold Niebuhr）邀請，進入紐約協和神學院任教。在法蘭克福執教期間，他指導阿多諾撰寫以齊克果為主題的任教資格論文。接下來幾年，阿多諾與卡普魯絲一直和他保持密切聯繫。

那年春天，班雅明順利改善了他和修勒姆的關係。班雅明憋了一整個冬天的氣，但修勒姆終於在四月九日寫信給班雅明，表示他之前狀似不友善是因為和妻子離婚，必須同時養活兩個家庭，以致於情緒受創。艾莎和修勒姆離婚後，跟哲學家伯格曼（Hugo Bergmann）走在一起。伯格曼從布拉格移民巴勒斯坦前，跟卡夫卡和布羅德是朋友。經過這番解釋，班雅明和修勒姆的關係又得以維繫下去，只是剛開始仍有些僵硬。五月二日，班雅明回信修勒姆，用不無機鋒的口吻點出兩人關係有著崇高意義：「過去幾個月，儘管我們書信往來的情況和你的處境相比好不到哪裡去，但你至少無法否認我的說法：我一直秉持耐心沒有放棄。如果這麼做挽回了某些初衷，那就不算白費力氣。這就是你和我為何都該如此希望，我們的存在與作品的基本精神，以及誰有資格參與我們的對話，都不會在門前無止盡地等待。」（BS, 178）

不論從修勒姆或瑪克絲那裡，班雅明聽到的巴勒斯坦局勢都不樂觀。猶太人和巴勒斯坦人衝突不斷，英國維安部隊卻袖手旁觀，不選邊站，使得即便是最樂觀的猶太復國運動者也深感不安。對巴勒斯坦，班雅明仍然立場矛盾，而且很有他的特色：「說明問題當然很難，因為我感興趣的始終是同一件事：巴勒斯坦除了讓數萬名、甚至數十萬名猶太人得以勉強生活之外，到底能帶來什麼希望？這種情況即使絕對必要，但再發展下去，或許最終只會讓已經受到重重威脅的猶太教再添一場新災難。」（C, 526）當然，想聽到鬥爭的消息，不用遠到巴勒斯坦。班雅明四月十四日寫信給仍在巴塞隆納的孔恩，罕見地打破他向來不直接評論當前政治的原則。畢竟，人民陣線的影響在一九三六年是相當緊迫的議題：西班牙人民陣線年初在大選獲勝，成為共和政府的主導者；同年五月的法國選舉，人民陣線同樣取得了勝利，在布魯姆（Léon Blum）領導之下組閣。然而，就算歐洲局勢嚴峻，班雅明依然不改他的妥協式社會主義。而他對人民陣線競選海報的尖酸評論，不僅洩漏了他對人民陣線政治主張的輕蔑，也顯示出他對人民陣線媒體美學的鄙視：「法國共產黨的……競選海報畫著一個洋溢母性喜悅的女人、一個健康小男孩和一個開朗果敢的男人——甚至算得上紳士。在這樣一幅美好的家庭畫面裡，那位快樂的一家之主的穿著打扮完全讓人感覺不到他是工人。」（GB, 5:271）但最糟糕的消息還是他弟弟格奧格又被捕了，而弟媳希爾妲全力遊走，也只是替丈夫找到一位辯護律師而已。

手上時間多了，班雅明又能重拾之前閱讀的老嗜好。他發現自己重獲「自由，可以追求單純的閱讀之樂，不受所有藝文考量的干擾。由於單純的快樂總是受個人品味左右，而且影響不小，因此推薦讀物並不比推薦菜餚可靠」。（C, 525）其中三道「菜餚」是西默農最新的懸疑小說。他向朋友推薦，表示它們是擺脫「憂鬱時光」的最佳解方。他還說自己興致勃勃讀了梵樂希的《文藝雜談》（*Pièces sur l'art*）和海涅（Heinrich Heine）的詩。班雅明讀海涅並不稀奇，稀奇的是他那麼晚才發現彼此相近，尤其他早就知道自己和這位大詩人是遠親。海涅是十九世紀德國數一數二的重要作家，他將徹底的共感和舊世界的優雅與懷疑主義結合在一起，是促成德國文學語言從深奧華麗的浪漫主義詞藻變得更輕鬆溫文、更善諷刺的主要推手。雖然在班雅明那個時代，海涅仍然以詩人身分聞名，但班雅明一如以往注意到海涅作品的另一面。海涅不僅將新聞評論提升到藝術層次，連報導的形式也不例外。他本來就因為猶太血統而顯得可疑，一八三〇年大力支持革命更讓他被逐出德國。一八三一年，海涅搬到巴黎，直到去世前只再回去德國兩次。一八三二年，海涅開始擔任《奧格堡匯報》（*Augsburger Allgemeine Zeitung*）的駐巴黎記者，《奧格堡匯報》當時是德國讀者最多的報紙。他在一系列的信裡除了評論法國七月王朝，還嚴厲批評祖國的政治迫害。同年，這些信件匯集成書出版，書名為《法國現狀》（*Französische Zustände*），立刻在普魯士與奧地利被禁。班雅明讀的正是這本幾乎整整一百年前，由一位同樣流亡巴黎的德國猶太人所寫的睿智政治小品文。

雖然幾乎都處於法國知識分子生活的邊緣，不過班雅明仍然可以談論自己德國朋友與同行的作品。儘管要以十分巧妙的方式表達，但他的成果確實有洞見，且分量不少。他詳細評論了阿多諾論貝爾格（Alban Berg）的紀念論文，列出其中與他自己作品的呼應之處——「食人者的友善」便出於他論克勞斯的隨筆——同時稱讚他朋友對這位曾是他老師的大作曲家的細緻推崇。六月下旬，他讀完阿多諾〈論爵士樂〉的校樣之後非常興奮。這是阿多諾最具爭議的隨筆之一，文中嚴厲批評爵士樂是一種將衝突和諧化、鞏固宰制結構的音樂形式。班雅明立刻看出阿多諾對搖擺爵士樂的解讀和他論藝術作品的隨筆裡的批判有些相似處，尤其是爵士樂的切分音原則和電影的震驚效果：「要是我跟你說，我發現我們的思想有著無比深刻又不約而同的內在交流，並對此興奮不已，你應該不會驚訝吧？你也不必對我發誓，這種交流不是在你看過我論電影的作品後才有的。你處理這個主題的力量與原創性，只有在創作過程中充分行使自由才能做到。在你我身上，這種自由的實踐只是證明了我倆看待事物的方式深刻地一致。」（BA, 144）值得注意的是，班雅明悄悄忽略了他和阿多諾的隨筆在傾向上有著極大的不同：班雅明認為電影蘊含革命力量，阿多諾則是排除了爵士樂具有救贖力量的可能。

比起論爵士樂的隨筆，班雅明對洛文塔爾在《社會研究期刊》發表的論自然主義的隨筆的評論更有意思，因為它讓我們一窺班雅明的文學工坊。洛文塔爾的隨筆是專門為了《社會研究期刊》而寫，發表後評價不一，班雅明則是在隨筆大幅修改後才開始參與討論。和洛文塔爾的書信往來很快就成了一場文學論辯，對於自然主義運動，班雅明提出了不同於洛文塔爾的「另一套理論」。和〈巴黎，一座十九世紀的都城〉一樣，班雅明在書信中強調，所有歷史時代的行為與生產模式裡都隱含仍然未被查覺的結構和傾向。因此，批評家不僅必須質疑過去刻意生產的表象，還要將那些如夢境一般、無意識存活在過去的「帶有威脅或希望的未來意象」揭露出來。在班雅明眼中，洛文塔爾對於自然主義的理解太過字面，只侷限在文學作品裡顯而易見的社會觀。在班雅明的闡述下，自然主義作品遠遠超出它們看似賴以建立的理論。根據他所描繪的新文學史，比起對當代社會進行批判，第一波自然主義（他認為福樓拜也包括在內）更在意揭露「作用中的『永恆』破壞力」。這一波自然主義在易卜生的作品裡達到巔峰。班雅明認為，這場運動和當時藝術界的潮流（亦即新藝術運動）密不可分，在他看來，洛文塔爾的貢獻就在這裡。儘管沒有直接提到新藝術運動，但洛文塔爾在自然主義裡看出了一些新藝術運動的特徵，包括生命可以自我更新，以及自然空間「變形」的概念。自然主義和新藝術運動共同「記錄」了深埋於資產階級內部的歷史衝突。易卜生晚期戲劇裡的人物展演的正是這種衝突，那些衣衫襤褸的無產階級化知識分子會「跑上舞臺」，並於場景結尾「用手指急切指著現代社會沙漠中實為海市蜃樓的自由。當然，那些淪落者（Untergehende）並不是超克者（Übergehende，他們在尼采筆下可能是如此），但他們在走向虛無的道路上，卻獲得了人類不該失去的許多經驗。即便再模糊，他們也看見了自身階級的命運……在自然主義的眾多潮流中，資產階級公民的人性和必然性鬥爭，直到現在才向它低頭」。（GB, 5:298-299）班雅明的評論牽涉範圍廣泛、充滿暗示，很有他的特色，但對洛文塔爾的隨筆幾乎沒有影響。後來，這篇隨筆以〈個人主義社會中的個人：論易卜生〉為名，在《社會研究期刊》正式發表。

班雅明在論藝術作品的隨筆裡提出了理論的新方向，這股興奮之情讓他比之前更渴望繼續進行拱廊街計畫。儘管如此，他發現自己還是不時得寫些受人委託、可以很快發表的文章。不過，這種緊急需求也是有極限的。他再次將論福克斯的隨筆擱在一旁，轉而撰寫《東方與西方》（*Orient und Occident*）雜誌委託的論俄羅斯作家列斯克夫（Nikolai Leskov）的隨筆。這份刊物由瑞士神學家利布（Fritz Lieb）主辦。利布以巴德為主題完成博士論文，一九三三年被巴塞爾大學免除教授職位，隨即移民法國。一九三〇年代，他成為班雅明討論天主教神學問題的主要對象，「是我目前在這裡認識的最好的人之一」。（C, 525）利布和班雅明有個定期聚會日，兩人每週四會在凡爾賽咖啡館見面。班雅明由此完成了〈說故事的人〉，至今仍然是他最常為人引用的作品之一，只是他本人似乎不是特別看重這篇隨筆。

從字面看，〈說故事的人：論尼古拉．列斯克夫的作品〉的解讀對象是一位和托爾斯泰及杜斯妥也夫斯基同時代、但不是那麼有名的作家。和他幾個月前完成的論藝術作品的隨筆一樣，文章從一個基本假設開始：「經驗已經貶值……從來不曾像現在這樣被徹底掏空，一如戰略經驗被戰術作戰、經濟經驗被通貨膨脹、身體經驗被機械自動化作戰、道德經驗被當權者掏空。那個坐著馬車去上學的世代，如今站在天空下，周圍的景色除了雲朵之外都已面目全非，只剩雲朵下，毀滅性洪流與爆炸的力場裡，那微小脆弱的人體。」（SW, 3:143-144）論藝術作品的隨筆自信期盼一個愈來愈科技化的媒體場域到來，〈說故事的人〉卻以極其哀悼的口吻，回顧了說故事的衰落與可能的後果。班雅明在開頭段落指出，經驗已經不再能透過口頭傳播，「經驗的可交流性正日益減弱」。過去，說故事的人在社群裡的功能是向聽眾傳遞「忠告」，一旦「我們對自己或別人都沒有忠告」，這個功能就會凋萎，社群感也會隨之衰落。（SW, 3:145）小說作為仰賴印刷術發明的文學形式，是因為口述傳統及其所效力的工藝社群解體而生的。小說是由個人所寫，其他個人私下閱讀的文學形式。和無名傳播的民間故事不同，小說通常關注個人於特定時空下的內心世界。

班雅明闡明最具當代特色的兩種散文形式（也就是小說與報紙）都不適合說故事的氛圍之後，便推展到文中的關鍵主題：死亡。當現代社會不僅將死亡和垂死推到社會空間的邊緣，更推到意識的邊緣，說故事的人便失去了道德權威。「基本上，不單是一個人的知識與智慧，更包含他所活過的生命……都唯有在死亡的瞬間才開始變得可以傳播。」（SW, 3:151）這個洞察帶有深刻的虛無主義意涵，點出了死亡能戰勝時間，進一步拉近了這篇隨筆與〈藝術作品在其可技術複製的時代〉的相似處：說故事一旦沒落，某種記憶術也隨之衰敗。傳統編史學背負著**解釋**的重擔，而說故事的技藝和傳統編史學的「無色光」

不同，它具有濃縮的「生發力」，可以展現和詮釋「世界偉大奧妙的進程」，這是「所有正規歷史領域始終揭露不了的。（SW, 3:152-153）班雅明在《德國悲苦劇的起源》曾提到自然史，而〈說故事的人〉這段關於深奧「世界進程」的題詞最終則成為這個「自然史」的一個維度。在隨筆結尾，班雅明引用了布洛赫在《我們時代的遺產》裡論童話與傳說的段落，藉此重返自己一九二〇年代初期關注的一大主題，也就是受造性（creatureliness）的問題。歸根結底，列斯克夫和卡夫卡一樣，都能讓讀者洞察那個我們始終有可能落回去的原始神祕的受造物世界。儘管罩著現代文學的外衣，但說故事的緊湊豐富遠勝於其他任何資訊形式，所以能傳達有關「受造物等級」的基本智慧與真正有用的洞見，其中以「正直的人為最高級，中間包含許多等級，直到無生物的深淵」。（SW, 3:159）這種講述（也就是濃縮提煉）「完整生命」的能力，便是列斯克夫的天賦所在。

隨後幾年，〈藝術作品在其可技術複製的時代〉讓班雅明不時受到批評，說他的樂觀毫無根據；與此同時，〈說故事的人〉卻又讓許多人覺得他懷念事物過去的模樣。這些看法都忽略了班雅明有種不可思議的能力，能將所有文章變成符合自己目的的形狀。論列斯克夫的隨筆成功將一個看似和巴黎商品資本主義相去甚遠的主題，連結到班雅明特有的關懷，也就是媒體和類型跟人類經驗問題的關係。要是《歐洲》雜誌的編輯卡蘇將隨筆譯成法文刊登的計畫順利實現，〈說故事的人〉或許在當時的影響會更廣泛。翻譯由班雅明親自操刀，但直到他去世都沒有發表。[22]

除了這篇隨筆，班雅明還為《社會研究期刊》寫了一系列書評，內容都是他始終感興趣的主題，如巴洛克、通俗文學（哥德小說）、浪漫主義和小說（斯湯達爾、霍夫曼斯塔爾、普魯斯特、喬伊斯）。[23]

春末夏初，工作機會似乎更多了。五月初，班雅明接到好友赫茲費德邀請，定期為預定在莫斯科發行的新雜誌《字詞》撰寫法國文學專欄。赫茲費德雖然不在編輯部（編輯小組包括布萊希特、記者兼小說家布雷德爾和小說家弗伊希特萬格），但密切參與創刊事宜。六月，班雅明和《字詞》駐莫斯科協調員歐斯騰（Maria Osten, Maria Greßhöhner）見面，雙方達成協議，班雅明立刻要求布雷德爾預付稿酬，後來也確實寄出過一篇專欄文章，卻未曾刊登。同月，班雅明的柏林舊識蘭德利（Harald Landry）拜託他為新創刊的《批評之聲》撰稿。蘭德利曾經為《柏林報》和《福斯日報》撰寫文評，移民倫敦後在英國國家廣播公司工作。班雅明的巴黎作家舊識約阿金（Hans Arno Joachim）向他推薦了那篇論藝術作品的隨筆。班雅明當然希望自己的作品能繼續亮相，不論德文或英語都好，但蘭德利希望將隨筆改短一點，卻遭到班雅明回信拒絕。最後，這個案子和那些年的許多提案一樣無疾而終。在這些工作邀約中，最令班雅明興奮的應該要算阿多諾的提議。五月下旬，阿多諾告訴霍克海默，如果找人寫一篇論波特萊爾和新浪漫主義社會理論的隨筆，應該會對《社會研究期刊》很有幫助，而他推薦由班雅明負責，或者由他和班雅明合寫。阿多諾和班雅明多次討論拱廊街計畫，發現波特萊爾占據了班雅明構想的核心，而這篇隨筆的部分用意就在加速計畫進行。阿多諾的這封信為拱廊街計畫帶來了轉捩點。收到班雅明對這項建議的熱烈回應後，霍克海默和阿多諾不再只規劃一篇隨筆，而是整本論波特萊爾的書，作為班雅明多年研究十九世紀巴黎的部分成果展現。

儘管如此，班雅明的主要作品還是找不到出版管道，尤其是《柏林童年》。好友格呂克的弟弟法蘭茲一直在維也納替他尋找出版社。班雅明寫信向對方道謝，同時強調這份自傳式作品對他有多麼重要，

「就算我再需要靠寫作維生，唯獨這份手稿，所有經濟考量都擺在最後面」。（GB, 5:227）

撰寫〈藝術作品在其可技術複製的時代〉期間，班雅明的身心健康都相對穩定。雖然他二月風濕發作，信中卻不見一九三五年十月至隔年五月常有的抱怨。但隨著夏日將至，班雅明察覺心魔再次出現，而他的反應也一如過去十五年，只想收拾行李出門旅行，尤其他幾乎整個一九三五年都待在巴黎，更令他按捺不住。「壓在我身上那麼久的經濟壓力一旦解除，」六月初，他在信裡告訴阿多諾，「我就感覺到這種時候很常發生的事：只要一放鬆，我的神經就開始崩潰。我感覺自己儲存的能量都用完了，也感覺到待在巴黎一年多從未離開所造成的後果。我察覺自己非得做點什麼，才能修復我的精神健康。」（BA, 139）六月底，班雅明已經決定搬家，但還不確定要去巴塞隆納找孔恩，還是去斯文堡找布萊希特。一如以往，經濟和智識需求都在考量範圍內。選擇巴塞隆納，他就能去蓬蒂尼參加會議，等於幫霍克海默和社會研究所一個忙；選擇丹麥，他就能透過布萊希特強化自己和《字詞》的關係，而對方很可能刊登他的作品。蓬蒂尼位於勃艮第西北部，記者兼教授德賈當一九〇九年在當地買下了一座古修道院，並以「蓬蒂尼十日談」為名召集知識分子聚會。一九一〇至一九一四年，聚會每年舉行；一九二二至一九三九年重新舉辦，同樣每年一次。會議每天有一位講者登場，可能是作家、教授或科學家，演講過後開放討論，參加者包括紀德、杜加爾（Roger Martin du Gard）、艾略特、亨利希・曼、湯瑪斯・曼和里維耶爾。班雅明認為，霍克海默能藉會議瞭解法國知識界的發展，便毛遂自薦代表社會研究所與會，然後撰寫報告。

不過，他最後還是選擇去丹麥找布萊希特，希望能先在斯文堡靜養一段時間，再去蓬蒂尼開會。

七月二十七日，班雅明離開巴黎。和兩年前一樣，他在船上遇到了熟人，作家兼記者雷格勒。雷格勒一九二八年成為德國共產黨員，之後大多住在蘇聯，他此行也是要返回俄國。他頗為悲觀地向班雅明提起春天在倫敦舉行的反法西斯作家大會。八月初，班雅明抵達斯文堡，很快就在布萊希特複雜的交友圈裡站穩腳跟。他在布萊希特住處附近租了房間，並借用對方院子的一角工作，每天傍晚離開臨時書桌，照往例和布萊希特下棋聊天。下棋（班雅明現在很少贏了）已經成為兩人智識交鋒、展現智識差異又不傷和氣的賽場。「我花了十克朗在這裡買到一套很漂亮的西洋棋，」布萊希特向斯特芬炫耀，「跟班雅明的棋一樣大，而且更好！」[24]一九四一年，布萊希特得知班雅明的死訊之後，寫了四首詩紀念對方。其中〈獻給逃離希特勒而自殺的班雅明〉是他為好友所寫的簡短墓誌銘。如同維齊斯拉（Erdmut Wizisla）指出的，詩的靈感來自他對兩人下棋的回憶：[25]

> 梨樹蔭下，棋盤前
> 消耗戰是你最愛。

班雅明很快就找回了維繫兩人關係的儀式：交換書籍與小禮物，包括為兩人兒子蒐集特別的郵票。布萊希特檔案館裡就收藏著這樣一份禮物：一九三一年版的葛拉西安（Balthasar Gracian）《智慧書》。這是班雅明某次造訪好友時送的禮物。班雅明一直想寫一篇隨筆討論西班牙耶穌會修士的這本書，因為書中的批判唯物論與優雅的格言體都讓他深深著迷。他引用了《三便士歌劇》〈人類奮鬥不足之歌〉的副歌歌詞，在這份禮物上題字：「因為人在此生不夠聰明」。

就這樣，班雅明再次定居於丹麥鄉間，然而田園風光和朋友的熱情好客都籠罩在不祥的陰影下。「這裡的生活實在太有益、太友好，讓人不禁每天自問，這樣的生活在歐洲還能持續多久？」（GB, 5:362）這個念頭主要是被西班牙戰爭爆發所勾起。「我今天在報紙上讀到伊比薩島被轟炸了，」他寫信告訴孔恩，「那種感覺很奇怪。」（GB, 5:349）這裡顯然是指共和軍空襲長槍黨據點，因為反抗軍當時還沒有戰機。伊比薩島的狀況預告了許多猶太移民在西班牙的命運：長槍黨占領島上之後，有不少猶太家庭被逮捕遣送回德國。因此，除了擔心兒女和弟弟，班雅明也開始為巴塞隆納的孔恩一家焦急。七月二十五日西班牙內戰爆發，孔恩夫婦很快便將小孩送去妹妹尤拉和妹婿拉特那裡，也就是巴黎近郊塞納河畔的布洛涅，他們自己則留在西班牙，希望能守住剩下的資產。八月，莫斯科舉行公審的消息傳來，讓布萊希特等人為之愕然，驚恐不已。

班雅明在丹麥不僅和老友重逢，也和他得以運出柏林的部分藏書再次見面。他在巴黎除了思念朋友，也經常期盼及夢到這場團圓。受到布萊希特不時和他激辯的刺激，班雅明繼續修改〈藝術作品在其可技術複製的時代〉。據他後來估計，這篇隨筆在他離開丹麥時篇幅增加了百分之二十五。雖然看法相左，但布萊希特還是察覺這篇隨筆的重要性，便向《字詞》雜誌的莫斯科編輯同事推薦這篇文章，只可惜沒有下文。但在八月初，班雅明收到令人振奮的消息：瑞士琉森的維塔諾瓦（Vita Nova）出版社有意出版他編纂的一七八三至一八八三年德國重要人物的二十六封書信集，包括他寫的引言。

那年春末，蒂姆讀完書信集後反應熱烈，表示他覺得這份選輯「非常出色」（引自GB, 5:330n），並提出一個相當聰明的策略：要是能在瑞士找到管道以匿名出版，書名又不要太敏感，德國政府或許會准許上市。蒂姆的努力很快有了成果。維塔諾瓦出版社老闆羅斯勒（Rudolf Roessler）也是流亡的德國人，曾經在不少反法西斯圈子出沒，後來成為蘇聯特務，已出過洛維特（Karl Löwith）、蘭茲伯格（Paul Landsberg）和別爾嘉耶夫（Nikolai Berdyaev）的作品。這些書信有一部分已經以筆名在一九三一至三二年間的《法蘭克福報》陸續發表，包括班雅明寫的其中一版序言，他在那之後也一直探尋各種管道，希望出版這份篇幅足以出書的六十封書信集。十一月，維塔諾瓦版的書信集正式面市，書名《德國人》來自出版社的建議，也是班雅明所有作品裡最快問世的一本，用的是他自一九三三年以來最常用的筆名，霍爾茲。為此，他不得不急忙寫了一封便箋給布雷德爾，要求出版在即的《字詞》雜誌刪去他的名字，因為對方預定刊出索伊默（Johann Gottfried Seume）的一封書信和班雅明的引言，兩者都和《德國人》的版本完全相同，只要一刊出就會導致真名洩漏，後果可能不堪設想。

儘管比起班雅明的評論，羅斯勒對書信本身更感興趣，但班雅明還是說服對方新增了一篇序言，並完整保留他對每封信的引言。羅斯勒原本想刪減內容，只留下書信作者的生平簡介就好。經過一番友好協商之後，班雅明很高興自己的引言能和上個世代的散文並陳，因為他認為書信裡充斥著「陽剛果決」的語言，引言「語調格外清新」正好是必要的補充。（GB, 5:345）這本書使用了一些特別的手段，以掩蓋任何暗示著政治反抗的內容，除了筆名很亞利安和書名聽起來很愛國，封面還用了哥德字體。如同班雅明所料，這本書賣得很好，也普遍獲得好評，甚至有評論家稱之為「珠玉之作」。一九三七年《德國人》再版，可惜隔年就遭到審查員舉報，被納粹宣傳部列為禁書。

不論《德國人》全書或《法蘭克福報》選刊的書信，都不是班雅明首次編纂書信集。早在一九二五年，他就曾受不來梅出版社委託編纂洪堡作品集，其中便包含不少信件。一九三二年，他和哈斯在《法蘭克福報》發表了一系列的德國散文選，標題為「從世界公民到上層資產階級」。雖然選文很少是書信，但從所選的格林（Jakob Grimm）、赫爾德（Johann Gottfried Herder）、俾斯麥、伯恩（Ludwig Börne）、布克哈特、康德、歌德、黑格爾和海涅看來，仍然可以預見《德國人》的影子。此外，這本「書信之書」在結構上還和他的蒙太奇之書《單向街》與《柏林童年》有關。班雅明在《德國人》序言中指出，書裡的信件橫跨了整整一個世紀，從一七八三到一八八三年，而且「按時間順序」排列，這些說法都與事實不符。雖然書信和班雅明的評論大多落在他所表明的時間段裡，也大致按時間順序排列，但書中最早的一封信寫於一七七六年，開頭第一封卻是一八三二年，第二封則是一七八三年。還有些書信沒按順序排列，但因為班雅明沒有註明日期而被掩蓋過去。其實書中充斥著各種掩蓋，就連文字裡明顯的古典主義色彩，包括書信大多出自代表德國文化典範的大人物之手，也是一種轉移注意力的手段，掩蓋了對腐敗與自滿的攻擊。當然，其中有些偽裝來自羅斯勒，出於金錢和政治考量，他希望書能大賣。班雅明的手法則更加巧妙，也更具顛覆性。

這些書信反覆透露著自傳色彩，主題包括貧困、流亡、危機和尼采所說的熱愛命運（amor fati）。阿多諾十一月初收到這本書，一個晚上就從頭到尾讀完了，並表示「〔書裡〕散發的悲傷」深深打動了他（BA, 159），而字裡行間瀰漫的悲觀氛圍更讓人感覺《德國人》就像《德國悲苦劇的起源》的續作。這兩本書都表達出「歷史在當下」的形上理論，就其本質可以回溯到他早期受尼采啟發而寫的〈青年形上學〉

和〈學生生活〉。書信集編纂期間，班雅明正在雕琢一個想法：有些歷史時期與客觀結構相連結，也就是說存在著某種「歷史索引」，藉由它，有些時代雖然時間相隔久遠，卻仍可以證明是同步的。當然，班雅明的所有作品都會談到「真正的人性」，以及德國當前正打算用反人性取代人性。一九三六年柏林奧運之後，《德國人》召喚著另一個德國，一個人們彼此的關係就算無法奠基於和平，至少也能建立在文明、親善和同悲共苦上的德國。但班雅明的顛覆手段並未止於用一個更好的傳統抗衡當前的墮落傳統。在寄給修勒姆的《德國人》副本裡，班雅明加上了一句題詞：「格哈德，這是我在法西斯洪水高漲時蓋的方舟，願你在裡頭找到一個有著你年輕記憶的艙房。」[26]這裡的「方舟」，班雅明用的詞是Arche：不僅是浮在洪水之上的船隻，也是這個詞的起源（希臘文arkhē）。拯救——這個非常班雅明的用語——的最深沉推力不在這些書信所表達的思想裡，無論這些思想再人性也不例外，而在文本喚起歷史共鳴的語言裡。一如以往，對班雅明而言，真理隱藏在特定脈絡中的層層特定語詞裡，而他顯然希望第三帝國的某些讀者讀到死去已久的同胞的語言後，心裡能激起似曾相識的火花，進而帶來反抗。班雅明後來告訴法蘭茲，《柏林童年》和《德國人》就像同一件事的主觀面和客觀面。（GB, 5:423）

班雅明一邊協商《德國人》的編輯形式和稿費條件，一邊進行《字詞》委託的工作，撰寫關於當代法國文學的報告。他選擇的主題是一九三六年春天關於紀德日記第二卷的爭議。雖然日記裡豐富記載了紀德一九一四至二七年的文學關注，但其中對他如何走向共產主義（雖然很快就放棄）的描述卻惹來一身腥。班雅明選擇反共作家莫尼耶（Thierry Maulnier）的回應《社會主義的神話》（*Mythes socialistes*）作為分析對象。他形容這篇報告是法西斯藝術論，其實讀來很像〈藝術作品在其可技術複製的時代〉的後記，只不過論藝術作品的隨筆刪去的所有政治激情統統注入了這篇「後記」裡。這篇報告至今仍然是班雅明立場最鮮明的文章之一。和書信集一樣，這篇短文很快便付梓，他八月中寄出，《字詞》十一月就刊登了，讓他很不習慣。[27]但稿酬就不是這麼回事。班雅明發現自己寫給布雷德爾的信和電報愈來愈尖銳，不斷催對方付錢。

班雅明暫居丹麥的最後幾天，又因為和修勒姆爭執而蒙上陰影。八月，修勒姆在信裡對班雅明論藝術作品的隨筆反應冷淡：「我覺得你的隨筆很有意思。這是我頭一回在論電影與攝影的哲學文章裡讀到這麼啟發思想的東西。但我實在太缺乏專業知識，沒辦法對你的預斷做出評判。」（BS, 185）班雅明自認論藝術作品的隨筆是他目前思想的結晶，好友不由分說的否定令他大為受傷，更別說好友對電影和攝影的態度了：

> 我……十分難過又介意，我最近那一篇隨筆似乎缺乏根本的穿透力，無法讓你理解（我用這個詞不只是學術定義而已）。要是其中沒有任何內容讓你回想起我們都曾熟悉的想法，那我只能暫時假設，原因不是出在我重畫了其中一部分地圖，而是因為它是用法文寫的。至於我是否有辦法讓它以德文呈現在你面前，又能否因此讓你抱持更接受的態度，只能說依然有待回答了。（BS, 186）

不過，班雅明並未以此為藉口，再次遠離自己的老友，而是以最熱切的口吻向修勒姆提出建言，他們若想挽救這份友誼，雙方就必須更努力從對方作品裡獲得更多東西，才能克服歐洲和巴勒斯坦的距離障礙。

雖然霍克海默提議由他代表社會研究所參加蓬蒂尼會議，但班雅明決定拒絕，否則他就得匆匆離開丹麥。班雅明一直待到九月十日才告別斯文堡和布萊希特一家，中途也只在巴黎停留一天就再度啟程，最終於九月底抵達聖雷莫。由於正逢熱浪來襲，他只能在朵拉的民宿附近活動。不過，氣溫一轉涼，他就重拾了每天到小山散步的習慣。班雅明在聖雷莫雖然停留不久，卻很有療效，十月初就準備好再次面對巴黎生活的挑戰了。而他重返巴黎正巧遇上一件好事：霍克海默出錢讓阿多諾到巴黎一趟，由他和班雅明處理霍克海默隨筆集的法譯事宜。截至當時，儘管他們不斷努力，霍克海默隨筆集的出版計畫似乎終將擱淺。不只葛羅特修森（Bernard Groethuysen）擱置了伽利瑪出版社的出書安排，班雅明挑選的譯者艾田蒲（René Etiemble）似乎也消失無蹤了。可想而知，霍克海默非常沮喪。阿多諾火上加油地暗示背後隱藏著政治陰謀，班雅明則自然更瞭解情況與主事者，明白這些安排雖然出於好意，卻缺乏深思熟慮。出版計畫落空非但沒有影響班雅明和社會研究所的關係，反而讓霍克海默因為他努力奔走而更信任他。班雅明造訪布萊希特期間，就曾建議霍克海默，莫斯科公審*（斯文堡不斷有人討論這個話題）使得一起重新思考社會研究所的智識走向成為當務之急。如今霍克海默總算聽進他的建議，開始計劃邀集所有主要供稿者，開會決定集體立場和研究路線。雖然會議未能召開，但主要出於時機，而非改變心意或計畫生變。不過，班雅明確實回絕了社會研究所的一項要求：他不願為布洛赫的《我們時代的遺產》撰寫書評，因為這「既不符合他的利益，也不符合我的利益」。（GB, 5:397）

* 譯註：一九三〇年代史達林為了肅清政敵進行的作秀公審。判決皆已提前確定，透過威脅被告家屬等方式逼迫被告認罪以取得正當性。

阿多諾和班雅明同在巴黎那幾天，不只為了霍克海默的事情奔走，也有足夠的時間研討他們的共同興趣。用班雅明的話來說，這次會面「讓早已準備好的事情得以成熟實現」，因為他們重新發現了兩人「在最重要的理論意圖上的共同性」，考量到他們分離這麼久，這樣的一致「有時幾乎令人驚訝」。（BA, 155; C, 533）他們討論自己最近的作品，當然還有拱廊街計畫目前的輪廓與展望。按他對拱廊街計畫當下歷史脈絡的理解，阿多諾建議班雅明寫一篇隨筆反對榮格的理論。他認為，若能說明榮格的原型意象論和（位於班雅明編史學方法核心的）辯證意象論的不同，應該有助於拱廊街計畫，釐清其認識論。巴黎相會這幾天，班雅明和阿多諾的關係有了突破。一九三〇年代初，班雅明始終覺得阿多諾剽竊他的想法，搶走了原本該屬於他的學術生涯，因此心生提防。其後幾年，兩人的智識交流大致友善，頂多偶爾為了博取卡普魯絲青睞而暗自較勁。如今到了一九三六年，兩人終於不只政治和理論興趣相同，也有了類似的生活境遇。巴黎相會後，阿多諾和班雅明在信裡開始以「泰迪」和「華特」相稱，只是兩人始終不曾跨越德文以「您」（Sie）相稱的那道坎。

阿多諾來訪帶來的樂觀沒有持續太久。同月稍晚（一九三六年十月十四日），班雅明得知弟弟格奧格被判在布蘭登堡—戈爾登監獄服刑六年。面對班雅明簡短告知此事——「據說他聽判當下的勇氣與鎮定令人難忘」——修勒姆拿格奧格和他自己弟弟的遭遇相比，因為他弟弟也在德國坐政治牢。「自從〔信仰和平主義的〕奧西茨基（Carl von Ossietzky）〔一九三五年〕獲頒諾貝爾獎，他們就對仍然健康的預防性羈押政治犯加倍報復。我母親在信裡跟我提了許多新的折騰，但最糟的是，會被監禁多久完全無法預測。」（BS, 187, 189）雖然這則消息令人不安，但班雅明家中還有更嚴重的災難正在接近。自一九三六年春天起，班雅明的前妻朵拉便開始告訴他，史蒂凡出了狀況，一直吵著要她准他休學，並抱怨當地中學的教學法讓他變成了一隻鸚鵡。朵拉向班雅明透露，她認為問題其實出在史蒂凡身上：他在柏林是績優生，現在卻成績平平，因此心生逃避。瑞士的寄宿學校是一種選擇，但她負擔不起私校的學費。她努力想賣掉離婚分得的那棟柏林德爾布呂克街大宅，但很擔心德國當時施行的「猶太法」會讓她無法出售房子。[28]

史蒂凡出狀況的消息，顯然讓班雅明大感意外。他和兒子雖然不常通信，但內容基本上都很輕鬆，史蒂凡甚至輕描淡寫提到自己差點成為青年法西斯，只差沒有成為黨員。聖雷莫的「先鋒派」成員都自動名列青年法西斯，而史蒂凡根本不曉得自己是「先鋒派」。當地法西斯黨幹部問他會不會外語，史蒂凡說他即將出國，因而暫時逃過一劫。（GB, 5:320n）史蒂凡那年夏天確實出了國，返回維也納預備奧地利文理高中的入學考試，但同樣遇到阻礙。他寫信給母親，說他想改讀飯店管理。兩位高學歷父母自然很嫌惡這個想法。到了一九三七年十月底，史

圖三十一：班雅明的兒子史蒂凡。法蘭克福阿多諾檔案館。

蒂凡完全躲了起來，不僅拒絕回覆爸媽的信與電報，也不理會阿姨的來電。朵拉懇求班雅明去維也納找兒子，因為她怕自己被捕，不敢回德國。她當時沒有繳納德國政府對離境者徵收的高額稅金就出國了，以致當局對她發出逮捕令，甚至登在柏林報刊上。[29]於是，班雅明安排十一月五日離開巴黎，並先通知法蘭茲，表示自己會將信件轉到維也納。由於他和朵拉都不曉得史蒂凡在哪裡、做些什麼，因此他直到十一月底才離開巴黎，先去了聖雷莫，接著取道拉溫納前往維也納。這時，史蒂凡總算同意和父親見面——但不肯見母親。父子倆談話很有幫助，史蒂凡最終同意和父親一起返回聖雷莫。

班雅明形容兒子的問題是「意志不安」(GB, 5:428)，但不論他和朵拉如何形容，史蒂芬的心理狀態都令人憂心。班雅明原本想立刻安排兒子去看權威精神分析師，也就是青年運動時期的老戰友伯恩菲爾德。但和年輕的兒子又相處了一段時間之後，班雅明得出比較合理的判斷。他告訴霍克海默，「至於我兒子，他現在十八歲了。他剛進青春期就移民國外，之後一直找不到平衡。」(GB, 5:431) 近距離接觸讓他對兒子的道德狀態有了更深的認識。雖然目前依舊缺乏明確證據，但史蒂凡似乎帶著報復的心態在維也納尋花問柳，想盡各種方法賺錢，又以最快速度把錢賭光。朵拉對此一籌莫展。她覺得必須讓兒子遠離維也納，因為那裡「賭場隨處可及」很危險，卻又不能帶他回聖雷莫。她對自己這個決定的解釋，充分顯露出她對兒子道德敗壞的感受：帶史蒂凡回聖雷莫，等於「讓他在這裡遊手好閒、不事生產，因為他自然不會幹什麼正事。我不敢把民宿的帳本交給他，更別說收銀機了。他對管理一個地方一竅不通，而且已經變得太懶惰，做不了體力勞動了」。[30]幫忙兒子的過程中，朵拉一度擔心他可能已經做了不法之事。於是，她想到一個激進的做法，就是讓史蒂凡兒時的柏林保母芭特（Friedy Barth）領養他。芭特當時已經歸化為瑞士公民，住在伯恩。我們不難想像，班雅明得知兒子深陷金錢與賭博的問題會是什麼反應。和兒子關係疏遠本來就讓他有些內疚，這時肯定悔恨交加。

史蒂凡的情緒狀態在一九三七年開始好轉。他不僅通過奧地利幾所大學的自然史地入學考試，甚至擠進維也納法西斯聯盟的名單，有機會取得奧地利護照甚至國籍。他的精神分析初步診斷結果讓朵拉心情難安，責備自己逃離柏林後那一年沒有給予兒子足夠的愛。得知此事之後，班雅明付了五十法朗給舊識孟德爾頌（Anja Mendelsohn），讓對方替他兒子做了筆跡分析（記載結果的那封信如今已佚失）。最後，史蒂凡還看了神經科醫師霍弗（Wilhelm Hoffer），並獲得令人安心的診斷。「整體印象不壞。由外觀之，史蒂凡可以說是相當成熟的年輕人，給人很有男子氣概的感覺……他起初有一些害羞笨拙，但這點可以用他的年紀和當時的情境來解釋。」霍弗這樣告訴史蒂凡的父母，這個孩子交壞朋友和行為輕率可能只是過渡現象。[31]

不難想像，史蒂凡的麻煩讓班雅明和朵拉的關係再次出現不信任。班雅明覺得她在關鍵事情上專斷獨行，朵拉則再次反控他對兒子的生活缺乏參與。不過，和之前許多次那樣，那年春天他們找到了化解歧見之道，夏初班雅明就回到了聖雷莫。

班雅明去維也納找史蒂凡，為他帶來一個意料之外的好處：他途中經過拉溫納，因而得以參觀當地著名的拜占庭馬賽克藝術。「我總算實現了懷抱二十年的願望，親眼見到拉溫納的馬賽克藝術。不過，那些碉堡般的樸素教堂給我的印象，幾乎不下於馬賽克裝飾。那些教堂的外牆上早已沒有任何零星裝飾，有些還微微陷入地下，必須走下臺階才能進去，讓人更加有種回到過去的感覺。」（BS, 188）不過，馬賽克藝術很少出現在他的作品裡。反倒是他幾週後在巴黎見到的另一種圖像藝術，帶給他更立即的影響和「極大的樂趣」(GB, 5:481)，那便是居伊（Constantin Guys）的作品大展。波特萊爾最重要的隨筆之一〈現代生活的畫家〉就是以這位十九世紀藝術家為主角，班雅明在拱廊街計畫裡也大量引用了這篇文章。

史蒂凡讓人焦頭爛額的這段時間，班雅明往來於巴黎和聖雷莫，跟朵拉一起應付。於是，布德決定出租班雅明的房間，好多賺一點錢，班雅明則於十二月初在十五區拉瓦爾街一五八號的公寓找了個暫時落腳處。一九三六年聖誕節到隔年一月中，班雅明都待在聖雷莫。一月初，班雅明返回巴黎貝納街的寓所，立刻著手撰寫論福克斯的隨筆。前一年八月造訪丹麥時，他再次為了這篇預定寫給《社會研究期刊》的隨筆進行研究。雖然他一九三三或三四年便接到社會研究所的委託，但一九三五、三六年只是寫寫停停，沒有多大熱情，現在更覺得自己只是不得不寫完，就像阿多諾說的，不得不「追捕狐狸」(福克斯〔Fuchs〕在德語是狐狸的意思）——也就是寫完這篇拖延已久的隨筆。一月底，他告知阿多諾和霍克海默，自己已經開始撰寫草稿，預計還需要三週才能完成。相較於預備過程拖拖拉拉，這篇隨筆寫來倒是又猛又快。他三月一日寫信告訴阿多諾：「我敢說你一定會替我這些日子的沉默找到最簡單合理的理由。論福克斯的文章一旦進入關鍵階段，從早到晚都沒有其他事物可以與之競爭。」(BA, 186）班雅明能在這麼短的時間內完成，是因為他大量利用了現成的材料：從開頭精彩的批判編史學到中間十九世紀法國藝術和政治的長篇大論，都直接引自拱廊街計畫；而對福克斯和馬克思主義及社會民主黨的關係的思考，則得利於他在丹麥那兩個夏天受社會民主黨刊物《新時代》委託所做的研究。

這篇隨筆處處反映出班雅明對主角的矛盾態度。福克斯一八八六年加入社會民主黨，一八八八到八九年就已經因為政治活動而入獄。如今他最出名的作品是一九〇九至一二年出版的三卷本《圖解中世紀至今的風俗史》，以及一九二二至二六年出版的三卷本《情色藝術史》。班雅明在文中表示福克斯是收藏漫畫、情色藝術和風俗畫的先驅，並強調他的作品批判了資產階級藝術批評的真理性，因為資產階級藝術批評頌揚藝術家的個人創造力，過度依賴過時的古典美學概念；他還指出福克斯早期曾經嘗試接受大眾藝術和複製技術。但班雅明仍然認為，由於福克斯堅守社會民主黨的自由派信條——相信教育對象是「大眾」，而非階級；深陷達爾文生物學主義和決定論；抱持可疑的進步思想和無來由的樂觀；加上根深蒂固的德國道德主義——使得他本人與他的作品都受到侷限。

因此，這篇隨筆的精彩之處，與其說是論福克斯的作品，不如說是班雅明開篇闡述的文化編史學理論，其中不僅援引拱廊街計畫的理論基礎，也點出他將在一九三〇年代末發展出的革命編史學。隨筆開頭帶我們瞭解藝術作品及其歷史時刻的關係。這個理解自始至終都是班雅明批判的基礎。藝術作品並非孤立自主的創作，而是持續演變的歷史現象，是由藝術作品的前歷史與後歷史匯聚結合（亦即動態組集）而成的震盪「力場」：「正是〔藝術作品的〕後歷史讓人看出〔其〕前歷史參與了持續改變的過程。」（SW, 3: 261）這篇隨筆和班雅明一九一九年論德國浪漫主義的博士論文一樣，都預見了二十世紀晚期出現的接受理論，主張藝術作品的意義部分來自作品被人解讀的歷史。班雅明再次搬出自己最愛的歌德名言來支持這個想法：「曾經有過巨大影響的事物，都無法再真正受到評判。」（SW, 3:262）

將藝術作品理解為歷史過程的一個片段，是班雅明提出辯證意象的概念基礎，而論福克斯的隨筆則是換了一個特別的新說法。早在一九三一年，班雅明就在〈文學史與文學研究〉表示，「重點不是從文學作品所在的時代背景描述這個作品，而是在它誕生的時代裡再現它被解讀的時代，也就是我們的時代。」(SW, 2:464) 一九三一年，班雅明問的是如何藉由再現與我們這個時代同步的上個時代的元素，以此再現我們這個時代。到了一九三七年，問題更加迫切，變成了關於現在的恰當歷史經驗如何可能。事實上，這是班雅明始終關切的問題。藝術作品作為「過去的片段」，和「當下此刻」共同構成「批判組集」的一部分，「因為只要當下無法認出自己含藏在無可挽回的過去圖像中，這個無可挽回的圖像就可能消失」。(SW, 3:262) 若當下含藏在過去圖像中，那就表示每個當下都有過去的「脈搏」在跳動。換言之，「歷史理解是已被理解之物的來生」(SW, 3:262)——班雅明將《拱廊街計畫》卷宗N 2,3的命題轉換到這裡。用他確鑿的表述方式來說，辯證地闡述過去與現在的關係必然意味著「歷史對每個當下都是原初」。(SW, 3:262) 這樣的理解有如雙面刃，可以回溯到尼采在《歷史對生命的利與弊》的說法：過去唯有藉由當下的最高能量才能被理解，因為過去總是如神諭般說話。歷史理解的這個深刻矛盾，既有建設性也有破壞性。「『建構』預設了『解構』，」《拱廊街計畫》如是說，因為「歷史表象消解所依循的軌跡，必然和辯證意象的建構軌跡相同」。[32]從實踐而言，這代表不論任何時代，那些乍看過時倒退的元素都須由歷史學家以「替換視角（而非判準！）」的方式重新評估，直到「過去全體在歷史復興裡被帶入現在」。(AP, N1a,3) 班雅明這裡使用了斯多葛、斯諾底和教父學派的關鍵詞彙「復興」(apokatastasis)，也就是宇宙總是在淨化之火徹底抹去一個歷史時代和隨後可能的復原之間交替。對班雅明來說，這個源自神話宇宙論的概念已經成為歷史裡發生的事。

正是從這個觀點，班雅明才能批評福克斯對歷史的理解少了解構的元素。歸根結底，這是良知的失敗，是向「虛假意識」投降。一旦歷史連續體沒有瓦解，文化史就會「封存」或「凍結」為思考對象，也就是「放棄歷史主義特有的沉思性」。（SW, 3:262）[33]不過，現在更多人引用的不是這個想法，而是基本上已經成為經典名言的告誡：「不論歷史唯物論者在藝術或科學裡考察什麼，毫無例外都會發現一個見者無不驚恐的譜系。藝術和科學產物的存在不僅歸功於創造它們的偉大天才的努力，也或多或少歸功於同時代人的無名辛勞。文化的見證無一不是野蠻的見證。」（SW, 3:267）這段話將在他三年後完成的隨筆〈歷史的概念〉裡扮演關鍵角色。

值得注意的是，完成論福克斯隨筆的喜悅裡其實不乏「某種輕蔑感」。當他愈來愈熟悉福克斯的作品，這種感覺也愈來愈強烈，而他很努力不讓這種感覺從隨筆中透露出來。（BA, 169）從他的初步筆記裡，或許最能看出這一點：「福克斯不僅在對歪曲的嘲諷裡缺乏解構意識，在性方面也缺乏解構意識，尤其是性高潮……福克斯對藝術的歷史預知面向一無所知。對他而言，藝術家充其量只表達歷史現狀，從來不表達未來。」（GS, 2:1356）班雅明將隨筆完稿寄給霍克海默，在附上的信裡表達了這份矛盾的感受：

> 你比誰都清楚，從當初計劃撰寫〔論福克斯的〕隨筆到現在，世界和個人發生了多少歷史變化。我們還談到了計畫本身就有困難……對福克斯，我試著照我覺得正確的方式進行，一方面盡可能恰當，一方面盡可能不要不恰當。此外，我想讓這篇隨筆的旨趣更廣。正是出於這一點，我在批判討論福克斯的

> 方法論時，努力從中得出歷史唯物論的正向表述。（GB, 5:463）

最終，班雅明在乎發展自己的想法勝於解析福克斯。他將自己的隨筆和阿多諾對曼海姆的批評相比，顯示他很清楚兩人都「精於」以「毫不起眼卻又毫不妥協的方式提出〔自己〕內心最深處的想法」。（BA, 168）霍克海默和他的紐約同事對這篇隨筆非常滿意。霍克海默三月十六日在信裡表示，這篇隨筆將對《社會研究期刊》做出特別有價值的貢獻，因為它推展了該刊的理論目標。他還建議有幾處可以小幅修改，班雅明大多照做了。福克斯本人收到班雅明寄來的隨筆後所提出的修改建議，也於四月納入文中。但隨著編輯作業啟動，摩擦再次發生。其中最令人沮喪的莫過於編輯決定刪去開頭那段，也就是將福克斯的作品放在馬克思主義藝術論的脈絡下討論的段落。洛文塔爾五月代表霍克海默解釋此事，指出編輯部是因「策略」考量刪去該段，以免讀者認為他們發表的是「政治文章」。[34] 班雅明似乎從未同意刪文，但這一段直到《班雅明文集》（*Gesammelte Schriften*）在他辭世後出版才首次付梓，而他一直等到十月才盼來文章在《社會研究期刊》發表，因為霍克海默當時正和德國當局就釋出福克斯的收藏進行「沒完沒了」的談判，不希望刊登這篇隨筆對談判帶來不利影響。（GB, 5:550）

事實證明，社會研究所是白擔心了。和〈藝術作品在其可技術複製的時代〉不同，這篇論福克斯的隨筆發表後並沒有激起多少波瀾。班雅明只能仰賴自己的資源尋求更多回應。修勒姆雖然和他有種種不合，卻仍是他最值得信賴的讀者，於是修勒姆照例收到了一字未刪的論福克斯隨筆，而他的反應也不出意外：修勒姆一方面承認「本質上有問題的馬克思主義進路一次次將班雅明的讀者帶向黑暗的思緒，甚至作者沒有此意也是如此，所以對不幸的崇拜者如我，這個進路的成功並不明顯」，另一方面又覺得有必要哀嘆這種將「你的敏銳洞察擺在辯證豬玀面前」的做法對隨筆帶來的傷害。（BS, 206）

不論班雅明對自己的「敏銳洞察」有幾分保留，這篇論福克斯的隨筆仍然突顯出他對文化編史學方法論的關注，這也是他在拱廊街計畫的關切重點。一月底，他在信裡向霍克海默如此坦承。這封信是為了詢問何種書寫形式適合現代哲學，這個問題在《德國悲苦劇的起源》導言裡有過嚴謹的討論。

> 消除哲學術語的問題當然不存在。我完全同意你的說法，歷史趨勢不僅「保留在某些範疇之內，也不容許消失在風格中」。對於你的話，我有一點想補充……我的意思是，有一種使用哲學術語的方法，會捏造出不存在的豐富性，那就是不加批判地使用專業術語。另一方面，針對特定研究主題進行具體的辯證分析時，必須批判早期在現實和思想層面上理解該主題時所用的範疇……當然，普遍的可理解性不能當作判準，但具體的辯證分析可能本來就在細節上帶有一定透明度。不過，對整體的普遍可理解性自然另當別論。關鍵在於直視你所描述的事實：長期下來，小團體將對科學和藝術的保存與傳播發揮重要作用。老實說，這樣講可能不無道理：現在不是在報攤展示我們自認手上擁有之物的時候，而是考慮將其存放在遠離炸彈之處的時候。事物的辯證法可能是這樣的：給同樣是平順打造的真理一個平順打造、猶如保險箱的安全之處。（C, 357）

這封重要信件記錄了班雅明作品中一直存在的緊張關係：一邊是高學歷技術菁英（對這個群體來說，普遍的可理解性不是判準）關切的事物，一邊是避免使用專業術語，打造「細節透明」的「具體辯證分析」的責任。班雅明在給霍克海默的信裡偏向前者，換作寫給布萊希特，可能就大不相同了。

完成了拖延許久的論福克斯隨筆之後，班雅明雖然每天思考方法論問題，卻還是不知如何回答隨之而來的一個問題：接下來該寫什麼？他很難自己決定，因為任何大方向的改變都需要霍克海默認可。那年秋天和阿多諾討論後，他確定拱廊街計畫在認識論上的最佳策略就是和「集體心理精神分析理論的功能」相對抗，「因為這些理論一方面已經被法西斯主義所用，另一方面被歷史唯物論所用」。至於對抗的方法則是分析榮格〈亞利安心理學〉所提出的「原型圖像」概念。（GB, 5:463-464）進一步思考過後，班雅明決定納入克拉格斯的作品，但主要是他向來感興趣的筆跡學研究，而非對方在《論創世愛慾》傳播的思想。他認為可以藉此探究集體無意識的根源及從中產生的「圖像幻想」，而且這個人類學進路也和一九三五年拱廊街計畫「報告」的架構相一致。（GB, 5:489）霍克海默對他想以榮格和克拉格斯為焦點非常保留，但就如班雅明在第二封信裡所說的，他必須回到「計劃寫這本書的最初層面」，也就是以超現實主義者寫作受到精神分析影響為原點，如此才能釐清他後來的研究與思考歷程。不過，班雅明向霍克海默建議，他已經針對「資產階級」和唯物論編史學的比較完成了一篇文章，可以取代論榮格和克拉格斯的隨筆作為全書導論。值得一提的是，這篇文章其實到了一九三八年才寫完，而且雖然是當作導論，但對象並不是拱廊街計畫，而是他後來轉寫的論波特萊爾專書。早在一九三七年春天，班雅明就提議擴充一九三五年「報告」裡論波特萊爾的章節，作為他寫作焦點的第三個選項。四月下旬，霍克海默強烈敦促他專心研究波特萊爾，放棄集體心理學。其實，這是因為班雅明的興趣開始侵犯到佛洛姆和馬

552

553

庫色的研究領域，而這兩人是霍克海默在社會研究所最緊密的合作夥伴，因此他才會遊說班雅明這位遠方同事將焦點轉向波特萊爾。班雅明在回信中同意重新檢視一九三五年的「報告」，以便將波特萊爾的部分擴展成一篇完整的隨筆。換言之，他乖乖聽從了霍克海默教父般的吩咐。自從論藝術作品的隨筆完成以來，兩人的智識往來就多了一些互相敬重，即使霍克海默始終帶有幾分保留，而這顯然和他當年在班雅明任教資格論文沒過關一事上扮演隱藏推手脫不了關係。不過，在班雅明看來，這份新增的尊重，加上論福克斯隨筆被採納，都意味著自己在社會研究所的地位更穩固了。

四月二十三日，班雅明向阿多諾交代自己寫作計畫的這個新發展：「就〔拱廊街〕計畫而言……你〔關於榮格〕的建議在我看來是最可行的。另一方面……這本書的基本母題互相關聯的程度那麼高，個別主題嚴格說來其實無法當成其他主題的替代品。」（BA, 178）儘管如此，阿多諾仍然鼓勵班雅明處理榮格，甚至直到九月中旬還抱著希望，「榮格終究可能是你下一篇隨筆的對象」。（BA, 208）班雅明也沒有立刻就放棄這個主題。七月初，他仍然告訴修勒姆自己沉浸在榮格新出版的一九三〇年代隨筆集，並對榮格針對「亞利安靈魂」提出的特殊療法很著迷，想研究「文學臨床虛無主義的形塑手法——貝恩、賽林、榮格」，闡述他們為國家社會主義提供的「輔助」。（BS, 197）班雅明坦承不曉得這種研究可以在哪裡發表，但他對這個主題如此堅持，清楚顯示出闡明集體心理的有毒根源對拱廊街計畫的思想有多重要。

那年春天，班雅明還將時間撥給了其他寫作計畫與發表管道。他很清楚自己不能單靠社會研究所的薪俸過活。讓論藝術作品的隨筆（最好是比較完整的德語版）以更多語言發表，依然是他的首要目標。布雷德爾拒絕了德語版，表示篇幅太長，不適合在《字詞》發表。這時，霍克海默在信中提到萊達（Jay Leyda）有意出版〈藝術作品在其可技術複製的時代〉英譯，讓班雅明短暫燃起一絲希望。萊達是紐約現代藝術博物館新成立的電影館的助理館長，和愛森斯坦是朋友，後來也翻譯了他的作品。然而，霍克海默勸班雅明不要提供德語版的〈藝術作品在其可技術複製的時代〉，即使那是萊達想要的版本，因為他擔心德語版可能重新放入《社會研究期刊》法譯版刪掉的部分。這不是班雅明生前唯一一次嘗試將〈藝術作品在其可技術複製的時代〉全文或部分內容以英譯發表，但這些嘗試都失敗了，這次也不例外。[35]

得知布雷德爾拒絕了論藝術作品的隨筆後，班雅明又向《字詞》提出一個極具野心的寫作計畫，那就是對「西方國家的文學運動」進行政治分析。班雅明想藉由考察幾個西方國家的代表出版社與刊物，指出文學反法西斯運動實際採取的政治方向，並提議先從法國的文學文化下手，以示範計畫如何展開。範圍若再縮小一點，他提議從法蘭西學院和他最喜歡的作家西默農開始研究。儘管提案沒有下文，但在寫給布雷德爾的信件裡，班雅明卻寫出了他對流亡作家發表困境最有力的分析：

親愛的布雷德爾，當你說你朋友「在那裡」處境艱難，這句話（就與我有關的部分而言）或許比你想的還真切。在這裡，作者對創造作品的關切和他對複製作品的關切密不可分，而且他對複製作品的關切之強，幾乎肉眼可見。從手稿到付梓的道路比以往都長，從創作到獲得報償的時間也因此拖到了臨界點。任何寫作都有最佳時期，更別說編輯與作者之間的合作了。一旦大幅偏離這個時期，寫作就會嚴重受阻。對於這種經驗，你自然不陌生。

這話絕不是無私心的評論。班雅明接著向布雷德爾保證，要是他的作品能更快發表，稿酬也能更快送到作者門前，布雷德爾就能從兩人的合作獲得更多利潤。（GB, 5:516）事實上，布雷德爾三月底確實接受了班雅明的第二封〈巴黎來函〉，主題是「繪畫與攝影」（第一封信以紀德為主題，已於一九三六年發表）。在這份尖銳的批判考察中，班雅明指出當代繪畫面臨危機，並暗示起因主要是攝影篡奪了繪畫的「有用性」。（SW, 3:236-248）但這封來函最終並未刊出，班雅明也沒有拿到稿酬。

除此之外，班雅明還接到兩家出色的流亡者刊物委託，一是湯瑪斯．曼和法爾克（Konrad Falke）發行、利翁（Ferdinand Lion）主編的中間派雜誌《衡量與價值》，二是探討「政治、藝術和經濟」，立場偏左的《新世界舞臺》（*Die neue Weltbühne*）雜誌。該雜誌最早由圖霍爾斯基擔任主編，然後交棒給英勇的奧西茨基，是威瑪共和時期最有影響力的週刊之一，以其人道寬容的自由左派立場而聞名，一九三三年遭納粹查禁被迫出走之後，一直苦於維持財務穩定、尋找安身之所與可行的路線。一九三七年時，雜誌的路線主要由經濟記者兼共同持有人布齊斯拉夫斯基（Hermann Budzislawski）主導。布洛赫曾在這份刊物發表過幾篇隨筆，向班雅明邀稿一事也是由他居中牽線。班雅明雖然有所保留，但接下來一年還是藉機在這兩份刊物上發表了幾篇書評，同時在《衡量與價值》發表了幾篇《柏林童年》的短文。

班雅明年初回到巴黎，發現紀德的新書讓巴黎文學圈一片譁然。紀德不是共產黨員，卻曾多次對共產黨的訴求表達認同。蘇聯作家協會一九三六年邀他訪問俄國，紀德欣然應允，去了俄國許多地方。他以為自己會見到人類新的解放，卻只看見極權專制。在這本措詞嚴厲的新書《重返蘇聯》裡，紀德為自己的政治轉向辯護，而班雅明面對文學圈的譁然，其反應顯然受到歐洲政局的影響。「至於我，」他在信裡告訴斯特芬，「我書還沒讀就先反對它了。我甚至連書裡內容正不正確、重不重要都不曉得……政治立場不能隨時擺在公眾面前接受檢驗，這麼做完全是外行。」（GB, 5:438-439）針對紀德新書的激烈爭論，點出了當時的慘澹局勢：佛朗哥的國民軍一月中旬大舉進攻，於二月八日攻陷馬德里。因此，只要批評激進左派，無論其動機為何，都必然被視為對西班牙共和軍的傷害。而且不是只有西班牙爆發危機，巴勒斯坦起義的暴力衝突也再次突破高峰。班雅明二月十一日寫信給修勒姆：「雖然我不是輕言放棄的人，但有時真的不曉得我們是否還能見到對方。像巴黎這樣的大城市已經搖搖欲墜，而要是我得知的巴勒斯坦消息為真，那麼連耶路撒冷也可能成為風中蘆葦。」（BS, 190）

班雅明自己也承認，他在撰寫論福克斯的隨筆時幾乎沒有和朋友熟人聯繫，直到隔年春天才逐漸和克拉考爾、布洛赫和其他幾位熟人恢復往來。他和共產主義小說家兼社運人士西格斯變得更常見面。原名賴琳（Netty Reiling）的西格斯是時任自由德國學院校長的匈牙利社會學家拉德萬尼（László Radványi）的妻子，班雅明可能是透過拉德萬尼認識她的。西格斯一九二八年出版處女作《聖塔芭芭拉漁民起義》，從此聲名大噪。流亡巴黎期間，她是德國海外作家保護協會創始會員，一九三〇年代晚期她的命運和班雅明有不少交集：她先生和班雅明都被關在勒韋爾內（Le Vernet）集中營，獲釋後便帶著她和兩個小孩去了馬賽。那裡不斷有德國流亡者湧入，希望逃離維琪法國，而她和班雅明的交集也到此結束。西格斯一家順利取道馬丁尼克島和紐約逃離法國，最終在墨西哥城落腳。一九四七年她重返德國，此後成為東德（德意志民主共和國）最著名的文化人士之一。這個時期另一位關鍵熟人是任教於索邦大學的華爾。華爾雖然師事柏格森，但一九三〇年代中期已經是法國頭號黑格爾學者。他的教學和作品對社會學苑（Collège de Sociologie）影響深遠，科耶夫（Alexandre Kojève）受他影響尤其明顯。班雅明這一年還認識了中國藝術專家杜伯秋（Pierre Dubosc）。他於春天在巴黎展出自己收藏的中國畫，班雅明還為此寫了一小篇報告〈中國畫在國家圖書館〉，於一九三八年一月在《歐洲》雜誌發表。

眾多熟人裡頭，班雅明最期盼拉克納（Stephan Lackner）能回到巴黎。原名摩根霍特（Ernest Gustave Morgenroth）的拉克納不僅是他的智識夥伴，而且這位年輕人和他父親西格蒙德已成為班雅明在社會研究所以外的經濟來源。當時班雅明正經歷一場小危機：他遲遲沒有購買新眼鏡已經好幾年了，如今看得很不清楚。他告訴拉克納，自己幾乎不敢踏出家門一步。為了眼鏡籌錢，是金融危機再臨的徵兆。法國受到大蕭條衝擊比其他國家晚得多，直到一九三七年依然餘波盪漾，大量人口失業，工業生產量也跌落至一次大戰前的水準，使得法郎愈來愈不穩定，而物價快速上揚更讓班雅明入不敷出。三月下旬，他在寫給波洛克的信裡透露了自己當時的財務狀況：

固定支出：

房租（包括我分攤的水電瓦斯、電話和門房費）[1] 四百八十法郎

伙食 七百二十法郎

衣物保養與清洗 一百二十法郎

雜費（個人衛生、咖啡、郵資等等）三百五十法郎

交通　九十法郎

合計　一千七百六十法郎

額外支出[2]

西裝（每年一套）五十法郎

鞋子（每年兩雙）二十五法郎

內衣褲　二十五法郎

電影、展覽、看劇　五十法郎

醫療[3]

1. 我的房東是德國移民。公寓裡有家具，但我還是買了幾樣東西布置房間，例如窗簾、墊子和床罩，以便招待一位偶爾會來的法國訪客。

2. 我沒有存款支付額外開銷，但另一方面，我也沒有欠債。剛過去這一年，我的收入，除了你知道的那些之外，還包括我的書《德國人》，一千兩百法郎；替《字詞》雜誌寫文章，兩百五十法郎；替《東方與西方》（Orient und Okzident〔原文如此〕）寫文章，一百五十法郎。

3. 這部分無法提供確切金額。上個月為了買兩副新眼鏡讓我吃足了苦頭。同時，我還是不得不去

看牙醫，雖然拖了很久，但不能再拖了。（GB, 5:500-501）

當然，班雅明列舉的收入當中，並未包含朋友偶爾給他的小錢，而且我們也不清楚，一九三七年三月那時，他是否還從柏林房客那裡收取租金。此外，這些帳目也顯示，班雅明自從搬到巴黎後，日常步調（包含到國家圖書館做研究，在咖啡館寫作）幾乎一成不變。他告訴卡普魯絲，自己經常「黏在菁英咖啡館（Le Select）露臺上唯一的暖爐邊，太陽不時從雲裡探出頭來，為身體提供肉眼視作暮色的光線」。（BG, 193）

儘管視力有問題，財務依舊困難，還是阻止不了班雅明的閱讀熱情。一九三七年初，他剛讀完凱恩（James M. Cain）廣受歡迎的第一本小說《郵差總按兩次鈴》法譯版，覺得「內容刺激又有洞察力」。（GB, 5:479）除了凱恩的冷硬派通俗小說，班雅明那幾個月還讀了一些其他作品，包括拉克洛（Choderlos de Laclos）的《危險關係》、法譯版的十九世紀英國鬼故事集和卻斯特頓（G.K. Chesterton）的《狄更斯傳》（同樣是法譯版）。這本「出色」傳記對《拱廊街計畫》很重要。至於韋德烈（Wladimir Weidlé）的《阿里斯特的蜜蜂：論文學與藝術的當前命運》，班雅明有褒有貶。他告訴蒂姆自己毫不贊同作者的整體立場，但覺得書裡對當代藝術的某些觀察值得進一步思考。他對馮布倫塔諾的新作《沒有法官的審判》同樣褒貶參半：「寫得很好，但很混亂。」（GB, 5:513）馮布倫塔諾向來給他這種感覺。

班雅明一直想找一個主題，既可以確保很快就有機會發表，**又能**讓他回到拱廊街計畫的方法論問題，但三月中旬的一項重大發現打斷了他的計畫。班雅明找到一位無名作者寫的無名作品，即約赫曼

（Carl Gustav Jochmann）一八二八年匿名出版的《論語言》（*Über die Sprache*）。約赫曼是利沃尼亞德國人，和班雅明一樣移民巴黎，班雅明認為他是「德語世界最偉大的革命作家」。約赫曼的書裡有一篇七十頁的隨筆〈詩的倒退〉（Die Rückschritte der Poesie），班雅明形容它是「一顆從二十世紀落到十九世紀的隕石」。約赫曼在文中做了一個關鍵的連結，將政治和語言連繫在一起，正是這點讓班雅明興奮不已。和前輩斯塔爾夫人（Madame de Stäel）一樣，約赫曼認為德國各邦的政治解放之所以困難重重，基本障礙就在於德國人的文學至上論。因此，他提出了一個「難以想像的大膽論點」，「那就是詩的倒退便是文化的進步」。（GB, 5:480）班雅明編輯了這篇隨筆，刪去一些段落，再附上作者生平和約赫曼其他作品的簡短選輯，於三月二十八日連同一封長信寄給霍克海默。班雅明在信中表示，這篇隨筆讓他讀得「心跳不止」，如果能發表在《社會研究期刊》上，他會非常高興。（GB, 5:492）霍克海默兩週後回了信，對這篇刪節過的隨筆很感興趣，並委託他撰寫一篇理論導言，屆時一起刊登在期刊上。這篇導論於四月到七月初完稿，隨後在霍克海默要求下於隔年做了修改。班雅明在導論裡指出，約赫曼這篇隨筆美就美在它「秤出了哲學張力」，很有策略地運用一種「來回擺盪」的手法，無須訴諸哲學術語就寫出了哲學意義深刻的散文。最終，這篇編輯過的隨筆和班雅明內容廣泛的導論，一起刊登在《社會研究期刊》一九四〇年一月合刊上。

寄信告訴霍克海默自己「發現」約赫曼的隔天，班雅明收到一封克拉夫特寫來的氣憤短箋。兩人的關係起起落落，一九二一年決裂，一九三三年因為同為流亡作家在巴黎國家圖書館巧遇而又開始往來。隔年克拉夫特移民耶路撒冷，兩人開始友好的書信往來，而且成果豐碩，雙方都很熱衷卡夫卡、克勞斯和布萊希特等當代人物，也都很看重意見交流的機會，有時也會互相介紹工作。但就在克拉夫特造訪巴黎三個月，和班雅明見了幾次面後，他再次（也是最後一次）寫信和班雅明絕交。班雅明對此舉表示驚訝，除了祝對方順利，還歸還了克拉夫特借給他的幾本書。（GB, 5:504-505）這次決裂的原因錯綜複雜。克拉夫特後來表示，他決定結束友誼並沒有具體動機，「只是……對班雅明先生維持友誼的方式，那種混合著不冷不熱的親切、明顯的距離、缺乏忠誠和徹底虛張聲勢的做法，我始終感到惱火，只不過一直壓抑著」。[36]然而，兩人絕交肯定也和爭奪誰先「發現」約赫曼脫不了關係。一九三七年，克拉夫特完全沒提過約赫曼，僅擅自和班雅明斷絕關係，但班雅明在他四月搬去耶路撒冷前歸還的書裡有約赫曼文集，顯示當初有可能是他將班雅明引向了這位作家及其作品。一九四〇年，班雅明為約赫曼所寫的導論一發表，克拉夫特立刻提出說法，而且很有力。看了班雅明的導論後，他宣稱是自己一九三六年向班雅明介紹了這位作家，尤其〈詩的倒退〉這篇隨筆，是他在漢諾威圖書館任職期間發現的，他在那裡一直工作到一九三三年。他還表示班雅明曾向他保證，不會寫任何文章談論這篇隨筆。班雅明反駁表示，他是一九三六年春天在國家圖書館細讀某部作品（他還說了書名）時自己發現約赫曼的，不過他確實是在克拉夫特借他書後才知道這篇隨筆；班雅明接著反駁克拉夫特自稱先讀到這篇隨筆是無稽之談，即使它出現之處非常少。至於答應不寫文章談論約赫曼這篇不為人知的隨筆，他當初只有向克拉夫特承認這項計畫十分困難。關於這場懸而未決的爭論，有件事值得一提。阿多諾一九六三年首次重印班雅明為約赫曼所寫的導論時，在腳註裡提到克拉夫特於一九三〇年代初重新發現了這位被遺忘的作者，並表示這項發現影響了班雅明後來撰寫論〈詩的倒退〉的隨筆。

阿多諾是最早知道班雅明一九三七年春天編輯了約赫曼隨筆的人之一。他三月中造訪巴黎那幾天，曾經聽班雅明朗讀這篇隨筆，隨即興奮地寫信告訴霍克海默。他也陪班雅明親自到福克斯家中拜訪對方。班雅明當然還有其他要事想和阿多諾商量。如同他那陣子在信裡寫到的，「我們見面次數愈多，就愈覺得這件事對兩人很重要」。(BA, 173)所謂的其他要事包括一本計劃中的多人隨筆集，題為《壟斷資本主義下的大眾藝術》，由阿多諾主編，預計納入班雅明論藝術作品和其他主題（例如偵探小說和電影）的隨筆，但由於社會研究所財務吃緊，這項計畫最終沒有執行。另一件要事是阿多諾論社會學家曼海姆的隨筆。班雅明月初一寫完論福克斯的隨筆，就讀了好友的這篇新作，並驚訝於——

> 你我各自的任務竟然如此〔深刻〕相似。……首先是必須進行化學分析……分析那些阿貓阿狗一直被餵食的陳腐觀念。所有從這個骯髒廚房裡端出來的食物都必須由實驗室分析。其次，面對可疑的廚師本人，我們必須養成溫文的態度。這方面你練習得很少，而我不幸練習了很多……我還發現，我們都精於以毫不起眼卻又毫不妥協的方式提出內心最深處的想法。(BA, 168)

班雅明和阿多諾有不少時間花在討論兩人的舊識索恩—雷瑟爾上。他們一九二〇年代晚期在柏林偶爾會和索恩—雷瑟爾見面，但三人始終未曾回復一九二四年在那不勒斯初識時的熱絡。索恩—雷瑟爾雖然左傾，卻在希特勒統治下的德國找到工作，於一九三一至三六年任職於德國主要企業和銀行組成的中歐經濟委員會，直到一九三七年才取道瑞士和巴黎移民英國。索恩—雷瑟爾一生致力於建構一套統合康德批判認識論和馬克思政治經濟批判的唯物知識論。一九三六年秋，他以〈知識的社會學理論〉為題，寄了一份長篇報告給阿多諾，希望對方說服社會研究所資助他的研究。阿多諾雖然沒有完全被報告說服，但還是要索恩—雷瑟爾寫一份更清楚的綱要，以便報給霍克海默。多年後，索恩—雷瑟爾暗示阿多諾曾向霍克海默推薦，讓班雅明針對他的作品寫一份評鑑報告。[37]以班雅明文字極盡抽象的程度，並不適合當推薦人。阿多諾三月中旬造訪巴黎，和班雅明花了一整晚聽索恩—雷瑟爾闡述構想。根據這次說明和之後的數次交談（但沒有讀過索恩—雷瑟爾的稿子），班雅明三月二十八日寫了一封有些遲疑的推薦信給霍克海默，建議最好由他、索恩—雷瑟爾和阿多諾組成工作小組，以認識論和商品交換為主軸，討論索恩—雷瑟爾想法當中最有前景的部分。四月，班雅明和索恩—雷瑟爾在巴黎密切交流，修改報告後正式交給霍克海默。這篇後世稱作〈巴黎報告〉（Paris exposé）的文章，一九八九年以〈論先驗主義的批判清算：唯物論的分析〉為名出版，並附上了班雅明的註釋。這篇合力完成的文章主張，人類思想日益抽象化是商品化的結果：感性的工人勞動被抽象化為勞動成果，納入交換體系之中。由於阿多諾的最終推薦，索恩—雷瑟爾靠著這篇報告拿到了一千法郎稿酬，五月再拿到一千法郎。但索恩—雷瑟爾和社會研究所的關係並沒有維持太久，他後來便移民英國，並成為邱吉爾圈子裡的經濟顧問。諷刺的是，他的作品之後將影響一九六〇年代末德國學生運動中的理論派幹部，正是這群幹部讓阿多諾的作品飽受奚落與蔑視。

五月，班雅明和阿多諾又碰上一次三人角力，只是這回更棘手。兩人的老友克拉考爾總算出版了新書《巴黎的奧菲斯：奧芬巴赫與當時的巴黎》。這部費時良久的作品採用傳記視角，以此切入法蘭西第二帝國時期巴黎的社會與文化史。由於克拉考爾和班雅明的作品向來近似，因此克拉考爾在書裡設想一個文化時代的樣貌，也就不足為奇了。這本書認為奧芬巴赫的輕歌劇既反映出拿破崙三世統治下的壯盛與膚淺，也暗示著對王朝的烏托邦式反抗。阿多諾的評論毫不留情，指出這本書「令人厭惡」，「論及音樂的段落很少，而且錯得離譜」，書中的「社會觀察跟老太婆說故事無異」，作者就像瞇著眼的「小資產階級觀察……『社會』，尤其是花街柳巷」。阿多諾接著表示，克拉考爾可能「把自己從值得重視的作家名單上給刪除了」。（BA, 184）光是私下向班雅明、布洛赫和索恩—雷瑟爾批評還不滿足，阿多諾先寄了一份「最有原則、也最直言不諱的」譴責給克拉考爾，年底又在《社會研究期刊》發表了一篇書評大加撻伐。當時班雅明和克拉考爾關係已經有點疏遠，無意加大裂痕，只在信裡向阿多諾透露自己的意見。他對這本書的評價雖然負面，但比較謹慎，也比較不具體。他將失敗歸咎於克拉考爾很想「找到進入書市的明確管道」，因此這本書在他看來太過通俗，只提供了「一個事例」，沒有觸及奧芬巴赫作品的「本質」，尤其音樂方面，結果就是讓「救贖」輕歌劇的行動顯得錯誤百出。（BNA, 185-186）從阿多諾和班雅明的反應明顯看得出來，他們都覺得好友侵犯了自己的地盤。阿多諾視克拉考爾為文化音樂學上的對手——奎內克（Ernst Krenek）形容克拉考爾的作品是「沒有音樂的音樂家傳記」[38]——班雅明則看到有人用他的策略分析第二帝國。班雅明對別人使用自己的材料與方法向來敏感，但這回反應小得令人驚訝，後來更在《拱廊街計畫》大量引用書的內容。反觀阿多諾卻無異於發動仇殺，這對曾經是他導師的老友來說，肯定是殘酷的背叛。阿多諾不斷在霍克海默面前貶低克拉考爾，詆毀對方的名聲，他知道霍克海默原本就有所遲疑，而他的評論只會加強霍克海默的看法。日後回顧這段流亡歲月，阿多諾寫下了他最重要的作品之一《最低限度的道德》（*Minima Moralia*），這本一九五〇年出版的作品有個副標題：出自受損人生的反思（Reflexionen aus dem beschädigten Leben）。當時的德國流亡者圈子充滿了緊張與對立，不僅因為必須在外國土地上爭取非常有限的資源與認可，也因為流離失所和無依無靠往往會讓人在心理與生理上走向可怕的極端。不論是克拉考爾作品引發的爭議，或是班雅明、阿多諾和克拉考爾友誼路上遇到的一些事故，都在在顯示了流亡生活的處境（智識上無家可歸、經濟上窮途末路、社交上漂泊不定）對一個人的生活與友誼有多大的摧毀力量。

春末來了不少消遣活動。班雅明四月去了柯利許（Rudolf Kolisch）的小提琴演奏會。柯利許是阿多諾的朋友，荀白克的門生。五月，他去聽了西格斯紀念德國大作家畢希納的演講，事後並向斯特芬調侃道，這次演講再次證明西格斯說比寫好得多。（GB, 5:521）四月，波洛克來巴黎替社會研究所辦事，班雅明和他度過了一個愉快的夜晚。兩人愈來愈親近，班雅明開始在寫給阿多諾的信裡直呼波洛克為「弗利德里希」。那晚，班雅明當然沒忘了爭取更多資助：他的生活水準雖然有小幅改善，但法郎持續劇烈震盪，他沒有把握能繼續維持那樣的生活。六月上旬，阿多諾再訪巴黎，進一步加深兩人私交與哲學上的契合。還有一項消遣活動，感覺就像專門為了《拱廊街計畫》作者而安排的，那就是巴黎世界博覽會。這場全名為國際現代生活藝術與科技展的博覽會於五月二十五日開幕，至今仍是所有舉辦過的博覽會中政治意味最濃的一屆。西班牙館由西班牙共和政府打造，展出畢卡索的畫作《格爾尼卡》（*Guernica*），宏偉的德國館和俄國館雖然刻意打對臺，從建築到雕塑卻同樣充滿冷漠的極權色彩。這場博覽會徹底改變了巴黎十六區的街景樣貌：萬國大道（Avenue des Nations-Unies）貫穿會場，塞納河畔則蓋起了夏樂宮（Palais de Chaillot）與東京宮（Palais de Tokio）。儘管班雅明在拱廊街計畫裡探討了工業博覽會在十九世紀資本主義大都會成形過程中的角色，他本人卻在七月初向修勒姆表示自己還沒去過博覽會場。

六月二十八日，班雅明前往聖雷莫，在朵拉的民宿待到八月下旬，其間只回巴黎一次，參加哲學會議，時間是七月二十八日至八月十二日。重回前妻所在的義大利度假勝地後，班雅明再次啟動他的夏日作息，到附近山上散步、每天游泳、經常去咖啡館讀書和寫作。他告訴不少朋友，自己「正深入研究榮格，而且絕非毫無成果」。（BA, 201）如同他七月九日在給利布的信裡所說，「我打算寫一篇文章批判榮格心理學，因為我曾答應自己要揭穿對方的法西斯盔甲」。（C, 542）然而，那兩個月的研究並未帶來太多成果，後來只在《拱廊街計畫》留下了幾則引文和一段分析性的評論，就在他七月初寫給修勒姆的那封信中：

> 榮格在作品裡重點闡述了一個元素，雖然是遲來的說明，但我們現在可以看出，這個元素最早是由表現主義以爆炸式手法揭露的，那是一種特別的臨床虛無主義。這種虛無主義在貝恩的作品裡同樣可見，賽林也是同陣營的追隨者。它源自於受治療者體內帶給治療者的震撼。榮格將這種對心靈生活的高度興趣回溯到表現主義。他這樣寫道，「藝術有一種預測人的基本觀點未來如何變化的能力，而表現主義藝術在改變更普及之前就做出了這種主觀轉變」。參見《榮格論現代人的心靈問題》（*Seelenprobleme der Gegenwart*，斯圖加特、蘇黎世、萊比錫，1932），頁415。（AP, N8a, 1）

在《拱廊街計畫》的手稿裡，榮格起先收錄在卷宗K的〈夢想城市和夢想之家、未來之夢、人類學虛無主義、榮格〉中，但上面這段引文是摘自卷宗N〈論知識論、進步論〉——班雅明將自己明顯屬於方法論的反思大多都放在這裡。到了一九三七年夏，班雅明已經認定，由震驚所引發的「臨床虛無主義」現象，也就是被暴露的身體性的爆發力，是現代經驗與進步的意識形態的重要面向。

那年夏天，班雅明沒有寫出太多東西。他在信裡告訴利布，「不論從哪個窗戶往外望都是一片晦暗」。他往西南看是西班牙戰爭，孔恩一家每天在巴塞隆納都飽受威脅；往西北看是法國和人民陣線的政治主張，而他罕見地公開斥責人民陣線，表示「左派」多數所追求的政治只會讓右派藉機煽動叛亂；往東北看是莫斯科的公開審判，雖然遠在天邊，卻始終在班雅明和他朋友心裡。「俄國發生的事件帶來的毀滅效果必然會持續擴散，」他在信裡告訴利布，「糟的不是堅定捍衛『思想自由』的鬥士輕言憤慨，而是在我看來更糟、也更無可避免會發生的事，那就是有思想之人的沉默。這些人正是因為有思想，所以很難認定自己清楚狀況。我是這樣，你或許也是。」（C, 542）

八月五日，〈歌德的親合力〉法文節譯版剛在《南方札記》發表不久，班雅明在信裡告訴修勒姆，「我就要開始另一項計畫了，主題是波特萊爾」。（BS, 203）這句雲淡風輕的宣告為班雅明隨後兩年半的大計畫立下了起點。九月一回巴黎，有了國家圖書館的館藏在手，他立刻全心投入波特萊爾的研究。到了隔年夏天，當他開始卯足全力撰寫〈波特萊爾筆下的第二帝國巴黎〉（最終花費三個月的時間寫成），這篇隨筆已經成為他心目中波特萊爾專書的核心章節了。不過，這遠不代表他已經放棄拱廊街計畫。班雅明於一九三八年開始將《波特萊爾：發達資本主義時代的抒情詩人》和這篇核心隨筆視為拱廊街計畫的「微縮模型」。（C, 556）

七月底，應阿多諾要求，班雅明從聖雷莫回到巴黎，陪阿多諾參加七月二十九日至三一日舉行的第三屆國際統一知識大會和接下來的第九屆世界哲學大會。阿多諾在兩場會議都是社會研究所的正式代表。會後，他在班雅明協助下撰寫了一份報告，向霍克海默評論會議進展，以及他和班雅明跟與會者的討論內容。至於班雅明，就如同他告訴修勒姆的，參加大會讓他得以「密切關注維也納邏輯學派——卡納普、紐拉特、萊興巴赫——舉行的特別會議。我們大可這樣說，莫里哀還差得遠呢。和這群『經驗哲學家』相比，他劇中辯論不休的醫師和哲學家的喜劇力根本是兒戲」。（BS, 202）其他演講就沒那麼逗趣了。在以紀念笛卡兒《方法論》出版三百年為主題的哲學大會上，班雅明不只遇到納粹支持者如波姆勒（Alfred Bäumler）演講，還聽到代表德國學院派哲學現狀的學者發言，如唯心論者兼《康德研究》編輯利伯特（Arthur Liebert）。班雅明表示，利伯特「才說了幾個字，我就發現自己被帶回到二十五年前，回到當時就能感覺到眼前所有腐朽的氣氛中」。（BS, 203）換言之，班雅明被帶回到了德國學術界，回到他學習里克特、雅斯培、卡西勒和當代德國哲學精華的課堂上。

八月十二日，班雅明回到聖雷莫的綠意別墅，兒子史蒂凡也來度假。史蒂凡的身心健康感覺有所改善，但不確定能否參加即將到來的入學考試。班雅明和朵拉跟年輕的兒子談過幾次，雙方都很吃力，夫妻倆也討論過幾回，但什麼也沒解決。在聖雷莫這個避風港裡，班雅明還思考了自己的短期未來。他知道自己來年大多時間會守在巴黎，翻閱國家圖書館收藏的大量波特萊爾相關資料。一想到必須長期待在一個地方，班雅明的老毛病又犯了：他開始尋找逃離的機會。和他恢復友好的修勒姆再次勸他考慮到耶路撒冷過冬。修勒姆在信裡除了發出邀請，還詳細評論了皮爾委員會七月八日發表的報告。報告中建議分割巴勒斯坦，建立猶太人國家。修勒姆告訴班雅明，不會有比這時來訪更有趣的時機了。班雅明的回應很積極，表示雖然還沒公布，但除非社會研究所通知有主管來訪，他才會打消去意。

由於去不了聖雷莫的圖書館，沒辦法真的開始研究波特萊爾，班雅明只好轉而關注同行的作品。他非常興奮地回應了阿多諾論貝爾格的隨筆：「我一直覺得，那天晚上《沃采克》（*Wozzeck*）在柏林留給我的強烈印象揭露了一種內在參與，雖然可以具體到最小細節，我卻幾乎沒有察覺，是你闡明了我的猜測。」（BA, 205）一九二五年十二月二十二日，班雅明陪阿多諾觀賞這齣歌劇。阿多諾在同年所寫的一封未出版信中，向貝爾格透露自己和班雅明的感想。他將焦點擺在客棧那一幕，指出那個關鍵場景「利用走調的歌聲作為建構母題」，他認為具有「深刻的形上學」效果，並直接使用引申自班雅明〈歌德的親合力〉的用語來形容那個場景：「這是一種賀德林式的休止（caesura），從而讓『無表情』得以闖入音樂之中。」（BA, 120n）至於霍克海默那陣子在《社會研究期刊》發表的綱領式隨筆〈傳統與批判理論〉，班雅明雖然對這篇範圍廣泛的文章之要點表達無條件的認可，但反應就不如他對阿多諾隨筆的熱絡。

九月上旬，班雅明回到巴黎，一心只想開始認真撰寫論波特萊爾的隨筆。重新在花都落腳之後，他向霍克海默試探了幾回。兩人見了幾次面，大大鞏固了這段友好的關係：霍克海默事後回顧這趟巴黎行，肯定地說「和班雅明相處的那幾小時是最愉快的事情之一。在我們所有朋友當中，他和我們站得最近，而且非常近。我會竭盡所能幫他脫離經濟困境」。[39]造訪巴黎期間，霍克海默同意資助班雅明，使他擁有自己的住處，並提撥一筆研究基金協助他取得拱廊街計畫和波特萊爾研究的參考資料。得到這番支持後，班雅明立刻加倍投入到自己過往的作息中，每天泡在國家圖書館裡，拱廊街計畫中專門探討波特萊爾的卷宗J的篇幅也隨即大增。由於這件事幾乎占去了他所有時間，以致我們對班雅明接下來幾個月「除了波特萊爾以外」的生活幾乎一無所知。

霍克海默造訪巴黎帶來的好消息，正好解決了班雅明現實生活中遇上的大麻煩。他九月初回到巴黎，發現自己被拒絕於他分租兩年的公寓房間外。（GB, 5:575-576）八月底，巴德寄了一封非常模稜兩可、充滿遁詞的信給還在聖雷莫的他，說她一位舅舅基於「半正式」事務需要那個房間，而她申請工作證的事也處在緊要關頭。她在信尾表示願意補償班雅明被拒於房外的費用。經歷了幾次羞辱人的談話，包括巴德最終提議支付六百法郎（可是從未支付）後，班雅明得知自己被一位「更合適的房客」取代了，「對方……正巧也收到逐客令……特別急著找到非正式的住所」。班雅明得出結論，貝納街那間方便的寓所已經是他人生的過去式了。「這件事來得真不是時候，」他告訴阿多諾，「巴黎的旅館費用，甚至在不是那麼適合住人的區域，都因為世界博覽會漲了五成以上。」（BA, 215）班雅明先在六區的萬神殿酒店暫待幾天，隨後住進十六區尼克洛街三號的尼克洛酒店，一直待到九月下旬。其間他收到阿多諾的信，得知對方和卡普魯絲九月八日在牛津結婚了，霍克海默和經濟學家奧佩（Redvers Opie）是證婚人。這消息顯然讓班雅明大感意外，隔了好一陣子才做出合適的回應，讓阿多諾夫婦以為班雅明是在責備他們。為了減輕打擊，阿多諾告訴班雅明，出席者只有兩位證婚人、霍克海默的妻子梅東（Maidon）、阿多諾的父母和卡普魯絲的母親而已，「除此之外就沒有人知道了。要是向你交代更多細節，只會徒增個人困擾……我懇求你如實看待此事，不要生氣，否則對我們就不公平了」。阿多諾的道歉以一個古怪又莫名地模稜兩可的段落收尾：「我們倆都屬於你，也讓霍克海默百分之百清楚這個事實。我甚至覺得，現在也可以將他納入這份感情中了。」（BA, 208）這樣的結尾暗示了阿多諾認為班雅明和霍克海默在搶奪他的關愛，而前者正是因此被排除在婚禮之外。儘管班雅明的回信已經佚失，但他感覺受傷的理由更可能與卡普魯絲有關，而非霍克海默。班雅明的情慾糾葛很複雜，但至少就我們所知不曾有同性戀的成分，阿多諾就不能這樣說了。

正當班雅明覺得自己連最便宜的旅館也住不起時，阿多諾的有錢朋友赫慈貝格用一個提議拯救了他。由於她和女傭人在美國，預計待三個月左右，因此她願意讓他免費住在布洛涅城堡街一號她寓所的女傭房。九月二十五日，班雅明已經在這個小房間安頓下來，「真要挑剔的話……我能見到自己坐著……大清早六點就完全清醒，聽著巴黎交通那如海潮般的模糊節奏，隆隆地從我床前狹窄的瀝青縫隙穿透進來……因為床就位在窗戶所在的地方。只要打開百葉窗，街道就能目睹我的寫作過程；如果關上，我就會立刻暴露在（無法控制的）中央暖氣系統造成的恐怖極端氣候裡」。（BA, 222）為了擺脫這些，班雅明每天早上都逃到國家圖書館研究波特萊爾。

即便免付房租，班雅明還是無法完全躲過物價大幅上揚和夏初以來法郎貶值的影響。他的財務狀況比年初糟了許多。此外，一九三六至三七年，「布魯姆〔領導的人民陣線〕政府採行可疑的半調子社會主義」（BA, 222），導致建築業停滯不前，進而造成住房短缺。不過，霍克海默沒有食言。十一月十三日，班雅明從波洛克那裡得知，社會研究所將提高他的月俸至八十美元，雖然遠少於紐約長期供稿者的薪俸，卻已經足夠抵擋法郎的劇烈震盪。他還獲悉自己應該會拿到一千五百法郎的特別款，以便尋找住所。過去幾個月來，阿多諾不斷催促霍克海默，要他調整社會研究所跟所內頭號巴黎供稿者的稿酬約定。班雅明對此在給阿多諾的信裡表達了「由衷感謝」，並且表示新的月俸「和你原來為我設想的金額相比，大約是四分之三」。（BA, 222）

十月，利布、布萊翁、布萊希特和妻子薇格先後來訪。其中布萊希特夫婦造訪巴黎是為了監督《三便士歌劇》在法國的新製作，同時排練布萊希特的新獨幕劇《卡拉爾夫人的步槍》，由薇格出任主角。班雅明陪布萊希特四處看劇，包括考克多的《圓桌武士》，以及阿努伊（Jean Anouilh）的《無行李的旅人》，班雅明認為《圓桌武士》那種「邪惡的神秘化，證明了考克多能力大幅衰退」。（GB, 5:606）但更令他吃驚的是布萊希特明顯和前衛派脫節，以及寫實主義在對方作品裡的分量愈來愈重。這幾齣劇看下來，班雅明覺得自己從中見到了（儘管可能有些短視）戲劇衰落的證據，從而證明他在論藝術作品的隨筆裡所做的預測。除了和這群朋友重聚，他還跟敏感易怒的克拉考爾重新開始固定見面。兩人上回碰面是九月時的巧遇，當時霍克海默也在。此外，班雅明也和巴黎的朋友保持聯繫，例如莫妮耶、攝影師克魯爾和西格斯。「所有這些事都使我降格，」他十月時寫道，「將我箍在少數朋友的圈子裡，以及和工作相關或寬或窄的圈子中，甚至比往常更嚴重。」（C, 547）

雖然班雅明最在乎的，還是論波特萊爾隨筆的前置研究，但他再次同時活躍於多個發表管道上，包括繼續為《社會研究期刊》撰寫書評。那年夏天，他替傅利葉選集寫了書評，並將〈說故事的人〉譯成法文，此刻正在撰寫《十九世紀法國攝影》的書評，這是他好友芙倫德的作品。此外，他還替奧地利記者法蘭西絲珂（Grete de Francesco）的《騙子的力量》撰寫書評。這三篇書評都對拱廊街計畫或多或少有所影響。傅利葉是卷宗W裡一個單獨的檔案主題，這個卷宗匯集了有關想像、教育學與早期社會主義的社會與產業脈絡的出色資料；芙倫德書評（包括發表版和手稿版）則在拱廊街計畫談到攝影的產業應用，以及攝影和十九世紀風俗畫與文化波希米亞主義之間關係的章節裡被引用；至於法蘭西絲珂論騙子的書，班雅明雖然認同作者，卻對書有所保留，但他還是在拱廊街計畫裡找到位子，引用了書裡的一段話（BA, 206），將騙子的意象和十九世紀初期法國工業的幻景連結起來，尤其是傅利葉時代發展出的商業廣告策略，因為據傳傅利葉本人有時也會刻意使用騙術。書評和拱廊街計畫相輔相成，其實跟班雅明在卷宗N開頭闡述的、明顯有別於傳統的方法論原則相符合：「一個人在某一時刻的所有思考，都必須不計代價地納入他當時手頭上的計畫中。」(AP, N1,3)

九月，霍克海默將班雅明介紹給歐普雷希特（Emil Oprecht）認識。這位瑞士出版商不只印行《社會研究期刊》，也負責出版《衡量與價值》，而班雅明跟《衡量與價值》的編輯已經有過往來。因此，他和歐普雷希特一起開始為這份新刊物籌劃一篇介紹社會研究所的文章。和《衡量與價值》編輯利翁討論過幾次，並被對方明白警告不要有任何涉及「共產主義」的內容後，班雅明十二月開始撰寫〈德國的一間獨立研究所〉，並於隔年發表。十一月初，他寄出第一封考察當代法國文學的長信給霍克海默。這封「文學書簡」並不打算出版，文中重點探討了考克多新劇《圓桌武士》(他對它砲火猛烈)、卡雷（Henri Calet）和魯熱蒙（Denis de Rougemont）的作品，並約略論及雅斯培論尼采的新書，指出「哲學批評一旦脫離了歷史論述的框架，通常要採取論戰形式才能完成它當前的任務」。(GB, 5:600) 除此之外，班雅明在國家圖書館進行的波特萊爾研究也進展神速，十一月中就能對阿多諾說他「已經或多或少瀏覽過所有我需要看的波特萊爾文獻了」。（BA, 227）過沒多久，他便一邊研究十九世紀法國革命家布朗基的作品，一邊複印拱廊街計畫的第二批相關文獻，並寄給人在紐約的霍克海默。

十一月五日，班雅明邁出了意義重大的一步。流亡將近五年後，他終於簽下了巴黎十五區冬巴勒街一間公寓的租約，擁有了自己的住處。雖然他得等到隔年一月十五日才能搬入，但還是表示滿足。公寓整體來說很狹窄，但正中央的房間很寬敞，而且陽臺很大，班雅明夏天可以招待訪客。這是他一九四〇年逃離巴黎前待的最後一個落腳處。不過，赫慈貝格十二月底就會從美國回來，他得思考離開閣樓房間到搬進新家前要住在哪裡。一如以往，忠心耿耿的朵拉依然願意提供棲身之所，於是他計劃年底前往聖雷莫。

暫離巴黎之前，法國的政治局勢持續惡化，班雅明去「社會學苑」聽了原姓科耶夫尼科夫（Kojevnikoff）的俄裔哲學家科耶夫（Alexandre Kojève）講黑格爾。[40]這群知識分子由巴塔耶和凱洛瓦（Roger Caillois）領軍，於一九三七年三月在巴黎皇家宮殿的大維富咖啡館（Café Grand Véfour）創立了社會學苑。同年七月，巴塔耶在自己創辦的《無頭者》（*Acéphale*）雜誌對外宣告學苑成立。所謂「學苑」其實是系列演講，隔週的週六晚上在書廊（Galeries du Livre）書店後面的房間舉行。班雅明是常客，雖然他很少發言。學苑成員追求某種「神聖社會學」，希望藉由質問當代世界神聖事物的臨在，分析出新的公共結構的元素。其中一群人（按班雅明的習慣，應該說這群人裡的邊緣分子）特別吸引班雅明。這群人特別關切神聖事物如何在乍看世俗的世界裡顯現、人類社群的新形態，以及美學與政治的關係。隨著他愈來愈熟悉這群人，班雅明逐漸看出三個要角（巴塔耶、凱洛瓦和雷希斯〔Michel Leiris〕）在立場上的細微差別，並開始比較主動（但從不直接）反對三人各自立場裡的某些面向。同年十一月，他對霍克海默表示科耶夫演講清楚有力，令人印象深刻。他察覺這位哲學家的影響不只在超現實主義者之間，連巴黎也已經感受得到，但他認為科耶夫的「唯心論」辯證觀有許多地方值得批評。（GB, 5:621）

十二月初，班雅明得知阿多諾即將前往美國，擔任一項研究計畫的音樂主任。這項計畫以廣播為對象，由普林斯頓大學資助，阿多諾將和人在社會研究所紐約分部的霍克海默密切合作。阿多諾保證，他不會停止在社會研究所內替班雅明爭取利益，也會想盡辦法將好友帶來美國，而且「愈快愈好」，因為在「不算遠的將來，戰爭必不可免」。（BA, 228）阿多諾夫婦即將離開的消息，對班雅明是沉重的打擊。幸好他很快就能見到他們，因為三人說好要一起在聖雷莫過聖誕節。就這樣，班雅明於十二月底在巴黎公共工程人員罷工期間南下義大利，已經決定不回維也納的史蒂凡也在朵拉的民宿工作。這將是班雅明、阿多諾和卡普魯絲見到的最後一面。

第十章 波特萊爾與巴黎街道：巴黎、聖雷莫、斯文堡 1938—1939

一九三八年一月初，班雅明來到聖雷莫，很開心有好友阿多諾夫婦相伴。他和阿多諾密集討論彼此的作品和作品的主要指導原則。阿多諾朗讀《尋找華格納》的書稿給班雅明聽，其中幾章於一九三九年以〈華格納雜論〉為名在《社會研究期刊》發表。班雅明和阿多諾夫婦日後都曾表示，有天他們去了聖雷莫西邊幾公里外的利古里亞海濱小鎮奧斯佩達蒂，三人在一間咖啡館裡的談話對阿多諾的華格納研究非常重要。班雅明雖然不懂音樂理論，但對阿多諾讓華格納音樂的「社會面清晰可見」的能力印象深刻。他們自然也談到自傳與批評的問題。兩人都覺得可惜，克拉考爾對奧芬巴赫生平某些特質的詮釋過於天真。班雅明讚許阿多諾對華格納面相式的刻畫，這種刻畫從作曲家的社會領域就能挖掘出來，無須訴諸心理。

對班雅明而言，最重要的是他們也討論了大有進展的波特萊爾研究。新年伊始，班雅明已經確信，如果要充分借助拱廊街研究，他對波特萊爾的分析就必須寫成一本書，而不只是一篇文章。在他展開這項新研究之前，班雅明已經注意波特萊爾二十多年了。他一戰期間就讀了《惡之華》，並於一九二一和二二年寫下自己最早幾篇論波特萊爾的文章（這些未出版的殘篇標題為〈波特萊爾二與三〉）；他翻譯的波特萊爾詩集和作為序言的〈譯者的任務〉則是一九二三年出版。班雅明很清楚，一九三八年才開始分析這位詩人並不容易。此前的研究都著重早期的波特萊爾，關注詩人跟浪漫主義和史威登堡「對應連繫」神學的關聯，以及他遁入夢境與理想的特質。早在一九〇二年，紀德就觀察到，沒有一位十九世紀作家得到的討論比波特萊爾還愚蠢。一九三八年，班雅明爬梳了大量資料之後，也得出類似的評論，指出大多數對這位詩人的評論「都好像他沒寫過《惡之華》一樣」。但班雅明知道自己若想重塑波特萊爾，破天荒地將這位詩人描繪成標準現代人，疏離、游移、陰鬱，他就必須突破「資產階級思想的限制」和某些「資產階級反應」。他顯然沒有忘記自己的思想如何受到上層資產階級出身的影響。（GB, 6:10-11）

圖三十二：波特萊爾，一八五五年，納達爾（Nadar）攝影。巴黎奧賽美術館。

班雅明和阿多諾夫婦談論波特萊爾研究的許多面向，包括焦點、重心和批評方法論等等。他顯然還跟他們討論了之後對這項研究產生巨大影響的一項發現。一九三七年暮秋，人在巴黎的他無意間在國家圖書館發現了布朗基的宇宙論作品《藉星永恆》（*L'éternité par les astres*）。布朗基是法國的大革命家，十九世紀巴黎三大起義（從一八三〇年的七月革命、一八四八年革命到一八七〇年的巴黎公社）都有他的身影，而且每次都被捕入獄。《藉星永恆》是巴黎公社事件後，他在公牛堡（Fort du Taureau）監禁期間寫的。班雅明後來向霍克海默坦承，這本書初次讀來可能平凡無味，但熟讀之後，他發現布朗基在書裡不僅向擊敗他的社會秩序「無條件投降」，而且「對這個將宇宙意象反映為自身在天界投影的社會提出了最可怕的控訴」。（C, 549）班雅明在這裡看出布朗基既機械化又煉獄式的生命觀，和星辰隱喻在尼采與波特萊爾作品裡所扮演的角色，兩者彼此對應，而他打算在自己論波特萊爾的專書第三部分處理這個對應關係，只是最後無疾而終。

班雅明一月二十日回到巴黎，隨即搬進冬巴勒街的小公寓，也是他在永遠告別這座城市前最後一個稱作家的地方。才剛落腳，他二月七日就向霍克海默報告，他已經把房間布置得相當令人滿意，也因為陽臺能瞭望周圍屋頂而感到十分興奮。他很期待暫時寄在丹麥布萊希特家的藏書送抵巴黎，也承認自己非常想念那些書：「直到現在，我才發現自己對它們的需求埋得有多深。」（GB, 6:38）三月下旬，他的書架上多了一份驚喜：某位朋友保留了他放在柏林寓所的「十或二十多本」書，並寄到巴黎來。流亡期間以拉克納為筆名寫作的年輕藝術收藏家摩根霍特還記得，克利的水彩畫《新天使》在班雅明家的客廳裡占據著尊榮的地位。儘管常抱怨電梯井就在房間隔壁很吵，但班雅明發現自己搬到新家後的頭幾個月都不想出門（正好節省開銷）。擁有自己地方的安穩讓他欣喜無比。

之後，班雅明慢慢走出冬巴勒街，開始重新融入城市生活。藝術是最先吸引他踏出家門的事物。二月初，他去康威勒（Daniel-Henry Kahnweiler）的西蒙藝廊參觀了克利近作展，看完表示自己還是喜歡克利的水彩畫勝過油畫。聖奧諾雷市郊路博藝畫廊的超現實主義大展則是對他的作品有比較直接的影響：

> 主展間鋪滿了木屑，上頭布滿了蕨類，天花板垂掛著一袋袋煤炭，參觀者會發現自己宛如置身繪畫的停靈堂（chapelle ardente），而展出的畫作就像逝去親人胸前的榮譽勳章……展間入口由紙製人偶排列而成，人偶的性感（及其他）部位覆著錫箔、燈泡、線團和其他神奇的器具。整個空間近似夢境的程度，就和扮裝店近似莎士比亞的程度不相上下。（GB, 6:41）

拉克納回憶班雅明在人生那個時期的模樣：「他身上沒有半點波希米亞的味道。那時的他小腹微凸，經常穿著一件資產階級剪裁、半運動風的舊花呢外套、深色或花色襯衫和灰色法蘭絨長褲。我不記得看過他沒打領帶……在他的圓框眼鏡後面，有時會露出貓頭鷹似的深邃表情，得花一點時間才能判斷他是否在嘲弄自己剛才說出口的話。」「這種嘲諷經常顯露在他的人際往來中。有天，他在街上遇到哲學家華爾，得知對方剛去拜訪了自己的第一位導師，年邁的柏格森。柏格森很擔心中國入侵巴黎（但當時日本還節節勝利），並且將社會所有問題都歸咎於鐵路。班雅明一邊聽著一邊心想：「華爾自己八十歲時又會講出什麼？」（BG, 219）

一九三八年冬，法國朋友和德國流亡舊識經常來訪，讓班雅明在巴黎的日子變得很熱鬧。他不時會和克拉考爾見面。一九二〇年代，兩人的智識交流曾經是雙方創作的重要動力，但如今彼此的關係卻有些尷尬。他們討論了克拉考爾接下的案子，一本電影論著，只是書到最後並未完成。班雅明還常和鄂蘭及她未來夫婿布呂歇（Heinrich Blücher）見面。鄂蘭和第一任丈夫斯特恩（Günther Stern）還在柏林時就認識了班雅明，後者和斯特恩是遠親。鄂蘭出身東普魯士柯尼斯堡的資產階級同化猶太人家庭，師承不少威瑪共和的頂尖知識分子，包括跟海德格、雅斯培和胡塞爾研究哲學，師事布特曼（Rudolf Bultmann）和田立克修習神學。她的博士論文由雅斯培指導，主題是奧古斯丁對愛的見解。鄂蘭於一九二〇年代中期成為海德格的情人，當時沒有人知道這件事，直到一九二九年她才在柏林認識了斯特恩並結為連理。一九三三年春，鄂蘭遭到警方審訊，隨後便逃離柏林，先是搬到捷克斯洛伐克和瑞士，接著又投奔巴黎。流亡巴黎期間，班雅明和鄂蘭愈走愈近。一九三六年起，兩人周圍出現了一個德國流亡者小圈子，定期晚上在班雅明家附近聚會討論，成員包括弗蘭克、畫家海登萊西（Karl Heidenreich）、律師孔恩—本迪特（Erich Cohn-Bendit）、布呂歇，以及鄂蘭的猶太援助組織同事克倫波特（Chanan Klenbort）。[2]布呂歇是工人，年紀輕輕就參加了柏林斯巴達克起義，後來成為共黨社運人士。雖然沒有受過什麼正規教育，卻非常勤於自學。班雅明顯然是在柏林認識他的，不是經由弟弟格奧格，就是他在弗蘭克的神經科診所擔任助理時認識的。一九三八年時，鄂蘭已經成為班雅明討論哲學與政治的主要對象。他們倆都處於巴黎學術哲學圈的邊緣，偶爾去聽演講或與人結交，像是科耶夫、夸黑（Alexandre Koyré）與華爾。由於鄂蘭比班雅明更加認可黑格爾和海德格哲學，因此自然與這個鬆散的人際圈走得更近。

二月十一日，班雅明迎來修勒姆造訪巴黎，但他心情十分矛盾。修勒姆之後預定去美國巡迴演講，順便研究卡巴拉手稿。停留巴黎期間，他和班雅明多次談到布伯，以及他一九二〇年代中期和羅森茨維格合譯的希伯來聖經（於一九二五至三七年出版）。神學家蒂姆不同意其中許多關鍵語詞的翻譯，班雅明在寫給蒂姆的信裡也對這項翻譯計畫表示懷疑，但不是針對計畫適切與否，而是針對進行的時間。對班雅明而言，「時間索引」迫使譯者採用不少具有時代特徵的德語措詞。修勒姆事後回憶一九三八年，特別強調兩人討論時的激動氣氛。[3]那是他和班雅明最後一次見面。「我已經十一年沒見到班雅明了。他的外表有了些變化，身體變得更結實，舉止比較隨性，鬍子也變濃了，頭髮變白許多。我們深入討論了他的研究和基本觀點……不過，焦點當然是班雅明的馬克思主義傾向。」修勒姆和拉克納提供的幾筆素描，顯示出流亡對班雅明的長期影響：儘管才四十五歲，班雅明已經開始顯露老態了。

針對修勒姆批評他論藝術作品的隨筆，指出電影哲學是硬套，同時攻擊他對「靈光」概念的運用，「之前許多年他用這個詞，意思完全不一樣」，班雅明宣稱自己的馬克思主義不是教條，而是啟發性、實驗性的，他並沒有揚棄自己的早期關懷，而是承繼了他在兩人友誼之初發展出的形上與神學觀點，做出相關且富有成效的轉換。將自己的語言理論和馬克思主義世界觀整合起來，是他寄予厚望的工作。修勒姆追問他和「他那群馬克思主義同志」的關係，班雅明不僅為布萊希特辯護，指出對方創造了「一種沒有半分神奇、抹除了所有魔法的語言」，還將這項成就和自己跟修勒姆都十分喜愛的作家舍爾巴特相提並論。他還向修勒姆提到布萊希特寫了許多淫穢詩，並認為其中幾首是布萊希特最好的詩作。至於社會研究所(修勒姆不久後就會和其核心人物見面),班雅明強調自己「深刻認同」研究所的整體方向,但也承認有所保留,而且他的語氣有時會透露出「忿恨的情緒,和他寫信給霍克海默時的平和口吻明顯不符」。有關社會研究所對共產黨的態度,班雅明「說得很迂迴,而且不做任何表態」,這點和他一些朋友激烈譴責莫斯科公審的態度截然不同。班雅明和修勒姆還討論了卡夫卡與賽林。對於賽林的新書《屠殺瑣聞》(*Bagatelles pour un massacre*),班雅明根據個人經驗指出,在法國就連左派知識分子也普遍隱含反猶太思想,只有極少數非猶太人(他點名莫妮耶和利布)本性裡沒有這一面。但修勒姆發現好友依然熱愛法國,而且與此相反的是,班雅明「對英國和美國明顯冷漠,甚至反感」。

在巴黎生活四年多,班雅明拓展了人際網絡,卻也因此捲入了法國的文學政治,即使只是在邊緣遊走。班雅明一九二七年認識了流亡攝影師克魯爾。對方待在巴黎的時間比他還久,也曾多次和法國知識分子同居,但當她想找出版商發表一篇故事,卻來找班雅明幫忙,懇求他利用自己的人脈。班雅明不是只有幫克魯爾尋找出版管道,他還跟巴黎和國外的朋友推薦舊識兼贊助人拉克納的小說《無家可歸的簡恩》。正是由於他最終深度涉入法國文學政治,使得他和社會研究所與霍克海默的關係都更穩固。班雅明領取社會研究所月俸所做的事,遠遠不只發表文章。他寫給霍克海默的長信,也就是〈巴黎書簡〉,可以說是貨真價實的法國主要思想趨勢追蹤,涵蓋了整個政治光譜。三月,他針對剛與修勒姆討論過的賽林新書《屠殺瑣聞》,和霍克海默交換大量意見。書中的譴責謾罵將惡毒的反猶太主義和乍看不可共量的和平主義交織在一起,讓班雅明回到他一九三七年夏天在聖雷莫開始闡述的思想,也就是明顯屬於現代的「臨床虛無主義」。他在信裡告訴霍克海默,自己在表現主義、榮格、賽林和德國小說家兼醫師德布林之間建構了一個基本上令人意外的因果關聯：「我想知道是否存在著一種虛無主義是醫師特有的，從他們在解剖廳和手術室裡，剖開的胃與頭骨前獲得的經驗裡誕生出荒涼的詩句。早在一百五十多年前（啟蒙運動時期《人是機器》〔*L'homme-machine*〕的作者拉梅特里〔La Mettrie〕開始），哲學就已經不碰這種虛無主義與這些經驗了。」班雅明發現，賽林反猶太謾罵的「徵兆價值」不容小覷。針對《新法蘭西評論》的書評，班雅明雖然點出文中的混亂與謊言，最後還是稱許它內容「紮實」，而且「識見高遠」。（GB, 6:24, 40-41）一九三九年四月，法國政府頒布法令禁止反猶太主義後，出版商便將賽林的書下架了。同年六月，克洛岱爾在《費加洛報》發表了一篇論華格納的文章，班雅明尖酸諷刺這篇文章「充分顯示這個可怕傢伙的見識有多高遠，能力有多無人能及」。（BA, 260）

班雅明很清楚期刊對建構智識觀點的重要，因此一直讓霍克海默隨時掌握新加入者和主要期刊的重要變化。例如，他要求霍克海默務必訂閱《測量》（*Mesures*）雜誌，這是一份和《新法蘭西評論》有著地下關聯的刊物，雖然由美國流亡者邱奇（Henry Church）主管，內容卻是由《新法蘭西評論》編輯博蘭私下徵求與編輯的。這本新雜誌的任務更前衛，讀者群也不同，只是和《新法蘭西評論》有些重疊，包括社會學苑的後超現實主義者、剛萌芽的存在主義運動，以及對神秘思想復興感興趣的人。[4] 班雅明也不忘經常提及《南方札記》這份和他關係最好的雜誌。他強烈推薦博蘭為《南方札記》撰寫的一篇文章，主題是修辭的重生。因此，對社會研究所來說，班雅明不僅是供稿人，也是得力記者，否則這群知識分子將和歐洲的智識潮流大幅脫節，失去自己的智識命脈。

班雅明深知，和法國智識建制交涉過深有其危險，甚至比他十五年前在德國嘗試成為獨立評論家時還危險。他向霍克海默保證「只要有機會，我就會在作品裡極力抹除時代的建制（Instanzen），在生活裡盡可能抵禦」。（GB, 6:30）不論知識分子領袖如博蘭，或是較年輕的舊識如阿隆或科羅索夫斯基，班雅明和他們往來都以這點為指導原則，經常悄悄參加文學和政治討論會也是。只有在作品當中，他才允許自己保持一點批判距離，一如他在《社會研究期刊》評論天主教民族主義者費撒赫（Gaston Fessard）論西班牙內戰的談話那樣。

至於班雅明和社會研究所往來時，他有多遵循前述的指導原則，至今仍然沒有定論。一九三〇年代晚期，隨著他和社會研究所的關係穩固下來，班雅明小心翼翼在外人面前表現出他們期望的模樣：一位不太教條也不太激進的左派思想家，對於誤入歧途的世界採取開明的批判態度。後來修勒姆去了紐約，和霍克海默及阿多諾夫婦首次見面，事後表示班雅明這種裝模作樣既沒有效果，也沒必要。修勒姆此行還首度見到了田立克夫婦，當時田立克已經開始在紐約協和神學院教書。

我們後來聊到你。田氏夫婦對你讚不絕口（我也是，而且無比認真），結果就是我所聽到的霍克海默和你的關係，跟你之前用各種深奧說法警告我的不太一樣。我裝了一點樣子，田才告訴我。他說霍對你欣賞**到極點**，**但他很清楚**，**就你而言**，他們面對的是一個**密契主義者**——但若我沒有理解錯的話，這正是你不希望給他的印象。總之，他大概是這樣說的：大家既不是頭腦簡單到搞不懂你，也沒有遲鈍到懶得那樣做。他們會為你盡全力，也考慮把你弄來這裡。所以，就我目前看來，根據田對社會研究所和你之間關係的描述，你的外交手段可以說是根本沒必要……他們似乎早就知道許多你認為是秘密而不希

望提起的事，**儘管如此**，他們還是對你充滿希望。（BS, 214-215）

修勒姆覺得這番話肯定會讓班雅明吃驚，而從班雅明的反應可以看出他的個性：

聽你描述自己和田立克夫婦的談話，我深感興趣，但遠不如你以為的令我吃驚。重點正是那些目前位於陰影兩側（de part et d'autre）的事物，在人工照明之下可能投射出錯的映像。我說「目前」是因為眼前這個時代讓太多事情變得不可能，但肯定不排除這一點，那就是正確的光線就該落在位於太陽歷史公轉路線上的事物上頭。我想進一步說，我們的作品本身可以是測量儀器，如果它們運作良好，便可測量到那難以想像的緩慢旋轉的最微小部分。（BS, 216-217）

對於自己與生俱來的謹慎，班雅明在此想把它解釋為歷史索引的作用：自我揭露有其合適的時間，太早揭露可能後果慘重，即使是起步者也不例外。就前述情況而言，班雅明躲在面紗後面思考與行動似乎沒有必要，但無傷大雅；可是就其他許多情況來說，他的提防或隱藏卻沒什麼好處，因為偶爾讓人見到面紗底下的樣貌或許能為他贏得友誼與支持。

修勒姆向來愛恨分明。當他終於和霍克海默見面，立刻心生嫌惡，表示霍克海默不是一個「討人喜歡的傢伙」，甚至「就算他哪天變成惡棍，我也不會意外」。受到個人判斷影響，修勒姆覺得霍克海默對班雅明的欣賞其實經不起考驗。「威森葛倫德（譯註：阿多諾的原姓）覺得，霍克海默對你的天才無限欽佩，而我讀過對方一些作品之後也明顯感受到這點。但根據我對這人的個人印象，讓我更加確定自己的判斷：或許正是由於他覺得必須欣賞你，以致他必然只能和你維持一種難以捉摸的關係，被某種嫉恨給拖累。」（C, 235-236）不得不說，修勒姆對霍克海默和班雅明關係的解讀看來大致正確，甚至一針見血。霍克海默一方面對班雅明資助得愈來愈慷慨，另一方面卻始終對他的作品有所保留，並且顯然不願意讓班雅明可以在紐約落腳。

修勒姆當然沒有將自己對霍克海默的觀感透露給社會研究所的其他成員，尤其是阿多諾。他很快就和阿多諾建立起坦誠友好的關係。修勒姆證實了班雅明的感覺沒錯，阿多諾真的想盡辦法讓霍克海默確保班雅明衣食無虞，而洛文塔爾和馬庫色對班雅明的讚譽也成為他這番付出的助力。當然，歸根結底還是阿多諾夫婦希望能找到方法讓班雅明搬來美國，尤其是卡普魯絲。卡普魯絲不斷提及自己和阿多諾的新家，而且不忘用特別對班雅明胃口的話語來形容：

> 我不只喜歡這裡勝過倫敦，而且有把握你也會有同樣的感覺。最讓我驚奇的，是這裡的一切完全不像人們想像的那麼新穎、那麼先進；正好相反，走到哪裡都能見到最現代和最破舊的東西相互對照。在這裡根本不用刻意尋找超現實，走到哪裡都會碰到。黃昏時分，摩天大樓宏偉壯觀。不久後，辦公室關了，燈光稀疏了，這些大樓又讓人想起照明不足的歐洲馬廄。想像一下，這裡有星星，有地平線上的月亮，還有盛夏燦爛的日落。（BG, 211）

將最先進和最過時的事物拉在一起，讓人想到班雅明論超現實主義的隨筆；探討現代建築的照明模式，則讓人想起他的拱廊街計畫。這些間接影射肯定很有效果，因為班雅明很快就弄了一張紐約地圖在牆上，以便追尋朋友的動向。然而，比誰都瞭解班雅明的卡普魯絲（或許除了他前妻之外）知道，自己再怎麼努力也無法讓班雅明和他感到安然自在的歐洲文化分開：「但我很怕你太愛那些拱廊街，無法和那些輝煌的建築分開，而你只要關上那扇門，就可能再次有新的主題讓你感興趣。」（BG, 211）

一九三八年頭幾個月，班雅明的閱讀重點轉向了西班牙內戰。他讀完舊識馬樂侯的新小說《希望》（英譯書名為《人的希望》），故事講述戰爭期間不同革命派系的激烈爭論，但班雅明對其中的政治說教表示懷疑。不過，貝爾納諾斯（Georges Bernanos）在《月光下的公墓》（英譯書名為《我的時代日記》）對佛朗哥的抨擊贏得了他的支持，即使書中天主教色彩鮮明。至於班雅明最詳盡的評論，則是留給他鄰居柯斯特勒的《西班牙遺言》（*Spanish Testament*）。效力明岑貝格（Willi Münzenberg）期間，柯斯特勒在法國知識分子圈中努力傳播蘇聯觀點。西班牙內戰爆發後，他三次前往當地，自稱英國《新聞紀事報》記者，冒險進入長槍黨地盤，結果被一位柏林來的前同事認出，指控他是共產黨員。柯斯特勒當場被捕並判處死刑，後來靠換囚（用他交換佛朗哥麾下一名戰鬥機飛行員的妻子）才逃過一死。《西班牙遺言》分成上下兩部，上部為九篇報導，從明顯帶有意識形態的角度描述戰爭，下部〈與死亡對話〉則講述作者在牢裡等死的經歷，兩部都讓班雅明深深著迷。

班雅明書架上的書還有《世紀常客》（*Un régulier dans le siècle*），即法國民族主義者班達的自傳次卷。這部作品和班達的基本主張「知識分子的背叛」都讓班雅明對未背叛的知識分子進行了一系列反思。他還讀了社會主義者愛里亞斯（Norbert Elias）的《文明的進程》（*Über den Prozess der Zivilisation*），並激動地寫了一封充滿敬意的信給作者。由於《社會研究期刊》是班雅明少數還能發表作品的管道，而歐洲浪漫主義是他負責介紹的其中一個領域，因此他也持續關注德法兩國的相關近作。他讀了布萊翁論早期浪漫主義者瓦肯羅德（Wilhelm Heinrich Wackenroder）的文章，瓦肯羅德一七九七年發表《一名熱愛藝術的修士的內心傾訴》，對後世影響深遠。布萊翁的下一篇文章發表在《南方札記》以德國浪漫主義為題的特刊，這期也摘錄了班雅明的〈歌德的親合力〉。至於最近面世的施萊格爾（August Wilhelm Schlegel）未出版書信，班雅明在寫給維辛的信裡提到自己論浪漫主義藝術批評理論的博士論文，指出這些書信讓他得到關於施萊格爾的改宗和他的反動歷史哲學的新洞見。

由於班雅明對自己在社會研究所的分量有了新的信心，使得他更敢公開批評所裡其他人的作品。針對馬庫色一九三七年在《社會研究期刊》發表的綱領式文章〈哲學與批判理論〉，班雅明提出了跟社會研究所堅守理性主義相反的觀點：

> 批判理論不能不明白，理性和理性追求解放都跟某些迷醉的力量深刻地連繫在一起。我的意思是，人透過麻醉藥物偷偷獲得的所有解釋都可以**透過人本身**取得，有些透過個體，包括男人或女人，有些透過團體，有些（我們甚至尚且不敢想像）或許只能透過生者的群體取得。不正因為這些解釋出自人類團結，所以最終其實是政治的嗎？無論如何，這些解釋為自由鬥士提供了力量，讓他們和「內心平靜」一樣不可征服，和火一樣隨時可以竄起。我不認為批判理論會視這些力量為「中立」。的確，這些力量目

前似乎任由法西斯擺布。之所以會有這種錯覺，只是因為法西斯不僅歪曲違反了我們熟悉的自然的生產力，還歪曲違反了我們不熟悉的自然生產力。（GB, 6:23）

班雅明選在這個時間點私下批評社會研究所的批判理論觀，當然不是巧合。

圖三十三：一九三八年的班雅明，芙倫德攝影。© Gisèle Freund-RMN. Repro-photo: Philippe Migeat. © CNAC/MNAM/Dist. RMN-Grand Palais/Art Resource, NY.

一九三八年，班雅明加深了可能是他後期最重要（也最不被理解）的智識關係，也就是和社會學苑成員的交流（他前一年曾去聽科耶夫演講），尤其是巴塔耶、凱洛瓦和雷希斯。巴塔耶將這個組織鬆散的知識分子團體取名為「學苑」，其實容易讓人誤會，因為它不具教育目的，「神聖社會學」也不是科學，「而是類似於某種疾病、社會體的一種古怪感染，一個尖酸、疲憊、原子化的社會所患的老年病」。[5]學苑的三位創始人不僅致力批判神聖事物，也批判神聖事物在社會的神話復興，希望最後能形成一個新型的選擇性社群。學苑每兩週舉辦一次講座，不只一人提到班雅明是座上常客。參與學苑事務、同為德國流亡者的梅爾（Hans Mayer）就曾回憶自己在講座上最後一次見到班雅明的情景。我們也知道，學苑一九三九至四〇年的講者裡有班雅明，可惜大戰爆發讓學苑被迫解散。[6]由於相關資料太少，使得後人評估學苑對班雅明的影響時，可能高估了他一九三八年五月二十八日寫給霍克海默那封信的重要性。那封信給人的感覺是班雅明完全否定學苑，形容凱洛瓦的「病態冷酷」潛意識地近似戈培爾的立場，令人「作嘔」。但有不少因素顯示，我們應該對此保持一定懷疑。首先，收信者是霍克海默，所有人就屬他最不可能認同社會學苑對神聖事物、暴力和迷醉的研究；其次，班雅明和巴塔耶作品裡有一些重要面向明顯呼應，更別說兩人都信奉某種後期超現實主義。班雅明跟巴塔耶自然相當熟稔，否則不會在一九四〇年離開巴黎時，將拱廊街計畫卷帙浩繁的筆記與素材交給對方保管。班雅明和凱洛瓦的關係雖然比較不明確，但《拱廊街計畫》談到巴爾扎克、波特萊爾和奧斯曼的章節大量引用了凱洛瓦在《新法蘭西評論》和《測量》發表的文章，談到「現代神話」的章節也是如此。持平而論，我們不難想見班雅明既對學苑的計畫（透過重新發現神聖事物來建立新的共同體型態）很感興趣，也抱持懷疑。巴塔耶始終堅持群體是「否定性的」概念，是啟發式的，甚至無法實現。班雅明對此顯然會有共鳴，但凱洛瓦鼓吹建立一個積極參與的神聖共同體可能會令他反感。至於學苑三巨頭的智識立場，班雅明可能最認同雷希斯，並將於來年評論對方的《人的時代》（*L'age de l'homme*）。

當然，世界政局始終不曾在班雅明和他友人們的思緒與談話裡消失，尤其當時德國正準備展開併吞

590 591

行動。二月十二日，奧地利總理許士尼希（Kurt Schuschnigg）和希特勒在貝希特斯加登會面，當場做出一項近似妥協的決定，希望能在德國強壓下確保奧地利主權：他同意任命奧地利納粹分子賽斯—因夸特（Arthur Seys-Inquart）為公安部長，可以完全掌控奧地利警察。後來他發現連這樣做也沒有用，便號召三月九日舉辦公投，以決定奧地利是否要和德國統一。然而，公投還沒舉行，希特勒就對許士尼希下了最後通牒：解散政府或等德國入侵。由於得不到法國或英國支持，許士尼希於三月十一日辭去總理職務，隔日上午德國軍隊就越過邊界進入了奧地利。和一九三三年一樣，德國立刻和支持德國的奧地利人聯手鎮壓反對派。德奧合併（Anschluß）不到幾天，新政權就逮捕了七萬多名「反對者」，包括政府要員、社會民主黨和共產黨高層，當然還有猶太人。其中許多人遭殺害，更多人被送到集中營。蒂姆寫了一封情緒激動的信給班雅明，為他們在奧地利的親友感到擔心：「最後我告訴自己，神對祂的子民（肉身子民和德語子民）肯定有著遠大計畫，才會讓他們承受如此巨大的苦難。」（引自GB, 6:51n）「至於我，坦白說，」班雅明回信道，「我已經不曉得什麼是合理的苦難與死亡了。在我看來，奧地利和西班牙情況差不多，可怕的是殉道不再出於個人信念，而是出於旁人建議的讓步：不是珍貴的奧地利文化讓步於聲名狼藉的工業和國營企業，就是西班牙的革命思想讓步於俄國領導階層的馬基維利主義和本國領導階層的瑪門崇拜。」(C, 553）班雅明的左派友人仍然對俄國感到惶恐與絕望。面對有些人改變說法，克魯爾表示「我覺得很噁心，完全無法理解他們對這些人做了什麼，才讓他們說出如此荒謬的言論」。班雅明則一如以往，不肯將自己的真實想法付諸文字，但身為移民的各種壓力，肯定讓他偶爾難免發洩心裡對俄國事件的感受。

急遽惡化的政治局勢，直接威脅到了德國流亡圈子。孔恩家從巴塞隆納出逃之後，在巴黎過得「非常悲慘」（GB, 6:86）；作曲家奎內克則從奧地利逃到美國。班雅明找不著可行的退路，只好嘗試歸化為法國人。三月九日，他正式申請入籍，並附上紀德、梵樂希和羅曼（Jules Romains）的背書。其後幾個月，歸化申請的要求層出不窮，每項要求最終都成了看來無法跨越的障礙，讓班雅明疲於應付。例如，他需要居住證明表明自己在巴黎待了多久，但他的前二房東巴德當初分租房間給他，並沒有徵詢大房東，結果大房東拒絕簽字。「我已經忘記什麼叫驚訝了。」他這樣告訴史蒂凡。（GB, 6:90）於是，他轉而向社會研究所申請工作證明，甚至考慮短暫前往美國，以便取得旅行證，好加快歸化程序。到最後，他很慶幸自己還有難民證，因為一九三八年暮春那時已經不再簽發這類證件。班雅明的入籍申請就這樣在法國政府各個單位飄來蕩去，兩年之後依然懸而未決，而法國此時已被德國占領，就算入籍也沒意義了。但從那時起，班雅明信裡的語氣愈來愈焦慮。他一方面竭力維持手上法國居留證的效力，另一方面盡可能防止德國當局探得他的個資。

那年春天，雖然班雅明主要在忙論波特萊爾的隨筆，但其他項目也需要關注。論福克斯的隨筆刊出後，班雅明就沒有發表什麼大作了。三月初，他總算完成了要給《衡量與價值》雜誌的論社會研究所的隨筆。他（偶爾還有阿多諾）一直希望寫出來的文章既能忠於社會研究所的研究方向，又符合《衡量與價值》的資產階級自由派取向。霍克海默建議班雅明回應編輯利翁的嚴厲警告，佯裝對利翁指責社會研究所具有「共產主義面向」感到驚訝，並向對方保證這「名符其實是個學術問題」。[7] 沒想到這篇十一頁的文稿讓班雅明費了不少工夫：「難題在於不讓利翁搞破壞。」（GB, 6:37）最後，班雅明還是把文章寫出來了，就算他本人不喜歡裡頭的內容，至少雜誌和霍克海默都可接受。

儘管班雅明不信任利翁，也毫不掩飾對他的敵意，但還是很高興《衡量與價值》於一九三八年初刊出了一篇對《德國人》的簡短討論。這本書的版稅一直是他最重要的收入來源之一，因此他一直緊盯維塔諾瓦出版社的來款狀態，甚至問過蒂姆，羅斯勒會不會少報書的銷量，直到蒂姆保證對方很誠實才放心。班雅明的弟媳希爾妲也讀了這本書。她和兒子米哈爾為了待在入獄的丈夫格奧格的近處，選擇留在柏林。她的感想讓班雅明特別開心，希爾妲提到書裡德國流亡者福斯特（Georg Forster）信中的一段話：「我不再有家鄉、不再有祖國或朋友。所有與我親近的人都離我而去，建立其他連結。就算我想到過去，依然感覺有所連結，那也只是我的選擇與想法，而非環境的強迫。命運的美好轉折可以給我許多，不好的轉折無法奪走什麼，除了付不起郵資而失去寫信帶來的滿足。」[8]這封信讓希爾妲深受感動。她先生的處境和福斯特相去不遠，卻在信裡對這位十八世紀的知識分子不表認同。班雅明指出，福斯特的「革命自由」仰賴「節制」；格奧格則在信裡告訴妻子：「〔那些段落〕吐露的絕望太強烈了。既然我不曉得福斯特對當代事件的立場，他的人格對我來說也就依然不明。」[9]

班雅明還聽從阿多諾建議，寫了一篇報告說明他在威瑪共和晚期為大眾製作的三個《聆聽示範》——那些劇本已經落入蓋世太保手中。他從一九二五年開始為多家電臺撰寫廣播演講與廣播劇，並經常參與錄製。自一九二五年起，在法蘭克福廣播電臺藝術總監軒恩的慫恿之下，他還策劃了一系列名為《聆聽示範》的節目，針對特定的工作與生活情境進行教學演示，並教導聽眾正確聆聽的藝術。該節目的名稱與構思都歸功於布萊希特，因為他構思每部劇作都不只將之視為單一藝術作品，而是對戲劇實踐進行介入的一種示範。布萊希特的教育劇（Lehrstück）不只想改革觀眾，還想改革其他劇作家，甚至整個戲劇傳統。只是班雅明的這篇報告就如同他的許多晚期創作一樣，未能在生前發表。

這些工作大大干擾了他的首要目標，也就是波特萊爾。春末，班雅明爬梳了自己針對拱廊街的大量筆記，整理出以波特萊爾時代的巴黎為主題的書綱。「在我花了那麼長時間，累積了一本又一本書、一段又一段摘錄之後，」班雅明四月中寫道，「終於可以開始撰寫思考的成果，為一個完全透明的結構提供基礎。在辯證的嚴謹性上，我希望這篇文章足以媲美我論《親合力》的作品。」（BA, 247）他用一個明確的隱喻，向修勒姆透露這本波特萊爾之書背後的意圖：「我希望呈現波特萊爾是根植於十九世紀的人物，因此我要創造的形象必須看上去新穎，並具有難以定義的吸引力，就像一塊在森林裡安靜存在了數十年的石頭，當我們多多少少費力將它推離了原來的位置，石頭留下的印象將異常清晰完好地呈現在我們眼前那樣。」對於書裡企圖達成的、對社會和歷史的梳理，可以從班雅明徵詢意見的專家略窺一二，包括波洛克向他推薦的經濟學家兼律師萊希特（Otto Leichter）和阿多諾在紐約的智識夥伴，藝術史大家夏皮羅（Meyer Shapiro）。

為了說明論波特萊爾的作品和當代的相關性，班雅明在描述自己所用的方法（也就是前段引文）之後，在同一封信裡給出了令人難忘的解釋：「我們的作品本身可以是測量儀器，如果它們運作良好，便可測量到那難以想像的〔緩慢的太陽歷史公轉〕的最微小部分。」（C, 217）班雅明愈來愈常將自己的作品比為照相乳膠，特別適合記錄社會與歷史景貌的細微變化，這點顯然和這個測量儀器的隱喻有關。正如他四月中旬寫給霍克海默的信裡所顯示的，他寫波特萊爾專書的意圖已經非常明確。班雅明形容這本規劃中的作品是拱廊街計畫的「微縮模型」，並使用拱廊街的中心主題來安排書的架構，因為他如今察覺整個計畫是圍繞波特萊爾展開的。他的初步規畫透露了不少訊息：

這本書將分三部分，預定主題為〈觀念與圖像〉、〈古代性與現代性〉及〈新與恆一〉。第一部分闡明寓言在《惡之華》的關鍵重要性，闡述波特萊爾寓言感知的建構，並揭示其藝術學說的基本悖論，也就是自然對應說和拒斥自然之間的矛盾……

第二部分闡述「消融」，這是寓言感知的形式元素，古代性藉此顯露於現代性之中，反之亦然……大眾對巴黎的這種轉置具有決定性的影響。大眾猶如漫遊者眼前的面紗，是孤獨個體的最新麻醉劑——其次，大眾會抹去個體的所有痕跡，是被遺棄者的最新庇護所——最後，大眾是城市迷宮裡最新、最不可測的迷宮。透過它，過去不為人知的地底特質得以銘刻於城市景觀上——揭露巴黎的這些面向，是波特萊爾的顯然任務……用這位詩人的話來說，在他那個世紀裡，沒有什麼比賦予現代性以形式更接近古代英雄任務的事了。

第三部分將商品視為波特萊爾寓言感知的實現。詩人因憂鬱（spleen）而受恆一蠱惑。事實證明，新事物無非是商品的光環（aureole），它炸開了恆一的表象……寓言表象的消散根植於這一實現。波特萊爾獨一無二的重要性，就來自他最早也最不偏不倚地捕捉到這個自我疏離的個體的創造能量——他既承認其存在，又透過加快來強化它。[10] 如此，書裡三個部分各自提出的形式分析便匯聚於一個統一的脈絡中。（C, 556-557）

班雅明四、五月忙著規劃波特萊爾專書的架構，結果得了慢性偏頭痛。最後他去看了專科醫師，對方建議他接受瘧疾治療。然而，就在他去找眼科醫師檢查，以便配好急需的新眼鏡後，頭痛卻消失了。那幾週，波特萊爾計畫幾乎毫無進展。為了喘口氣，班雅明將思緒轉向即將到來的丹麥之行。他將於六月底造訪布萊希特，停留三個月左右。流亡生活依然極不穩定，而且不全是政經局勢的影響。班雅明不只經濟上仰賴朋友。他一九三八年春天所寫的信裡充滿了要求朋友謄錄他作品的請託與感謝。那陣子，卡普魯絲始終給予班雅明堅定的支持，但還有其他意想不到的人花費無數時間，保存與傳播這位缺乏真正出版管道的窮困知識分子的作品。儘管經常有新的流亡者刊物向他邀稿，但箇中困難往往導致他的作品遭到刪改，甚至被認為不妥而任意刪除。四月，舊識施密特（Johannes Schmidt）邀請他為新期刊《自由德國研究》（*Freie deutsche Forschung*）撰稿，但開頭的興高采烈最終只換來一篇書評的發表。更令人惱火的還在後頭，他收到了史騰貝爾格的第二本書《十九世紀全景》（*Panorama: Ansichten des 19. Jahrhunderts*），讀完書後，他確信對方不僅剽竊了拱廊街計畫的關鍵母題，還盜用了阿多諾和布洛赫作品的關鍵母題。他不只氣史騰貝爾格公然剽竊，還氣對方犬儒地使用他們的想法，並取得納粹的出版許可。四月左右，班雅明擬了一封信給史騰貝爾格，但可能沒有寄出。他在信裡指控對方：「你成功融合~~了思想的新舊世界，前者是你和希特勒共享的天地，後者是你我同有的世界。你將凱撒的歸給了凱撒，~~從猶太流亡者那裡奪走了你想要的。」（GB, 670，刪除線為班雅明所加）一九三九年，班雅明寫了一篇語氣稍微和緩的書評，但評價仍然完全是負面的。這篇書評在他生前並未出版。多年後，史騰貝爾格在

《十九世紀全景》一九七四年新版推出時回應了這篇書評：

W. B.〔班雅明〕流亡巴黎期間做出的評斷，直到最近才以手稿出現。對我而言，他的評斷令人難受。我虧欠他許多，尤其他讓我對歷史細節已逝的陌生面向觀察更敏銳，對歷史的進程樣態更有感覺，但我當然不曉得他的相關作品。他的評論以認可的語氣開始，以嚴厲氣憤的口吻結束。他也看出我最初的批判動機，描述得也很精準，卻未能看出那個將天南地北的我們連結在一起的「概念」，也就是社會分析。他想在自己論巴黎拱廊街的偉大作品裡實現這種分析，我的作品雖然主題相關，卻不足以令他滿意。我無法接受階級概念與經濟範疇有阻截或闡明歷史觀念的能力，過去如此，現在依然。班雅明與我看法相同，卻未能按之行動：即使在他的作品中，定義也被意象超越。（引自BS, 241-242n）

撇開史騰貝爾格是否理解班雅明一九三〇年代的作品要旨不談，上述辯駁顯露出一個無可爭論的事實，那就是史騰貝爾格對自己和國家社會主義的合謀閉口不言。

發現遭史騰貝爾格剽竊的痛苦，多多少少被一件喜事給沖淡了，即密友卡普魯絲的妹妹莉絲洛特（Liselotte Karplus）即將與他表弟維辛成婚。婚禮原定五月三十日舉行，只是一再延後，直到一九四〇年才順利完成。維辛的父母親預計婚禮後前往巴西展開新生活，兩人途中造訪了班雅明。這件事讓班雅明心裡浮現不少既憂傷又尖酸的念頭。他在信裡告訴兒子史蒂凡，維辛一家移民巴西就得改信天主教，「俗話說，讓你成為天主教徒就夠了。這句話源自中世紀，沒想到我們似乎又回到了原點，真是可喜可

賀」。（GB, 6:88）

一九三八年五、六月，前往丹麥以便專心研究波特萊爾之前，班雅明花費了大量心力時間為兩本書的出版做準備。隨著流亡時間拉長，他愈來愈希望《柏林童年》能出版。這本書已經被至少三家出版社拒絕，表面上的理由是內容難懂。五、六兩月，班雅明徹底修改了書的內容，增加了一章導論，同時對他在威瑪共和晚期《法蘭克福報》和其他報刊發表的那些冥想似的短篇內容做了重新編排與刪節。他不僅讓行文更簡潔、更不散漫、更專注於意象，還無情刪除了自傳意味較濃的九個完整章節，其餘內容也刪了三分之一以上，包括文字異常優美的段落。[11]他先是請蒂姆幫忙尋找瑞士出版商，隨後更不顧關係雪上加霜的風險，向利翁提議在《衡量與價值》發表書的內容。他在寫給利翁的信裡引用了《柏林童年》新加的導論段落：

> 這些文字成熟於我流亡期間；過去五年，沒有哪一年我投入的時間少於一兩個月……寫作這本書的計畫始於一九三二年。當時我人在義大利，開始清楚意識到自己就快告別出生的城市了，甚至是永別。在我內在世界裡，我已經數次體驗到接種的過程是有益的。因此，現在這個情況，我決定比照處理，刻意召喚流亡期間最容易激起思鄉病的圖像，也就是童年的圖像。我假定心靈不會被渴望的感覺控制，就像健康的身體不會受疫苗左右。我想藉由洞察過去的不可挽回性（不是個人偶然，而是社會必然的不可挽回性）來限制渴望感的影響。（GB, 6:79-80）

最終，《衡量與價值》七到八月號刊出了《柏林童年》的七個章節。在許多人眼中，《柏林童年》是班雅明的傑作，但這七章刊載後直到他過世為止，這本書就再也沒有其他章節發表過了。不過，在他諸多出版嘗試中，留有紀錄的最後一次努力倒是差點成功了。他和流亡出版商海伊（Heidi Hey）商量好，預定以私藏版印行。但這件事到了五月，由於一連串不愉快的會面與電話溝通，結果還是以失敗告終。海伊坦承她很受傷，也很困惑。班雅明堅持出版必須由他全程操控，從字體、設計到紙質都不例外。現有一份文獻是海伊寫給班雅明的信，從信中可以見到她是支持的讀者，也是務實的出版商，希望制定一個「務實」而非「幻想」的出書計畫。她答應班雅明印製限量編號的收藏版，並負責半數銷售，另外半數由班雅明負責。但班雅明選擇放棄這個機會，而非出版過程的控制權。可見這個選擇關乎的是這部作品對他有多重要，而非出版商在流亡期間出書實際上有多困難。

儘管班雅明這幾個月潛心於波特萊爾，卻常發現自己繞回到卡夫卡。他對法國詩人和捷克猶太裔小說家的看法以令人著迷的方式交織在一起。「我讀〈卡夫卡〉是斷斷續續的，」他四月十四日寫信給修勒姆說，「因為我的心力和時間幾乎全轉到了波特萊爾的研究。」班雅明以修勒姆為中間人，希望引起秀肯（Salomon Schocken）的興趣，出版論卡夫卡的書。他六月中旬寫了一封精彩萬分的信給修勒姆，闡述他對卡夫卡的新見解。這封信是以簡介形式寫成，就和一篇已完成的隨筆一樣精練雋永，可以直接轉給秀肯或其他人。早在一九三四年十二月，〈卡夫卡〉剛發表不久，阿多諾就贊同好友認為這篇隨筆其實「未完成」的看法。他尤其覺得這篇隨筆和拱廊街計畫的基本範疇有關：「原初史和現代性的關係還沒概念化，而要成功詮釋卡夫卡，歸根結底便取決於此。」（BA, 68）

一九三八年這封論卡夫卡的信，開頭先批評布羅德最近出版的卡夫卡傳，接著才明確提出斷言：卡夫卡的作品「是省略號；焦點四散，一方面由密契經驗（尤其是對傳統的經驗）所定義，一方面由現代城市寓居者所界定」。（SW, 3:325）班雅明接著長段引用了物理學家愛丁頓（A. S. Eddington）一九二八年出版的《自然界的本質》。引文將走出門口描述為一項包含大氣壓力、重力、地球自轉和自然界變動和終極「鬆散」本質的複雜行為。在愛丁頓眼中，自然界缺乏「實體固性」。由此可以明顯看出兩者的類似：現代世界具有卡夫卡在短篇〈樹木〉裡描繪的空間一致性、在〈共同混亂〉裡描述的時間性，以及在〈一家之主的憂慮〉裡描述的因果性。在一九三四年發表的隨筆裡，班雅明強調卡夫卡在「研究」上具有一種特殊天賦，特別關注被遺忘的「前世界」的種種面向。那是一個由原初神話法則決定日常存在的世界。如今，班雅明筆下呈現的是一個善於洞悉現代世界社經決定因素的卡夫卡：「卡夫卡的瘋狂（toll）之處，其實（而且完全）在於對他來說，這個最新的經驗世界是經由密契傳統而來……我敢說這種現實現在幾乎超出**個人的**經驗範圍，而卡夫卡的世界往往如此寧靜、充滿天使，正補足了他的時代。」（SW, 3:325-326）換句話說，卡夫卡的神話感知能力讓他善於洞悉現代性和原初史的關係（阿多諾認為一九三四年的隨筆缺少的就是將這個關係概念化），以及隱藏在商品資本主義幻景式政權之下，並進一步被現代經驗的片段性所掩蓋的行動空間（Spielraum）。（SW, 3:117）

在另一封信裡，班雅明岔題談到了卡夫卡，文中精彩展現出班雅明對卡夫卡現代性的思考是如何深深穿透到他對拱廊街和波特萊爾的思索中。他認為，在卡夫卡筆下人物所處的特殊階級裡，「助理」是首要角色，而且這個階級的功能與漫遊者類似。就如同漫遊者在巴黎大街上遊走，允許各種震驚般的經驗在他記憶裡共鳴，也銘刻在他身體上，「助理」同樣以一種近乎神秘恍惚的迷醉狀態行走在卡夫卡宇宙中。這些人物單憑自身毫無來由、無憂無慮的透明，似乎就足以讓人意識到歷史境況的異化性。（BA, 310-311）

然而，班雅明一九三八年在信裡闡明卡夫卡和波特萊爾的相似處，重點不在一般意義下的主題思考；不論前者或後者，解析經驗都是為了辨明**形式**做準備。對班雅明來說，比喻（parable）形式是卡夫卡作品裡真正的解放元素。卡夫卡「放棄了真理，以便保有真理的可傳播性和哈加達〔故事〕元素……但〔他的作品〕並非如哈加達拜倒在哈拉卡〔律法〕腳下那般拜倒在教條跟前，而是趁著伏下時突然用沉重的爪子摑打了教條」。（SW, 3:326）卡夫卡的作品見證了某種「對傳統生厭」，標示出智慧傳遞被掏空得只剩傳遞的時間點，因此和波特萊爾詩作裡的寓言（allegory）元素類似。比喻以整全、有機論與智慧為幌子，和寓言有著相同的關鍵特徵。寓言作為一種批判性的模仿，戳穿了商品的拜物表象，突破了扭曲我們對歷史境況的理解的神話力量。「波特萊爾的寓言帶有暴力的痕跡，因為唯有用暴力才能摧毀周遭世界的和諧表象。」（AP, J55a,3）卡夫卡和波特萊爾共同體現出一種獨特的能力，就是用作品揭露**消逝中**的靈光。誠如班雅明在一九三八年給修勒姆的信裡所言，卡夫卡揭示甚至轉化事物的潛力，只有當其文字違反常理時才會顯現：「所有真正的藝術作品裡都有一處地方，移開那地方的人，將感受到破曉前的微風般的涼爽。由此可以推論，藝術往往被認為與進步扞格不入，卻能為進步提供真正的定義。進步並非立足於流逝時間中的連續，而是立足於流逝時間中的干擾——在這樣的干擾中，真正新穎的事物在破曉的清明裡首次被感受到。」（AP, N9a,7）

班雅明原本希望提到布羅德的卡夫卡傳可以多贏得秀肯的青睞，但他只是草草讀過便打消了念頭。「然而，我這時談卡夫卡，」他在信裡告訴修勒姆，「是因為這本傳記將卡夫卡式的無知與布羅德式的睿智混在一起，從而似乎揭露了心靈世界的一塊區域，白魔法與假巫術在其中以最有教益的方式相互作用。我雖然沒讀太多，但立刻加以挪用，寫出了卡夫卡式的定言令式：『當按讓天使有事可做的方式行事。』」（BS, 216）這本論卡夫卡的書讓班雅明和修勒姆一直講到一九三九年，最後才因秀肯無動於衷而告擱淺。班雅明在寫給修勒姆的信裡曾經描述卡夫卡形象的「純潔」與「獨特的美」，而出書失敗或許也和這段描述相一致：「那是一個失敗者的形象。造成失敗的環境是多重的。或許可以這樣說，一旦他確定最終會失敗，途中發生的一切對他就像在夢中一樣成功。」（SW, 3:327）因此，卡夫卡的「失敗」和他的希望與平靜密不可分。

前往丹麥之前，班雅明寫了一封挑釁意味明顯的長信給阿多諾。他已經細讀了幾章阿多諾論華格納的書，對其中幾個要點非常興奮，但對貫穿全書的歷史哲學觀很不認同，尤其是阿多諾使用他的「救贖」（Rettung）理論的方式：

> 在我看來，從歷史哲學的角度進行這種救贖，和從關注進步與倒退的批判角度進行救贖是不相容的。更精確地說，從歷史哲學的角度進行救贖，只和我們兩人偶爾以「進步」為題悄聲（sub vocem）討論時提到的那些哲學連繫相容。隨意使用進步和倒退之類的概念（我實在不想否認你書裡的核心章節就在證成這些概念），只會讓嘗試「救贖」華格納的想法變得大有問題……救贖是循環式的，論辯是漸進

> 式的……因為，這種救贖的關鍵因素——我有說錯嗎？——從來不是漸進的；它有時看似倒退，就像它有時狀似最終目標，而在克勞斯筆下，最終目標就是起頭。（BA, 258-259）

根據班雅明晚期的歷史哲學觀，進步與倒退很難促成向前驅動的辯證，遑論促成社會脈絡孤立特徵的正面「救贖」了。他在《拱廊街計畫》這樣表示：

> 針對文化與歷史辯證的溫和方法論建議。在任何時代的各個「領域」裡，我們都不難根據確定的觀點建立對立，使得「成果」、「前瞻」、「鮮活」、「積極」在一邊，無果、倒退和過時在另一邊。正面元素只有和負面元素相對照，其輪廓才會清楚浮現。另一方面，負面元素的價值只在於襯托鮮活的正面元素。因此，對最初被排除的負面元素進行新的劃分就變得非常重要。如此一來，經由置換視角（而非判準！），正面元素也將重新顯現，但型態和過往不同。依此類推，直到所有過去都在歷史復興裡被帶到現在。（AP, N1a,3）

復興這個概念源自斯多葛與教父學派，主張唯有先經大火才能復原。班雅明對歷史愈來愈悲觀的看法便以此為核心。他和阿多諾持續爭辯進步的作用，但這場未完的辯論必須放在特定脈絡下才能正確解讀。在他質疑阿多諾的這封信裡，班雅明還順帶提到阿多諾打算和霍克海默一起「鑽研辯證法」並撰寫成書，這便是後來的《啟蒙的辯證》。兩人在題詞中將這本書獻給了班雅明。

班雅明六月二十一日離開巴黎，預備前往斯文堡造訪布萊希特一家，並久住一陣子。他不僅期待換個環境，也期盼能不受干擾專心研究波特萊爾。他感覺自己是被趕出了巴黎。德國愈來愈肆無忌憚，法國境內的緊張局勢也日益加劇。班雅明很清楚，流亡者身分讓他好不容易在巴黎站穩的腳步愈來愈難維持。他一抵達丹麥就住進布萊希特家隔壁的房子，房東是名警察，班雅明希望要是戰爭讓他被迫延長簽證，這點或許能幫上忙。抵達斯文堡後的頭幾天，工作環境近乎理想。班雅明在信裡引述波特萊爾，表示自己很期待「一心思考隔日工作」（contemplation opiniâtre de l'oeuvre de demain）[12]的生活。他住的房子有一個大花園，從閣樓房間那張「大又厚重」的書桌往窗外望去，一邊是海灣，另一邊是森林。「只有不時經過的小船令我分心——還有每天和布萊希特下棋。」（BS, 230）布萊希特夫婦和他們的小孩斯蒂凡與芭芭拉住在隔壁，班雅明很喜歡這兩個孩子。還有晚餐和收音機，那是他們掌握瞬息萬變的世局的主要管道（「報紙到得太晚，你得鼓足勇氣才敢翻開來看」）。（C, 568-569）不過，班雅明很快就察覺到一個一直令他困擾的缺點：「天氣很陰沉，無法真的吸引我去散步。這樣更好，因為也沒地方好去。我的書桌倒是有一個氣候優勢，那就是它位在斜屋頂下，比起其他地方，稀疏陽光帶來的溫暖會停留得久一些。」值得高興的是，他這陣子接觸到凱瑟琳．赫本的電影，「她棒極了」。（BG, 229-230）

班雅明在斯文堡的生活相當規律：每天研究波特萊爾八、九個小時，然後吃飯、短暫和人互動、和布萊希特下一兩盤棋——他告訴卡普魯絲，自己通常會輸，即使他有時半個小時才會移動一步。[13]雖然他在幾封信裡都提到七月中旬想回巴黎和（從紐約到巴勒斯坦途中停留的）修勒姆碰面，但根據其他證據和修勒姆本人的感覺，班雅明似乎有意避免會面。

一頭栽進波特萊爾的相關資料後，班雅明隨即發現自己在巴黎偏頭痛期間做出的大綱必須重寫，於是便開始回顧拱廊街和波特萊爾的研究素材，並重新編排。他意識到波特萊爾計畫其實是他一九二〇年代作品的直接延續。關於這點，最早的跡象來自他寫給修勒姆的一封短信，信中提到論波特萊爾的作品是「（以論《親合力》的隨筆為模型的）一長串的反思」。（BS, 231）同時他也告訴妹妹，自己「中斷十年之後又開始寫書」。一九二八年，羅沃爾特出版了班雅明論悲苦劇的書和他的城市之書《單向街》。當他告訴波洛克，自己的波特萊爾專書將提供「一個安排好的視角，讓讀者見到十九世紀的深處」（GB, 6:133），心裡想的就是《單向街》，因為這句話和他一九二六年在信裡向修勒姆介紹《單向街》時所用的描述幾乎完全相同。到了七月底，他發現自己顯然無法在九月十五日（社會研究所給他的期限）之前完成任務。這個截稿日期是班雅明還在巴黎時答應的，當時他以為舊版大綱能加快寫作進度。

一九三八年七月下旬和八、九月，班雅明火力全開研究波特萊爾。新大綱分成三部分：首先是高度理論化的導論，標題為〈寓言家波特萊爾〉（Baudelaire als Allegoriker），將波特萊爾和班雅明對巴洛克寓言的解讀相連結。核心部分是〈波特萊爾筆下第二帝國的巴黎〉（Das Paris des Second Empire bei Baudelaire），替導論裡的理論提供社會「資料」或「反論」。結論部分是〈商品作為詩的對象〉（Die Ware als poetischer Gegenstand），不僅透過分析商品拜物教，也藉由分析新藝術與波特萊爾、布朗基和尼采的永恆回歸觀來檢視波特萊爾時代的後歷史。八月上旬，班雅明建議霍克海默，第二部分可能最適合在《社會研究期刊》發表。他構思這個後來單獨成篇的〈波特萊爾筆下第二帝國的巴黎〉時，開始闡述波特萊爾、拿破崙三世與巴黎波希米亞人的一連串相似處，同時點明「都會大眾與現代文學的關係」，以及古代與現代性在波特萊爾詩裡的複雜交織。（GB, 6:150）用他後來談到這本論波特萊爾專書的整體構想時的話來形容，「哲學之弓〔被〕拉到了極點」。（BS, 252）

除了撰寫論波特萊爾的隨筆，班雅明還和布萊希特討論了各式各樣的話題。這是兩人友誼的特點。他們主要談文學，例如維吉爾、但丁、歌德、西格斯，以及布萊希特的史詩劇場和最近寫的詩。[14]一九三八年八月十三日，布萊希特在日記裡提到兩人聊到了資產階級的性慾危機：「班雅明主張，佛洛依德認為性慾遲早會完全消失。」[15]不過，他們倆的討論愈來愈常落在蘇聯最近的局勢發展。班雅明曾經在寫給霍克海默的信裡試著說明他和布萊希特的共同看法：

> 截至目前，我們都還能將蘇聯看成不依據帝國利益決定外交政策的強權，因此是個反帝國主義國家。我們依然這樣認為，至少目前還是，因為儘管有再多保留，對我們而言，蘇聯在即將爆發的戰爭裡（或在推遲戰爭這件事上）仍然代表我們的利益，而我假定你對眼前局勢也有同樣感覺。但這個代表會讓我們付出難以想像的代價，犧牲我們生產者最在乎的利益，這點布萊希特從不否認。（BG, 229）

不過，就連布萊希特也開始覺得蘇聯的最新發展，包括公開審判、清洗異見者、對希特勒畏畏縮縮，對「我們過去二十年來的所有努力是一場災難」。（BS, 229）例如他們一直擔心布萊希特的譯者好友，蘇聯大作家特列季亞科夫被捕之後遭到處決，結果確實如此。布萊希特和班雅明對蘇聯的保留不僅限於審判和處決。兩人都在希望蘇聯阻止戰爭和厭惡蘇聯過度插手文學政策之間左右為難。德國馬克思主義者在《字詞》等刊物激辯正宗社會主義藝術的正確走向。這場如今稱作「表現主義論戰」的激辯由盧卡奇一九三四年發表的一篇文章所挑起。他在文中宣稱表現主義已經流於蒙昧，而布萊希特則在自己的反蒙昧戲劇裡使用某些表現主義技巧，有力地反駁了盧卡奇的主張。

由於班雅明既支持布萊希特，又支持阿多諾與霍克海默，因此努力調和雙方陣營。他建議布萊希特閱讀每一期的《社會研究期刊》，並小心翼翼強調紐約和斯文堡之間的共同點，例如憎惡盧卡奇主張的教條現實主義。「他和我們一樣清楚，《社會研究期刊》的理論立場愈來愈有分量。」(GB, 6:134) 不過，班雅明始終親近布萊希特和對方積極介入式的馬克思主義作風，還是讓社會研究所的同事感到擔憂，因為所裡對介入普遍採取較為中庸、甚至在某些人眼中無限期擱置的態度。班雅明對布萊希特忠誠不二讓他付出了更多代價。例如他曾經告訴卡普魯絲，自己在丹麥讀了比平常還多的「黨路線」文學作品，也曾向瑪克絲訴說自己住處愈來愈像修士的房間，不是因為擺設，而是智識上的孤立。「儘管我和布萊希特友誼深厚，但我得在完全隔絕的狀態下工作，其中有些非常明確的時刻他無法理解。只是我和他當了夠久的朋友，很清楚這一點，也很識相，懂得尊重這一點。」(C, 569)

即便住在警察家中，景色怡人，但面對推進波特萊爾研究的壓力，如此美好的生活也開始變調。八月下旬，班雅明向阿多諾夫婦透露，小孩吵鬧可能會把他逼走。雖然他對精神病很反感，卻考慮向一位精神病患者租房。他卡在布萊希特、社會研究所和自己對波特萊爾的未竟夢想之間，有時覺得走投無路。他形容自己和修勒姆討論哲學問題時，顯然給老友留下了一種印象，說他就像「一個住在鱷魚嘴裡、一直用鐵柱把嘴撐開的人」。(C, 569) 其實，當時他和修勒姆的關係來到新的低點。他在修勒姆離開紐約返家途經法國幾週前就離開了巴黎，現在又告訴好友秋天在巴黎會面的希望應該也會落空，因為他得留在丹麥完成論波特萊爾的作品。兩人無法討論各自的新作，班雅明也將錯過和好友新婚妻子見面的機會。不過，他很快就忘了自己一再迴避見面的尷尬。九月三十日，他寫了一封抱怨信給修勒姆：「我很驚訝，你竟然沒有捎來隻字片語。你的沉默已經讓我擔心了好一陣子。」（BS, 231）修勒姆給了一個頗為無力的理由，表示美國之行讓他精疲力竭，近三個月無法提筆，但他對班雅明不斷迴避見面的不安肯定才是原因。

班雅明形容自己那三個月「全神貫注」撰寫論波特萊爾的隨筆。那段時間的專注程度可以從他較少談論自己讀了什麼看得出來。他有點驚訝地提到，他在莫斯科《國際文學》雜誌最新一期讀到作家庫列拉說他是海德格的追隨者。班雅明從青年運動時期就認識庫列拉，兩人一九三〇至三一年在草創時期的《危機與批評》有過編輯走向之爭。庫列拉在文章中評論了班雅明在《南方札記》發表的〈歌德的親合力〉摘錄法譯。除此之外，班雅明只提到自己的讀書**計畫**。他確實欣然同意出版他之前寫給霍克海默的一封信（即〈巴黎書簡〉）的片段，主題是法國文壇的最新發展，只要求刪除文中嚴厲批評巴塔耶的部分，因為他和巴塔耶關係友好，而且他是透過對方才結識了社會學苑的那群知識分子。

九月，〈波特萊爾筆下第二帝國的巴黎〉接近完成，班雅明在信裡表現得異常焦慮。焦慮是有道理的，因為歐洲局勢更惡劣了。德國堅持併吞蘇台德地區，讓大戰看來無可避免。班雅明在信裡告訴不少朋友，他寧可在斯堪地那維亞，也不要在法國遇上戰爭爆發，並問霍克海默在斯堪地那維亞有哪些朋友，以防簽證過期有人可以求救。就在這樣的背景下，班雅明結束了撰寫論波特萊爾隨筆「勞力最密集」

的三個月（BS. 231），於九月下旬離開斯文堡前往哥本哈根，以便口述〈波特萊爾筆下第二帝國的巴黎〉並將定稿寄出。[16]這個最後階段正巧碰上他口中歐洲局勢的「暫時結論」：希特勒、墨索里尼、張伯倫和達拉第九月二十九日簽署慕尼黑協定，德國隨即侵占蘇台德地區。因此，雖然人在他「最愛的」丹麥首府，但班雅明見到的哥本哈根就只有從他旅館房間到旅館公共區收音機之間的那片天地。（BA, 277）

回到斯文堡不久，班雅明十月四日寫信告訴阿多諾，撰寫這篇隨筆是「和戰爭賽跑；儘管焦慮得令人窒息，但能趕在世界終結之前，將這個規劃了近十五年的『漫遊者』平安帶回家中，即使這個家脆弱得只是一份手稿，我還是體會到了幾分勝利感」。（BA, 278）他寫信向霍克海默確認完稿已經寄出，並形容這篇隨筆具有指標意義，文中闡明了「《拱廊街計畫》的關鍵哲學要素，並且是我覺得的定版」。班雅明雖然信誓旦旦告訴阿多諾夫婦，他相信已經擬好大綱但尚未寫下的第一和第三部分「為全書提供了骨架：第一部分將波特萊爾的寓言問題化，第三部分則替問題提出社會解答」（BA, 273），但信裡還是透露出他對這篇隨筆能否為紐約同行接受的焦慮。他希望讀者可以理解，「整本書的哲學基礎」唯有透過第三部分〈商品作為詩的對象〉才能意會。（C, 573）

班雅明預定的書名是《波特萊爾：發達資本主義時代的抒情詩人》。他在書中企圖徹底改造這位法國大詩人，將他重塑為都市資本主義現代性的代表作家。在班雅明看來，波特萊爾的偉大正來自其**代表性**：他的詩往往與表面意圖相違背，揭露了他所處時代的結構與機制。當然，同代人當中，不是只有班雅明將波特萊爾視為現代作家代表。在英國，波特萊爾是艾略特的標竿。他不僅將波特萊爾的作品譯成英文，還在一九三〇年發表了一篇論波特萊爾和現代性關係（他的人生觀是「他那個時代和我們時代的福音」）的權威隨筆，更別提《惡之華》對另一首偉大的城市詩〈荒原〉的關鍵影響。在德國，格奧爾格是波特萊爾和現代德文創作的首要連結。他一八八九年翻譯出版的《惡之華》至今仍在許多方面無可超越。然而，艾略特和格奧爾格眼中的波特萊爾和班雅明眼中的波特萊爾截然不同。對艾略特和他之前的史文朋（Algernon Charles Swinburne）而言，波特萊爾是恰當理解現代性精神面的關鍵，是艾略特本人在現代荒原尋找宗教之路時不可或缺的前輩；而對格奧爾格及他之前的尼采來說，波特萊爾的詩開創了一片徹底美學化的廣袤天地，足以抵擋庸俗市儈社會的種種屈辱。班雅明和這兩位同代人相比，絕不只是政治上的左派與保守派（及格奧爾格的原型法西斯）之別。倘若艾略特筆下的波特萊爾是現代性精神面的先聲，格奧爾格筆下的波特萊爾是所有真正現代的美學創作的燈塔，班雅明則是將波特萊爾描繪成獨特的問題對象，一位基本上不談政治，卻替現代責任文化政治奠定了基礎的作家。班雅明斷然否定波特萊爾對社會或政治有任何有成效的洞察，而他的論波特萊爾隨筆所做到的，則是將《惡之華》描繪成波特萊爾時代（還有我們時代）一個獨特、嚴苛、可怖的象徵。從一開頭，〈波特萊爾筆下第二帝國的巴黎〉就令人手足無措（這也是全篇基調），因為這篇隨筆不是談波特萊爾的詩，甚至不是詩人本人，而是以準編史學的手法召喚出某種「智識面相」：波希米亞人密謀者的一面。在班雅明眼中，波希米亞人基本上不是在閣樓裡挨餓受凍的藝術家（想像普契尼《波希米亞人》裡的魯道夫和咪咪），而是一群由業餘和職業陰謀家組成的烏合之眾，幻想推翻自立為帝的拿破崙三世。班雅明在隨筆頭幾頁便悄悄在這個社會階層所使用的策略與主導波特萊爾詩作與批評的美學策略之間建立了接替關係。班雅明表示，如果「令人驚訝的宣言、販賣神秘的突發妙語和難以理解的諷刺是第二帝國的存在理由」，那麼波特萊爾的詩便同樣以「寓言的神秘內容」及「密謀者的販賣神秘」為特色。對詩人進行這種社會面相式的理解，不是來自某一首詩將如此邪惡的一面展現在讀者眼前（或許有人會想到〈向惡魔的連禱〉，詩中稱呼撒旦為「流亡者的王子，流亡的王子，雖然被冤枉／卻因失敗而變得更強大」），而是來自〈拾荒者的酒〉，詩中提到密謀者活動的迷宮世界，城門外的廉價酒館。將一個智識面相在其誕生的空間裡的各種姿態呈現出來，是班雅明論波特萊爾隨筆的方法基礎。因此，從拾荒者身上可以見到極具爆發力的串聯：「從文學家（littérateur）到職業陰謀家，每個波希米亞人都能從拾荒者身上或多或少見到自己的身影。每個人都多少處於反抗社會的遲鈍狀態，面對多少並不穩定的未來。」誠如這句來自〈波特萊爾筆下第二帝國的巴黎〉的引文所言，拾荒者是一個可辨識的社會類型。但在波特萊爾筆下，拾荒者同時也是詩人，在社會的殘屑裡篩篩撿撿，替社會遺棄的事物找出用途。此外，拾荒者也是班雅明本人，一個以手術般精準的手法從大量證據中提取出基本上不顯眼的元素，從而拼湊出批判蒙太奇的批評家兼歷史學者。不僅在這裡，綜觀班雅明對詩人的所有論述，我們都能見到他有意識地將自己比作波特萊爾：從孤離於社會、寫作事業的失敗到訴諸「秘密結構」的寫作手法，尤其那瀰漫在字裡行間深不可測的憂鬱，都是如此。

在這篇隨筆的第一節結尾，班雅明拿杜朋（Pierre Dupont）和波特萊爾相對照。杜朋不諱言自己是社會詩人，積極利用作品直接參與當時的政治事件，甚至不畏天真與偏見。班雅明拿他和波特萊爾相比，藉此揭露波特萊爾詩裡深埋的「深刻的口是心非」。他認為，這種口是心非與其說是支持被壓迫者的訴求，不如說是粗暴揭穿了他們的幻想。如同他在文中某一則註釋裡所言，「別想將波特萊爾的立場收編到追求人類解放的最先進立場裡，這種做法幾乎沒有意義。從一開始就不如在敵軍陣營探究他的計謀，那裡無疑才是他如魚得水的地方……波特萊爾是密探，是代表他自身階級對其統治暗自不滿的密探」。（SW, 4: 92n）

到了一九三八年底，班雅明已經確信，由於傳統編史學仰賴的敘事預設了歷史變化是同質連續的必然過程，以致「注定會掩蓋歷史事件中的革命時刻……錯過傳統中斷之處，進而錯過其高峰與峭壁，亦即人們藉以跨越傳統的立足點」。（AP, N9a,5）因此，他論波特萊爾筆下巴黎的隨筆是由一系列「抽離」其原本脈絡的歷史圖像或母題所組成（這些脈絡往往位於歷史證據的邊緣，深陷於軼事祕史之中），再根據蒙太奇法則將它們謹慎加工成文。班雅明採取這種作文手法，是因為他相信這些圖像往往可以表達出歷史大架構裡看似無關緊要，卻由於統治階級將自身充滿意識形態的歷史觀視為真理而被忽略的細節。為了揭開編史學造神盛行背後「真正的歷史時間，也就是真理的時間」，班雅明建議「採掘和引用那些不被注意的埋藏之物，因為它們基本上對強者幾乎沒有用處」。（N3,1; J77,1）但我們要如何理解這些圖像在革命唯物論編史學裡彼此間的關係呢？班雅明將信心完全擺在其圖像組集的「表現」能力上。「社會存在的經濟條件表現在上層結構中，就像對睡著者而言，腹脹不是反映在夢的內容裡，而是表現在夢的內容中，從因果的角度看，或許可以稱之為『條件』。」（K2,5）這幾段話取自《拱廊街計畫》（而〈波特萊爾筆下第二帝國的巴黎〉大幅借鑑了這項計畫的十年研究所成），話裡都涉及一個匯集了思辨、直覺與分析的文本空間；在這個空間裡，圖像和圖像與圖像之間的接替都可以用一種特定方式來解讀，使得「過去事物」的現在意義「瞬間匯集在一起」。這種歷史凝聚於當下，便是班雅明所謂的辯證意象，而〈波特萊爾筆下第二帝國的巴黎〉或許是圍繞辯證意象進行批判實踐最生動也最充分的例子，也是班雅明一九三〇年代文學批評的最高成就。

〈波特萊爾筆下第二帝國的巴黎〉的中心章節以〈漫遊者〉為題，主要探討特定藝術類型與社會型態的相互關係。在都市的擁擠街道上，個體不僅被吸入人群之中，他的所有存在痕跡也都被有效消除了。這種情況會帶來深刻的不安，而班雅明認為，大眾流行的文學與藝術形式興起，例如生理學（城市類別的平裝紀錄）與全景畫（「典型」歷史與地理場景的展示），正是為了平息這種特有的不安。這些娛樂藉由自身的「無害」，供應了一種不對既有社會秩序進行任何抵抗的「完美和樂」，一種有利於「巴黎生活幻景」的條件。正如我們所見，班雅明使用「幻景」一詞來突顯現代城市環境的虛幻性，這種虛幻不僅削弱了人做出理性抉擇的能力，其實更削弱了人理解自身世界的能力。在這點上，生理學和幻景是同謀，因為生理學相信讀者擁有他們不一定擁有的專業知識，這很容易助長自滿。就如班雅明在〈波特萊爾筆下第二帝國的巴黎〉所言，生理學「向人們保證，所有人都能不受任何事實知識阻礙，正確理解路人的職業、性格、背景與生活方式」。

生理學提供的「舒緩小帖」，只能暫時抑制現代處境下令人不安的生活特質。班雅明指出當時（一八四〇年代）出現了另一種文學類型，「關注城市生活令人不安與險惡的一面」，那就是偵探故事。如果說在城市幻景的似夢空間裡，城市住民不斷因震驚（shock）而迷失方向，那麼偵探故事的激進推理儘管往往外於常規，卻是一種狀似有用的恢復劑，「使得理智突破這種情緒高張的氣氛」。班雅明認為，波特萊爾無法創作偵探故事，因為「他的驅力結構」使他無法產生如此截然理性化的意圖。「波特萊爾是薩德侯爵太優秀的讀者，以致比不上愛倫坡。」

倘若波特萊爾的詩既不投合社會境況（如生理學那樣），也不設想因應這些境況的程序或做法（如偵探故事那樣），那和巴黎的現代性到底有何關係？班雅明推崇波特萊爾，正是由於波特萊爾讓作品以現代城市生活的斷裂與困境為特色，從而揭露了現代經驗的空洞。因此，班雅明對波特萊爾的詮釋核心是一套震驚理論，而這套理論的發展和他對〈給交臂而過的一個女人〉這首詩的著名解讀有關。詩中的說話者走過「喧囂」的街道，突然瞥見一名身著喪服的女子朝他走來，神情莊嚴哀戚，「貴氣的手／搖搖撩起飾著花邊的裙襬」。說話者就像著了魔似的全身顫抖，完全被這場偶遇所震驚。見到這位一晃而過的麗人將他粉碎，又令他新生。但班雅明認為，詩人全身抽搐不是因為「他生命裡的每一根纖維都被一個影像占據而興奮」，而是那巨大的單一震驚，「讓一股專橫的慾望突然征服了一個孤獨的男人」。

震驚是詩的創作力來源，這個看法和班雅明那個時代一直流傳至今的主流藝術創作觀相去甚遠。在這套看法中，詩人不是神一般的天才，「超越」自身時代，為後人捕捉那個時代的本質。對班雅明來說，波特萊爾的偉大之處就在他對現代生活中最低下的多餘之物絕對敏感。這位天才作家擁有非凡的「敏銳神經」，使他得以憑藉冷酷的反思同理記下所處的時代特徵。根據班雅明富有見地的判斷，這個「時代特徵」就是持續蔓延的商品化。波特萊爾不僅**察覺到**產生幻景的商品化過程，更清楚有力地**體現了**這個過程。

當詩人將作品推向市場，不論有多遲疑，他都得將自己作為商品屈服於某種解封與捨己，簡單說來，就是屈服於「沉浸在顧客浪潮中的商品迷醉」。詩人作為精神商品的生產者與提供者，進一步使他對「無機物」產生親密又疏遠的「同理」，轉而成為「他的靈感來源之一」。因此，波特萊爾的詩被內外的張力所撕裂——一邊是對自己所選擇的現代性任務的不祥預感，一邊是歷史基本上是一場「永恆災難」的萬花筒史觀。這就是為什麼，波特萊爾是自身階級內在自我剝離的「密探」。

在作為隨筆結論的〈現代性〉一節裡，班雅明論證波特萊爾是現代生活的代表作家，甚至是現代生活的英雄。「英雄是現代性的真正主體，唯有英雄體質能活出現代性」。波特萊爾作為現代英雄，遠不只是帶著記憶般的專注力漫步於巴黎街頭的極敏銳漫遊者，也不僅是善於模仿的美學商品供應者。[17]他是無怨無悔的現代人，擁有的資產階級財產與安全一點一滴被剝奪，只能流落街頭。他生活在林蔭大道岔出的小路上，對現代生活帶來的震驚特別易感。

因此，波特萊爾的英雄主義來自他願意讓時代精神在他存在裡留下印記與傷痕。「現代性帶給個體自然創生力的阻力遠大於個體的力量。一個人就算因此精疲力竭，求助於死亡，也是情有可原。」因此，英雄主義展現的方式就是為總是即將發生的失去而哀悼，而這種哀悼是一種警覺。班雅明將波特萊爾的這種觀點擺在他對詩人解讀的核心，而瀰漫在隨筆這一節裡的感傷便來自他對詩人處境的強烈認同。波特萊爾一生窮困潦倒，因為沒沒無聞而被迫內心流放，之後又在人生的盡頭自我流放到比利時。這些特出之處和班雅明自己的處境幾無二致：躋身那一代最偉大作家之列，卻被剝奪了他曾形容可以讓他只賺最低工資又能活下去的地方。流亡期間，自殺釋放的誘惑——「現代性必然站在自殺的標誌之下，它是認證英雄意志的行為」（SW, 4:45）——從未遠離班雅明心中，而他指控大詩人「精疲力竭」不只是描述，也是自我投射。

然而，在班雅明筆下，現代生活的煉獄特質並非完全無可挽救。〈波特萊爾筆下第二帝國的巴黎〉以詩人的詩與散文為焦點，對乍看不可改變、「單向街」般的歷史做出了寓言式的理解。即便現代英雄與孕育英雄的時代「注定滅亡」，仍然有一種往回看的、完全潛藏的希望，即現代性可能蘊含自我救贖的元素。詩人的質問依然成立，那就是「〔現代性〕本身能否成為古代」。班雅明指出，如果說雨果在現代巴黎見到了太多明顯的古代遺跡，以致說出「巴黎的古代」，那在波特萊爾眼中，現代性則是透過共同的衰老、透過「哀悼過去與對未來絕望」和過去連結在一起。資本主義讓現代城市看上去「真正新穎」的那些面向很快就顯得過時了。「現代性改變了大部分事物，本該被現代包含在內的古代實際上呈現出過時之物的圖像。」在一九二九年論超現實主義的隨筆裡，班雅明認為過時之物裡潛藏的「革命能量」可能促成有意義的社會變革，因為資本主義的機制唯有在它所製造出的廢棄產品裡才會完整顯露出來：那些產品不再有任何用途，因而躲過了無所不在的意識形態控制。正是藉由闡明事物過時與廢棄的過程，揭露資本主義的強制手段，為政治行動如何撥亂反正指出了道路。而波特萊爾的憂鬱，他那對應著溫柔與悲傷調配得恰到好處的憤怒與厭惡，則預示了這份希望。

〈波特萊爾筆下第二帝國的巴黎〉最具啟發力的潛能，無疑和詩人所用的語言有關。波特萊爾的「用韻就像一張地圖，讀者可以毫不引人注目地在這座大城市裡走動，隱蔽在重重房屋、大門與庭院之後。在這張地圖裡，文字於叛亂爆發前就被明確指定了位置」。這些刻意安排的文字如何促成革命？班雅明的答案來自重新認識他在一九二八年《德國悲苦劇的起源》書中建構的寓言概念。當時他主張這類巴洛克「悲苦劇」會被長期忽略，是因為明顯有著嚴重的美學缺陷，但它們其實蘊含了掌握那個時代的重要歷史索引。班雅明認為寓言既是悲苦劇的主要表現手法，也是波特萊爾的主要表現手段，「任何人、任何事物、任何關係都絕對可以代表任何東西。有了這個可能性，世俗世界便得到一個致命又公正的裁決，即它是一個細節無關緊要的世界。」[18]寓言擁有瓦解幽靈的力量、掏空和使物透明的力量，是最有助於理解歷史是一場永恆災難的美學形式，因此也是對當下負有最大道德責任的美學形式。將大詩人的用韻比作地圖，意味著比起語詞本身，將語詞**放在**文本裡的**哪個位置**才是使其具有革命潛能的原因。波特萊爾詩歌語言的這種關聯性、對間距與移位等策略的運用、以及「刻意安排的意象與物體之間的不和諧」，使他成為了寓言家。班雅明發現，在以這種手法敞開與闡明的詩空間裡，現代生命那種徹底無根的經驗或許會開始產生作用。換句話說，幻景可能瓦解，露出真面目。如同他在《中央公園》這本當時同步進行的隨想集裡所言，「擾亂世界的步伐，這正是波特萊爾心底最深的企圖」。（SW, 4: 170）

班雅明四月中寫信給霍克海默，提到一九三八年這套寓言理論特別新穎之處在於它談到了寓言感知的「形式元素」，也就是（他用電影和攝影的語言來形容）「溶接」或疊印（Über-blendung）。古代藉由這個元素而出現在現代，反之亦然。如同〈天鵝〉這首以歷史溶接為結構的詩所言，對詩人波特萊爾來說，一切都變成了寓言。他就和自己所推崇的蝕刻畫家梅庸一樣，梅庸用一系列的巴黎蝕刻畫揭露了從完好無缺的現代裡突然冒出的古代，而他則是在「不放棄」新都巴黎「任何一塊鵝卵石」的情況下，揭露出「城市的古老面貌」。「因為在梅庸的作品裡，」班雅明在隨筆裡指出，「同樣有著古代與現代的相互交融，而寓言這種疊印手法無疑也出現了。」[19]於是，這套寓言理論就這樣和辯證意象理論聯手，因為在辯證意象中，特定的過去與現代也彼此透視。

預備離開丹麥前，班雅明不無擔憂地將藏書（總量達數百本）寄往巴黎。他覺得戰爭無可避免，慕尼黑協定做出了各種保證，獨缺「我們時代的和平」，法西斯聯盟只會貪婪盯著下一個兼併目標。他強烈感覺巴黎會成為他和他所有家當的另一個「中繼站」。「我不曉得歐洲的空氣還能讓人繼續呼吸多久，我說身體上。過去幾週發生的事已經讓人精神上無法呼吸了……目前有件事已經清楚到無可辯駁：俄羅斯已經允許截去自己的歐洲手足。」（BA, 277）稍堪欣慰的是，他二十歲的兒子史蒂凡已經在相對安全的英國安頓下來，前妻朵拉也正在兜售義大利聖雷莫的房產，以便前往倫敦與兒子相聚。相較之下，其他朋友的處境肯定令人感覺超乎現實：雖然歐洲正一步步陷入戰爭，班雅明卻收到了阿多諾夫婦來信，愉快地提到他們正在緬因州的山漠島（Mount Desert Island）度假。之前維辛和卡普魯絲的妹妹來找他們，開著夫妻倆新買的福特轎車！

班雅明大約十月十五日離開丹麥。這次來訪他和布萊希特相處得格外安穩，這件事本身就令人擔心，因為他認為布萊希特願意聽他說話其實代表好友愈來愈疏離了。「我並不完全希望排除這個更明顯的解釋，那就是疏離讓他跟我聊天時比較沒有興致挑釁了。但更確實的解釋在於明白這份日益增加的疏 620 離，是他忠於我們兩人共同點的結果。」（C, 278）

回到巴黎，班雅明見到的改變遠超過他最深的恐懼。他三十一歲的妹妹杜拉身體一向不好，當時又患了動脈硬化，經常臥病在床，一躺就是幾天（一年半後她熬過了拘留營，於一九四六年在瑞士一間診所過世）。而他弟弟格奧格一九三三年因支持共產主義被納粹逮捕，隨後送往布蘭登堡邦的巴特維爾斯納克監獄，擔任道路工程人員。「我經常從德國人那裡聽到，像他那種處境，最大的夢魘不是隔天早上 621

依然在牢裡迎接破曉，而是監禁多年之後被送往集中營的危險。」(BG, 247) 格奧格後來確實於一九四二年死於薩克森豪森集中營。

此外，班雅明還擔心自己在柏林的文稿收藏會統統不見。他請朋友（可能是黑瑟爾的妻子海倫）最後再試一次，將他公寓剩下的書和文件取回，但沒有成功。他寫信給卡普魯絲，感嘆自己不僅失去了海因勒兄弟（他已故的青年運動時期好友）的文稿和他自己論賀德林的未發表隨筆手稿，連「無可取代」的青年運動左翼自由派相關資料也沒了。面對世局，他擔心慕尼黑協定後法德友好帶來的後果，尤其是對巴黎法德居民之間關係的可能影響。由於別無選擇，他只能繼續「謹慎但不抱幻想地」申請法國國籍，「之前是成功機率令人擔心，現在連這樣做的用處都成了

圖三十四：一九三九年的班雅明，芙倫德攝影。© Gisèle Freund-RMN. © RMN-Grand Palais/Art Resource, NY.

問題。歐洲法律秩序崩解，讓所有法律上的認證都成了謊言」。（BG, 247）

班雅明很快就和之前的法國朋友圈恢復了聯繫。他首先聯絡莫妮耶，探詢她對目前局勢的看法。十一月，他出席了《南方札記》在亞爾薩斯餐館舉辦的撰稿人餐會，見到了梵樂希、法爾格、蘇佩維爾（Jules Supervielle）、華爾、勒內維爾（Rolland de Renéville）和凱洛瓦。他還和年輕學者米薩克（Pierre Missac）有了更多接觸。班雅明一九三七年透過巴塔耶認識了對方，兩人都喜歡電影與建築。他們經常見面，有時在班雅明住處，有時在聖敘爾比斯廣場的市政廳咖啡館（Café de la Mairie）。在班雅明所有法國朋友裡，米薩克後來最努力讓法國人記得他，不僅翻譯出版班雅明的作品、發表評論，最後還出了一本書。[20]不過，班雅明和法國友人的關係並不深。例如他針對凱洛瓦的《乾旱》（*Aridité*）寫了一篇負面書評，要霍克海默替他以筆名費爾納（Hans Fellner）發表，免得惹惱凱洛瓦的朋友勒內維爾，因為他的入籍申請還得靠對方在政府部門打通關。最後這篇書評玩了文字遊戲，將班雅明的名字（Benjamin）字母調換順序，以筆名馬賓（J. E. Mabinn）發表。

儘管災難般的新聞不斷從德國傳來，不過還是有些好消息。班雅明的藏書從丹麥寄到了，而他面對霍克海默和波洛克的要求，出於互惠原則捐出了自己珍藏的四卷本德國貿易史，將它送給社會研究所的巴黎圖書館。他希望這份禮物能達成目的，為「未來的唯物論德國文學史提供最重要的工具」。（GB, 6:178）他有更多德國朋友在巴黎了，黑瑟爾是最近才來的一位。他「像隻縮在木材裡的老鼠，在柏林待了五年半」，如今終於「靠著無懈可擊的資歷和有力奧援」來到了巴黎。所謂的奧援就是法國外交部高官季洛杜（Jean Giraudoux），對方為他弄到了簽證。（BG, 247）十一月九日深夜至隔日凌晨發生的事件

（亦即後來正名為水晶之夜〔Kristallnacht〕的大屠殺，或稱碎玻璃之夜）不僅摁熄了最後一絲的和平希望，也讓班雅明重新擔憂起留在德國的親友（如他弟弟和阿多諾的父母）的可怕命運。

十一月中，班雅明收到可能是他生涯最具毀滅性的一次否定：阿多諾在一封滿紙批評的長信裡向他透露，社會研究所不會刊登〈波特萊爾筆下第二帝國的巴黎〉。（BA, 280-289）所方反應不是如他隱約預期的困惑不耐，而是從方法論上和政治上徹底否定了這篇隨筆。阿多諾十一月十日寫信給班雅明（此信也是代表霍克海默而寫），指控好友忽略了將辯證結構或辯證描述裡的元素恰當連結起來的中介。他看得出來班雅明刻意寫得零碎，是為了揭露大城市工業資本主義下的普遍現象和波特萊爾作品裡某些細節的「秘密關聯」，但他認為這種集成建構法是失敗的。班雅明這種充滿自己色彩的「唯物論」手法，這種「獨特的具體性」與「行為主義的弦外之音」在方法論上站不住腳，因為這種手法如禁慾般摒棄詮釋與理論闡述，企圖將「來自超結構界的明顯個體特徵」放進一種「和對應基礎特徵的無媒介關係，甚至因果關係之中」。在阿多諾看來，「文化特質的唯物決定唯有以**全面社會過程**為中介才有可能……不談理論」一方面賦予題材「一種欺人的史詩特質，一方面則讓現象失去了真正的哲學與歷史分量，因為現象只會被主觀經歷」。壓抑理論表述造成「對單純事實進行瞠目描述」，將題材堆疊至無法穿透，「被自身靈光所吞噬」。換句話說，班雅明的研究想必被視為不清醒，甚至被施了咒，位於「魔法與實證主義的交叉口上」。和一九三五年的霍恩貝格書信一樣，阿多諾提醒班雅明別忘了他自己在一九二九年柯尼斯坦那場值得紀念的談話裡說了什麼話：拱廊街計畫裡的每個構想都是從瘋狂世界攫取而來的。在班雅明這篇新隨筆裡，阿多諾指控道，彼此孤立的內容聯手不讓自己被詮釋的程度簡直可用邪惡來形容。

阿多諾的批評無疑出自他懷疑這篇隨筆受到布萊希特的不良影響。當他指出班雅明看來是將經濟基礎的元素（拾荒者）和對應的上層結構元素（波特萊爾的詩）直接並置，不加任何中介時，其實是隱隱將整篇隨筆描繪成某種庸俗馬克思主義的演示，而在社會研究所眼中，這種庸俗馬克思主義正是布萊希特作品的特色。但問題遠不只如此。阿多諾的批評與其說是從內批判這篇隨筆，不如說是表達了他對文中獨特的寓言唯物論的反感。班雅明刻意將不斷變化的組集裡的圖像類型化，藉此封存歷史。他相信這種主題式手法能讓我們獲致過去與現在互相闡明彼此的知識，這是任何抽象理論化都做不到的。阿多諾安安穩穩待在紐約，而且已然打進社會研究所的核心層，他覺得自己不僅有資格否決某篇隨筆，也有資格否定班雅明文學批評最成熟、最完美的展現。兩人的地位徹底反轉。不久前，阿多諾還是班雅明的門徒，他寫了一系列隨筆和一本論齊克果的書，都深受班雅明作品的啟發，他在法蘭克福大學發表就職演說向好友致敬，開設的第一門討論課主題也是班雅明論悲苦劇的書。如今發現班雅明完全得靠社會研究所維生，阿多諾不只覺得自己有權決定好友的寫作主題，還能決定對方作品的智識基調。因此，他批評「這份研究不代表你」，並沉著堅定地向班雅明施壓——「這是我個人的要求，而非編輯的決定或否決」——要求好友寫出其實類似他自己作品的東西：通常和手邊素材關係薄弱、充滿驚人的系統化辯證建構，而且抽象得驚人。儘管那些年他仍持續在物質和道德上支持班雅明，但兩人的智識交流再也沒有恢復這次意見分歧前的親近。

班雅明拖了將近一個月才回信，其中原因不難理解。阿多諾的信讓他深深陷入動彈不得的憂鬱之中，似乎好幾週足不出戶，直到一九三九年春才算真正恢復了平衡。如同他後來向修勒姆解釋的那樣，那段時間他幾乎完全與世隔絕，對外人如何看待他的作品病態般的敏感，那些表面上自稱是他朋友與夥伴的人對他的徹底否定，更令他難以承受。在十二月九日寫下的信裡，班雅明逐點逐項回應了阿多諾的批評，不過主要目的是為了保留論波特萊爾專書的結構，繼續按他原有規畫，而不是屈服於阿多諾的壓力，改回拱廊街計畫早期的構想。

> 如果說……我為了個人的創作興趣，拒絕朝深奧的方向建構思想，並在其他事上拒絕割捨辯證唯物論和社會研究所的利益，那也不只是出於對社會研究所的團結和對辯證唯物論的忠誠，更是為了忠於我們過去十五年的共同經驗。我內心最深處的創作興趣當然也有關。我不否認這些興趣有時會妨害我最初的利益，兩者確實存在著對立。克服這種對立是這部作品要探討的問題，也是文章布局的問題。（BA, 291）

班雅明高度壓縮的布局手法，絕不是唐突粗糙的主觀呈現單純事實，而是為了讓歷史對象在當下的視角下成為單子。從整本書的結構來看，這篇交付發表的隨筆其實「主要是哲學方面的素材」，預計撰寫的第一和第三部分才會是阿多諾期待的理論闡述。「這種布局基線和我們自身的歷史經驗相合。對象就此將自身建構為單子，原本神秘石化於文本中的一切都在單子中活了過來。」

班雅明最後提出懇求，「這篇文章真的是我的心血結晶，我之前所有文學努力都沒有辦法與之相比」，如果能發表，將吸引更多讀者加入討論。就算班雅明對紐約同事的判斷沒有信心，也顯然堅信歷史會還他的作品一個公道——如果它能面世的話。但他有預感自己的反駁不會有太大效果，因此最終還是絕望做出了讓步，提議將〈波特萊爾筆下第二帝國的巴黎〉的中間章節〈漫遊者〉獨立成篇，而這篇出於權宜完成的作品，便是發表在《社會研究期刊》、立論大膽的〈論波特萊爾的幾個主題〉。阿多諾顯然懂得如何拿到自己想要的東西。

一月五日，班雅明得知他留在柏林寓所的幾件貴重物品，一張大寫字桌、一塊地毯，還有最重要的，手稿箱和好幾個書架的書，可能都得清走，因為房客馮舍勒要搬家了。班雅明的朋友克勞絲（Käthe Krauß）答應替他賣掉寫字桌和地毯，以便還錢給房東，同時答應替他保管藏書及手稿箱，但最後書與手稿箱（更不用說箱裡可能有的手稿了）都不知去向。二月十四日，班雅明丟了比財物更嚴重的東西。蓋世太保發現他一九三六年以本名在《字詞》這份莫斯科刊物發表首封〈巴黎來函〉，於是採取行動，最終撤銷了他的德國公民身分。五月二十六日，德國駐巴黎大使館收到撤銷班雅明公民身分的通知信，從此他便成了無國籍之人。

班雅明的發表管道愈來愈少。修勒姆告訴他，德國政府終於勒令秀肯出版社停業，並提到一個令人意外的消息，那就是班雅明的博士論文《德國浪漫主義的批評概念》還找得到，只不過得向伯恩大學看管地窖的工友購買。儘管如此，班雅明還是希望修勒姆能說動秀肯出版他的論卡夫卡專書，因此於二月底寫了一封頗為不耐的信給好友，詢問對方為何還沒將他去年夏天那封論卡夫卡（並抨擊布羅德的卡夫卡傳）的信給秀肯看。修勒姆回信表示自己在這件事上一點也不怠惰。結果，秀肯沒有讀布羅德的書，也不想讀，自然無意出版班雅明的作品，於是他的出版希望又少了一個。一月底，對班雅明忠心耿耿的威瑪出版商羅沃爾特從德國匆忙逃到了巴黎。雖然他一九三三年就見到自己出版的書有四十六本遭到查禁和銷毀，卻仍盡可能留住社裡的猶太員工。事實上，黑瑟爾就是兩位主要編輯之一，一直待到一九三八年。因為出版化名羅德爾（Urban Roedl）的阿德勒（Bruno Adler）所寫的《施第夫特傳》，羅沃爾特遭到德國政府禁止擔任出版商，理由是出版猶太作家的作品。羅沃爾特一九三七年加入納粹黨，但連此舉也無法保住自己的家人，於是他只好取道巴黎前往巴西，以便安置妻兒。由於他支持猶太作家，並力保黑瑟爾，班雅明認為他「不可能錯待我的書」。（BS, 242）

班雅明認識的人裡頭，不是只有羅沃爾特那麼晚才逃離德國，例如他在柏林認識的奧地利記者作家波爾加（Alfred Polgar）便於一九三八年底才來到巴黎。波爾加一九三三年從柏林返回維也納，德奧合併後以巴黎為家。班雅明的老友施派爾也在逃難。他和波爾加一樣，一九三三年移民奧地利，一九三八年再到巴黎。蒂姆甚至覺得瑞士也不能再待，即使那裡看來仍是安全的避風港。身為公開反對納粹的天主教徒，蒂姆一九三三年就移民了，如今見到德軍在瑞士邊境集結，開始擔心德國即將入侵。換作從前，他們的到來肯定讓班雅明滿心歡喜，自己在巴黎又多了幾個熟人，現在卻只是讓他聽到更多悲慘的故事。種種跡象顯示，一九三九年一月和二月，班雅明連最親近的朋友也避而不見。沒有證據表明那陣子他曾和黑瑟爾的妻子海倫、鄂蘭、克魯爾、莫妮耶或克拉考爾見面。就算他有讀書，甚至是懸疑小說，也沒有留下紀錄，不論在信裡或「從頭到尾讀完的作品」清單裡都無跡可尋。

儘管憂鬱纏身，班雅明還是勉力繼續修訂論波特萊爾的文章，只不過覺得自己現在和這個計畫「疏遠了」。（BS, 240）但他幾乎不能向紐約的同事透露這種感覺。那年春天，他只是偶爾迂迴地還以顏色，例如在寄給阿多諾的信裡開頭寫道「一個人要嘛是語文學家，要嘛不是」，或在進度報告裡告訴霍克海默，自己正按所上要求在隨筆裡加上「中介」，並特別引號標出這兩個字。二月，班雅明擱下去年四月和〈波特萊爾筆下第二帝國的巴黎〉一起開始創作的〈中央公園〉所使用的筆記、反思與摘錄，開始徹底修改論波特萊爾的文章，以滿足紐約同事的要求。他在思考進步與認識論的關係時，讀了自由派重農主義經濟學家杜閣（Anne-Robert Turgot）和十九世紀萊布尼茲學派哲學家洛策（Hermann Lotze）的書（兩人的作品都在《拱廊街計畫》中被大段引用），並決定這篇隨筆將延續自己在論福克斯文中所闡述的編史學思想。「論福克斯的隨筆打破了一樣東西，那就是文化連續體的概念，」他在信裡告訴霍克海默，「我們必須證明這會對認識論造成影響，其中最重要的就是劃定歷史進步這個概念的使用界限。」（GB, 6:198）為了替這項任務建立唯物論基礎，班雅明將目光轉向齊美爾的《貨幣哲學》（*Philosophie des Geldes*）。阿多諾曾經嚴厲批評〈波特萊爾筆下第二帝國的巴黎〉裡的齊美爾引文，但班雅明現在挺身為恩師辯護，質疑「難道我們還不該承認他是文化布爾什維克主義先驅嗎」，並暗示齊美爾的貨幣哲學很有內容，「只要我們暫時忽略背後的基本概念」。（BA, 311）

二月一日，阿多諾來信同意刊登修改過的〈漫遊者〉，也就是〈波特萊爾筆下第二帝國的巴黎〉的中間章節，但信中語氣冒犯得驚人。「或許有一個明智的做法，」阿多諾寫道，「就是我對你文中的細節再做一些評論，讓你明白我想要是怎樣的修改。」（BA, 300）接著他真的講述了一長串大大小小的修改意見。儘管依然帶著哲學切磋的友好語氣，但這封信清楚表明了這些意見不是建議，而是班雅明若想看到自己的文章在《社會研究期刊》發表，就得答應這些先決條件。班雅明二月二十三日回信感謝阿多諾的「建議」，但有幾點和他意見不同，包括在一系列相似類型裡呈現波特萊爾、拜物教的問題和幻景的概念。阿多諾繼續指責班雅明將幻景的性質主觀化，而他堅信那些性質是客觀的。對此，班雅明的回應很能說明問題所在：

自我類同（Gleichheit）是認知的一個範疇；嚴格說來，它在清醒明確的感知裡沒有地位。就其最嚴格的意義而言，明確的感知不包含任何預判，即便在最極端的情況下，它也只會遇到「相似」。伴隨感知而來的這種預判通常無害，但在特殊情況下可能會起作用，公開揭示感知者終究不是那麼清醒。唐吉訶德就是一個例子，當他被騎士的浪漫作風沖昏頭的時候。不論他遭遇的情況有多不同，總是感受到同一樣東西：這是一場等著遊俠騎士出現的冒險。（BA, 309）

班雅明沒有接受阿多諾的反對意見，而是將戰場從主觀性轉到了感知與經驗上。只要轉到那裡，他就能回到經濟理論的安全地帶：

在愛倫坡那裡，平等以很不一樣的面貌出現，更別說在波特萊爾那裡了。但話說回來，儘管在〈人群中的男人〉裡仍然閃過某種喜劇驅魔的可能，在波特萊爾那裡卻沒有這種可能。波特萊爾主動助長了隨著商品經濟出現的、關於平等的歷史幻覺……商品經濟武裝了同一的幻景，同時這個幻景會顯現為幻覺的核心意象，迷醉的一個屬性……價格會使一件商品和與它價格相等的其他商品變得平等與相同。

商品……不僅會滲入買者，更重要的是會滲入自身的價格。正是在這一點上，漫遊者適應了商品。他完全模仿商品，由於市場對他沒有需求，也就沒有價格，因此他在可銷售物品的世界裡非常自在。（BA, 310）

不過，這種做法是個例外。基本上，班雅明不得不向阿多諾的要求屈服，但對隨筆的結構與方法論則避而不談。他仍然認為這是整本書的中間章節，因此才會在信裡告訴修勒姆，波特萊爾研究的「關鍵立場」並未受到紐約方面的干擾，因為中間章節沒有觸及這個部分。（BS, 241）

此外，班雅明還寫了幾篇文章。年初，他為《社會研究期刊》撰寫了三大篇書評，對象是史騰貝爾格、赫尼斯瓦德（Richard Hönigswald）和狄米耶（Louis Dimier）的作品。他還為最近出版的兩冊法國百科全書寫了內容紮實的評論，只是最終沒有發表。與此同時，他也沒有停止閱讀與思考卡夫卡的作品，並寫了不少簡短但豐富的觀察給修勒姆。在一九三九年的班雅明眼中，幽默是卡夫卡的本質，即使卡夫卡顯然不是一般的幽默家，「而是不論去到哪裡都注定遇見以幽默為業的人，也就是遇見小丑，尤其像《美國》（*Der Verschollene*）就是一場小丑的盛大演出。至於他和布羅德的友誼……卡夫卡就像勞萊，始終覺得自己有義務找到哈台，而哈台就是布羅德」。因此，「理解卡夫卡的關鍵」就把握在「能提取出猶太神學的喜劇面（komischen Seiten）」的人手上。（BS, 243）班雅明的布萊希特研究也有進展，寫下了一系列文章，包括簡短卻還是分量十足的〈布萊希特札記〉，以及他自認相當重要的長篇隨筆〈論布萊希特的詩〉。他數次尋求發表管道，聯絡了不同國家的幾個朋友，可惜生前始終未能發表。一九四

○年他逃離巴黎之前，將一些文章交給巴塔耶保管，這篇隨筆也是其中之一。班雅明對布萊希特始終死心塌地，即使他後來確定反對蘇聯，反對左派由蘇聯領導，依然不改對布萊希特的忠誠。

一月二十四日，班雅明寄了第二份法國文壇長篇報告給霍克海默。這些報告雖然最終都沒有出版，卻備受紐約方面期待，而且不只是所內研究人員急著想看。霍克海默告訴班雅明，他的報告在哥倫比亞大學也有教授傳閱。第二篇報告的批判力道特別重。班雅明開頭隱晦提到阿波里奈爾和超現實主義留下的影響，並指出「儘管這些種子似乎蘊含了長期發展的潛能，當代法國文學的解構過程卻被減弱了」。（GB, 6:201）他最全面的評論留給了社會黨機關報《人道報》（*L'humanité*）編輯尼贊的《陰謀》（*La Conspiration*）。這本頗受好評的作品既是政治小說，也是教育小說，書中回顧人民陣線的創立與發展，藉此表達尼贊對社會主義的幻滅。班雅明形容這本書是「一九○九年畢業班的情感教育（éducation sentimentale）」。（GB, 6:198）另外，他還算熱情地推薦了格諾（Raymond Queneau）的《利蒙的孩子們》（*Enfants du limon*），但譴責這位前超現實主義者怯於繼承阿波里奈爾的衣缽。對於《新法蘭西評論》特刊以社會學苑為題，收錄了巴塔耶、凱洛瓦和雷希斯的文章，班雅明特別點名批判了凱洛瓦的〈冬風〉（Le vent d'hiver），但對好友莫妮耶在《書友公報》發表的論反猶太主義的文章，他的反應卻模稜兩可得令人意外。他覺得莫妮耶可能出於對有錢讀者的擔心，表現得太謹慎、太好妥協。「人類道德意識衰敗，最先需要的是滋養，而非治療。」（GB, 6:203）克洛岱爾（Paul Claudel）也有新作，是一篇以寶石為題的天主教寓言，被做成精美小冊子，而且只擺在時尚珠寶店販售。班雅明為此寫了一長篇摘要，包括引文與語帶諷刺的評論，稱呼這篇新作是「新八福」*，內在深處的用意可能是「建立社會與神學領域

真正的神秘一致性」。（GB, 6:208）

三月初，班雅明本就日益衰弱的信心與決心又迎來沉重一擊。霍克海默懷著歉意提到社會研究所慘淡的財務近況，並告知班雅明不久後可能會停發他的薪俸。同月十三日，班雅明回信表示自己讀完信「一陣驚惶」。他當然沒忘了祝福所內同事一切安好，卻也暗示霍克海默可能不瞭解紐約同事減薪和他在巴黎被停薪的差別：「我們在這裡全是孤立的個體。對孤立的個體來說，你在信中懷著駭人真誠提到的可能，替其他所有計畫都蒙上了陰影。」（GB, 6:231）儘管霍克海默可能正準備切斷社會研究所和班雅明的關係，卻也決心更努力為班雅明的拱廊街計畫找到資助者。應他要求，班雅明寄了一份修改過的〈巴黎，一座十九世紀的都城〉給他研究，且當時也有可能的贊助者出現，即一位名叫阿爾舒爾（Frank Altschul）的紐約銀行家。這份一九三九年的修改版報告以法文撰寫，除了刪去不少事實描述，還徹底改寫了論波特萊爾的部分，反映出他當時重寫論波特萊爾隨筆的進度；另外，論傅利葉和路易—腓力的章節也有改寫，並加上了理論引言與結論。「整體而言，這份草稿和你已知的版本不同，差別在於表象與現實的衝突成了首要焦點。個別章節裡的幻景最後都通往布朗基宇宙這個大幻景。」（GB, 6:233）儘管明白只是白費工夫，但班雅明還是開始在法國尋找金主。幾天後，他向卡普魯絲說明狀況：「我關注這裡的事情夠久，知道自從移民潮開始，就沒有一個工作方式和處境跟我類似的人，可以在法國成功維生。」（BG, 251）就連他經常求助救急的人也陸續消失：萊維—布律爾（Lévy-Bruhl）已近臨終，摩根霍

* 譯註：天國八福（Beatitude），耶穌傳福音時講述的八段祝福，中文每段皆以「有福了」或「是有福的」結尾。

特（Sigmund Morgenroth）人在美國，而赫慈貝格返美後就再也沒有回他信了。

班雅明在寫給修勒姆的信中，暴露了他對紐約方面的沮喪，以及對阿多諾和霍克海默一定程度的不信任：「如同這些人信裡表明的，他們不是如一般基金會那樣靠利息支撐，而是靠資本維持。據瞭解大部分資本都在，只是被凍結，其餘則應該快用光了。」（BS, 248）幾週後，班雅明又對自己和社會研究所的關係做了一番評估，儘管考慮得更仔細，卻同樣悲觀：

> 讓我在歐洲處境艱難的那些限制，很可能也會讓我無法移民美國。唯有受邀才能讓我前往美國，而要安排邀請又只能靠社會研究所推動……就算所上有權這樣做，我也不認為他們此刻會做這項安排，因為沒有理由認為一張邀請函能解決我的生計問題，而且我覺得將這兩個問題直接連在一起會讓所上很惱火。（BS, 251）

儘管如此，以某種方式移民美國，或至少去美國一趟，尋找可能的長期支援，如今似乎是班雅明僅存仍算得上希望的選擇。他向斯特芬坦承自己想往西走，但「目前我的進展只到某場好看的半超現實主義展裡展示的幾小張墨西哥景象」。（GB, 6:244）他的閱讀範圍愈來愈向新世界擴展，也和翻譯名家萊里斯（Pierre Leyris）見了不少次面，一起討論美國文學，尤其是梅爾維爾。兩人是透過克羅索夫斯基認識的。班雅明提到他對梅爾維爾在《皮耶》這本小說裡描繪的紐約面貌特別感興趣。四月中旬，他更直接地向霍克海默施壓，請對方協助他遷往紐約，還不忘拉攏摩根霍特一起幫他。他寄了兩份文件給摩根霍特，一份簡單介紹了社會研究所的歷史與目標，另一份則坦率評價現在他和所上高層的關係。「截至目前，我尚未對前往美國展現過多熱情，要是社會研究所高層確切得知這件事已經發生了巨大的變化，那就太好了。戰爭風險日增和反猶太主義愈演愈烈都是改變的原因。」（GB, 6: 258-259）我們不清楚在社會研究所決定班雅明命運這件事上，阿多諾扮演了什麼角色。雖然他肯定繼續支持所上發放薪俸給班雅明，但不難想見他對將哲學好友帶來美國這件事仍然態度曖昧。由於不少跡象都顯示阿多諾很清楚也很嫉妒妻子對班雅明的感情（他很晚才將婚事告訴班雅明便是一例），我們難以確定他會不會樂於接受三人同住在一座城市。他有可能無意識間做出背叛的事來。

儘管班雅明想找機會去美國，卻還是再次向修勒姆探詢移民巴勒斯坦的問題。但就如好友立刻回覆的，他拖太久了。這是「另一場慘案」，正巧和「社會研究所慘案」同時發生。當時情況太不穩定，已經有太多猶太人自奧地利和捷克斯洛伐克湧入巴勒斯坦，旅遊簽證已經停發，實在沒有可見的管道可以再支持一位作家知識分子。（BS, 250）班雅明曾經告訴修勒姆，只要每個月給他相當於兩千四百法郎的收入，他就能以半人道的方式生活下去。「要是再次低於這個水準，我會很難長期支撐。周遭世界太缺乏魅力，後世的獎賞太不確定，不足以讓我為此苦撐。」（BS, 248-249）好巧不巧（這點非常班雅明），正當他準備將信寄出，修勒姆的信就來了，跟他說秀肯最終否決了他的出書計畫。秀肯前陣子才推出克勞斯的《人類末日》新版，並安排修勒姆和班雅明的前友人克拉夫特主持朗讀會與座談。修勒姆藉機朗讀了班雅明的隨筆〈克勞斯〉，在座所有人都大受感動，除了秀肯，他聽得一頭霧水。

鄂蘭也在為好友奔走。她如此積極協助，是因為特別欣賞班雅明的最新思想。她五月下旬寫信告訴修勒姆，「我很擔心老班（Benji）。雖然我努力在這裡替他拉關係，卻一敗塗地。但我比過去還要確定，保障老班生活無虞對他之後的創作有多重要。在我看來，他的創作變了，就連風格上的微小細節都不同以往。所有內容都變得明確許多，少了許多遲疑。我時常感覺他到現在才抓到對他而言關鍵的東西。要是他在此受阻，那就太糟了。」[21]值得一提的是，這種器重是互相的。班雅明將鄂蘭論房阿根（Rahel Varnhagen）的手稿寄給修勒姆，並向他強烈推薦，表示這篇文章「強而有力地逆流而上，對抗充滿教化和辯護意味的主流猶太教研究」。（BS, 244）朋友的支持讓班雅明大為感動，在信裡告訴卡普魯絲「歐洲這片空氣裡瀰漫著淚水的大陸，今日極少出現令人安慰的信號，宣告好運到來」。他冷冷指出，這裡「連最慘的可憐鬼」也想盡辦法前往新世界（BG, 254），或是去到比較安全的地方。他得知布萊希特一家三月初就關閉斯文堡的住處，遷往斯德哥爾摩。這個消息令他「憂思重重」，因為他又失去了一個原以為安全的避風港：「在院子裡下棋已經是過去式了。」（GB: 6:267）

二月下旬，班雅明開始嘗試踏出冬巴勒街之外。他去聽了高里奇四重奏（Kolisch Quartet）的音樂會。因為阿多諾的關係，他和高里奇（Rudolf Kolisch）還算認識。另外，班雅明也開始再次和朋友聚會。他見了從英國返回法國的克魯爾，晚上則常和鄂蘭、她的伴侶布呂歇與兩人的共同朋友弗蘭克交流討論。儘管有這些往來，班雅明還是經常感嘆自己智識上孤單無伴。「能跟妳談這個，對我意義重大，」他四月初告訴卡普魯絲，「甚至能跟任何有理智的生物談話都好……我近日與世隔絕的狀態太符合現在的局勢了，和我們的一切背道而馳，基本上不只是智識面而已。」（BG, 254）雖然還是有朋友熟人來訪，但時間都相當短暫，而且只是中途停留。布萊希特圈子的兩位朋友，導演杜多與小說家馮布倫塔諾，當時都在巴黎。馮布倫塔諾是格拉塞（Grasset）出版社請來的，因為他的小說《辛德勒》法譯版問市了。班雅明向來對馮布倫塔諾沒有好感，甚至嚴厲批評過對方的一些作品。和當時許多左派知識分子一樣，馮布倫塔諾也覺得蘇聯背叛了社會主義，為此痛苦不已。前不久，明岑貝格才發表公開信宣布退出共產黨，而馮布倫塔諾則是和西洛內（Ignazio Silone）聯手，在蘇黎世組了一個反蘇聯的後達達前衛團體。「我實在很難想像，以西洛內那麼有分量的作家，怎麼會將馮布倫塔諾的政治怨恨當成了日常所需。馮布倫塔諾想讓我們相信，蘇聯的狀況比德國『糟糕十倍』，而這便是蘇黎世那群前衛派的中心母題。」（BG, 255）

歲入春末，班雅明感冒遲遲未癒，在床上躺了好幾週。早在一九三九年初，這種久病狀態就顯示流亡帶來的壓力與困頓終於損及了他的健康。被流感糾纏的班雅明已經不再是短短一年前還在聖雷莫山區開心散步的那個人了。四月八日，他向修勒姆透露，「你一定可以理解，我目前很難進行社會研究所給我的計畫。要是再加上修改總是比創作無趣的事實，你就能明白漫遊者那一章為何進展相當緩慢。」（BS, 252）儘管於內於外都面臨阻力，班雅明還是開始在新的概念下重新思考波特萊爾與漫遊者的關係。這個新概念就是閒散。漫遊者將會在「探究資本階級時代主流工作倫理下因閒散而得的特徵裡」顯現。換言之，閒散和封建時代的餘暇*是不同的概念。（BG, 254）班雅明四月告訴霍克海默，波特萊爾「體現了閒散特有的三位一體……亦即漫遊者、賭徒和學生」。（GB, 6:264）約莫此時，班雅明開始撰寫拱廊街

* 譯註：應是指農作收成後，無需工作的休息時間。

計畫的新卷宗，並將檔案命名為〈閒散〉。其他跡象也顯示，他修改論波特萊爾的隨筆時，心裡想著以十九世紀藝術的命運為主題的拱廊街計畫。四月初，班雅明寄了德文第二版的〈藝術作品在其可技術複製的時代〉給卡普魯絲，讓她打字成副本以便發行。他告訴卡普魯絲，這個版本是按自己最近的見解擴充的。雖然法國國家圖書館一九八一年發現了一份收錄〈藝術作品在其可技術複製的時代〉相關反思的檔案，應該是班雅明一九四〇年逃離巴黎後，巴塔耶藏在館裡的，但一九三九年四月寄給卡普魯絲的這個版本並沒有保存下來。

四月下旬，幾個月來一直籠罩著班雅明的愁雲慘霧總算透出了一絲陽光。他得知科學研究銀行資助他到國際學習休憩之家（Foyer International d'Etude et Repos）住上幾週。這間圖書館兼學習中心重建前是蓬蒂尼修道院，位於巴黎東南方，歐塞爾鎮附近，由作家德賈當夫婦主持。班雅明希望館內一萬五千餘冊藏書可以幫助他推進波特萊爾研究，甚至有機會和法國知識分子圈建立新的連結，算是額外的好處，而這趟邀訪食宿全包，也讓他的財務狀況緩解不少。他五月初抵達修道院，那「迷人的遺址」與「雄偉的建築」令他精神一振。（GB, 6:276）然而，事實證明外觀是會騙人的。「德賈當雖然不良於行，還是到火車站接我。從一開始，他就給人徹底崩潰了的感覺。」過去幾十年來，德賈當都靠一位年長的英國女性友人幫他管理休憩之家。他告訴到訪的班雅明，分居的妻子兩年前回來後，「連一塊石頭也不放過」，讓這裡的智識樣貌全變了。（GB, 6:280）對於休憩之家主人的頹喪，班雅明毫不留情地指出他認為是妻子造成的影響：「丈夫在這些情況下的處境，有時都讓我想起聖雷莫的自己。」（BG, 259-260）因為這個緣故，詩情畫意的景色很快就成了酷刑。班雅明被自己對聲音的極度敏感給害慘了。他原本希望工作與休養能「合而為一」，結果一群來自斯堪地那維亞的吵鬧年輕人來訪，讓他期待落了空。那群年輕人每天在圖書館上課，讓他無法在館裡做研究。他在這裡非但沒有找到智識夥伴，反而更加孤單。他去聽了在某社會主義教育機構擔任主管的勒芙朗（Emilie Lefranc）發表客座演講，結論是他沒有想到庸俗馬克思主義可以反革命到這種程度（他本人的演講則是以論波特萊爾的隨筆為主題，顯然聽眾不多）。班雅明連和法國作家建立新人脈的希望也落空了。他無法跟德賈當提起這個話題，因為就連短短幾分鐘的交談都讓這位年邁的精神導師不堪負荷。

儘管失望貶低多於讚賞，班雅明在蓬蒂尼還是發現一些值得造訪之處。他在圖書館找到了儒貝爾（Joseph Joubert）的《沉思錄》，並形容儒貝爾是「法國最後一位偉大的道德家」。不僅《拱廊街計畫》有不少章節引用了這本書，而且作用非常關鍵，班雅明甚至表示在文體方面，直白又不失精妙的儒貝爾將對「我寫下的一切」扮演決定性的角色。（BG, 260）[22]由於每天有幾小時進不了圖書館，班雅明便沉浸於閒書中，其中有一本更讓他發現了「十九世紀是鬼故事的經典時代這個重要事實」，那就是亨利・詹姆斯「非凡」的中篇小說《碧廬冤孽》法文版。客居蓬蒂尼那幾週，芙倫德去找過他，並且為好友拍下日後他最著名的一張相片：她捕捉到了班雅明在湖邊沉思的畫面。

五月下旬，班雅明回到巴黎，戰爭和即將拘留外國人的傳言已經甚囂塵上。當時法國境內反猶氣氛高漲，甚至逼得政府於四月二十一日頒布法令禁止反猶宣傳。從班雅明信裡不少段落可以清楚讀出他的感受。例如作家羅特（Joseph Roth）和托勒（Ernst Toller）的死訊便在他心裡揮之不去，不斷在信裡提起。一九三四年移居美國的托勒於紐約五月花飯店房間自縊身亡；際遇和班雅明類似的羅特在巴黎長期與酗酒對抗，最終因肺部感染過世，顯然和突然戒酒脫不了關係。班雅明向幾位朋友講述了一則可怕軼事：「克勞斯實在死得早了。你聽這個消息：維也納瓦斯公司決定不再供應瓦斯給猶太人，因為猶太人是大客戶卻不付帳，所以害他們賠錢了。誰叫猶太人喜歡開瓦斯自殺。」（C, 609）

即使在蓬蒂尼作客數週，班雅明手頭反而更拮据了。他寫信給幾位朋友，請他們給他一點錢（和菸草），甚至忍痛拜託拉克納在美國求售他最寶貝的資產，克利的《新天使》。心境窘迫之下，班雅明比過往更努力想搬去紐約。六月初，他得知只要邀請方式正確就能拿到美國旅遊簽證。霍克海默對此也很積極，甚至開始提到細節，像是「幾週」的食宿開銷與部分交通費，也就是班雅明本人可以湊到的錢（包括賣掉克利的畫作）和機票實際金額的落差。那年夏天，他不斷聯絡朋友和資助者，包括拉克納父子、維辛及布萊赫，以便爭取更多盤纏。

政治動盪並未妨礙班雅明閱讀的深度與廣度。他饒有興味地告訴修勒姆，自己正從俄羅斯作家舍斯托夫（Lev Shestov）遺孀那裡獲得新的讀物，因為對方就住在同一棟樓，房裡全是亡夫的未刪改作品集。她決定丟書，好騰出更多空間，正好讓班雅明多了不少藏書。他還讀了法國小說家季奧諾（Jean Giono）和德國小說家朗格絲爾（Elisabeth Langgässer）的作品，只是都給出尖酸的評論。更符合他興趣的是兩位朋友和同事的書。蒂姆出了一本論基督教末世論的作品，頗受好評，班雅明對蒂姆可以將末世概念處理得那麼「文雅」，又能兼顧神學與政治旨趣印象深刻。他指出這種文雅「或許只是勇氣的另一面」，並稱蒂姆的末世理論是「真正的神學，現在已經很少見了」。（C, 605-606）對他幫助更大的，是科爾施出版的《馬克思》。從許多方面來說，這本「引人入勝」的書都是班雅明最廣泛涉獵馬克思思

圖三十五：班雅明於蓬蒂尼修道院，芙倫德攝影。© Gisèle Freund-RMN. © RMN-Grand Palais/Art Resource, NY.

想的一次。《拱廊街計畫》引用科爾施比引用馬克思本人還頻繁。至於法國文學，班雅明多半在外海浮沉，閱讀的作品有法爾格（Léon-Paul Fargue）的《巴黎行人》、薩克斯（Maurice Sachs）的《回憶屋頂上的牛》、西默農的《海港的瑪莉》和梵樂希的〈文藝雜談〉（Pièces sur l'art）。除了書本，班雅明還看了不少電影，只是這方面我們所知有限，頂多知道他常跑戲院。不過，他對卡普拉（Frank Capra）贏得一九三八年奧斯卡最佳影片獎的《浮生若夢》倒是發表了看法。他覺得這部電影不僅浮誇，而且隱含反動思想，讓他忍不住修正列寧：宗教不是人民的鴉片，而是「某種無害之物，一種首要成分是『心靈教育』與『愚行』的麻醉劑」。（GB, 6:304-305）他認為這部電影是電影工業和法西斯同流合污的證明，「連那裡〔也就是美國〕也不例外」。

春末夏初，班雅明經常和朋友往來，尤其從前一起放蕩的夥伴黑瑟爾，以及黑瑟爾的妻子海倫，讓他得到不少安慰。海倫是他人生晚期最堅定的盟友，總是不知疲倦地以各種方式提供協助，確保他週末有人邀約，有朋友找他吃飯。他還固定在蒙帕納斯的凡爾賽咖啡館和米薩克見面。那也是他常去的地方。在那段黑暗的日子裡，和德國舊識往來也有了新的感受，連過去與他見解分歧的人也一樣。例如他過去對作家德布林模糊的左翼自由派思想非常不滿，現在則比較能同情。六月二十三日，德布林在萬國聯盟（Cercle des Nations）演講，對許多資產階級猶太人選擇與希特勒同化感到「無法理解」。班雅明只對德布林看待美國的態度有所保留：「〔德布林〕僅在羅斯福的書房裡待了幾分鐘，而且完全不懂英文，就用粉紅色眼鏡將美國描繪成自由典範，歐洲應該完全信賴地仰望這位老大哥。」（GB, 6:305）《衡量與價值》主編利翁也在巴黎。班雅明和他見了幾次，兩人聊得相當愉快，甚至提到出版蒂姆論布萊希特的書。

雖然天氣好轉，精神也振作不少，但班雅明處理波特萊爾的素材還是磕磕絆絆。他曾試著在陽臺擺桌子工作，避開電梯的吵鬧，卻發現對面陽臺有一位「無所事事」的畫家，整天自顧自地吹口哨，「天曉得這條街真是窄到家了」。他用「一車車」蜂蠟、石蠟，甚至混凝土塊塞住耳朵，可惜都沒有用。（C, 608）面對截稿壓力，他和往常一樣開始忙起乍看毫無關聯的計畫。為了紀念法國大革命一百五十週年，他挑了幾位「德國人一七八九年」寫下的信，信裡提到他們對法國發生大事的感受。這篇〈八九年的德國人〉（Allemands de quatre-vingt-neuf）以他一九三六年編纂的《德國人》為模型，不僅帶給他許多樂趣，還讓他發現德國大詩人克洛普施托克（Friedrich Klopstock）的頌歌第二卷有不少首詩談到這場革命，但德國文學史卻「有系統地掩蓋了」這個事實。（C, 608）編纂信件期間，他開始和新譯者合作，並對這位斯托拉（Marcel Stora）讚賞有加。最終，斯托拉翻譯的〈八九年的德國人〉於一九三九年七月十五日、班雅明四十七歲生日當天在《歐洲》雜誌紀念法國大革命一百五十年專刊發表。

直到六月二十四日，班雅明才表示波特萊爾研究有了進展。他寄了一份新隨筆的摘要給霍克海默，內容是他蓬蒂尼演講筆記的延伸。班雅明表示，他在那場論波特萊爾的演講裡用了極為凝煉、近乎「速記」的表達風格，「連精神衰弱的德賈當都一度聽得很興奮」。（GB, 6: 303）這份摘要讓我們得以一窺最終成果的輪廓。從這個時期的一些評論可以清楚看出，班雅明將這篇論波特萊爾的新隨筆視為重返社會研究所的簽證。他很快就向紐約的同事與朋友保證，新隨筆是按他更之前的作品改寫成的，尤其是〈藝術作品在其可技術複製的時代〉與〈說故事的人〉，而非〈波特萊爾筆下第二帝國的巴黎〉。他在寫給卡普魯絲的信裡強調，新隨筆和他「可接受」的作品彼此相接，包括拱廊街計畫，並大膽告訴對方「我從來沒有像現在這麼肯定，我的所有反思，甚至那些角度差異極大的反思，其實都匯聚在一個點上（現在我發現一直都是如此）」。（BG, 262）遊戲進入最後階段，他可不敢冒險向卡普魯絲透露自己對這項寫作計畫的真實感受。六月下旬，班雅明將自己鎖在冬巴勒街，不僅放棄朋友聚會，也斷絕所有書信往來。七月十一日霍克海默發來電報，更堅定了他的決心。霍克海默表示，班雅明如果能在月底交稿，《社會研究期刊》就會空出最多五十頁的篇幅給他。於是，班雅明不到六週就完成了第二篇論波特萊爾的隨筆，並於八月一日將這篇定名為〈論波特萊爾的幾個主題〉的文章寄給霍克海默。寄出隨筆一週後，班雅明在信裡戲謔又得意地用一小則寓言向阿多諾夫婦描述這篇隨筆：「我不讓別人，只讓猶太天使將我的波特萊爾帶上天堂，但事先安排好，讓天使在他昇天路上的最後三分之一處，即將昇入榮耀前將他拋落，就像意外一樣。」（C, 612）

〈論波特萊爾的幾個主題〉探討了〈波特萊爾筆下第二帝國的巴黎〉論及的許多問題（與解方），只不過脈絡不同。[23] 後者是從波特萊爾的時代對這位大詩人進行整體思考，前者則是從波特萊爾的作品在二十世紀的反應來檢視這些作品。「當抒情詩不再那麼容易取得正面評價，我們便能合理假設，抒情詩只有少數情況符合讀者經驗，這可能是因為讀者的經驗結構變了。」班雅明接著探討改變的性質，對經驗（Erfahrung）和體驗（Erlebnis）做出了區分，其中經驗是長期的，是一種知識積累、沉澱而得的智慧，不僅能留在人類記憶裡，還能代代相傳。這個看法最早主要出現在〈說故事的人〉，文中懷舊地假定傳統是活的，既界定了前資本主義的手工藝社會，也界定了社會藉由故事傳遞的「忠告」。相比之下，體驗是孤立的。〈論波特萊爾的幾個主題〉將之界定為一種立即經驗，必然和個體在都市群體中遭遇的震驚相連結。體驗完全無法留存或傳遞，通常會被意識避開，只在無意識裡留下蹤跡。不過，班雅明特別感興趣的是這套防禦機制失效或暫停的情況，也就是當震驚沒有被意識避開，而是穿透意識並使其變形的時候。在班雅明看來，正是這種未被避開的震驚催生了波特萊爾詩裡的典型意象。

〈論波特萊爾的幾個主題〉中間幾節將目光轉向了都市震驚體驗（Chockerlebnis）最常出現的社會形式，也就是群眾。班雅明在此進一步闡述了之前對〈給交臂而過的一個女人〉的分析，並加上精彩的解讀，將波特萊爾的基本社會寫實主義和（波特萊爾翻譯的）愛倫坡〈人群中的男人〉裡的「扭曲想像」相對照。班雅明沿用〈藝術作品在其可技術複製的時代〉的疏離理論，主張個體的孤立（資產階級從都市群眾之間退到隱密舒適的家居空間）「導致享受這種生活的人更加機械化」。混亂籠罩的街道、橫衝直撞的車輛、推推搡搡的行人，都由紅綠燈這類的簡單科技進步所控制。科技不僅是人類感官的人工延伸，讓許多複雜的適應行為成為可能，還是貨真價實的人類感覺中樞訓練學校，讓感覺中樞得以在「交通」的世界裡發揮作用。[24]

班雅明指出波特萊爾的詩具有一種矛盾的能力。一方面，這些詩的意象出自詩人有創意地服從現代生活的各種震驚體驗，這種態度既憂鬱又勇敢。正如《惡之華》首章標題〈憂鬱與理想〉所表明的，波特萊爾詩裡起起伏伏的憂鬱能量，一直和詩裡運作的理想（也就是在語言裡抓住那些沒有任何體驗痕跡的回憶〔Eingedenken〕時光）處於緊張狀態。正是這股內在張力使得整本詩集充滿清醒歡快的活力。在班雅明眼中，波特萊爾對不和諧與不對稱事物中的「現代美」、對迴盪在新事物裡的古代、對所有事物在寓言裡的透明性有著不可抑制的敏銳，最具體的例子就是〈通感〉和〈從前的生活〉這兩首十四行詩。這也是詩人英雄主義的一部分：企圖為經驗找到一種「免受危機侵害的形式」。班雅明藉由波特萊爾的詩句「奢華、從容與歡快」召喚豐富生活，並非如某些讀者所主張，是唐吉訶德式懷舊的遺緒，而主要是一種反襯（repoussoir），一種讓波特萊爾和他得以「測出現代人親眼目睹的崩潰的全部涵義」的透視手法。

想體會波特萊爾現代性的爆炸力，就必須暫時放下班雅明對詩人的懷舊式解讀，改從遠處進行辯證的接近。在〈論波特萊爾的幾個主題〉最後一節，班雅明指出波特萊爾作為高度資本主義現代性的代表詩人，其作品往往主動肩負起摧毀「靈光」藝術的任務。「靈光」一詞的字面意義是風或呼息。這兩個字首次被班雅明賦予理論重要性，是在他一九二九年發表的〈攝影小史〉裡，最明確的定義則是出現在論藝術作品的隨筆中，只不過在他所有作品裡都找不到完整的概念發展過程。為了符合論波特萊爾專書的綱要，尤其是第三部分〈商品作為詩的對象〉，班雅明宣稱詩人擁有激進的洞察力，能看出靈光的疏遠現象及其矛盾的熟悉凝視（regards familiers）。然而，波特萊爾的抒情詩之所以偉大，不僅僅因為這種洞察力，還因為它「展演了靈光的崩解」。如果說靈光藝術以其固有的豐富，似乎回望著我們的凝視，那麼失去靈光的藝術便是破碎而沉默，其凝視零散而內爆。[25]這種藝術出現在受科技制約的社會情境中，置身公共場所的人不再習慣於回望他人的凝視。「十九世紀在巴士、鐵路和電車尚未發達之前，人們從來沒有遇過必須連續幾分鐘、甚至幾小時四目相對，卻毫無交談的情境。」這樣的乘客、這樣的詩人幾乎不會習於「幻想臣服於遠方和遙遠的事物」。波特萊爾的詩動態刻劃出現代快速都會生活中的「震驚形象」，從而打破了雖然徹底熟悉、卻殘酷誘人的「距離的魔力」。他的詩就像觀眾「站得太近描繪的場景」，以致幻覺破滅，不僅靈光現象促成的幻覺，連傳統權力體系藉由靈光現象促成的幻覺也會隨之破滅。

一八六三年末，波特萊爾的〈現代生活的畫家〉在《費加洛報》分三次連載。讀過班雅明對波特萊爾的詮釋的人會發現，他將詩人重新塑造成典型的現代人，與其說是創造了一個新的波特萊爾，不如說是重現詩人作品裡過去被忽視或誤解的特徵。當波特萊爾寫到「我所謂的『現代性』是短暫的、易逝的、偶然的，是永恆不變的藝術的另一半」，我們可以看到班雅明描繪的詩人面貌被憂鬱與理想給撕裂。〈現代畫家的生活〉其實貫穿了班雅明後來論波特萊爾的其他隨筆的主題：世界觀從永久恆固變成短暫零碎的根本轉變；時尚對所有文化領域與日俱增的影響；現代藝術家的蒙羞落魄，「天才」倒退到「康復」狀態；花花公子和漫遊者這類看似邊緣的「萬花筒」人物的崛起；個體對都市群眾的疏遠與疏遠可能帶來的豐碩結果，「觀者是高興自己到哪裡都無人聞問的王子」；甚至幻景的隱隱擴散。其實，〈論波特萊爾的幾個主題〉的核心題旨——詩的意象出自震驚體驗——早在〈現代畫家的生活〉便已清楚可聞：「我敢……這樣斷言，靈感和**腦部充血**（la congestion）有雷同之處，所有崇高思想都多少伴隨著劇烈的神經衝擊，對大腦核心造成影響。」[26]

第十一章 歷史的天使：巴黎、訥韋爾、波埠 1939—1940

完成〈論波特萊爾的幾個主題〉後，班雅明幾乎無暇喘息。希特勒和史達林於一九三九年八月二十三日簽署條約，九月一日德軍入侵波蘭，班雅明立刻遠走巴黎。他九月初逃到巴黎以東、莫城附近的紹科南（Chauconin），和翻譯家貝茨（Maurice Betz）的妻子暫時住在一起。黑瑟爾的妻子海倫也在那裡作客，就是她替班雅明爭取到住處的。班雅明最怕被徵召入伍，他得到五十二歲才能除役。由於局勢險惡，眼前未來充滿不確定，班雅明從紹科南寫信給霍克海默，懇求對方接下來兩個月的薪俸提高十五到二十美元。

事實證明，入伍是他最不用擔心的事。儘管所有人都覺得戰爭在即，但法國當局顯然完全不顧念境內成千上萬的德國和奧地利難民。德國入侵波蘭讓他們來不及確認流亡者的政治忠誠。九月三日，法國政府四處貼出公告，指示德國和奧地利裔公民攜帶一條毛毯到巴黎西北郊區白鴿城的伊夫杜馬努瓦奧林匹克體育館報到。九月九日，班雅明和其他數千名役齡德國人和奧地利人遭到拘留，一關就是兩個月。對此，同被拘留的詩人兼批評家薩爾留下了生動的紀錄，儘管必然片面，還是透露出許多訊息。在他回憶裡，班雅明簡直體現了某種官僚式的不切實際：「他愈努力用頭腦和自己對政治與歷史的理解摸清現實，就離現實愈遠。」薩爾的描述無疑受到他本人的反共立場影響，因為他從一九三〇年代中期便逐漸遠離激進左派，但他形容班雅明面對現實處境艱難反而被自己的敏銳心智所困，其實相當吻合我們對班雅明流亡生活的瞭解。[1]然而，不切實際並非薩爾的主要感受。他一再將班雅明描繪成陷溺於自我當中，以致旁人視他為某種先知的人，而這也符合一般人對於那種將個人內心深埋在千篇一律、堅不可摧的客套背後的人的普遍印象。

拘留者戲稱自己被關的地方是白鵝城體育館。那裡只有看臺有屋頂，只有少數人可以遮風避雨，三餐總是麵包塗便宜的鵝肝醬，而且必須自己搭造臨時廁所。薩爾回憶道，那裡的環境連健康的年輕人也很難熬，更別說是四十七歲的班雅明了。他不僅是數一數二年長的拘留者，健康也每況愈下，體育館的環境對他簡直致命。幸好有一位名叫阿宏（Max Aron）的年輕人幫忙，他絕對算得上是班雅明的救命恩人。「頭一天晚上，」阿宏日後回憶道，「我就發現有位長者動也不動靜靜坐在長椅上。他真的還不到五十歲嗎？……隔天早上，我發現（至少我這麼覺得）他還坐在同一個地方，於是我開始擔心。他的沉默與姿態給人威嚴的感覺，完全和周遭格格不入。」[2]薩爾覺得，「在那個瘟疫與危險蔓延的時期，這位年輕人對這個身體虛弱、毫無能力處理現實之人的關切，可以說是出自對精神事物的宗教式敬重。」

拘留十天後，所有人被分別送至法國各地的拘留營。班雅明和他朋友——除了阿宏和薩爾，還包括劇作家凱斯滕——努力設法待在一起。在武裝警衛的看守下，他們先搭巴士到巴黎奧斯特利茲車站，然後乘火車前往巴黎以南大約兩百四十公里、勃艮第西端的訥韋爾（Nevers）。下午抵達後，所有人再被迫步行兩個小時到廢棄的維努許堡（Château de Vernuche）。這趟路程對班雅明宛如酷刑，心跳快到逼近極限。他後來告訴莫妮耶，儘管他行李不多，而且由阿宏拿著，但他還是中途就倒下了。抵達城堡後，三百名拘留者發現裡頭空空如也，只能睡地板，幾天後麥稈才送來城堡。一連串震撼重重打擊了班雅明。他比其他人更需要時間適應這些折磨，包括飢餓、寒冷、骯髒與「吵鬧聲不斷」。他身體愈來愈糟，甚至連躺好幾天，連讀書都沒辦法。靠著阿宏幫忙，班雅明在螺旋樓梯下方一個類似側房的地方安頓下來，並靠著粗麻布幔保留了一點隱私。

拘留營生活艱辛，當然不限於物質匱乏。拘留者完全無法得知政府拘禁他們的用意，未來對他們一片茫然。於是傳言四竄，有時說他們即將獲釋，有時又說他們將失去所有自由。而且處在這片飽受戰爭撕裂的大陸上，拘留者和親友大多失去了聯繫，但班雅明起碼知道朵拉和史蒂凡在倫敦安然無恙。不過，他妹妹卻沒有消息。直到幾週後，班雅明才從巴黎和瑞士的朋友那裡得知妹妹的近況。班雅明在歐洲的最後幾個月有件事值得一提，那就是他和布萊希特的作家好友馮布倫塔諾友誼更穩固了。他是班雅明那段時間還有書信往來的少數人之一，而班雅明也努力讓對方知道自己的下落與處境。此外，他還擔心社會研究所即使有能力支付薪餉，戰事爆發也會讓薪餉長期中斷，因為他知道拘留者的銀行帳戶至少暫時被凍結了，而目前還不曉得外籍人士如何從法國的銀行領錢。於是，他寫信給研究所駐巴黎主管法薇姿（Juliane Favez），請她協助確保薪餉順利入賬，支付他的公寓租金，並且請她隨時向霍克海默和波洛克報告他的近況，因為「我在這裡很難有足夠的平靜可以直接寫信去紐約」。（GB, 6:339）事實上，他的事情都有妹妹和米莉（他的藝術史學家朋友利維—金斯堡的妻子，赫慈貝格的姪女）處理，公寓與財物也有她們照顧。

一如往常，眼前的紛擾讓班雅明開始記下自己的夢。其中一個母題和「閱讀」有關，而且值得跟紐約的朋友分享：

昨晚，我躺在麥稈上做了一個好美的夢，讓我忍不住想和你分享……夢裡有一位名叫多塞（〔Camille〕Dausse）的醫師和我一起。我〔一九三三年秋天〕罹患瘧疾期間，就是這位朋友照顧我的。夢裡同行的除了我和多塞，還有幾個人，但我不記得了。走著走著，我們兩人就和這群人分開了。走散之後，我和多塞發現自己掉進一個坑裡。我看見坑底附近有幾張奇怪的床，形狀長度都和棺材一樣，而且似乎同樣是石頭做的。但半跪上去之後，我發現它會輕輕凹陷，跟床一樣，只是上頭長滿苔蘚與藤蔓。我還發現床都是成對擺放。正當我打算躺在其中一張床上，而旁邊的床似乎是為多塞準備的，我發現自己想躺的那張床的床頭已經有人了。於是，我們繼續上路。那裡感覺像森林，但樹幹和樹枝的模樣有人工的感覺，使得周遭風景有點像船的結構。我們沿著橫樑前進，穿越林中各種小徑，發現自己是在一座迷你露臺上，由木板製成的看臺。在那裡，我們看見了和多塞同住的女士。她們有三、四個人，感覺很漂亮。首先讓我驚訝的，是多塞沒有介紹我。不過，比起我將帽子放在平臺鋼琴上時發現的事，這點倒沒那麼讓我不安。那頂舊草帽是父親留給我的「巴拿馬帽」（但早就不在了）。我摘下帽子，意外發現頂部裂了一條大縫，而且裂縫邊緣有紅色痕跡——有人拿了一把椅子給我，但我還是自己拿了一把，放在離桌稍遠的地方。所有人都圍著桌子坐著，但我沒有坐下。與此同時，其中一位女士正在研究筆跡。我看見她手裡拿著我的作品，是多塞給她的。她檢視我的筆跡讓我有些不安，害怕會暴露我某些私底下的特質。於是我走近了一些，發現那是一塊布，上頭全是圖案，而我唯一認得出來的圖案是字母D

的上半部，尖銳的線條透露出對精神世界的極度渴求。這部分還被一小塊藍邊布料蓋住，而且那塊布料像微風吹過似的鼓脹著。我能「讀」出來就只有這個，其餘全是模糊含混的母題和雲霧。這時，話題轉到了這篇文章。我不記得提了哪些意見，但很清楚知道我途中說了這句話：「這是把詩變成圍巾的問題。」話剛說完，詭異的事就發生了。我看見那幾位女士當中，有位非常漂亮的女士躺在床上。她一邊聽我解釋，一邊做了一個迅雷般的動作，將自己蓋著的毯子撩起一小角，整個動作花費不到一秒鐘。她這樣做不是為了露出身體給我看，而是讓我看毯子上的圖案。那個圖案跟我多年前必須「寫」給多塞當禮物的意象很像。我很清楚那位女士做了那個動作，但我是靠著某種預見力才知道的。因為當時我的肉眼正看向別處，而毯子撩起的時間那麼短，我不可能看出任何東西。（BG, 272-273，原文為法文）

然而班雅明最在意的，還是論波特萊爾隨筆的命運。他很擔心社會研究所聯絡不到他，就會不經他同意直接修改隨筆發表。因此，當妹妹九月下旬轉寄紐約發來的電報給他，班雅明讀完便放心了一些：「你的波特萊爾研究精彩極了，有如一道光來到我們手邊。我們都很掛念你。」（BG, 271n）雖然班雅明沒能看到校樣，但整篇隨筆最終原封不動出現在下一期的《社會研究期刊》上。

儘管憂慮重重，班雅明還是和大多數拘留者一樣，會因下棋或堡內「友善的同志情誼」而略感寬慰。（BG, 270）薩爾曾經詳細描述那種氣氛：「共同體很快從無到有，開始運作，從混亂無助之中生出了一個社會。」[3]從用破布和麥稈製的掃帚打掃清潔，到用香菸、釘子與鈕扣為貨幣進行基本交易，拘留者很快組織起營內生活的方方面面。營裡的智識交流更是異常多樣。薩爾大致復原後，就開始朗讀自己的詩，例如〈為一九三九年哀悼之歌〉；班雅明則是不時演講（包括論「罪」的概念），並收費替「進階生」開辦討論課，費用就以營內的簡陋貨幣支付。[4]

拘留沒多久，營裡一群「電影人」竟然說服指揮官發放日間通行證（臂章），讓他們離營為一部親法國紀錄片做考察。這些人每天從訥韋爾回來，總是用法國美酒美食的故事款待營內夥伴，讓他們又羨又妒。為了也取得臂章，班雅明繼一九二〇年代初創辦《新天使》不成、一九三〇年代初創辦《危機與批評》失敗後，生平第三度徒勞嘗試創辦刊物。他以《維努許公報：五十四工兵團日誌》（*Bulletin de Vernuche: Journal des Travailleurs du 54e Régiment*）編輯為名，從營裡徵集一支頂尖的作家與編輯團隊。創刊號的草稿目前收藏於柏林藝術學院，內容包括拘留營生活的社會學研究、拘留營藝術（如合唱和業餘戲劇等等）批判和拘留者閱讀習慣調查。薩爾提交的寫作計畫是分析「無中生有社會」的形成，文體則可能採取狄福《魯濱遜漂流記》的紀事形式。和前兩份刊物一樣，這份刊物從未出版，而理由更不難想見。

薩爾講到拘留營時，對法國當局沒有好話。班雅明則是相反，不論法國對「希特勒的凶殘憤怒」做出任何抵抗，他都敬佩不已。九月二十一日，他在信裡告訴莫妮耶，儘管他的體力「毫無用處」，但仍願意盡一切所能為「我們的大業」效力。（C, 613）十月中旬，拘留五十多天後，班雅明告訴馮布倫塔諾，他總算找回了閱讀與寫作的「道德力量」。（GB, 6:347）許多朋友，尤其是莫妮耶、畢奇和黑瑟爾的妻子海倫，寄給他巧克力、香菸、雜誌與書。基本上他們寄給他什麼，他就讀什麼，像是盧梭的《懺悔錄》（他第一次讀）和雷斯樞機主教（Cardinal Retz）的《回憶錄》。從班雅明對臂章的執著可以看出，自由的想望始終不曾遠離他心中。他之前就拿到了梵樂希和羅曼支持他取得法國籍的背書，現在又加上巴拉德與德賈當，他很希望自己能嘗試成功，順利獲釋。莫妮耶也為此竭盡全力，最後總算說服由作家和編輯組成的國際筆會，為班雅明及拘留在另一處的凱斯滕說項。十一月初，首批拘留者重獲自由。班雅明的獲釋令則要等到十一月十六日，在莫妮耶的外交官友人奧普諾（Henri Hoppenot）交涉下，法國的一個跨部門委員會宣布釋放班雅明。

十一月二十五日，班雅明返回巴黎。朋友們擔心他的健康，便安排芙倫德開車去接他。他體重減輕，累到芙倫德不時必須「停在路邊，因為我沒辦法繼續」。（C, 618-619）但一回巴黎，他就寫信給修勒姆（拘留期間他都沒有寫信給他，因為每週只能寫兩封信），跟對方說他感覺好多了。他發現自己常常想起拘留營。身為最早獲釋的一批拘留者，而且正巧在寒冬來臨之前，他很清楚自己非常幸運。他寫信給不少還在訥韋爾的新朋友，並寄包裹給其中幾位。拘留營的生活還是不無收穫，他和凱斯滕的關係急速拉近就是一例。班雅明和巴黎的朋友聊天，經常會提到拘留營和關押那麼多希特勒反對者的理由。他從芙倫德那裡得知英國情況大為不同，只有納粹支持者會被拘留，總人數可能超過五萬的其餘德國人和奧地利人，則必須先接受訊問，然後受審。只要能出示文件，證明自己是德國政權的受害者，就能保有自由之身。（GB, 6:352n）

回到冬巴勒街住處桌前，班雅明開始構思新的計畫。他寄了一份提案給社會研究所，表示自己打算寫一篇論盧梭《懺悔錄》與紀德日記的隨筆，「算是對於『真誠』這個概念進行歷史批判」。他還寄了幾份〈說故事的人〉給他偶爾會在社會學苑講座上遇到的德國作家蘭茲伯格，希望藉由對方在「露特西亞學圈」（Lutetia Circle）的現存人脈，讓這篇隨筆能以法文發表。露特西亞學圈一九三五年由明岑貝格號召成立，目的在推翻希特勒政權，一直運作到一九三七年後半，成員包括共產黨、社會民主黨和以資產階級為核心的其他黨派，參與者則有亨利希・曼、克勞斯・曼、弗伊希特萬格和路德維希（Emil Ludwig）等人。

班雅明還是非常眷戀巴黎。那裡不僅是他生活了七年的家，也是他畢生的寫作對象：先是在光線幽微的拱廊街追溯十九世紀原初史，繼而延伸出現在的波特萊爾研究。他很清楚「對我來說，世界上沒有任何地方可以取代國家圖書館」（C, 621），但也非常明白目前的自由只是插曲，如果他最終要走，最好趁早離開。他的法國朋友（除了莫妮耶，這點倒是令人意外）都勸他離開，而他也想起自己一九三三年揮別另一個故鄉（德國）的所有社會連繫時，便是靠著卡普魯絲百般勸說，他才捨得離開。於是他再次展開行動，為徹底離開法國做準備，其中之一就是學英語。他告訴卡普魯絲，自己讀她的英文信毫無障礙，還用英文寫了封感謝信（可能靠著一位朋友幫忙）給國家難民服務局巴黎辦事處社工拉佐芙斯基（Cecilia Razovsky）。十一月十七日，拉佐芙斯基替班雅明遞交簽證申請給美國駐巴黎領事館，其中包括富商史塔（Milton Starr）的擔保信。史塔來自美國田納西州納許維爾，經常出錢贊助藝術。這份意外的支持讓班雅明士氣大振。出於對國際筆會在他拘留期間為他說項的感激，加上顯然為了爭取新盟友，班雅明決定加入國際筆會的流亡德國作家分會。靠著凱斯滕與德布林寫信推薦，班雅明一九四〇年一月初收到作家分會長歐爾登（Rudolf Olden）通知，順利成為會員，並拿到會員卡——當時任何身分證明都彌足珍貴。他還寫信給霍克海默，敦促對方設法利用他即將到手的簽證。霍克海默顯然很清楚留在法國的德國流亡者命運會是如何，但他還是婉轉暗示班雅明，社會研究所付給巴黎同事的薪俸仍然會比紐約同事高。儘管消息有好有壞，班雅明還是於一九四〇年二月十二日正式向美國領事館申請簽證。

一九三九年底到四〇年初，他和前妻朵拉見過兩次面。那陣子朵拉不時往返於聖雷莫與倫敦，處理生意轉移事宜。她一九三八年和南非商人摩爾瑟（Harry Morser）再婚，正在籌備於倫敦開設民宿。有關她與摩爾瑟何時相識，各方說法不一。有證據顯示她娘家（凱勒納家族）與莫爾策（Heinrich Mörzer）的維也納家人交好，但兩人很可能是摩爾瑟下榻聖雷莫民宿時認識的。莫爾策於二十世紀初成為南非公民，並改名摩爾瑟。絕大多數說法（包括班雅明的兩個孫女）都認為朵拉再婚是出於利益考量，以便順利移民英國。但摩爾瑟至少陪朵拉途經巴黎一次，而且班雅明對他印象不壞。人在倫敦的軒恩也表示，朵拉、史蒂凡和「摩爾瑟先生」（Herr Morser）完全不和之前的朋友往來，甚至拒絕透露地址，可能代表他們住在一起。有趣的是，朵拉向班雅明介紹摩爾瑟是她「朋友」，並勸他一起去英國，但沒能成功。這是班雅明最後一次見到前妻。朵拉後來活到高壽。她在倫敦諾丁丘經營過多家民宿，於一九六四年過世，只比她五十三歲過世的兒子早了八年。[5]史蒂凡二戰期間在澳洲被拘留，後來回倫敦成為珍本書商。儘管他對父親愛恨參半，但兩人至少有一件事彼此相繫：他們都是收藏家。

新年伊始，班雅明繼續為獲釋後必須重建的生活細節而奔忙，包括重開銀行帳戶、恢復他在國家圖書館的優待權，以及力保日益減少的發表機會等等。生活條件差（住處溫度偏低又嘈雜，一月底更是整整兩週沒有暖氣）加上健康欠佳（心臟太弱，再也無法如往常長途散步），使他工作遲遲沒有進展。他告訴卡普魯絲，自己大半時間都躺在床上，卻還是被不祥的預感驅著向前。和巴黎許多居民一樣，班雅明年初就買了防毒面具。但和許多居民不同，看著這個物品在他的小世界出現，令他想到一個諷刺的寓言，一個中世紀疊加於現代之上、精神疊加於科技之上的寓言：「好比一對令人不安的骷髏，被勤勉的修士拿來裝飾房間。」（BG, 279）一月十一日，班雅明寫信給修勒姆：「無論我們託付的未來有多不確定，我們順利發表的每一行文字都是與黑暗力量搏鬥所得到的勝利。」（BS, 262）從這點看，班雅明的最後兩場大勝應該是一九四〇年初〈論波特萊爾的幾個主題〉出版，以及《社會研究期刊》刊出他為約赫曼隨筆所寫的導論。

不過，班雅明對這篇修改過的論波特萊爾隨筆倒是沒說什麼，只向修勒姆約略提及，徵求對方意見，同時熱切感謝霍克海默支持與接受這篇隨筆，完全不如他一九三九年八月六日在寫給阿多諾的信裡那樣，針對這篇修改版隨筆的「理論

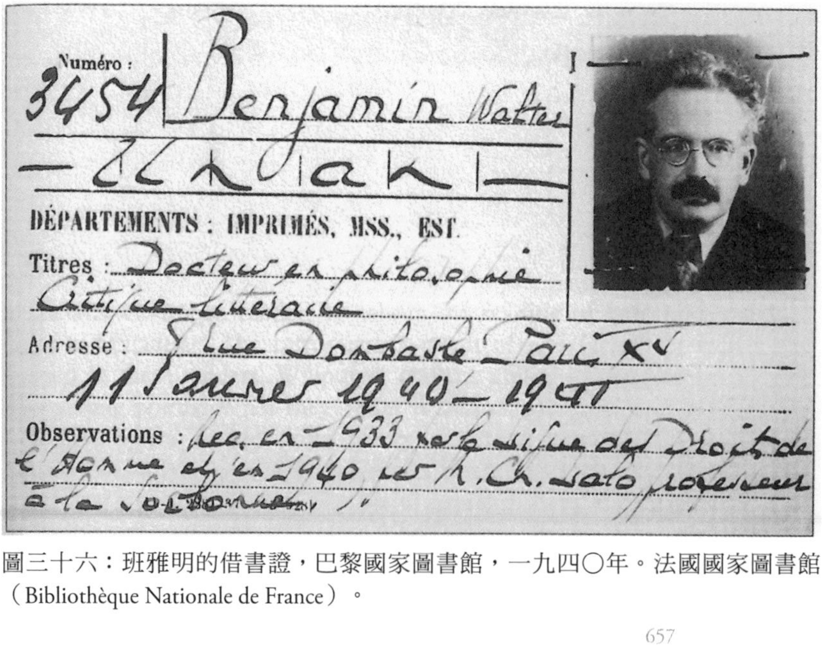

圖三十六：班雅明的借書證，巴黎國家圖書館，一九四〇年。法國國家圖書館（Bibliothèque Nationale de France）。

架構做出更精確的表述」。真正興奮的人其實是阿多諾。他不再「心懷內疚」，而是帶著「滿虛榮的自豪」，只因他催生出「你自悲苦劇專書和克勞斯隨筆以來最完美的作品」。（BA, 319）值得注意的是，這封長信詳細描述了在阿多諾眼中，班雅明的隨筆如何呼應他自己的作品：「你關於遺忘的理論和『震驚』理論，其實都跟我論音樂的作品緊密相關。」而班雅明在回信裡照例對阿多諾的說法做了溫和的扭轉：

> 我沒理由向你隱瞞一個事實，那就是我的「經驗理論」可以溯源自我的童年記憶。小時候我們家夏天不論去哪裡，爸爸媽媽都會和我們去散步。我們三個小孩總是有兩個在一起，但我現在想到的是我弟弟。我們參觀完弗羅伊登施塔特（Freudenstadt）、翁根（Wengen）或施萊伯昊（Schreiberhau）的某個必去景點後，我弟弟總會跟我說，「現在我們可以說我們到過這裡了」。這句話始終烙印在我心裡，無法忘懷。（BA, 320, 326）

和阿多諾這番對話頗能反映班雅明一九四〇年初的心情。他很少提起〈論波特萊爾的幾個主題〉，不僅突顯出他對〈波特萊爾筆下第二帝國的巴黎〉遭到拒絕餘怒未消，也顯示了他對〈論波特萊爾的幾個主題〉又愛又恨的態度，只因他被迫進行抽象的理論化。然而，更值得注意的是，童年記憶被班雅明拿來當作他晚期經驗理論的例證，而他弟弟格奧格則取代阿多諾與社會研究所的地位。一九三八年，當他重塑自己的「柏林童年」時，弟弟妹妹毫無貢獻；但兩年後的現在，也就是一九四〇年，在班雅明拘留獲釋之後、戰爭爆發之前，家人卻取代了社會研究所，這個一九三〇年代中葉在智識上收養他的家庭。

就算班雅明對〈論波特萊爾的幾個主題〉仍有保留，也不妨礙他對論波特萊爾專書的整體態度。繼續寫這本書「比其他作品更讓我掛心」。（BG, 279）經歷長期體弱與憂鬱之後，班雅明四月初總算重拾他一九三八年夏天在丹麥設下的大綱，也就是促成〈波特萊爾筆下第二帝國的巴黎〉的那份綱要。他始終沒有完全放棄發表這篇隨筆，不論單獨發表或放入論波特萊爾專書出版都行。他向拉克納提到自己希望「我〔以波特萊爾為主題〕的第一份作品終有一天能交到你手上」。（GB, 6:441）一九四〇年春天，就如班雅明告訴阿多諾的，即使論盧梭與紀德的隨筆更適合社會研究所，更有機會在《社會研究期刊》發表，他還是決定暫時放下：「對我來說，〔波特萊爾〕一直都是最緊迫的主題，而我的當務之急便是滿足這份要求。」（BA, 327）不過，那陣子的辛勞最終只換得不少關於如何重新編排現有素材與談論專書某些面向的筆記，並沒有真的寫出什麼。

一九四〇年初，德軍於東線節節勝利，全面開戰似乎無可避免。不難想見，班雅明的思緒愈來愈撇不開眼前的政治局勢。雖然他很想念一九二四年以來，他和修勒姆在政治議題上的激烈交鋒，但他一月告訴老友，辯論已經沒有意義了。究其原因，可能是因為史達林與希特勒簽署條約後，他對蘇聯政治已經徹底失去了認同。他和修勒姆重新達成一致，顯然部分源自於他一九四〇年初進行的新文章，其中有「不少關於歷史概念的論題」，以原創的方式將政治、歷史與神學主題匯集在一塊。這些論題最終造就了班雅明的最後大作〈歷史的概念〉。他在信裡告訴不少朋友，這些論題是受他這個世代在希特勒發動戰爭前那幾年的經驗所啟發。不過，還有一項因素也很重要，那就是他一九三九年底至一九四〇年初那個冬天和鄂蘭與布呂歇的深入討論，主題是修勒姆的《猶太神秘主義主要趨勢》。修勒姆將書稿寄給班雅明，鄂蘭記得他們討論的焦點是修勒姆對於十七世紀安息日運動的分析，而班雅明新作裡的某些表述，顯然受到好友將彌賽亞神秘主義傳統與積極的政治意圖相結合所激發，尤其是他從一九二〇年代初之後就收著不談的彌賽亞主題。這些主題部分源自論福克斯隨筆的開頭，部分出自和論波特萊爾專書「理論骨架」有關的反思。當然，這兩個來源的文本基礎都可以在拱廊街計畫的卷宗裡找到。（GB, 6:400）

〈歷史的概念〉以班雅明作品中最令人難忘的場景之一開始。他想像有一個會下西洋棋的人偶，能力足以擊敗任何對手。他身穿土耳其服裝坐在桌前，桌底下藏著一位棋藝高超的駝背侏儒。這個人偶對應到哲學就是歷史唯物論，只要有「神學」這個瘦小乾扁、躲起來的駝背侏儒加持，就能碾壓任何對手。（SW, 4:389）這篇隨筆由十八個小節組成。正如第二小節所表明的，班雅明一九四〇年對神學的理解聚焦在一種特定的救贖上，亦即每個世代都被賦予一股「微弱的、過去所擁有的彌賽亞力量」。[6]這些論題的神學意義不能以單一宗教傳統來解釋。和班雅明其他明確採用神學母題的作品一樣，這篇隨筆自由汲取猶太教與基督教思想，例如文中的救贖概念就預設了教父學派的復興觀（我們之前提過，《拱廊街計畫》卷宗N有談到這點），並加以簡化，讓復興意味著普世救贖，也就是沒有靈魂得不到救贖。復興一詞在聖經只出現過一次，即使徒行傳三章二十一節談到末日時，意思是認定會到來的完全恢復（restitutio in integrum），末日**過後**萬物會回復原樣。但在班雅明所知的其他文獻裡（主要是俄利根〔Origen of Alexandria〕的《論原理》，但還包括斯多葛及新柏拉圖學派的作品），復興始終帶有宇宙論成分，涉及宇宙登頂與恢復在時間向度上的嚴謹交替。斯多葛學派認為，復興意味著宇宙縮回到宙斯腦中，再以邏各斯的形式向外發散。更精確地說，復興是個過程，宇宙在一場遍及萬物的大火中還原成最初的元素：火。唯有如此之後，存在的萬物才能重生。

在這篇晚期作品裡，班雅明以一種更巧妙的手法，將這個宇宙時代來回擺盪的神話與神學概念轉移到政治與編史學層面上：「唯有得救之人才完整擁有過去。也就是說，過去唯有對得救之人才是時時刻刻可引用的。」可引用是活傳統的必要條件。班雅明認為，唯物論歷史學家和所有人一樣，無法完全掌握過去，而他們的任務便是挪用「於危機時刻閃現的記憶」。這種（非自主）記憶的性質和「在其可識別的時刻閃現之後便不再出現的圖像」相同，因為「真正的過去圖像稍縱即逝」，只能在過去圖像如其所欲（gemint）被辨識出的當下裡捕捉——也就是引用。論波特萊爾的專書，及其背後建構十九世紀法國史的計畫，其目的正是將這些圖像具體化，將歷史呈現為「建構而成的主題」。班雅明相信，真正的歷史書寫是一場充滿風險與不安的冒險，和蘭克史學企圖透過智識同理，「如其所是地」掌握過去，兩者目標不同。後者說穿了只對一件事同理，那就是勝利者。所有努力都為了神聖化過去事件，從而將之物化。這些努力預設一個空洞的同質連續體存在，但在辯證意象如單子般集中的「當下此刻」（Jetztzeit）裡，在它「虎躍」進「久遠的叢林裡」時，這個連續體就粉碎了。「因為在所有情況下，這些〔文化〕資產的傳承都會讓〔歷史唯物論者〕。這些資產的存在不僅來自偉大天才的努力，也來自同時代其他人承受的無名辛勞。文化的見證無一不是野蠻的見證。」班雅明建議道，唯有當傳統掙脫試圖壓倒它的從眾思想，向「彌賽亞時間」的短暫停頓與突然開端敞開時，人們才能在過去裡找到希望。彌賽亞時間超越現代科學歷史主義的因果連結與時間順序。當人從中體驗到「普遍完整的現實性」，[7]在這種彌賽亞體驗中，回憶的當下此刻便成為救贖的「入口」，讓我們有革命的機會，為被壓迫（或被壓制）的過去而戰。

由此可論，審判日和其他日子並沒有不同。「掌握歷史事件的永恆性」，我們在隨筆的補遺裡讀到，「其實就是體悟到歷史事件稍縱即逝的永恆性」。（SW, 4:404-407）這種對永恆無常的體悟為「真正的歷史存在」鋪下道路，歡慶與哀悼便是其中之一。但不論誰想確切知道「得救之人」會是什麼模樣、何時出現，都只會「提出沒有答案的問題」。

在人生盡頭，這篇隨筆的核心，班雅明召喚出陪伴他將近二十年的圖像——克利的《新天使》。畫中天使瞪大眼睛，張嘴展翅，成為了歷史的天使。

祂將臉轉向過去。在**我們**遭遇一連串事件的地方，**祂**看見一場災難不斷製造一堆又一堆的殘骸，扔到祂的跟前。天使想留下，喚醒死者，將粉碎恢復原狀。但天堂吹來一場風暴，攫住祂的雙翼，力道大得讓牠無法收攏翅膀，無法抗拒地被吹向祂背對著的未來，跟前的殘骸堆向天際。我們所謂的進步，就是**這場**風暴。（SW, 4:392）

四月底或五月初，〈歷史的概念〉暫告完成，班雅明將打字稿寄到紐約給卡普魯絲，並在信裡附了幾則「註記」。他很清楚文中將歷史唯物論（包括對社會民主黨與階級鬥爭的評論）與思辨神學隨意交互指涉的做法極具爭議，因此儘管這些論題對他很重要，他卻無意發表，更別說以現有的實驗形式出版了，否則只會打開「激動誤解」的大門。（BG, 286-287）這些論題對當前充滿悲觀，奚落所有避談當前的進步思想，顯然劍指俄國與西方對希特勒權力意志的屈從，蔑視那些背叛人性之人，包括法西斯、蘇聯，還有未能理解當前秩序的史學家與政客。更廣地說，〈歷史的概念〉是班雅明歷史反思的總結：透過拱廊街計畫回顧一戰後的日子。誠如他在寫給卡普魯絲的信裡所言：「戰爭和引發戰爭的組集，讓我寫下了一些想法，這些想法可以說一直被我放在心裡，甚至一直不去碰觸，已經將近二十年了……即便現在，當我將這些想法交給妳，也更像是我在反思路上撿拾來的一束低語的小草，而非一組論題的合集。」（BG, 286-287）天使腳下堆滿殘骸，這個圖像最能令人想起班雅明修改過的巴洛克舞臺：臺上凌亂布滿強烈主觀的歷史客體。在班雅明眼中，歷史自始至終都是一齣悲苦劇。

從這篇論題式隨筆的語調可以看出，班雅明日益加深的孤立感與始終不曾遠離的不祥預感已經難以減輕了。啟發他一九三一年寫下〈破壞型人物〉的好友格呂克已經舉家遷往布宜諾斯艾利斯，譯者好友克羅索夫斯基也從巴黎逃到波爾多，在市政府任職，德裔捷克記者基施則在流亡到墨西哥的路上。班雅明的一些新朋友，例如音樂家布魯克（Hans Bruck），仍然關在法國鄉間的拘留營，其他朋友舊識，包括蓬蒂尼中心的精神導師德賈當，則已經過世。班雅明在訥韋爾拘留營認識的年輕插畫家漢堡（Augustus Hamburger），和同伴穆詩勒（Carola Muschler）聯袂自殺。漢堡在拘留營待不下去，決定加入法國外籍軍團，藉此擺脫拘留。他和穆詩勒獲得五天入伍假，兩人住進喬治五世飯店，於第五天一起結束性命。[8]班雅明寫信告訴修勒姆，「眼前局勢讓我天生的孤立處境愈來愈嚴重。猶太人經歷了這一切後，似乎連僅存的一點智識也保不住，能在這世界找到方向的人愈來愈少。」（BS, 263）其他時候，他的諷刺還是掩不住。同樣的眼前局勢讓他做出推斷，歷史正在推動「巧妙的綜合」，將尼采的「好歐洲人」與「最後的人」結合起來，進而「促成最後的歐洲人——我們都極力避免成為的那種人」。（GB, 6:442）[9]

春天到來，班雅明健康持續惡化。拘留期間出現的心臟問題並沒有因為回到巴黎而改善。四月初他告訴霍克海默，自己「身體已經虛弱到令人不安的程度」，以致很少離開住處。當必須走出家門時，他發現自己時常「滿身是汗，無法繼續下去」。最後他去看了醫師。阿布拉米（Pierre Abrami）醫師診斷他心跳過快、高血壓、心臟肥大——維辛春天收到班雅明寄去的X光片後，也做出了相同診斷。醫師建議他到鄉下靜養顯然不是隨便說說，但診療費用讓他本就危急的財務狀況雪上加霜，只好再次四處求助。社會研究所慷慨解囊，給了他一千法郎專款。健康欠佳的唯一好處，就是官方判定他不適合入伍，和他一戰期間多次裝病逃避兵役成功形成諷刺的呼應。

早在德軍五月十日入侵法國之前，班雅明就一心想去美國尋求安全的避風港。春初，他和一月十六日結婚的鄂蘭與布呂歇開始一起上英文課。他驕傲提起自己頭一回嘗試閱讀英語文本，出自培根《學問之增進》的〈修辭範例〉（Examples of the Antitheta），外加一本與美國經驗更有關的作品，福克納的小說《八月之光》，只不過是法譯版。即便布呂歇後來進了拘留營，課程仍然斷續進行，但班雅明坦承自己的口說英語始終停滯不前。他很清楚自己拖太久了，之前錯過的移民機會（去巴勒斯坦、英國、斯堪地那維亞半島）一直在他心頭縈繞不去。幾個月後，已經展開逃亡的他告訴卡普魯絲，「妳可以確定……我的心情始終是自己活該，早該看出自己將身處危險，也瞭解（或幾乎瞭解）原因，卻還是自找危險。」（BG, 289）

三月下旬，班雅明受到了惡意攻擊。他的前朋友克拉夫特讀完《社會研究期刊》的約赫曼隨筆及班雅明的導論後，寫了封長信直接寄到紐約給霍克海默，內容與其說是指控班雅明抄襲，不如說他宣稱自己才是約赫曼的發現者，因為當初是他向班雅明介紹這位十九世紀作家的。霍克海默身在下意識討厭任何左派思想的國家，一直對社會研究所的處境與發表的文章很敏感，因此大感不安。卡普魯絲建議班雅明立刻詳細回應，免得在他最需要霍克海默的善意時失去對方好感。如同先前第九章所提，班雅明在回應裡直接講述了他在國家圖書館發現約赫曼的經過，以及其後和克拉夫特的對話。克拉夫特無疑介紹班雅明認識了約赫曼的部分作品，而非約赫曼本人。

班雅明坐困家中，無法全力研究波特萊爾，只能雜七雜八、甚至漫無章法地讀著書，除了為他仍然有意撰寫的隨筆研讀盧梭與紀德，還真心迷上了民族學家雷希斯一九三九年出版的自傳《人的時代》，並且向不少朋友推薦這本書。在他結交的社會學苑朋友舊識當中，就屬雷希斯的作品最與他氣味相投。他寫信給卡普魯絲，對阿多諾的〈華格納雜論〉手稿做了些評論。阿多諾主張化約是一種幻景現象，令他想起自己早期對歌德所寫的傳說故事〈美露莘新傳〉的評論。他告訴馮布倫塔諾，自己「四十八小時就讀完了對方的新小說《永恆情感》（*Die ewigen Gefühle*），並向蒂姆推薦了馬魯（Henri-Irénée Marrou）的《聖奧古斯丁與古代文化的終結》（*Saint Augustin et la fin de la culture antique*），特別點出書中對羅馬晚期衰亡的處理，以及該書與里格爾作品的相近。

三月二十三日，班雅明寄了新的法國當代文壇概觀到紐約給霍克海默，主要介紹三部作品，分別是描述他第二個家鄉的《巴黎：一個沃州人的回憶》（*Paris: Notes d'un Vaudois*），出自瑞士作家拉繆茲（Charles-Ferdinand Ramuz）之手，以及雷希斯的《人的時代》與巴舍拉（Gaston Bachelard）對原始超現實主義作家洛特雷阿蒙（*Lautréamont*）的系列評論，應該出自《火的精神分析》（*Psychanalyse du feu*）。

班雅明讚許拉繆茲對巴黎的研究，對方採取的進路和他的拱廊街計畫很不一樣，值得真誠的贊同。從這封寄給霍克海默的信裡，特別能看出班雅明為何對雷希斯感興趣：班雅明一九二〇和三〇年代有許多作品都在探索超現實主義開出的道路，而雷希斯和社會學苑一九三〇年代晚期所遵循的非傳統人類學路線，其實和班雅明方向相同，只是隔著一段距離。對於巴舍拉，班雅明也是從自己最關切的角度切入檢視：他讚揚巴舍拉解析象徵主義詩作的潛在內容時，將之詮釋為具有潛在能量與意義的「圖謎」（Vexierbilder）。他在信裡還簡短批判了蓋埃諾的《「革命」日記》（*Journal d'un "révolution"*），並評論了薩勒斯（Georges Salles）的《凝視》（*Le regard*，這篇書評的第二版出現在莫妮耶《書友公報》的一封信裡），以及凱洛瓦的〈節慶理論〉（Théorie de la fête）。後者論希特勒的隨筆換來了他的諷刺，指出戰爭發生時，凱洛瓦只會在阿根廷追隨明星作家歐坎勃（Victoria Ocampo）。

五月初，班雅明寄了一封長信給阿多諾，回覆對方論格奧爾格和霍夫曼斯塔爾書信往來的隨筆草稿。他在信裡最後一次正式闡述自己的文學觀，將自己對卡夫卡、普魯斯特和波特萊爾的洞察與他對格奧爾格和霍夫曼斯塔爾的新浪漫主義的思考結合起來。儘管他很欣賞阿多諾努力「拯救」格奧爾格，無懼自由派斥責他為原型法西斯主義者，卻還是公開批評阿多諾處理霍夫曼斯塔爾的方式，甚至提供了另一種解讀。

> 基本上有兩段文字，只要擺在一起看就能表明我想說的。你引用霍夫曼斯塔爾一九〇二年的《錢多斯勳爵書信》（*Lord Chandos Letter*）時，就已經提到其中一段，而我想到的是以下這段：「我數不清有

> 多少次，克拉蘇（Crassus）和他的鱘鰻以鏡中我的影像出現在我腦中，被拋越幾世紀的深淵……克拉蘇……為他的鱘鰻流淚。我覺得有必要思考這個人。在統治全世界、審理最高事務的元老院裡，克拉蘇的荒謬可鄙顯而易見，並且全是迫於一些當我想用言語表達，就會發現蠢到無法形容的事。」（同一母題在一九二五年的《塔》裡再度出現：王子小時候被迫觀看被殺豬隻的內臟。）至於其他，我提到的第二段文字也出現在《塔》裡，即尤利安（Julian）與醫師的對話。尤利安什麼都有，獨缺一點意志努力和瞬間的決志，就能獲得想像得到的最高體驗，其實說的就是霍夫曼斯塔爾自己。尤利安背叛了王子，霍夫曼斯塔爾背叛了《錢多斯勳爵書信》賦予的任務。他的「無言以對」算是對此的一種懲罰。霍夫曼斯塔爾失去的語言，或許就是同一時期卡夫卡獲得的語言，因為後者接下了前者道德上（因而也是詩意上）失敗的任務（你提到的那個高度可疑又缺乏支持的犧牲理論就帶有這種失敗的一切痕跡）。／我認為，霍夫曼斯塔爾一輩子面對自己的才能，就像基督面對自己被迫靠著撒旦協助才建立起的國度一樣。因此在我看來，他非凡的多才多藝與他察覺自己背叛了他最好的一面，這兩者密不可分。（BA, 328-329）

班雅明對霍夫曼斯塔爾的描繪是對這位奧地利大作家的動人致敬。他認可並支持班雅明的才華，卻不曾強迫這份才華服從他的個人目的。

五月初，德軍先是進攻比利時與荷蘭，隨即攻擊法國，於是法國政府再度展開拘留。靠著莫妮耶友人奧普諾又一次交涉，班雅明、克拉考爾、記者卡明斯基（Hanns-Erich Kaminski）和作家柯斯特勒沒有進拘留營，但有兩百多萬人搶在納粹部隊到來前逃離。班雅明匆匆清空住處，想找地方安放自己的大批文稿。[10]最不重要的文稿都直接留在公寓，隨後被蓋世太保查扣，其中部分於戰時佚失，其餘後來被紅軍沒收送往蘇聯，最終流落到了東柏林。另一批文稿則是交給了幾位朋友。這些文稿戰時流落何處，我們所知甚少，但一九四六年確定在蘇黎世，班雅明妹妹杜拉手中，之後再由她寄到紐約給阿多諾。班雅明最重視的文稿，特別是拱廊街計畫的關鍵部分、《柏林童年》一九三八年修訂版、〈藝術作品在其可技術複製的時代〉第三版、〈歷史的概念〉作者版、他的十四行詩、〈說故事的人〉和〈論布萊希特的詩〉打字稿，以及阿多諾幾封討論理論的關鍵信件，他全交給了巴塔耶。[11]巴塔耶將大部分文稿託付給巴黎國家圖書館的兩位館員。這些文稿戰時一直保存在那裡，戰後米薩克查到其中一部分，主要是拱廊街計畫卷宗，便向巴塔耶取回，然後安排特使送交給了阿多諾。其餘文稿，包括部分完成的《波特萊爾：發達資本主義時代的抒情詩人》最後幾版草稿與筆記，則是看似亡佚多年，直到一九八一年，哲學家兼班雅明的義大利文編輯阿岡本造訪巴黎國家圖書館，在巴塔耶檔案室發現班雅明留著的部分材料，再加上巴塔耶遺孀也給了他一些文稿，世人才發現這正是班雅明一九四〇年託付給巴塔耶的那批消失的寶藏。直到現在，我們仍不清楚戰後巴塔耶是只誤取回了部分文稿，還是這些文稿收藏在其他地方，結果被人忘記了。[12]

六月十四日，靠著法國友人協助，班雅明和幾天前剛從古爾斯（Gurs）拘留營獲釋的妹妹杜拉搭乘火車從巴黎前往安全之處。那是難民從這座城市往南撤離的末幾班火車。班雅明隨身帶了一些盥洗用品、防毒面具和一本書：雷斯樞機主教的回憶錄。兄妹倆在庇里牛斯山區的盧爾德鎮（Lourdes）下車，並找到了便宜的住處。班雅明對當地人讚譽有加，儘管鎮上擠滿難民，其中許多是比利時人，卻保有秩序與平靜的氣氛。他馬上鼓動還在巴黎的朋友來這個「美麗鄉間」團聚，尤其是芙倫德。芙倫德在巴黎滯留太久，最後被迫騎單車逃離首都。她在多爾多涅的聖索齊找到避風港，一直待到一九四一年能逃往阿根廷為止。鄂蘭和布呂歇則是分隔兩地。布呂歇從拘留營獲釋後逃到了非占領區，鄂蘭則躲到蒙托邦附近。兩人最終都去了馬賽。克拉考爾夫婦已經去到那裡。其他朋友不是太老，就是身體太弱了逃不動，只能留在巴黎。班雅明在一則動人的筆記裡提到弗蘭克的母親「出奇勇敢」。他之前在巴黎和她住得很近。「波特萊爾說得對，『小老太婆』（petites vieilles）有時才是最有英雄氣概的人。」（GB, 6:471）

抵達盧爾德三週後，班雅明在信裡告訴鄂蘭，拉羅什福柯（Francois de La Rochefoucauld）筆下的雷斯樞機主教正是他本人的寫照：「他的遊手好閒讓他處在漂泊隱蔽、與世隔絕的生活中，得以多年保持光彩。」儘管有鎮民支持，但那幾週的生活很快便陷入極不穩定的狀態。杜拉羅患僵直性脊椎炎和晚期動脈硬化，幾乎無法行動，班雅明則是發現自己的心臟問題不僅因為日常生活的整體狀況與壓力而惡化，也因為高海拔而加劇。由於缺錢又和親友失去聯繫，連每日起居也成為愈來愈嚴峻的挑戰。「過去幾個月，」他在信裡告訴阿多諾，「我看到不少人不僅掉離了資產階級生活，而且幾乎是一夜之間栽進深淵。」（BA, 339）暫居盧爾德那幾週，文學似乎成了班雅明唯一的安慰，特別是重讀斯湯達爾的小說《紅與黑》。

班雅明感覺自己周遭籠罩著「冰川般的寂靜」。他七月中最後一次寫信給卡普魯絲，談到對方的信帶給他的慰藉：「我確實能這樣說：開心。但不曉得不久的將來是否還能體驗到那種感覺。」（GB, 6:471; BG, 288）面對這一切種種，班雅明努力保持他不久前仍在巴黎時曾向阿多諾描述的那種舉止與鎮定

（Haltung）：「我敢大膽地說，當一個人根本上的孤獨妥切展現在我們面前，我們就遇上了此人的『舉止』。這種孤獨非但無法呈現出一個人的所有豐富，反倒呈現出此人在歷史制約下的空洞，呈現出悲慘命運賦予他的角色。」（BA, 331）

在盧爾德時，班雅明最怕再次被拘留，到時就將成為德國的階下囚。「不知道明天，甚至下個小時會發生什麼，那種徹底的不確定，」他寫信告訴阿多諾，「已經占據我生活好幾週了。我被迫在所有報紙（這裡都是單一大張）、所有廣播上聽見命運發來的消息，彷彿專為我發出的傳票。」（BA, 339）於是他更加急迫找尋脫逃的辦法，取得簽證便成了「重中之重」。（C, 635）他有許多朋友都朝馬賽奔去，包括凱斯滕與鄂蘭，那裡聚集了大批希望翻越庇里牛斯山逃往西班牙的難民。另外一些朋友則傳來被拘留的消息，例如鄂蘭的丈夫布呂歇。然而，班雅明和妹妹剛抵達盧爾德不久，法國當局便下令禁止未持有許可證明的外國人旅行，也就是必須出示有效的簽證。七月十日，德法兩國政府談判，法國第三共和解體，由和談派貝當元帥建立維琪政權，至於法國境內外國人的庇護條款，則是早在六月二十二日簽署的停火協議中就實質廢除了。[13]那幾週，班雅明信裡的語氣愈來愈慌：「我擔心時間遠比我們想的還不站在我們這邊……我希望截至目前你都能有這種印象，即使時局艱困，我也能保持鎮靜。但我無法讓自己對眼前的危險視而不見。我感覺能自救的人恐怕不多了。」[14]由於擔心赴美希望渺茫，班雅明甚至開始考慮移民瑞士，儘管這個內陸國家對德國猶太人很難說是最安全的避難所。他寫信給霍夫曼斯塔爾的朋友、歷史學家兼瑞士外交官布克哈特（Carl Jacob Burckhardt），在這個「再不久就會稱作絕望（ausweglos）」的處境替他出面說情。（GB, 6:473）二戰結束後，布克哈特告訴班雅明的朋友里希納，他當時已經盡了全力，要朋友協助班雅明過境西班牙，但當一切準備就緒，已經太遲了。

由於和盧爾德以外世界的聯繫斷斷續續，班雅明對朋友解救他的努力幾乎一無所知。離開巴黎後，社會研究所的信與明信片依然寄到巴黎，有些就此消失，有些隔了好幾週才寄到他手上。班雅明直到七月才獲知，霍克海默為了儘快取得美國簽證，曾經試圖在加勒比海地區定居工作，首先是聖多明各，但計畫擱淺，後來總算由社會研究所借調到哈瓦那大學擔任教授。

班雅明等了兩個多月才得以前往馬賽與朋友會合。八月上旬，他總算得知社會研究所替他辦妥了入境美國的非限額簽證，駐馬賽領事館也已經獲得通知。滿足政府規定後，班雅明順利取得了安全通行證，於八月中旬前往馬賽，妹妹杜拉則繼續待在盧爾德。她後來躲到法國中部一處農場，於一九四一年逃到瑞士。抵達馬賽後，班雅明發現城裡擠滿了難民，空氣中瀰漫著不安的氛圍。結果領事館不僅發給他美國的入境簽證，還有西班牙和葡萄牙的過境簽證，但就是沒發給他離境簽證。當時法國所有港口與邊境海關都貼著德國猶太人和異議分子名單，支持維琪政權的民兵搜查拘留營，釋放納粹支持者，並將「國家公敵」交給蓋世太保。[15]辛苦了那麼久才拿到簽證，班雅明事隔近一個月告訴孔恩，「截至目前都還沒什麼大用處。我就不用跟你數算自己失敗又重新擬定多少計畫了。」（GB, 6:481）這些計畫當中，有一個是和弗蘭克喬裝成法國水手（肯定是海運史上最年老又最沒經驗的兩名水手），靠賄賂登上貨輪。[16]他還向美國救援中心（Centre Américain de Secours）登記為難民，這是一個由弗萊（Varian Fry）成立的、援助反法西斯流亡者的組織。儘管做了百般努力，班雅明在馬賽的「逗留」到了九月中還是成為「對神經的嚴酷考驗」，讓他被重度憂鬱給擊垮。（GB, 6:481-482）不過，有跡象表明，即使情況危急，還是吹不熄他的智識之火或愛玩鬧的習慣。小說家莫根斯特恩（Soma Morgenstern）回憶自己曾和班雅明在馬賽共度午餐，席間兩人聊到了福樓拜。

> 我們才剛讀完菜單、點了飲料，華特・班雅明就隔著眼鏡瞄了我好幾眼，彷彿在等我說出早該說出口的評論……最後，他興奮地問我：「你沒注意到嗎？」「我們還沒吃飯，」我對他說，「我該注意什麼？」他將菜單遞給我，然後等著，於是我又看了菜單上的菜，可是什麼也沒注意到。這下，他終於失去耐性了。「你沒注意到這家餐廳的名字嗎？」我瞄了菜單一眼，發現餐廳老闆名叫阿爾努，就跟班雅明說了。「嗯，」他接著說道，「你對這個名字沒有任何印象嗎？」我覺得我被當了，不夠格參加測驗。「你不記得阿爾努是誰嗎？阿爾努〔夫人〕是《情感教育》主人翁菲德列克的夢中情人呀！」直到喝完湯，他才從我給他的失望中走了出來。那天午餐，我們的話題自然是福樓拜。[17]

九月下旬，班雅明由兩位馬賽舊識（德國出生的葛蘭德〔Henny Gurland〕和她十多歲的兒子約瑟夫）陪同，搭乘火車從馬賽抵達法西邊界不遠處的鄉村。由於合法出境幾乎不可能，班雅明選擇非法入境西班牙，希望從西班牙取道葡萄牙登船前往美國。他們在旺德爾港（Port Vendres）和菲特珂（Lisa Fittko）會合。菲特珂是政治行動者，三十一歲，住過維也納、柏林和布拉格，班雅明與她丈夫是在維努許拘留營認識的。菲特珂很難說是稱職的嚮導，但曾經認真研究過偷渡的可能性。靠著向旺德爾港附近班紐爾斯鎮長打聽來的資訊，她有辦法沿著小徑橫越庇里牛斯山支脈，進到西班牙邊境小城波埠（Port Bou）。儘管從附近的塞貝爾（Cerbère）有一條更直接的路去波埠，也是許多難民出走法國的捷徑，但已經被維琪法國的機動部隊察覺，正嚴加看守。於是難民被迫往西，改由「里斯特路線」翻越更高的山區。這條狹窄的隘道曾於一九三九年幫助共和軍指揮官里斯特（Enrique Lister）逃離西班牙法西斯，故而得名。亨利希・曼、戈洛・曼（Golo Mann）、弗伊希特萬格、威爾佛和馬勒—威爾佛（Alma Mahler-Werfel）都是經由這條崎嶇小路逃脫的。菲特珂得知班雅明心臟虛弱，便問他是否要冒險。「不去的話，那才叫冒險。」班雅明這樣回答。[18]

從這裡開始，班雅明辭世前的遭遇就不是那麼清楚了。菲特珂聽從鎮長阿澤瑪（Vincent Azéma）建議，帶著班雅明等人勘查了第一段的翻山小徑。班雅明可能於九月二十五日離開班紐爾斯。[19]菲特珂察覺班雅明一路小心計算速度，步行十分鐘、休息一分鐘，並且拒絕同伴幫他提那只沉重的黑色公事包，因為公事包裡的「新手稿……比我本人還重要」。[20]這份手稿究竟為何，至今仍然眾說紛紜。有些人推測是拱廊街計畫或論波特萊爾專書的完稿，但以班雅明的健康狀況與辭世前這一年只能零星工作的處境看來，應該不太可能。手稿有可能是〈歷史的概念〉定稿，但除非這個版本與他交給鄂蘭、卡普魯絲和巴塔耶的版本明顯不同，否則班雅明沒有理由如此看重。不過，這只是關於班雅明臨終前遭遇的第一個謎團。

儘管班雅明不曾向菲特珂抱怨，甚至還能開開玩笑，並利用自己多年的健行經驗，幫夥伴判讀他們手上僅有的手繪小地圖，但爬山肯定令他備受折磨。[21]當菲特珂、葛蘭德母子和班雅明總算抵達預定折返的小空地，班雅明表示他決定睡在這裡。他已經力不從心，不想再重走一次了。於是，其餘夥伴熟悉了這前三分之一的路程之後，便一起返回班紐爾斯的旅館休息，預備隔天與班雅明會合，然後走完最困難的上坡路，再下山直奔波埠。菲特珂記得班雅明「頭腦清晰」、「內在不屈不撓」，卻又彷彿活在另一個世界，反差極大。只有其中一段最陡的山路，班雅明才走得蹣跚踉蹌，基本上是菲特珂和約瑟夫拖著他穿越葡萄園的。可即便如此，班雅明也沒有丟了他的無比客套。中途吃喝小憩時，班雅明請菲特珂給他一顆番茄：「可以麻煩您……」九月二十六日下午，當波埠映入眼簾，菲特珂便和夥伴告別。此時，這一小群隊伍已經比原本大了些，因為路上加入了其他難民，包括畢兒蔓和其他三人。[22]畢兒蔓一見到班雅明就說，他在「酷熱」的九月天底下感覺心臟就快停了，於是「我們四處找水想幫這個生病的人」。她對班雅明的舉止與智識印象深刻，以為他是教授。[23]

直到一九二〇年代，波埠都是一個安靜的漁村，但由於地處西班牙與法國鐵路要衝，以致西班牙內戰期間飽受轟炸。班雅明、葛蘭德母子和畢兒蔓等人向波埠海關小辦公室報到，好在證件蓋上西班牙的過境章。然而，西班牙政府出於某些原因（我們可能永遠不會知道原因為何），前不久才禁止非法難民從法國入境西班牙。班雅明等人得知自己將被遣返，之後幾乎肯定會被拘留，再送往集中營。他們一行人被送到一間名為法蘭西客棧（Fonda de Francia）的小旅館，那裡戒備並不森嚴。畢兒蔓記得自己聽見「隔壁房間傳來巨大的喀嚓聲響」，過去一看發現班雅明「心灰意冷，身體徹底疲憊不堪。他跟我說他絕不回邊界，也絕不離開這間客棧。我跟他說除了離開，我們別無選擇，他說他有一個選擇，接著暗示他隨身帶了幾顆很有效的毒藥丸。當時他半裸躺在床上，身旁一塊小板子擺著祖父給他的美麗金色大錶，蓋子打開，而他一直在注意時間」。[24]當地有兩位醫師，其中一位下午和晚上去給班雅明放血與打針。九月二十六日晚上，班雅明寫了一張字條給逃亡夥伴葛蘭德，還有阿多諾。葛蘭德覺得字條必須銷毀，因此底下內容是她後來憑記憶重寫的：

> 在沒有出路的情況下，我別無他法，只能選擇結束。在庇里牛斯山裡一個無人認識我的小村落，我的生命將告結束。（va s'achever）
>
> 我請妳將我的想法轉達給阿多諾，並向他解釋我的處境。剩下的時間已經不夠寫我想寫的信了。[25]

那天夜裡，班雅明服用了大量嗎啡。事後回想，柯斯特勒記得他離開馬賽時身上帶的嗎啡多得足以「殺死一匹馬」。

班雅明臨終前那幾小時，以及他屍體的下落，恐怕後世再怎麼調查也不會知道了。葛蘭德日後回憶，她九月二十七日一早就收到班雅明的急訊。[26]她在班雅明的房裡見到他，班雅明給了她那張字條，並要她事後說他身體的情況是因為生病，接著便失去意識。葛蘭德找了一位醫師過來，對方表示已經救不回班雅明。根據葛蘭德的說法，班雅明死於九月二十七日。畢兒蔓事後回憶，班雅明的死訊在小鎮引發了騷動，多通付費電話從鎮上撥出，可能是給美國駐巴塞隆納領事館，因為班雅明持有美國入境簽證。九月二十七日，畢兒蔓等人在旅館餐廳用餐，遇見一名神父帶著二十位左右的修士拿著蠟燭唱彌撒。「他們要我們從附近的修道院過來，在班雅明教授床邊唱安魂曲，為他安葬。」[27]公所的死亡證明證實了葛蘭德的部分回憶，另部分則不然，而且有些關鍵事實和教堂紀錄對不上。[28]公所紀錄的死者姓名為「班雅明．華特博士」，死因為腦溢血。替班雅明檢查的西班牙醫師可能聽從他的遺願，隱瞞了自殺的事實，又或是其他難民賄賂了醫師，免得騷動害他們被遣返法國。但紀錄上的死亡日期為九月二十六日。

隔天，邊界就重新開放了。

離開波埠前，葛蘭德遵照班雅明遺願銷毀了幾封信件，可能無意間順帶銷毀了他帶著翻越庇里牛斯山的手稿。她還留下了足夠的錢，替班雅明的公墓墳址付了五年租金。公所死亡證明上的安葬日期是九月二十七日，但教會紀錄是九月二十八日。或許是因為死亡證明將他的姓名寫顛倒了，班雅明被葬在墓地的天主教徒區，而非其他宗教信徒區（更別說自殺者區了）。至於租用的墳址號碼，公所和教會紀錄再度不一致，不過其中一處可能的安息地立著一座小紀念碑。多年後，有人在公所紀錄裡找到了班雅明的遺物清單（可惜沒有找到遺物本身），同樣在「班雅明．華特」名下。清單上包括一只皮革公事包（但沒有手稿）、一只男士手錶、一支菸斗、六張照片、一張X光片、一副眼鏡、幾封信、報紙和其他文件，外加少許現金。

五年租約期滿，波埠墓園地窖裡多了一具屍體。班雅明的遺體可能隨後被送到了萬人塚。如今，以色列藝術家卡拉凡（Dani Karavan）設計的紀念碑就佇立在墓園中，俯瞰著小小的波埠港，以及遼闊的地中海。

尾聲

一九四〇年，當班雅明在西班牙邊境結束生命，他的名字早已開始在歐洲的回憶裡逝去。不過，這也只是代表他和德國其他思想自由的知識分子一樣，被納粹強制從記憶裡抹去。二戰那些年，靠著一小群朋友和崇拜者努力，班雅明的名聲得以延續，即使只是一道殘喘的火苗。儘管其間不乏有意義的舉動，例如阿多諾和霍克海默一九四四年就在《哲學的片簡》（*Philosophische Fragmente*，其初版三年後以《啟蒙的辯證》〔*Dialektik der Aufklärung*〕為名在阿姆斯特丹問世）裡向班雅明致敬，但知者寥寥可數。二戰後，分立東西德的藝術家與知識分子努力重建一九二〇年代活躍一時、但被第三帝國消滅殆盡的文化與自身的連結。一九五五年，阿多諾出版了兩卷班雅明作品集，正式揭開重新發現好友作品的序幕，並搭起重回威瑪文化的橋樑。儘管這套作品集並未引起大眾廣泛討論，卻得到不少作家與批評家的注意與研究，例如，堪稱二十世紀後半最重要德國小說家的約翰森（Uwe Johnson）就曾將這套書偷帶進東德，即使班雅明在東德被認為不夠正統。

直到一九六〇年代中，西德爆發學生運動，班雅明的作品（至少其中部分思想）才開始引發爭辯。一九六七年，作家海森布特（Helmut Heissenbüttel）於著名雜誌《水星》（*Merkur*）七月號抨擊阿多諾對班雅明作品的處理方式，並得到其他人贊同。儘管政治出發點大不相同，但西柏林的《另類》

（*Alternative*）雜誌和鄂蘭都附和海森布特的指控，也就是阿多諾的編輯方針基本上沿襲了社會研究所一九三〇年代在紐約對班雅明作品進行的內容審查。於是，以語文學開始的這場論辯，很快就成為針對西方如何運用與濫用馬克思政治思想的激烈口水戰。一九六八年後，隨著西德「回歸秩序」，這場未解決也無法解決的爭辯儘管對政治影響微乎其微，卻喚醒了班雅明作品的讀者群。一九七四年，由提德曼（阿多諾的學生兼指定編輯接班人）與史威朋豪瑟（Hermann Schweppenhäuser）主編的七卷本《班雅明文集》問世，從此德國得以欣賞班雅明的「多變馬賽克」。英語世界頭兩本班雅明文選分別是一九六九年由鄂蘭主編的《啟迪》（*Illuminations*）與一九七八年由德默茲（Peter Demetz）主編的《反思》（*Reflections*），兩者相隔了整整十年。這其間，倫敦的新左圖書公司（New Left Books）翻譯出版了《德國悲苦劇的起源》、《波特萊爾：發達資本主義時代的抒情詩人》的主要內容，以及班雅明論布萊希特的隨筆集。自此之後，不少期刊開始翻譯班雅明的其他重要隨筆，供英語世界的學者研讀，而哈佛大學出版社也從一九九六年開始出版四卷本《班雅明文選》，總算提供了一套全面（但遠非完整）的班雅明作品英譯。

一九八〇年代初，大眾和學界對班雅明的討論開始從涓涓細流變成了滔滔洪水。他的生平被塗上了神話色彩，終極社會邊緣人與失敗者的悲情形象也廣為流傳。詮釋者各自擁抱他思想的不同面向，不同版本的班雅明也隨之出現：他既是言詞激進的共產主義者，也是法蘭克福學派的新黑格爾主義者，無限地推遲他的政治行動；既是擁抱彌賽亞思想的猶太神秘主義者，也是擁抱世界主義的同化猶太人；既是文學解構主義的先驅，迷失在我們稱作語言的鏡廳裡，也是預見現代媒體改革將徹底翻新人類感覺中樞的社會理論家。班雅明的生平與作品為每個建構出來的形象都提供了素材，而貫穿其中的，是他的生平與作品抗拒定型與物化。「對偉大的作家而言，」班雅明曾在《單向街》裡說道，「完成的作品總是輕於他們一生留下的殘篇。因為只有更脆弱、更分心的人才會在結束時感到無比快樂，感覺自己因而重獲新生。」世世代代的未來讀者，必然會在他畢生創作的「矛盾的流動整體」中，找到自己版本的班雅明。

致謝

兩位作者要特別沃特斯（Lindsay Waters），他是本書的教父，哈佛大學出版社對班雅明作品的堅定信心也是由他而起。三十多年前，因著海勒（Erich Heller）與索克爾（Walter Sokel）的推波助瀾，使我們和班雅明結下了終生不解之緣。維齊斯拉與柏林藝術學院班雅明檔案館的夥伴在本書許多階段都提供了協助，至於定稿完成則是得到哈佛大學出版社的王珊珊（Shanshan Wang）和威徹斯特出版公司（Westchester Publishing Services）的專業團隊大力協助。寫書這些年有許多朋友、學者及同事為本書慷慨伸出援手，被我們纏著討論大大小小的問題，或追問細節，或提出論點徵詢他們意見。因此，我們非常感謝艾爾納（Michael Arner）、波夫（Alexander Bove）、卡達瓦（Eduardo Cadava）、查爾斯（Matthew Charles）、崔普美（Bo-Mi Choi）、克里斯提安（Ingrid Christian）、科爾（Norma Cole）、寇恩勾德（Stanley Corngold）、多爾帝（Brigid Doherty）、芬特（Kurt Fendt）、芬維斯（Peter Fenves）、佛爾（Devin Fore）、弗斯特（Hal Foster）、漢堡（Michael Hamburger）、哈里斯（Martin Harries）、考夫曼（Robert Kaufman）、克魯格（Alexander Kluge）、列文（Tom Levin）、里斯卡（Vivian Liska）、麥克法蘭（James MacFarland）、馬吉羅（Daniel Magilow）、麥克勞夫倫（Kevin McLaughlin）、門寧豪斯（Winfried Menninghaus）、摩根（Ben Morgan）、紐曼（Jane Newman）、菲稜（Tony Phelan）、拉賓巴克

（Andy Rabinbach）、李克特（Gerhard Richter）、桑特納（Eric Santner）、史密斯（Gary Smith）、史坦納（Uwe Steiner）、史都克（Jeffrey Stuker）、田中次郎（Jiro Tanaka）、塔普斯克特（Stephen Tapscott）、索伯恩（David Thorburn）、弗格（Joseph Vogl）、威德梅爾（Arnd Wedemeyer）、維德納（Daniel Weidner）、威格（Sigrid Weigel）和威爾克（Tobias Wilke）。我們課堂與討論課上的學生，以及國際班雅明學會（International Walter Benjamin Society）雙年會的年輕與會學者，這些年來給了我們許多刺激與挑戰，讓我們對班雅明有更細緻的理解。布朗（Julia Prewitt Brown）與詹寧絲（Susan Constant Jennings）給予的無窮啟發與支持（更不用說耐心了），更是大多數作家夢寐以求的款待。

縮寫對照表

以下是用於正文與註釋的縮寫，詳細資訊請見簡選書目。

AP 班雅明《拱廊街計畫》（*The Arcades Project*）

AW 班雅明《藝術作品在其可技術複製的時代與媒體論集》（*The Work of Art in the Age of Its Technological Reproducibility, and Other Writings on Media*）

BA 班雅明與阿多諾《班雅明與阿多諾書信全集》（*The Complete Correspondence*）

BC 班雅明《柏林童年》（*Berlin Childhood around 1900*）

BG 班雅明與卡普魯絲《班雅明與卡普魯絲書信集》（*Correspondence*）

BS 班雅明與修勒姆《班雅明與修勒姆書信集》（*Correspondence*）

C 班雅明《書信集》（*Correspondence*）

EW 班雅明《早期作品集》（*Early Writings*）

GB 班雅明《班雅明書信集》（*Gesammelte Briefe*）

GS 班雅明《班雅明文集》（*Gesammelte Schriften*）

LY 修勒姆《青春哀歌》（*Lamentations of Youth*）

MD 班雅明《莫斯科日記》（*Moscow Diary*）

OGT 班雅明《德國悲苦劇的起源》（*The Origin of German Tragic Drama*）

OH 班雅明《論大麻》（*On Hashish*）

SF 修勒姆《班雅明：一段友誼的故事》（*Walter Benjamin: The Story of a Friendship*）

SW 班雅明《班雅明文選》（*Selected Writings*）

the Pyrenees，譯者科布里克（David Koblick）（Evanston, IL: Northwestern University Press, 1991）。我們目前對於班雅明辭世前那段時間的瞭解，大部分來自菲特珂對他一九四〇年九月橫越庇里牛斯山的回憶。在為數不多的已知追述中，比較晚近的是畢兒蔓（Carina Birman）回憶她自己橫越庇里牛斯山經過的作品《如履薄冰》（*The Narrow Foothold*）（London: Hearing Eye, 2006）。

17 莫根斯特恩致信修勒姆，一九七二年十二月二十一日，引自Puttnies and Smith, *Benjaminiana*, 203-205.

18 Fittko, "The Story of Old Benjamin," 947.

19 班雅明翻越庇里牛斯山、抵達波埠和辭世的確切日期不得而知。現有證據包括菲特珂、葛
718 蘭德與畢兒蔓的回憶錄，公務機關和教會的紀錄，以及班雅明本人的最後一封信，但證據之間多有出入。菲特珂記下的出發日期是九月二十六日。

20 Fittko, "The Story of Old Benjamin," 950, 948.

21 出自二〇〇五年菲特珂過世前和作者的電話訪談內容。

22 菲特珂後來充當嚮導，帶過不少逃難隊伍，直到一九四一年她本人才逃離法國，先在哈瓦那住了八年，最終於芝加哥落腳，靠擔任翻譯、秘書及辦公室經理支持自己和丈夫的生活開銷。菲特珂的姪女絲托朵爾斯基（Catherine Stodolsky）曾為她撰寫小傳，參見http://catherine.stodolsky.userweb.mwn.de.

23 Birman, *The Narrow Foothold*, 3.

24 出處同上，頁5。

25 GB, 6:483，英譯見AP, 946.

26 許多細節可以在葛蘭德一九四〇年十月寫的一封信裡找到，見GS, 5:1195-1196. 該信由佐恩（Harry Zohn）英譯，收錄於SF, 224-226.

27 Birman, *The Narrow Foothold*, 9.

28 教堂紀錄和其他相關文獻的傳真本，參見Scheurmann and Scheurmann, eds., *Für Walter Benjamin*, 101ff.

法「可感知性是一種專注」、梵樂希的說法「我〔夢中〕所見之物看著我，一如我看著它們」，以及（在註釋裡）克勞斯的說法「愈近看一個語詞，那個語詞回看的距離就愈遠」，SW, 4:338-339, 354n77. 班雅明的「靈光」概念可能受多德（Léon Daudet）一九二八年出版的《憂鬱》（*La melancholia*）影響。多德稱波特萊爾為「靈光詩人」，並稱攝影與電影是「靈光發送器」，見Agamben, *Stanzas*, 44-45.

26 Baudelaire, *The Painter of Modern Life*, 8.

第十一章　歷史的天使：巴黎、訥韋爾、波埠（1939-1940）

1 Sahl, "Walter Benjamin in the Internment Camp," 348.

2 阿宏回憶錄，一九三九年，耶路撒冷猶太國家與大學圖書館，引自Scheurmann and Scheurmann, eds., *Für Walter Benjamin*, 115.

3 Sahl, "Walter Benjamin in the Internment Camp," 349.

4 出處同上，頁349-350。

5 班雅明的死訊令朵拉哀慟不已。一九四一年七月十五日，她寫了封英文信給修勒姆：「最親愛的格哈德，時隔七年再次收到你的來信，我一見到你的字就哭了……親愛的格哈德，華特的死留下了一塊空白，無疑將緩緩吸乾我對未來的所有期盼與想望。我知道失去他之後，自己也活不長了。你聽了可能很驚訝，因為我已經不再是他生命的一部分，但他卻是我生命的一部分……我原本認為，也這樣覺得，這個世界能留住像他這樣有價值又敏銳的人，就不可能太壞，但我似乎錯了。╱今天是他生日。我應該不用再向你解釋……要是我一直陪著他，他就不會死了。他一九一七年就沒有死……一九四〇年一月，我最後一次
717 和他見面，再之前是一九三九年夏天。我求他來倫敦，還說房間已經幫他準備好了。」引自Garber, "Zum Briefwechsel zwischen Dora Benjamin und Gershom Scholem nach Benjamins Tod," 1843. 亦可參見Jay and Smith, "A Talk with Mona Jean Benjamin, Kim Yvon Benjamin, and Michael Benjamin."

6 之前一份未命名的草稿還多了兩小節，但未收進後來完成的這份手稿中，參見SW, 4:397. 亦可參見*Über den Begriff der Geschichte*, 30-43，其中收錄了這篇隨筆的作者版（Handexemplar），共十九小節，包括在隨筆中標注為XVIIa的補遺，其開頭如此寫道：「馬克思藉由無階級社會的概念，將彌賽亞時間的概念世俗化了，這是好事。」（SW, 4:401-402）

7 出現在〈歷史的概念〉補遺裡的這個用語出自班雅明一九二九年發表的隨筆〈超現實主義〉，文中相關聯的概念是「圖像空間」。（SW, 2:217）關於「彌賽亞時間」，可對照一九一六年的隨筆〈悲苦劇與悲劇〉。（EW, 242）

8 Sahl, *Memoiren eines Moralisten*, 82-85.

9 有關好歐洲人，參見尼采《人性的，太人性的》格言四七五。有關最後的人，參見尼采《查拉圖斯特拉如是說》前言第五節。

10 有關班雅明的遺作（Nachlaß），參見Tiedemann, *Dialektik im Stillstand*, 151-155.

11 班雅明的十四行詩收錄於GS, 7:27-67，創作時間約在一九一三至二二年，但日期無法確定。

12 米薩克認為一九四五年當時，巴塔耶純粹是忘了這部分文稿，包括米薩克年輕時所寫但未發表的論電影隨筆。班雅明將這篇隨筆和他自己撰寫中的文稿收在了一起。參見Missac, *Walter Benjamin's Passages*, 121-122.

13 Ingrid Scheurmann, "Als Deutscher in Frankreich: Walter Benjamins Exil, 1933-1940," in Scheurmann and Scheurmann, eds., *Für Walter Benjamin*, 96.

14 GB, 6:475-476（一九四〇年八月二日致信阿多諾）。BA, 339-340刪去了這四句引文。

15 Fabian and Coulmas, *Die deutsche Emigration in Frankreich nach 1933*, 85ff.; cited in Scheurmann, "Als Deutscher in Frankreich," 97.

16 參見Fittko, "The Story of Old Benjamin," 947. 這篇隨筆重印於Lisa Fittko, *Escape through*

第十章　波特萊爾與巴黎街道：巴黎、聖雷莫、斯文堡（1938-1939）

1　Lackner, "'Von einer langen, schwierigen Irrfahrt,'" 54-56.

2　Young-Bruehl, *Hannah Arendt*, 122.

3　SF, 205-214.

4　Paulhan, "Henry Church and the Literary Magazine 'Mesures.'"

5　Denis Holier，引自 Surya, *Georges Bataille*, 261.

6　參見Bataille et al., *The College of Sociology, 1937-1939*.

7　Adorno and Horkheimer, *Briefwechsel*, 340.

8　Benjamin, *Georg Benjamin*, 255-256.《德國人》的引文出自SW, 3:173.

9　Benjamin, *Georg Benjamin*, 256.

10　這句話後來經過修改，放入了《拱廊街計畫》卷宗J51a,6。這封寫給霍克海默的信已有譯文出版。我們在此處做了大幅修改，讓它更貼近德語原文。

11　修訂版手稿亦即現稱的最終版（Fassung letzter Hand）共有三十章和兩則附錄，順序由作者本人編排，於一九八一年在巴黎由阿岡本（Giorgio Agamben）發現，一九八九年收錄於GS, vol.7 出版。而阿多諾一雷克斯羅特版（Adorno- Rexroth version）則有四十章，時間跨度一九三二至三四年，順序由編輯編排，一九七二年收錄於GS, vol.4出版。《柏林童年》最早成書於一九五〇年，由阿多諾主導，書名為《一九〇〇年的柏林童年》（*Berliner Kindheit um Neunzehnhundert*）。

12　法語原文出自波特萊爾一八四六年發表的〈給年輕文人的建議〉（Conseils aux jeunes littérateurs），引自《拱廊街計畫》卷宗J4,2。

13　布萊希特一九三六年在信裡告訴班雅明，「棋盤孤伶伶的；每半小時就會因回憶而全身顫抖；那便是當你下了一步棋的時候。」引自 Wizisla, *Walter Benjamin and Bertolt Brecht*, 59.「流亡者小團體非常熱衷下棋和玩牌。最常是下棋，但也會玩（一九三六年取得專利的）大富翁、撞球、撲克牌和六六（一種紙牌遊戲）。」（58）

14　見"Diary Entries, 1938," in SW, 3:335-343.

15　日記接著寫道，「我們資產階級認為自己是人，貴族就算頭落地了，至少屌還翹著。資產階級連性慾都想消滅。」引自Wizisla, *Walter Benjamin and Bertolt Brecht*, 36. 班雅明在《拱廊街計畫》卷宗O11a,3也提到了這段對話。另見GS, 7:737.

16　〈波特萊爾筆下第二帝國的巴黎〉收錄於SW 4:3-92.

17　有關波特萊爾是「沒化妝的模仿家」的說法，參見《拱廊街計畫》卷宗J52,2，尤其是隨後的J56,5及J62,6。

716 18　OGT, 175.

19　SW, 4:53-54. 可對照《拱廊街計畫》卷宗M1a,1、S2,1、M°,4（疊印，覆蓋〔Überdeckung〕），以及SW, 2:94（疊印〔surimpression〕）。亦可對照阿多諾一九五五年對班雅明的形容：「他沉浸於現實中的方式，就像沉浸於重複書寫的羊皮紙本中。」（"Introduction to Benjamin's Schriften," 8）

20　Missac, *Walter Benjamin's Passages*.

21　鄂蘭致信修勒姆，一九三九年五月二十九日，引自SF, 220. 亦參見GB, 6:255.

22　班雅明在《拱廊街計畫》卷宗N15a,3引用了儒貝爾對文體學的看法：「就文體而言，寫作者應該致力『使用日常語言咬住和穿透讀者。偉大的思想正是透過日常語言而得以流傳，並接受為真……因為就話語而言，沒有什麼比我們熟悉的語詞更清晰了。清晰是真理再強烈不過的特色，以致常和真理混為一談』。」

23　〈論波特萊爾的幾個主題〉收錄於SW, 4:313-355.

24　「我們活在社會主義、婦女運動、交通、個人主義的時代。」（EW, 26〔1911〕）

25　參見〈論波特萊爾的幾個主題〉第十一節。提到這個概念時，班雅明引用了諾瓦利斯的說

19 Adorno and Horkheimer, *Briefwechsel*, 165.
20 霍克海默致信班雅明，一九三六年三月十八日。（引自GS, 1:997）
21 萊希致信班雅明，一九三六年二月十九日，Walter Benjamin Archive 1502-1503.
22 班雅明一九三七年夏天完成法譯，取名為〈敘事者〉（Le Narrateur），直到一九五二年才由《法蘭西信使》雜誌發表。見GS, 2:1290-1309.
23 班雅明為《社會研究期刊》一九三七年卷撰寫了下列書評：安東（Helmut Anton）的《十七世紀晚期的社會理想與社會道德》（*Gesellschaftsideal und Gesellschafts- moral im ausgehenden 17.Jahrhundert*）（Breslau, 1935）；卡赫特（Hansjörg Garte）的《哥德小說的藝術形式》（*Kunstform Schauerroman*）（Leipzig, 1935）；瓦澤爾（Oskar Walzel）的《浪漫主義：一、施勒格爾早期藝術展；二、米勒的美學》（*Romantisches. I. Frühe Kunstschau Friedrich Schlegels. II. Adam Müllers Ästhetik*）（Bonn, 1934）；阿蘭（Alain）的《斯湯達爾》（Paris, 1935）；霍夫曼斯塔爾的《書信集：1890-1901》（Berlin, 1935）；布拉克（Hermann Blacker）的《普魯斯特的藝術現實建構》（*Der Aufbau der Kunstwirklichkeit bei Marcel Proust*）（Berlin, 1935）；布洛赫的《喬伊斯與現在：喬伊斯五十歲誕辰演講》（*James Joyce und die Gegenwart: Rede zu Joyces 50. Geburtstag*）（Vienna, 1936）。書評重印於GS, 3:511-517.
24 引自Wizisla, *Walter Benjamin and Bertolt Brecht*, 59.
25 出處同上。
26 SF, 202.
27 見GS, 3:482-495.
28 朵拉致信班雅明，一九三六年四月十九日，班雅明檔案館015，朵拉．蘇菲．班雅明1935-1937, 1936/4。
29 朵拉致信班雅明，一九三六年七月十日、八月十六日及十月十六日，班雅明檔案館015，朵拉．蘇菲．班雅明1935-1937, 1936/8及1936/10。
30 朵拉致信班雅明，一九三七年一月二十六日，班雅明檔案館015，朵拉．蘇菲．班雅明1935-1937。
31 霍弗致信朵拉，一九三七年五月二十四日，班雅明檔案館018，朵拉．蘇菲．班雅明1937-1939, 1937/5。
32 AP, 470（N7,6）; AP, 918（Materials for the Exposé of 1935）.
33 班雅明對沉思的態度相當矛盾，這點很有他的特色，並且從《拱廊街計畫》的〈初步速寫〉的一個段落就看得出來：「在《拱廊街計畫》裡，沉思（Kontemplation）必須受到審判，但它應該出色地為自己辯護、證明自己。」（AP, 866〔Q°,6〕）亦可參見H2,7對收藏家「『無利害』沉思」的討論。
34 霍克海默和洛文塔爾（分別於一九三七年三月十六日和一九三七年五月八日）寫給班雅明的信件內容，參見GS, 2:1331-1337, 1344-1345.
35 班雅明一九三七年五月十七日寫了一封英文信給萊達，顯然沒有理會霍克海默一九三六年十二月三十日在信裡的要求，因為他提議寄給萊達〈藝術作品在其可技術複製的時代〉德語原文進行英譯。參見GB, 5:530, 458-459n.
36 克拉夫特一九四〇年四月三十日致信霍克海默，節錄自GS, 2:1402. 至於克拉夫特和班雅明針對重新發現約赫曼的爭執，其他相關文獻請見1397-1403.
715 37 Sohn-Rethel, *Warenform und Denkform*, 87ff.
38 奎內克的話出自《維也納日報》，一九三七年五月十八日，引自Müller-Doohm, *Adorno*, 342.
39 Adorno and Horkheimer, *Briefwechsel*, 240.
40 尤其參見Falasca-Zamponi, *Rethinking the Political*.

52 GB, 4:477n.

53 Horkheimer, *Briefwechsel 1913-1936*, 246.

54 Smollett, *Travels through France and Italy*, 188-189.

55 這裡指的是班雅明一九三三年發表的評論〈爐邊〉，參見本章註釋20。

56 BS, 153n1.

57 班雅明對〈卡夫卡〉的修改收錄於GS, 2:1248-1264.

58 〈一分不差〉（Auf die Minute）收錄於GS, 4:761-763.〈漫步閒談〉（Conversation above the Corso: Recollections of Carnival Time in Nice）收錄於SW, 3:25-31.

59 布洛赫《我們時代的遺產》（*Erbschaft dieser Zeit*）一九三四年初次出版，一九六二年推出增補版，英譯本便譯自增補版。此處引文出自頁8, 221, 207-208, 339, 346。有關阿多諾對
713 這本書的批評（他寫在一九三五年的一封信中，該信現已佚失）見BG, 129-130, 134.

60 參見一九三四年八月〈希特勒變弱的男子氣概〉的片段。（SW, 2:792-793）文中班雅明將希特勒比作「女版流浪漢」，比卓別林的電影《大獨裁者》早了六年。

第九章　巴黎拱廊街：巴黎、聖雷莫、斯文堡（1935-1937）

1 班雅明妹妹杜拉致信班雅明，一九三五年三月二十八日（Walter Benjamin Archiv 015: Dora Benjamin 1935-1937, 1935/3）；前妻朵拉致信班雅明，一九三五年五月二十九日（Walter Benjamin Archiv 017: Dora Sophie Benjamin 1933-1936, 1935/5）。

2 參見Täubert, "Unbekannt verzogen…"

3 *Adrienne Monnier et La Maison des amis des livres 1915-1951*, ed. Maurice Imbert and Raphaël Sorin（Paris, 1991）, 43，引自BG, 170.

4 見GS, 5:1262.

5 完整的大會紀錄直到二〇〇五年才發表，參見Teroni and Klein, *Pour la défense de la culture*. 對這次大會的權威評價，參見Rabinbach, "When Stalinism Was a Humanism: Writ- ers Respond to Nazism, 1934-1936," in *Staging Anti-Fascism*.

6 Rabinbach, "When Stalinism Was a Humanism."

7 Wolfgang Klein and Akademie der Wissenschaften der DDR, Zentralinstitut für Literaturgeschichte, *Paris 1935: Erster Internationaler Schrifts-tellerkongress zur Verteidigung der Kultur: Reden und Dokumente mit Materialien der Londoner Schriftstellerkonferenz 1936*（Berlin: Akademie- Verlag, 1982）, 60，引自Rabinbach, "When Stalinism Was a Humanism."

8 Klein, *Paris 1935*, 56, 引自Rabinbach, "When Stalinism Was a Humanism."

9 Klein, *Paris 1935*, 61, 引自Rabinbach, "When Stalinism Was a Humanism."

10 Rabinbach, "When Stalinism Was a Humanism."

11 杜拉致信班雅明，一九三五年三月二十八日，Walter Benjamin Archiv 015: Dora Benjamin 1935-1937, 1935/3.

12 聖家堂是高第在巴塞隆納興建的大教堂，至今仍未完成；蒂比達博山隸屬於科利塞羅拉山脈，俯瞰巴塞隆納。

13 有關巴德的事跡，見GB, 5:166-167n.

14 參見Hansen, *Cinema and Experience*.

15 在其他地方，班雅明認為所有事物都有靈光（源自希臘文aura，意思是「呼吸」或「微風」），並如此論及梵谷的畫作：「或許沒有什麼比梵谷的晚期畫作更能闡明靈光的概念了。在那些畫裡……靈光和其他物品畫在了一起。」（OH, 28, 163n2）

16 有關中國畫家的傳說，可對照《柏林童年》。（SW, 3:393）

17 Surya, *Georges Bataille*, 146.

714 18 出處同上，頁221-222。

28 〈來自孤獨的故事〉共有三篇，收錄於GS, 4:755-757.

29 參見Scholem, "Walter Benjamin and His Angel."〈阿格西勞斯．桑坦德〉的兩個版本便是在這篇文章裡首度面世。亦可參見van Reijen and van Doorn, *Aufenthalte und Passagen*, 139.

30 關於等待女人這個母題，可對照BC, 72-73和AP, 855（M°,15）。其中等待是後者的中心主題。班雅明將之從其古老的神學脈絡下挪移過來，和無聊、漫遊、夢境、大麻、城市的「寄生元素」，甚至和待售商品相連結（O°,45），並一度提到應該有「等待的形上學」（O°,26）。對照EW, 7-8（1913），亦可參見Kracauer, "Those Who Wait"（1922）.

31 這篇譯文雖然品質很有問題，但在班雅明安排下，還是於一九三五年在《南方札記》雜誌刊出。（見GB, 4:414-415）

32 見AP, 331, 342（Convolute J56a,8〔*Kalvarienberg*〕; J57,1〔*Opfergang*〕; J64,1〔*Passionsweg*〕), and SW, 4:167（"Central Park," Section 10）.

33 Selz, "Benjamin in Ibiza," 364.

34 一九三四年三月，班雅明比較重要的藏書裝成五、六個貨箱運抵了丹麥斯科夫博斯坦的布萊希特住處，但如今他的藏書只剩小部分保留在莫斯科。班雅明收藏的海因勒兄弟手稿同樣屬於柏林藏書的一部分，後來也佚失了。參見BS, 72, 82-83, 102和GB, 4:298n. 亦可參見*Walter Benjamin's Archive*, 4.

35 Palmier, *Weimar in Exile*, 228.

36 社會研究所的詳盡歷史，請見Jay, *The Dialectical Imagination*和Wiggershaus, *The Frankfurt School*.

712 37 對於奧地利馬克思主義的研究，最出色的作品仍然是Rabinbach, *The Crisis of Austrian Socialism*。

38 Kluke, "Das Institut für Sozialforschung," 422-423.

39 尤其參見Ogden, "Benjamin, Wittgenstein, and Philosophical Anthropology" 和Gess, "'Schöpferische Innervation der Hand.'"

40 班雅明的評論〈布萊希特的《三便士小說》〉（SW, 3:3-10），大約寫於一九三五年一月至二月，在他離世前都未發表。

41 有關這本小說的情節與主要母題，見Wizisla, *Walter Benjamin and Bertolt Brecht*, 49-51. 故事內容和勒索有關，而且雖然兩位作者將這本小說當成一種文學遊戲（jeu），卻也不忘實踐他們的關注，揭發資產階級社會的運作機制。

42 作家斯珀伯的發言引自Palmier, *Weimar in Exile*, 184.

43 Lottmann, *Rive Gauche*（Paris, 1981），引自Palmier, *Weimar in Exile*, 190.

44 修勒姆這裡指的是題為〈性覺醒〉的那一章。（BC, 123-124）有關兩人一九三三年初對這方面的意見交流，參見BS, 25.

45 關於超越專門化，可對照EW, 204〈學生生活〉和SW, 2:78〈履歷三〉。

46 班雅明在此一如既往地疊加了自己對其他書籍的解讀：他一九三四年一月讀了馬樂侯的《人的命運》，指出故事裡有個關鍵時刻，主角清（Kyo）認不出留聲機播放的是他自己的聲音，顯示了他的自我異化。

47 可比較科恩的說法：「救贖……繫於每個受苦的時刻，每個受苦的時刻都構成救贖的時刻。」（《理性的宗教》, 235）亦可對照「救贖那不可救贖的」。（C, 34〔1913〕）

48 格呂克致信班雅明，一九三三年十二月二十二日，引自GB, 4:298n.

49 Ruth Berlau, *Brechts Lai-tu*（Darmstadt, 1985），引自Brodersen, *Spinne im eigenen Netz*, 233.

50 「猶太法西斯主義」一詞自一九二〇年代就開始於德國流行，往往跟攻擊猶太建國主義有關。參見Wizisla, *Walter Benjamin and Bertolt Brecht*, 166n.

51 Karl Kraus, "Warum die Fackel nicht erscheint" in *Die Fackel*, Heft Nr. 890-905（July 1934）, 224，引自GB, 4:469.

9 Selz, "Benjamin in Ibiza," 362.

710 10 這個名字來自班雅明一年前和施派爾合力完成的劇作《一件外套、一頂帽子和一隻手套》，參見Walter Benjamin and Gretel Adorno, BG, 6n5.

11 Selz, "Benjamin in Ibiza," 361. 班雅明和塞爾茲最後共譯了五篇（收錄於GS, 4:979-986），直到那年夏末兩人友誼冷卻為止。參見GB, 4:374-375, 393-394.

12 "An Experiment by Walter Benjamin"（1959），Maria Louise Ascher英譯，收錄於OH, 147-155.

13 "Crock Notes," in OH, 85. 班雅明吸大麻的經驗，見本傳記第六章。

14 根據格奧格妻子希爾妲的說法，她先生是在毛特豪森被殺的，參見*Georg Benjamin*, 207-291. 相關史料的概述請見Brodersen, *Walter Benjamin*, 208-209. 班雅明的妹妹杜拉當時也還在德國，但她一九三四和三五年去了巴黎（並和班雅明重新取得聯繫），隨後逃往瑞士，一九四六年在瑞士過世。

15 Brecht, *Poems 1913-1956*, 319.

16 Valero, *Der Erzähler*, 119-120.

17 他提到的是《歐洲評論》(*Europäische Revue*)。阿多諾那年春夏在上頭發表了幾篇樂評，並曾向編輯莫拉斯（Joachim Moras）推薦班雅明，可惜沒有結果。參見GB, 4:196n, 211n.

18 BS, 41.

19 班雅明一針見血地告訴修勒姆：「如果神曾經藉由實現某位先知的預言來毀滅對方，那麼格奧爾格就是那位先知。」(BS, 59) 儘管格奧爾格信奉威權保守主義，卻強烈反對納粹崛起，不僅拒絕納粹政府頒給他的金錢與榮譽，更不顧生命已到盡頭，於一九三三年流亡海外。一九四四年七月刺殺希特勒未果的舒托芬堡伯爵（Count von Stauffenberg）便是其追隨者。

20 參見Selz, "Benjamin in Ibiza," 359-360.〈爐邊〉原本以化名霍爾茲發表，後收錄於GS, 3:388-392. 亦可參見〈說故事的人〉第十五節：「小說的讀者……吞噬材料，就好比壁爐裡的火焰吞噬柴薪一般，而貫穿整部小說的懸念則好比煽旺爐火，讓火飛揚搖曳的氣流。」(SW, 3:156) 班雅明告訴修勒姆，〈爐邊〉包含「一套和盧卡奇完全不同的小說理論」。

21 可對照班雅明在一九三三年的〈經驗與匱乏〉裡的說法，本章稍後會作討論。

22 修勒姆同樣不建議班雅明將強烈左傾的兒子史蒂凡送到巴勒斯坦，見BS, 49.

23 可對照AP, 388：「普魯斯特能夠成為空前的現象，只因為這個世代變得更加窮困，不再能從身體或自然獲得喚醒記憶的輔助，只能以孤立、零碎和病態的方式擁有童年世界。」(卷宗K1,1)

24 對於「新事物」這個主題，可對照AP, 11（Exposé of 1935, section V），文中引用了波特萊爾《旅航》最後一句：「深入未知尋找**新事物**！」("Au fond de l'Inconnu pour trouver du
711 *nouveau*!")〈經驗與匱乏〉結尾的「das von Grund auf Neue」(直譯為「從根基開始的新事物」) 或許便在呼應這個詩句。這就是班雅明所指的「全新之物的使命」。

25 滕凱特的生平概略，參見van Gerwen, "Angela Nova," 107-111.

26 參見van Gerwen, "Walter Benjamin auf Ibiza," 2:981（引自GB, 4:504n）. 范格文（Will van Gerwen）曾經訪問「圖兒」滕凱特和塞爾茲，並於文中暗示班雅明一九三三年八月十三日將一份〈阿格西勞斯．桑坦德〉(見本章討論) 送給滕凱特當作三十一歲生日禮物（第二版的寫作日期）。他引用她一九三四年六月寫給班雅明的信，信中寫道，「您對我遠不只是好友……您徹底瞭解我，就是這樣。」但她接著便針對兩人的關係發問：「您為何想要不存在也不可能存在的東西？為什麼看不見已經存在的東西有多美好？」(van Gerwen, "Walter Benjamin auf Ibiza," 971-972) 班雅明一九三三年夏天寫了兩首詩給滕凱特，收錄於GS, 6:810-811.

27 引自*Global Benjamin*, 972（Valero, *Der Erzähler*, 182-183）.

中世紀以後，我們就對構成世界的複雜層次失去了洞見。」（SW, 1:284）亦可對照阿多諾的評論：「〔班雅明〕沉浸於現實裡的方式，就如沉浸於覆寫羊皮紙一般。」（〈班雅明《著作集》導言〉〔1955〕，收錄於Smith, *On Walter Benjamin*, 8）過去與現在的疊加（Überblendung）在《拱廊街計畫》具有重要作用，從本書第六章的討論，以及班雅明論波特萊爾時對寓言的看法（例如SW, 4:54和GB, 6:65）都能看出這一點。

69 參見SW, 2:479. 寓居（Wohnen）這個主題對二戰後的海德格同樣具有關鍵的重要性，尤其他一九五〇年代初完成的隨筆〈築居思〉，收錄於Heidegger, *Poetry, Language, Thought*, 141-159.

70 在他一九三八年為該文所寫的前言裡，班雅明指出自己「嘗試……洞察過去的不可回復性——不是偶然的傳記不可回復性，而是必然的社會不可回復性」。（BC, 37）

71 "Nachwort zur *Berliner Kindheit um Neunzehnhundert*"（1950）, in Adorno, ed., *Über Walter Benjamin*, 74-77.

709 72 Brodersen, *Walter Benjamin*, 198-200提到了其中幾位後來成為德語學家、社會學家、藝術史學家和記者的學生的名字，並摘錄留存下來的一九三二年夏季學期課程協定，這些文獻收錄於*Adorno Blätter IV*（Munich, 1995）, 52-57；至於冬季課程則未留下任何書面紀錄。

73 參見這時期寫給林弗特（Carl Linfert）的信，收錄於GB, vol.4. 書評第一版的英譯收錄於SW, 2:666-672.

74 〈利希滕貝格傳略〉（Lichtenberg: Ein Querschnitt）完成於一九三三年二月底或三月初，不久後班雅明便逃離了德國。這篇文章於他去世後出版，收錄於GS, 4:696-720。廣播劇的初期筆記，其中納入了取自舍爾巴特小說《萊薩本迪奧》的元素，收錄於GS, 7:837-845。參見C, 391, 383與84（1916）; 以及GB, 4:87n, 59-60n。〈德國人〉還收錄了利希滕貝格的一封信。（SW, 3:168-170）

75 〈姆姆類仁〉於一九三三年五月在《福斯日報》發表，見BC, 131。

76 這兩篇文章的英譯請見SW, 2:694-698, 720-722. 亦可參見班雅明約於一九三三至三五年寫下的論模仿力的殘篇，收錄於GS, 2:955-958. 班雅明對語言裡的相似性的見解，是受到萊昂哈德（Rudolf Leonhard）的「語詞擬聲論」啟發，出自萊昂哈德一九三一年的作品《語詞》（*Das Wort*）。班雅明在這兩篇文章裡都曾引用書中內容，參見他一九三二年十月二十五日的信件。（BS, 22）

77 有關班雅明對「媒介」一詞的使用，可以參見他一九一六年隨筆〈論語言本身與人的語言〉（EW, 253-255, 267），本書第三章也有討論。

第八章　流亡：巴黎、伊比薩島（1933-1934）

1 "Curriculum Vitae（VI）: Dr. Walter Benjamin"（SW, 4:382）.

2 參見Selz, "Benjamin in Ibiza," 360. 文中引用了一九三三年三月諾格哈特寫給塞爾茲的信，信中提到班雅明離開柏林前曾寫信給他，安排伊比薩島的住宿事宜。

3 Palmier, *Weimar in Exile*, 2.

4 實際人數的估計差距在一萬人左右，參見ibid., 685n153.

5 班雅明後來向修勒姆提到穆齊爾的這本小說：「我對它失去了胃口，也告別了這位作者，因為我認為他聰明過頭了。」（BS, 52）

6 原文為Ne s'éteint que ce qui brilla…/Lorsque tu descendais de l'hôtel Istria,/Tout était différent Rue Campagne Première,/En mil neuf cent vingt neuf, vers l'heure de midi.

7 參見朵拉一九三四年七月十五日寫給班雅明的生日信。GB, 4:476-477n部分引用了信中內容。

8 塞爾茲概略記述了他們晚上在巴塞隆納波希米亞紅燈區「華埠」（Barro Chino）的經歷，參見Selz, "Benjamin in Ibiza," 361. 亦可參見GB, 4:244和SF, 189.

容，至於全文則收錄於Garber, “Zum Briefwechsel,” 1843。班雅明於一九三二年六月和七月也表達了類似念頭，本章稍後將作討論。

50 這篇文章談論「其他自然」和「視覺無意識」（SW, 2:510, 512），以及靈光是「時空的古怪編織」（518-519）的部分，後來幾乎一字不漏出現在〈藝術作品在其可技術複製的時代〉中。

51 引自〈攝影小史〉，收錄於班雅明〈藝術作品在其可技術複製的時代〉，276-77。此處所用的版本和SW收錄的不同。

52 參見AP, 22，文中指出「現代美」是波特萊爾整套藝術論的關鍵；另外參見671-692（卷宗Y,〈攝影〉），文中談到了納達爾和十九世紀攝影。

53 Puttnies and Smith, *Benjaminiana*, 33.

54 參見Valero, *Der Erzähler*, 36-58. 這是譯自*Experiencia y pobreza: Walter Benjamin en Ibiza*, 1932-1933（2001）.

55 Selz, “Benjamin in Ibiza,” 355.

56 出處同上，頁355-356。

57 參見Valero, *Der Erzähler*, 119, 155.

58 出處同上，頁83-94。

59 SF, 188-189. 歐嘉後來告訴修勒姆，她的拒絕讓班雅明「非常難以接受，甚至後來她結婚了，班雅明見到她丈夫謝伊（Philipp Schey），也不曾向對方問起她。謝伊是布萊希特那個圈子的人，後來在巴黎有很長一段時間跟班雅明有往來」。亦可參見Valero, *Der Erzähler*, 98-99.

60 Valero, *Der Erzähler*, 130.

61 一年半後，施派爾仍然未能支付這次合作的報酬，導致兩人友誼破裂。參見BG, 74-76, 80.

62 這四封信收錄於GB, 4:115-120.

63 班雅明在這裡顯然拿小公園飯店的地址——維勒蒙死巷六號（6 Impasse Villermont）——和「公園景觀」來玩一語雙關。法文impasse有「死巷」和「絕路」的意思。信裡的「青青草
708 原」其實是一張床。它在班雅明〈柏林紀事〉裡的形象是性冒險的場所：「『青青草原』——一張依然君臨周圍沙發之上的床，我們曾在上頭為那些偉大的睡眠饗宴譜寫過一段小巧溫馴、東方般蒼白的尾音，幾年前在巴黎，超現實主義者正是在這些饗宴上不知不覺展開了他們的反動生涯……在這片草原上，我們將那些在家裡仍然能逗我們開心的女人一字排開，只是這樣的女人少之又少。」（SW, 2:599）

64 班雅明的遺囑〈我的遺囑〉（Mein Testament）全文收錄於GB, 4:121-122n，英文節譯收錄於SF, 187-188。

65 班雅明還將《單向街》的〈放大〉（見SW, 1:463-466）做了一些改動，放進《柏林童年》裡。

66 班雅明在九月二十一日寫給塞爾茲的信裡的說法則是「一系列註記」（une série de notes）。（GB, 4:132）他接著在信裡說道：「它是某種童年追憶，但去除了所有明顯的個人與家庭色彩，是一個孩子和一九〇〇年左右的柏林市的面對面接觸。」

67《柏林童年》於一九五〇年首度成書出版，內文順序由阿多諾決定，並成為一九七二年阿多諾—雷克斯洛特（Rexroth）版（GS, 4:235-304）的基礎。直到一九八一年，班雅明一九三八年的修改稿在巴黎被人發現，所謂的最終版（Fassung letzter Hand）才在一九八九年編輯出版（GS, 7:385-433），並且以班雅明自己安排的順序呈現。只是這並不能視為定版，因為班雅明一九三二至三四年大幅刪減了內文。更多關於這部作品的出版歷程、各個現存版本及班雅明對草稿的修改，見GS, 7:691-705, 715-716, 721-723及BC的譯者前言。未完成的〈柏林紀事〉（Berliner Chronik）草稿於一九七〇年初次出版，一九八五年經編輯增補後再版，收錄於GS, 6:465-519（英譯於SW, 2:595-637）。

68 有關記憶的覆寫結構，見波特萊爾《人造天堂》接近結尾處的〈覆寫羊皮紙〉（147-149）。班雅明一九一九年首次讀到這篇文章（材料源自德昆西）。一九二一年，班雅明寫道：「自

34 Abmontieren不應和胡塞爾或海德格的術語Abbau(同樣譯為解構)混為一談。有關班雅明的Abbau der Gewalt(解構暴力),參見GS, 2:943(1919-1920)和C, 169。亦可見GS, 1:1240(1940),以瞭解班雅明的Abbau der Universal-geschichte(解構普遍歷史)。

35 對照:班雅明在AP, 207, 3將收藏品比作「魔法百科全書」,拱廊街比作「微型世界」。班雅明在此處和其他地方所提到的這種歷史濃縮現象,屬於「單子論」範疇。亦可見EW, 197
706 (1915)論「焦點」的部分,以及SW, 1:225(1919-1920)論「最小總體」的部分。

36 參見C, 365及359-360,文中談到「歷史知識論」時提到了海德格。不過,這個圈子似乎還沒讀到海德格就解散了。班雅明論布萊希特的廣播談話收錄於SW, 2:365-371,第一篇布萊希特評論則見於374-377。

37 有關這份一九三〇至三一年胎死腹中的刊物,參見chapter 3, "Krise und Kritik," in Wizisla, *Walter Benjamin and Bertolt Brecht*, 66-97. 書中使用了較受歡迎的Krise一詞,而非Krisis。出版商羅沃爾特顯然偏好前者。編輯會議的協議有五次留有紀錄,參見190-203及69n。

38 這份備忘錄收錄於GS, 6:619-621;供稿者部分也可參見827。德布林、興德米特、穆齊爾和電影導演杜多的名字後來被劃掉,克拉考爾的名字上則打了個問號。克拉考爾十一月參加過一次編輯會議。他後來寫信給阿多諾,表示會中討論「很半瓶醋」。(引自Wizisla, *Walter Benjamin and Bertolt Brecht*, 90)

39 班雅明在一九三一年二月寫給布萊希特的信裡卻有不同說法:「這份刊物**會從辯證唯物論的角度,討論資產階級知識分子不得不承認最具資產階級知識分子特色的問題**,從而替辯證唯物論的傳播做出貢獻。」參見本書第六章(提到班雅明的莫斯科之行時)談論班雅明對共產黨態度矛盾的部分。

40 參見Wizisla, *Walter Benjamin and Bertolt Brecht*, 206. 在同次會議裡,布萊希特將目標定為「完全文學化的生活」,並指出唯有經由革命才能實現。

41 船行期間,班雅明可能翻譯了朱漢多《歐特修姆》(*Prudence Hautechaume*)裡的〈牧羊女「娜奴」〉(La Bergère 'Nanou'),後來於一九三二年四月在《文學世界》刊出。〈北歐海〉則是於一九三〇年九月在《法蘭克福報》發表。(GS, 4:383-387)

42 參見Schmitt, *Hamlet or Hecuba*, 59-65(appendix 2). 施密特和班雅明看法不同,主張莎翁的《哈姆雷特》並沒有明確的基督教意涵。

43 修勒姆形容格呂克「人品高貴異常,教養深厚,卻(這點在那個圈子有些不尋常)沒有任何文學野心,而且完全不愛慕虛榮」。(SF, 180)

44 參見SW, 1:469(from *One-Way Street*); SW, 2:110("Karl Kraus Reads Offenbach," 1928); SW, 2:194-195("Karl Kraus〔Fragment〕," 1928); 及GS, 4:552-554(review of Kraus's drama *The Unconquerable*, 1929). 一九三一年的隨筆〈克勞斯〉收錄於SW, 2:433-458.

45 參見本書第六章對《拱廊街計畫》裡的引用的討論。

46 班雅明在一九三一年二月寫給布萊希特的信裡提到了那次談話(C, 370),但在二月五日寫
707 給修勒姆的信裡則表示,他和布萊希特談過之後,至少有一個月仍然不排除繼續擔任共同編輯的可能。(見GB, 4:11)

47 可對照班雅明在一九二九年十一月發表的〈騎士道德〉(Kavaliersmoral)裡的說法。這是他針對卡夫卡發表的第一篇文章:「卡夫卡的作品探討人類生活最黑暗的部分……他的作品內部含藏這個神學之謎,外表卻平淡無奇、樸素謙抑。卡夫卡的整個存在都如此謙抑。」(GS, 4:467)

48 引自哈利斯(Martin Harries)收藏的一張明信片。明信片上沒有註明日期,只署名E,並提到「洛特」提早離開了。這張明信片顯然出自維辛之手,而洛特是指莉絲洛特(Liselotte Karplus)。她是阿多諾妻子卡普魯絲的妹妹,也是維辛第二任妻子。

49 不過,一九四一年七月十五日,班雅明前妻用英文寫了一封很感人的信給修勒姆,信中暗示班雅明早在一九一七年就出現自殺的念頭。本書第十一章註釋5引用了這封信的部分內

313n88）。亦可參見SF, 176.

15 班雅明應該有德語版的《尤里西斯》，見BG, 16（一九三三年由卡普魯絲編纂的班雅明藏書清單，未註明日期）。德語版的《尤里西斯》於一九二七年首度面市。

16 見本書第二章論尼采和早期浪漫主義偏離這一原則的段落。班雅明於一九三二年在〈挖掘與回憶〉中對這個原則做了簡潔的表達。（SW, 2:576，亦可參見611）

17 有關娛樂的教育用途，可對照AP, Convolute K3a,1及“Theory of Distraction,” in SW, 3:141-142。亦可參見“Zweierlei Volkstümlichkeit”（1932），收錄於GS, 4:671-673，以及一九三二年隨筆〈戲劇與廣播〉結論部分，收錄於SW, 2:585。

18 參見GS, 7:68-294（“Rundfunkgeschichten für Kinder” 和 “Literarische Rundfunkvorträge”), and GS, 4:629-720（“Hörmodelle”，其中包含兩齣廣播劇）。關於班雅明的廣播作品，參見Schiller-Lerg, *Walter Benjamin und der Rundfunk*。至於他和軒恩的對談，請見Schiller-Lerg, “Ernst Schoen”。就目前所知，班雅明沒有留下任何聲音紀錄。

19 引自軒恩一九三〇年四月十日寫給班雅明的信。（GS, 2:1504）

20 參見*Revolutionär im Beruf*, 68. 文中拉齊絲提到她當時很意外，班雅明竟決定不陪她去法蘭克福。

21 這間瑞士小屋有相片留存，應該是一家餐廳或旅社，見van Reijen and van Doorn, *Aufenthalte und Passagen*, 116.

705 22 Puttnies and Smith, *Benjaminiana*, 166.

23 出處同上，頁166, 164。赫格斯海默的引文出自頁166。

24 有關普魯斯特和喬伊斯會面，參見Ellman, *James Joyce*, 523-524.

25 其實，阿爾貝先生更像是絮比安（Jupien）的範本。參見班雅明〈和阿爾貝先生相聚一晚〉（Abend mit Monsieur Albert）。這篇文章顯然不是為了發表而寫，收錄於GS, 4:587-591.

26 SF, 162-164.

27 有關行動主義，參見本書第二章註釋34對希勒的討論。至於表現主義和新客觀主義，亦可見SW, 2:293-294, 405-407, 417-418, 454.

28 參見短篇政治寓言〈海鷗〉（Möwen），收錄於同主題文集〈北歐海〉（Nordische See）中，一九三〇年九月刊登於《法蘭克福報》。（GS, 4:385-386）

29 有關畫謎（譯註：圖中隱藏圖像的圖畫），可對照〈夢之媚俗〉（SW, 2:4）及AP, Convolute G1,2; I1,3; J60,4.

30 有關最後兩篇隨筆，參見〈說故事的人〉（SW, 3:143-166）及AP, Convolute S. 這本文學批評專書最終並未完成。

31 在一九三一年八月的日記裡，班雅明暗示道，由於「生活條件文學化」讓作品取得了發言權，使得過去讓書面文字貶值的報紙很可能成為書面文字重生的基地。（SW, 2:504-505；對照527, 741-742）有關布萊希特「完全文學化的生活」的概念，參見Wizisla, *Walter Benjamin and Bertolt Brecht*, 206，亦可參見本章稍後對班雅明一九三一年隨筆〈克勞斯〉的討論。

32 在一九二八年初的一份履歷裡，班雅明同樣指出藝術作品是「作品所在年代宗教、形上學、政治與經濟趨勢的統合展現」。（SW, 2:78）有關班雅明的電影理論，參見本書第六章。

33 班雅明指的是阿多諾一九三〇年的隨筆〈新節奏〉。參見Adorno, *Night Music*, 104-117, esp. 106-107：「作品會隨時間收縮（schrumpfen in der Zeit ein）；作品內的不同元素會靠得更近。」亦可參見“Arnold Schoenberg, 1874-1951,” in Adorno, *Prisms*, 171, on Schoenberg’s “shriveled diction”（geschrumpften Diktion）. 班雅明在一九二七年論凱勒的隨筆（見本書第六章的討論）和一九二八年的大麻協議（OH, 53）裡就已經用到這個術語，後來〈駝背小人〉（BC, 121）又用過一次。亦可對照*Walter Benjamin’s Archive*, 49：「記憶……會讓事物變小，會壓縮事物」（出自之前未出版的手稿），以及〈柏林童年〉（SW, 2:597）。

703 恐懼。她們的貢獻真的很少。」(C, 133)這裡，班雅明再度用上了「無恥」二字。這種見解和他五年前企圖超越「男人」與「女人」的嘗試有些牴觸(見第二章)。

66 試比較《單向街》最後一章〈到天文館去〉對「新身體」和新自然的討論。新自然以前所未有的速度與節奏，在現代科技裡組織成形，新的政治星系也隨之誕生。(SW, 1:486-487)

67 〈青年形上學〉這樣開頭：「每天，我們都像沉睡者般消耗不可測量的能量，所做所想都充斥著我們父親與祖先的存在。」〈學生生活〉同樣在開頭表明：「終極狀態的元素……以最瀕危、最受譴責與嘲弄的創作與想法的形式，深植於每個當下。」(EW, 144, 197)

68 「彌賽亞世界是普遍和整體現實的世界。只有在彌賽亞世界，普遍史才存在，不是以書面歷史的形式，而是以節日制定的歷史存在。這個節日淨化了所有慶祝……解放的散文是它的語言。」(SW, 4:404)

69 一九三二年時，班雅明將談到超現實主義者的「反動生涯」。(SW, 2:599)

70 Hansen, "Room for Play," 7.

71 Benjamin, "The Work of Art in the Age of Its Technological Reproducibility" (first version), 19.

第七章　破壞型人物：柏林、巴黎、伊比薩島(1929-1932)

1 朵拉留著大宅，一九三四年離開德國之後，靠賣屋所得維生，參見Jay and Smith, "A Talk with Mona Jean Benjamin, Kim Yvon Benjamin, and Michael Benjamin," 114.

2 Puttnies and Smith, *Benjaminiana*, 144-147.

3 參見GB, 4:47, and Puttnies and Smith, *Benjaminiana*, 166(一九三一年八月十五日，朵拉致信修勒姆)。根據班雅明的孫女孟娜表示，史蒂凡認為他母親始終愛著他父親。兩人分居後，史蒂凡每週都去看他父親。(Jay and Smith, "A Talk with Mona Jean Benjamin, Kim Yvon Benjamin, and Michael Benjamin," 114)

4 參見GB, 4:47。文中大段引用了拉齊絲的《工作中的革命者》(*Revolutionär im Beruf*)。拉齊絲表示，她發現班雅明將她的理念闡述得太複雜，她沒辦法用，便要他重寫。

5 這裡可以對照班雅明一九二八年初完成的〈履歷三〉，其中班雅明談到他「正有計畫地嘗試建立一套學術整合過程。這套過程將不斷破除於十九世紀成為標準的科學觀，也就是學科間的嚴格劃分，並藉由分析藝術作品來達成」。(SW, 2:78)整合學科的想法，是班雅明早期論教育的作品重點，在〈學生生活〉裡尤其明顯(見本書第二章)。一九三二年後，他在自己的自傳式作品裡還會重返童年這個主題。

704 6 這裡可以對照〈藝術作品在其可技術複製的時代〉再版裡對第一和第二科技的區分。(SW, 3:107)

7 參見Lacis, Revolutionär im Beruf, 49. 亦可參見SF, 155.

8 拉齊絲表示，她一九二四年十一月在柏林介紹班雅明給布萊希特認識，但布萊希特反應平平，兩人的關係也就沒有進展。(*Revolutionär im Beruf*, 53)她的說法得到維齊斯拉(Erdmut Wizisla)證實，後者記錄了班雅明和布萊希特一九二四至二九年的其他幾次會面，參見Erdmut Wizisla, *Walter Benjamin and Bertolt Brecht*, 25-31.

9 Puttnies and Smith, Benjaminiana, 150-151 (letter of July 24, 1929). 亦可參見頁148，該處引述了黑瑟爾一九二九年六月二十一日的日記表示，班雅明「兩條腿像木頭似的」跟一位「姑娘」跳舞。參見"A Berlin Chronicle"(SW, 2:599)和本章註釋63關於〈綠草原〉的部分。

10 Hannah Arendt, introduction to Benjamin, *Illuminations*, 14-15.

11 參見Lacis, *Revolutionär im Beruf*, 64.

12 《大馬戲團》一九二九年初在柏林上映，布萊希特邀了萊希和拉齊絲跟他一起去看，見Reich, *Im Wettlauf mit der Zeit*, 305(引自Fuld, *Zwischen den Stühlen*, 215)。

13 然而，班雅明對科爾施的《馬克思主義與哲學》頗多批判，參見GB, 3:552.

14 見Brecht, *Arbeitsjournal*, 1:15, entry for July 25, 1938(引自Brodersen, *Walter Benjamin*,

48 克拉考爾這篇隨筆於一九二七年十月八日發表於《法蘭克福報》，見Kracauer, "Photography"。班雅明在寫給孔恩夫婦的信裡提到這篇「精彩的隨筆」。

49 見SW, 2:494-500, 794-818; SW, 3:322-329; SW, 4:407.

50 見OGT, 138-158.

51 該書後來經過修改及增補，轉載於GS, vol.6（1985），英譯則收錄於OH.

52 班雅明在一九一五年論美學與色彩的對話錄〈彩虹：關於想像的對話〉（EW, 215-216）裡呼應了尼采的創造性迷醉說。除了波特萊爾的《人造天堂》，班雅明還提到赫塞一九二七年的小說《荒野之狼》，指出這兩本書深深影響了他對大麻的看法。

53 對照MD, 25：「唯有盡量多向度地體驗過一個地方，才算認識那裡。」亦可對照電影「如稜鏡般」揭露熟悉環境中「意想不到的站點」的能力。（SW, 2:17）

54 見AP, Convolute M2,4. 這段接著提到曾經流行一時的「機械圖」（mechanical picture），將這702種裝置生成的合成圖像視為「叫賣圖示」的例子。叫賣（colportage）是十八、十九世紀法國攤販兜售書籍、亞麻、概念和其他物品的手法。班雅明認為，這種手法和「空間的叫賣現象」仍有待說明。（AP, M1a,3）

55 關於靈光，參見OH, 58, 163n2. 亦可參考本書將於第七章討論的SW, 2:515-519（〈攝影小史〉〔1931〕）。

56 Puttnies and Smith, *Benjaminiana*, 113-114. 克拉考爾、布洛赫、黑瑟爾、布萊翁、斯托塞爾和米爾希等人的評論都收錄於vol. 8, *Werke und Nachlaß*末尾。亦可參見SF, 154. 米爾希替班雅明貼上「局外人主義」的標籤，柯尼斯堡大學教授謝德（Hans Schaeder）在給霍夫曼斯塔爾的信裡也有類似說法。SF, 147-149引用了他的看法，指出班雅明抱持「徹底的個人經院哲學……只會導向知識上的唯我論」。

57 參見Newman, *Benjamin's Library*, 195-197. 一九三〇年春季號的《現代語言評論》有一篇《德國悲苦劇的起源》書評，作者姓名縮寫為R.P.。書評雖短，但基本上是好評。這是美國期刊首次出現班雅明的名字，也是他在世期間唯一得到的美國書評。（Fenves, "Benjamin's Early Reception in the United States"）

58 目前收錄於GS, 4:497-502, 502-509，英譯則見SW, 2:80-84, 91-97。亦可參見貝爾托（Pierre Bertaux）對專訪的法文記述，收錄於GS, 7:617-624。專訪時貝爾托在現場，但班雅明沒提到他。

59 對照之下，班雅明談到筆跡學和面相學時，曾論及「不斷更新的辯證調整（Ausgleich）」，並指出這種調整在「黃金律」裡永遠找不到。（SW 2:133）

60 班雅明在較為保守的《德意志匯報》發表了〈紀德與德國〉。這篇文章就算跟〈和紀德對話〉辯證程度相同，著重點也略有不同：「只有民族人物達到最高、最精確的形式，並實現最嚴格的精神淨化時，民族共同體才會誕生。沒有人比多年前寫下以下這段話的人更清楚這一點：『我們認為，只有在其最深處揭露孕育的土地與種族的作品，才是有價值的作品。』」（SW, 2:83）

61 阿多諾提到兩人的「哲學友誼」（philosophischen Freundschaft），和班雅明的講法「哲學同志」（philosophischen Kameradschaft）相呼應。（BA, 108, 10）

62 這三篇論玩具的文章的英譯版收錄於SW, 2:98-102, 113-116, 117-121。亦可參見班雅明一九二七年十二月二十一日寫給克拉考爾的信，GB, 3:315-316。

63 參照section XVI of "On the Concept of History"（SW 4:396）.

64 參見Häntzschel, "Die Philologin Eva Fiesel." 刪減參考書目顯然是出版社的決定。該書於一九七三年再版。

65 然而，班雅明一九一八年七月三十一日寫信給軒恩，信中提到祖林登（Luise Zurlinden）一九一〇年的《德國浪漫主義裡的柏拉圖思想》（*Gedanken Platons in der deutschen Romantik*），他說：「每當女人想在討論這類問題時扮演關鍵角色，你就會經歷難以形容的

30 班雅明後來向（資助他去莫斯科的）布伯透露，他希望會有讀者明白「這些『視覺』（optischen）描述已經被引入思想的網格中」。（C, 316）而在寫給另一人的信裡，班雅明則寫道，以他外於共產黨和語言的立場，自己在這篇文章裡已經掌握了能掌握的一切——其實並不多。（GB, 3:275; 參照252）

31 兩篇書評的節錄，參見GB, 3:249-250和Brodersen, *Walter Benjamin*, 169.

32 參見BA, 106和AP, Convolute O, "Prostitution, Gambling."

33 參見SF, 132. 本書第四章曾提到，班雅明計劃寫一篇共含三部分的政治學隨筆。

34 有關批評的收縮原則，參見SW, 2:408, 415-416和第七章的註釋33。

35 見GB, 3:263. 這封一九二七年六月五日寫給克拉考爾的信，可能是班雅明首次提及拱廊街計畫。至於他首次明確提及，則是在十月十六日的信中。（292-293）

36 〈拱廊街〉目前收錄於AP, 871-872（「早期草稿」）；亦可見919-925（「〈拱廊街〉題材」）。范賴恩（Van Reijen）和范多恩（van Doorn）引用證據指出完成日期為一九二七年七月中。（*Aufenthalte und Passagen*, 95, 237n86）

37 參見〈文學批評綱領〉，SW, 2:290. 有關阿多諾主張，班雅明打算讓拱廊街計畫完全只有引文，成為一本「震撼人心的材料蒙太奇」，而《拱廊街計畫》編輯提德曼並不同意這個說法，參見GS, 5:1072-1073. 同樣可參考提德曼為《拱廊街計畫》撰寫的導論〈停頓的辯證〉（Dialektik im Stillstand）；史密斯（Gary Smith）和萊弗瑞（André Lefevere）英譯，重印於AP, 930-931, 1013n6.

38 有關手稿轉移的細節，參見GS, 5:1067-1073. 初期的速記與草稿於一九四一年由班雅明的妹妹杜拉送到紐約交給阿多諾。此處提到的兩篇報告是寫給社會研究所的，由班雅明親自寄出。巴塔耶遺孀將一批手稿捐贈給法國國家圖書館，義大利哲學家兼班雅明作品編輯阿岡本於一九八一年在其中發現了幾篇和《拱廊街計畫》題材規畫有關的文章。

39 提德曼替這部作品取的名字，是按班雅明自己信裡常用的說法而來。班雅明常用的稱呼包括「拱廊街工作」（Passagenarbeit）、「拱廊街作品」（Passagenwerk）、「拱廊街文集」（Passagenpapieren）及「拱廊街研究」（Passagen-Studien）。

40 研究和呈現的區別出現在AP, Convolute N4a,5（引述馬克思）；亦可參見BS, 100.

701 41 有關史前史作為原初歷史，參見SW, 2:335（"Julien Green"〔1930〕），並比較AP, Convolute D10,3和Convolute N2a,2.

42 德語原文為Jetzt der Erkennbarkeit，這個說法最早可回溯至一九二〇到二一年。（見SW, 1:276-277）而辯證意象是一種記憶意象的想法，同樣深受普魯斯特啟發，本章稍後會再詳述。

43 班雅明所謂的「歷史感知的哥白尼革命」（Convolute K1,2）乃是影射康德為《純粹理性批判》再版所寫的序文。（B, xvi-xvii）康德主張，經驗客體的構成符應於經驗主體的認知能力；同理，班雅明認為，歷史客體的構成也符應於生活當下的關切。

44 班雅明可能還引用了《善惡的彼岸》序文。尼采在文中和馬克思、米什萊（Jules Michelet）一樣，將舊有的彌賽亞主題「覺醒」歷史化，用來指稱所有像他這樣從哲學教條化的夢魘醒來，「〔眼前〕任務就是清醒（Wachsein）」的人——所有「好歐洲人」（2）。喬伊斯《尤里西斯》的〈涅斯特〉（Nestor）章節也遙相呼應，主角戴達羅斯（Stephen Dedalus）向迪西先生表示，「歷史……是一場我想從中醒來的夢魘。」（34）

45 對班雅明而言，引用不僅是一種批判方法，也是歷史事件本身的一種復現或模仿過程，例如法國大革命引用了古羅馬。（〈論歷史的概念〉, SW, 4:395）有關引用作為一種模仿的（mimisch）揭露，參見〈克勞斯〉, SW, 2:442.

46 見SW, 2:244. 班雅明在此談到「交織的宇宙」，因此是一個**時空**概念。相較之下，K1,4則是將十九世紀的時空（Zeitraum）理解為夢境時間（Zeit-traum）。

47 例如N10,3; N11,4; J38a,7. 亦可參見OGT, 47-48.

編纂的已發表文章索引中，且文字風格似乎直指作者是他。

4 〈阿納巴斯〉德譯的故事十分曲折。一九二九年，格羅圖伊森（Bernhard Groethuysen）也翻譯了這首詩，但同樣沒出版。一九五〇年終於有德譯出版，刊登在《鉛塊》（*Das Lot*）雜誌上，譯者史坦納（Herbert Steiner）。編輯註釋表示，譯文參考了班雅明和格羅圖伊森的一
699 個譯本，可是就眾人所知，這兩人從未合譯這首詩或任何其他作品。班雅明翻譯的〈阿納巴斯〉和里爾克本人的作品收在一起，首次出版於GS, Supplement 1（1999）, 56-81.

5 SW, 1:424-425.

6 Mann, "Die Entstehung des Doktor Faustus," 708. 班雅明曾於一九一二年發表的〈關於現今宗教性的談話〉提到湯瑪斯・曼。從其描述的方式可以看出班雅明並非一直「討厭」對方。（EW, 72-73）

7 Benjamin, *Georg Benjamin*, 176.

8 Lacis, *Revolutionär im Beruf*, 52-53. 但拉齊絲記錯了時間，以為班雅明是一九二四年秋天離開漢堡，而不是一九二五年八月。

9 出處同上，頁56。

10 SW, 1:474.

11 Lacis, *Revolutionär im Beruf*, 57.

12 *Walter Benjamin's Archive*, 123.

13 Jay and Smith, "A Talk with Mona Jean Benjamin, Kim Yvon Benjamin and Michael Benjamin," 114.

14 Schöck-Quinteros, "Dora Benjamin," 75.

15 出處同上，頁79。

16 Reventlow, *Tagebuch*, 引自 Wichner and Wiesner, *Franz Hessel*, 17.

17 Hessel, *Tanz mit dem Jahrhundert*, 14, 引自 Nieradka, *Der Meister der leisen Töne*, 75.

18 Hessel, "Die schwierige Kunst spazieren zu gehen," 434.

19 Kracauer, "Travel and Dance," 65, 66.

20 Ernst Penzoldt, "Lob der kleinen Form," 引自 Köhn, *Straßenrausch*, 9.

21 Tergit, *Käsebier erobert den Kurfürstendamm*, 35, 引自 Köhn, *Straßenrausch*, 7.

22 班雅明此處立場和他在〈神學政治學殘篇〉（SW, 3:305-306）的立場類似。

23 Bloch, *Tagträume*, 47, 引自 Münster, *Ernst Bloch*, 137.

24 Bloch, "Recollections of Walter Benjamin"（1966）, in Smith, ed., *On Walter Benjamin*, 339.

25 Kracauer, "Lad and Bull," 307.

26 這份不確定從兩人無法決定該用敬語的您（Sie）或熟稔的你（Du）稱呼彼此可以略窺一二。

27 MD, 9.

28 參見Dewey, "Walter Benjamins Interview"。文中附了該篇專訪的德文翻譯。專訪時間為一九二六年十二月十八日，地點在全俄無產階級作家協會大廳，並於一九二七年一月十四日見報。亦可參見MD, 86. 班雅明在專訪中指出義大利未來主義已經陷入死胡同，隨後提到德國藝術自表現主義沒落之後就「停滯不前」，並表示舍爾巴特就算讀者群不是最多，也是德國當代文壇最值得一提的代表作家，其作品瀰漫著「科技的感傷……機械的感傷」，在當時是嶄新的文學主題。在舍爾巴特筆下，機械生產「之所以重要，不是出於經濟因
700 素，而是它證明了某種理想真理」（這說法顯然引來了萊希和拉齊絲的忿怒）。班雅明接著表示，蘇俄是目前唯一藝術仍有進展，並帶有「生命力」的國家。

29 對班雅明而言，電影「透過當前的機械展現了所有的知覺形式、節奏與韻律，以致當代藝術的所有問題都只能在電影的脈絡裡找到明確表述」。（AP, Convolute K3,3）關於班雅明的電影美學，亦可參見K3a,1-2; Qla,8; YI,4; H°,16; M°,4; O°,10.

15 Volkmann, *Historisch-Kritische Nachrichten aus Italien*.

16 Goethe, *Italian Journey*, 128-129.

17 Benjamin, "Mai-Juni 1931," GS, 6:424.

18 黑瑟爾刊載的班雅明詩譯為波特萊爾《惡之華》的引言詩〈致讀者〉，以及「憂鬱與理想」裡的〈快活的死者〉、〈時鐘〉和〈給一位聖母〉。

19 Tiedemann, Gödde, and Lönitz, "Walter Benjamin," 161.

20 Lacis, *Revolutionär im Beruf*, 45-46.

21 出處同上，頁48。

22 出處同上，頁47。

23 Benjamin, review of Jakob Job, *Neapel: Reisebilder und Skizzen*（1928）, GS, 3:132. 克莫拉是那不勒斯的一個犯罪組織。

24 阿多諾稱這篇文章由班雅明獨力完成——「這篇作品幾乎無疑完全出自班雅明之手」。班雅明的好友與讀者經常貶低拉齊絲和她對班雅明的影響，阿多諾的這個判斷也不例外。修正這個立場的主張可參考Ingram, "The Writings of Asja Lacis."

25 例如廣播劇《利希滕貝格》，收錄於GS, 4:696-720.

26 Bloch, "Italien und die Porosität," in *Werkausgabe*, 9:508-515.

27 Benjamin, review of Job, *Neapel*（GS, 3:133）.

698 28 例如〈兒童眼中的顏色〉和〈彩虹：關於想像的對話〉，收錄於EW, 211-223.

29 參見GB, 2:515n和3:19n.

30 Lacis, *Revolutionär im Beruf*, 53.

31 參見Wizisla, *Walter Benjamin and Bertolt Brecht*, 25-31.

32 Lindner, "Habilitationsakte Benjamin," 150.

33 最早是富德在《班雅明：椅子之間》（*Walter Benjamin: Zwischen den Stühlen*）頁161稱舒爾茲曾參與焚書。而林德納則在〈班雅明任教資格論文檔案〉（Habilitationsakte Benjamin）文中補充，富德某一回私下談話時表示，他的說法來自當時就讀該校的弗里茲邁爾（Werner Fritzemeyer）的說詞。

34 OGT, 55. 本傳記一律將班雅明的悲苦劇專書譯作《德國悲苦劇的起源》（*Origin of the German Trauerspiel*）。奧斯本（John Osborne）將書名譯為《德國悲劇的起源》（*The Origin of German Tragic Drama*）是嚴重誤解，因為班雅明在書中明確將悲苦劇和「悲劇」區別開來。本傳記引用奧斯本譯文之處，都做了修改。

35 Witte, *Walter Benjamin*, 128.

36 Cornelius, "Habilitations-Akte Benjamin," quoted in Lindner, "Habilitationsakte Benjamin," 155-156.

37 林德納一九八四年發表班雅明任教資格申請紀錄研究，替這則不幸故事補上了一個諷刺的插曲。柯內留斯不僅要班雅明提供摘要，還找了兩位助理教授審查論文，其中一人正是霍克海默。他不久後便獲聘前往法蘭克福大學，職掌社會研究所，並成為班雅明流亡期間取得金援及持續發表作品的主要助力。然而根據柯內留斯的審查報告，霍克海默也說自己「讀不懂」班雅明的論文。

38 Goethe-Universität, "Habilitationsakte Benjamin," cited in Lindner, "Habilitationsakte," 157.

第六章　威瑪知識圈：柏林、莫斯科（1925-1928）

1 見"Büchereinlauf"（1925）, in GS, 4:1017-1018.

2 Haas, "Hinweis auf Walter Benjamin," *Die Welt*, October 9, 1955, 引自Brodersen, *Walter Benjamin*, 175.

3 這篇〈明日的武器〉至今作者不明。雖然署名DSB是朵拉的姓名縮寫，但班雅明放進自己過似的。」(EW, 68)亦可參考班雅明一九一三年七月三十日給貝爾摩爾的信:「我認為想知道一個人對自然有沒有真感情,就看他怕不怕自然。面對自然不感到恐懼的人,根本不曉得如何對待自然。」(C, 48)

53 對此有一件事必須一提,就是《單向街》結尾提到了新的自然(physis,也就是「新身體」)出現。(SW, 1:487)

54 讀者可以對照科恩在《理性宗教》(33, 45 and passim)對「泛神論病」的批評。班雅明在〈關於現今宗教性的談話〉裡談到歌德時,對泛神論的好處做了一番論辯。(EW, 66-69)關於班雅明和科恩在神話這個概念上的差異,參見Menninghaus, "Walter Benjamin's Theory of Myth," 299-300.

55 Kraft, *Spiegelung der Jugend*, 64.

56 卡登致信赫希布魯克(Alfred Hirschbroek),日期未註明,收藏於德勒斯登薩克森邦立圖書館,卡登莊園手稿收藏,引自Finkeldey, "Hans Richter and the Constructivist International," 105.

57 《G》雜誌摹本翻譯和探討其時代意義的隨筆,見Mertins and Jennings, eds., *G: An Avant-Garde Journal of Art, Architecture, Design, and Film*.

58 其中,莫霍利—納奇絕對是關鍵人物。儘管班雅明和莫霍利—納奇的友誼沒有留下多少紀錄,但值得一提的是,班雅明為〈柏林紀事〉繪圖解釋自己的人際關係時(「很像畫一系列家族樹」),其中一支尾端就是莫霍利—納奇的名字。參見SW, 2:614, and GS, 6:804.

59 Craig, *Germany*, 450.

第五章 學術浪人:法蘭克福、柏林、卡布里島(1923-1925)

1 Kracauer, *Ginster*, in *Werke*, 7:22.

2 Rosenzweig, *The Star of Redemption*, 4. On "language as the organon of revelation," see 110, 295, and passim.

3 關於羅森茨威格,參見SW, 2:573("Privileged Thinking"; 1932)and SW, 2:687(note of 1931-1932).

697 4 見GB, 2:386n.

5 見Adorno, *Notes to Literature*, 2:322("Benjamin's *Einbahnstraße*"; 1955).

6 班雅明此處的立場在他一九一五年隨筆〈學生生活〉第一段就已經初現端倪(見本書第二章討論)。

7 尤其是一封未註明日期,大約寫於一九二三年秋的信,班雅明在這封致舒爾茲的信中提到對方「特別建議」他研究這個題目。(GB, 2:354)

8 班雅明一九一六年寫過兩篇短文〈悲苦劇與悲劇〉和〈語言在悲苦劇與悲劇裡的角色〉。

9 有關法蘭克福學圈,見Jäger, *Messianische Kritik*, 183.

10 Kracauer, "Deutscher Geist und deutsche Wirklichkeit〔德國精神與德國現實〕," in Kracauer, *Schriften*, 5:151; first published in *Die Rheinlande* 32, no. 1(1922).

11 一九二三年七月九日,修勒姆在寫給未婚妻艾莎信裡提到朵拉的事,但沒有多作解釋。信中表示他和班雅明在電話裡大吵一架,讓班雅明憤而拒絕他帶(後來在耶路撒冷當浪漫主義教授的)表弟弗勞姆(Heinz Pflaum)登門造訪。(GB, 2:337-340n)

12 見Müller-Doohm, *Adorno*, 108.

13 Fuld, *Walter Benjamin*, 129-130; SF, 14.

14 班雅明自稱沒讀過巴特對羅馬書的評論(C, 606),但巴特的獨到見解在一九二〇年代隨處可聞,而且不少人察覺兩人的思想有相似之處,尤其參見Taubes, *The Political Theology of Paul*, 75–76, 130。班雅明對告解戰爭時代(the era of confessional wars)神學處境的瞭解,同樣大大得益於他和朗恩的討論。

695 點」在於他不同意對方「非辯證的身體本體論」，「彷彿對你來說人體是所有具體性（Maß der Konkretion）的尺度一般」。（BA, 146）

29 Wolff, *Hindsight*, 69.

30 可對照SW, 2:271.

31 出處同上，頁70。從這點看，班雅明很像另一位尼采式人物：馬樂侯（André Malraux）小說《人的命運》裡的克拉比克男爵。克拉比克屢戰屢敗的情慾經歷或許可以和班雅明相對照：「他沉醉於自己的謊言，沉醉於這團熱火和他創造出的虛構世界中。他說他會自盡不是真心的，但因為她信了，他便踏進了真理不再存在的世界。那裡不真不假，只是真實。既然他剛發明的過去，以及他和這名女子賴以建立關係的基本姿態都不存在了，那就不再有任何東西存在。世界不再使他焦慮不安。」（Malraux, *Man's Fate*, 246-247）和克拉比克在上海一樣，班雅明也可能是柏林唯一絕對不曾存在的人。

32 Schiller-Lerg, "Ernst Schoen," 983.

33 Adorno, "Benjamin the Letter Writer"（C, xxi）.

34 Schiller-Lerg, "Ernst Schoen."

35 朵拉致信修勒姆，引自GB, 2:153-154n.

36 Benjamin, "Zwei Gatten sind Elemente…," and "Über die Ehe," GS, 6:68.

37 GS, 7:64. 這首十四行詩寫在班雅明記錄史蒂凡「意見與想法」的筆記本裡。

38 SF, 53-54.

39 關於格奧爾格和他的交遊圈，參見Norton, *Secret Germany*.

40 Regler, *The Owl of Minerva*, 103-104.

41 Benjamin, "Über Stefan George," GS, 2:622-623.

42 "Capitalism as Religion," SW, 1:288-291. 德文字Verschulden同時具有「在金錢上虧欠」和「在道德上有過」的意思。

43 古特金致信凡伊登，一九二〇年五月十日及三十日，出自Eeden Archive, Amsterdam，引自Jäger, *Messianische Kritik*, 76.

44 Wolff, *Hindsight*, 68-69.

45 SF, 106-107.

46 出處同上。

47 布伯的讚美出自一份未發表的筆記，引自Jäger, *Messianische Kritik*, 1.

48 GB, 3:16. 有關朗恩與班雅明的合作，最出色的分析依然出自Steiner, *Die Geburt der Kritik*。亦可參見Jäger, *Messianische Kritik*.

49 耶格（Lorenz Jäger）對整件事的解讀比較直接，認為原因出在班雅明對密契式的語言理論和精神疾病的文化建構很感興趣（*Messianische Kritik*, 95）。朗恩的君王主義者朋友布呂赫（Hans Blüher）對利克的嘲諷就讓人有班雅明在說話之感：「利克只要沉入古希臘人稱作癲狂的密契狀態，就會大談鵬鳥（Roch）、獅鷲（Greif）和牠們轉變事物的法力。接著他不
696 會解釋得很清楚，但會讓大家明白，只要他回到自己的來處，就會變成這種傳說中的鳥王。」Hans Blüher, *Werke und Tage*（1953）, 23，引自Jäger, *Messianische Kritik*, 95.

50 班雅明藉由暗示來定義神話事件：「『永恆回歸』是神話意識的……基本形式（稱作神話意識是因為這種意識不會反思）……神秘事件的本質就是回歸。」（AP, D10,3）在一九二一至二二年完成的這篇歌德隨筆裡，他的說法也很類似：「所有神話意義都渴求隱密（Geheimnis）。」（SE, 1:314）

51 Cohen, *Religion of Reason*, 46-48, 6.

52 在一九一二年的〈關於現今宗教性的談話〉裡，主發言者說：「我們明明有浪漫主義，這套思想對自然的黑夜面提出了強而有力的洞見，使我們獲益良多。基本上，自然不是好東西。它陌生、可怕、嚇人又令人反感，而且粗糙。但我們平日所為，卻好像浪漫主義不曾存在

3 Scholem, *From Berlin to Jerusalem*, 80.

4 該書部分內容英譯收錄於Gutkind, *The Body of God*. 古特金一九三三年移民美國後，便將名改為英語拼法。

5 Scholem, *From Berlin to Jerusalem*, 81.

6 有關堡圈及其出版品，Faber and Holste, eds., *Potsdamer Forte-Kreis* 的解說值得倚賴。

7 Kraft, *Spiegelung der Jugend*, 63.

8 SF, 91.

9 Benjamin, *Georg Benjamin*, 45-46.

10 列維致信史密斯（Gary Smith），引自Puttnies and Smith, *Benjaminiana*, 23.

11 SF, 84.

12 GB, 2:108-109. 這封信裡的「第三」有爭議。修勒姆認為是「第一」，並指出班雅明的政治理論只有兩部分。但班雅明書信集的編輯則提出有力的論證，說明應該是三部分。（111n）

694 13 有關這篇短文為何難以確定撰寫時間，參見SW, 3:305-306, 306n1. 晚近學界多認為撰寫時間為一九二〇或二一年，因為班雅明引用布洛赫的《烏托邦精神》（1918）支持他自己的論點，反對從政治上證成神權國家。

14 關於「永恆消逝」（ewige Vergängnis），參見SW, 1:281（1920-1921）; AP, 348, 917（1935）和SW, 4:407（1940）.

15 班雅明認為謬勒一八一六年出版的《雄辯及其在德國的沒落十二講》（*Zwölf Reden über die Beredsamkeit und ihren Verfall in Deutschland*）裡頭的體系不嚴謹，但充滿洞見，並表示他想參考它來撰寫那篇談「真正的政治家」的隨筆。（GB, 2:141）他在一九二一年的殘篇〈資本主義作為宗教〉也提到了這本書。（SW, 1:288-291）

16 見GB2, 107. 在這封一九二〇年十二月一日寫給修勒姆的信裡，班雅明簡略提到他對剛出版的《源自猶太教的理性宗教》第一印象不錯。

17 神聖暴力（göttliche Gewalt）的其中一種展現，是「教育權力（erzieherische Gewalt）。這種權力，當其形式臻於完美，就會外於法律……這些〔展現〕是由……其內在的贖罪時刻所定義，是一種不流血攻擊……也由所有立法行動的付之闕如所定義」，因為「法律裡有東西腐壞了」。（SW, 1:250, 242）索雷爾在《暴力的反思》第四章第二節〈無產階級罷工〉曾提到總罷工的「教育價值」。

18 Kohlenbach, "Religion, Experience, Politics," 65.

19 出處同上，頁78。

20 SF, 96-97.

21 出處同上，頁91。

22 *Walter Benjamin's Archive*, 124.

23 參見Kraft, *Spiegelung der Jugend*, 65 和 Wolff, *Hindsight*, 67-68.

24 Wolff, *Hindsight*, 68. 沃爾夫如此描述這幅水彩畫掛在班雅明格呂內瓦爾德家中書房的景象：「華特和我經常坐在橡木長桌的兩邊，桌上滿是他的手稿。房裡從地板到天花板是一排排的書，完全看不見牆，只有面門的牆例外，空出一大塊掛著華特心愛的畫作，克利的《新天使》。這幅畫和他關係獨特，彷彿是他心靈的一部分……我很快就明白那構圖與『筆觸』裡展露的清明。」（67）

25 引自GB, 2:175n.

26 Wolff, *Hindsight*, 64-65.

27 朵拉致信修勒姆，引自GB, 2:154n.

28 SF, 95. 對此，修勒姆問道：「〔這種無肉體感〕是因為缺乏活力，如許多人所認為，還是因為（那些年經常發生的）活力迴旋，加上強烈的形上學傾向，使他獲得內向者的名聲？」作為對照，阿多諾於一九三六年九月六日寫給班雅明的信裡提到，他和班雅明的「爭執焦呢？……我想只有離得很遠才能與他建立絕對的關係……和他在一起的時候，我幾乎不能談那些能帶給我滿足的事物……我只能說我不知道華特在哪裡，總之和我不在同個地方（我至少明白這一點），只是看起來在而已。」這種相處模式一直持續到秋天。十月七日，修勒姆寫道，「最糟的是我覺得很危險，我應該會對華特日常生活裡的純潔完全失去信心。他似乎常缺乏我們稱作誠實的東西……尤其朵拉卡在我們中間……她說我不愛她，但我必須說我曾經愛她愛得無邊無盡，只不過那已是過去式。為什麼？因為我沒想到和他們日常往來會像這樣……他們不曉得，但我知道，過去三年他們給我的建議，我統統反著做。」一個月後：「我又開始對朵拉懷著難以言盡的愛……我們現在就像**一家人**：我心裡沒有半點懷疑。」（LY, 240, 245, 252, 268, 273-274）

44 修勒姆寫道，「布爾什維克革命、德奧垮臺和隨之而來的偽革命，讓政治時事自從我們上回對戰爭的立場取得共識之後，再次出現在我們的談話裡……但我不是很投入。」（SF, 78）他接著表示自己和班雅明比較認同俄國的社會革命黨，但該黨後來遭到布爾什維克清算。

45 關於班雅明、巴爾和布洛赫之間的爭辯，參見Kambas, "Ball, Bloch und Benjamin."

46 Ball, *Die Flucht aus der Zeit*, 201-202.

47 出自一九七四年的專訪，引自Brodersen, *Walter Benjamin*, 100.

48 在一九一九年九月寫給修勒姆和軒恩的信中，班雅明提到他有意評論《烏托邦精神》，並表示布洛赫「已經超越」甚至「十倍優於」那本書了。儘管那本書「暴露了巨大的缺陷……但作為真正與我同時期的當代作品，我可以給出自己的評價」。（C, 146-148）

49 海德格在《存在與時間》同樣區分了文學史（Literaturgeschichte）和問題史（Problemgeschichte），並暗示前者正轉化為後者。見*Being and Time*, 30.

50 對照班雅明一九一九至二〇年在〈批評理論〉中的說法：「藝術作品是哲學問題的理想自我展現的方式……每件偉大的〔藝術〕作品都有一個……哲學領域的手足。」（SW, 1:218-219）還有：「唯有關注存在意義的哲學概念方能進入藝術結構之中。」（SW, 1:377〔1923〕）

51 在一九二三年的殘篇〈論個別學科與哲學〉中，班雅明這樣寫道：「我們必須以如此這般的
693 目光打在客體之上，喚醒客體內在的某樣東西與我們的意圖相會……專注的觀察者會發現有東西從客體躍向他、進入他、占有他……這種無意圖真理（亦即物自身）的語言擁有權威……因為外在注視促使客體沉浸於自身，從而讓這種語言躍入存在。」（SW, 1:404-405）

52 參照先前討論過的〈論未來哲學綱領〉對經驗的定義：「知識的體系性具體化」。班雅明指出，施雷格本人沒有使用「媒介」一詞，而他自己那時期則有兩篇文章用到這個詞：一九一六年論語言的文章指出語言有一種特別的「無窮性」，不受任何外物限制，只在自己**裡面**自我溝通；一九一七年的〈半人馬〉則是將媒介和對立的統合連結在一起（見註釋30）。

53 見Weber, *Benjamin's -abilities*.

54 關於班雅明口中藝術作品的「來生」、「存續」或「續命」，參見SW, 1:164，以及SW, 1:177-178, 254-256; 2:408, 410, 415, 464; OGT, 47和AP, 460（N2,3）。班雅明在一九一九年九月十九日寫給軒恩的信裡（C, 149），也曾論及文字的續命（Fortleben）。

55 目前收錄於GS, 2:615-617.

56 不過，在GB, 2:101, 127裡有跡象顯示班雅明直到一九二一年初才讀了索雷爾的那本書。

57 朵拉父親凱勒納和猶太復國運動創始人赫茨爾（Theodor Herzl）往來密切，而她兄長維克多（Voktor）則在巴勒斯坦協助建立了一個村莊。

第四章　親合力：柏林、海德堡（1920-1922）

1 參見殘篇〈根據司各脫的理論〉，SW, 1:228.

2 此處和接下來所有幣值轉換都出自加州大學聖塔芭芭拉分校的馬庫斯（Harold Marcuse）建置的資料庫，網址為http://www.history.ucsb.edu/faculty/marcuse/projects/currency.htm。

28 我們在此修正了C裡因為《班雅明書信選》編輯對班雅明手稿的誤讀而造成的兩處誤譯，包括「厄琉席斯秘教式的」（eleusinisch）被誤譯為「瘋狂的」（unsinnig）和「不受污染地」（unentweiht）被誤譯為「不偏倚地」（unentwegt）。參見GB, 1:363，此處印出了《班雅明書信選》和C刪去的部分。

29 Schlegel, *Lucinde and the Fragments*, 180（Athenaeum fragment 147）.

30 一九一七年底，班雅明受賀德林啟發寫了一篇名為〈半人馬〉的短文，文中提到希臘神話裡的「水之精靈」，將液態水視為能賦予生命的媒介（Medium der Belebung），「因為它是媒介……所以是對立〔之上（über）〕的統合」。（EW, 283）讀者可以比較班雅明三個月後在博士論文裡提到的「反映的媒介」（Medium der Reflexion）。

31 讀者可參照班雅明一九一五年十二月四日寫給拉特的信（GB, 1:298-299），信中提到理論（Theorie）就是「我們生產之物的泉湧豐碩」。

32 〈論未來哲學綱領〉直到一九六三年才首次出版。

33 班雅明的原文是systematische Spezifikation der Erkenntnis。尼采在一八八八年三至六月的一則註釋裡談到「權力中心」（Kraftzentrum）的概念，指出「觀點主義就只是一種複雜的具體性（Spezifität）……所有具體個體都力圖主宰所有空間，延伸其權力」。（*The Will to Power*, 340〔no. 636〕）

691 34 班雅明後來在《拱廊街計畫》的一個關鍵處曾提到康德。他在文中談論「歷史知覺的哥白尼革命」（Convolute K1,2），讓人聯想到康德《純粹理性批判》的再版序言。參見本傳記第六章註釋43。

35 這封給軒恩的信寫於羅加諾，正確日期為一九一八年二月二十八日（GB, 1:435），《班雅明書信集》（*The Correspondence of Walter Benjamin*）裡的日期有誤。班雅明也是從那時期（一九一八年初）開始愛寫小字。參見SF, 45，以及GS, 7:573-574的編註。

36 班雅明原本打算將記錄兒子「意見與想法」的《小冊子》整理成打字稿，交給修勒姆保管。現存殘篇的英譯收錄於*Walter Benjamin's Archive*, 109-149.

37 班雅明早期對孩童知覺世界的興趣，可以從殘篇〈兒童眼中的色彩〉，以及〈彩虹：關於想像的對話〉針對涉及色彩的兒童繪本與遊戲的討論略窺一二。兩篇文章都收錄於EW.

38 修勒姆一九一七年春天收到德國陸軍的入伍令，但在他描述自己見到的「異象」後，軍醫判定他罹患精神分裂，將他送進精神病院。修勒姆在病院裡寫了不少信，主題包括摩西五經、歷史和彌賽亞，不過八月就獲准出院，回到了柏林。（LY, 162-163）

39 修勒姆在日記裡提到一九一八年五月五日，他抵達瑞士隔天，班雅明和他聊到「我們自己要上的一所學校」。（LY, 235）

40 參見SF, 58; C, 134, 222; GS, 4:441-448（"Acta Muriensa"〔1918–1923〕），以及GB, 3:304n.

41 參見GB, 2:107對《理性宗教》的討論。班雅明在公開發表的隨筆裡引述科恩時通常語帶敬意，例如SW, 1:206, 249, 304, 348及2:797。在一九二四年十二月二十二日寫給修勒姆的信裡，班雅明則提到他們對「科恩思想的批判」。（GB, 2:512）同一時期，他還在《德國悲苦劇的起源》序言裡批評科恩《純粹知識邏輯》裡發展的起源邏輯不夠歷史，自己的獨特起源理論將可彌補這個缺陷（*The Origin of German Tragic Drama*, 46），相關批評亦出現在SW, 4:140和GB, 2:215n. 關於班雅明對科恩宗教哲學的創新挪用，見本傳記第四章的討論。

42 班雅明在《德國人》附了一封神學家奧弗貝克寫給尼采的信，參見SW, 3:217-219. 柏努利的《奧弗貝克與尼采》出版於一九一八年，班雅明後來稱這本書為「學者式叫賣」。（C, 288）亦可參見班雅明〈柏努利《巴霍芬》書評〉（SW, 1:426-427）。

43 一九一八年六月初時，修勒姆已經在日記裡透露他對班雅明和朵拉的不信任。「有時候——願上帝和他們倆饒恕我這樣說——我真的覺得他們很可鄙，尤其是行為方面。」兩週後，他抱怨道：「他們竟然出於審美享受而說謊……我慢慢察覺他們的生活有多虛假，和我
692 的關係亦然。華特的誠實只出現在他的詩與哲學裡。」六月二十三日，他自問：「那華特

689 10 Scholem, “Walter Benjamin und Felix Noeggerath,” 135-136.

11 對彌賽亞界的理解深深影響了修勒姆的想法，這點從其少作〈論猶太教與時間〉就能看出。文中他為班雅明的立場提供了一個很有意思的詮釋：「彌賽亞界就是當下的歷史，而先知只能以未來的意象假設地談論這個概念。『當時』是什麼意思？只要思索到底就會發現，『當時』指的就是此時。神的國度就是**現在**……時間在宗教裡永遠是抉擇，亦即現在……未來則是命令……例如：將神聖散播到當下此刻的命令。」（LY, 245-246〔一九一八年六月十七日〕）

12 Scholem, *Tagebücher*, 401-402; LY, 142.

13 朵拉致信貝爾摩爾和賽麗格森，一九一五年六月二十九日，修勒姆檔案館，引自Puttnies and Smith, *Benjaminiana*, 139-140; Belmore, “Some Recollections of Walter Benjamin,” 119, 122.

14 班雅明在文中的闡述比這裡說的複雜些，焦點是蘇格拉底身上長存的神秘元素：「蘇格拉底：柏拉圖在這個人物裡消滅和接收了神話。」（EW, 233, 236n1）〈蘇格拉底〉約和以下幾篇短文的寫作時間相當：〈古人的幸福〉、〈論中世紀〉、〈悲苦劇與悲劇〉和〈語言在悲苦劇與悲劇裡的角色〉。而這系列短文的集大成者，顯然是十一月完成的〈論語言本身與人的語言〉，見C, 84.

15 修勒姆記得「我和布伯一九一六年冬天見面時，他氣沖沖提到班雅明那封信（他還留著）。布伯後來用盡各種方法支持班雅明……但他們倆就是性情不同」。（SF, 27）有關布伯一九二六至二七年對班雅明的協助，參見本傳記第六章。

16《班雅明書信選》誤植為「權力」（Macht）（GB, 1:327），現更正為「夜晚」（Nacht）。可比較班雅明在〈蘇格拉底〉文中提出的準則：「那發光者唯有在夜裡折射才為真實。」（EW, 234）

17 班雅明十二月將短文副本交給修勒姆，提到增加兩個部分。有關他打算往下寫的構想，見SW, 1:424及2:212.

18 關於語詞先於概念，見SW, 2:444. 關於「語言的神秘面」和「語言的神秘域」，見SW, 1:424及2:212，以及那封寫給布伯的信。

19 多年後，班雅明如此談到夢的屋宇：「採光拱廊是沒有外面的屋宇或廊道；沒有外面，和夢一樣。」（AP, 406〔L1a,1〕）

20 在《莫斯科日記》中，班雅明對溝通問題的闡述略有不同。他提到「每個語言實體都有兩極性，既是表達也是傳達（Mitteilung）……語言的溝通面的發展會排除其他面向，必然導
690 致語言的毀滅。另一方面，語言的表達面被抬高到絕對，就會導致神秘的沉默……不論如何，永遠需要妥協」。（MD, 47〔1926〕）

21 班雅明區分語言的內含整體性（intensive Totalität）與外延整體性（extensive Totalität）（GS, 2:145），令人想到里克特對內含無限性和外延無限性的區分。

22 可對照班雅明對語詞和藝術、語詞和真理、語詞和正義之間關係的見解。（C, 83〔約一九一六年底〕及C, 108〔一九一七年二月二十八日〕）

23 在短文末尾，在主張雖然「人讓語言成為手段……因此至少有一部分**只是**符號」（EW, 264），但「語言從來不會只給出符號」（260）之後，班雅明指出「語言和符號的關係……是原初而基本的」。（266）

24 從這封給貝爾摩爾的信裡提到「帶光的夜晚」和夜晚「好比精神的流血身軀」，可以清楚看出它和前文提到寫給布伯的信密切相關。

25 這張便箋和賽麗格森寫給班雅明的便箋「親愛的華特，請來見我一面，卡拉」保留在一起，顯見兩人七月九日最後一次見面時曾打算修補這段友誼。（GB, 1:368）

26 Belmore, “Some Recollections of Walter Benjamin,” 123.

27 一九一七年末，修勒姆和班雅明針對這篇隨筆有過熱切的書信往來。修勒姆認為班雅明對梅什金公爵的詮釋其實影射他早逝的好友海因勒，見SF, 49和C, 102。

德林詩作兩首〉……後來我才知道這份禮物代表他對我信賴有多深……班雅明〔提到〕黑林格拉特出版的賀德林全集和黑林格拉特對賀德林翻譯品達作品的研究。這些研究帶給他很大的影響」。（SF, 71）黑林格拉特一九一〇年出版賀德林翻譯的品達頌詩，並附上個人解析。一九一七年二月，班雅明在寫給軒恩的信裡提到黑林格拉特（兩人可能一九一五年在慕尼黑碰過面）：「你有讀到黑林格拉特戰死沙場的消息嗎？我本來想等他回來將我對賀德林的研究讀給他聽。黑林格拉特研究過賀德林翻譯的品達詩作，而他界定主題的方式正是我研究賀德林的外在動機。」（C, 85）至於內在動機應該是為了悼念海因勒。這篇隨筆是否也和班雅明高中時發表過一場「關於賀德林的演說」有關（C, 146），我們無從確定，因為那場演說沒有留下任何紀錄。

40 形式和內容之分在班雅明一九一九年一則頗有見地的殘篇裡死灰復燃：「內容朝我們走來，
688 形式按兵不動（verharrt），讓我們得以靠近……認知得以累積。」內容展現的是「藝術作品中現時有效的彌賽亞元素」，形式展現的則是「延阻（retarding）元素」。有關「延阻」元素，參見SW, 1:172引述施雷格和諾瓦利斯的段落。

41 這裡他還同時提到「迷醉」（Rausch）的概念：迷醉伴隨「最高的智性清明而來……創造帶來強烈的迷醉，〔就是〕對於在規範內、根據我們所實現的真理創造的意識」，參見〈彩虹〉（EW, 216-217）。

42 在一九一六年的〈悲苦劇與悲劇〉中，班雅明提到了「被動性的偉大時刻」，悲劇命運的意義就源自其中。（EW,242-243）可比較施雷格小說《露辛德》（*Lucinde*）提出的「真被動性」概念，*Lucinde and the Fragments*, 65–66（An Idyll of Idleness）. 另外，華茲華斯詩作〈規勸與回應〉（Expostulation and Reply）裡的用語「睿智無為」（wise passiveness）或許也值得一提。在這篇論賀德林的文章裡，班雅明提出「無為存在」（reglose Dasein）則指向辯證意象的「靜止」。

43 正是因為這點，阿多諾才會說班雅明「從死者的角度觀看世界」。參見“Zu Benjamins Gedächtnis”（1940）, in Adorno, *Über Walter Benjamin*, 72.「死亡……長伴於我們這個世代左右。」（Gumpert, *Hölle im Paradies*〔1939〕, 引自GS, 2:881）

第三章　批評的概念：柏林、慕尼黑、伯恩（1915-1919）

1 班雅明的德國編輯指出，班雅明在一九一三年九月十五日寫給賽麗格森的信裡表示：「我們絕對不能死抓著一個觀念。」（C, 54）那時就開始和維內肯稍微疏遠了。（GS, 2:865）

2 賴恩（Willem van Reijen）和多恩（Herman van Doorn）認為，這段文字裡謎樣的第二句可能暗指維內肯的同性戀傾向，參見他們合著的*Aufenthalte und Passagen*, 235n.

3 Scholem, *Tagebücher*, 133; LY, 62（July 23, 1915）. 這段往事在他後來出版的回憶錄裡也有提到。（SF, 7）

4 見SW, 2:603-604.

5 班雅明一九二四年一月十三日寫信給霍夫曼斯塔爾表示：「從我開始嘗試翻譯《惡之華》到這本詩集〔一九二三年十月〕出版已經過了九年。」（C, 229）為求精確，本書引用班雅明書信時，對於之前版本的譯文做了必要的修改。

6 見C, 75. 班雅明論色彩美學的早期作品以消解「固體邏輯」的知覺與意義理論為主，參見〈孩童眼中的色彩〉及〈彩虹：關於想像的對話〉，均收於EW。

7 對於修勒姆早期的數學研究，尤其關於時間哲學的部分，參見Fenves, *The Messianic Reduction*, 106-117.

8 討論會在柏林獨立學生會聚會廳舉行，班雅明和修勒姆的共同朋友克拉夫特也有出席。參見克拉夫特自傳《青春回想》頁59-69。

9 根據柏林班雅明檔案館收藏的未出版書單，證明班雅明對現象學派興趣濃厚——感謝芬維斯（Peter Fenves）和阮（Julia Ng）提供這項訊息。

希望留意其源頭。」

27 見Bergson, *Matter and Memory*, 45-46. 以及*Creative Evolution*, 262. 在柏格森的歷程哲學中，意識和物質是互補的運動。

28 克拉夫特在自傳《青春回想》(*Spiegelung der Jugend*) 提到，班雅明一九一五年曾經「如癡如醉地」朗讀海因勒的一首詩給他聽，還有班雅明只要提到和這位亡友有關的一切，都會帶著「崇拜般的神秘」。他還提到霍夫曼斯塔爾後來頭一回讀到海因勒的詩，覺得很失望。海因勒短詩〈肖像〉英譯，見C, 30. 海因勒的散文體作品（包括《開始》雜誌的〈我的班級〉和一九一三年十一月的〈青春〉，後者讓人想到班雅明在《開始》的最後一篇文章〈經驗〉)，以及他和班雅明合寫的廢話詩〈原始森林精靈〉，則見GS, 2:859-865. 另外參見克拉夫特論海因勒的兩篇文章：〈海因勒〉和〈論一位失落的詩人〉。克拉夫特於文中引述了海因勒留存下來的一些詩句，覺得其中許多都很動人，是「一位或許是大詩人」的遺作。

29 引自Benjamin, *Georg Benjamin*, 23-24.《開始》雜誌十一月號由筆名巴比松的編輯格雷托撰文報導了這次的邁斯納會議，全文見GS, 2:909-913. 拉克則在《青年運動》花了一整章介紹這場會議。

30 俄國小說家托爾斯泰晚年走向基督教無政府主義，反對教會權威與政府，並譴責私有財產制，主張個人道德成長才是社會進步的基礎。托爾斯泰主義者後來愈來愈有組織，並於一八八四年開始吸引更多人轉投其下。托爾斯泰的激進思想反映在他的不少作品中，例如《懺悔錄》、《天國在你心中》和《愛的律法與暴力的律法》。

31 朵拉致信貝爾摩爾（布魯門塔爾），一九一四年三月十四日；修勒姆檔案，引自Puttnies and Smith, *Benjaminiana*, 136.

32 維內肯一九一四年一月九日於柏林「論壇」聚會上發表演講，題目是「教育家費希特」(GB, 1:193n)。費希特將在班雅明一九一九年論德國浪漫主義的博士論文裡占有重要地位（見本書第三章)。

33 出自伯恩菲爾德於《開始》雜誌對班雅明「激動人心」的威瑪演說的描述（摘錄於GS, 2:877)。

34 〈學生生活〉在班雅明生前共有兩個版本：第一版刊登於《新水星》(*Der Neue Merkur*) 月刊，時間是一九一五年九月；後來的擴充版（結尾加了幾句格奧爾格的話）刊登於《目標》
687 (*Das Ziel*) 選集，一九一六年由作家兼表現主義文學宣傳家希勒發行。希勒於一九一四年發明「文學行動主義」一詞，用以指稱為政治介入服務的文學。擴充版發表後不久（那年七月）班雅明就後悔了，後來在一九三二年發表的評論〈行動主義的錯誤〉(GS:3:350-352) 裡，他引用了托爾斯泰和布萊希特，並與希勒的理性主義立場劃清界線。

35 「一九一四年七月，〔格蕾特〕和班雅明在巴伐利亞阿爾卑斯山區待了幾天。月底他父親發來電報，簡短附上『給聰明人』的警告，應該是勸兒子離開德國去瑞士之類的中立地區。但班雅明誤會了父親的意思，向他正式秉告自己和格蕾特訂婚的消息。」(SF, 12) 當然，我們無法確定班雅明是否真的誤會了父親的意思。格蕾特對柏林論壇的報導刊登於一九一四年三月號的《開始》雜誌，參見GS, 2:873-874. 她批評論壇成員只會呼口號，而非「努力和語言搏鬥，找出新的表達」，並且和那時期的班雅明（見EW, 170）一樣，主張「青年唯一能表達的就是鬥爭」。格蕾特後來和班雅明另外一位好友孔恩結婚，直到班雅明過世前都與他保持聯繫。

36 薩克斯致信修勒姆，一九六三年三月十日。修勒姆檔案，引自Puttnies and Smith, *Benjaminiana*, 135.

37 Belmore, "Some Recollections of Walter Benjamin," 122-123.

38 賽麗格森的姊姊葛楚（Getrud〔Traute〕）則於一九一五年十一月和卡羅（Wilhelm Caro）一起自殺。

39 修勒姆一九一五年十月提到，班雅明「和我談起賀德林，並給了我一份他打好的隨筆稿〈賀收錄於Klages, *Sämtliche Werke*, 3:155-238，本書讀者可特別參考頁158-189。

12 班雅明的「辯證意象」和基督教早期的「關鍵時刻」(kairos)概念相近，參見Agamben, *The Time That Remains*, 138-145. 和「猶太教彌賽亞時間」有關的脈絡，則見*Infancy and History*, 105, 111-115. 班雅明對早期基督教的見解受到托爾斯泰(見本章註30)和布伯(Martin Buber)影響。他曾在這時期的信裡提到布伯的《猶太教三講》(*Three Addresses on Judaism*)，並數次指出「早期基督教」是猶太教本真宗教性的一個特出時代。見Buber, *On Judaism*, 45-47 and passim.

13 關於覺醒世界，參見AP, Convolute K1,3. 關於「當下」則見SW, 4:395-397.

14 有關凱勒對班雅明「早期的強烈影響」，參見MD, 47.

685 15 Goldstein, "Deutsch-Jüdischer Parnaß," 286ff. 文章摘錄自Puttnies and Smith, *Benjaminiana*, 41-44.

16「文化猶太復國主義」的概念源自俄裔希伯來散文家哈姆。哈姆本名金斯堡(Asher Ginsberg)，是猶太復國主義運動的自由派領袖與批判者，主張先復興希伯來和猶太文化才能實現「民族覺醒」，參見Puttnies and Smith, *Benjaminiana*, 60-61. 一九一六年八月二十三日，修勒姆在日記裡寫到自己和班雅明聊到哈姆。雖然班雅明公開批評民族主義，但修勒姆指出他這位朋友的「立場和哈姆何其相近」，特別是兩人都看出「『正義』在猶太教裡扮演的角色」。參見Scholem, *Tagebücher*, 386.

17 Emil Ludwig, "Erinnerungen an Simmel," in Gassen and Landmann, eds., *Buch des Dankes an Georg Simmel*, 152.

18 喬爾的評論引自Puttnies and Smith, *Benjaminiana*, 27. 貝爾摩爾的評論則見Belmore, "Some Recollections about Walter Benjamin," 120.

19 圖赫勒致信修勒姆，一九六三年二月二十六日，引自Puttnies and Smith, *Benjaminiana*, 40-41.

20〈道德教育〉(EW, 107-115)是班雅明第一篇以本名發表的作品，文中主張「即使個別事件沒有系統性的終結，整全的道德教育依然可能」。因為就算「道德教育缺乏系統」，還是能「對抗所有枝節，對抗對學識的不信任與學校教育的智識孤立」。方法是採行「新的歷史教育」，在其中歷史學家可以找到它跟他的現下處境的關聯。

21 參見薩克斯和圖赫勒的信件摘錄，Puttnies and Smith, *Benjaminiana*, 135. 班雅明一九一三年左右完成的短篇故事〈飛行員〉(EW, 126-127)可能反映了這趟巴黎經歷。

22 這門課的名稱為「形上學研究兼論伯格森作品」。里克特最終對柏格森生命哲學的無歷史性抱持批判立場，而班雅明在〈論波特萊爾的幾個主題〉文中也有相同的批判。(SW, 4:314, 336)參見AP, Convolute H1a,5. 班雅明一九一八年曾在伯恩大學討論課上針對柏格森發表演講。

23 班雅明也不乏反女性主義的傾向，例如他曾在一九二八年一篇書評裡提到，菲賽兒論德國浪漫主義語言哲學的書是「典型的女人作品」(GS, 3:96)，見本書第六章，亦可參考C, 133(July 31, 1918).

24 據修勒姆表示(SF, 59)，這篇文章並未完成。而在C, 71(July 6-7, 1914)，班雅明提到自己得把「系列」寫完。〈循環〉(Zyklus)是他對這篇文章的稱呼。第三部分〈舞會〉以抒情筆調帶出化裝舞會與圓舞的主題，提到無窗的舞廳將時間捕捉於其中，但沒有在主題上多作發揮，也沒有討論。

686 25 一九一三至一四年，班雅明在普費菲爾特(Franz Pfemfert)主持的《行動》(*Die Aktion*)雜誌發表了兩篇文章〈青年默然〉與〈情慾教育〉。《行動》雜誌是帶有政治色彩的知名表現主義刊物，《開始》雜誌第三波出刊便是由普費菲爾特的出版社印行。班雅明和表現主義文學的關係，參見SF, 65-66.

26 至於該文第二部分「日記」是這樣開頭的：「那流淌於每個靈魂中的無以名狀的絕望，我們

15 修勒姆提到班雅明於姑姑自殺三天前做過一個夢：「『我躺在床上，姑姑和另一個人也躺著，但我們沒有躺在一起。行人從外面走過，隔著窗子往裡看。』他說自己後來才明白這是一個象徵，告訴他姑姑過世了。」（SF, 61-62）由於班雅明也是自殺身亡，使得這個夢多了一層意涵。

16 班雅明的離校證書註明他「很少缺課」且「舉止端正」，但寫字「過於潦草」。（Brodersen, *Walter Benjamin*, 30, 32）

17 一九一三年九月六日，班雅明寫信給青年運動的同志伯恩菲爾德（Siegfried Bernfeld），提到自己畢業前在《啤酒報》發表了〈尾聲〉。信中表示這份高中刊物是「屬於我這個世代的幽默雜誌，而且最特別的是老師也會看。我和兩個朋友偷偷在教室後面寫完這篇文章，在畢業晚會上嚇到了同學和老師」。（GB, 1:172）兩位朋友可能是史特勞斯和薩克斯，但軒恩似乎也有參與。

第二章　青年形上學：柏林、弗萊堡（1912-1914）

1 見第三章。班雅明在《拱廊街計畫》裡數度提到海德格，尤其是卷宗N3,1和S1,6，以及C, 168, 359-360, 365, 571-572; GB, 4:332-333, 341; GB, 5:135, 156. 海德格只在給鄂蘭的信裡簡略提到班雅明，因為他去聽了鄂蘭一九六七年在弗萊堡大學講授班雅明的課（那堂課的內容後來成為鄂蘭為班雅明《啟迪》一書撰寫導論的基礎）。參見Arendt and Heidegger, *Briefe*, 155, 321-322. 亦可見Fuld, *Walter Benjamin*, 290-292. 班雅明與海德格的差別和兩人出身背景不同大有關聯，這點從學生時期就很明顯：海德格對青年運動毫無興趣，班雅明卻無比重視。

2 拉克（Walter Laqueur）的《青年德國》（*Young Germany*）至今仍是英語世界介紹德國青年運動最完整、也最持平的著作。

3 R. H. S. Crossman, introduction to Laqueur, *Young Germany*, xxii.

4 Autorenkollektiv（Authors' Collective）, "Geschichte der deutschen Arbeiter-jugend-Bewegung,
684 1904-1945"（1973），引自Benjamin, *Georg Benjamin*, 22-23. 引文末尾引號內的文字來自一九一三年十月邁斯納青年大會的發言（本章會再談到），見註釋29。

5 此處指聖經路加福音十七章二十一節及柏拉圖對話錄《會飲篇》。

6 班雅明在一九二八年一篇評論裡（SW, 2:105）引用了幾句對白，並於一九一一年的〈睡美人〉文中討論了《哈姆雷特》這齣「現代人的悲劇」。（EW, 26-32）

7 班雅明日後於一九二四年這樣形容：「真理作為一種開顯，不是解開秘密，而是妥善對待秘密。」（OGT, 31）本書引用《德國悲苦劇的起源》內文時，採用的譯文和英語版偏向意譯的譯文有許多差異。類似的說法亦見於班雅明一九二三年的殘篇〈論個人紀律與哲學〉：「沒有關於某物（über eine Sache）的真理，真理只在某物**之中**。」（SW, 1:404）

8 班雅明在一封沒有保留下來的信裡引了一句顯然出自（收信人）貝爾摩爾筆下的句子：「想拯救不可拯救者才是達那俄斯的女兒們真正的磨難。」（C, 34）這句話典出何處並不清楚。

9 Nietzsche, "On the Advantage and Disadvantage of History for Life", 37-38. 這篇文章構成了尼采《不合時宜的考察》（*Unzeitgemässe Betrachtungen*）第二部。譯註：中文版見《不合時宜的考察》（臺北：水牛出版社，1969年）第二部〈歷史之用途與濫用〉。

10 Novalis, *Werke in Einem Band*, 351（班雅明一九一九年的論文便是以這兩句話開頭，見SW, 1:182）. 參見Schlegel, *Lucinde and the Fragments*, Athenaeum fragment no. 147. 文中提到人要從內在實現古代（文見本書九十五頁）。

11 關於班雅明早期對覺醒的看法，可參照他寫的一首詩〈論見到晨光〉。他在一九一七年九月十日寫給軒恩的信末附上這首詩：「光輝顯現／在清醒與睡夢沒有分離之處……人在過去夢境的光裡／醒來」（EW, 281-282）。維內肯對青年覺醒的看法，見本書二十五頁。班雅明也讀過克拉格斯一九一四年的論文〈夢的意識〉（Vom Traumbewusstsein）。這篇文章目前

註釋

本書引用的班雅明作品英譯有部分做過修改，以求更符合原意。
（編按：註釋所提及頁數皆為原文頁數，請參照每頁底緣所附之原文頁數。）

682 第一章　柏林童年（1892-1912）

1 班雅明的弟弟格奧格（Georg）後來成為醫師，一九二二年加入共產黨，死於納粹集中營。妹妹杜拉（Dora）是社工，三十多歲罹患重病，一九四〇年和班雅明一起逃往巴黎，此後長住瑞士。

2 Hilde Benjamin, *Georg Benjamin*, 13-14.

3 漢娜・鄂蘭就發現當時的文學作品充斥著父子衝突的描述，詳見她為班雅明《啟迪》所寫的導言。Benjamin, *Illuminations*, 26. 譯註：中文版見《啟迪：本雅明文選》（香港：牛津大學出版社，2012年），頁55。

4 Benjamin, *Georg Benjamin*, 18.

5 柏林藝術學院二〇〇六年展出班雅明的部分手稿與個人收藏，同時出版《班雅明檔案》（*Walter Benjamins Archive*）一書，後來也出版了英語版。班雅明的〈已讀書單〉（Verzeichnis der gelesenen Schriften）收錄於GS, 7:437-476. 一九一六年末之前的已讀著作清單已經佚失。

6 希爾妲（Hilde Benjamin）娘家姓朗格（Lange），是史達林一九四九至六七年重塑東德司法體制的關鍵人物。任職法官期間，由於經常判人死刑，使她獲得「血腥希爾妲」的稱號。她於一九六三至六七年擔任東德司法部長，並於一九七七年出版亡夫的傳記。

7 見Benjamin, *Georg Benjamin*, 14-15. 亦參見Brodersen, *Walter Benjamin*, 17-19. 譯註：後者中文版為《在不確定中游走：本雅明傳》（北京：金城出版社，2013年）。

8 SF, 4.

9 Benjamin, “Die Landschaft von Haubinda”（ca. 1913-1914）, in GS, 6:195.

10 參見匿名紀念文集〈德國鄉間寄宿學校〉（Deutsche Landerziehungsheime），引自GS, 2:827-828. 如同布羅德森（Momme Brodersen）所言，該校的沙文主義傾向很快便加上了「幾乎昭然若揭的反猶太思想」（*Walter Benjamin*, 25）。關於豪賓達中學的傍晚「禮拜堂」討論會，參見SW, 2:322.

11 參見班雅明一九一一年發表於《開始》（*Anfang*）雜誌的文章〈自由的學校社群〉，見EW, 39-45.

12 參見Wyneken, *Schule und Jugendkultur*, 5-12. 班雅明在一九一四年五月二十三日的信裡評論了這本文集的初版：「他的理論還是遠遠落後於自己的遠見。」（C, 68. 本書引述這本書信集
683 裡的文字時，英譯常會略作調整，以更忠於德語原文。C是根據《班雅明書信選》〔*Briefe*, 1966〕初版英譯而成，其中誤譯和刪節不少，後來皆被《班雅明書信集》〔*Gesammelte Briefe*〕取代。）

13 「班雅明的同學包括……軒恩、孔恩、貝爾莫爾、薩克斯（Franz Sachs）、史特勞斯（Fritz Strauss）、斯坦菲爾德（Alfred Steinfeld）和沃爾夫拉特（Willy Wolfradt）……他們形成一個小圈圈，定期聚會閱讀和討論文學作品。史特勞斯告訴我，他們這群人都將班雅明視為領袖，所有人都很清楚他智識出眾。」（SF, 4）

14 亦可參見Voigts, *Oskar Goldberg*, 127-128. 班雅明和希勒的往來可以回溯到一九一〇年左右，參見SF, 15-16.

———, "Re-fusing Theology: Benjamin's Arcades Project," *New German Critique* 39 (Fall 1986).

Elisabeth Young-Bruehl, *Hannah Arendt: For the Love of the World,* 2nd ed. (New Haven, CT: Yale University Press, 2004).

Bruno Tackels, *Walter Benjamin: Une vie dans les textes* (Arles: Actes Sud, 2009).

Klaus Täubert, *"Unbekannt verzogen . . .": Der Lebensweg des Suchtmediziners, Psychologen und KPD-Gründungsmitgliedes Fritz Fränkel* (Berlin: Trafo, 2005).

Jacob Taubes, *The Political Theology of Paul* (1987), trans. Dana Hollander (Stanford, CA: Stanford University Press, 2004).

Rolf Tiedemann, *Dialektik im Stillstand* (Frankfurt: Suhrkamp Verlag, 1983).

Rolf Tiedemann, Christoph Gödde, and Henri Lonitz, "Walter Benjamin, 1892–1940: Eine Ausstellung des Theodor W. Adorno Archivs, Frankfurt am Main in Verbindung mit dem Deutschen Literaturarchiv Marbach am Neckar," *Marbacher Magazin* 55 (1990).

Siegfried Unseld, ed., *Zur Aktualität Walter Benjamins: Aus Anlaß des 80. Geburtstages von Walter Benjamin* (Frankfurt: Suhrkamp Verlag, 1972).

Vicente Valero, *Der Erzähler: Walter Benjamin auf Ibiza 1932 und 1933*, trans. Lisa Ackermann and Uwe Dehler (Berlin: Parthas, 2008).

Manfred Voigts, *Oskar Goldberg: Der mythische Experimentalwissenschaftler* (Berlin: Agora Verlag, 1992).

Samuel Weber, *Benjamin's -abilities* (Cambridge, MA: Harvard University Press, 2008).

———, "Genealogy of Modernity: History, Myth and Allegory in Benjamin's *Origin of the German Mourning Play*," *MLN* (April 1991).

———, "Taking Exception to Decision: Walter Benjamin and Carl Schmitt," *diacritics* (Fall–Winter 1992).

Daniel Weidner, *Gershom Scholem: Politisches, esoterisches und historiographisches Schreiben* (Munich: Wilhelm Fink, 2003).

Sigrid Weigel, *Entstellte Ähnlichkeiten: Walter Benjamins theoretische Schreibweise* (Frankfurt: Fischer Verlag, 1997).

———, *Body- and Image-Space: Re-reading Walter Benjamin*, trans. Georgina Paul, Rachel McNicholl, and Jeremy Gaines (New York: Routledge, 1996).

Rolf Wiggershaus, *The Frankfurt School: Its History, Theories, and Political Significance*, trans. Michael Robertson (Cambridge, MA: MIT Press, 1994).

Bernd Witte, *Walter Benjamin: An Intellectual Biography*, trans. J. Rolleston (Detroit: Wayne State University Press, 1991).

———, *Walter Benjamin: Der Intellektuelle als Kritiker—Untersuchungen zu seinem Frühwerk* (Stuttgart: Metzler, 1976).

Erdmut Wizisla, *Walter Benjamin and Bertolt Brecht: The Story of a Friendship*, trans. Christine Shuttleworth (New Haven, CT: Yale University Press, 2009).

Irving Wohlfarth, "Et cetera? Der Historiker als Lumpensammler," in *Passagen: Walter Benjamins Urgeschichte des XIX Jahrhunderts*, ed. Norbert Bolz and Bernd Witte, 70–95 (Munich: Wilhelm Fink, 1994).

———, "On the Messianic Structure of Walter Benjamin's Last Reflections," *Glyph* 3 (1978).

———, "The Politics of Youth: Walter Benjamin's Reading of *The Idiot*," *diacritics* (Fall–Winter 1992).

———, *Walter Benjamin and the Corpus of Autobiography* (Detroit: Wayne State University Press, 2000).

Avital Ronell, "Street Talk," in Rainer Nägele, ed., *Benjamin's Ground* (Detroit: Wayne State University Press, 1988).

Charles Rosen, "The Ruins of Walter Benjamin," *New York Review of Books*, October 27, 1977.

Monad Rrenban, *Wild, Unforgettable Philosophy in Early Works of Walter Benjamin* (Lanham, MA: Lexington Books, 2005).

Ingrid Scheurmann, ed., *Neue Dokumente zum Tode Walter Benjamins* (Bonn: Arbeitskreis selbständiger Kultur-Institute und Gemeinde Port-Bou, 1992).

Ingrid Scheurmann and Konrad Scheurmann, eds., *Für Walter Benjamin* (Frankfurt: Suhrkamp Verlag, 1992).

Sabine Schiller-Lerg, "Ernst Schoen (1894–1960): Ein Freund überlebt—Erste biographische Einblicke in seinen Nachlaß," in *Global Benjamin: Internationaler Walter-Benjamin-Kongreß 1992*, ed. Klaus Garber and Ludger Rehm, 2:982–1013 (Munich: Fink, 1999).

———, *Walter Benjamin und der Rundfunk* (Munich: Saur Verlag, 1984).

Eva Schöck-Quinteros, "Dora Benjamin: '. . . denn ich hoffe nach dem Krieg in Amerika arbeiten zu können'—Stationen einer vertriebenen Wissenschaftslerin, 1901–1946," in *Barrieren und Karrieren: Die Anfänge des Frauenstudiums in Deutschland* (Berlin: Trafo, 2000).

Christian Schulte, *Ursprung ist das Ziel: Walter Benjamin über Karl Kraus* (Würzburg: Königshausen & Neumann, 2003).

Gary Smith, "Das jüdische versteht sich von selbst: Walter Benjamins frühe Auseinandersetzung mid dem Judentum," *Deutsche Vierteljahresschrift für Literaturwissenschaft und Geistesgeschichte* 65 (1981): 318–334.

———, ed., *On Walter Benjamin: Critical Essays and Recollections* (Cambridge, MA: MIT Press, 1988).

Susan Sontag, "Under the Sign of Saturn," in *Under the Sign of Saturn* (New York: Farrar, Straus and Giroux, 1980).

Uwe Steiner, *Die Geburt der Kritik aus dem Geiste der Kunst* (Würzburg: Königshausen und Neumann, 1989).

———, *Walter Benjamin: An Introduction to His Work and Thought*, trans. Michael Winkler (Chicago: University of Chicago Press, 2010).

———, "The True Politician: Walter Benjamin's Concept of the Political," *New German Critique* 83 (Spring-Summer 2000).

———, ed., *Walter Benjamin, 1892–1940: Zum 100. Geburtstag* (Bern: Peter Lang, 1992).

Michael Surya, *Georges Bataille: An Intellectual Biography*, trans. Krzysztof Fijalkowski and Michael Richardson (New York: Verso, 2002).

Peter Szondi, "Hoffnung im Vergangenen: Walter Benjamin und die Suche nach der verlorenen Zeit," in *Zeugnisse: Theodor W. Adorno zum sechzigsten Geburtstag*, ed. Max Horkheimer (Frankfurt: Europäische Verlagsanstalt, 1963); translated by Harvey Mendelsohn as "Hope in the Past: On Walter Benjamin," in Walter Benjamin, *Berlin Childhood around 1900* (Cambridge, MA: Harvard University Press, 2006).

———, "Walter Benjamin's Theory of Myth," in *On Walter Benjamin: Critical Essays and Recollections*, ed. Gary Smith (Cambridge, MA: MIT Press, 1988).

Pierre Missac, *Walter Benjamin's Passages*, trans. Shierry Weber Nicholsen (Cambridge, MA: MIT Press, 1995).

Stefan Müller-Doohm, *Adorno* (Frankfurt: Suhrkamp Verlag, 2003).

Arno Münster, *Ernst Bloch: Eine politische Biografie* (Berlin: Philo & Philo Fine Arts, 2004).

Rainer Nägele, *Theater, Theory, Speculation: Walter Benjamin and the Scenes of Modernity* (Baltimore: Johns Hopkins University Press, 1991).

———, ed., *Benjamin's Ground* (Detroit: Wayne State University Press, 1988).

Magali Laure Nieradka, *Der Meister der leisen Töne: Biographie des Dichters Franz Hessel* (Oldenburg: Igel, 2003).

Jane O. Newman, *Benjamin's Library: Modernity, Nation, and the Baroque* (Ithaca, NY: Cornell University Press, 2011).

Robert E. Norton, *Secret Germany* (Ithaca, NY: Cornell University Press, 2002).

Blair Ogden, "Benjamin, Wittgenstein, and Philosophical Anthropology: A Reevaluation of the Mimetic Faculty," in Michael Jennings and Tobias Wilke, eds., *Grey Room* 39 (Spring 2010).

Michael Opitz and Erdmut Wizisla, eds., *Aber Ein Sturm Weht vom Paradies Her: Texte zu Walter Benjamin* (Leipzig: Reclam, 1992).

———, *Benjamins Begriffe*, 2 vols. (Frankfurt: Suhrkamp Verlag, 2000).

Peter Osborne, *Philosophy in Cultural Theory* (New York: Routledge, 2000).

———, *The Politics of Time: Modernity and Avant-Garde* (London: Verso, 1995).

Jean-Michel Palmier, *Walter Benjamin: Lumpensammler, Engel und bucklicht Männlein—Ästhetik und Politik bei Walter Benjamin*, trans. Horst Brühmann (Berlin: Suhrkamp Verlag, 2009).

———, *Weimar in Exile: The Antifascist Emigration in Europe and America*, trans. David Fernbach (New York: Verso, 2006).

Claire Paulhan, "Henry Church and the Literary Magazine *Mesures*: 'The American Resource,'" in *Artists, Intellectuals, and World War II: The Pontigny Encounters at Mount Holyoke College*, ed. Christopher Benfy and Karen Remmler (Amherst: University of Massachusetts Press, 2006).

Hans Puttnies and Gary Smith, *Benjaminiana* (Giessen: Anabas, 1991).

Anson Rabinbach, *The Crisis of Austrian Socialism: From Red Vienna to Civil War, 1927–1934* (Chicago: University of Chicago Press, 1983).

———, *In the Shadow of Catastrophe: German Intellectuals between Apocalypse and Enlightenment* (Berkeley: University of California Press, 2001).

———, *Staging Anti-Fascism in the Era of Hitler and Stalin*, forthcoming.

Willem van Reijen and Herman van Doorn, *Aufenthalte und Passagen: Leben und Werk Walter Benjamins* (Frankfurt: Suhrkamp Verlag, 2001).

Gerhard Richter, *Thought-Images: Frankfurt School Writers' Reflections from Damaged Life* (Stanford, CA: Stanford University Press, 2007).

Heinrich Kaulen, "Walter Benjamin und Asja Lacis: Eine biographische Konstellation und ihre Folgen," in *Deutsche Vierteljahrsschrift für Literaturwissenschaft und Geistesgeschichte*, 69. Jahrgang, 1995 (Heft 1 / März).

Frank Kermode, "Every Kind of Intelligence," *New York Times Book Review*, July 30, 1978.

———, "The Incomparable Benjamin," *New York Review of Books*, December 18, 1969.

Wolfgang Klein and Akademie der Wissenschaften der DDR, Zentralinstitut für Literaturgeschichte, *Paris 1935. Erster Internationaler Schriftstellerkongress zur Verteidigung der Kultur: Reden und Dokumente mit Materialien der Londoner Schriftstellerkonferenz 1936* (Berlin: Akademie-Verlag, 1982).

Paul Kluke, "Das Institut für Sozialforschung," in *Geschichte der Soziologie*, vol. 2, ed. Wolf Lepenies (Frankfurt: Suhrkamp Verlag, 1981).

Margarete Kohlenbach, "Religion, Experience, Politics: On Erich Unger and Walter Benjamin," in *The Early Frankfurt School and Religion*, ed. Raymond Geuss and Kohlenbach (Houndmills: Palgrave Macmillan, 2005).

Eckhardt Köhn, *Strassenrausch: Flânerie und kleine Form—Versuch zur Literaturgeschichte des Flâneurs bis 1933* (Berlin: Das Arsenal, 1989).

Werner Kraft, "Friedrich C. Heinle," *Akzente* 31 (1984).

———, "Über einen verschollenen Dichter," *Neue Rundschau* 78 (1967).

Stephan Lackner, " 'Von einer langen, schwierigen Irrfahrt': Aus unveröffentlichten Briefen Walter Benjamins," *Neue Deutsche Hefte* 26, no. 1 (1979).

Walter Laqueur, *Young Germany: A History of the German Youth Movement*, introduction by R. H. S. Crossman (1962; rpt. New Brunswick, NJ: Transaction Books, 1984).

Esther Leslie, *Walter Benjamin: Overpowering Conformism* (London: Pluto Press, 2000).

———, ed., *Walter Benjamin's Archive* (London: Verso, 2007).

Burkhardt Lindner, ed., *Benjamin Handbuch: Leben-Werk-Wirkung* (Stuttgart: Metzler Verlag, 2006).

———, "Habilitationsakte Benjamin: Über ein 'akademisches Trauerspiel' und über ein Vorkapitel der 'Frankfurter Schule' (Horkheimer, Adorno)," *Zeitschrift für Literaturwissenscahft und Linguistik* 53/54 (1984).

———, ed., *Links hatte noch alles sich zu enträtseln . . .": Walter Benjamin im Kontext* (Frankfurt: Syndikat, 1978).

Geret Luhr, ed., *Was noch begraben lag: Zu Walter Benjamins Exil—Briefe und Dokumente* (Berlin: Bostelmann und Siebenhaar, 2000).

John McCole, *Walter Benjamin and the Antinomies of Tradition* (Ithaca, NY: Cornell University Press, 1993).

Kevin McLaughlin, "Benjamin Now: Afterthoughts on *The Arcades Project*," *boundary 2* (Spring 2003).

Jeffrey Mehlman, *Walter Benjamin for Children: An Essay on His Radio Years* (Chicago: University of Chicago Press, 1993).

Winfried Menninghaus, *Walter Benjamins Theorie der Sprachmagie* (Frankfurt: Suhrkamp Verlag, 1980).

———, *Schwellenkunde: Walter Benjamins Passage des Mythos* (Frankfurt, Suhrkamp Verlag, 1986).

Hiltrud Häntzschel, "Die Philologin Eva Fiesel, 1891–1937," in *Jahrbuch der Deutschen Schillergesellschaft*, 38. Jahrgang (Stuttgart: Kröner, 1994).

Geoffrey H. Hartman, *Criticism in the Wilderness* (New Haven, CT: Yale University Press, 1980).

Stéphane Hessel, *Tanz mit dem Jahrhundert: Eine Autobiographie* (Zurich: Arche Verlag, 1998).

Susan Ingram, "The Writings of Asja Lacis," *New German Critique*, no. 86 (Spring–Summer 2002).

Lorenz Jäger, *Messianische Kritik: Studien zu Leben und Werk von Florens Christian Rang* (Cologne: Böhlau Verlag, 1998).

Martin Jay, *The Dialectical Imagination: A History of the Frankfurt School and the Institute of Social Research, 1923–1950* (Boston: Little, Brown, 1973).

———, "Politics of Translation: Siegfried Kracauer and Walter Benjamin on the Buber-Rosenzweig Bible," *Publications of the Leo Baeck Institute*, Year Book 21, 1976 (London: Secker and Warburg).

Martin Jay and Gary Smith, "A Talk with Mona Jean Benjamin, Kim Yvon Benjamin and Michael Benjamin," in *Benjamin Studies / Studien 1* (Amsterdam: Rodopi, 2002).

Michael W. Jennings, *Dialectical Images: Walter Benjamin's Theory of Literary Criticism* (Ithaca, NY: Cornell University Press, 1987).

———, "Absolute Fragmentation: Walter Benjamin and Romantic Art Criticism," *Journal of Literary Criticism* 6, no. 1 (1993): 1–18.

———, "Benjamin as a Reader of Hölderlin: The Origin of Benjamin's Theory of Literary Criticism," *German Quarterly* 56, no. 4 (1983): 544–562.

———, "Eine gewaltige Erschütterung des Tradierten: Walter Benjamin's Political Recuperation of Franz Kafka," in *Fictions of Culture: Essays in Honor of Walter Sokel*, ed. Stephen Taubeneck (Las Vegas, NV: Peter Lang, 1991), 199–214.

———, "Towards Eschatology: The Development of Benjamin's Theological Politics in the Early 1920's," in *Walter Benjamins Anthropologisches Denken*, ed. Carolin Duttinger, Ben Morgan, and Anthony Phelan (Freiburg: Rombach Verlag, 2012), 41–58.

———, "Walter Benjamin and the European Avant-Garde," in *The Cambridge Companion to Walter Benjamin*, ed. David S. Ferris 18–34 (Cambridge: Cambridge University Press, 2004).

———, "Walter Benjamin and the Theory of Art History," in *Walter Benjamin, 1892–1940: Zum 100. Gerburtstag*, ed. Uwe Steiner, 77–102 (Bern: Peter Lang, 1992).

James Joyce, *Ulysses* (1922; rpt. New York: Modern Library, 1992).

Chryssoula Kambas, "Ball, Bloch und Benjamin," in *Dionysus DADA Areopagita: Hugo Ball und die Kritik der Moderne*, ed. Bernd Wacker (Paderborn: Ferdinand Schöningh, 1996).

———, *Walter Benjamin im Exil: Zum Verhältnis von Literaturpolitik und Ästhetik* (Tübingen: Niemeyer, 1983).

Robert Kaufman, "Aura, Still," *October* 99 (Winter 2002); rpt. in *Walter Benjamin and Art*, ed. Andrew Benjamin (London: Continuum, 2005).

David S. Ferris, ed., *The Cambridge Companion to Walter Benjamin* (Cambridge: Cambridge University Press, 2004).

———, ed., *Walter Benjamin: Theoretical Questions* (Stanford, CA: Stanford University Press, 1996).

Bernd Finkeldey, "Hans Richter and the Constructivist International," in *Hans Richter: Activism, Modernism, and the Avant-Garde*, ed. Stephen C. Foster (Cambridge, MA: MIT Press, 1998).

Eli Friedlander, *Walter Benjamin: A Philosophical Portrait* (Cambridge, MA: Harvard University Press, 2012).

Paul Fry, *The Reach of Criticism* (New Haven, CT: Yale University Press, 1983).

Werner Fuld, *Walter Benjamin: Zwischen den Stühlen* (Frankfurt: Fischer, 1981).

Klaus Garber, "Zum Briefwechsel zwischen Dora Benjamin and Gershom Scholem nach Benjamins Tod," in *Global Benjamin: Internationaler Walter-Benjamin-Kongreß 1992*, ed. Klaus Garber and Ludger Rehm (Munich: Fink, 1999).

Kurt Gassen and Michael Landmann, eds., *Buch des Dankes an Georg Simmel: Briefe, Erinnerungen, Bibliographie* (Berlin, Dunckner und Humbolt, 1958).

J. F. Geist, *Arcades: The History of a Building Type*, trans. Jane Newman and John Smith (Cambridge, MA: MIT Press, 1983).

Wil van Gerwen, "Angela Nova: Biografische achtergronden bij Agesilaus Santander," *Benjamin Journal* 5 (Fall 1997).

———, "Walter Benjamin auf Ibiza: Biographische Hintergründe zu 'Agesilaus Santander,'" in *Global Benjamin: Internationaler Walter-Benjamin-Kongreß 1992*, ed. Klaus Garber and Ludger Rehm (Munich: Fink, 1999).

Nicola Gess, "'Schöpferische Innervation der Hand': Zur Gestensprache in Benjamins 'Probleme der Sprachsoziologie,'" in *Benjamin und die Anthropologie*, ed. Carolin Duttlinger, Ben Morgan, and Anthony Phelan (Freiburg: Rombach, 2011).

Davide Giuriato, *Mikrographien: Zu einer Poetologie des Schreibens in Walter Benjamins Kindheitserinnerungen, 1932–1939* (Munich: Wilhelm Fink, 2006).

Jürgen Habermas, "Walter Benjamin: Consciousness-Raising or Rescuing Critique (1972)," in Habermas, *Philosophical-Political Profiles*, trans. Frederick G. Lawrence (Cambridge, MA: MIT Press, 1983).

Werner Hamacher, "Afformative, Strike," trans. Dana Hollander, in *Walter Benjamin's Philosophy: Destruction and Experience*, ed. Andrew Benjamin and Peter Osborne (London: Routledge, 1994).

———, *Premises: Essays on Philosophy and Literature from Kant to Celan*, trans. Peter Fenves (Cambridge, MA: Harvard University Press, 1996).

Miriam Bratu Hansen, *Cinema and Experience* (Berkeley: University of California Press, 2012).

———, "Room for Play," *Canadian Journal of Film Studies* 13, no. 1 (Spring 2004).

Beatrice Hanssen, *Walter Benjamin's Other History: Of Stones, Animals, Human Beings, and Angels* (Berkeley: University of California Press, 1998).

Roberto Calasso, *The Ruin of Kasch*, trans. William Weaver and Stephen Sartarelli (Cambridge, MA: Harvard University Press, 1994).
Stanley Cavell, "Benjamin and Wittgenstein: Signals and Affinities," *Critical Inquiry* 25, no. 2 (Winter 1999).
Howard Caygill, "Benjamin, Heidegger and the Destruction of Tradition," in *Walter Benjamin's Philosophy: Destruction and Experience*, ed. Andrew Benjamin and Peter Osborne (Manchester: Clinamen, 2000).
———, *Walter Benjamin: The Colour of Experience* (New York: Routledge, 1998).
T. J. Clark, "Should Benjamin Have Read Marx?" *boundary 2* (Spring 2003).
Gordon Craig, *Germany, 1866–1945* (New York: Oxford University Press, 1980).
Paul DeMan, "Conclusions: Walter Benjamin's 'The Task of the Translator,'" in Paul DeMan, *Resistance to Theory*, 73–105 (Minneapolis: University of Minnesota Press, 1986).
Jacques Derrida, *Acts of Religion*, various translators (New York: Routledge, 2002).
———, "Des tours de Babel," in *Difference in Translation*, ed. and trans. Joseph F. Graham (Ithaca, NY: Cornell University Press, 1985).
Michel Despagne and Michael Werner, "Vom Passagen-Projekt zum Charles Baudelaire: Neue Handschriften zum Spätwerk Walter Benjamins," *Deutsche Vierteljahresschrift für Literaturwissenschaft und Geistesgeschichte* 58 (1984).
M. Dewey, "Walter Benjamins Interview mit der Zeitung *Vecherniaia Moskva*," *Zeitschrift für Slawistik* 30, no. 5 (1985).
Terry Eagleton, *Walter Benjamin, or Towards a Revolutionary Criticism* (London: New Left Books [Verso], 1981).
Howard Eiland, "Reception in Distraction," in *Walter Benjamin and Art*, ed. Andrew Benjamin (London: Continuum, 2005).
———, "Superimposition in Walter Benjamin's *Arcades Project*," *Telos* 138 (Spring 2007).
———, "Walter Benjamin's Jewishness," in *Walter Benjamin and Theology*, ed. Stéphane Symons and Colby Dickinson (forthcoming).
Richard Ellman, *James Joyce* (New York: Oxford University Press, 1959).
Richard Faber and Christine Holste, eds., *Der Potsdamer Forte-Kreis: Eine utopische Intellektuellenassoziation zur europäischen Friedenssicherung* (Würzburg: Königshausen & Neumann, 2001).
Ruth Fabian and Corinna Coulmas, *Die deutsche Emigration in Frankreich nach 1933* (Munich: K. G. Saur, 1978).
Simonetta Falasca-Zamponi, *Rethinking the Political: The Sacred, Aesthetic Politics, and the Collège de Sociologie* (Montreal: McGill–Queen's University Press, 2012).
Peter Fenves, *Arresting Language: From Leibniz to Benjamin* (Stanford, CA: Stanford University Press, 2002).
———, "Benjamin's Early Reception in the United States: A Report," *Benjamin-Studien* (forthcoming).
———, *The Messianic Reduction: Walter Benjamin and the Shape of Time* (Stanford, CA: Stanford University Press, 2011).

Ernest Wichner and Herbert Wiesner, *Franz Hessel: Nur was uns anschaut, sehen wir* (Berlin: Literaturhaus Berlin, 1998).
Charlotte Wolff, *Hindsight* (London: Quartet Books, 1980).
Karl Wolfskehl, *Gesammelte Werke*, vol. 2 (Hamburg: Claassen, 1960).
Gustav Wyneken, *Schule und Jugendkultur*, 3rd ed. (Jena: Eugen Diederich, 1919).

二手資料

Theodor W. Adorno et al., ed., *Über Walter Benjamin* (Frankfurt: Suhrkamp Verlag, 1968).
Giorgio Agamben, *Homo Sacer: Sovereignty and Bare Life* (Stanford, CA: Stanford University Press, 1998).
———, *Infancy and History*, trans. Liz Heron (London: Verso, 1993).
———, *Potentialities*, ed. and trans. Daniel Heller-Roazen (Stanford, CA: Stanford University Press, 1999).
———, *The Signature of All Things: On Method*, trans. Luca D'Isanto with Kevin Attell (New York: Zone, 2009).
———, *Stanzas*, trans. Ronald L. Martinez (Minneapolis: University of Minnesota Press, 1993).
———, *The Time that Remains: A Commentary on the Letter to the Romans*, trans. Patricia Dailey (Stanford, CA: Stanford University Press, 2005).
Robert Alter, *Necessary Angels* (Cambridge, MA: Harvard University Press, 1991).
H. W. Belmore, "Some Recollections of Walter Benjamin," *German Life and Letters* 28, no. 2 (January 1975).
Andrew Benjamin, *Style and Time* (Evanston, IL: Northwestern University Press, 2006).
———, ed., *The Problems of Modernity: Adorno and Benjamin* (London: Routledge, 1989).
——— and Peter Osborne, eds., *Walter Benjamin's Philosophy: Destruction and Experience* (Manchester: Clinamen, 2000).
Hilde Benjamin, *Georg Benjamin*, 2nd ed. (Leipzig: S. Hirzel Verlag, 1982).
Russell A. Berman, *Modern Culture and Critical Theory* (Madison: University of Wisconsin Press, 1989).
Ernst Bloch, "Recollections of Walter Benjamin" (1966), trans. Michael W. Jennings, in *On Walter Benjamin: Critical Essays and Recollections*, ed. Gary Smith (Cambridge, MA: MIT Press, 1988).
Norbert Bolz and Bernd Witte, *Passagen: Walter Benjamins Urgeschichte des XIX Jahrhunderts* (Munich: Wilhelm Fink, 1994).
Momme Brodersen, *Walter Benjamin: A Biography*, trans. Malcolm R. Green and Ingrida Ligers (London: Verso, 1996).
Susan Buck-Morss, *The Dialectics of Seeing: Walter Benjamin and the Arcades Project* (Cambridge, MA: MIT Press, 1989).
———, *The Origin of Negative Dialectics: Theodor W. Adorno, Walter Benjamin, and the Frankfurt Institute* (New York: Free Press, 1977).
Eduardo Cadava, *Words of Light: Theses on the Photography of History* (Princeton, NJ: Princeton University Press, 1997).

Friedrich Schlegel, *Friedrich Schlegel: Kritische Ausgabe seiner Werke,* 35 vols., ed. Ernst Behler, Jean-Jacques Anstett, and Hans Eichner (Paderborn: Schöningh, 1958–2002).

———, *Lucinde and the Fragments,* trans. Peter Firchow (Minneapolis: University of Minnesota Press, 1971).

Carl Schmitt, *Hamlet or Hecuba,* trans. David Pan and Jennifer R. Rust (New York: Telos Press, 2009).

———, *Political Theology: Four Chapters on the Concept of Sovereignty,* trans. George Schwab (Chicago: University of Chicago Press, 2006).

Gershom Scholem, *From Berlin to Jerusalem: Memories of My Youth,* trans. Harry Zohn (New York: Schocken Books, 1980).

———, *Lamentations of Youth: The Diaries of Gershom Scholem, 1913–1919,* trans. Anthony David Skinner (Cambridge, MA: Harvard University Press, 2007).

———, *Major Trends in Jewish Mysticism* (New York: Schocken Books, 1941).

———, *Tagebücher 1913–1917* (Frankfurt: Jüdischer Verlag, 1995).

———, *Walter Benjamin: The Story of a Friendship,* trans. Harry Zohn (New York: Schocken Books, 1981).

———, "Walter Benjamin and His Angel" (1972), in *On Walter Benjamin: Critical Essays and Recollections,* ed. Gary Smith (Cambridge, MA: MIT Press, 1988).

———, "Walter Benjamin und Felix Noeggerath," *Merkur,* February 1981.

Detlev Schöttker and Erdmut Wizisla, *Arendt und Benjamin: Texte, Briefe, Dokumente* (Frankfurt: Suhrkamp Verlag, 2006).

Jean Selz, "Benjamin in Ibiza," in *On Walter Benjamin: Critical Essays and Recollections,* ed. Gary Smith (Cambridge, MA: MIT Press, 1988).

Tobias Smollett, *Travels through France and Italy* (London: John Lehmann, 1949).

Alfred Sohn-Rethel, *Warenform und Denkform* (Frankfurt: Suhrkamp Verlag, 1978).

Georges Sorel, *Reflections on Violence,* trans. T. E. Hulme (London: Collier-Macmillan, 1950).

Gabrielle Tergit, *Käsebier erobert den Kurfürstendamm* (Frankfurt: Krüger, 1977).

Sandra Teroni and Wolfgang Klein, *Pour la défense de la culture: Les textes du Congrès international des écrivains, Paris, Juin 1935* (Dijon: Editions Universitaires de Dijon, 2005).

Erich Unger, *Vom Expressionismus zum Mythos des Hebräertums: Schriften 1909 bis 1931,* ed. Manfred Voigts (Würzburg: Königshausen & Neumann, 1992).

Paul Valéry, *The Art of Poetry,* trans. Denise Folliot (Princeton, NJ: Princeton University Press, 1958).

———, *Leonardo, Poe, Mallarmé,* trans. Malcolm Cowley and James R. Lawler (Princeton, NJ: Princeton University Press, 1972).

Johann Jakob Volkmann, *Historisch-Kritische Nachrichten aus Italien, 1770–71,* cited in Gunter Grimm, "Bäume, Himmel, Wasser—ist das nicht alles wie gemalt? Italien, das Land deutscher Sehnsucht," *Stuttgarter Zeitung,* July 4, 1987.

Thomas Mann, "Die Entstehung des *Doktor Faustus*" (1949), in *Doktor Faustus* (Frankfurt: S. Fischer, 1967).
Detlef Mertins and Michael W. Jennings, eds., *G: An Avant-Garde Journal of Art, Architecture, Design, and Film, 1923–1926* (Los Angeles: Getty Research Institute, 2010).
László Moholy-Nagy, *Painting—Photography—Film* (Cambridge, MA: MIT Press, 1969).
———, "Production/Reproduction," in *Photography in the Modern Era: European Documents and Critical Writings*, ed. Christopher Phillips (New York: Metropolitan Museum of Art, 1989).
Friedrich Nietzsche, *Beyond Good and Evil: Prelude to a Philosophy of the Future*, trans. Walter Kaufmann (New York: Vintage, 1966).
———, *On the Advantage and Disadvantage of History for Life*, trans. Peter Preuss (Indianapolis, IN: Hackett, 1980).
———, *Thus Spoke Zarathustra*, trans. R. J. Hollingdale (Baltimore: Penguin, 1961).
———, *The Will to Power*, trans. Walter Kaufmann and R. J. Hollingdale (New York: Vintage, 1968).
Novalis (Friedrich von Hardenberg), *Werke in Einem Band* (Berlin: Aufbau, 1983).
Marcel Proust, *Swann's Way*, trans. C. K. Scott Moncrieff and Terence Kilmartin, rev. D. J. Enright (New York: Modern Library, 2003).
———, *On Art and Literature*, trans. Sylvia Townsend Warner (1957; rpt. New York: Carroll and Graf, 1984).
Florens Christian Rang, *Deutsche Bauhütte: Ein Wort an uns Deutsche über mögliche Gerechtigkeit gegen Belgien und Frankreich und zur Philosophie der Politik* (Leipzig: E. Arnold, 1924).
———, *Historische Psychologie des Karnevals* [1927–1928] (Berlin: Brinkmann und Bose, 1983).
Gustav Regler, *The Owl of Minerva*, trans. Norman Denny (New York: Farrar, Straus and Cudahy, 1959).
Bernhard Reich, *Im Wettlauf mit der Zeit* (Berlin: Henschel Verlag, 1970).
Alois Riegl, *Late Roman Art Industry*, trans. Rolf Winkes (Rome: Giorgio Bretschneider, 1985).
Franz Rosenzweig, *The Star of Redemption*, trans. W. Hallo (New York: Holt, Rinehart and Winston, 1971).
Max Rychner, "Erinnerungen," in *Über Walter Benjamin*, ed. T. W. Adorno et al. (Frankfurt: Suhrkamp Verlag, 1968).
Hans Sahl, *Memoiren eines Moralisten: Das Exil im Exil* (Munich: Luchterhand, 2008).
———, "Walter Benjamin in the Internment Camp" (1966), trans. Deborah Johnson, in *On Walter Benjamin: Critical Essays and Recollections*, ed. Gary Smith (Cambridge, MA: MIT Press, 1988).
Paul Scheerbart, *Glass Architecture*, and Bruno Taut, *Alpine Architecture*, trans. James Palmes and Shirley Palmer (New York: Praeger, 1972).
———, *Lesabéndio: Ein asteroïden-Roman* (Munich: Müller, 1913).

Eric Gutkind, *The Body of God: First Steps toward an Anti-Theology,* ed. Lucie B. Gutkind and Henry Le Roy Finch (New York: Horizon Press, 1969).

Willy Haas, *Gestalten der Zeit* (Berlin: Kiepenhauer, 1930).

Adolf von Harnack, *Lehrbuch der Dogmengeschichte,* 3 vols. (Freiburg: J. C. B. Mohr, 1888–1890).

Martin Heidegger, *Being and Time,* trans. John Macquarrie and Edward Robinson (New York: Harper and Row, 1962).

———, *Poetry, Language, Thought,* trans. Albert Hofstadter (New York: Harper, 1971).

Franz Hessel, "Die schwierige Kunst spazieren zu gehen," in *Ermunterung zu Genuß, Sämtliche Werke,* vol. 2 (Hamburg: Igel Verlag, 1999).

Friedrich Hölderlin, *Essays and Letters on Theory,* trans. Thomas Pfau (Albany: State University of New York Press, 1988).

———, *Selected Poems,* trans. Christopher Middleton (Chicago: University of Chicago Press, 1972).

Max Horkheimer, *Briefwechsel, 1927–1969* (Frankfurt: Suhrkamp Verlag, 2005).

———, *Critical Theory: Selected Essays,* trans. Matthew J. O'Connell et al. (New York: Continuum, 1995).

Alexander von Humboldt, *Schriften zur Sprache,* Michael Böhler, "Nachwort" (Stuttgart: Reclam, 1973).

Franz Kafka, *The Blue Octavo Notebooks,* trans. Ernst Kaiser and Eithne Wilkins (1954; rpt. Cambridge: Exact Change, 1991).

———, *The Castle,* trans. Mark Harman (New York: Schocken Books, 1998).

———, *Complete Stories,* various translators (New York: Schocken Books, 1995).

Immanuel Kant, *Critique of Pure Reason,* trans. Norman Kemp Smith (1929; rpt. New York: St. Martin's Press, 1965).

Ludwig Klages, *Sämtliche Werke,* vol. 3 (Bonn: Bouvier, 1974).

Karl Korsch, *Marxism and Philosophy* (New York: Monthly Review Press, 1970).

Siegfried Kracauer, *Schriften,* 9 vols., ed. Inka Mülder-Bach et al. (Berlin: Suhrkamp Verlag, 2011).

———, "Travel and Dance," "Lad and Bull," "Photography," "Those Who Wait," and "On the Writings of Walter Benjamin," in *The Mass Ornament,* trans. Thomas Y. Levin (Cambridge, MA: Harvard University Press, 1995).

———, *Werke in neun Bänden,* vol. 7, *Romane und Erzählungen,* ed. Inka Mülder-Bach (Frankfurt: Suhrkamp, 2004).

Werner Kraft, *Spiegelung der Jugend* (Frankfurt: Fischer, 1996).

Asja Lacis, *Revolutionär im Beruf: Berichte über proletarisches Theater, über Meyerhold, Brecht, Benjamin und Piscator* (Munich: Rogner & Bernhard, 1971).

Georg Lukács, *History and Class Consciousness: Studies in Marxist Dialectics,* trans. Rodney Livingstone (Cambridge, MA: MIT Press, 1971).

———, "On Walter Benjamin," *New Left Review* 110 (July–August 1978).

———, *The Theory of the Novel,* trans. Anna Bostock (Cambridge, MA: MIT Press, 1974).

André Malraux, *Man's Fate,* trans. Haakon M. Chevalier (New York: Random House, 1969).

———, *Selected Writings on Art and Literature*, trans. P. E. Charvet (London: Penguin, 1972).
Henri Bergson, *Creative Evolution*, trans. Arthur Mitchell (Mineola, NY: Dover, 1998).
———, *Matter and Memory*, trans. N. M. Paul and W. S. Palmer (New York: Zone, 1991).
Carina Birman, *The Narrow Foothold* (London: Hearing Eye, 2006).
Ernst Bloch, *Heritage of Our Times*, trans. Neville Plaice and Stephen Plaice (Berkeley: University of California Press, 1990).
———, "Italien und die Porosität," in *Werkausgabe*, vol. 9, *Literarische Aufsätze* (Frankfurt: Suhrkamp Verlag, 1965).
———, *The Spirit of Utopia*, trans. Anthony Nassar (Stanford, CA: Stanford University Press, 2000).
Bertolt Brecht, *Arbeitsjournal* (Frankfurt: Suhrkamp Verlag, 1973).
———, *Brecht on Theatre*, ed. and trans. John Willett (New York: Hill and Wang, 1964).
———, *Poems 1913–1956*, ed. John Willett and Ralph Manheim (New York: Methuen, 1979).
André Breton, "Manifesto of Surrealism," in *Manifestoes of Surrealism*, trans. Richard Seaver and Helen R. Lane (Ann Arbor: University of Michigan Press, 1969).
———, *Nadja*, trans. Richard Howard (New York: Grove, 1960).
Max Brod, *Franz Kafka: A Biography*, trans. G. Humphreys Roberts and Richard Winston (New York: Schocken Books, 1963).
Martin Buber, *On Judaism*, ed. Nahum Glatzer (New York: Schocken Books, 1967).
Hermann Cohen, *Kants Theorie der Erfahrung* (Berlin: Bruno Cassirer, 1918).
———, *Religion of Reason: Out of the Sources of Judaism*, trans. S. Kaplan (New York: Frederick Ungar, 1995).
Johann Gottlieb Fichte, *The Science of Knowledge*, trans. Peter Heath and John Lachs (1970; rpt. Cambridge: Cambridge University Press, 1982).
Lisa Fittko, "The Story of Old Benjamin," in Walter Benjamin, *The Arcades Project*, trans. Howard Eiland and Kevin McLaughlin (Cambridge, MA: Harvard University Press, 1999).
Stefan George, *Gesamt-Ausgabe der Werke*, 15 vols. (Berlin: Georg Bondi, 1927–1934).
André Gide, *Pretexts: Reflections on Literature and Morality*, trans. Justin O'Brien (New York: Meridian, 1959).
Johann Wolfgang von Goethe, *Conversations with Eckermann, 1823–1832*, trans. John Oxenford (San Francisco: North Point Press, 1984).
———, *Elective Affinities*, trans. R. J. Hollingdale (London: Penguin Classics, 1978).
———, *Italian Journey*, trans. W. H. Auden and Elizabeth Mayer (1962; rpt. London: Penguin, 1970).
Moritz Goldstein, "Deutsch-Jüdischer Parnaß," in *Der Kunstwart* 25, vol. 11 (March 1912).
Friedrich Gundolf, *Goethe* (Berlin: Georg Bondi, 1916).

Volume 13: *Kritiken und Rezensionen,* ed. Heinrich Kaulen.
Volume 16: *Das Kunstwerk im Zeitalter seiner Technischen Reproduzierbarkeit,* ed. Burkhardt Lindner.
Volume 19: *Über den Begriff der Geschichte,* ed. Gérard Raulet.
"The Work of Art in the Age of Its Technological Reproducibility" (first version), trans. Michael W. Jennings, *Grey Room* 39 (Spring 2010).
The Work of Art in the Age of Its Technological Reproducibility, and Other Writings on Media, ed. Michael W. Jennings, Brigid Doherty, and Thomas Y. Levin (Cambridge, MA: Harvard University Press, 2008).
The Writer of Modern Life: Essays on Charles Baudelaire, ed. Michael W. Jennings (Cambridge, MA: Harvard University Press, 2006).

原始資料

Theodor W. Adorno, *Aesthetic Theory,* trans. Robert Hullot-Kentor (Minneapolis: University of Minnesota Press, 1997).
———, *In Search of Wagner,* trans. Rodney Livingstone (London: Verso, 1981).
———, *Kierkegaard: Construction of the Aesthetic,* trans. Robert Hullot-Kentor (Minneapolis: University of Minnesota Press, 1989).
———, *Minima Moralia,* trans. Edmund Jephcott (London: Verso, 1978).
———, *Night Music: Essays on Music 1928–1962,* trans. Wieland Hoban (London: Seagull, 2009).
———, *Notes to Literature,* 2 vols., trans. Shierry Weber Nicholsen (New York: Columbia University Press, 1991–1992).
———, *Prisms,* trans. Samuel and Shierry Weber (Cambridge, MA: MIT Press, 1981).
———, *Über Walter Benjamin,* rev. ed. (Frankfurt: Suhrkamp Verlag, 1990).
Theodor W. Adorno and Max Horkheimer, *Briefwechsel,* vol. 1, *1927–1937* (Frankfurt: Suhrkamp Verlag, 2003).
Guillaume Apollinaire, *Selected Writings,* trans. Roger Shattuck (New York: New Directions, 1972).
Louis Aragon, *Nightwalker (Le paysan de Paris),* trans. Frederick Brown (Englewood Cliffs, NJ: Prentice-Hall, 1970).
———, *Une vague de rêves* (Paris: Seghers, 1990).
Hannah Arendt, *Men in Dark Times* (New York: Harcourt, 1968).
Hannah Arendt and Martin Heidegger, *Briefe, 1925–1975* (Frankfurt: Klostermann, 1998).
Hugo Ball, *Die Flucht aus der Zeit* (Lucerne: Josef Stocker Verlag, 1946).
Georges Bataille et al., *The College of Sociology, 1937–1939,* ed. Denis Hollier, trans. Betsy Wing (Minneapolis: University of Minnesota Press, 1988).
Charles Baudelaire, *Artificial Paradises,* trans. Stacy Diamond (New York: Citadel, 1996).
———, *Intimate Journals,* trans. Christopher Isherwood, with an introduction by T. S. Eliot (1930; rpt. Westport, CT: Hyperion, 1978).
———, *Les fleurs du mal,* trans. Richard Howard (Boston: David Godine, 1983).
———, *Oeuvres complètes,* ed. Marcel A. Ruff (Paris: Seuil, 1968).
———, *The Painter of Modern Life and Other Essays,* trans. Jonathan Mayne (1964; rpt. New York: Da Capo, 1986).

參考書目選

班雅明作品

Das Adressbuch des Exils, 1933–1940, ed. Christine Fischer-Defoy (Leipzig: Koehler & Amelang, 2006).

The Arcades Project, trans. Howard Eiland and Kevin McLaughlin (Cambridge, MA: Harvard University Press, 1999).

Berlin Childhood around 1900, trans. Howard Eiland (Cambridge, MA: Harvard University Press, 2006).

Walter Benjamin and Theodor W. Adorno, *The Complete Correspondence, 1928–1940*, trans. Nicholas Walker (Cambridge, MA: Harvard University Press, 1999).

Walter Benjamin and Gretel Adorno, *Correspondence 1930–1940*, trans. Wieland Hoban (Cambridge: Polity Press, 2008).

The Correspondence of Walter Benjamin, trans. M. R. and E. M. Jacobson (Chicago: University of Chicago Press, 1994).

Walter Benjamin and Gershom Scholem, *The Correspondence of Walter Benjamin and Gershom Scholem, 1932–1940*, trans. Gary Smith and Andre Lefevere (New York: Schocken Books, 1989).

Early Writings, 1910–1917, ed. Howard Eiland (Cambridge, MA: Harvard University Press, 2011).

Gesammelte Briefe, 6 vols., ed. Christoph Gödde and Henri Lonitz (Frankfurt: Suhrkamp Verlag, 1995–2000).

Gesammelte Schriften, 7 vols., ed. Rolf Tiedemann and Hermann Schweppenhäuser (Frankfurt am Main: Suhrkamp Verlag, 1974–1989).

Moscow Diary, ed. Gary Smith (Cambridge, MA: Harvard University Press, 1986).

On Hashish, ed. Howard Eiland (Cambridge, MA: Harvard University Press, 2006).

The Origin of German Tragic Drama, trans. John Osborne (London: New Left Books, 1977).

Selected Writings, 4 vols., Michael W. Jennings, general ed. (Cambridge, MA: Harvard University Press, 1996–2003).

Volume 1: *1913–1926*, ed. Michael W. Jennings and Marcus Bullock.

Volume 2: *1927–1934*, ed. Michael W. Jennings, Howard Eiland, and Gary Smith.

Volume 3: *1935–1938*, ed. Michael W. Jennings and Howard Eiland.

Volume 4: *1938–1940*, ed. Michael W. Jennings and Howard Eiland.

Werke und Nachlaß: Kritische Gesamtausgabe, Christoph Gödde and Henri Lonitz, general eds. (Berlin: Suhrkamp Verlag, 2008–).

Volume 3: *Der Begriff der Kunstkritik in der deutschen Romantik*, ed. Uwe Steiner.

Volume 8: *Einbahnstraße*, ed. Detlev Schöttker.

Volume 10: *Deutsche Menschen*, ed. Momme Brodersen.

索引

索引中提及班雅明時，一律簡寫為WB。

（編按：以下所列頁數為原文頁數，請參照每頁底緣所附之原文頁數；【 】中為本書所使用的譯文。）

世界的啟迪

班雅明傳

歐洲最後一位知識分子的生命與心靈

Walter Benjamin: A Critical Life

作者	霍華・艾蘭德（Howard Eiland）與麥可・詹寧斯（Michael W. Jennings）
譯者	賴盈滿
副總編輯	洪仕翰
責任編輯	王晨宇
審訂	潘怡帆
行銷總監	陳雅雯
行銷企劃	趙鴻祐、張偉豪、張詠晶
封面設計	賴佳韋
排版	宸遠彩藝
出版	衛城出版 / 遠足文化事業股份有限公司
發行	遠足文化事業股份有限公司（讀書共和國出版集團）
地址	231 新北市新店區民權路 108-3 號 8 樓
電話	02-22181417
傳真	02-22180727
客服專線	0800-221029
法律顧問	華洋法律事務所　蘇文生律師
印刷	呈靖彩藝有限公司
初版	2024 年 6 月
定價	1050 元
ISBN	9786267376478（紙本） 9786267376485（EPUB） 9786267376492（PDF）

國家圖書館出版品預行編目（CIP）資料

班雅明傳：歐洲最後一位知識分子的生命與心靈/霍華.艾蘭德（Howard Eiland），麥可.詹寧斯（Michael W. Jennings）作；賴盈滿譯. -- 初版. -- 新北市：衛城出版，遠足文化事業股份有限公司，2024.06
面；　公分. --（Beyond；65）（世界的啟迪）
譯自：Walter Benjamin : a critical life.
ISBN 978-626-7376-47-8（平裝）

1. 班雅明（Benjamin, Walter, 1892-1940.）
2. 傳記

784.38　　113005956

ACRO
POLIS
衛城
出版

Email　acropolismde@gmail.com
Facebook　www.facebook.com/acrolispublish